教育部人文社会科学重点研究基地
Key Research Institute of Humanities and Social Sciences at Universities

暨南大学华侨华人研究院
Academy of Overseas Chinese Studies in Jinan University

·世界华侨华人研究文库·

当代国际移民政策国别研究

李明欢　主编

暨南大学出版社
JINAN UNIVERSITY PRESS

中国·广州

图书在版编目（CIP）数据

当代国际移民政策国别研究/李明欢主编 . —广州：暨南大学出版社，2023.3
（世界华侨华人研究文库）
ISBN 978 - 7 - 5668 - 3607 - 6

Ⅰ . ①当…　Ⅱ . ①李…　Ⅲ . ①移民法—国际法—研究　Ⅳ . ①D998. 3

中国版本图书馆 CIP 数据核字（2022）第 257617 号

当代国际移民政策国别研究
DANGDAI GUOJI YIMIN ZHENGCE GUOBIE YANJIU
主　编：李明欢

出 版 人：张晋升
策划编辑：黄圣英
责任编辑：梁月秋　雷晓琪　冯　琳
责任校对：苏　洁　王燕丽
责任印制：周一丹　郑玉婷

出版发行：暨南大学出版社（511443）
电　　话：总编室（8620）37332601
　　　　　营销部（8620）37332680　37332681　37332682　37332683
传　　真：（8620）37332660（办公室）　37332684（营销部）
网　　址：http://www. jnupress. com
排　　版：广州市天河星辰文化发展部照排中心
印　　刷：深圳市新联美术印刷有限公司
开　　本：787mm×1092mm　1/16
印　　张：27
字　　数：544 千
版　　次：2023 年 3 月第 1 版
印　　次：2023 年 3 月第 1 次
定　　价：120. 00 元

（暨大版图书如有印装质量问题，请与出版社总编室联系调换）

主编简介

李明欢，荷兰阿姆斯特丹大学博士，厦门大学公共事务学院教授、博士生导师，暨南大学华侨华人研究院特聘教授。享受国务院特殊津贴专家。

长期从事华侨华人研究。担任中国国家社科基金重大项目首席专家，先后主持完成数十个涉侨研究项目。出版《当代海外华人社团研究》《欧洲华侨华人史》《国际移民政策研究》和 *We Need Two Worlds*、*Seeing Transnationally* 等中英文专著七部，《他者中的华人》等中文译著两部，在国内外学术刊物发表中、英文论文上百篇。

现任世界海外华人研究学会（ISSCO）会长，中国华侨历史学会副会长，福建省文史馆馆员等职。

总　序

在 20 世纪，华侨华人问题曾经四次引起学术界关注。第一次是 20 世纪初南非华工问题；第二次是"一战"后欧洲华工问题；第三次是五六十年代东南亚国家出现的"排华"问题；第四次则是 80 年代中国经济崛起与海外华侨华人关系的问题。每次华侨华人研究成为研究热点时，都有大量高水平研究著作问世。

进入 21 世纪，随着全球化进程的加速和中国国际化水平的提升，海外华侨华人与中国的发展日益密切，华侨华人研究掀起了新一轮高潮。华侨华人研究机构由过去只有暨南大学、厦门大学、北京大学、华侨大学等少数几家壮大至目前遍布全国的近百所科研院校，研究领域从往昔以华侨史研究为主，拓展至华人政治、华人经济、华商管理、华文教育、华人文学、华文传媒、华人安全、华人宗教、侨乡研究等涉侨各个方面，研究方法也逐渐呈现出多学科交叉的趋势，融入政治学、历史学、社会学、民族学、教育学、新闻与传播学、经济学、管理学、法学等学科方法与视角。与此同时，政府、社会也愈益关注华侨华人研究。国务院侨办近年来不断加大研究经费投入，并先后在上海、武汉、杭州、广州等地设立侨务理论研究基地，凝聚了一大批海内外专家学者，形成了华侨华人研究与政府决策咨询相结合的科学发展机制。而以社会力量与学者智慧相结合的华商研究机构也先后在复旦大学、清华大学等地成立，闯出了一条理论研究与社会实践相结合的华侨华人研究新路径。

作为一所百年侨校，暨南大学在中国华侨华人研究中具有特殊的地位。暨南大学创立于 1906 年，是中国第一所华侨高等学府。华侨华人研究是学校重要的学术传统和特色。早在 1927 年，暨南大学便成立了南洋文化事业部，网罗人才，开展东南亚及华侨华人的研究，出版《南洋研究》等刊物。1981 年，经教育部批准，暨南大学在全国率先成立华侨华人研究的专门学术机构——华侨研究所，

由著名学者朱杰勤教授担任所长。1984 年在国内招收首批华侨史方向博士研究生。1996 年后华侨华人研究被纳入国家"211 工程"1—3 期重点学科建设行列，2000 年获批教育部人文社会科学重点研究基地（华侨华人研究）。暨南大学于2006 年成立了华侨华人研究院，并聘请全国政协常委、国务院侨务办公室原副主任刘泽彭出任院长和基地主任。2011 年，学校再次整合提升华侨华人研究力量，将华侨华人研究院与国际关系学系（东南亚研究所）合并成立国际关系学院/华侨华人研究院，继续聘请刘泽彭同志出任华侨华人研究院院长和基地主任，由华侨华人与国际问题研究知名专家曹云华教授出任国际关系学院院长兼华侨华人研究院执行院长。同时，学校还加大科研经费投入，努力打造"华侨华人研究优势学科创新平台"。研究院在加强自身科研能力的基础上，采取以研究项目、开放性课题为中心，学者带项目、课题进院的工作体制，致力于多学科和国际视野下的前沿研究，立足于为国家的改革开放和现代化建设服务，为社会服务，为政府决策咨询服务，努力将之建设成为世界一流的学术研究机构和人才培养基地。

值华侨华人研究在中华大地百花齐放、百家争鸣之际，为进一步彰显暨南大学科研特色，整合校内外相关研究力量，发掘华侨华人研究新资源，推动华侨华人研究学科的发展，暨南大学华侨华人研究院在 2012 年推出了"世界华侨华人研究文库"。文库的著作多为本校优势学科的前沿研究成果，作者中既有资深教授、学科带头人，也有学界新秀。他们的研究成果从多学科视野探索了国内外华侨华人研究的一些新问题、新趋势，具有较高的学术价值和现实意义。截至 2016 年底，文库已经出版三批 23 本，在华侨华人研究领域引起了不错的反响。

2015 年 6 月，暨南大学入选广东省高水平大学重点建设高校，"华侨华人与国际问题研究"成为学校高水平建设重点支持的一个学科组团。为了进一步发挥暨南大学的华侨华人研究优势，学院决定继续组织出版这套丛书。丛书的经费来源从之前的"211 工程"和暨南大学"华侨华人研究优势学科创新平台"变为广东省高水平大学建设暨南大学"华侨华人与国际问题研究"学科组团，编委会也随人员变动做了一些调整。

本套丛书的出版得到学校领导的大力关心与支持。国际关系学院/华侨华人

研究院领导与部分教师特别是高水平大学建设学科组团中的华侨华人与跨国移民研究团队的教师们也付出了艰辛的劳动，他们在策划、选题、组稿、编辑、校对等环节投入了大量精力。同时，暨南大学出版社对丛书出版也给予高度重视，组织最优秀的编辑团队全程跟进，并积极申报国家出版基金项目，获得立项资助。在此，我们对所有为本丛书出版付出宝贵心血与汗水的同仁致以最衷心的感谢！

在前面三批的总序中，我们表示"期盼本丛书的出版能在华侨华人研究领域激起一点小浪花"。现在看来，已部分达到了目的，尽管如此，我们仍坚持不忘初心，继往开来，汇聚国内外华侨华人研究的朵朵浪花，把这套文库办成展现全球华侨华人研究优秀成果的一个重要平台。

《世界华侨华人研究文库》编委会

2017 年 6 月

目　录

总　序 /1

第一章　绪言：定义、范畴与框架　　李明欢/1

第二章　印度尼西亚移民政策法规　　宋晓森　施雪琴/12

第三章　新加坡移民政策法规　　任　娜/39

第四章　菲律宾移民政策法规　　代　帆　李　涛/59

第五章　马来西亚移民政策法规　　石沧金/92

第六章　日本移民政策法规　　吉伟伟/124

第七章　印度移民政策法规　　路　阳/141

第八章　美国移民政策法规　　李爱慧/166

第九章　加拿大移民政策法规　　吴金平　夏景良/199

第十章　澳大利亚移民政策法规　　郭又新/224

第十一章　英国移民政策法规　　文　峰/249

第十二章　德国移民政策法规　　刘　悦/279

第十三章　俄罗斯移民政策法规　　王　祎/300

第十四章　以色列移民政策法规　　范鸿达/332

第十五章　南非移民政策法规　　陈凤兰/349

第十六章　巴西移民政策法规　　莫光木/372

第十七章　结语：比较视野下的思考　　李明欢/395

第一章　绪言：定义、范畴与框架①

随着当今世界商品、资本、信息的大幅度跨境流动，势不可挡的全球化趋势必然在开拓普通人视野的同时，导致劳动力市场的跨国化，进而促使人口在就业上呈现高度流动性，在生活环境的选择上呈现广泛趋优性，迁移日渐成为现代人生活方式中习以为常的组成部分。可以说，时至今日，全世界已没有任何一个国家能够完全置身于国际移民大潮之外，其不同之处仅在于有的是移民迁出国，有的是移民迁入国，有的是移民过境国，但在许多情况下，则是移民迁出、迁入及过境三种现象在同一国家内相互交织，比肩并存。然而，进入2020年，一场突如其来的新冠肺炎疫情迅速蔓延并肆虐全球，全球多国多地被迫几度封国封城，跨国跨境移民的生存状态在疫情期间更是吸引各国各地从政府到民间的高度关注。因此，全面了解国际移民动向及其对居住国和移入国社会生态的影响，谨慎制定既适应本国国情，又不违背基本人权与国际公法的国际移民政策法规，是全球化时代各国政府都不容掉以轻心的重要议题。

中国是一个有着悠久移民历史的大国。自改革开放以来，我国已有数以百万计的人口通过不同途径跨国、跨境迁移。在深入了解其他国家制定其移民政策法规的基础上，制定符合中国国情的移民政策法规，既能促进中国的劳动力合情合理地加入国际劳动力大市场的竞争，争取更广阔的生存空间，又能有效吸引境外专门人才为我国所用，为人口正常跨境流动提供必要的政策性支持，是为紧要。结合中国实情，对世界主要移民国家的国际移民政策法规进行深入梳理剖析，对不同国家的移民政策法规进行比较探讨，无疑对中国自身也具有重要的理论意义和紧迫的现实意义。

有鉴于此，本书选择了世界五大洲与国际移民相关度较高的15个国家为例，追溯其移民政策法规的历史沿革，梳理其制定相关政策法规的时代背景，剖析在制定与修订相关政策法规过程中的各方利益博弈，尤其是结合2020年以来新冠肺炎疫情的冲击和影响，归纳总结其中可资参考的经验教训。

本章为全书之简要绪言，主要界定国际移民政策法规的基本定义，梳理当今

---

① 本章执笔者李明欢，暨南大学国际关系学院/华侨华人研究院特聘教授，主要研究方向为华侨华人和移民社会学。

国际移民概况及发展趋势，评介本书基本研究范畴与框架。

一、国际移民基本定义与概况

早在国家形成、国界划定之前，人类的先民们就一直翻山越岭，泅江渡河，艰难跋涉，在迁徙中寻找机会，在适应中建立家园，因而也就一直在不同程度上，不断地跨越地理、生态、人文等各种各样不同的边界。然而，现代意义上的国际移民，则无疑是近代民族国家从概念到实体都清晰化之后，才作为一个具有特殊意义的社会现象，进入当代人密切关注的视野之内，形成蕴含特定意义的专有概念。

国际移民是一个复杂的社会现象，情况千差万别。究竟哪些人应当被列入国际移民的范畴？这是一个曾经长期处于模糊状态，且迄今仍存在一些不同界定标准的概念。

1922 年，第四届国际劳工大会（The Fourth Session of the International Labour Conference）首次提出：由于国际移民涉及不同国家，因此，世界各国应当就如何界定国际移民制定一个统一的衡量标准。大会建议各与会国相互协商，就"移出""移入"等涉及国际移民的基本概念进行明确界定。

1953 年，联合国经济和社会事务部统计司（United Nations Department of Economic and Social Affairs Statistics Division，UNSD）首次就如何进行国际移民数据统计提出一系列标准化建议，主要针对的群体是"非当地原居民的永久性移民（包括已入籍、未入籍者）"。该项公文提出：此类人员应包括两类人，一类人"以长期居留为目的并在该国住满一年以上"；另一类则为"原居民中的长期外移者"，包括那些"留居国外并且已在国外住满一年以上者（包括已入籍、未入籍者）"。这是第一次以联合国的名义明确提出：以在外国居住"一年以上"作为国际移民的标准。[①]

1976 年，应形势需求，联合国经济和社会事务部统计司对上述规定进行了修订，新条例规定：国际移民包括"以长期居留为目的、已经在移入国住满一年以上，并且仍然居住在该国，也包括有意在移入国长期居留但并未连续居住满一年者，或曾经居住过一年以上但目前并不住在该国者"。由于 1976 年的规定太过烦琐，缺乏可操作性，因此，联合国经济和社会事务部统计司于 1977 年对相关规定再次修订，并于 1998 年正式公布了《国际移民数据统计建议》（*Recommen-*

---

① ESCAP, *Expert Group Meeting on ESCAP Regional Census Programme：Country Paper on International Migration Statistics – India*, 2006, p. 2.

dations on Statistics of International Migration，以下简称《1998 建议》)，① 对涉及国际移民的近百个专门术语进行规范与界定，力图使联合国各成员国提交的相关数据具有可比性。虽然国际移民学界的一些专家学者对此仍然持有不同看法，但相关国家统计机构在对国际移民进行统计时，基本依据《1998 建议》的标准。

《1998 建议》对当代国际移民做了简繁等多种不同定义。关于国际移民的简要定义如下：

国际移民系指任何一位改变了常住国的人。但因为娱乐、度假、商务、医疗或宗教等原因而短期出国者，不包括在内。②

作为对以上基本定义的补充，《1998 建议》又将国际移民分为长期移民和短期移民，并进一步界定如下：

长期移民系迁移到其祖籍国以外的另一个国家至少一年（12 个月）以上，迁移的目的国实际上成为其新的常住国。就移出国而言，此人是"长期外迁的国际移民"（long-term emigrant）；就移入国而言，此人则为"长期迁入的国际移民"（long-term immigrant）。③

短期移民系迁移到其祖籍国以外的另一个国家至少 3 个月以上、一年（12 个月）以下。但如果出国的目的是休闲度假、探亲访友、经商公务、治病疗养或宗教朝拜，则不包括在内。④

国际移民组织（International Organization for Migration，IOM）是一个以"服务移民，共同获益"为宗旨、具有一定影响力的以国际移民为关注对象的国际组织。该组织也对国际移民做了专门定义：

国际移民系离开祖籍国或此前的常住国，跨越国家边界，为了定居性目的而

---

① DESASD, *Recommendations on Statistics of International Migration*. Statistical Papers Series M，No. 58，Rev. 1. New York：United Nations，1998.

② DESASD, *Recommendations on Statistics of International Migration*. Statistical Papers Series M，No. 58，Rev. 1. New York：United Nations，1998，p. 17.

③ DESASD, *Recommendations on Statistics of International Migration*. Statistical Papers Series M，No. 58，Rev. 1. New York：United Nations，1998，p. 95.

④ DESASD, *Recommendations on Statistics of International Migration*. Statistical Papers Series M，No. 58，Rev. 1. New York：United Nations，1998，p. 95.

永久性地，或在一定时期内生活于另一国家的人。①

国际移民组织（IOM）特别强调国际移民与社会发展的关系，认为移民与发展在互动中影响着全球化时代的历史进程，并且在人类文明进程中发挥重要作用，因此"当我们探讨'移民与发展'时，我们所指的'移民'是那些不受任何外在因素胁迫、由个人自主做出移民选择的人；不包括那些难民、流亡者或被迫离开家园的人"。②

2017 年，由联合国、国际移民组织（IOM）、世界银行、德国经济合作与发展部、瑞典司法部等多个关注国际移民的机构、团体联合组成的全球移民与发展知识伙伴（Global Knowledge Partnership on Migration and Development，KNOMAD）发布了《促进以发展为宗旨建立和使用移民数据手册》（*Handbook for Improving the Production and Use of Migration Data for Development*）。该手册围绕国际移民数据的搜集提出如下主要建议。③

国际移民系指"改变了本人原常住国的人口"。

【对于认定国际移民的"在移入国居住时间"，各国规定有所不同，分别有三个月、半年、一年等不同要求。该手册参考联合国人口统计部门提出建议】既往 12 个月内至少在移入国连续住满六个月零一天；或，既往 12 个月内除度假和公务旅行外，大多数时间都居住在移入国；或，明确要在移入国居住六个月以上，即认定为国际移民。

【关于国际移民的类型】工作迁移（在移入国工作时长 3 个月以上）；学习迁移（包括留学生、实习生、培训生）；家庭团聚；人道主义迁移（难民）；以及其他各类合法的移民路径（包括因为祖籍血缘关系回归、退休、投资创业，或非法身份合法化）。

比较以上相关机构的定义，我们可以看到关于国际移民定义的三个基本要点：一是跨越主权国家边界；二是在异国居住的时间跨度；三是迁移的目的性。

了解国际移民中存在的不同现象，对国际移民做出比较切合实际的界定，是研究国际移民政策的首要前提。我们认为，"跨越主权国家边界"是界定国际移民最

---

① IOM, *Glossary on Migration*, Geneva：IOM, 2004, p. 33.

② 详见国际移民组织网页"国际移民与发展"专题，http：//www. iom. int/jahia/Jahia/pid/271。

③ Global Migration Group, *Handbook for Improving the Production and Use of Migration Data for Development*, Global Knowledge Partnership on Migration and Development（KNOMAD）, World Bank, Washington D. C. , 2017.

重要的基本原则，虽然文化边界对移民的生存方式、自我认同具有一定影响，但主权国家政治边界的作用却不是文化边界所能替代或超越的。因此，综合联合国、国际移民组织（IOM）等权威机构的相关定义及说明，并结合自身长期研究经验，笔者对本书的研究对象——国际移民做如下界定：

> 跨越主权国家边界，以非官方身份在非本人出生国居住一年以上，或，既往一年内绝大多数时间居住在移入国，即为"国际移民"。他们可能在迁移后加入新的国家的国籍；也可能仍然保持原来国家的国籍，仅持有效居住证件在异国居住；还有些人则可能同时持有多个国家的国籍。这是一个跨越国家政治边界生存的特殊人群。

第二次世界大战后，风起云涌的民族独立运动开创了人类历史发展的新纪元，也改变了国际移民的结构与趋向。当今世界的国际人口迁移较之历史上任何时期都呈现出更加多样化的状态。随着跨国迁移的目的、原因、路径在新形势下发生的诸多新变化，当今国际移民也呈现出多种不同类型。

如果以迁移的数量为准，可区分为个别迁移、小群体迁移、大规模迁移等；如果以迁移的距离为准，可区分为短程迁移、长途迁移，或跨洋迁移、洲际迁移等；如果以迁移的动机为准，可区分为生存性迁移、发展性迁移，或自愿迁移、被动迁移等；如果以法律角度衡量，可区分为合法迁移、非法迁移，或正规迁移、非正规迁移等；如果以时间为准，可区分为短期迁移、长期迁移，或临时迁移、永久迁移等；如果以迁移者的身份为准，可区分为独立迁移、依附迁移，或工作迁移、家庭团聚迁移、避难迁移、投资迁移、学习迁移等。

还必须指出的是，以上各种不同类型的迁移可能相互转化。以留学生为例，出国留学属于学习迁移，因为迁移者所持乃学习签证，仅在持有者本人正式在校学习期间有效，学习期满后就必须离境。但是，不少学生在完成学业后，通过进入当地就业市场正式就业，随之也就顺理成章地从学习迁移转变为工作迁移。又如，为工作目的而到异国务工的劳动者，在工作期间与当地国人恋爱结婚，就可能从工作迁移转而申请团聚迁移，以当地国公民的外籍配偶身份，正式移民该国。

了解当今国际移民基本状况及发展趋势，是我们解读国际移民政策法规的必要知识准备。根据本部分内容写作时所能获取的由联合国经济和社会事务部公布的最新资讯，2020 年全世界国际移民总人数约为 2.81 亿，其绝对人数超过了既往任何时代。

根据联合国经济和社会事务部在线数据库公布的资料，从 1990 年到 2020 年的 30 年间，全球国际移民总人数已经从 1990 年的 1.53 亿增长到 2020 年接近 2.81 亿，绝对人数增长约 1.28 亿,国际移民在同期全球总人口中所占比例也从 1990 年的 2.9% 上升到 2020 年的 3.6%。与此相应,无论是发达地区或欠发达地区,国际移民人口总量同期也都呈现稳步上升的总体趋势(见表 1-1、表 1-2)。21 世纪是"移民的世纪"(the age of migration)业已成为国际移民学界的基本共识。

表 1-1 国际移民人口总量 (1990—2020)

地区	1990 年	1995 年	2000 年	2005 年	2010 年	2015 年	2020 年
世界范围	152 986 157	161 289 976	173 230 585	191 446 828	220 983 187	247 958 644	280 598 105
发达地区	82 767 210	92 935 093	103 962 010	116 678 357	130 562 258	140 394 479	157 253 443
较不发达地区	59 158 726	56 673 106	59 204 627	64 976 460	79 989 053	94 124 050	107 159 937
最不发达地区	11 060 221	11 681 777	10 063 948	9 792 011	10 431 876	13 440 115	16 184 725

资料来源:联合国经济和社会事务部人口委员会 (United Nations Department of Economic and Social Affairs, Population Division 2020);*International Migrant Stock 2020* (United Nations database POP/DB/MG/Stock/Rev. 2020)。

还值得注意的是,通过跨国迁移改善个人的生存状况、实现个人的理想,是众多普通民众走上移民道路的基本动因,因此,经济收入高、就业机会多、社会福利好的国家,自然具有强烈的吸引力。从 1990 年到 2020 年的 30 年间,北美国家接纳的外国移民数从 2 760 万增加到 5 870 万,欧洲同期也从 4 960 万增加到 8 670 万,因此发达地区国际移民在同期总人口中的比例从 1990 年的 7.2% 上升到 2020 年的 12.4%,即平均每 9 人中几乎就有一人是国际移民(见表 1-2)。

表 1-2 国际移民人口总量在同期总人口中的比例

单位:%

地区	1990 年	1995 年	2000 年	2005 年	2010 年	2015 年	2020 年
世界范围	2.9	2.8	2.8	2.9	3.2	3.4	3.6
发达地区	7.2	7.9	8.7	9.6	10.6	11.2	12.4
较不发达地区	1.6	1.4	1.4	1.4	1.6	1.8	2.0
最不发达地区	2.2	2.0	1.5	1.3	1.2	1.4	1.5

资料来源:联合国经济和社会事务部人口委员会 (United Nations Department of Economic and Social Affairs, Population Division 2020);*International Migrant Stock 2020* (United Nations database POP/DB/MG/Stock/Rev. 2020)。

就国际移民在各大洲的分布比例而言，在既往30年内，北美洲增加较为显著。北美洲移民在全球移民中占比从18%增至20.9%；大洋洲占比略有上升；而欧洲、非洲、亚洲的移民人数虽然总量增加，但在全球移民中所占的相对比例则呈现下降趋势（见表1-3）。

表1-3 国际移民地区分布与发展趋势（1990—2020）

地区	国际移民人数（百万人）		增加数（百万人）	国际移民分布比例（%）	
	1990年	2020年	1990—2020年	1990年	2020年
世界范围	153.0	280.6	127.6	100.0	100.0
发达地区	82.8	157.3	74.5	54.1	56.0
较不发达地区	59.2	107.2	48.0	38.7	38.2
最不发达地区	11.1	16.2	5.1	7.2	5.8
非洲	15.7	25.4	9.7	10.3	9.0
亚洲	48.2	85.6	37.4	31.5	30.5
欧洲	49.6	86.7	37.1	32.4	30.9
拉美与加勒比地区	7.1	14.8	7.7	4.7	5.3
北美洲	27.6	58.7	31.1	18.0	20.9
大洋洲	4.7	9.4	4.7	3.1	3.3

资料来源：联合国经济和社会事务部人口委员会（United Nations Department of Economic and Social Affairs, Population Division 2020）；*International Migrant Stock 2020*（United Nations database POP/DB/MG/Stock/Rev. 2020）。"增加数"和"国际移民分布比例"系笔者根据原表数据统计制表。

就国际移民流动的主流向而言，目前世界上存在相对明显的五大国际移民主通道，全球将近一半（45.7%）的国际移民都行走于这五大通道。依据联合国经济和社会事务部于2019年9月在《人口实况》中公布的数据，这五大国际移民通道依次包括：欧洲内部跨国流动（15.4%）；从拉美与加勒比地区向北美流动（9.8%）；北非和西亚地区内的跨国流动（7.0%）；从中亚和南亚向北非和西亚流动（6.8%）；在撒哈拉以南非洲内部跨国流动（6.7%）（见表1-4）。

表 1 - 4　当代国际移民流动的五大通道

移出地	移入地	总量（百万人）	占比（%）
欧洲	欧洲	41.9	15.4
拉美与加勒比地区	北美	26.6	9.8
北非和西亚	北非和西亚	18.9	7.0
中亚和南亚	北非和西亚	18.5	6.8
撒哈拉以南非洲	撒哈拉以南非洲	18.3	6.7
总计		124.2	45.7

资料来源：联合国经济和社会事务部，《人口实况》（Population Facts）（2019 年 9 月），http://creativecommons. org/licenses/by/3.0/igo/。

国际移民人口总量及地区分布的发展趋势，是探讨相关国家国际移民政策法规制定、修订及实施的重要背景。

二、国际移民政策法规基本范畴

国际移民的主要特征是跨越主权国家边界的流动，由于移民大多带有与生俱来的生态基因，烙印着其完成社会化过程中储存的社会记忆，不少还受其祖籍国政治、文化的影响，因此，各相关国家政府无不高度重视以本国利益为主导，以主权国家的法律法规为戒尺利器，规范跨境移民的流向和规模。移出国希望从本国走出去的移民勿忘乡情亲情，既能通过迁移为自己谋得更好发展，同时亦为自己留在祖籍国的亲人乃至祖籍地、祖籍国做出力所能及的贡献。反之，移入国政府则希望迁移入境的外来移民能够完全融入移入国社会，忠诚于移入国，成为移入国的合法公民，为移入国发展做贡献。当移出国和移入国之间处于和平友好关系时，移民或可在祖籍国与入籍国之间谋得平衡发展，甚至"左右逢源"；然而，倘若双方国家遭遇矛盾甚至冲突，移民就可能"左右不是人"，而相关国家的政策也可能进一步将移民置于尴尬痛苦的境地。

国际移民政策法规的制定与运作需要遵循两大基本原则：尊重国家主权、尊重移民人权。国际移民政策虽然基本由主权国家自行制定，但因为其所指向的是一个跨境流动的客体，其运作范围必然超出单一主权国家之外，具有规范国际社会秩序的重要功能，因此也就在一定程度上具有国际政治的意义。地球是人类的共同家园，迁徙自由是人的基本权利，然而，在民族国家时代，"地球村"仍然只是一个文学话语，至多还可能是一个基于技术层面的想象，"全球资源的合理

有效共享"至少在现阶段仍然是水中月、镜中花。当今世界仍然是由政治、经济、文化迥异的一个个独立的利益共同体组成的国际社会，各国政府无不以维护本国主权与领土完整、保护本国国民利益为至高无上的神圣职责。因此，全球化趋势下主权国家的利益维护与基本人权意识的增强，构成不同国家国际移民政策博弈的大背景。

国际移民政策法规的具体内涵，可以区分为制约本国国民跨境外迁及接纳非本国国民跨境移入两大部分。世界各国政府制定的移民政策法规，包括对移民的出入境权利、规模流向、民族地域构成、福利权益等进行规范管理。虽然不同国家的移民政策法规各有不同，但基本结构是共同的，即包括公民出境、入境、定居、入籍、遣返的基本条件与处理程序。

就本国国民而言，国际移民政策法规的内涵主要包括：确认本国国民可以移居他国的基本权利，规定本国国民不得出国的特殊限制，保护本国在外国生活之移民的基本权益，确认本国在外国民回归祖籍国的权利，保护其在祖籍国的基本权益等。

就入境外国移民而言，国际移民政策法规则主要包括：制定允许外国人迁移入境（或过境）的基本条件，确认合法外国移民在本国生活工作的法律地位；确定外国移民入籍本国的基本条件，驱逐非法入境的外国人，或当突发性战争或大规模自然灾害发生时，如何处置突然跨国涌入之大量难民的特殊问题等。

国际移民政策的基本指向是国家的边境管理、签证发放、国籍获得及与之相关的外来移民在本国境内所应享有的公民权益。以国际移民群体的社会进程为基准，国际移民政策可以分为以边境线为界的出入境控制，以及移民入境后的社会管理两个阶段。前一阶段主要是身份确认、准出或准入审核及相关的证件发放，是时限相对短暂的一次性过程；而后一阶段则涉及移民的安居、谋生、教育、认同、归化、福利乃至移民后代的权益及发展，是一个漫长的、复杂的社会过程。因此，就国际移民个体而言，在其跨境迁移、生存、发展的生命历程中，完全可能经历不同的政策时代，需要应对不同政策的影响，同时也承受不同政策的社会后果。

国际移民政策的适用范围，主要是跨国迁移的人群及其亲属，包括已经迁移的和潜在的计划迁移的人群及其亲属。这是一个动态变化的群体，总量及构成都可能处于不断变化之中，近半个世纪来所表现的是一个不断增长的趋势。移民群体既要接受移出国移民政策的制约，更要接受移入国移民政策的管辖，有时还需要遵从于过境国的相关移民政策。因此，移民政策的外延是比较宽泛的，由一个主权国家政府制定的国际移民政策，除了对其本国国民具有管辖权之外，更多的是指向从其他国家进入本国的"外来者"（the outsiders）或曰"他者"（the others）。

本书的研究对象是国际移民政策法规，包括政策与法规两大组成部分。政策与法规既有关联，又有区别。

立法是创制新法、修改或废止旧法的专门活动，由国家专门机关遵循掌握国家政权的社会集团的意志，根据一定的指导思想和基本原则，依照法定的权限和规范的程序，将某一特定目标上升为国家意志的过程。就立法角度而言，国际移民法又被简称为"出入境管理法"，是由主权国家制定的专门处理本国公民与外国公民出入本国国境、在本国居留等相关活动的法律法规的总和。由于移民法侧重于规定主管机关如何审查本国公民和外国公民出入境的法定条件，向其颁发出入境证件，审批其居留期限及其归化入籍申请等法律手续，因此各国法学界通常将移民法列为"程序法"之一。[①] 出入境管理法作为国家法，其国家意志属性明确，由国家强制力保证实施，具有普遍的约束力和比较长期稳定的时效性。

国际移民政策是主权国家政府公共政策的组成部分，它由政府制定、发布和实施，旨在对国际移民事务进行有效管理，以使国际移民流动能够在最大程度上有利于本国利益。与法律相比，政策具有更大的灵活性。法律必须严谨缜密，不能有歧义，立法活动只能由拥有立法权的专门国家机关进行，有一整套严格的程序，其结果必须由法律的规范性文件公布。但政策则不然。相对而言，政策可能就某一个宏观问题给出一个指导性的基本原则，也可能就某一微观现象给出一个具体办法；政策的发布渠道可以多种多样，它可能是由最高领导正式签署下达的官方文件，也可能只是以某一权力机构的决议、通知、纪要的方式公布，甚至可以通过由拥有一定权力地位的高层领导人发表讲话的方式发布。因此，无论是政策的制定者或执行者，都拥有比较宽泛的解释权，相对更具弹性的运作空间。

就国际移民专题而言，受国际大环境及潜在移民所在国自身政治、经济生态等多重因素影响，移民群体一直处于不断变动之中，因此，国际移民政策与国际移民法密切相关，相辅相成，既可以是移民法制定的指导性原则，也可能是正式移民法的细化或补充。移民政策不可能脱离移民法而孤立存在，而移民法亦往往是在相关政策实施一段时期之后再以立法形式确立完善。鉴于移民法与移民政策之间的交叉性与互补性，本研究以国际移民政策法规为研究对象，力图结合实证检验，探讨国际移民政策法规制定或修订的背景和原因，剖析其实质和目标，评估其运作的绩效成败，梳理其已经产生及可能产生的各种影响。

---

① 翁里：《国际移民法理论与实务》，北京：法律出版社，2001 年，第 20 – 21 页。

三、本书基本框架

伴随着势不可挡的全球化进程，国际移民迅速增长，并成为各国人口、经济、政治、社会、文化等方方面面一个引人注目的社会现象，在此大背景下，相关国家不断制定、修正的国际移民政策法规，是各国政府以本国利益为主导，力图对人口跨境流动进行全面选择、有效管理的制度性建构。

本书以国际移民政策法规为主要研究对象，全书共由 17 个篇章组成。第一章系全书之开篇，主要介绍本书研究要旨，界定主要研究范畴，描述当今国际移民潮流之概貌，并着重评介国际移民政策法规之内涵、外延与关联。

本书主体共 15 个篇章，选择当今世界受国际移民影响较为显著的 15 个国家为个案，由对相关国家有研究专长的学者分别梳理其移民历史脉络，剖析移民政策法规之演变，评述移民及移民政策法规之社会效应，并关注相关政策法规对该国华侨华人的影响。此 15 章的作者主要来自暨南大学、厦门大学等高校，均为多年从事华侨华人研究的学者。这些作者分别以自己多年研究的主要对象国为个案，在研究积累的基础上完成相关篇章的写作。

需要补充说明的是，有些重要的移民外迁国如墨西哥，有些重要的移民接纳国如阿联酋，由于未能联系到对这些国家术业有专攻的学者，故而没能如愿将这些国家的移民政策法规研究纳入本书个案研究的框架内，是为遗憾。如此空缺只能留待日后再做补充了。

本书最后一章以"比较视野下的思考"为结语，力图在主体篇章提供个案分析的基础上，综合梳理、比较相关国家移民概况。通过勾勒该 15 国国际移民政策法规之要点，剖析可资参考、借鉴之经验教训，进而结合当今世界发展的总体态势及其他若干相关国家的资讯，融入对于中国当前国际移民现状及如何进一步完善相关政策法规之思考。

第二章　印度尼西亚移民政策法规①

20 世纪 90 年代以来，随着全球化不断深化，人口跨国流动更加频繁。为了更好地利用移民和跨国人口流动带来的资金、技术和劳动力资源，许多国家制定或修改了相关领域的法律法规，以更好应对全球人口流动与迁移带来的机遇和挑战，印度尼西亚（以下简称"印尼"）就是其中之一。作为亚太地区的难民中转站，为了国家与地区的稳定，本着人道主义精神，印尼也制定了相应的难民政策，以应对地区难民危机带来的冲击。本章聚焦于 20 世纪 90 年代以来的印尼婚姻移民政策、外籍劳务人员法律规定、印尼接纳与安置难民政策、印尼外劳保护法律以及 2006 年颁布的新国籍法，关注 2020 年新冠肺炎疫情全球暴发以来印尼的出入境政策，以及对印尼海内外劳工的影响，考察当代印尼移民法律与国籍政策的发展、演变及实践。

一、印尼婚姻移民政策的调整

全球化时代的跨国婚姻愈发普遍，以婚姻进行跨国迁移成为当今移民潮的重要方式之一。印尼政府近年来在修改移民法规时，为应对印尼公民跨国婚姻人数增加的情况，对婚姻移民政策也进行了修订。根据 2011 年第 6 号移民法对跨国婚姻的规定，与印尼公民合法结婚的外籍人员可获得限期居留许可证（Izin Tinggal Terbatas，ITAS），申请者结婚两年之后，签署《印度尼西亚共和国政府的归化声明》（Declaration of Integration），即可获得永久居留许可证（Izin Tinggal Tetap，ITAP）。合法跨国婚姻夫妻的子女，18 岁以下且未婚的也可获得永久居留许可证。满 18 岁后可自由选择国籍。若与印尼公民合法结婚的外籍人员因离婚或被法院判决婚姻无效，其永久居留许可证将被吊销；法律严惩为获取印尼居留许可进行假结婚的外籍人员，此类人员将被处以 5 年监禁和 5 亿印尼盾以下的

① 本章执笔者宋晓森、施雪琴。宋晓森，厦门大学国际关系学院/南洋研究院博士研究生，研究领域为国际移民、东南亚历史文化与社会；施雪琴，厦门大学国际关系学院/南洋研究院教授，研究领域为东南亚历史文化与社会。在资料收集过程中，得到许婷婷、王世圆（Surinah）的帮助，在此一并致谢。

罚款。①

印尼跨国婚姻辅导组织（Tim Advokasi Perkawinan Campuran）② 在该移民法颁布后不久，就对其中"跨国婚姻移民条例"进行解释说明：跨国结婚的夫妇刚刚在国外结婚，或已经在国外居住一段时间，如果想要回到印尼居住，其外籍配偶一方应持临时居留签证入境印尼，之后再申请限期居留许可证；在印尼居住满2年，签署归化声明之后便可获得永久居留许可证。跨国婚姻中生养的子女，年满18岁后，即使选择了外国国籍但仍在印尼居住的，也可立即获得永久居留许可证。通过跨国婚姻获得的永久居留许可证持有者，需要每5年向移民局报到一次③。该组织关注新移民法中跨国婚姻移民的相关条例，对常见问题进行解答，以此指导跨国婚姻中的外籍人员进行移民申请和办理。

在新移民法颁布前，外籍配偶方需每年更新临时居留许可证，申请永久居留许可证也面临诸多困难，对生活造成极大不便，而新法的颁布则简化了永久居留许可证的申请，因此跨国婚姻的夫妻尤其欢迎新法。新移民法于2011年4月7日颁布，规定自颁布之日起生效，但根据2011年7月印尼法律人权部移民总署信息系统主管埃尔温·阿齐兹（Erwin Azis）接受采访的新闻报道，由于没有实施细则的指导，该法在印尼各地实践仍有差异，许多印尼跨国婚姻中的外籍配偶仍然无法申请获得永久居留许可证④。直到2013年4月16日，印尼政府2013年第31号条例《关于印尼新移民法的实施细则》颁布，该实施细则详细说明了跨国婚姻中外籍配偶一方在申请居留许可证时应该递交的材料。如第142条第（2）款b点，跨国婚姻外籍配偶方申请限期居留许可，需要提交材料：①印尼籍配偶方申请书；②有效护照；③户籍证明；④结婚证复印件；⑤由国内登记处出具的《在外国结婚婚姻报告证明》复印件；⑥印尼籍配偶方有效的居民身份证复印件；⑦印尼籍配偶方亲情卡复印件。根据第153条第（3）款e点规定，结婚2年之后，外籍配偶申请永久居留许可，需要提交材料：①印尼籍配偶方申请书；②结婚证复印件；③由主管机关出具的《在外国结婚婚姻报告证明》复印件；

① Law of the Republic of Indonesia Number 6 of 2011 Concerning Immigration, http：//www. imigrasi. go. id/phocadownloadpap/Undang – Undang/uu%20nomor%206%20tahun%202011%20 – %20%20english%20version. pdf.

② 这一非政府组织成立于2008年4月29日，旨在为印尼跨国婚姻实践者提供生活相关的重要法律法规信息，保护跨国婚姻者的权益。该组织网址为 https：//www. percaindonesia. com/。

③ FAQ About the New Immigration, https：//www. expat. or. id/info/FAQ – NewImmigrationLaw – April2011. doc.

④ Indonesia：Implementation of New Immigration Law Delayed, http：//www. loc. gov/law/foreign – news/article/indonesia – implementation – of – new – immigration – law – delayed.

④印尼籍配偶方有效的居民身份证复印件；⑤印尼籍配偶方的亲情卡复印件；⑥《身份转变决定书》。① 该实施细则的颁布使得外籍配偶可以依规申请，管理人员也可以依规办理。

二、印尼关于外籍劳务人员居留政策的修订

作为发展中国家和东南亚经济总量最大的国家，印尼的交通、教育、医疗卫生等各方面基础设施建设尚不完善，故通过投资方式和高技术获取移民资格的外籍人员并不在多数，更多人选择在印尼进行短期或长期的工作。这些外籍劳务人员分为高技术劳工、低技术劳工或非技术劳工，前者指掌握一定专业技能的人员，包括跨国企业的经营管理人员、投资者、建筑师、工程师、医生等，以专业技术和知识获取报酬；后者指在制造业或服务业中，知识水平较低，以出卖劳力获取报酬的外籍人员。印尼属于高人口增长率和高失业率国家，政府劳务政策旨在保护本国劳动力，解决就业问题，限制外籍劳工，在优先录取本国专业人员的前提下，允许外籍专业人员申请工作许可证和相应的居留签证在印尼工作。

所以，印尼政府在外籍劳工引进方面有较为严格的规定，根据 2003 年关于劳工的第 13 号总统法令规定，外籍劳工在取得部长批准后方能在印尼工作，而且仅限部长决议书规定的特定工作岗位和期限。未经批准在印尼工作的，处以 1 年以下监禁和最高 1 亿印尼盾罚款。企业使用外籍劳工，应当取得部长批准，并且需要向部长或指定官员提交包括以下信息在内的外籍人员任用计划书：需要外籍人员的原因、外籍人员在企业结构中的职位、外籍人员的具体工作时间安排、外籍人员的印尼员工助理协定（方便印尼员工向外籍人员学习技术和经验）。未经批准雇佣外籍劳工的企业，处以 2 年以下监禁和最高 2 亿印尼盾罚款。此外，雇佣外籍劳工的企业须按所雇佣外籍劳工数量，每人每月缴纳 100 美元的职业训练基金作为印尼当地员工的职业培训费用。②

印度尼西亚共和国 2011 年第 6 号移民法以及针对该法的法律解释对进入印尼的外籍务工人员取得签证条件和类型进行了详尽规定，根据法律解释第 38 条，从事以下工作的外籍人员可申请获得访问签证：①提高产品质量和设计，加强印尼与国外市场合作而提供技术应用与革新的咨询、扩展及培训工作；②紧急工作；③参与印尼总部或办事处举办的会议；④在印尼的子公司进行审计、产品质

---

① Government Regulation of the Republic of Indonesia Number 31 of 2013，http：//www.imigrasi.go.id/phocadownloadpap/PeraturanPemerintah/pp%2031%20th%2013%20english%20version.pdf.

② 杨眉主编：《印度尼西亚共和国经济贸易法律指南》，北京：中国法制出版社，2006 年，第 117 － 118 页。

量监测及检查工作；⑤进行工作能力测验。第 39 条指出，以下外籍务工人员可申请获得限期居留签证：①在印尼经商投资；②在印尼群岛海域、领海、大陆架和专属经济区的船只、浮动设备上工作；③对在印尼的商品或产品质量进行检测；④对在印尼的子公司进行检查和审计；⑤进行售后服务；⑥安装和维修机器；⑦进行建筑领域非永久性的工作；⑧进行工作技能测验。① 对于在印尼进行投资的外籍人员及外籍专家，入境印尼后可由担保人提交申请，将访问签证转换为居留许可证；而在印尼群岛海域、领海、大陆架和专属经济区的船只、浮动设备上工作的外籍人员在特殊情况下可豁免签证；在印尼境内的外籍董事会成员及法人代表以及投资人员可申请获得印尼永久居留许可证。

这些法律条款体现了印尼政府对相关企业和外籍人员招募的严格规定与限制，而面向企业高层管理人员和外来投资者的永久居留许可证政策，则体现了印尼对国外先进管理技术和外资的欢迎态度。

随着外籍劳工涌入，专业技能与职业素养较低的印尼本地劳工面临失业风险。根据印尼中央统计局数据，近 10 年的印尼失业率在 6%～10%，超过了国际警戒线②；2009 年底印尼的外籍劳工人数只有 59 577 人，到 2011 年底已达到 77 300 人，增加近 30%。③ 在印尼工作的外籍人员多担任企业中高层职位，如在工程、贸易、通信、油气、矿产等企业担任顾问、管理、总监、技术支持等。印尼中央银行研究显示，2009 年在印尼工作的外籍人员中，30% 担任经理人，23% 担任主管，印尼受教育阶层也存在较高的失业率。④ 针对这一现象，印尼劳工和移民部（Ministry of Manpower and Transmigration）部长穆海敏·伊斯干达尔（Muhaimin Iskandar）于 2012 年 2 月 29 日签署了《关于禁止外籍劳工出任职务的决定书》，该决定书禁止外籍劳工出任企业首席执行官及 18 种人力资源相关的中高级职务，且该决定书不设过渡期，即日生效。⑤ 这一决定的颁布，直接导致印尼外籍劳工数量下降。据印尼劳工和移民部统计，2012 年全国外籍劳工数量降

---

① Law of the Republic of Indonesia Number 6 of 2011 Concerning Immigration，http：//www. imigrasi. go. id/phocadownloadpap/Undang – Undang/uu% 20nomor% 206% 20tahun% 202011% 20 – % 20% 20english% 20version. pdf.

② Badan Pusat Statitiks，http：//www. bps. go. id/linkTabelStatis/view/id/973.

③ 《外籍劳工人数近两年增 30%　印尼政府将设法控制增长照顾本国劳工利益》，中国—印尼经贸合作网，http：//www. cic. mofcom. gov. cn/ciweb/cic/info/Article. jsp？a _ no = 290118&col _ no = 466&dir = 201203。

④ Balance of Payment Bureau，Directorate of Economic and Monetary Statistics，Bank Indonesia，Report on National Survey on Foreign Workers in Indonesia 2009，http：//www. bi. go. id/en/publikasi/lain/lainnya/Documents/aacfafb73b1e46c5a691e1dfffcf9fc8SurveiTKAInggris. pdf.

⑤ 《印尼移民部新规定禁止外国人出任 CEO 及 18 种职务》，中国新闻网，http：//www. chinanews. com/hr/2012/03 – 12/3736636. shtml，2012 年 3 月 12 日。

至 7.24 万人，同比减少 6%①；随后两年，外籍劳工数量逐步降至 6.9 万人。

2015 年，印尼政府仍在出台政策法规，加大对外籍劳工的限制。时任印尼劳工和移民部部长哈尼夫（Hanif Dhakiri）透露，劳工和移民部正在修改相关法规，试图要求在印尼工作的外籍人员必须通过印尼语测试②；2015 年 7 月 10 日，印尼劳工和移民部施行"第 16 号条例"，此条例规定雇用外籍劳工的企业需要将外籍劳工与印尼当地劳工的比例保持在 1∶10 以下（之前比例是 1∶5）。③ 此条例同时规定，赴印尼进行短期或临时工作的部分外籍人员，也需由企业为其申请临时工作许可证。严苛的条例引起投资者和高层管理人员等外籍人员的强烈不满，印尼劳工和移民部部长迫于压力，对条例进行修改，于 10 月 23 日签署了第 35 号部长决议，取消了 1∶10 的比例，缩减了需要办理临时工作许可证的外籍人员范围。④

自 20 世纪 90 年代以来，印尼政府对外籍劳工的法令政策不断进行修改和变更，但印尼的失业率仍然较高。面对国内较大的就业压力，印尼政府虽然修订相关法规，为国内紧缺的外籍劳工签证和居留证的申请与批准提供便利，但政策仍以收紧外劳为主，对中高级技术和管理人员进行严格限制，以此缓解国内就业压力。在 G20 国家中，印尼外来移民的劳参率⑤仅为平均值的 80% 左右（见表 2 - 1）。

外来移民与本地人口的就业不平等也体现在教育文化水平等方面。表 2 - 1 中的 18 个国家和地区中，英国、美国移民群体的受教育程度超过本地平均水平；在欧盟国家劳动者中，受过高等教育的移民与本地人口比例持平，均为 29%；移民群体中，受教育程度较低的劳动者比例（34%）与受过高等教育的劳动者比例（32%）接近，但前者面临更大的失业风险。⑥

---

① 《印尼政府收紧外籍劳工政策》，中国驻印度尼西亚经商参处，http：//id. mofcom. gov. cn/article/jjxs/201312/20131200444800. shtml，2013 年 9 月 18 日。

② 《印尼劳工部拟规定：在印尼工作的外国人必须懂印尼文》，中国经济网，http：//intl. ce. cn/specials/zxgjzh/201501/19/t20150119_4376697. shtml，2015 年 1 月 19 日。

③ Major Changes Made to Indonesian Regulations for Employing Foreign Nationals，http：//www. santaferelo. com/news – and – blog/Major – changes – made – to – Indonesian – regulations – for – employing – Foreign – Nationals.

④ Amendment Foreign Worker Regulation 16 of 2015—Legal Update Indonesia，http：//www. indonesia - investments. com/nl/news/news – columns/amendment – foreign – worker – regulation – 16 – of – 2015 – legal – update – indonesia/item6105.

⑤ "劳参率"全称为劳动力参与率（labor participation rate），是经济体中劳动力活跃度的一个指标，用以衡量人们参与经济活动的状况。这一数据是实际劳动力人口（包括就业人口和在积极寻找工作的失业人口）与潜在劳动力人口（劳动年龄人口减去因智力或身体原因丧失劳动能力的人）的比率。详见陆铭、梁文泉著，陈昕主编：《劳动和人力资源经济学：经济体制与公共政策》（第二版），上海：格致出版社、上海人民出版社，2017 年，第 21 页。

⑥ 2019 International Migration and Displacement Trends and Policies Report to the G20，pp. 14 - 15.

表 2 - 1　2018 年以来部分 G20 国家外来移民和本地人口的就业统计①

外来移民劳参率排名	国家/地区	外来移民			本地人口		
		失业率（%）	就业率（%）	劳参率（%）	失业率（%）	就业率（%）	劳参率（%）
1	南非	17.7	64.0	83.1	30.8	38.3	65.1
2	加拿大	6.4	72.3	77.3	5.7	74.4	78.9
3	英国	4.8	73.6	77.3	4.0	74.8	78.0
4	沙特阿拉伯	0.6	76.2	76.7	11.9	37.5	42.5
5	澳大利亚	5.5	72.0	76.2	5.4	74.9	79.2
6	俄罗斯	7.8	69.0	74.9	8.9	67.0	73.6
7	阿根廷	8.1	68.6	74.6	8.9	62.1	68.2
8	韩国	4.6	70.9	74.3	4.0	67.3	70.1
9	美国	3.5	71.6	74.2	4.1	69.2	72.2
10	欧盟 28 国	10.6	66	73.8	6.5	68.9	73.7
11	德国	6.1	69.3	73.7	3.0	77.3	79.7
12	日本	5.4	69.6	73.5	4.4	73.2	76.5
13	意大利	13.4	61.2	70.7	10.3	58.1	64.8
14	巴西	4.8	66.2	69.5	11.1	61.1	68.7
15	法国	14.7	58.5	68.5	8.3	66.4	72.5
16	印尼	10.4	52.9	59.1	11.0	63.8	71.7
17	土耳其	11.7	48.2	54.6	10.6	52.4	58.6
18	墨西哥	3.9	52.2	54.4	3.4	61.5	63.7
G20 国家平均		7.7	66.0	71.9	9.1	61.8	68.3

三、印尼的难民接收与安置政策

1951 年 7 月 28 日联合国通过的《关于难民地位的公约》中，将难民定义为"因有正当理由畏惧由于种族、宗教、国籍、属于某一社会团体或具有某种政治见解的原因留在其本国之外，并且由于此项畏惧而不能或不愿受该国保护的人；

---

① 表格数据来源：*2019 International Migration and Displacement Trends and Policies Report to the G20*，p. 14.

或者不具有国籍并由于上述事情留在他以前经常居住国家以外而现在不能或由于上述畏惧不愿返回该国的人"①。作为当代另一种重要的跨国流动人口，难民影响着相关国家和地区的稳定，也考验着有关国家的人道主义精神。由于局部地区的战争与冲突、宗教迫害和气候等问题，全球难民人数呈上升趋势。截至2021年底，全球难民数量2 130万人，相较十年前1 050万人的难民数量翻倍②。

印尼的地理位置使其在难民的救济与安置中扮演着重要角色，印尼的难民安置政策形成于1975—1979年。这一时期，大约有20万印支难民被安置在如印尼等中转第三国，到1979年，印尼仍有4.3万来自越南和柬埔寨的"船民"，联合国难民署承担这些难民在印尼加朗岛难民中心的食物、教育和健康医疗费用。1996年，这些难民陆续离开后，加朗岛难民营又迎来了向联合国难民署申请前往印尼庇护的阿富汗和伊朗难民。中东战乱使得越来越多的中东难民来到印尼避难，寻求前往澳大利亚的机会。1996—2013年，大约有5.8万名避难者借道印尼前往澳大利亚；2013年7月，澳大利亚宣布拒绝安置在巴布亚新几内亚马努斯岛和瑙鲁的难民前往澳大利亚寻求庇护；2013年9月，在边境进行军事化行动之后，澳大利亚开始将海上难民遣送到印尼、越南和斯里兰卡，这些政策使得希望乘船经印尼前往澳大利亚的难民数量减少。

自印支难民来到印尼，印尼政府认为本国是中转站而不是移民目的地国家，因此不提供永久的难民保护。由于缺乏适当的法律框架和相关难民政策，印尼拒绝承认难民的社会、经济和文化等权利，将应对难民的责任让渡给如联合国难民署、国际移民组织等第三方机构。印尼还不是《联合国难民公约》的签署国，在印尼的社会和经济活动中，难民群体仍然面对各种限制③。尽管印尼的难民安置制度并不完备，但仍然有源源不断的难民前往印尼，包括阿富汗和巴基斯坦的

① 《关于难民地位的公约》序言，联合国公约与宣言检索系统，https：//www.un.org/zh/documents/treaty/files/OHCHR-1951.shtml。

② *UNHCR Global Trends 2021*，p.12，https：//www.unhcr.org/62a9d1494/global-trends-report-2021.

③ Antje Missbach，Wayne Palmer，*Indonesia：A Country Grappling with Migrant Protection at Home and Abroad*，https：//www.migrationpolicy.org/article/indonesia-country-grappling-migrant-protection-home-and-abroad.

哈扎拉（Hazara）少数族裔以及近年的缅甸罗兴亚人①。2015 年安达曼海危机②是罗兴亚难民的典型事件。印尼在亚齐省建立临时庇护中心，收容附近海域救助的罗兴亚人，印尼总统佐科下令印尼海军在本国海域搜救偷渡船只，同时呼吁国际社会向印尼资助船民收容的费用③。

印尼法律对难民问题相关的人权问题有个别规定，如 1999 年印尼第 39 号法令规定"每个公民都有前往他国寻求政治庇护的权利"。作为东盟的主要成员国之一，印尼也积极遵守《东盟宪章》。印尼政府出于人道主义精神，选择在本国宪法和法律基础上，根据《东盟宪章》及国际法的相关规定采取必要的行动措施来解决难民问题。

首先，印尼政府对入境印尼以及附近海域滞留的难民提供相应的庇护及救助。2015 年，联合国难民署发布的《东南亚的非常规海上活动》报告显示，当年第一季度，约有 2.5 万人从孟加拉湾偷渡，约为 2014 年同期的两倍，预计有 300 人在偷渡活动中丧生④；大量孟加拉国和缅甸难民涌入印尼和马来西亚，同时还有 6 000 ~ 8 000 名难民滞留在东南亚海域。2015 年 5 月 20 日，在马来西亚布城，印尼、泰国和马来西亚三国外交部部长就非法移民问题进行会谈，发布联合声明表示印尼和马来西亚愿意提供庇护所，为滞留海上的难民提供临时庇护。在此之前，印尼政府已在亚齐北部和东部以及棉兰等地设立了难民临时庇护所，为难民提供食品、医疗卫生等方面的帮助。总统佐科也下令相关部门与国际组织协作，在印尼水域及公海展开搜救行动，为难民提供必要援助。⑤

其次，印尼同国际移民组织合作，解救劳工贩卖中的受害者。在亚洲，人口买卖的犯罪案件不断增加，除了针对妇女和儿童的拐卖，也有面向男性劳动力的拐骗案件，人口犯罪成为国际移民组织和各国政府持续应对的挑战。2014 年，印尼官方同国际移民组织在缅甸和印尼的人员开展联合行动，在印尼海域从一艘

---

① 罗兴亚人（Rohingya people）：主要居住在缅甸若开邦，据联合国估计有 100 万人左右。缅甸以信奉佛教为主，若开邦与信奉伊斯兰教为主的孟加拉国接壤，罗兴亚族穆斯林不断从孟加拉国迁移至若开邦定居。缅甸政府将罗兴亚人视为孟加拉国非法移民，拒绝承认其公民身份，孟加拉国也不承认其公民身份，罗兴亚人前往他国寻求庇护，被视为无国籍难民。

② 也称"罗兴亚船民危机"。2015 年，以罗兴亚人为主的 8 000 名难民和非法移民冒着生命危险横渡孟加拉湾及安达曼海，船只在安达曼海上漂泊数周，等待救助。这一事件使得印尼、马来西亚和泰国三个安置难民的主要国家发起行动，讨论难民危机的集体应对和管理。在东盟层面，2016 年 3 月，东南亚国家在巴厘进程第六次部长级会议通过《巴厘宣言》，承诺采取更多的措施和行动，为难民提供临时保护和法律帮助。详见 Bali Declaration on People Smuggling，Trafficking in Persons and Related Transnational Crime。

③ 方天建：《全球化视野下的缅甸罗兴亚族问题》，《世界民族》2016 年第 2 期，第 1 - 15 页。

④ South-east Asia Irregular Maritime Movements，January-March 2015，2015 - 05 - 08.

⑤ 《印尼总统下令搜救偷渡船　但称或无法负担收容费用》，环球网，http：// world. huanqiu. com/ex-clusive/2015 - 05/6521879. html？refer = huanqiu.

泰国渔船上解救了 14 名缅甸男性公民。这 14 名缅甸公民均来自缅甸西部的村庄，以前往泰国进行高薪工作的名义集合，到达泰国后，先在曼谷南部进行了两个月的强制劳动，随后以每人约 935 美元的价格贩卖到这艘泰国渔船上工作。在随后的五个月，这些劳工在船员的暴力胁迫下，被迫每天工作 20 小时，没有薪酬，且睡眠和食物不足。自 2013 年 4 月，国际移民组织已累计营救 118 名被拐卖的缅甸籍渔业劳工，印尼官方也配合国际移民组织，在印尼进行了 15 次渔业劳工解救和送返行动，对涉事受害者进行问询并提供帮助，保障他们的庇护、食物和基本医疗等需求。①

难民安置不仅耗费巨大，而且可能引起本国社会的动荡。在无力收容大批难民的情况下，印尼政府会对部分难民进行遣返；对于无国籍的罗兴亚穆斯林难民，印尼政府对其进行暂时安顿，还提供社会保障、满足医疗等基本需求。作为世界上穆斯林人口的第一大国，面对近年来日益恶化的缅甸罗兴亚穆斯林难民问题，印尼政府也积极与缅甸政府进行对话和磋商。2013 年 1 月，印尼外长马蒂（Marty Natalegawa）访问缅甸，表明印尼政府关于罗兴亚难民问题的立场，承诺向缅甸若开邦提供 100 万美元的人道主义援助；2016 年以来，缅甸族群暴力冲突升级，罗兴亚难民处境日益恶化，印尼外长蕾特诺（Retno Marsudi）数次访问缅甸，会见昂山素季以及相关部门的高级官员，与缅甸政府共同应对罗兴亚穆斯林难民问题。

这些举措不仅体现了印尼的国家人道主义精神，也是践行其 1945 年宪法所宣称的，印尼愿意参与建设由自由、永久和平与社会正义构成的世界秩序②，体现了印尼在维护东南亚地区及国际和平中的作用。

四、印尼国籍法与国籍政策演变

国籍政策影响一个国家的内政与外交，每个国家都会根据本国的民族、政治、经济等发展情况对国籍进行界定，制定适合本国国情的国籍政策。在不同的历史时期，国家也会基于自身的发展需要，对国籍政策进行修订。印尼国籍法和国籍政策的形成与发展，既受历史上荷印殖民政府"分而治之"政策的影响，也与"二战"结束后冷战时期的国际政治与国内政治密切相关。

历史上，荷印殖民政府长期采取"分而治之"的政策，法律上将印尼群岛

---

① Trafficked Myanmar Fishermen Return Home from Indonesia, https://www.iom.int/news/trafficked - myanmar - fishermen - return - home - indonesia.

② *The 1945 Constitution of the Republic of Indonesia*, "The Preamble to the Constitution".

居民划分为三个等级：第一等级，以殖民者为代表的欧洲人；第二等级，东方外国人，包括华人、印度人与阿拉伯人；第三等级，印尼原住民。1917 年，荷印殖民当局通过第 130 号法案《关于印尼华人居民实行身份登记的法案》，正式将"分而治之"政策制度化。这种"分而治之"政策造成族群之间的隔阂、猜忌与仇恨，是印尼长期以来族群分裂与社会动荡的根源之一。日本占领印尼期间（1942 年 2 月至 1945 年 8 月），继续实行"分而治之"政策，进一步扩大了印尼社会华人与印尼原住民之间的分裂，激化了民族矛盾，加深了印尼原住民对华人的猜忌与仇恨。

自印尼独立以来，国籍政策经过了几次大的变更。在 1958 年正式的《国籍法》颁布之前，印尼对国籍的界定与国籍政策主要依据 1946 年 4 月 10 日由苏加诺总统签署颁布的 1946 年第 3 号法令《关于印尼共和国公民和居民的法令》。该法令采用当时国际上普遍使用的出生地主义，以被动制原则规定：居住在印尼境内的原住民；在印尼境内出生，且至少连续 5 年居住在印尼境内，年满 21 岁或已婚者，除非其已属其他国家之公民而声明拒绝成为印尼公民；出生时其父具有印尼国籍的婚生子女，被其父承认或通过合法的方式予以承认的非婚生子女……都被视为印尼公民。[①] 在规定期限内，未提出拒绝加入印尼国籍者，均被默认为选择了印尼国籍。这一国籍政策在印尼独立初期急需动员社会各个阶层各个种族进行国家建设的背景下制定，可以极大地吸纳外侨加入印尼国籍。正如 1945 年公布的《印尼共和国宣言》中所称，"我们的国籍法案，是使亚洲侨民及欧洲侨民后裔迅速成为真正的印尼人、印尼爱国主义者和民主主义者"[②]。但是，这一政策也引发了其他问题。如占印尼外来人口多数的华侨华人中，部分具有双重国籍。当时中国政府制定的国籍法，以血统主义为原则，即只要父母一方为中国国籍，其子女不管在中国境内或境外出生，都具有中国国籍；而印尼奉行的是出生地主义，这就使得许多在印尼出生的华人具有双重国籍。据统计，20 世纪 50 年代初，印尼 280 万华侨华人中，具有双重国籍的就有约 150 万[③]。双重国籍问题不仅给印尼的华人带来极大困扰，也影响了中国和印尼两国关系。为了解决这一问题，1955 年，中国与印尼政府在万隆会议期间签订了《中华人民共和国和印度尼西亚共和国关于双重国籍问题的条约》，条约规定："凡属同时具有中华人民共和国国籍和印度尼西亚共和国国籍的人，都应根据本人自愿的原则，就中华

① 周南京、梁英明、孔远志等编译：《印度尼西亚排华问题（资料汇编）》，北京：北京大学亚太研究中心，1998 年，第 203 页。

② 蔡仁龙：《印尼华侨与华人概论》，香港：南岛出版社，2000 年，第 183 页。

③ 廖承志：《在党的八届三中全会上的发言》，1957 年 4 月 30 日；转引自国务院侨办编：《党和国家领导人论侨务工作》，1992 年，第 224 页。

人民共和国国籍和印度尼西亚共和国国籍中选择一种国籍。"① 根据这一条约，选择其中一种国籍，就自动丧失另一种国籍。② 这一政策是当时历史条件下解决双重国籍问题的最好办法，符合中国政府、印尼政府以及印尼华侨的利益。据统计，当时有 60 万至 80 万名在印尼出生的华人选择了印尼国籍。③

随着民族主义高涨，印尼国内逐渐出现排外情绪，印尼政府出于政治需要，逐渐改变了 1946 年颁布的国籍政策，并将这种民族排外倾向在 1958 年颁布的第 62 号法令——《关于印度尼西亚共和国国籍》中体现出来。在该法令备忘录中，对有资格获取国籍者进行了分类，其中，在"根据出生可以获取国籍"条目中，对"出生"进行了专门解释："在本国国籍法令中，所指的由于出生而获得印度尼西亚共和国国籍，是基于后裔和基于出生于印度尼西亚共和国境内"，而"基于出生于印度尼西亚共和国境内"只是为了避免无国籍现象出现时才加以应用。④ 在印尼境内出生的外侨人员，若想成为印尼公民，需要主动申请，且必须满足诸多严苛条件：申请归化入籍者需要年满 21 岁，在印尼领土内出生，或者提出申请时，已经在印尼连续居住至少 10 年；充分掌握印尼语、对印尼历史具有一些认识；身心健康；向国库缴纳 500 盾至 10 000 盾之间的款额，具体数目由居住地税务局根据其每月实际入息予以规定；有固定的职业等。⑤ 不仅如此，申请书必须用印尼文书写，而且需要附带能证明符合以上条件的书面证据，若这些证据真实有效，还会对申请人的印尼语能力及印尼历史知识进行测验，经地方法院或国家代表机关审查，符合条件者，由司法部部长批准归化申请，申请人向居住地地方法院或国家代表机关宣誓效忠，方可获得国籍。根据该国籍法，申请归化存在诸多限制且手续烦琐，很多外侨因先前战乱等原因无法出示相关证明，因此不能加入印尼国籍。

1965 年"9·30"事变后，中国与印尼关系经历了从恶化到冷冻的转变，印尼华人也受到牵连，苏哈托军人专制在政治、经济、社会、文化、教育等领域对华人实行全面歧视政策。在新秩序时期，苏哈托政府至少颁布了 64 条歧视印尼华人的法令。如 1966 年内阁第 127 号法令，强迫华人改名；1966 年，印尼人民

① 《中华人民共和国和印度尼西亚共和国关于双重国籍问题的条约》，这一条约于 1955 年 4 月 22 日在万隆由双方代表签订，中华人民共和国主席于 1958 年 2 月 10 日批准，印度尼西亚共和国代理总统于 1958 年 1 月 11 日批准。条约自 1960 年 1 月 20 日生效。中国人大网，http：//www.npc.gov.cn/wxzl/gong-bao/2000 - 12/23/content_5000688.htm。

② 梁英明：《战后东南亚华人社会变化研究》，北京：昆仑出版社，2001 年，第 46 页。

③ 廖建裕著，黄元焕、杨启光译：《廖建裕卷：印尼原住民、华人与中国》，新加坡：青年书局，2007 年，第 155 页。

④ 廖建裕：《现阶段的印尼华族研究》，新加坡：教育出版社，1978 年，第 137 - 138、148 页。

⑤ 廖建裕：《现阶段的印尼华族研究》，新加坡：教育出版社，1978 年，第 137 - 138、148 页。

协商会议通过《宗教、教育与文化法案》，禁止华人的道教信仰，禁止华文教育与文字；1967 年第 14 号总统法令，禁止华人宗教信仰与文化传统；1967 年内阁第 49 号法令，禁止媒体使用华语，禁止在公共场所使用华文华语，关闭华文学校，强迫华人改为印尼文姓名，禁止华文报纸媒体。[1]

印尼政府在印尼国籍问题上对华人实行针对歧视，具体体现在华人申请国籍证明的政策中。1967 年第 240 号总统法令、1977 年第 52 号总统法令、1978 年司法部的 No. JB3/4/12 法令，以及 1978 年司法部与内务部联合颁布的 No. 01 - UM. 09. 0. 80 法令，均要求外国人归化为印尼公民要进行公民登记（即获得国籍证明，SBKRI）。[2] 国籍证明本是外国人或外侨归化为印尼公民的证明，但在苏哈托政府歧视华人的政治环境下，演变成为针对华人的歧视证明。国籍证明成为印尼华人在政治、法律、经济等诸多领域被区别对待的歧视性标记，该项政策在某种程度上成为荷印殖民当局对华人"分而治之"政策的延续。

1998 年苏哈托政权瓦解后，印尼进入民主改革时期。伴随印尼政治民主化进程的加速，歧视华人的政策与法律也逐渐被废除。如 1996 年第 56 号总统法令，下令取消印尼国籍证明；1998 年第 26 号总统法令，从法律上废除原住民与非原住民的称谓；2000 年第 6 号总统法令，废除 1967 年禁止华人宗教信仰与文化传统的法令；2002 年，印尼内务部颁布 No. 471. 2/1265/SJ 法令，正式废除国籍证明；2002 年第 19 号总统法令，确立华人农历新年为国家法定假日；2004 年，法律人权部移民总署颁布"关于废除申请印尼护照出示国籍证明"的 P. U. M. 01. 10. 0626 条例。[3]

印尼国籍法与国籍政策发展史上具有里程碑意义的法案，是 2006 年 7 月 11 日印尼国会通过的第 12 号法令，即《2006 年国籍法案》（*Undang-undang Republik Indonesia Nomor 12 Tahun 2006 Tentang Kewarganegaraan Republik Indonesia*），对印尼华人而言，意义更是非同寻常。在前言中，该国籍法就直接指出颁布新法的原因之一是"1958 年第 62 号印尼国籍法已不符合印尼共和国国家行政的发展，必须废除而以新法令取代"。[4]

首先，澄清印尼公民的概念。《2006 年国籍法案》第 2 条规定：本土人与非本土人，只要国籍法承认他们的法律身份，就是印尼公民。所谓本土人，即没有

---

① Frans H. Winarta, No More Discrimination Against the Chinese, in Leo Suryadinata, *Ethnic Chinese in Contemporary Indonesia*, Chinese Heritage Center and ISEAS, 2008, pp. 57 - 74.

② Frans H. Winarta, No More Discrimination Against the Chinese, in Leo Suryadinata, *Ethnic Chinese in Contemporary Indonesia*, Chinese Heritage Center and ISEAS, 2008, pp. 57 - 74.

③ Frans H. Winarta, No More Discrimination Against the Chinese, in Leo Suryadinata, *Ethnic Chinese in Contemporary Indonesia*, Chinese Heritage Center and ISEAS, 2008, pp. 57 - 74.

④ 李卓辉：《印华参政与国家建设》，雅加达：联通书局出版社，2007 年，第 299、307 页。

选择其他国家国籍的印尼人。值得指出的是，新国籍法对印尼的本土人进行了重新定义，指出"纯正的印度尼西亚公民，是指出生在印尼，且从未自愿接受过外国国籍的印度尼西亚人"①。这个定义直接说明了对印尼本土民族的界定不再根据血统，而是根据法律，取消了原住民与非原住民的区分。加入印尼国籍成为印尼公民的人，无论其种族与民族，在法律上履行同样的义务，也享有同样的权利，新国籍法从根本上消除了旧法对外侨人员及其后裔的偏见和歧视。新国籍法同时规定，与外籍公民结婚的印尼女性只要在结婚3年内提出保留原印尼国籍的申请，也不会自动丧失印尼国籍，这体现出新国籍法摒弃了性别歧视。

《2006年国籍法案》第4条与第5条更进一步说明，印尼人即法律承认为印尼公民的以下各类人群，包括：①父母均为印尼公民，或者一方为印尼公民；②出生在印尼国土内，父母不详，或者出生时父母不详；③出生在印尼国土外，但父母具有双重国籍，其中一个国籍是印尼国籍；④父母一方为印尼公民的非婚生子女，18岁之前可被视为印尼公民；根据其父亲的国籍（或者双重国籍），18岁后由其本人进行国籍选择。根据以上法律规定，在印尼境内出生的华裔自动归化为印尼公民，不再被要求办理国籍证明。因此，《2006年国籍法案》进一步强化了国籍证的无效性，对彻底消除印尼华裔公民歧视有积极意义。

其次，修订单一国籍的法律条例，允许有限的双重国籍。《2006年国籍法案》允许印尼公民的子女在18岁前拥有双重国籍，18岁后再重新选择国籍。这是印尼新国籍法的创新。原则上印尼国籍法不承认双重国籍或者无国籍，但《2006年国籍法案》第4条、第5条对双重国籍的有限承认是印尼国籍政策中首开先河的法规。

再次，《2006年国籍法案》第20条规定：对印尼有重大贡献或者维护印尼国家利益的外国人，可以经国会批准后由印尼总统授予印尼公民身份，但由此而产生双重国籍问题的则不适用此条例。这一规定不仅有利于将更多优秀的科学家、艺术家及运动员等吸纳为印尼公民，也使该国籍法更具灵活性。一些优秀的华裔运动员因此获得印尼公民身份。

最后，《2006年国籍法案》增加了印尼公民申请国籍过程中对政府部门及官员歧视行为的处罚条例。其中第36条规定：印尼官员因其渎职、失职导致印尼居民无法取得或者失去印尼国籍，将会被处以1年以下监禁。如果故意刁难符合条件的申请者获得印尼国籍，可视为犯罪，将视情节轻重，处3年以下监禁。

总之，新国籍法与旧法相比，取消了民族、婚姻及性别等方面的歧视，有利于进一步实现国内各民族的平等，极大调动了全体公民的积极性，同时也有利于

---

① 温北炎：《试析印尼2006年新国籍法对华人社会的影响》，《东南亚研究》2007年第3期。

政府更好地统筹国内的人力物力资源进行国家建设。需要注意的是，旧国籍法毕竟已存在和运行近50年，虽然法律层面重新规定了外侨的地位，但是在社会文化层面，短期内并不能完全消除当地人对外侨的偏见和歧视。

五、印尼政府对海外印尼劳工的政策

在人口跨国流动与迁移方面，印尼也具有悠久历史。印尼劳工的输出可以追溯到荷兰殖民时期，许多印尼人作为苦力流入苏里南与南非等荷兰的殖民地，作为廉价劳动力参与当地经济活动，同时避免爪哇岛人口集中引发的零星社会动荡。[1] 印尼独立后，在首个五年发展规划（1956—1960）中，延续了将人口迁移作为缓解爪哇岛人口压力的手段，平衡印尼劳动力不足的省份，在政治层面加速印尼爪哇人同当地人的同化过程，推动国家统一和民族融合。[2] 苏哈托执政时期，推行牺牲农业发展工业的政策，导致农村失业人口大量增加。为缓解国内失业人口带来的压力，印尼政府开始制定劳动力输出战略。1970年，苏哈托政府出台第4号法令，鼓励政府部门与私人部门输出劳务。在此背景下，印尼向海外输出劳工的数量逐渐增加（见表2-2）。1981年，经印尼人力部批准的私人机构印尼劳工服务协会（Asosiasi Perusahaan Jasa Tenaga Kerja Indonesia，APJATI）成立，以管理逐渐增加的流向中东地区的印尼劳力，担任海外雇主与印尼劳力之间的掮客。在印尼第四个五年发展规划（1984—1989）中，首次将海外输出劳工作为解决国家劳动力过剩问题的政策工具。用海外劳工解决问题的同时，也引发了新的问题。自20世纪80年代中期开始，印尼媒体对印尼女性劳工在中东遭受暴力伤害和性侵的报道愈来愈多，显示出印尼官方对海外劳工权益保护的缺位。[3] 在远赴中东的同时，也有相当一部分印尼劳工向周边国家流动。20世纪70年代马来西亚经济快速增长，社会福利的提升使得低薪岗位需求增加，推动印尼劳工流向邻国马来西亚。[4]

---

①　Riwanto Tirtosudarmo, Lilis Mulyani, Indonesia's Migrant Workers and Overseas Labor Policy, *Jurnal Masyarakat dan Budaya*, Volume 15, No. 1 Tahun 2013.

②　Riwanto Tirtosudarmo, Lilis Mulyani, Indonesia's Migrant Workers and Overseas Labor Policy, *Jurnal Masyarakat dan Budaya*, Volume 15, No. 1 Tahun 2013.

③　Riwanto Tirtosudarmo, Lilis Mulyani, Indonesia's Migrant Workers and Overseas Labor Policy, *Jurnal Masyarakat dan Budaya*, Volume 15, No. 1 Tahun 2013.

④　Riwanto Tirtosudarmo, Lilis Mulyani, Indonesia's Migrant Workers and Overseas Labor Policy, *Jurnal Masyarakat dan Budaya*, Volume 15, No. 1 Tahun 2013.

表2-2　苏哈托时期印尼海外劳工的数量与分布[1]

单位：人

年份	地区						
	马来西亚	新加坡	中国香港	荷兰	中东	其他	总数
1969—1974	12	8	44	3 332	—	2 128	5 524
1974—1979	536	2 432	1 297	6 637	5 052	1 088	17 042
1979—1984	11 441	5 007	1 761	10 104	61 325	6 772	96 410
1984—1989	37 785	10 537	1 735	4 375	227 001	10 829	292 262
1989—1994	122 941	34 496	3 579	4 336	284 015	17 763	467 130
总数	172 715	52 480	8 416	28 784	577 393	38 580	878 368

1997 年，亚洲金融危机爆发，印尼经济遭到重创，失业人口大增，为鼓励海外劳务输出，印尼哈比比政府于1998年颁布第92号法令，为海外劳务人员提供全面的社会保险。[2] 1999 年到海外务工的印尼人估计有 150 万。[3] 在瓦希德时期（1999—2001），印尼海外劳工人数继续增长，呈现出女性劳工远超男性劳工数量的特征（见表2-3）。

表2-3　瓦希德时期印尼海外劳工的数量

年份	女性劳工（人）	男性劳工（人）	女性劳工占比（%）
1999	302 791	124 828	70.8
2000	297 273	137 949	68.3
2001	239 942	55 206	81.3

资料来源：Department of Manpower and Transmigration；Azmy（2011）。

印尼海外劳工以女性为主，这种结构的形成有两个原因：首先，女性劳工在海外工作的收入和劳动力参与率上升，使得对女性家政工人的需求增加；其次，农村妇女在家庭中占有的土地相对较少，她们在农业生产领域无法获得稳定可靠的就业和收入，贫困加剧推动这些妇女寻求海外就业。在印尼已经出现了劳动性

---

① A. S. Azmy, *Negara dan Buruh Migran Perempuan*：*Menelaah Kebijakan Perlindungan Masa Pemerintah-an Susilo Bambang Yudhoyono 2004-2010*, Jakarta：Yayasan Pustaka Obor Indonesia, 2012, p. 47.

② A. S. Azmy, *Negara dan Buruh Migran Perempuan*：*Menelaah Kebijakan Perlindungan Masa Pemerintah-an Susilo Bambang Yudhoyono 2004-2010*, Jakarta：Yayasan Pustaka Obor Indonesia, 2012, pp. 50-51.

③ Raharto Aswatini, *Migrasi Tenaga Kerja Internasional di Indonesia*：*Pengalaman Masa Lalu, Tantangan Masa Depan*, Jakarta：Indonesian Imstitute of Sciences, LIPI, 2011, p. 18.

别两极化：男性主要在正式工作领域工作，而女性主要在非正式工作领域工作，如家庭主妇。工作领域分布的歧视使得妇女在就业中处于弱势地位，这种情况也延伸到海外工作的印尼女性劳动者中。[1]

印尼女性劳工大量走出国门从事家政行业，在提升女性经济地位与改善家庭条件的同时，也带来了严峻的社会问题，尤其是海外女性务工人员遭到性侵犯与暴力伤害事件时有发生。可能波及两国关系的海外劳工问题，首先由媒体曝光，引发了一定的社会关注。1985 年，印尼劳工部颁布行政命令，禁止海外劳工向媒体透露个人经历。海外劳工的境遇成为一些非政府组织（NGO）反对苏哈托"新秩序"统治的原因之一，继而上升为政治议题。[2] 苏哈托后的历届印尼政府，开始重视加强立法，实施保护海外劳工，特别是女性劳工合法权益的政策。如瓦希德总统颁布法令，要求建立独立工会以加强劳工权益保护[3]；2000 年，劳工部颁布第 150 号法令，规定向离职海外劳工发放补助金。[4] 梅加瓦蒂执政期间，针对大量非法印尼劳工被马来西亚政府驱逐的情况，于 2003 年颁布第 13 号法令宣布重组 1947 年建立的劳工部，成立劳工和移民部（Ministry of Manpower and Transmigration，MOMT），负责劳工保护和法律事务，对用工条件、职业安全和健康、女工和童工等进行用工监督指导。2004 年，印尼政府颁布第 39 号法令（Law No. 39/2004），提出安置与保护印尼海外劳工的政策，对劳务输出进行更完善的管理，设立印尼海外劳工安置和保护的监管机构与机制，推动劳务输出有序发展。苏西洛总统时期，印尼非法劳工问题依然突出，尤其是大量非法印尼女佣在马来西亚务工以及女佣被虐待事件常见诸媒体。苏西洛政府重申了 2004 年第 39 号法令，2006 年颁布第 6 号总统法令，提出改善移民工人安置与保护体系的行动计划。[5] 政府还进一步规定了印尼工人海外务工的条件：提交合法证件；至少年满 18 岁；孕妇不得赴海外务工；须有某一技能或专长；参加相关劳动保险；参加技能培训，获得相关技能证书。此外，相关部门还要辅导海外务劳者了解目的地国家（地区）的宗教文化、传统风俗、法律以及可能存在的风险与防范

---

[1]　Asian Migrant Centre（AMC），Indonesian Migrant Workers Union（IMWU），The Hong Kong Coalition of Indonesian Migrant Workers Organization（KOTKIHO），*UNDERPAYMENT 2：The Continuing Systematic Extortion of Indonesian Migrant Workers in Hong Kong：An In-Depth Study*，p. 12.

[2]　Riwanto Tirtosudarmo，Lilis Mulyani，Indonesia's Migrant Workers and Overseas Labor Policy，*Jurnal Masyarakat dan Budaya*，Volume 15，No. 1 Tahun 2013.

[3]　NU Online，Saifuddin A Irham，GusDur Sang Pembela Kaum Pekerja，1st January，2014，http：// www. nu. or. id/post/read/49078/gus－dur－sang－pembela－kaum－pekerja.

[4]　A. S. Azmy，*Negara dan Buruh Migran Perempuan：Menelaah Kebijakan Perlindungan Masa Pemerintahan Susilo Bambang Yudhoyono 2004－2010*，Jakarta：Yayasan Pustaka Obor Indonesia，2012，p. 46.

[5]　*Labor Migration from Indonesia：An Overview of Indonesian Migration to Selected Destinations in Asia and the Middle East*，Jakarta：IOM，2010.

措施。

根据印尼劳工和移民部统计，2009 年，有 270 万印尼公民以合法途径在海外务工，占印尼劳动力的 2.8%。其中 80% 的女性印尼劳工集中在家政服务行业，分布在东南亚、东亚和中东等国家和地区（见表 2-4）。① 根据印尼全国家庭调查（Indonesia Family Life Survey，IFLS）数据，有海外务工者的印尼家庭为 4%~5%，海外劳工主要是年龄分布在 21~30 岁的已婚人群，赴海外务工的印尼劳工及其汇款直接影响了印尼家庭组织和下一代儿童成长。②

表 2-4　2009 年印尼海外劳工主要目的地国家（地区）分布

单位：人

序号	目的地国家（地区）	人数
1	马来西亚	222 198
2	新加坡	37 496
3	文莱	5 852
4	中国香港	29 973
5	韩国	3 830
6	日本	96
7	中国台湾	50 810
8	沙特	257 217
9	科威特	25 756
10	阿联酋	28 184
11	巴林	2 267
12	卡塔尔	10 449
13	约旦	12 062
14	阿曼	7 150

资料来源：*Labor Migration from Indonesia：An Overview of Indonesian Migration to Selected Destinations in Asia and the Middle East*，Jakarta：IOM，2010，p. 9。

由于海外市场对廉价劳工的强劲需求以及政府的刺激政策，2007 年印尼海

---

① *Labor Migration from Indonesia：An Overview of Indonesian Migration to Selected Destinations in Asia and the Middle East*，Jakarta：IOM，2010.

② Trang Nguyen，Ririn Purnamasari，Impacts of International Migration and Remittances on Child Outcomes and Labor Supply in Indonesia：How Does Gender Matter，World Bank Group. *Policy Research Working Papers*，March 2011.

外劳工数量超过 430 万，其中 59% 分布在亚洲地区，41% 分布在中东、非洲及其他地区，海外劳工的汇款总额达 60 亿美元。[①] 印尼海外劳工成为对印尼经济有重要贡献的团体。海外劳工的印尼汇款帮助劳工家庭增加收入，缓解社群收入不平等问题。劳务输出成为印尼的一种出口商品，创造外汇价值，同时降低本国失业率。外劳汇款从 2000 年的 12 亿美元跃升至 2005 年的 54 亿美元。

在 2006 年 7 月的一场会议中，苏西洛总统宣布了 2009 年劳工海外汇款达成 208 亿美元的发展目标。随后政府出台配套政策，提升海外劳工对家庭和国家的贡献。[②] 2007 年初，为落实 2006 年第 81 号总统法令，印尼国家海外劳工保护和安置局（Badan Nasional Penempatan dan Perlindungan Tenaga Kerja Indonesia，BNP2TKI）成立。2008 年，海外劳工汇款达 82 亿美元，未被记录在案的海外劳工人数是官方数据的 2~4 倍。[③] 非法务工问题是印尼海外劳工发展的风险之一。一些印尼务工者被非正规的中介机构以非法入境或合法出境非法居留等非法用工方式安排务工，成为非法海外劳工，无法受到法律保护。这种情况主要出现在马来西亚，当地印尼非法务工者数量庞大，估计仅次于在美国的墨西哥非法劳工[④]。

不合规中介衍生出的劳工人口贩卖问题也在印尼出现。由于缺乏对招工资质和基本情况的了解，很多务工人员不幸陷入了被拐卖的境地：妇女和儿童受害者中，55.75% 被贩卖成为家政劳动者，15.99% 被强迫卖淫，男性则被贩卖到种植园劳动；79.95% 的受害者被迫进行非自愿无薪超时的工作，77% 的受害者被限制自由；多数受害者遭受言语和精神暴力，被扣押身份证件，在患病时缺乏医疗救助；20.35% 的受害者遭遇性骚扰，9% 的受害者遭遇强奸。[⑤]

印尼劳工和移民部与经济事务部、国家海外劳工保护和安置局、外交部、妇女赋权部、内政部、卫生部、有关地方政府部门、国家人权和妇女权利委员会，以及印尼、马来西亚、新加坡和中国香港的海外劳工工会与其他工人组织和非政府组织一道，开展了为期 4 年（2008—2011）的印尼劳工移民强迫劳动和人口贩卖问题专项行动；在东盟层面，一体化进程也会推进区域内劳工移民保护和安置

---

① Bank Indonesia: Directorate of Economic and Monetary Statistics, *Report on National Survey of Remittance Patterns of Indonesian Migrant Workers 2008*, Jakarta, 2009, p. 4.

② Aris Ananta, Estimating the Value of the Business of Sending Low-Skilled Workers Abroad: An Indonesian Case, paper presented at XXVI IUSSP International Population Conference. Marrakech, Morocco: 27 September – 2 October 2009, https://uissp2009. princeton. edu/papers/91804.

③ Combating Forced Labour and Trafficking of Indonesian Migrant Workers (Phase Ⅱ), https://www. ilo. org/jakarta/whatwedo/projects/WCMS_116048/lang – – en/index. htm.

④ *Labor Migration from Indonesia: An Overview of Indonesian Migration to Selected Destinations in Asia and the Middle East*, Jakarta: IOM, 2010, p. 17.

⑤ *Labor Migration from Indonesia: An Overview of Indonesian Migration to Selected Destinations in Asia and the Middle East*, Jakarta: IOM, 2010, p. 19.

法规措施的出台与落实。①

与区域内其他国家相比，印尼国内经济中的外劳输出活动占比仍然存在发展空间。2006 年，海外汇款仅占印尼 GDP 的 1.6%，同期菲律宾占比为 13%。作为亚洲劳务输出大国之一，印尼输出人数和输出范围均保持增长与扩张：印尼的海外劳工，不仅有低技能工人，也有中间水平和熟练技术工人，如在加拿大工作的印尼美容诊疗师、在葡萄牙工作的船员和在卡塔尔工作的能源专家等。印尼也推动政府间劳务输出协议的签订。如 2007 年 8 月，印尼与日本签署了为期两年的 1 000 名印尼护工赴日工作协议。②

为推动印尼海外劳工产业发展，印尼政府也对海外务工人员手续办理流程进行改革：首先是取消岗位限制，务工人员有一定的选择空间；其次是减少务工人员取得护照证件的支出，护照申请者可以在就近城市申领护照，而不再必须前往首都雅加达办理。此举也使劳务输出代理机构无须负担劳工前往雅加达的交通食宿费用，降低了运营成本。从劳务输出产业的角度，更多的印尼劳务输出使得劳工侨汇汇款增加，中介机构也可从雇主方获得更多的佣金。为了对这一产业进行监管，印尼政府 2004 年颁布第 39 号《关于印尼海外劳工安置和保护法案》，以国家立法形式保护海外劳工的安全与合法权益。在此基础上成立由总统直接领导与负责的印尼国家海外劳工保护和安置局，在多个部委和政府机构间推进综合业务，更好地履行对印尼海外劳工保护与安置的职责。③

2006 年 8 月，苏西洛签署总统令，对印尼海外劳工保护和安置系统进行改革，由经济部部长牵头落实总统令，成立协调小组，对成员、组织架构、功能、规则等进行改革。这一改革涉及经济、政治、法律和安全等诸领域，显示出印尼政府将印尼劳工推向广阔国际市场的愿望。2007 年 3 月，印尼国家海外劳工保护和安置局成立，这一新机构计划将商业活动扩展至银行和保险业，以向海外劳工提供劳务汇款和保险等衍生服务。④

作为海外劳工输出国，印尼的中介机构在劳工招募、运送、海外安置和送返等方面均承担着重要作用。不可否认，个别机构并没有向印尼劳工履行应尽的职责，如对海外劳工进行行前培训，确保劳工了解如何保护个人权益不受侵犯。海

---

① Combating Forced Labour and Trafficking of Indonesian Migrant Workers (Phase Ⅱ), https://www. ilo. org/jakarta/whatwedo/projects/WCMS_116048/lang – – en/index. htm.

② Aris Ananta, *Estimating the Value of the Business of Sending Low-Skilled Workers Abroad: an Indonesian Case.*

③ Aris Ananta, *Estimating the Value of the Business of Sending Low-Skilled Workers Abroad: an Indonesian Case.*

④ Aris Ananta, *Estimating the Value of the Business of Sending Low-Skilled Workers Abroad: an Indonesian Case.*

外劳工从征集到派遣成功需要经历复杂的流程，从掮客、政府部门到雇主的辗转，到雇佣前、被雇佣和雇佣结束送返的不同阶段，女性为主的劳工在这一过程中往往是弱势群体，囿于不同的社会文化背景，她们面对的是海外劳工保障信息不对等、法律保护意识缺乏等等瓶颈困难。多位印尼高级官员曾就印尼海外劳工的弱势地位问题表态。2007 年 7 月，苏西洛在韩国同印尼劳工会谈时，承诺改善海外劳工招募流程，他承认"在海外劳工招募和雇佣方面存在问题"；同年印尼劳工和移民部部长也认为对海外劳工保护不足。根据世界银行的数据报告，印尼人前往中国香港务劳，官方的安置费用为 1 800 万印尼盾（约合 1 908 美元）；前往中国台湾务劳，费用为 2 400 万印尼盾（约合 2 544 美元）；前往沙特和马来西亚务劳，费用为 50 万印尼盾（约合 53 美元）。在实际操作中，申请人通常会付出更多的费用。①

合法海外务劳的种种壁垒促使一些人铤而走险，以偷渡等违法方式成为非法劳工。2019 年 10 月震惊全球的英国埃塞克斯郡"夺命冷柜车"事件就是偷渡客冒险进行非法移民的悲剧。这一悲剧警醒劳务输出国的相关机构提升自身的服务可靠性和透明度，增加国内就业机会，同时降低赴海外务工人员的申请成本，从源头减少非法劳工的产生，保护所有劳动者的权利。

六、印尼移民政策与国籍法改革对中国新移民的影响

自 20 世纪 90 年代末以来，为适应国内政治改革与社会经济发展，印尼国籍政策与移民政策逐渐摈弃族群歧视态度，转向务实与宽松。移民与国籍政策的改变，对外来移民，尤其对来自中国的新移民和劳务输出产生了不可忽视的影响。随着中国和印尼战略合作伙伴关系的建立与加强，中国和印尼之间的经济合作与社会文化交流愈发密切与频繁。经济领域，两国贸易额呈增长态势：从 2012 年的 510.4 亿美元②增长到 2020 年的 783.7 亿美元③；2016 年中国已成为印尼的第三大外资来源国，仅次于新加坡和日本。④

中国和印尼双边贸易与投资金额不断增加的同时，双边人文交流也不断扩

① Migration News，Southeast Asia，October 2007，Volume 14，Number 4，https：//migration. ucdavis. edu/mn/more. php？ id =3330_0_3_0.

② 兰妮·维吉尼亚·尤塔米：《雷特诺外长与中国讨论合作问题》，CNN Indonesia，http：//www. cnnindonesia. com/internasional/20141103184812 – 113 – 9482/menlu – retno – bahas – kerja – sama – dengan – tiongkok/。

③ 商务部亚洲司：《2020 年 1—12 月中国—印度尼西亚经贸合作简况》，http：//www. mofcom. gov. cn/article/tongjiziliao/sjtj/yzzggb/202103/20210303042837. shtml。

④ 驻棉兰总领馆经商室：《2016 年中国对印尼投资额大幅上升，跃居第三大投资国》，http：//www. mofcom. gov. cn/article/i/jyjl/j/201702/20170202508951. shtml。

大，印尼成为越来越多中国人的旅游目的地、劳务输出地和留学目的地。

第一，印尼的中国游客人数大幅度增加。近年来印尼政府积极招揽中国游客前往印尼观光旅游。2015 年 6 月，印尼政府对中国游客从落地签政策转向免签政策，当年印尼的中国游客突破百万人次；2016 年，印尼旅游部门借中国"海上丝绸之路"热潮，打造"郑和下西洋海上丝绸之路"旅游线路，在中国多个城市增设直达印尼的航线，当年中国游客数量跃居印尼外国游客第一，突破 200 万人次。

第二，到印尼务工的中国人也在增长。由于大量中资企业到印尼投资，2013 年印尼外籍劳工总数达 6.9 万人，其中中国劳工 1.4 万人，占 20.3%。根据行业分类，贸易及服务企业的外籍劳工最多，其后依次为工业企业和农业企业，大部分外籍劳工是顾问、经理、主管、技术人员等专业人士。[①] 为保障本地人就业，印尼政府对雇佣外籍员工政策收紧，近年印尼外籍劳工人数呈下降趋势，对中国劳工输入有所影响。

第三，到印尼留学的中国学生也有增加。2000—2014 年，印尼的中国留学生数量增长 139%[②]，中国留学生的海外留学目的地多为欧美等西方发达国家，而东南亚留学目的地也主要集中在以英语为工作语言的新加坡、马来西亚和菲律宾等国。由于国内升学压力增加，开始有一些中国内地学生到印尼留学，就读于由印尼华人创办的建国大学、总统大学与慈育大学等私立大学。如近年来河南与印尼经贸关系发展，印尼华人在河南投资逐渐增加，河南省侨务部门在促进双边经贸关系的同时，也积极推动双边的教育与文化交流。经河南省侨联牵线搭桥，印尼华人创办的私立大学开始积极在河南省招收学生[③]，印尼留学费用相对较低，且毕业后有在印尼的中资公司、华文报社、三语学校等较多的海外就业机会，这成为吸引中国学生到印尼留学的主要因素。

第四，在迁移印尼的华人新移民中，女性占有一定的比例，中国与印尼之间的跨国婚姻也成为两国之间社会联系的纽带与桥梁。印尼婚姻移民法与国籍法的改革不仅减少了跨国婚姻的障碍，也方便了外国人通过与印尼公民结婚的方式来获得在印尼的居留权和国籍。根据印尼《2006 年国籍法案》规定，与印尼公民结婚的外国人，满足以下条件：在印尼境内合法连续居住满 5 年或合法不连续居住满 10 年；有固定职业或收入；未被处以 1 年或 1 年以上有期徒刑；通晓印尼

---

① 中国驻印度尼西亚经商参处：《印尼的中国劳工达 1.4 万人，占外籍劳工五分之一》，http://id. mofcom. cn/article/jjxs/201403/20140300504403. shtml。

② *G20 Global Displacement and Migration Trends Report 2017*, p. 9.

③ 李朝栋：《河南侨联启动印尼留学项目 侨胞助贫困学子圆梦》，中国新闻网，http://www. chinanews. com/zgqj/2012/07 – 07/4015813. shtml。

语；身体与智力健康等，即可提出书面申请，报印尼有关部门审核批准后加入印尼国籍。近年来，中国公民与印尼公民的跨国婚姻不断增加，其婚生未成年子女均自动获得印尼国籍，同时也可以保持中国国籍（有限的双重国籍，子女满18岁或结婚时，须选择保留一国国籍，同时自动丧失另一国国籍）。

第五，印尼的华人新移民呈现多元化特点与趋势，技术移民、投资移民、留学移民与婚姻移民成为印尼中国新移民的主要构成；而移民来源地，除传统侨乡福建、广东、海南外，来自其他省份的新移民也逐渐增加，对塑造印尼华人社会文化的多样性具有一定意义。同时，亲属连锁移民链在推动今天中国新移民迁移印尼过程中仍然扮演着重要角色。

第六，值得警惕的是，由于印尼放宽和简化了对中国公民的签证办理要求，一些不法分子也抓住这个机会将犯罪活动转移到印尼。2011年以来，媒体大量披露来自中国大陆和台湾的犯罪分子在印尼联合实施的电信诈骗案件，与印尼对中国公民入境手续的宽松与简化不无关系。一些中国公民被犯罪分子以务工之名诱骗到印尼，入境后却被犯罪分子控制，威逼利诱后加入诈骗团伙。他们在印尼针对中国国内公民进行远程电信诈骗，不少人上当受骗，损失惨重[1]。在印尼警方的密切配合下，中国警方近年来破获了数起在印尼实施的诈骗大案，这些犯罪行为，侵害了国内同胞利益，也在一定程度上影响了中国人在印尼的形象。

七、新冠肺炎疫情暴发后印尼的出入境管理政策以及疫情对印尼国内外劳工的影响

2020年新冠肺炎疫情大流行以来，印尼政府暂时禁止外国人入境或过境印尼，但持有指定合法有效签证或居留许可人士，允许在符合卫生协议规定情况下入境，包括公务签证、外交签证、参观签证、临时居留签证、官方居留证、外交居留证、临时居留证、永久居留证、乘员乘坐自己的交通工具到达、亚太经济合作组织（APEC）商务旅行卡持有人（ABTC）、传统的过境通行证持有者允许入境印尼，交通运输运营商必须确保每位乘客提供有效的核酸检查证明，且检查结果为阴性。[2]

2020年末，印尼外交部照会各国驻印尼大使馆称，鉴于新型冠状病毒变异且正在迅速蔓延，印尼政府决定自2021年1月1日至14日暂时禁止搭乘直飞或中转商业航班的外国籍人士进入印尼，但下列三类人士除外：持有有效印尼外交

---

① Winda A. Charmila, 143 Chinese Nationals Deported for Cyber Crime, https：//www.thejakartapost.com/news/2017/08/03/143 – chinese – nationals – deported – for – cyber – crime.html.

② Informasi peraturan keimigrasian selama masa Pandemi Covid – 19, https：//www.imigrasi.go.id/covid19/detail/1b645389/border – closures – and – exceptions.

或公务居留许可的外国人；持有有效印尼有限居留许可（KITAS）或长期居留许可（KITAP）的外国人；外国政府副部级以上代表团成员。获准入境印尼的上述外国籍人士，应在抵达印尼入境口岸时，再次接受核酸检测并前往印尼卫生部指定酒店进行为期5天的集中医学观察，费用自理。① 2021年2月8日晚，印尼移民局 Instagram 账号更新，宣布自2月9日起，调整疫情"新常态"外国人入境有关政策。以下各类签证持有者或居留许可人士可以入境印尼，包括公务签证、外交签证、访问签证、居留签证、公务居留许可、外交居留许可、普通居留许可、长期居留许可、从事交通行业的工作人员、APEC 卡持有者、其他特殊许可。这些外籍人员在入境印尼时，需要遵循以下流程：提供登机前72小时之内的核酸检测阴性证明报告，并进行体温检查和填写健康卡；接受核酸快检，如果正常，普通人员在指定地点进行120小时的自费集中隔离，机构或者企业负责人可在个人住所进行5天隔离；再次进行核酸快检，如果正常，则入住个人住所，进行14天的居家观察隔离；如果检测结果是阳性，旅客必须前往医院治疗，印尼籍旅客治疗费用由印尼政府承担，外国籍旅客治疗费用由旅客承担。2月12日，印尼移民局正式发布疫情期间入境政策文件，即日起所有有效签证均可入境印尼，防疫规定参照2月9日的通知，理论上尚在有效期的商务签证、工作签证、学生签证等均可以在满足条件的情况下入境，印尼对外国人入境限制解封。

全球疫情也影响了印尼的海外劳工。2020年3月，印尼暴发新冠肺炎疫情后，佐科政府下令暂停向海外输出劳工。疫情使得印尼遭遇1997年亚洲金融危机以来的首次经济衰退②，恢复经济民生与疫情防控是全球各国政府面临的两难问题。印尼邻国马来西亚是印尼劳工输出的主要目的地国之一，有90 671名印尼工人在马来西亚工作，约占印尼海外劳工的三分之一。③ 马来西亚在2020年3月开始实施针对疫情防控的行动管制令（Movement Control Order，MCO），关闭所有非必要商业机构，使得很多印尼外籍劳工无法获得劳动薪酬，经济状况堪忧，进而影响外籍劳工及其家庭的生活。印尼驻马来西亚吉隆坡大使馆发起倡议，同马来西亚的慈善组织合作进行捐款，帮助海外印尼劳工渡过难关。印尼外交部向在马来西亚的印尼公民提供了3 000多个援助包，有11 566名印尼工人因

---

① 《印尼政府暂时禁止外国籍人士入境》，http：//id. china－embassy. org/chn/lsfw/t1843405. htm。

② 1997年亚洲金融危机的阴影并未远去，超过350万人在金融危机的第一年失业，随后这一数字上升到2 400万，其中至少有90万移民工人遭到海外雇主解雇甚至遣送回国；在东南亚国家中，印尼经历了通货膨胀和经济衰落，人均 GDP 从1996年的1 155美元跌至1998年的665美元，使得8 000万人口处于贫困状态。详见 Riwanto Tirtosudarmo, *Mobility and Human Development in Indonesia*，第37页。

③ Pizaro Gozali Idrus, Indonesian Workers in Malaysia Face Uncertain Fate Amid Virus, https：//www. aa. com. tr/en/asia－pacific/indonesian－workers－in－malaysia－face－uncertain－fate－amid－virus/1790950.

疫情原因从马来西亚返回印尼。① 2020 年 7 月，为加速国家经济复苏，有数个国家和地区已经允许外国劳工入境，在这种背景下，印尼人力部部长伊达（Ida Fauziyah）宣布印尼恢复向海外输送劳工。②

在疫情之前，印尼海外劳工汇款就出现了下降趋势。世界银行预测，2020 年印尼的海外劳工汇款将减少 15 亿美元，相比 2019 年印尼海外劳工 117 亿美元的汇款降低 13%，对印尼海外劳工数量最多的省份东爪哇玛琅 605 户 1 926 名居民的调查③显示，61% 的家庭加入了印尼国家社保医疗计划④，但仅有 6% 的家庭在有新冠病毒感染症状的情况下进行了检测。海外劳工家庭较低的检测率反映了印尼全国的疫情防控和医疗保障现状。印尼政府只对有相关症状超过一周或者医生要求的患者进行相应医疗措施和免费检测，这使得印尼的新冠检测率仅为 1.86%，印尼农村地区新冠病毒的检测、追踪和治疗无法完全开展。在接收海外汇款的受访者中，疫情期间的海外汇款均出现不同程度的减少，将海外劳工亲属的汇款用于日常生活消费、儿童教育和老年人医疗开支的家庭，其生活也受到一定影响。

对于在海外工作的亲属，这些印尼受访者担心他们受国际疫情导致的边境管控影响无法返回印尼，以及在海外的安全问题、健康问题和就业问题。在全球疫情背景下，新加坡和中国香港家政服务行业工作的移民劳工往往面临着更高的感染风险。劳工移民家庭希望政府能够为海外劳工提供更多信息、沟通渠道、危机管理中心和网络平台，帮助他们在紧急情况下拥有自我保护和应变的能力。⑤

外籍劳工是东南亚国家防疫抗疫的盲点，他们大多居住在拥挤的宿舍或廉价公寓中，卫生条件恶劣，也无法保持必要的社交距离，新加坡在 2020 年 4 月暴发的集体感染就与其外籍劳工群体有关；与此同时，海外劳工自身的安全和医疗条件也无法得到保障。2020 年 3 月，印尼苏拉威西省持续举行反对和抗议中国劳

---

① Pizaro Gozali Idrus, Indonesian Workers in Malaysia Face Uncertain Fate Amid Virus, https：// www. aa. com. tr/en/asia – pacific/indonesian – workers – in – malaysia – face – uncertain – fate – amid – virus/ 1790950.

② 《印尼恢复向海外输出劳工以赚取外汇》，https：//beltandroad. zaobao. com/beltandroad/news/sto-ry20200804 – 1074230。

③ M. Faishal Aminuddin, Saseendran Pallikadavath, Indonesian Families Struggle as Pandemic Cuts $1.5bn from the Money Migrant Workers Send Home, https：//goodmenproject. com/featured – content/indonesian – families – struggle – as – pandemic – cuts – 1 – 5bn – from – the – money – migrant – workers – send – home.

④ BPJS and JKN：The Indonesian National Health Insurance System，https：//www. expatindo. org/summa-ry – jkn – and – bpjs。

⑤ 印尼国家社保医疗计划（Badan Penyelenggara Jaminan Sosial，BPJS）是由 2011 年第 24 号法令规定成立的印尼国有保险公司运营的医疗保险和劳动者保险及养老金项目。印尼居民能够以较为低廉的价格享受医疗保险，个人每月费用最低为 4.2 万印尼盾（约合人民币 19 元）。详见 BPJS and JKN：The Indonesian National Health Insurance System，https：//www. expatindo. org/summary – jkn – and – bpjs。

工人员抵达当地的活动，反映了印尼民众对病毒的恐惧以及对失业的忧虑①。2020 年 5 月，为阻止疫情扩散，马来西亚警方逮捕了数百名非法外籍劳工，联合国难民署警告此举将会加大疫情感染及传播风险。② 在马来西亚城市，外籍劳工面临严峻的失业和基本生活问题；而城市外的马来西亚种植园，则受疫情封锁影响，面临劳动力短缺问题。作为印尼之后的全球第二大棕榈油生产国，马来西亚高度依靠外国劳工进行棕榈油果收割活动。受疫情影响，印尼、孟加拉等国的海外劳工无法入境马来西亚种植园工作，劳动力短缺使得马来西亚棕榈油生产成本上升，也使得农业产业机械化计划更显迫切，而海外劳工在机械化之后，则再次面临失业风险。③

新冠肺炎疫情不仅暴露和折射出一些长期存在的复杂社会问题，还可能激化这些沉疴顽疾，因此需要东盟国家进一步合作，在外籍劳工领域加强信息共享，开展有效区域治理。④ 2020 年 10 月，印尼通过《综合劳工法案》（Omnibus Law），旨在简化和改革印尼阻碍投资的政策与法令，改善印尼投资环境。但印尼工会组织认为此法过于偏向资方，影响工人权益，因此在印尼全国爆发了反对这一法案的抗议活动。游行示威活动也使得印尼的防疫形势更加严峻，10 月 8 日印尼新增新冠肺炎确诊病例 4 850 例，为该国 2020 年 3 月 2 日发现首例确诊病例以来，单日新增确诊病例的最高纪录。⑤ 疫情引发的经济衰退也激发了印尼劳资双方的矛盾，如印尼各工会联盟领导人指责印尼人力部部长伊达关于维持 2021 年最低工资标准不变的决定是偏向资方利益而忽视工人权益的。⑥

政府此举或使更多印尼工人在疫情后选择海外务劳。作为海外劳工的主要输出国家之一，印尼海外工人的情况也受到印尼媒体的广泛关注。2020 年，印尼《罗盘报》（Compas）网站就有诸多印尼劳工相关的报道：2020 年 10 月，印尼女

---

① 张洁、梁劲：《新冠疫情凸显东南亚外籍劳工多重困境》，《世界知识》2020 年第 51 期，第 30 – 31 页。

② 张洁、梁劲：《新冠疫情凸显东南亚外籍劳工多重困境》，《世界知识》2020 年第 51 期，第 30 – 31 页。

③ 《疫情促使马来西亚棕榈油行业重新思考对海外劳工的依赖》，https://finance. sina. com. cn/money/future/roll/2020 – 08 – 18/doc – iivhuipn9304005. shtml。

④ 《疫情促使马来西亚棕榈油行业重新思考对海外劳工的依赖》，https://finance. sina. com. cn/money/future/roll/2020 – 08 – 18/doc – iivhuipn9304005. shtml。

⑤ 林永传：《印尼单日新增确诊创新高 连日示威活动或加剧疫情》，中国新闻网，http://www. chinanews. com/gj/2020/10 – 08/9308177. shtml。

⑥ Ghina Ghaliya, Manpower Minister Ida Fauziyah Under Fire for Maintaining Minimum Wage for 2021, https://www. thejakartapost. com/news/2020/10/30/manpower – minister – ida – fauziyah – under – fire – for – maintaining – minimum – wage – for – 2021. html.

工孤身病逝马来西亚，其家人因无力支付 2 100 美元的送返费用，不得不长眠异国[①]；2020 年 11 月 24 日，一名被雇主严重虐待的印尼 26 岁移民女工在马来西亚获救，马来西亚警方、印尼驻马大使馆和相关非政府组织合作开展了营救行动，此事也推动印尼与马来西亚两国更新业已过期的保护移民工人的双边合作备忘录。[②] 海外劳工与印尼面临全球第三波新冠肺炎疫情也存在一定关联。2021 年 3 月 4 日，印尼卫生部宣布追踪到两名新冠病毒变异毒株感染者，这一最早在英国发现的变异毒株，是对由沙特阿拉伯返回的印尼劳工进行二次核酸检测后发现的。[③]

2015 年，全球的移民人口总数已达 2.44 亿，相较 2000 年增长 41%。在这其中，印尼也是亚洲移民输出国之一。[④] 2020 年，国际移民人口达到 2.81 亿，与印尼总人口近乎持平。[⑤] 尽管新冠肺炎疫情暴发对全球人口流动造成了一定阻碍，但移民作为社会变动中的个人选择，特别是印尼的移民活动已经成了一种流动性传统，也深受个人发展需求、市场经济和国家干预的影响，人口迁移活动成为反映印尼社会变化和经济发展的重要指标。[⑥]

八、小结

预计到 2030 年，70% 的印尼人口将属于适龄工作人群，这对印尼而言既是机遇也是挑战。面对全球化带来的人口跨国流动浪潮，印尼政府一方面鼓励本国劳务输出，加强对海外印尼劳工的权益保护；另一方面对与外来人口密切相关的移民法和国籍法进行修改和补充。印尼的移民法对外籍劳工多有限制，虽然旨在

---

① Dezy Rosalia Piri, Migrant Worker Buried in Malaysia as Family Had No Money to Bring Her Body Home to Indonesia, https：//go. kompas. com/read/2020/10/22/201938474/migrant – worker – buried – in – malaysia – as – family – had – no – money – to – bring – her – body – home.

② Cantika Rustandi, Indonesian Migrant Worker Torture Case Prompts MoU Talks with Malaysia, https：//go. kompas. com/read/2020/12/03/194009074/indonesian – migrant – worker – torture – case – prompts – mou – talks – with – malaysia.

③ Tunggul Wirajuda, Indonesian Migrant Workers Returning from Saudi Arabia Suspected of Carrying British Covid – 19 Strain to Indonesia, https：//go. kompas. com/read/2021/03/04/024516274/indonesian – migrant – workers – returning – from – saudi – arabia – suspected – of – carrying.

④ *Trends in International Migration*, 2015, https：//www. un. org/en/development/desa/population/migration/publications/populationfacts/docs/MigrationPopFacts20154. pdf.

⑤ United Nations Department of Economic and Social Affairs, Population Division, *International Migration 2020 Highlights*, https：//www. un. org/development/desa/pd/sites/www. un. org. development. desa. pd/files/undesa_ pd_2020_ international_ migration_ highlights. pdf .

⑥ Riwanto Tirtosudarmo, *Mobility and Human Development in Indonesia*, Research Paper from United Nations Development Program Human Development Reports, April 2009.

保障本国公民的就业机会，但在一定程度上不利于资金和技术的引进。印尼的新国籍法逐渐承认跨国婚姻移民，在法律上赋予移民及其后裔与原住民同等的政治权利和地位，是印尼政府在内政外交方面的重要改革举措，对难民的安置也体现出印尼在区域共同体义务的担当，有利于国家长远发展和地区稳定。随着印尼国内政治改革与社会经济的发展，区域经济合作不断加强，尤其是积极推进中印尼政治经济与社会文化交流的"21世纪海上丝绸之路"建设，中国和印尼两国之间的人口跨国迁移势必愈发频繁。人口跨国流动与迁移，不仅是两国关系发展的风向标，同时也是推动两国关系持续、稳定发展的助推器，新移民在促进两国经济合作、社会文化交流方面发挥着越来越重要的作用。2020年暴发的新冠肺炎疫情，使全球的人口流动近乎陷入停滞，所有国家的出入境政策、劳工流动、移民政策等均因此受到影响，印尼也不例外。印尼出入境政策及其人口国际流动与迁移何时恢复常态，有赖于全球疫情的控制成效。

第三章　新加坡移民政策法规[①]

新加坡 1965 年建国后，其移民政策几经变化，从 20 世纪 60 年代的"收紧"，到 80 年代的"放宽"，再到进入 21 世纪以来，尤其新冠肺炎疫情发生后的"再度收紧"，但新加坡的移民进程却从未停止。新加坡移民政策法规主要受到人口出生率、人口老龄化、市场价格机制、经济发展战略以及新加坡本土民众对移民的态度等诸多因素的影响。自 2009 年新加坡政府采取紧缩移民的政策后，中国新移民成为受其影响的最大群体之一，主要表现在三个方面：一是限制了中国投资移民的数量；二是中国新移民在就业、购房、教育等社会权益方面受到冲击；三是推动一批已获得新加坡永久居民身份的中国新移民入籍新加坡。

一、新加坡移民政策的历史演变

历史上，新加坡一直是一个重要的移民地区。自 19 世纪初英国建立殖民统治以来，基于当地对劳动力的大量需求，移民便源源不断地涌入，到"二战"以前，新加坡的移民主要由三部分组成：来自中国北部的移民潮，来自印度次大陆西部的移民潮以及来自当时荷属东印度南部的移民潮[②]。在殖民地时期，新加坡一系列针对不同来源地的移民法规相继出台，如针对华人移民的《华人移民条例》（1877 年）、《移民入境限制条例》（1928 年）以及《外国人条例》（1933 年）；针对印度移民的《1907 年泰米尔移民基金条例》；以及针对马来移民的《荷属东印度劳工保护条例》（1909 年）等。

"二战"期间，移民基本停止。"二战"结束以后，大量移民再次涌入新加坡。1949 年至 1965 年，新加坡总人口增长较快，人口年增长率在 28‰ ~ 48.8‰。[③]"二战"后，新加坡移民主要来自马来联邦的其他地区，人数从 1947 年的 44 878 人猛增至 1980 年的 233 163 人，占新加坡所有国外出生人口总数的

[①]　本章执笔者任娜，暨南大学国际关系学院/华侨华人研究院副教授，主要研究方向为东南亚华侨华人历史、跨国移民与中国的全球化。

[②]　苏瑞福：《新加坡的移民》，《南洋资料译丛》2009 年第 1 期，第 17 页。

[③]　张莹莹：《新加坡人口变动及其成因分析》，《人口与经济》2013 年第 3 期，第 38 页。

比例从 10.9% 增至 44.2%。①

1965 年新加坡建国后，失业率剧增，社会矛盾加剧。为了控制人口增长过快，新加坡政府采取了控制移民的措施，并提倡国人计划生育和优生优育。在这一政策的导向下，本土人口的自然增长率持续走低，从 20 世纪 50 年代的 4.3% 下降到 70 年代的 1.3%；到 1975 年，人口净增长率已降到 1.0%。② 新加坡人口出生率持续低于更替水平，使得人口增长率明显减缓。但随着经济的发展，劳动力不足的问题日益显现。在这一情况下，1975 年以来，新加坡政府开始改变策略，将计划生育政策改为鼓励生育，并开始放松移民限制，颁布了外国劳工就业法，其目的在于，一方面可以维护高水平的经济发展，另一方面希望这些外国人日后变成永久居民并最终成为新加坡公民，以维持人口的增长。③

二十世纪八九十年代新加坡开始了现代工业化进程。这一时期，新加坡的移民政策逐渐调整，开始以吸引外国专业人才和商业人士为重心，以加速新加坡的经济发展步伐。为此，新加坡政府实施了一系列吸收外来人才的政策，鼓励中国大陆（内地）、香港、台湾的人才移民新加坡。规定凡是外国够资格或有经验的技术人员及外来贸易投资商到新加坡工作，只要有适当的人士雇佣，外来技术人员和经理人员都可获得 3 年的入境签证；如果在新加坡连续工作 8 年，就可进而申请公民权。20 世纪 80 年代末期，李光耀政府宣布将接纳 20 万中国香港移民，授予其永久居住资格。这其中既包括专业人士，也有技术工人。在这一方案下，1991 年获取永久居住资格的香港人为 31 000 人，1992 年为 33 000 人，但实际上仅有约 4 700 人居住在新加坡。④

虽然新加坡不断加大鼓励生育的力度，但生育率自 20 世纪 90 年代以来却节节走低，从 1992 年的 1.76% 降到 1995 年的 1.71%，到 2002 年之后则一直低于 1.4%。因此，自吴作栋继任总理后，一方面为了弥补人口的不足，另一方面为了适应新加坡向知识经济转型，新加坡政府在吸收海外专业人士的移民政策上进一步放宽，并主要以吸引亚洲人才为主，以建立适应未来亚洲经济发展的人才联络网。"增加华人，尤其是香港移民的流入，他们能和世界各地的华籍香港人取得联系。我们也积极物色和吸收印度专业人士与商人。在过去两年里（笔者注：1991—1992），已经有 1 000 多名这类人士在新加坡定居。我们也同样欢迎本区的马来西亚和印尼专业人士和商人，虽然他们的人数相对比较少。我们也正在吸引巴基斯坦和阿拉伯专业人士和商人到新加坡定居，他们

① 苏瑞福：《新加坡的移民》，《南洋资料译丛》2009 年第 1 期，第 25 页。
② 吴黎：《新加坡华人妇女社会家庭地位的变迁》，《华侨华人历史研究》1994 年第 1 期，第 39 页。
③ 苏瑞福：《新加坡的移民》，《南洋资料译丛》2009 年第 1 期，第 30 - 31 页。
④ 苏瑞福：《新加坡的移民》，《南洋资料译丛》2009 年第 1 期，第 31 页。

将能建立新加坡同阿拉伯和回教地区的联系。"① 这一时期移民政策的放松，使得新加坡人口出现了快速增长。1980 年新加坡总人口为 241.3 万人，而到了 2000 年，新加坡总人口增加到 402.8 万人，20 年间人口共增加 161.4 万人。②

2004 年李显龙继任总理后，基于移民人口快速增加而引发的社会矛盾，同时考虑本地经济对于高端人才的需求，在吸引移民方面，新加坡政府变得更加慎重，移民政策更加侧重于吸引高端人才。这一时期，为了更好地协调和执行移民政策，新加坡政府设置了专门机构来负责管理移民事务。如 2004 年设立了永久性的国家人口委员会，由当时的副总理兼任主席；2006 年在总理公署设立了国家人口秘书处，该机构由三个署组成，分别是国籍与人口策划署、新加坡侨民联系署以及策略与计划署。国籍与人口策划署主要负责协调与推动各政府部门和机构的移民及融合计划；新加坡侨民联系署负责策划和协调跨机构的计划，加强同海外国人的联系，协助在海外工作、学习的新加坡人保持相互联系以及与新加坡国内的联系。③ 2011 年又在总理公署设立部级的人口及人才署，设常任秘书，负责由新加坡国家人口秘书处、国民融合理事会、内政部、社青体部、人力部和贸工部等部门所掌管的三个主要政策领域，即扩增人口，吸引人才、移民事务与帮助新移民融入社会，以及联系海外新加坡侨民。④ 其下辖政策与规划局、婚姻与生育局、归化局、联合局、人才引进局、新加坡侨民联系署、公署外联局。

20 世纪 70 年代后，新加坡移民政策的历史变化使得新加坡人口迅猛增长，从 1970 年的 207.4 万人迅速升至 2010 年的 507.7 万人。⑤ 1995 年至 2000 年净迁入率为 13.7‰，人口自然增长率为 10‰，净迁入率开始超过人口自然增长率，移民成为新加坡总人口增长中一个越来越重要的组成部分。⑥ 在移民中，成为公民的人数也在不断增长，2004 年只有 7 600 人被授予公民身份，而 2005 年和 2006 年的 1—6 月分别有 12 900 人和 6 800 人被授予公民身份。⑦ 根

① 李光耀：《有作用的联络网》，1993 年第二次世界华商大会。

② 参考新加坡统计局相关数据，http：//www. singstat. gov. sg。

③ 新加坡文献馆，http：//www. sginsight. com/xjp/index. php？id =5224。

④ 《新加坡社青体部常秘严昌明兼任国家人口及人才署常秘》，中新经贸合作网，http：//www. csc. mofcom. gov. cn/csweb/csc/info/Article. jsp？a_no =244739&col_no =173。

⑤ Census of Population, 2010, Advance Census Release, Department of Statistics, Ministry of Trade & Industry, Republic of Singapore.

⑥ 张莹莹：《新加坡人口变动及其成因分析》，《人口与经济》2013 年第 3 期，第 38 页。

⑦ 苏瑞福：《新加坡的移民》，《南洋资料译丛》2009 年第 1 期，第 33 页。

据最新统计数据，2015 年有 20 815 万名新移民入籍新加坡。①

二、新加坡移民政策的现状

（一）主要移民政策

移民新加坡的方式主要有四种：投资移民、创业移民、就业移民和个体就业移民。

1. 投资移民②

2005 年，新加坡公布全球商业投资者计划（GIP），作为新加坡投资移民的唯一渠道。此后该政策不断调整，最新具体内容如下：

表 3 - 1　新加坡全球商业投资者计划

申请对象一	资深企业主
评估标准	1. 投资不少于新币 250 万元建立新的商业实体或扩大现有的业务营运；或投资不少于新币 250 万元于新加坡企业的全球商业投资者计划基金；或投资不少于新币 250 万元于一家成立于新加坡的新或现有单一家族理财办公室，该办公室必须管理不少于新币 2 亿元的资产；以及 2. 必须拥有不少于 3 年的创业、经商经历；以及 3. 所经营的公司最近一年的营业额必须达到不少于新币 2 亿元，并且最近三年的年均营业额必须达到不少于新币 2 亿元；以及 4. 如果公司属于私人所有，必须持有至少 30% 的股权；以及 5. 该公司必须属于政府规定的行业中至少一项商业领域

---

① 《2016 年新加坡总人口数达 561 万》，搜狐网，http：//mt. sohu. com/20160928/n469311827. shtml。

② Global Investor Programme, Contact Singapore, https：//www. contactsingapore. sg/en/investors - busi-ness - owners/invest - in - singapore/global - investor - programme.

（续上表）

申请对象二	下一代企业主
评估标准	1. 投资不少于新币 250 万元建立新的商业实体或扩大现有的业务营运；或投资不少于新币 250 万元于新加坡企业的全球商业投资者计划基金；或投资不少于新币 250 万元于一家成立于新加坡的新或现有单一家族理财办公室，该办公室必须管理不少于新币 2 亿元的资产；以及 2. 直系家族必须持有申报本计划的公司不少于 30% 的股份，或是最大股东；以及 3. 该公司最近一年的营业额必须达到不少于新币 5 亿元，并且最近三年的年均营业额必须达到不少于新币 5 亿元；以及 4. 必须是该公司的管理层（例如：高管、董事会成员）；以及 5. 该公司必须属于政府规定的行业中至少一项商业领域
申请对象三	快速增长企业创始人
评估标准	1. 投资不少于新币 250 万元建立新的商业实体或扩大现有的业务营运；或投资不少于新币 250 万元于新加坡企业的全球商业投资者计划基金；或投资不少于新币 250 万元于一家成立于新加坡的新或现有单一家族理财办公室，该办公室必须管理不少于新币 2 亿元的资产；以及 2. 必须是一家估值不少于新币 5 亿元的公司的创始人及最大个人股东之一；以及 3. 该公司必须由知名的风险投资公司或私募股权公司投资；以及 4. 该公司必须属于政府规定的行业中至少一项商业领域
申请对象四	家族理财办公室负责人
评估标准	1. 投资不少于新币 250 万元于一家成立于新加坡的新或现有单一家族理财办公室，该办公室必须管理不少于新币 2 亿元的资产；以及 2. 必须拥有不少于五年的创业、投资或管理经历；以及 3. 必须拥有不少于新币 2 亿元的可投资资产净额 （备注：可投资资产净额包括除房地产的所有金融资产，如银行存款、资本市场产品、集体投资计划、人寿保险保单及其他投资产品所缴的保费）
上述申请人相关待遇	准证获取后可申请永久居民，获取永久居民身份后，可获得 5 年有效期的再入境准证；可为配偶及 21 岁以下的未婚子女申请永久居民。适龄男性家属须参加国民服役。父母和年龄超过 21 岁的未婚子女不能申请永久居民，但可以申请 5 年的长期探亲准证

2. 创业移民①

表 3 - 2　新加坡创业移民相关规定

申请对象	年满 21 岁并有意在新加坡创业的企业家
评估标准	1. 在新加坡建立公司并实施运营。公司具有创新性，并创造本地就业的机会 2. 申请人具有相关的企业背景 3. 公司必须在新加坡注册为私人有限公司 4. 在申请准证时，公司注册不得超过 6 个月 5. 申请者须持有至少 30% 的公司股份 6. 公司有至少 5 万新币的实收资本 7. 企业必须是合法的，但不得从事下列行业：咖啡店、美食中心、食阁巴刹、酒吧、夜总会、卡拉 OK、酒廊、足部按摩、按摩院、中国传统医学、针灸、中药配药、职业介绍机构、风水师 8. 必须满足以下条件之一：①获得至少 10 万新币的投资，资金可来自认可的第三方风险投资资金或者天使投资；②持有国家级专利和知识产权部门批准的专利或者知识产权、著作权等；③与新加坡 A∗STAR（Agency for Science，Technology and Research）认可的研发机构或当地高等学府有研发合作；④获得新加坡标准、生产力与创新局（SPRING Singapore）或者新加坡国家研发基金会（National Research Foundation）等政府机构支持的孵化产业
相关待遇	创业准证首次有效期是 2 年，到期满足条件后可以更新，最多可以更新获得 3 年的有效期。申请人可以为配偶及不超过 21 岁的未婚子女申请家属准证。准证获取者可以申请永久居民

---

① 新加坡导引，http：//www. guidemesingapore. com/relocation/work - pass/singapore - entrepreneur - pass - guide。

3. 就业移民①

表 3 - 3 新加坡就业移民相关规定

申请对象	在新加坡工作的 50 岁以下外籍专业人士、经理、公司所有人、熟练工人等
就业类型及 其评估标准	P 准证：适用于有意从事高层次管理、行政管理或专业技术工作的外籍人士。分 P1 准证、P2 准证。P1 准证申请人的基本月薪必须超过8 000新币。P2 准证申请人的基本月薪必须介于 4 500 新币到8 000新币之间，且拥有新加坡认可的大学文凭 Q 准证：适用于从事一般性管理或技术工作的人士。申请人的基本月薪必须超过 3 300 新币，且拥有新加坡认可的大学文凭 S 准证：适用于从事中等专业技术工作的工人或技师，申请人的基本月薪必须超过 2 200 新币，拥有一定的学历或技术文凭 其他评估标准：稳定的财务状况，具有良好声誉的就职机构，逗留与就业时间符合一定的年限等
相关待遇	准证获取后可申请永久居民；可为配偶及 21 岁以下的未婚子女申请永久居民；可为父母申请长期探亲准证

4. 个体就业移民②

表 3 - 4 新加坡个体就业移民相关规定

申请对象	高收入的就业准证持有者、有意在新加坡寻求就业机会的外籍专业人士
评估标准	1. 就业准证持有者的月薪不低于 12 000 新币；外籍专业人士的月薪不低于 18 000 新币 2. 离职不得超过 6 个月 3. 固定年薪至少 144 000 新币
相关待遇	准证有效期为 3 年，到期后不能更新；不与雇主挂钩；不受行业限制；更换工作时无须重新申请准证；准证获取后可申请永久居民；可为配偶及 21 岁以下的未婚子女申请家属准证；可为父母申请长期探亲准证

---

① 近些年新加坡技术移民的热门行业主要集中在生物医药科学、化工、教育、电子与精密工程、工程与环境服务业、资讯信息与媒体、物流与运输工程、跨国公司高级管理和营销等。新加坡导引，http：//www. guidemesingapore. com/relocation/work - pass/singapore - work - permit - schemes；新加坡人力部，http：//www. mom. gov. sg；新加坡移民局，http：//www. ica. gov. sg。

② 新加坡人力部，http：//www. mom. gov. sg/passes - and - permits/personalised - employment - pass/key - facts。

2021 年 1 月，新加坡经济发展局推出全新的科技工作准证（Tech. Pass），以吸引具有成熟或快速成长的科技公司经验的创始人、领导者和技术专家，旨在推动新加坡在电子商务、人工智能和网络安全等高科技领域的全球竞争中占据领先地位。首批推出 500 个申请名额。候选人必须满足以下三项条件中的两项：①过去一年的固定月薪至少 20 000 新币；②曾在市值至少 5 亿美元（约 6.75 亿新币）或拥有至少 3 000 万美元资金的科技企业担任领导职位最短五年；③曾主导科技产品的研发工作，该科技产品的活跃使用者人数至少 10 万人，或收入至少 1 亿美元。[①] 与所有其他类型的工作准证相似，科技准证的有效期为 2 年。两年后，如果满足续约标准，即可再度更新准证。

除上述移民类型之外，在新加坡还有少量其他类型的移民，如婚姻移民。根据新加坡相关法律，与新加坡公民或永久居民结婚的外国人，均有资格申请成为永久居民。除上述合法移民外，在新加坡也存在着少量的非法移民。但相较通过上述四种方式移民的人口数量而言，其他类型移民则不占主流。

（二）21 世纪初移民政策变化的特点

新加坡的移民政策是根据社会经济的发展情况随时调整的。进入 21 世纪以来，新加坡人口出现了明显的变化。根据 2010 年新加坡人口普查结果，与十年前相比，新加坡由公民和永久居民组成的人口数目增长了 15.3%，其中永久居民人口的增长速度明显较快，人口比例从十年前的 8.8% 上升至 14.3%。根据新加坡总理公署国家人口及人才署发布的《2019 年人口简报》，截至 2019 年 6 月，新加坡总人口 570.36 万，与 2000 年前相比，人口增长了近 1.42 倍。其中，外来人口总数 215.57 万，占总人口的 37.1%。在外来人口的国籍分布上，来自马来西亚和中国的人数超过六成，分别占到 44% 和 18%。大量移民为新加坡的经济发展和社会转型带来了强有力的支撑，但随着近年来新加坡经济增速放缓，外来移民的增多也使得一系列社会问题随之而来，如贫富差距扩大、房价过高、交通拥堵、工作机会竞争加剧等。因此，反移民和反外来劳工的情绪在新加坡本土社会日益加强。在这一情况下，自 2009 年底以来，新加坡政府宣布收紧移民政策，放缓吸收移民的步伐。综合新加坡移民政策的变化和调整，其主要表现在以下几个方面：

第一，移民门槛逐步提高。

在投资移民方面，2010 年新加坡提高了金融投资者的资产金额，从 500 万新

---

① New Work Pass to Attract Top-tier Tech Professionals，新加坡经济发展局，https：//www.edb.gov.sg/en/business – insights/insights/new – work – pass – to – attract – top – tier – tech – professionals. html。

币飚升到 1 000 万新币，2012 年 4 月又直接废除了金融投资者移民计划，只保留全球商业投资者计划。对于通过全球商业投资者计划进行移民的申请人，门槛一再提高。在投资额要求方面，从以前的 150 万新币上升到 2011 年的 250 万新币，在公司营业额要求方面，从以前的 1 000 万新币/年上升到 2010 年后的 3 000 万新币/年，2012 年后的 5 000 万新币/年，再升至 2020 年后的 2 亿新币/年。此外，无论哪个行业，均要求申请人在公司的持股比例达到 30% 以上才具备申请资格（上市公司除外）。

在就业移民方面，一再提高就业准证申请人的底薪，对就业准证申请人的学历审查也更加严格。如在 S 准证方面，2011 年 7 月，将 S 准证的底薪要求从 1 800 新币上调到 2 000 新币。2013 年 7 月，人力部进一步调高 S 准证的申请门槛，底薪要求从 2 000 新币上调到 2 200 新币，2019 年，又将之上调至 2 300 新币。在 EP 准证方面，2011 年 7 月，将外籍员工申请人的最低薪金门槛从 2 500 新币提高到 2 800 新币。2012 年 1 月，从 2 800 新币提高到 3 000 新币后，2014 年 1 月又将之提高到 3 300 新币。2017 年，进一步上调至 3 600 新币。S 准证客工比率的最高限额也在不断减少。自 2012 年 7 月 1 日起从 25% 下调至 20%，2013 年 7 月，又再次将其下调 5%。

在申请家属准证方面，门槛也一再提升。自 2012 年 9 月起，持工作准证申请人的薪水要超过 4 000 新币才可以申请家属准证（DP），薪水超过 8 000 新币才可以申请父母的长期探访准证（LTVP）。2015 年 9 月 1 日后，该标准进一步提高。申请人的薪水须超过 5 000 新币才可以申请家属准证，薪水超过 10 000 新币才可以申请父母的长期探访准证。三年后，这一标准再次提升。从 2018 年 1 月 1 日起，工作准证持有者需要满足最低工资 6 000 新币，才能为其配偶和子女申请家属准证，而为父母申请长期探访准证的最低工资标准则增加到了 12 000 新币。

第二，移民获取工作准证的审核标准进一步提高。

2014 年 8 月 8 日新加坡开始实施雇佣公平考量框架。框架规定雇主为新聘请的外籍专业人士申请就业准证前，必须在工作信息库中刊登至少 14 天的招聘广告，吸引新加坡籍求职者，以保护本地专业人士、经理和执行人员的就业机会。[1] 此外，从 2015 年 10 月 1 日起，新加坡的公司要申请就业准证时，除常规文件外，还要提供其他三项信息，以确保新加坡本地居民被公平对待。这三项信息分别是：本项职务申请中有新加坡本地居民所提交的数量；是否有新加坡人被安排面试；公司目前技术管理人才中新加坡本地居民所占的比例。如果缺少这三

---

① 《社论：公平考量框架是个好的开端》，联合早报网，http://www.zaobao.com/forum/editorial/story20130928 - 258362。

项信息，公司为移民申请工作准证的权利就有可能被剥夺。①

第三，移民申请公民和永久居民资格的审查标准更趋严格。

政府不再向理工学院与公立大学应届外国留学生发放申请永久居民的邀请信，这意味着外国留学生必须在毕业后找到薪水较高的工作，才有资格申请永久居民。为了控制申请人数，新加坡政府开始将一些因素考虑在内，如申请者与新加坡公民的亲属关系，申请者的经济贡献、能力、年龄及家庭背景等，据此评估申请者是否有能力为新加坡做出贡献和融入当地社会，以及是否有意愿和决心在新加坡生根（sinking roots）。②此外，在申请永久居民资格的获批时间方面，也从4个月延长到12个月。

第四，非公民与新加坡公民的社会权益区分进一步拉大。

政府推出区分公民与永久居民权益的政策，包括在小学入学报名抽签时让公民拥有绝对优先权、减少永久居民享有的政府医药津贴等。2013年，政策差异进一步扩大至购房、教育费用等领域。如在购房方面，2013年1月，政府推出第七轮房屋降温措施，原本不受额外买方印花税影响的首次购屋永久居民须缴付5%印花税；非首次购屋的永久居民所须缴付的印花税从3%调高至10%；外国买家的额外买方印花税从10%增至15%。拥有组屋的永久居民不可出租整间组屋，若购买私宅得在半年内出售组屋。3月，非公民租房新限制生效，组屋房东出租整间组屋给非公民时，每次最多获批1年半。此前，每次申请可获批准出租的时间最多为3年。房东若出租房间给非公民，也须向当局申报，租约最多1年半。8月，国家发展部对永久居民实施购屋限制，规定外籍人士成为新加坡永久居民后，须等3年才能在公开市场购买转售组屋。限制实施3个月以来，永久居民每月平均购买176个转售组屋单位，交易量比2013年前8个月的月均323个单位低，跌幅近46%。③

自2009年以来，随着新加坡移民政策的改变，新加坡总人口、非居民人口和永久居民人口的增幅明显放缓。在总人口增长率上，自2012年就持续下滑，从当年的2.5%，分别滑落到2013年的1.6%、2014年的1.3%、2015年的1.2%。2016年总人口增长率稍微有所提升至1.3%，但此后迅猛下跌，2017年只有0.1%，这成为新加坡10年来总人口的最小增幅。之后情况有所缓和，增长

① 沈越：《盘点一年移民政策调整》，联合早报网，http://www.zaobao.com/social/crossroads/general/story20131230-293839。

② A Sustainable Population for a Dynamic Singapore, National Population and Talent Division, Prime Minister's Office, 2013, p. 26.

③ 沈越：《盘点一年移民政策调整》，联合早报网，http://www.zaobao.com/social/crossroads/general/story20131230-293839。

率回升到 2018 年的 0.5% 和 2019 年的 1.2%。非居民人口，2015 年 6 月达 163.23 万人，较 2014 年同期增加 2.1%，但增幅低于前一年的 2.9%。其中，外籍员工 2015 年增加 2.3 万人，较去年同期减少 1 万人。2019 年，新加坡非居民人口增至 167.74 万，基本恢复到 2016 年的水平。获得永久居民的人数，从 2008 年高峰期的 7.9 万人减至 2013 年的 3 万人左右。① 根据 2013 年至 2019 年的统计数据，获取新加坡永久居民的人数每年有所提升，从 2013 年的 29 955 人增长到 2019 年的 32 915 人，但其总体水平仍维持在每年 3 万人左右。

从上述的政策变化，我们推测未来的政策趋势将是：移民政策将会继续保持收紧状态；在引进移民方面，会更加侧重于拥有高学历、高收入、高技术的高端人才和从事无高学历和特殊技能要求的基础工作的外来人员；为了避免公民人口萎缩，政府会继续出台各种政策措施，以鼓励永久居民加入公民；对永久居民资格申请的限制未来将会逐渐放松，以增加永久居民的数量，为未来转化为公民做好人员储备；在就业市场方面，仍会以新加坡人为先，政府会通过推出各种技能培训，改善公平考量框架等，协助新加坡人提升技能，确保新加坡人的就业机会，因此，移民将会面临更加严格的竞争和审查。

（三）影响移民政策制定的主要因素

自新加坡 1965 年建国后，新加坡的移民政策几经变化，从 20 世纪 60 年代的"收紧"，到 80 年代的"放宽"，再到进入 21 世纪以来的"再度收紧"，但新加坡的移民进程却从未停止。形成这一特点的影响因素主要有以下几个方面：

第一，新加坡持续低下的人口出生率和人口老龄化决定了新加坡实行持续引进移民的政策。

虽然自 20 世纪 70 年代以来，新加坡政府就推行多项鼓励生育措施，但总生育率仍持续下滑。2009 年新加坡的生育率是 1.22%，2010 年则跌至 1.15%，2011 年后逐渐有所回升，达到 2014 年的 1.25%。自 2018 年以来，整体生育率一直维持在 1.14%，远远达不到 2.1% 的人口替代率。此外，新加坡的公民人口老龄化继续。2000 年，新加坡 65 岁以上人口占总人口的比例为 7.4%，标志着新加坡正式进入了老龄化社会。至 2015 年，年满 65 岁的公民比例已上升到 13.1%，超过 2014 年的 12.4%。公民人口的年龄中位数继续从 2014 年的 40.4 岁提高到 2015 年的 40.7 岁，再到 2019 年的 41.1 岁。人口赡养比例则从 10 年前的每一名年长公民有 7.2 名适龄工作公民赡养，减少至 2015 年的 4.9 名，再降

---

① 林子恒：《同比增长 1.2% 我国总人口增幅创十多年新低》，联合早报网，http://www.zaobao.com/special/newsletter/story20151001-532754。

至 2020 年的 4.3 名。不足以维持人口替代水平的生育率以及公民人口的老龄化使得新加坡政府必须持续实行引进移民的政策，以维持新加坡的人口数量。因此，新加坡政府计划每年继续引进 15 000 名到 25 000 名新移民，以避免公民人口萎缩。

第二，新加坡的国情决定了其以"引进人才"为移民政策的重心。

新加坡是一个城市岛国，国土面积狭小，缺乏天然资源，因此，其一直将资本密集的金融和高科技产业作为国家经济发展的重心，这一特点决定了新加坡"人才立国"的发展战略。而新加坡自身人口数量的有限和本国人才的外流[①]，决定了其必须将引进外来人才作为国家移民政策的重点，以维持经济的持续增长。对此，新加坡前总理李光耀曾指出："我们还有什么选择？没有外来人才，增长就会缓慢；吸引外来人才，就能取得更快速的增长，尽管这样做会使一些顶端的工作落入外来人才手中，但若没有增长，人们就可能连工作都没有。"[②]

第三，市场价格机制是影响移民政策内容变化的重要因素。

为了更好地满足经济社会发展需求，新加坡以市场需求为导向，对人才进行分类引进，用企业支付薪酬杠杆确定移民门槛的标准，设有最低学历资格和最低薪酬水平要求。2009 年以来政府一再修改调整移民政策，如在个体就业准证的申请上，政府将外籍专业人士的最低月薪从 8 000 新币提高到 18 000 新币，最低年薪从 34 000 新币提高到 144 000 新币，其本质即在于市场价格机制的变化迫使政府不断调整移民门槛，来适应当地经济发展的需求，以保证新加坡引进人才的高质量，维持新加坡商业环境在世界上的吸引力。

第四，新加坡本土民众对移民的态度成为新加坡政府制定移民政策的重要考量因素。

21 世纪以来，新加坡各种社会问题丛生，如收入差距拉大、房价物价高涨、工作竞争激烈、公共交通拥挤等，使新加坡民众将之归咎于大量移民的涌入，对新加坡的移民政策的不满和抵触情绪日益膨胀，这种情绪最终在 2011 年大选和 2013 年《人口政策白皮书》的发布这两件事上爆发了。在 2011 年新加坡大选中，人民行动党遭到了前所未有的挫败，虽保住了执政党的地位，但得票率却从 2006 年的 66.6% 下降到了 60.1%，成为 1965 年新加坡独立以来的最低点。2013 年新加坡《人口政策白皮书》的发布，将新加坡本地民众对移民政策的不满情绪推向了顶点。白皮书提出，为维持人口增长及竞争力，未来将每年输入 1.5 万

---

① 新加坡人才外流的比例比较高。在 20 世纪 70—80 年代，受过高等教育的新加坡人有 5% ~10% 在海外工作和生活。见《李光耀回忆录》，北京：外文出版社；新加坡：新加坡联合早报、时代媒体私人有限公司，2001 年，第 137 页。

② 杨永欣：《李光耀：国人须学着接受外来人才竞争》，《联合早报》，2011 年 7 月 23 日。

至 2.5 万名新移民，令外来人口比例在 2030 年增至接近五成，本地人口比例则由目前的 62% 降至 55%。未来 17 年内增加 30% 人口，目标在 2020 年将整体人口提升至 600 万，并于 2030 年达到 650 万至 690 万水平。为实现目标，除每年引入新移民，还会批准 3 万名外籍人士成为永久居民，以从中挑选合适人士成为公民。[1] 白皮书发布后，引发了新加坡民众"规模罕见"的抗议浪潮，甚至有公众要求人民行动党下台。新加坡国会连续 5 天就该白皮书进行激烈辩论，最后通过了修订版的白皮书，删去了"人口政策"字眼，并标明是"人口预测"，以此来安抚民众。此后，为了保持社会的政治凝聚力，新加坡政府采取了一系列紧缩移民的政策。可以说，新加坡民意的变化成为制约新加坡政府移民政策走向的重要因子。

三、维护海外新加坡侨民的权益

自 1993 年以来，为了扩展新加坡在海外的经济商业网络，新加坡政府鼓励新加坡人到海外投资与工作。同时，新加坡的主要教学语言是英文，方便新加坡毕业生到国外留学和工作。[2] 因此，自 20 世纪末以来，基于各种缘由，越来越多的新加坡人到海外工作和发展，到 2019 年，有 217 200 新加坡人居住在海外。2020 年，海外新加坡公民人数有所减少，下降至 203 500 人（见表 3-5），这主要归于新冠肺炎疫情在世界各地的蔓延，不少海外新加坡人选择回国。[3]

表 3-5　海外新加坡侨民人口统计[4]

单位：万人

年份	人口数量
2010	18.44
2011	19.22

---

[1] A Sustainable Population for a Dynamic Singapore, National Population and Talent Division, Prime Minister's Office, 2013.

[2] Elaine Lynn-Ee Ho, Migration Trajectories of "Highly Skilled" Middling Transnationals: Singaporean Transmigrants in London, *Population*, *Space and Place*, 2011 (17), pp. 116–129.

[3] 《不少因疫情选择回国　海外新加坡公民人数减至 20 万余人》，中华人民共和国商务部，http://www.mofcom.gov.cn/article/i/jyjl/j/202009/20200903004297.shtml。

[4] *Population Brief 2020*. National Population and Talent Division, Prime Minister's Office, Singapore.

（续上表）

年份	人口数量
2012	20.00
2013	20.70
2014	21.22
2015	21.25
2016	21.34
2017	21.47
2018	21.64
2019	21.72
2020	20.35

　　为了加强与海外新加坡侨民的联系，新加坡政府实施了一系列措施和法规，以此来提升他们对祖国的归属意识，更好地维护他们在海外的权益。

　　首先，除新加坡政府驻在世界各地的使领馆外，新加坡政府还设立专项部门，负责管理新加坡侨民事务。目前涉及新加坡侨民事务的主要有三大机构，分别是新加坡国际基金会、"联系新加坡"和新加坡侨民联系署。

　　新加坡国际基金会（Singapore International Foundation），成立于1991年，是个非营利民间组织，宗旨是协助推动新加坡的全球化发展。该基金会为海外新加坡侨民提供国内信息，出版网上期刊，并组织海外新加坡侨民的子女进行年度夏令营活动，带领他们回国参观旅游，其目的即在于让他们了解新加坡的历史文化，促进与新加坡本土学生的交流。

　　"联系新加坡（Contact Singapore）"是新加坡人力部在海外设立的国际网络，旨在与全球精英和海外新加坡人建立联系，协助他们到新加坡工作、生活和投资。其在全球设立了六个运营分部：北美分部、悉尼分部、印度分部、欧洲分部、首尔分部、中国分部。

　　新加坡侨民联系署（Overseas Singaporean Unit）成立于2006年，是新加坡总理公署国家人口及人才署的下属机构。其职责主要是负责策划和统筹多种代理机构，协助和加强在海外工作、学习和生活的新加坡侨民与国内的联系。与新加坡国际基金会和"联系新加坡"两个机构相比，其差别在于：第一，联系网的覆盖面不同。前两个机构建立的联系网主要在大城市，如美国的纽约、旧金山，英国的伦敦，中国的北京、上海等，而新加坡侨民联系署所要"联系"的目标是

广泛的，包括旅居在偏远小地方的新加坡人。① 第二，业务重点不同。新加坡国际基金会和"联系新加坡"重在提供留学、就业、商机等方面的咨询，而新加坡侨民联系署的事务涵盖面更加广泛，包括国籍、公积金、选举、住房、驾照、子女教育、联谊、节日庆典等。② 其宗旨在于更好地维护新加坡侨民在国内外的权益，加强"新加坡人"这一群体的凝聚力，包括"旅居在同一地点的新加坡人的凝聚；旅居于不同地点的新加坡人的凝聚；海外新加坡人与本土的凝聚。比如说，旅居地的新加坡人有什么困难，或要举办些有关新加坡的团体活动，或想进一步了解新加坡最近发生的某些事情，都可以同新加坡侨民联系署接触"③。

其次，修改和制定相关法规，以维护和加强海外侨民的权益与联系。如2004年新加坡修改国籍法的相关条例，规定海外出生的新加坡公民有权为海外出生的子女申请成为新加坡公民。此后又规定海外居住的新加坡女性也有权利为海外出生的子女申请成为新加坡公民，而在此之前只有居住在海外的新加坡男性公民才有权利为海外出生的子女获取新加坡公民资格。此外，新加坡政府呼吁移民国外的新加坡侨民尽量保留新加坡国籍，以便日后重新回国。

最后，组织策划一系列活动，如联谊、文化庆典、部长对话等，以加强与海外新加坡侨民的联系。"联系新加坡"、新加坡侨民联系署等机构每年都策划组织一些重要活动，将海外新加坡侨民组织起来，以使他们建立和保持与新加坡的联系。如新加坡侨民联系署每年在世界的不同城市组织"新加坡日"活动，展示新加坡文化，以此来提升新加坡侨民的祖国意识。2015年约有5 000名新加坡侨民参加了在上海举办的"新加坡日"活动，新加坡副总理张志贤、部长付海燕、新加坡驻中国大使罗家良等领导人均有出席。④ 此外，新加坡侨民联系署还为海外新加坡侨民提供了网上交流的空间，分享在海外的生活与信息，以加强同海外侨民的交流。

四、新加坡移民政策变化对中国新移民的影响

20世纪80年代末90年代初新加坡开始放宽移民政策，而同一时期新加坡与中国正式建交。因此，自20世纪90年代起，号称"花园城市"的新加坡成为中

① 《新加坡要让侨民与祖国心连心》，中国侨网，http：//www.chinaqw.com/news/2006/0316/68/20575.shtml。

② 参见新加坡侨民联系署网站，http：//www.overseassingaporean.sg。

③ 《新加坡要让侨民与祖国心连心》，中国侨网，http：//www.chinaqw.com/news/2006/0316/68/20575.shtml。

④ http：//www.overseassingaporean.sg/articles/d/thank – you – for – your – participation – in – singapore – day – 2015。

国向海外移民的主要目的国之一。为了区别于新加坡老一代的华人移民，这一批自 20 世纪 90 年代后从中国抵达新加坡的移民被称为"中国新移民"。近 20 年，每年有数万中国人以各种途径移民新加坡，据大致估算，目前新加坡的中国新移民达到 50 万～60 万人。[①] 中国大陆成为新加坡的最大移民来源地。这些新移民包括高端专业人才、技术工人、投资移民、婚姻移民、非法移民等。

新加坡移民政策的放宽，使新加坡居住人口从 1987 年的 282.3 万人骤增到 2019 年的 570 万人，由此产生了交通拥挤、房价抬高、工作竞争激烈等各种社会问题，激起了新加坡人对移民的强烈不满。数量庞大的中国新移民则成为新加坡本土人强烈抵触和诟病的重点对象。为了安抚本土人士的情绪，保持社会稳定，新加坡政府早在 2009 年就采取了一系列紧缩移民的政策。在这一改变下，2012 年 7 月 31 日前，有 30% EP 准证和 S 准证申请被拒绝，比 2011 年增加 26%；2009 年后，每年获得永久居留权的人数也减少超过一半。[②] 2013 年新加坡《人口政策白皮书》所引发的新加坡本土人士的抗议和集会使矛盾进一步加剧，迫使政府在最近几年一再提高移民门槛，以此来控制移民人口的流入。中国新移民也成为受新加坡移民政策调整影响的最大群体之一。这种影响主要表现在三个方面：

第一，限制了中国投资移民的数量。根据《2011 年中国私人财富管理白皮书》，通过对中国 18 个重点城市千万级别以上富人 980 份有效问卷调查，60% 的富人有移民意向或已申请移民，其中东部和南部有移民意向的超过七成，亿万财富人群的海外投资比例更超过 50%。新加坡是中国投资移民的主要目的地之一。每年通过北京因私出入境行业申请新加坡投资移民的总人数在 800～1 000 人。2010 年，申请投资移民新加坡的成功率几乎是 100%。然而，自新加坡紧缩移民政策后，2012 年春节前，千余名申请投资移民的中国人被拒签，"以前成功率在九成，目前拒签比例高至八成"[③]。2014 年后投资移民数量有所回升，但也远远没有达到 2010 年的水平。投资移民政策的紧缩反映了新加坡政府对中国富裕阶层移民新加坡在质量和数量方面审视标准的提高和谨慎。

第二，新移民在就业、购房、教育等社会权益方面受到冲击。2010 年新加坡总理李显龙宣布的"新加坡人优先"的准则，以及 2009 年以来对就业准证最低薪水的一再调高和新雇佣公平考量框架的实施，使得中国留学生毕业后在当地

① 谢美华：《近 20 年新加坡的中国新移民及其数量估算》，《华侨华人历史研究》2010 年第 3 期，第 58 页。

② 《移民政策收紧 新加坡永久居民人数每年减少过半》，中国新闻网，http://www.chinanews.com/hr/2012/09-12/4177221.shtml。

③ 《新加坡收紧投资移民政策 超千名中国人申请被拒》，http://money.163.com/special/view113/。

寻找工作面临更加激烈的竞争，直接影响到他们在当地就业的机会。一位新加坡雇主这样说："雇主聘请外籍员工，须替他们申请就业准证，其实是一件麻烦事，所以一般公司更情愿雇用本地员工。"① 在购房权益上，2013 年新政策的出台使成为永久居民的中国新移民在购房上受到限制，进一步影响到他们在新加坡的停留意愿。香港新移民社团新加坡九龙会会长陈文平所表示的忧虑恰当地反映了移民政策的调整对中国新移民心态的影响："新移民对社会有贡献，政策不应该对他们一刀切。如果他们等了 3 年，3 年后房价很高，又或者购屋限制提高至 5 年，他们要怎么办？"② 在教育政策上，新加坡公民的绝对优先权以及对新移民的种种限制使得"外国学生上本地知名小学的机会就变得非常小"③，且学费更趋高昂。

第三，推动一批已获得新加坡永久居民身份的中国新移民入籍新加坡。新加坡公民与非公民在社会待遇方面差别的拉大，会迫使一批新加坡永久居民开始考虑是否加入新加坡国籍。当前新加坡公民人口的严重老龄化，再加上自 2005 年以来每年都有上万名新移民被批准入籍新加坡，可以预测到，在当前移民政策的调整下，会有一批中国永久居民选择放弃中国国籍，成为新加坡公民。

五、新冠肺炎疫情对新加坡移民及其相关政策的影响

2020 年，新冠肺炎疫情肆虐全球。截至 2021 年 1 月 24 日，新加坡累计病例59 308 人。从 2020 年 4 月份开始，新加坡在全国实行"断路器"防疫措施，为阻断疫情传播关闭非必要工作场所和学校。随着病例的减少，逐步进行有限度的解封。在此次疫情中，外籍客工宿舍成为新加坡的重灾区。自 2020 年 2 月 8 日首位外籍客工确诊以来，每日外籍客工新增确诊病例维持在三位数，高峰期甚至达到近 2 000 例，导致新加坡本地感染源不明病例也愈发增多，每日新增确诊人数呈爆炸式增长。至 2020 年 8 月 1 日，共有 49 327 名宿舍客工感染新冠病毒，宿舍客工的感染率超过 15%。客工是新加坡外来人口的重要组成部分。根据2019 年统计数据，新加坡共有 168 万非新加坡公民的外籍员工，其中 56% 为外籍客工。这些客工主要来自印度、孟加拉国和中国。

① 沈越：《盘点一年移民政策调整》，联合早报网，http：//www. zaobao. com/social/crossroads/general/story20131230－293839。
② 沈越：《盘点一年移民政策调整》，联合早报网，http：//www. zaobao. com/social/crossroads/general/story20131230－293839。
③ 《新移民政策为新加坡带来的挑战和机遇》，http：//edu. 163. com/15/0824/16/B1Q0D6DT00294MA8. html。

此次疫情使以开放式经济为主的新加坡遭遇重创。根据新加坡贸工部 2021年 1 月 4 日公布的数据，新加坡经济在 2020 年同比收缩 5.8%，成为新加坡史上经济衰退最严重的一年。2020 年，新加坡建筑业萎缩 33.7%，服务业萎缩7.8%。[①] 此外，市场需求的疲弱，以及各国实施旅游限制，使得新加坡的外国人就业市场大受影响。其中，工作准证持有者受影响最大。根据新加坡人力部《2020 第三季度劳动力市场报告》，2020 年 1 月到 9 月，1 万多家店倒闭，新加坡工作准证持有者的总就业人数下滑 158 700 人。受此影响，2020 年新加坡总人口增长率 10 年来首次出现负增长，总人口从 2019 年的 570.36 万人跌至 2020 年的 568.58 万人，人口增长率 - 0.3%。2020 年，永久居民人口年增长率滑落0.8%，非居民人口滑落 2.1%。[②]

新冠肺炎疫情下，新加坡失业率不断攀高。新加坡总失业率从 2020 年 3 月的 2.4% 攀升至 6 月的 2.9%，公民失业率从 3.5% 增加至 4.0%，为 2009 年全球金融风暴以来最高。[③] 再加上欧美输入性病例的层出不穷，新加坡外籍劳工宿舍的聚集性感染，使得新加坡民众对现任政府不满，这直接体现在 2020 年新加坡第 13 届大选中。此次大选结果虽然仍由新加坡人民行动党继续组阁执政，但其得票率只有 60.14%，降到了历史最低点。而反对党工人党影响力大增，历史性地赢得了 6 个国会席位，成为第一反对大党。在此次新加坡的国会辩论中，外籍员工在新加坡就业市场中的地位成为辩论焦点之一。长期以来，如何对待外籍员工，是将外籍人员视为新加坡发展的动力，还是本地人寻找就业机会的阻力，一直都是新加坡社会共同关注的热点话题。此次疫情之下，尽管政府投入大量资金保障新加坡本土人就业，但是就业市场的疲软依旧没有明显改善。此次大选中的一项选民调查显示，有 26% 的选民表示自己最关心的国家问题是每日的生活费，15% 的选民关心新冠肺炎疫情问题和政府的整体责任，13% 的人则关心就业问题。[④] 可见，在新冠肺炎疫情的影响下，生活就业保障和疫情防控是新加坡民众最普遍关注的热点。

为了安抚民众长期以来的不满情绪，切实保障疫情下新加坡本土国民的利益，新加坡政府更严格地执行选择性移民政策和雇佣公平考量框架。早在 2020

---

① 《新加坡经济：2020 年新加坡的 GDP 收缩 5.8%》，搜狐网，https：//www.sohu.com/a/442517282_457587。

② 《新加坡〈2020 年人口简报〉 10 年来总人口首次出现负增长》，搜狐网，https：//www.sohu.com/a/426406438_162758。

③ 《新加坡二季度裁员人数翻倍，公民失业率创近 11 年新高》，搜狐网，https：//www.sohu.com/a/410371111_561670？_f = index_ businessnews_1_9。

④ 《此次大选，新加坡选民最关注的国家问题是这个……》，凤凰新闻，https：//ishare.ifeng.com/c/s/7y4lii5WpKr。

年 1 月 6 日，新加坡贸工部部长陈振声在国会发言时就公开表示，"政府站在新加坡人这一边，会一直投入资源帮助国人争取高薪工作，也会和业者合作确保就业市场是公平的"①。在同一月份，新加坡人力部将 S 准证的月薪申请标准从之前的 2 300 新币上调至 2 400 新币，同时，更新申请 EP 准证的公平考量框架，全面提高了行政处罚，违规企业将被判刑和罚款。一旦违规，雇主将在 12 个月内无法申请新的 EP 工作准证，对更严重的违规者，禁止期限将延长到 24 个月。2020 年 5 月，受疫情加剧影响，新加坡继续收紧工作准证的发放政策，EP 就业准证的最低月薪要求从之前的 3 600 新币上调至 3 900 新币，以确保雇主不会因为外籍人士的薪金较低而比本地人具有更多的竞争力。换言之，外籍人士必须具备更丰富的经验和技能，获得更高的薪金，才能申请到就业准证。

为了回应新加坡本地人对就业问题的关切，新加坡总理李显龙一再表示："政府会永远站在国人那一边，如果无法惠及国人，政府何必引进外国人？"他强调，新加坡并非毫无节制地对外开放，而是通过外籍员工政策，控制外国人的输入。最终目的是确保这些外国人是来扩大本国的劳动队伍，而不是取代国人。② 2020 年下半年，新加坡政府再次通过大幅调高外国人就业准证的薪酬门槛，收紧移民政策，以保障本地人的就业机会。新政策规定，从 2020 年 9 月 1 日起，申请 EP 准证的最低月薪从 3 900 新币上调至 4 500 新币，申请 S 准证的最低薪金也从 10 月 1 日起调高至 2 500 新币，且 S 准证的配额在服务行业不得超过公司员工总数的 13%，其他行业则不得超过 10%。此外，从 10 月 1 日起，企业在为外籍员工申请 S 准证之前，必须先在政府规定的求职网站上招聘，且广告刊登天数从原本的至少 14 天延长到至少 28 天，才能为外籍雇员申请 EP 准证或 S 准证。

总之，受疫情和经济低迷的影响，2020 年新加坡移民政策，尤其是在各类工作准证的发放上，整体上呈现出持续紧缩的态势。疫情下移民政策的收紧，必然给新加坡的中国移民带来多方面的影响。一方面，疫情使得中国人申请新加坡的各类准证一度受阻。2020 年 2 月，由于疫情持续升温，新加坡卫生部、人力部和移民局从 2 月 2 日起，全面限制中国护照持有者的各类签证、准证发放。3 月 24 日起，工作准证持有者入境进一步受限，工作准证和家属准证如非交通和医疗行业也被禁止入境。另一方面，随着新加坡政府对就业市场上"新加坡人优先"政策的一再重申，再加上大幅提高外籍人员申请各类工作准证的薪资门槛，

---

① 《新加坡企业发声：我们需要外国人才，请放宽外劳政策！》，搜狐网，https://www.sohu.com/a/366758910_100017655。

② 《新加坡政府会永远站在国人那边！李显龙：若无法惠及国人，何必引进外国人》，狮城新闻，https://www.shicheng.news/show/923233.amp。

中国人移民到新加坡的条件和要求必然也会随之愈发严格。熟练的技术劳动力、高学历的科技人员和创业者将成为未来新加坡引进中国移民的重点对象。与此同时，新加坡政府在对民众发放疫情扶助补贴时的政策导向，即公民待遇要优于永久居民和其他身份群体，也将在一定程度上进一步推动部分新加坡永久居民向公民身份的转换。

但疫情下移民政策的收紧，并没有改变新加坡长期以来对外开放的态势。2020年底，随着本地疫情的缓解，新加坡又宣布重新调整工作准证和S准证的申请规范，以使更多人来新加坡工作，舒缓当前人力短缺的问题。正如李显龙指出，"政府的目的是让国家经济取得增长，同时为国人创造好的工作、提高大家的生活水平。外国人可以帮助我们实现这一目标，通过对全球人才开放，我们其实为自己创造了更多机会"①。新冠肺炎疫情给新加坡的就业移民政策带来新的挑战，但新加坡政府也清醒地认识到，国家要保持经济增长，就必须吸引更多高技能外籍员工加入本地劳动队伍。新加坡移民政策在新冠肺炎疫情下的多次调整，显示了新加坡政府正试图在引进外籍员工和保障本地人利益二者之间寻找一个新的平衡点。

---

① 《新加坡政府会永远站在国人那边！李显龙：若无法惠及国人，何必引进外国人》，狮城新闻，https://www.shicheng.news/show/923233.amp。

第四章 菲律宾移民政策法规[①]

菲律宾是世界上仅次于中国和印度的移民大国，菲律宾人移民海外历史悠久，数量庞大，分布广泛，并一直与母国保持着种种政治、经济和文化上的联系。菲律宾政府一直非常重视海外菲律宾人群体的存在，在过去几十年间出台了一系列移民法规和政策，来保护海外菲律宾人及其家属的权益。为了发挥海外菲律宾人的力量支持菲律宾社会和经济发展，菲律宾政府还推出一系列项目和计划来吸引海外菲律宾人的参与。

一、海外菲律宾人概况

（一）概况

在创办海外菲律宾人委员会（The Commission on Filipinos Overseas, CFO）的政府文件上，菲律宾对海外菲律宾人（Filipinos Overseas）做了如下界定："海外菲律宾人指永久居住在国外的菲律宾人，包括已经入籍他国和拥有菲律宾国籍但正在等待入籍、归化的菲律宾人，以及他们的后代。"[②] 可见，该定义明确指出海外菲律宾人仅仅包括"永久居住在国外的菲律宾人"，而那些临时移民是不包括在内的，也就是说海外菲律宾劳工（Overseas Filipino Worker, OFW）是不包括在内的。

据海外菲律宾人委员会的统计，2011 年菲律宾的海外永久移民（permanent migrant）达 486 万，占海外菲律宾人总数的 47%；临时移民（temporary migrant），包括海外菲律宾劳工，达 451 万，占 43%；非法移民（irregular migrant）达 107 万，占 10%。[③] 因此，鉴于菲律宾海外临时移民的庞大规模，菲律宾扩大了对海外菲律宾人的定义，即把所有居住和生活在国外的菲律宾人都包括在内，

---

① 本章执笔者代帆、李涛。代帆，暨南大学国际关系学院/华侨华人研究院副教授，主要从事菲律宾研究和华侨华人研究；李涛，云南大学国际关系学院副教授。

② Batas Pambansa Bilang 79（*An Act Creating the Commission on Filipinos Overseas and for Other Purposes*），CFO 网站，http：//www. cfo. gov. ph/pdf/legal%20mandates/BP79. pdf。

③ CFO 网站，http：//www. cfo. gov. ph/index. php? option = com_content&view = article&id = 1926：im-migrants − outnumber − ofws&catid = 109：overseas − filipino − new&Itemid = 840。

而不管他们是长期还是短期停留。①

有学者将海外菲律宾人划分为两大类：永久移民和临时移民，而非法移民被纳入临时移民的范畴。所以，广义上的海外菲律宾人，可以既包括永久移民也包括临时移民，而狭义上的海外菲律宾人则仅指永久移民。

根据 CFO 的界定，永久移民包括移民（immigrant）、双重国籍持有者或合法的永久居民，他们在海外的居留与工作合同无关；临时移民指那些在国外工作并且在合同结束后会返回国内的菲律宾人，大部分临时移民都是海外菲律宾劳工，但也包括部分学生、实习生、企业家、商人以及他们在国外居住半年以上的配偶；非法移民指没有合法证件，没有合法居住权或工作准证，或者在国外滞留的菲律宾人。（见图 4 – 1）

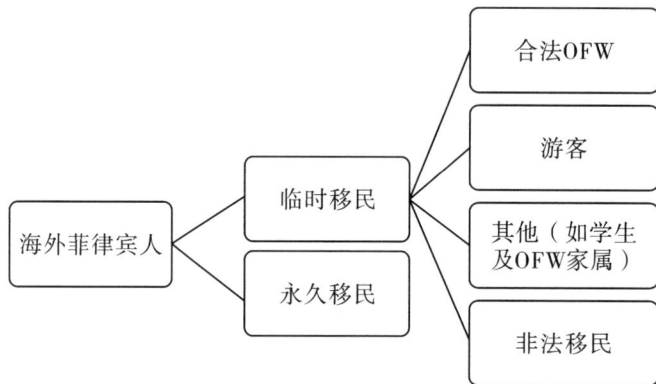

图 4 – 1　海外菲律宾人类别

海外菲律宾劳工包括菲律宾海外合同工人（Filipino Overseas Contract Workers, OCW），后者指持有国外一定时间期限的工作合同，目前在国外临时工作的菲律宾人，或者目前人在国内度假但依然在国外有合同工作的菲律宾人，包括陆地工人和海上工人两大类。

海外菲律宾劳工还包括拥有有效工作签证或者准证的海外菲律宾工人，包括飞行器工作人员如飞行员和乘务员，比如在美国、中国台湾和塞班岛工作的且拥有工作签证的菲律宾人，也包括那些持有如游客、学生、医疗签证等非移民签证，但是目前又被雇佣且从事全职工作的菲律宾人。

不过，那些虽然在国外工作，但是雇主是菲律宾政府的菲律宾人不包括在内，比如在菲律宾大使馆和领事馆工作的菲律宾人。被菲律宾政府、私人机构送

---

① *2015 CFO Annual Report*，2015.

出国接受培训或者学习的菲律宾人或者有相似的目的，即使在国外工作也不能被视为海外菲律宾人，但因私出国留学的学生不在此列。①

（二）海外菲律宾人的数量与分布

海外菲律宾人数量庞大，且分布广泛。根据菲律宾外交部的数据，截至2015年6月，共有7 979 716名菲律宾人在国外工作和定居，见表4-1。②

表4-1 2010—2015年6月海外菲律宾人数量

单位：人

地区	2010年	2011年	2012年	2013年	2014年	2015年（1—6月）
美洲	3 896 853	4 111 095	3 908 601	4 107 543	4 146 066	3 750 388
亚太地区	1 675 507	1 973 224	2 028 396	2 046 145	1 974 831	1 497 859
欧洲	715 627	746 701	782 878	768 999	743 826	433 918
中东和非洲	2 868 272	2 681 130	2 050 475	2 169 992	2 205 706	2 297 551
合计	9 156 259	9 512 150	8 770 350	9 092 679	9 070 429	7 979 716

数据来源：菲律宾外交部网站。

海外菲律宾人遍布全球200多个国家或地区。根据联合国国际移民报告的数据，截至2014年底，接受海外菲律宾人最多的五个国家分别是美国、沙特阿拉伯、加拿大、马来西亚和阿拉伯联合酋长国（见表4-2）。

表4-2 海外菲律宾人分布最多的20个国家和地区

单位：人

排名	国家/地区	数量
1	美国	3 353 891
2	沙特阿拉伯	938 490
3	加拿大	676 775
4	马来西亚	620 043
5	阿拉伯联合酋长国	541 593
6	日本	313 588

---

① Technical Notes on the Survey on Overseas Filipinos（SOF），菲律宾统计署网站，https：//psa. gov. ph/content/technical - notes - survey - overseas - filipinos - sof。
② 菲律宾外交部网站，https：//cfo. gov. ph/statistics - 2。

（续上表）

排名	国家/地区	数量
7	澳大利亚	304 093
8	意大利	299 787
9	中国	229 638
10	新加坡	200 000
11	英国	200 000
12	卡塔尔	198 000
13	科威特	187 067
14	巴林	158 644
15	中国台湾	115 055
16	波多黎各	91 620
17	希腊	61 681
18	韩国	52 379
19	法国	44 967
20	新西兰	41 146

数据来源：菲律宾外交部网站。

　　海外菲律宾人每年邮寄回菲律宾本国的侨汇数量非常可观，成为菲律宾政府重要的外汇收入，也是国家经济稳定和发展赖以借重的资源。以 2014 年为例，来自海外菲律宾人的侨汇占菲律宾 GDP 的 10%（见图 4 - 2）。

（千美元）

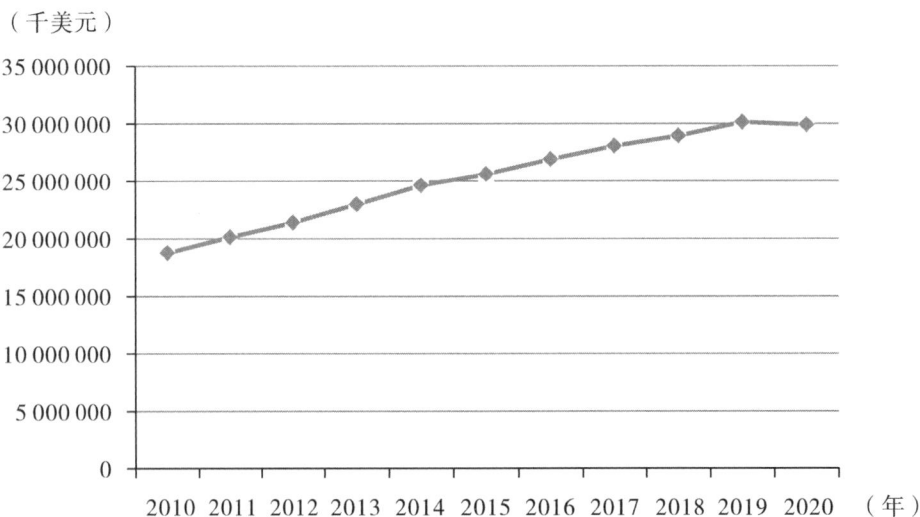

图 4 - 2　2010—2020 年海外菲律宾人的侨汇

数据来源：菲律宾中央银行。

（三）菲律宾人移民海外的历史

菲律宾人移民海外的历史悠久，早在 19 世纪以前即有菲律宾人到墨西哥等地打工。不过，大规模的菲律宾人移民海外乃是发生在 1898 年美国占领菲律宾之后。在 20 世纪，菲律宾的国际移民大多移民美国。1906 年，第一批菲律宾劳工抵达夏威夷的甘蔗和菠萝种植园。随后，大量菲律宾劳工——主要是单身男性，接踵而至。另外一些人则离开夏威夷，到加利福尼亚、华盛顿、俄勒冈从事农业生产，或者在阿拉斯加的鲑鱼罐头厂工作。在美洲大陆，城市低收入工作如侍者、司机或者其他家政工作在农忙时节或者工作不好找的时候为菲律宾人提供了另外一种选择。大约 4 000 名菲律宾人在商船上工作，一直到 1937 年美国出台新的法律，要求挂美国国旗的船只雇员至少 90% 为美国公民之后，菲律宾船员人数才有所下降。

据估计，1906—1934 年，约有 12 000 名菲律宾劳工在夏威夷岛工作。而于 1907 年到 1930 年期间抵达美国的菲律宾人据估计有 15 万之多，其中大部分人在夏威夷岛。作为美国的殖民地，菲律宾人向美国的移民被认为是内部移民，但是 1934 年的《泰丁斯—麦杜菲法案》（*Tydings-Mcduffie Act*，该法允许菲律宾在 10 年之后独立）通过后，美国政府只给菲律宾每年 50 个移民配额，菲律宾对美移民急剧下降。

从 1946 年到 20 世纪 60 年代中期，以劳工、军事人员和战争新娘身份来到夏威夷的菲律宾人为 1 万~1.2 万。1965 年，美国通过《移民和国籍法》（*Immigration and Nationality Act*），废除对移民的国籍限制，自此来自菲律宾的移民再次增长并且进一步多元化。在 20 世纪 60—70 年代，随着一些国家放弃其倾向欧洲移民的政策，为菲律宾人移民加拿大、澳大利亚和新西兰扫清障碍，菲律宾因此成为全球十大移民输出国之一。

20 世纪 70 年代爆发的政治经济危机进一步推动菲律宾成为劳务输出大国。一方面，受石油危机的影响，菲律宾经济发展势头受挫，亟须为每年大量增长的人口提供就业机会以及合适的工资收入，并且平衡收支。另一方面，石油丰富的海湾国家需要劳工去建设其雄心勃勃的基础设施，在内外两种力量的推动之下，菲律宾开始大量输出劳工。①

也正是在这一背景下，菲律宾的劳工政策和移民政策开始出现转变。1974 年，马科斯政府通过《劳工法》（*The Labor Code of the Philippines*），以组织劳工

---

① Maruja M. B. Asis, The Philippines' Culture of Migration, http：//www. migrationpolicy. org/article/philippines – culture – migration，2006 – 01 – 01.

到海外务工。这一临时性的政策，目的在于减缓菲律宾经济危机，但由于菲律宾经济从此一蹶不振，菲律宾对海外劳工的依赖却不断增强，劳务输出逐渐上升为菲律宾的"基本国策"，菲律宾由此成为全球劳务输出大国。以此为契机，菲律宾政府相继出台一系列移民法律法规，建立一系列机构，以更好地对这一群体进行管理，从此开启了菲律宾人移民海外以及政府移民政策的新篇章。

此外，除了大量漂洋过海的劳工，作为英语国家的菲律宾，每年还有大量人口到海外留学定居，或者作为亲属移民到国外。时至今日，海外菲律宾人口差不多已占菲律宾全国人口的10%，菲律宾成为名副其实的移民大国。

二、菲律宾的移民及涉侨政策

菲律宾政府非常重视海外菲律宾人，"保护海外菲律宾人的权利，促进他们的福利，并且动员他们参与国家的发展"是菲律宾政府外交政策的主要目标之一，[①] 由此可见海外菲律宾人在国家政策中的地位。尤其是自1974年以来，随着菲律宾政府将劳务输出列为国家发展战略的一部分，政府随即制定了一系列与海外菲律宾人相关的政策，包括设立出台一系列相关政策，建立起一套较为完善的包括管理机构、法律规章和服务手段在内的运作体系。具体体现在如下几个方面：第一，设立一系列专门的机构或者在已有机构内增设部门来专门处理海外菲律宾人事务；第二，出台一系列政策来保护和促进海外菲律宾人的权益与福利；第三，推出多种项目和计划，以更好地利用海外菲律宾人的智力与人力。作为一个发展中国家，菲律宾的侨务政策在很多方面值得中国政府借鉴和学习。

（一）主要移民及涉侨机构

菲律宾的移民及涉侨机构大体可分为三类：隶属于劳工和就业部的机构，隶属于外交部的机构，以及跨部门机构，如海外菲律宾人委员会，本章仅介绍一些重要的移民及涉侨机构（见表4－3）。

---

① 参见菲律宾外交部网站，http：//www.dfa.gov.ph/index.php/about－us/mission－vision。

表4-3　菲律宾主要移民及涉侨机构及其主要职能

机构	主要职能
海外菲律宾人委员会 Commission on Filipinos Overseas	直属总统办公室，为永久移民提供行前培训、发展与所有海外菲律宾人的关系
菲律宾海外就业管理局 Philippine Overseas Employment Administration	隶属劳工和就业部，制定招聘规则、管理海外菲律宾劳工派遣
菲律宾海外劳工福利管理局 Overseas Workers Welfare Administration	隶属劳工和就业部，为菲律宾劳工提供行前培训、福利基金并负责将其遣送回国
海外菲律宾劳工重返社会中心 National Reintegration Center for Overseas Filipino Workers	隶属劳工和就业部，促进海外菲律宾劳工重新融入社会
菲律宾海外劳工办公室 Philippine Overseas Labor Offices	隶属劳工和就业部，在国外为菲律宾劳工提供各种服务
劳工事务副部长办公室 Office of the Undersecretary for Migrant Affairs	隶属外交部，为海外菲律宾劳工提供法律建议、目的国本地律师网络
海外缺席投票秘书处 Overseas Absentee Voting Secretariat	隶属外交部，负责海外缺席选举
移民劳工和其他海外菲律宾人资源中心 Migrant Workers and Other Overseas Filipinos Resource Center	劳工和就业部与外交部的跨部门机构

1. 海外菲律宾人委员会（CFO）

为了系统地促进菲律宾劳工的海外就业，1974 年菲律宾发布第 442 号总统令，创建海外就业发展局（Overseas Employment Development Board），随着菲律宾海外就业人口的稳定增长，建立一个独立的机构为菲律宾移民提供当地的支持网络变得必要起来。1978 年 6 月，根据第 1412 号总统令，在劳动和就业部下面成立移民事务办公室（Office of Emigrant Affairs），专门为菲律宾移民提供服务。1980 年 6 月，为了更好地促进移民的福利和利益，海外菲律宾人委员会（CFO，其结构见图 4-3）得以创立并取代了移民事务办公室。① 根据创立 CFO 的法令（Batas Pambansa Blg. 79），CFO 的主要服务对象包括：①海外菲律宾永久移民（permanent migrant）或永久居民（permanent resident）；②已经归化入外籍或具

① *CFO Manual of Administrative Procedures*, 2015 Edition.

有双重国籍的海外菲律宾人；③离开菲律宾的外国公民的菲律宾人配偶和其他伴侣（partner）；④海外菲律宾人的后裔；⑤海外菲裔年轻人；⑥交换访问计划的参与者。

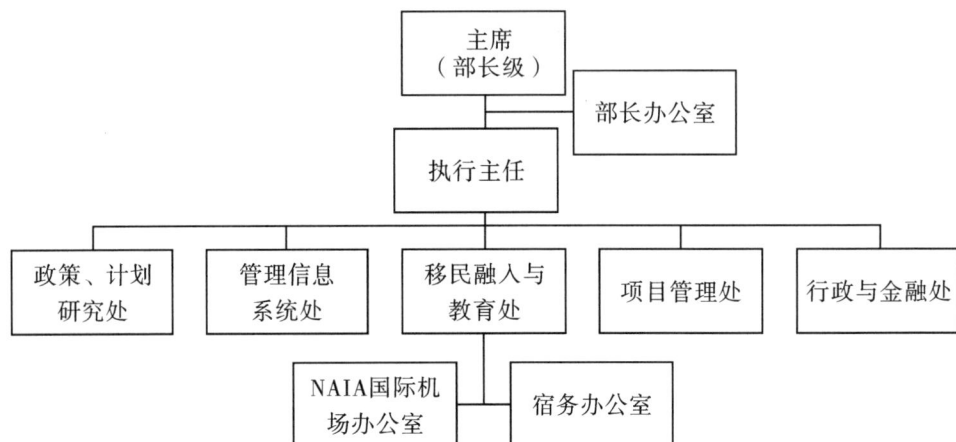

图4-3　海外菲律宾人委员会结构

CFO是菲律宾国内管理海外菲律宾人的中枢机构，也是最重要的管理机构。CFO被授权为移民进行登记，以及提供出国前的指导。它同时促进移民对母国的技术转移，以及对菲律宾不发达社区的发展项目的物质和金融捐赠。其目标包括如下五个方面：政策宣传、社会经济发展、融合和再融合、文化和教育、机构发展和组织强化。

在社会经济发展方面，CFO的主要职能是与其他政府部门进行协调与合作，从海外菲律宾人那里获得资源、知识、技能和技术等形式的发展援助，为不同利益相关方的合作、移民基金分配和投资、扩大捐赠等提供机制。在融合和再融合领域，主要是通过教育的方式，协助菲律宾移民在当地国的融合，帮助他们应对各种现实的、文化的和心理方面的挑战，甚至包括关心劳工在菲律宾国内的孩子，协助归国菲律宾人对菲律宾的知识转移，帮助归国者获得生活技能等。在文化和教育领域，确保海外菲律宾人保留他们的菲律宾文化。

2. 菲律宾劳动和就业部（DOLE）

DOLE也是重要的涉及海外移民事务的部门，其下属的菲律宾海外劳工办公室（POLOs）、菲律宾海外就业管理局（POEA）和菲律宾海外劳工福利管理局（OWWA）等都是处理菲律宾人海外就业和海外劳工利益保障的重要机构。

（1）菲律宾海外就业管理局（POEA）。

POEA上面还有一个理事会，由劳动和就业部的部长担任理事会的理事长，

POEA 的局长担任副主席，理事会成员来自私营部门、妇女、海上和陆地等部门。此外，POEA 在吕宋、维萨鄢群岛和棉兰老岛设有三个地区中心，并且在全国一些城市设有办公室。

POEA 的核心功能包括行业监管、就业促进和工人保护等。比如在就业服务方面，研究海外就业发展政策和就业标准，签署政府间协议，保护和提高海外劳工的利益；在福利与就业方面，举办就业前和出国前的咨询介绍会，协助海外劳工回国等；裁决办公室为海外就业提供法律解释、管理和执行，监督违反就业条款的海外劳工和有不良记录的雇主等。①

在 2011 年，POEA 共派遣了创纪录的 1 687 831 名海外劳工，比 2010 年高出 14.8%，每天有近 4 624 名菲律宾人出国务工。②

（2）菲律宾海外劳工福利管理局（OWWA）。

OWWA 是负责保护和促进海外菲律宾劳工及其家属福利与生活的专门机构，其职能包括如下几个方面：第一，承认海外菲律宾劳工对国家全面发展的贡献，保护他们的利益，促进他们的福利；第二，推动劳动法中有关政府保护海外菲律宾劳工福利责任的条款的执行；第三，为海外菲律宾劳工提供包括保险、社会援助、法律援助、文化服务和付款服务在内的各类社会和福利服务；第四，通过合理、明智的投资和基金管理政策，保证福利基金有效地收集、保管和持久使用；第五，开展研究活动，提高海外劳工社会、经济和文化福利；第六，开发、支持和资助具体的海外劳工福利项目。③

OWWA 收取 25 美元的会费，并为会员提供如下具体服务：第一，社会公益计划，诸如为伤残者、死者和安葬提供资金援助；第二，教育和培训公益计划，诸如出国前的教育培训、特定国家的研讨会；第三，劳工福利援助计划，诸如一站式福利管理、国内福利管理等；第四，遣送回国计划，诸如把一些处于困境中的菲律宾劳工遣送回国，并为这些劳工提供机场援助、临时住所等服务；第五，再融合计划。④

OWWA 还提供一些特别的计划，如 OFW Organization in Italy Donates Money for the Tuloy Aral Program，该项目资助贫困劳工的子女接受初级和中等教育。⑤

---

① 李涛：《海外菲律宾人与菲律宾的社会经济发展》，北京：社会科学文献出版社，2012 年，第 119 页。

② *Annual Report 2011*，POEA，2011.

③ OWWA 网站，http：//owwa. gov. ph/？ q = content/owwa。

④ OWWA 网站，http：//owwa. gov. ph/？ q = node/23/#education。

⑤ OWWA 网站，http：//owwa. gov. ph/？ q = content/special - projects。

（3）菲律宾海外劳工办公室（POLOs）。

截至 2021 年 2 月，菲律宾在全球 38 个城市设有海外劳工办公室，诸如中东地区的阿布扎比、迪拜、胡拜尔，亚洲的高雄、台北、大阪、香港、首尔、东京、新加坡，美国的华盛顿，欧洲的伦敦、马德里、米兰等。通过其广泛的全球网络，为海外劳工提供服务。①

（4）海外菲律宾劳工重返社会中心（NRCOFW）

该机构成立于 2007 年，目的是最大限度地促进海外菲律宾劳工及其家庭、社区和国家在海外雇佣方面的利益，致力于帮助海外菲律宾劳工有效地利用其资源和专长来促进发展。其服务包括如下几个方面：第一，咨询服务，即为归国菲律宾劳工提供雇佣和投资机会以及社区发展；第二，能力建设，即为菲律宾劳工及其家人提供金融计划和管理、储蓄侨汇等方面的知识和技能；第三，网络化和沟通，即为菲律宾劳工提供商业发展、信贷获取、技术产品和产品开发、市场销售等方面的援助；第四，援助柜台；第五，教室捐赠计划（Classroom Galing sa Mamamayang Pilipino Abroad），即动员海外菲律宾人在菲律宾捐建教室。②

除了上述机构，菲律宾国内还设立其他一些机构处理与海外菲律宾人相关的事务，诸如劳工法律援助办公室（Office of the Legal Assistant for Migrant Workers Affairs），海外菲律宾人社会事务总统顾问办公室（Office of the Presidential Adviser on Overseas Filipino Communities）等。前者隶属菲律宾外交部，旨在与其他相关国家机构及非政府组织、律师协会合作，为海外菲律宾人提供法律协助服务；后者直属于总统办公室，其职能主要是巩固和发展海外劳务市场，在海外菲律宾劳工的利益及福利方面为总统提供政策建议和行动纲领。

（二）主要移民及涉侨法律法规

菲律宾移民及涉侨法律法规繁多。除专门的处理海外菲律宾人和菲律宾劳工的法律外，某些部门的一些法律条款中也会涉及海外菲律宾人和菲律宾海外劳工（见表 4 - 4）。总的来说，菲律宾主要移民及涉侨法律包括如下几部：《移民劳工和海外菲律宾人法》（*Migrant Workers and Overseas Filipino Act of 1995*）、《规范归国菲律宾人项目法》（*An Act Instituting Balikbayan Program*）、《海外缺席投票法案》（*Overseas Absentee Voting Act*）、《保留和恢复公民身份国籍法》（*Citizenship Retention and Re-acquisition Act of 2003*，也称《双重国籍法》）。

---

① 菲律宾劳工和就业部网站，https：//www. dole. gov. ph/#。

② Aniceto Orbeta Jr. , Michael Abrigo, Michael Cabalfin, Institutions Serving Philippine International Labor Migrants, Discussion Paper Series No. 2009 - 31, Philippine Institute for Development Studies, May 2009, p. 15.

表4-4 涉及海外菲律宾人的主要法律法规

类型	法律法规
共和国法系列 （Republic Act）	RA6768《规范归国菲律宾人项目法》，1989年 RA7042《外国投资法》，1991年 RA7157《菲律宾对外服务法》，1991年 RA7837《菲律宾退伍老兵永久居住法》，1994年 RA8042《移民劳工和海外菲律宾人法》，1995年 RA8043《1995年国家间领养法》，1995年 RA8239《1996年菲律宾护照法》，1996年修正版 RA8424《税制改革法案》，1997年 RA8552《1998年国内领养法》，1998年 RA8762《零售业自由化法案》，2000年 RA9189《海外缺席投票法案》，2003年 RA9208《反贩运人口法》，2003年 RA9225《双重国籍法》，2003年 RA7610《防止儿童虐待、剥削、歧视的儿童特别保护法》，2005年 RA10906《反邮购配偶法》，2016年 RA10801《菲律宾海外工人福利运作管理法》，2016年 RA9225《双重国籍法》，2018年修订版
行政命令系列（Executive Order，Administrative Order）、总统令（Presidential Decree）	PD No. 1183《旅行税及免除》 （被PD No. 1205，Batas Pambansa Blg. 38和Executive Order 283修正） PD No. 1422《植物、植物产品和动物进出口信息和指南》，1978年 Batas Pambansa Blg. 185《海外菲律宾人土地所有权法》，1982年 EO No. 203《建立移民分享政府信息系统的跨部门委员会》，2000年 EO No. 220《建立禁止贩卖人口，特别是妇女儿童的执行委员会》，2000年 EO No. 252《建立界定海外菲律宾学校组成、结构及功能的跨部门委员会》，2000年 EO No. 325《总统反非法招募工作小组》，2004年 AO No. RIB-2007-011《海外菲律宾人重领菲律宾驾驶证》，2007年 EO No. 92《全国反对童工委员会制度化，以提高菲律宾反对童工方案的执行水平》，2019年

资料来源：Philippine Laws and Regulations Affecting Overseas Filipinos，CFO网站，http://www.cfo.gov.ph/pdf/handbook/Philippine_Laws_and_Regulations_Affecting_Filipinos_Overseas-chapterⅢ.pdf。

1. 《移民劳工和海外菲律宾人法》

《移民劳工和海外菲律宾人法》颁布于 1995 年，是菲律宾管理移民劳工和海外菲律宾人最重要的法律。该法案的目的是制定海外雇佣政策，并建立更好的标准来保护和促进劳工、劳工家庭以及处于困境中的海外菲律宾人的福利。

该法律的制定基于如下考量：第一，保护所有在国外菲律宾公民的尊严，尤其是海外劳工；第二，为了保护劳工权益——不管是在本地还是在国外，有组织还是无组织，国家应该为菲律宾劳工提供足够和及时的社会、经济和法律服务；第三，国民经济的可持续增长和国家发展不能依赖海外雇佣，政府应该持续创造本地就业机会，并且促进财富和发展效益的公平分配；第四，在执行和制定有关劳工的政策和项目时，政府应该考虑到性别差异；第五，保护处于困境中的海外菲律宾人的权益，尤其是菲律宾劳工——不管是合法的还是非法的，都应该得到充分的保护；第六，承认并保证菲律宾劳工及所有海外菲律宾人参与国家民主决策的权利；第七，国家认识到技能才能为所有劳工提供最根本的保护，因此，政府只派遣或允许掌握技能的菲律宾劳工出国；第八，合法的 NGO 组织是政府在保护劳工权益时的伙伴，政府应该与它们开展真诚合作。①

为了更好地保护菲律宾劳工的权利，菲律宾政府只向那些劳工权利能够得到保障的国家派遣劳工，并且反对非法雇佣；任何政府官员和他们的亲戚都不能以任何直接或间接的方式参与菲律宾劳工派遣，否则予以罚款，并且为非法雇佣的受害者提供法律援助。

此外，该法案也提出了针对海外菲律宾人的具体计划和服务：第一，为海外菲律宾人提供旅行咨询和就业信息，实施国民救助，向菲律宾劳工提供法律援助等服务；第二，设立紧急遣返基金、劳工贷款担保基金等资助项目；第三，实施未成年菲律宾劳工强制遣返；第四，建立再安置和监测中心，帮助菲律宾劳工重新融入菲律宾社会，帮助他们在本地就业；第五，由外交部、劳工部、旅游部、司法部、移民局等机构及其下属机构共同组建跨部门委员会，为移民建立共享政府信息系统。

此外，政府还为菲律宾劳工提供法律援助，并为此设立移民劳工法律援助基金，以及其他各种援助和支持，诸如设立劳工日、国会劳工奖学金等来表达对海外劳工和海外菲律宾人的重视。②

2. 《规范归国菲律宾人项目法》

早在 1973 年，菲律宾就开始实施归国菲律宾人项目（A Balikbayan Pro-

---

① *Migrant Workers and Overseas Filipino Act of 1995*, Republic of the Philippines, 1995.

② *Migrant Workers and Overseas Filipino Act of 1995*, Republic of the Philippines, 1995.

gram)，① 保护海外菲律宾人在菲律宾国内的权益。为了更好地推动该项工作，菲律宾政府在 1989 年颁布《规范归国菲律宾人项目法》（第 6768 号共和国法令），旨在吸引和鼓励海外菲律宾人访问菲律宾，通过这种形式肯定海外菲律宾人对菲律宾经济发展所做的贡献。

"Balikbayan" 指在菲律宾国外连续生活一年以上的菲律宾公民，或者菲律宾海外劳工，以及加入他国国籍但又返回菲律宾的原菲律宾公民及其配偶和子女。归国菲律宾人项目由旅游部制定，旨在吸引和鼓励海外菲律宾人回国访问，目的在于通过国际交流推动菲律宾的经济发展。

该法案于 2002 年进行了修订，根据修订后的第 9174 号共和国法令，该法案优惠措施幅度更大，范围更广，除了原先旅行、购物优惠外，还提供创业培训服务，以使归国菲律宾人更好地融入社会。

该法案主要包括以下内容：第一，旅行税减免；第二，外国护照持有者一年之内免签证进入菲律宾；第三，高达 1 500 美元的免税购物额度（必须满足一定条件，比如在抵达菲律宾的 15 天之内或圣诞节期间的 30 天之内、仅限个人使用等）；第四，根据第 9174 号共和国法令，享有所有国内运输工具的特别促销/激励；第五，在授权港口的接待区域为归国菲律宾人快速处理入境事宜；第六，提供可靠的交通设施以确保归国菲律宾人旅行的安全和便利；第七，在政府所有或经营的免税店，享有高达 2 000 美元的免税额度购买生活用品。

此外，通过其下属的 OWWA，劳工和就业部还与其他国家机构一起为归国菲律宾人及其家庭成员提供培训计划，包括创业培训、生存技能培训和销售援助。②

3.《海外缺席投票法案》

菲律宾海外移民数量庞大，不仅对国家经济发展至关重要，而且因其人数众多，也是政治考量中一支不容忽视的重要力量。为了照顾这一群体的利益，体现国家对海外菲律宾人的重视，菲律宾政府在 2003 年 2 月颁布了《海外缺席投票法案》。

该法规定，所有菲律宾 18 岁以上的海外公民，都可以参加总统、副总统、参议员和众议员代表的选举。该法还规定，根据菲律宾法律丧失菲律宾国籍的菲律宾人、声称放弃菲律宾国籍并且效忠外国的菲律宾人无权参与投票。

为了推行海外缺席投票，菲律宾实行海外缺席投票登记制度，即想要参与投

---

①　菲律宾语中的 Balikbayan 就是英文中的 a returning overseas Filipino，即归国海外菲律宾人。

②　Philippines Laws and Regulations Affecting Filipino Overseas，CFO 网站，http://www.cfo.gov.ph/pdf/handbook/Philippine_Laws_and_Regulations_Affecting_Filipinos_Overseas–chapterⅢ.pdf。

票的个人必须事先进行登记。他们或者在离开菲律宾前在居住地的选举登记委员会登记，或者通过国外的菲律宾驻外使领馆进行登记。①

4. 《保留和恢复公民身份国籍法》

菲律宾对海外菲律宾人的重视还体现在对国籍法的修改上。2003 年 8 月，菲律宾政府颁布了《保留和恢复公民身份国籍法》（第 9225 号共和国法令），开始实行双重国籍政策，因此该法也被称为《双重国籍法》。该法旨在全面恢复海外菲律宾人的各项权利，使其在菲律宾享有充分公民权，并获得各种新机遇。②

该法赋予那些因归化他国而丧失菲律宾公民身份的天生菲人（Natural-Born Citizens of the Philippines）以菲律宾国籍，即所有其他国家的菲律宾公民不再失去他们在菲律宾的公民身份。该法主要内容包括：第一，因为归化为他国公民而失去菲律宾身份的天生菲人，在宣誓效忠和遵守菲律宾宪法和其他法律后可以再次获得菲律宾的公民身份；第二，关于公民权承袭，规定再次获得菲律宾公民身份的海外菲律宾人的未婚子女，只要年龄在 18 岁以下，不管是合法还是非法或者收养，都被认定为菲律宾公民；第三，保留和恢复菲律宾公民身份的海外菲律宾人享有完全的公民和政治权利并且承担相应的义务和责任（除非法律另有规定，比如竞选公职方面的特别要求）。③

政治权利主要包括：第一，选举权。重新获得菲律宾国籍者满足菲律宾选举法规定的居住要求，就可以在选举中进行投票。根据 2003 年《海外缺席投票法案》及 2013 年的修正案，所有在海外生活和工作，但并未放弃菲律宾国籍的菲律宾人，都可以参加菲律宾全国大选（如总统、副总统、参议员和众议员）投票。第二，竞选公职。重新获得菲律宾国籍者在菲律宾竞选公职，应符合现行宪法和法律规定的担任公职的条件，通过候选人资格认证，并且在指定的公务员面前宣誓放弃任何外国国籍。第三，委任公职。通过委任担任公职者，就职前要宣誓效忠菲律宾共和国及其当局，并且要宣誓放弃之前对其他国家的效忠。第四，限制条件。在归化国担任公职或为公职候选人，或在归化国担任现役军官的，不能在菲律宾参加选举、竞选公职或被委任为公职人员。④

经济权利主要包括：第一，在菲律宾拥有土地和不动产的权利；第二，从事

---

① *An Act Providing for a System of Overseas Absentee Voting by Qualified Citizens of the Philippines Abroad，Appropriating Funds Therefore，and for Other Purposes*，Republic Act No. 9189，February 13，2003.

② "天生菲人"指出生就是菲律宾公民，而不是通过任何法律才获得菲律宾国籍，即出生时父亲或母亲为菲律宾公民，以及那些出生于 1973 年 1 月 17 日之前，母亲为菲律宾公民，一成年就选择菲律宾国籍的人，见 CFO 网站，http：//www.cfo.gov.ph/index.php? option = com_content&view = article&id = 1362%3Adual – citizenship&catid = 145%3Aintegration – and – reintegration&Itemid = 833。

③ *Citizenship Retention and Re-acquisition Act of 2003*，Republic Act No. 9225，August 29，2003.

④ 路阳：《菲律宾政府的海外菲律宾人政策探析》，《华侨华人历史研究》2014 年第 3 期，第 16 页。

只向菲律宾人开放的商业和贸易活动的权利，以及开发自然资源的权利；第三，持有菲律宾护照旅行的权利。[①]

从该法实施到 2012 年底，已有 106 393 名海外菲律宾人获得菲律宾公民身份，其中美国 82 459 人，欧洲 18 182 人，亚洲和太平洋地区 5 535 人，中东和非洲 217 人。[②]

（三）主要移民及涉侨政策和项目

菲律宾政府对海外菲律宾人的重视还体现在其制定的一些节日或者嘉奖上，诸如设立海外菲律宾人月、海外菲律宾劳工日、国家海员日等，以及制定一系列计划和项目（见表 4 - 5）。

表 4 - 5　为海外菲律宾人提供的主要项目或服务

项目或服务	组织/提供机构或法令
抵达后指导服务 Post-arrival Orientation Services	海外菲律宾人委员会
菲律宾游学项目 Lakbay-Aral Program	海外菲律宾人委员会
菲律宾发展联动项目 Link for Philippine Development Program	海外菲律宾人委员会
海外菲律宾学校 Philippine School Overseas	海外菲律宾学校跨部门委员会
交换访问计划 Exchange Visitors Program	AO No. 191
科学家回归项目 Balik Scientists Program	科技部
家庭互助发展海外基金 The Pag-IBIG Overseas Program	Pag-IBIG 海外项目办公室

---

① Philippines Laws and Regulations Affecting Filipino Overseas，CFO 网站，http：//www.cfo.gov.ph/pdf/handbook/Philippine_Laws_and_Regulations_Affecting_Filipinos_Overseas – chapterⅢ.pdf。

② Implemented by the Scalabrini Migration Center With the International Organization for Migration in partnership with the Government of the Philippines, *Country Migration Report the Philippines 2013*, Makati：International Organization for Migration, 2013, p. 161. 转引自路阳：《菲律宾政府的海外菲律宾人政策探析》,《华侨华人历史研究》2014 年第 3 期，第 16 页。

（续上表）

项目或服务	组织/提供机构或法令
海外菲律宾劳工一站式中心 OFW One-stop Center	跨部门
菲律宾劳工社会保障计划 Social Security Agreement of the Philippines	RA 1161, *Social Security Act 1954*, RA 8282
海外劳工医疗计划 Medicare Program for Overseas Filipino Workers	卫生部
非美元进口二手机动车 No Dollar Importation of Used Motor Vehicle	EO No. 156
有条件免税进口 Conditionally-free Importation	EO No. 206

1. 海外菲律宾人月（Month of Overseas Filipinos，MOF）

1988 年 6 月，菲律宾政府颁布第 276 号公告，将每年 12 月定为"海外菲律宾人月"。2001 年 10 月，菲律宾政府又设立了庆祝海外菲律宾人月跨部门委员会（Inter-Agency Committee，IAC），专门负责这一工作。该机构委员会的成员和伙伴来自政府、私营部门和公民社会，包括外交部、劳工部、海外就业管理局、内政部、旅游部、国家文化与艺术委员会等众多部门，旨在通过制订庆祝纪念计划，组织移民会议、系列电影论坛及演奏会等一系列活动，密切海外菲律宾人与菲律宾的联系，以强化他们在菲律宾国家建设和发展中的作用，对他们在国家和地方发展中所发挥的作用表示尊重。

2013 年海外菲律宾人月的活动主题是"回乡：赋权于归国菲律宾人和他们的家庭"（BALIK PINAS：Empowering Returning Overseas Filipinos and Their Families），IAC 组织联合其他部门如菲律宾移民权利观察组织和海外菲律宾人委员会，围绕该主题组织了一系列让菲律宾劳工及其家庭受益的活动和项目。[①] 2015 年的活动从该年 10 月一直持续到年底，包括与移民家庭的协商对话、图片展、财务知识培训、海外菲律宾人及其家庭的企业发展、海外菲律宾劳工论坛等。[②] 2020 年海外菲律宾人月的主题是"Pagpupugay sa Migranteng Filipion Tungo sa Pagbangon Mula sa Pandemya"，此次主题的形式是照片作文比赛，鼓励海外菲

---

① CFO 网站，http：//www. cfo. gov. ph/index. php? option = com_ content&view = article&id = 2087。

② 2015 Calendar of Activities for the Celebration of the Month of Overseas Filipinos，CFO 网站，http：// cfo. gov. ph/images/CFO_ NEWS/MOF_ CALENDAR_ OF_ ACTIVITIESasof12 – 03 – 2015. pdf。

律宾人通过摄影写作的形式来分享他们在新冠肺炎疫情期间的独特经历。①

2. 海外菲律宾劳工日（Migrant Workers Day）

根据 1995 年颁布的《移民劳工和海外菲律宾人法》，菲律宾政府将每年的 6 月 7 日定为"海外菲律宾劳工日"，目的在于表彰海外菲律宾人对国家发展和建设的贡献。每年的这一天，一些国家机构如外交部（海外使领馆、海外就业管理局、海外劳工福利管理局等政府机构）都会举行隆重的纪念活动。如在庆祝活动当天，海外就业管理局会与卫生部、海外劳工医疗诊所协会合作，为海外劳工提供免费的医疗和牙科服务，以及免费法律咨询。②

3. 国家海员日（National Seafarers' Day）

自 1997 年以来，菲律宾将每年 9 月 29 日定为"国家海员日"，因为海员也是菲律宾海外劳工的重要组成部分。一些国家机构会举行一些庆祝活动，以肯定和表彰在菲律宾国内和国际海运业服务的数百万菲律宾海员。

4. 对海外菲律宾人的嘉奖

除了设立各种节日，菲律宾政府还设立众多奖项，对杰出的海外菲律宾人和优秀海外劳工进行表彰，如"总统奖""海外菲律宾劳工模范家庭年度奖"和"杰出海员年度奖"。

1991 年 12 月，菲律宾政府根据第 498 号行政令，设立"总统奖"（Presidential Awards for Filipino Individuals and Organizations Overseas），每两年对那些为菲律宾国家发展做出积极努力以及在其专业领域拥有突出成就的海外菲律宾个人和团体进行表彰。③

截至 2018 年底，该奖项共颁发了 14 届，总共有来自 52 个国家或地区的 485 名菲律宾人及团体获得这一奖项④。受新冠肺炎疫情的影响，2020 年的"总统奖"提名截止日期延期到 2021 年 5 月，暂时未公布获奖名单。⑤

"海外菲律宾劳工模范家庭年度奖"（The Model OFW Family of the Year Award）由 OWWA 设立，专为表彰杰出的海外菲律宾劳工家庭。目的是通过表彰杰出的海外劳工家庭，在整个海外劳工移民中树立榜样；颂扬海外菲律宾劳工家

---

① 菲律宾大使馆，https：//budapestpe. dfa. gov. ph/81 – about – us/220 – month – of – overseas – filipinos – 2020。

② Migrant Workers' Day at POEA, June 5, 2009, POEA 网站，http：//www. poea. gov. ph/news/2009/ PR_Jun2009_MWD%20Advisory. pdf。

③ CFO 网站，http：//www. cfo. gov. ph/index. php? option = com_content&view = article&id = 1346：presidential – awards – for – filipino – individuals – and – organizations – overseas&catid = 131：presidential – awards。

④ PAFIOO 网站，https：//presidentialawards. cfo. gov. ph/index. php/facts – and – figures – 1991 – 2018。

⑤ PAFIOO 网站，https：//presidentialawards. cfo. gov. ph/index. php/2021/01/26/pafioo – nomination – extended – until – 31 – may – 2021。

庭在维系家庭关系上经历的挑战与忍耐，提高海外菲律宾劳工家庭在社区的形象；彰显海外劳工家庭在实现社会经济、教育、专业领域和物质成就方面的重要作用。2019 年 10 月，由来自薄荷岛马里波霍茨的家务助理和奥斯陆镇的水手这两个 OFW 家庭获得该年度的大奖。①

"杰出海员年度奖"（Outstanding Seafarers of the Year Award）是海外菲律宾人委员会为表彰最能体现菲律宾价值、菲律宾海员职业道德和工作能力的杰出海员而设置的奖项，旨在给予为航运业和菲律宾做出贡献的海员以荣耀与认可。

5. 设立海外菲律宾学校（Philippine Schools Overseas，PSO）

海外菲律宾学校是指开设菲律宾教育部批准的课程，在菲律宾国外正式注册和运作，持有所在国签发的有效经营许可证，提供幼儿园、小学和中学课程的教育机构。建立海外菲律宾学校的目的是满足海外菲律宾人子女的教育需求，有助于他们在回到菲律宾后融入菲律宾的教育体系，这些学校同样教授菲律宾传统和文化。只要是存在大量菲律宾学龄儿童的国家，都被鼓励成立海外菲律宾学校。

海外菲律宾学校必须遵守菲律宾政府和东道国政府的有关政策和规定，在向菲律宾教育部申请许可证之前，必须先获得东道国政府的有效许可证。

为了管理海外菲律宾学校，1995 年成立了海外菲律宾学校跨部门委员会（Inter-Agency Committee on Philippine Schools Overseas，IACPSO），并在 2000 年颁布 252 号行政命令加强 IACPSO 的地位。IACPSO 既是决策机构，同时也是讨论和解决有关海外菲律宾学校的建立、运行和管理事务的平台。该机构由教育部担任主席，外交部担任副主席，委员会其他成员来自劳工和就业部、海外劳工福利管理局、海外菲律宾人委员会，后者同时为秘书机构。②

截至 2016 年，全球共有 41 所海外菲律宾学校，这些学校主要分布在巴林、东帝汶、中国、希腊、科威特、利比亚、阿曼、卡塔尔、沙特阿拉伯、阿联酋等10 个国家。③

海外菲律宾学校主要分为以下四种类型：一是由菲律宾社团志愿者、菲律宾政府组织或宗教团体建立的非股份制、非营利机构；二是由菲律宾公民完全拥有和控制的作为企业运营的机构；三是由菲律宾公民拥有部分股权，或者是由外国人资助建立但由菲律宾公民管理和经营的机构；四是由外国人全资拥有，但由菲

---

① 菲律宾通讯社，https：//www. pna. gov. ph/articles/1082925。

② Inter-Agency Committee on Philippine Schools Overseas，*Manual of Policies，Standards and Regulations for Philippine Schools Overseas*，Third Edition，2015.

③ CFO 网站，https：//cfo. gov. ph/philippine – schools – overseas/#：~：text = Philippine% 20Schools% 20Overseas% 20（PSOs）% 20are，Department% 20of% 20Education% 20（DepEd）。

律宾公民管理和经营的机构。①

6. 引资引智，加强与海外菲律宾人的联系

菲律宾的移民政策和中国有共同之处，比如注重引资引智，吸收海外菲律宾人的力量参与菲律宾国家建设和发展，注重维系和发展与海外菲律宾人的关系等。

（1）菲律宾游学项目（Lakbay-Aral Program）。

Lakbay-Aral 是菲律宾语，意为"游学"。海外菲律宾人委员会于 1983 年推出该项目，类似中国的华裔青少年夏令营活动，通过在菲律宾体验生活，为国外菲律宾青年提供更多了解其祖先和文化传承的机会。

该项目为 15～25 岁的海外菲律宾年轻人提供为期两周到菲律宾游学的机会。活动具体包括如下内容：第一，参观历史遗迹和风景名胜并附讲解；第二，有关菲律宾土地和人民的讲座；第三，了解菲律宾传统、艺术和手工艺品；第四，与菲律宾学生、国家和地方政府官员，以及土著菲律宾人进行交流。通过这些方式，菲律宾希望加强与海外移民的联系，增加海外年轻菲律宾人对菲律宾的文化认同和了解。②

不过该项目不是免费的，费用取决于具体的活动，费用在每人 800～1 800 美元之间，涵盖了菲律宾国内交通、食物、住宿、旅行包、学习资料，以及活动期间的保险，但不包括从国外往返菲律宾的机票。

海外菲律宾人委员会还推出特别的游学计划（Lakbayan sa Pilipinas），该计划为期 12 天，为想了解菲律宾的海外菲律宾人及其家人和朋友提供体验菲律宾的机会，但最少 30 人才能成团。③

（2）科学家回归项目（Balik Scientists Program）。

科学家回归项目是由菲律宾科学技术部（Department of Science and Technology，DOST）实施的项目，于 1975 年启动，旨在让国外的菲律宾裔科学和技术专家回到或定居菲律宾，分享他们的技能，以加快菲律宾科学、农工业和经济的发展。这一计划的目标在于加强菲律宾学术、公立和私营机构的科学技术实力，以加速技术的流动，并刺激对菲律宾国家发展和进步具有战略意义的技术的进步。比如在 2016 年 1 月 11 日，科学家回归项目在菲律宾科技部副部长的带领下，在日本的菲律宾使领馆与 61 名旅日菲律宾科学家和研究生进行交流，这也是该项

---

① Inter-Agency Committee on Philippine Schools Overseas, *Manual of Policies*, *Standards and Regulations for Philippine Schools Overseas*, Third Edition, 2015.

② Programs and Services of Government Agencies for Overseas Filipinos, CFO 网站, http：//www. cfo. gov. ph/pdf/handbook/Programs_and_Services_of_Government_Agencies_of_Overseas_Filipinos – chapterV. pdf。

③ Lakbay-Aral sa Pilipinas Program, http：//www. cfo. gov. ph/index. php? option = com_content&view = article&id = 1302；lakbay – aral – sa – pilipinas – program&catid = 110；frequently – asked – questions&Itemid = 858.

目第一次在亚洲举行类似的活动。①

所有定居在国外并且打算回到菲律宾工作的科学家和新毕业博士（New Graduates）都可以参加该项目，那些已经回到菲律宾并且生活不超过半年的科学家和新毕业博士也适用这一项目，超过这一时间则不能申请。② 寻求海外菲律宾科学家技术帮助的菲律宾本地私营和公共部门都可以向科技部递交申请。这一计划包括长期项目和短期项目两大类，政府为成功申请者提供一系列优惠政策（见表4-6）。

表4-6 科学家回归项目优惠政策③

项目类别	优惠政策
长期项目	为回国科学家本人、配偶及两个未成年直系子女提供与单程经济舱相当的比索补贴；服务期满后为回国科学家、配偶及两个未成年直系子女预先支付返程机票；根据关税和海关代码第105款对某些物资的免税进口，如专业工具和器械、服装、动物，与个人职业、等级和位置相匹配且在数量和等级上适宜的个人和家庭物品，但仅限自己使用而不能用于以货易货或出售；符合投资委员会指南规定的机动车的非美元进口；旅行税豁免；按照规定提供住房；科学家或新毕业博士的家人在货运和旅行行李方面的优惠；科技部部长同意的研究和发展项目的资助；该计划的参与者及其家人享有司法部签发的特别的非移民签证等
短期项目	往返菲律宾的经济舱机票；每天150美元的生活津贴

（3）菲律宾发展联动项目（Link for Philippine Development Program，Linkapil Program）。

Linkapil的字面含义为"服务菲律宾人"（service to fellow Filipinos），该项目由海外菲律宾人委员会于1989年设立，目的在于促进海外菲律宾人或其他外国捐赠者以捐赠和援助等各种形式，对菲律宾的民生发展、教育、健康和福利、小

---

① 菲律宾科技部网站，http：//bsp. dost. gov. ph/index. php/bsp－news。

② 回归科学家指定居在国外的菲律宾公民或者菲律宾裔科学家，与菲律宾政府签订协议回到菲律宾，并在其专长领域工作。新毕业博士指毕业于菲律宾科技部承认的外国科技院校，在申请本项目前获得博士学位不超过两年、与菲律宾政府签约回国在其专长领域工作至少三年的科学家；参见 Programs and Services of Government Agencies for Overseas Filipinos，CFO 网站，http：//www. cfo. gov. ph/pdf/handbook/Programs_ and_ Services_ of_ Government_ Agencies_ of_ Overseas_ Filipinos－chapterV. pdf。

③ Programs and Services of Government Agencies for Overseas Filipinos，CFO 网站，http：//www. cfo. gov. ph/pdf/handbook/Programs_ and_ Services_ of_ Government_ Agencies_ of_ Overseas_ Filipinos－chapterV. pdf。

78

型基础设施、技术和技能转移等项目进行资助和支持。该项目致力于在推进菲律宾人民的集体利益、为实现国家发展做出贡献的共同愿望的基础上，建立海外菲律宾人与国内菲律宾人之间更广泛和深入的伙伴关系。

其具体目标包括如下几个方面：第一，鼓励更多的海外菲律宾人参与国家发展；第二，为海外捐赠者、政府机关和受益者之间更好地协调与反馈提供机制；第三，提高对现有海外捐赠程序和准则的认识和理解；第四，监测并向捐赠者定期汇报项目的现状或进展；第五，通过对捐赠资源可信而负责任的管理，建立海外捐赠者的信心；第六，在海外菲律宾人捐赠者群体与受益群体之间培育富有成效的伙伴关系。①

Linkapil 项目涵盖广泛，包括教育、健康、技术与技能等方面。

①教育领域。主要资助因贫困而无法上学的菲律宾儿童和年轻人。援助可以通过如下方式来开展：其一，以 Linkapil 项目的名义设立奖学金；其二，捐赠教育资料。

②微小企业/民生工程。该计划致力于改善农村地区的社会经济条件，通过鼓励成立小型企业或可替代的创收活动，在社区培育自助的概念。对民生工程的援助可以通过如下方式开展：其一，向特定的受益人捐赠资金资本；其二，捐赠能启动或维持民生工程，或者提高生产力与收入的设备或资源；其三，向注册的合作社和组织提供可承受的低息贷款，贷款的偿还计划与当地银行合作。捐赠可以直接面向当地社区、街区、非政府组织和合作社。

③健康和福利。该项目旨在改善菲律宾人尤其是农村和经济落后地区的医疗保健水平，即让贫困群体诸如孤儿、流浪儿童、老人、残疾人能够享受更好的医疗保健服务和社会福利。援助包括如下形式：其一，派遣医疗或手术团，为病人提供免费的服务和药物；其二，向卫生部认可的初级和中级私立或公立医院捐赠医疗用品和设备；其三，与得到社会福利和发展部授权或认可的人道主义机构和非政府组织合作，以现金捐赠、食品和其他基本必需品的形式，为受灾地区提供救援。

④小型基础设施。海外菲律宾人和其他捐赠者可以为改善日常生活设施的建设提供捐赠，包括：其一，为供水设施、健康中心、公共厕所、教室等建设提供资金；其二，捐赠或购买用于小型基础设施项目建设的材料。

⑤技术转移。该项目致力于通过海外菲律宾专家在科技、教育、农业和其他关键领域的志愿服务，促进向政府机关、地方学院和社区的技术与知识转移，有兴趣者可以如下方式开展援助：其一，在不同的专业领域开展培训和研讨会；其

---

① Linkapil 网站，http：//www.cfo－linkapil.org.ph/about－us/goals－and－objectives。

二，在政府和非政府机构或者农村地区开展志愿者服务。[①]

到目前为止，Linkapil 项目依然是菲律宾政府为了吸引海外菲律宾人致力于菲律宾国家发展而推出的最全面的项目。该项目推出近 20 年来，已经获得各类捐赠达 33 亿比索，惠及菲律宾 81 个省 1 570 万人。其中用于健康/医疗的捐赠为 28.9 亿比索、教育/奖学金为 2.8 亿比索、小型基础设施为 8 608 万比索、民生项目为 3 912 万比索。[②]

实际上，菲律宾政府为海外菲律宾人和劳工提供的服务和项目远不止于此，这里不再一一赘述。[③]

（四）移民权益保护

侨民和劳工权益保护是菲律宾移民政策的重要方面。海外菲律宾人和劳工是菲律宾国家的重要资产，菲律宾历届政府都非常重视保护这一群体的权益，一方面是出于对这一群体的重视，另一方面也有政治方面的考量，即由于这一群体的庞大数量，其背后代表着更加庞大的菲律宾人家庭，因此也成为很多政治家不得不重视和争取的力量。比如在 2004 年，伊拉克武装分子绑架了在伊拉克工作的菲律宾籍卡车司机克鲁斯，并要求菲律宾撤回其驻伊救援队，否则将处死人质，菲律宾政府后来不得不提前从伊拉克撤出了所有军事人员。2011 年，一名菲律宾女毒贩因贩毒而被中国方面逮捕，并于 2013 年被处以死刑。迫于国内压力，时任菲律宾总统阿基诺三世致信中国国家领导人，请求中方免除该名女毒贩的死刑。原因之一就在于该女毒贩菲律宾劳工的身份，其为了生计而不得不离开家人背井离乡的弱者形象激发了菲律宾人的同情，从而对政府形成较大的压力。

在现实生活中，菲律宾劳工在国外打工生活，往往处于弱者的地位，其权益可能受到种种侵犯，比如菲佣被虐待、女性劳工被拐卖等。此外，菲律宾劳工留在国内的家人，尤其是未成年子女，因为远离父母，也可能滋生种种问题。因此，菲律宾政府不仅保护海外菲律宾人和劳工的权益，还出台一些政策保护其在国内的未成年子女的权益。

上述法律法规或政策中的一些条款已有涉及海外菲律宾人和劳工权益保护，此外，还有一些专门的法规或政策涉及海外菲律宾人的权益保护，如《反人口贩

---

① Programs and Services of Government Agencies for Overseas Filipinos，CFO 网站，http：//www.cfo.gov.ph/pdf/handbook/Programs_and_Services_of_Government_Agencies_of_Overseas_Filipinos–chapterV.pdf。

② 参见 Linkapil 网站，https：//cfo–linkapil.org.ph/index.php/accomplishments。

③ 海外菲律宾人委员会，为海外菲律宾人和劳工提供的各种服务和项目可以参见其网站，http：//www.cfo.gov.ph/index.php? option = com_content&view = article&id = 1392&Itemid = 833。

运法》；同时，政府为菲律宾劳工提供专门的援助，如海外劳工社会保障计划、家庭互助发展海外基金等。

1. 反人口贩运

据美国《人口贩运报告（2015）》，菲律宾是一个人口贩卖、强迫劳动的来源国、目的国和中转站。来自贫困家庭、受台风打击的社区，以及棉兰老岛受冲突影响的区域的妇女和儿童都会成为受害者。[①] 比如在海外菲律宾人集中的澳大利亚，涉及菲律宾妇女儿童的人口贩运非常严重。据澳大利亚菲律宾事务中心的统计，从1980年到2009年底，该国共有35起案件涉及44名菲律宾妇女儿童，其中27名妇女和7名儿童被杀，4名妇女和2名儿童失踪。[②]

2003年，菲律宾通过《反人口贩运法》（*Anti-Trafficking in Persons Act*），该法旨在打击人口贩运，尤其是针对妇女儿童的贩运。依据该法，菲律宾成立了反人口贩运跨部门理事会（Inter-Agency Council Against Trafficking），其成员既包括海外菲律宾人委员会，也包括海外菲律宾劳工的代表。

2. 援助

菲律宾外交部及其驻外使领馆在援助海外菲律宾人权益上发挥着重要作用，其设有专门的机构和经费来对海外菲律宾人进行援助。（见表4-7、表4-8）

表4-7　受援海外菲律宾人人数

单位：人

接受援助的海外菲律宾人	
2014 年	20 939
2015 年	27 815
接受援助的被贩运人口	
2014 年	420
2015 年	271
与毒品案有关被羁押的菲律宾人	
2015 年 1—6 月新增案例	225
截至 2015 年 8 月 6 日	1 279
截至 2016 年 1 月 7 日	2 470

数据来源：菲律宾外交部网站，https://dfa.gov.ph/assistance - to - overseas - filipinos。

---

① Department of State, US, *Trafficking in Persons Report 2015*, July 2015, p. 279.
② 转引自李涛：《海外菲律宾人与菲律宾的社会经济发展》，北京：社会科学文献出版社，2012 年，第106 页。

表 4 - 8 法律援助基金（Legal Assistance Fund）对海外菲律宾劳工的援助

年份	分配费用（比索）	支出（比索）	援助海外菲律宾劳工人数（人）
2015	148 951 893. 79	144 336 969. 49	839
2014	50 562 677. 86	50 510 784. 03	258
2013	60 000 000. 00	39 437 322. 14	246
2012	60 000 000. 00	15 301 638. 50	627
2011	80 000 000. 00	9 488 216. 03	132

数据来源：菲律宾外交部网站，http：//www. daf. gov. ph/index. php/assistance – to – over-seas – filipinos – in – distress。

3. 海外劳工社会保障计划

菲律宾的社会保障体系（the Social Security System）部分是强制性的，部分是自愿的。海外菲律宾人可以在出国前登记成为社会保障体系的成员，除了参加常规性的保障计划（Regular Social Security）外，海外菲律宾人还可自愿参加社会保障体系提供的弹性基金计划（Flexi-Fund）。常规计划是免税的储蓄和养老金计划，旨在鼓励海外菲律宾人储蓄，从而使他们在最终回国时能够积累足够的资金。除了向常规保障计划缴纳的最高费用外，任何缴费都记入他们的个人账号，累计余额将以一次支付或离休金的形式发放，作为常规计划下成员退休或退休福利的补充。[1]

4. 家庭互助发展海外基金（the Pag-IBIG Overseas Program）

家庭互助发展基金（Home Development Mutual Fund），俗称 Pag-IBIG 基金，是为了满足菲律宾国民储蓄计划和工人支付住房资金需要而推出的基金计划。而 Pag-IBIG 海外基金是一项为海外菲律宾劳工、移民，以及已经归化他国的菲律宾人设计的自愿储蓄基金，旨在将来为会员提供最高可达 300 万比索的房产贷款。

该项目向所有持有有效签证或雇佣合同的海外菲律宾劳工、菲律宾移民和归化他国的菲律宾人开放，成员需要每个月存入至少 5 美元，高级会员必须缴纳更多的储蓄金。比如一个人希望未来能够贷 150 万 ~ 160 万比索的房款，那么，直到贷款的时候每个月必须存款至少 750 比索或者等额美元，存款分为 5 年期、10

---

[1] Programs and Services of Government Agencies for Overseas Filipinos, CFO 网站，http：//www. cfo. gov. ph/pdf/handbook/Programs_ and_ Services_ of_ Government_ Agencies_ of_ Overseas_ Filipinos – chapterV. pdf。

年期和 20 年期。除了房屋贷款外，会员还可以申请多用途贷款和股息。[①]

(五) 涉侨 NGO 组织

除了上述政府机构外，菲律宾政府还承认 NGO 组织在劳工权益保护和福利促进中的地位，因此，作为一项国家政策，菲律宾政府积极推动 NGO 组织在上述领域的作用 (见表 4 - 9)。[②] 菲律宾强大的公民社会组织，为菲律宾政府在移民及涉侨事务上提供了强大的支持。

表 4 - 9　主要涉侨 NGO 组织

类型	NGO 组织
非营利、非股份类，大部分由国内外社会发展组织成立	Atikha 海外劳工与社会动议组织 (Atikha Overseas Workers and Communities Initiative Inc.) Unlad Kabayan 劳工服务基金 (Unlad Kabayan Migrant Services Foundation, Inc.) 妇女网络发展行动组织 (Development Action for Women Network) Kanlungan 中心基金会 (Kanlungan Centre Foundation) 海外菲律宾人经济资源中心 (Economic Resource Center for Overseas Filipinos)
移民或非移民及其家庭的会员制组织和网络	海外劳工国际联合会 (International Union of Overseas Workers) 菲律宾海员妻子协会 (Seamen's Wives Association of the Philippines) 菲律宾海员和海员工会联合会 (Associate Marine Officers' and Seamen's Union of the Philippines)
教会成立组织	海外劳工中心 (Center for Overseas Workers) 斯卡拉布里尼移民中心 (Scalabrini Migration Center)
移民或非移民组织的联盟和网络	反女性移民暴力网络 (Network Opposed to Violence against Women Migrants) 菲律宾移民权利观察组织 (Philippine Migrants Rights Watch) 修改 8042 法令移民劳工联盟 (Alliance for Migrant Workers and Advocates to Amend RA 8042) 移民论坛亚洲网络 (Migrant Forum in Asia Network)

[①]　http：//www. pagibigfund. gov. ph。

[②]　Aniceto Orbeta Jr. , Michael Abrigo, Michael Cabalfin, Institutions Serving Philippine International Labor Migrants, Discussion Paper Series No. 2009 - 31, Philippine Institute for Development Studies, May 2009, pp. 18 - 20.

上述组织有些成立于 20 世纪 70 年代以前，早在 1975 年菲律宾政府推出海外雇佣计划之前，已经有一些会员制和教会成立的移民组织。而自 80 年代以来，大量 NGO 组织成立，以应对不断增多的和菲律宾劳工有关的非法雇佣、违法合同、虐待等行为，并且促进海外菲律宾人的福利和利益。

这些 NGO 组织为海外菲律宾人提供法律和律师援助（诸如违法合同、虐待方面的法律援助等）、经济服务（诸如合理利用侨汇）、心理社会服务（诸如心理咨询、心理—社会干预），以及其他服务（诸如移民转机、机场/旅游协助）等。[①]

三、新冠肺炎疫情下的海外菲律宾人

（一）新冠肺炎疫情对海外菲律宾人的影响

1. 海外菲律宾人的生存状况

自 2020 年 1 月新冠肺炎疫情暴发以来，海外菲律宾人的生存状况受到极大影响。菲律宾外交部的数据显示，截至 2021 年 2 月 21 日，共有来自全球 87 个国家或地区的 14 801 名海外菲律宾人被确诊为新冠肺炎病毒感染者，其中 1 014 人死亡（见表 4 - 10）。[②]

表 4 - 10　海外菲律宾人确诊新冠肺炎数量（截至 2021 年 2 月 21 日）

单位：人

地区	确诊人数	治疗中	已痊愈	死亡人数
美洲	872	582	84	206
欧洲	2 926	1 914	887	125
亚太地区	2 872	2 050	801	21
中东地区	8 131	4 755	2 714	662
总数	14 801	9 301	4 486	1 014

数据来源：菲律宾外交部，https：//dfa. gov. ph/authentication - functions/298 - covid - 19 - advisories/28647 - number - of - covid - 19 - cases - among - filipinos - abroad - as - of - 21 - february - 2021。

---

① Aniceto Orbeta Jr. , Michael Abrigo, Michael Cabalfin, Institutions Serving Philippine International Labor Migrants, Discussion Paper Series No. 2009 - 31, Philippine Institute for Development Studies, May 2009, pp. 19 - 20.

② 菲律宾外交部，https：//dfa. gov. ph/authentication - functions/298 - covid - 19 - advisories/28647 - number - of - covid - 19 - cases - among - filipinos - abroad - as - of - 21 - february - 2021。

中东地区是海外菲律宾人感染新冠肺炎病毒最严重的地区，欧洲次之。此外，由于新冠肺炎疫情的持续致使全球经济受创，大量海外菲律宾人还面临着被裁员和被遣返的境地。虽然不少海外菲律宾劳工在菲律宾政府的帮助下返回了菲律宾，但是被遣送回国的部分海外菲律宾劳工由于各种因素不得不滞留在国内体育馆等地，面临着后续被感染的风险。[①] 而部分无法遣返回国又面临着失业的海外菲律宾人，在海外流离失所，面临着财务和生命危机，乃至必须卖血度日。[②]

2. 对就业的影响

新冠肺炎疫情对全球经济造成了重大冲击，使得众多海外菲律宾劳工面临失业的困境。根据菲律宾劳工和就业部的数据，截至 2020 年 8 月，共有 60 万海外菲律宾人被迫离开工作岗位，其中约有 35 万海外菲律宾人被遣送回菲律宾。[③] 预计到 2021 年 12 月，会有 100 万海外菲律宾人失业。[④]

根据菲律宾统计局的数据，在 2019 年，39.6% 的海外菲律宾人从事的是基础性职业，18% 从事的是服务和销售行业，12.2% 从事的是工厂和机器类职业。[⑤] 基础性职业技术含量较低，在劳动力市场上不受重视，而服务业和制造业这两种职业在新冠肺炎疫情期间受到影响尤其严重。一旦在上述行业受到冲击的菲律宾劳工涌入菲律宾国内劳动力市场，无疑将对菲律宾的就业市场构成严重挑战。而受菲律宾就业形势的影响，被遣返的海外菲律宾人也面临着巨大的就业压力。据菲律宾统计局数据，2020 年 4 月菲律宾的失业率一度达到 17.7%，是 2019 年同期的三倍多，许多被遣返的海外菲律宾人不得不依靠政府的救济金生活。[⑥]

此外，由于菲律宾自身在疫情期间需要大量的医护人员，菲律宾政府一度明令暂停医护人员出国就业，菲律宾卫生部担心医护人员大量出国，可能造成国内有经验的医护人员的短缺。不过在 2020 年 11 月，菲律宾总统正式取消了这一禁令，大量菲律宾医护人员得以在疫情期间赴海外就业。

---

① https：//cnnphilippines.com/news/2020/7/25/LSI – homecoming – Rizal – Memorial – Sports – Complex.html？fbclid = IwAR3 – DOUrXGyD – yQp9i9_3xES – 8RGGRPhSURks4YfKPgpcI_pZUiAfhbxTqc.

② GMA NEWS 网站，https：//www.gmanetwork.com/news/pinoyabroad/news/744064/stranded – ofws – in – saudi – forced – to – sell – their – blood – to – survive/story。

③ 菲律宾劳动和就业部，https：//www.dole.gov.ph/news/displaced – ofws – soar – past – 600k。

④ ILO 网站，https：//www.ilo.org/wcmsp5/groups/public/ – – – asia/ – – – ro – bangkok/ – – – ilo – manila/documents/publication/wcms_762209.pdf。

⑤ 菲律宾统计局，https：//psa.gov.ph/statistics/survey/labor – and – employment/survey – overseas – filipinos。

⑥ Open Democracy 网站，https：//www.opendemocracy.net/en/pandemic – border/returning – heroes – filipino – migrant – workers – met – with – a – devastated – economy。

3. 对侨汇的影响

受新冠肺炎疫情的影响，大量海外菲律宾人面临着失业或被遣送回国，菲律宾政府一度担心侨汇收入遭受重创。但菲律宾中央银行的数据显示，2020 年海外菲律宾人现金汇款约为 299 亿美元（见表 4－11），仅比 2019 年的 301 亿美元下降 0.8%，[①] 远低于菲律宾政府的预期，其原因可能在于疫情期间大量菲律宾医护人员赴海外就业。

表 4－11　2014—2020 年菲律宾侨汇收入

年份	金额（百万美元）		同比增长率（%）	
	现金汇款	个人汇款	现金汇款	个人汇款
2014	27 273	24 628	7.5	7.2
2015	28 308	25 607	3.8	4.0
2016	29 706	26 900	4.9	5.0
2017	31 288	28 060	5.3	4.3
2018	32 213	28 943	3.0	3.1
2019	33 467	30 133	3.9	4.1
2020	33 194	29 903	－0.8	－0.8

数据来源：菲律宾中央银行，https：//www. bsp. gov. ph/statistics/external/ofw2. aspx。

疫情期间，美国、欧洲和中东地区仍然是菲律宾海外侨汇的主要来源，占总侨汇的 70%。欧洲的侨汇下降幅度最大，高达 10.8%，其次是中东地区，侨汇下降 10.6%，来自大洋洲的侨汇则下降 9.4%。[②] 为帮助生计受影响的菲律宾人渡过难关，菲律宾众议院通过了《海外菲律宾工人汇款保护法》，来限制海外菲律宾劳工在汇款时所收取的费用折扣。[③]

4. 对菲律宾国内家庭的影响

菲律宾统计局和菲律宾大学等机构共同发布的《2018 年全国移民调查》报告显示，12% 的菲律宾家庭是移民家庭，这些移民家庭长期依靠海外菲律宾劳工的侨汇来改善家庭经济状况。[④] 因此，新冠肺炎疫情的肆虐对像菲律宾这样依赖侨汇的国家产生了重要影响。

---

① 菲律宾中央银行，https：//www. bsp. gov. ph/statistics/external/ofw2. aspx。
② 菲律宾中央银行，https：//www. bsp. gov. ph/statistics/external/ofw2. aspx。
③ 菲律宾通讯社，https：//www. pna. gov. ph/articles/1125091。
④ 《2018 年全国移民调查》，https：//psa. gov. ph/sites/default/files/2018%20NMS%20Final%20Report. pdf。

海外侨汇主要被用作国内家人的食品、教育、医疗、储蓄等方面的支出。对于被遣返的海外菲律宾劳工来说，失业和经济衰退极大地影响了他们的家庭支出，使得他们面临食品、医疗、教育费用短缺等困境。据菲律宾最新的入学数据，90%的公立学校学生已重新入学，但只有27%的私立学校学生返校，此外，大约有30万人从私立学校转入公立学校。尽管这些数据并未明确识别出来自海外菲律宾人家庭的孩子，但毫无疑问海外菲律宾人的子女是其中很大一部分。①

（二）菲律宾政府的相关援助政策

1. 签证、出入境政策

在入境方面，菲律宾宣布自2020年3月15日起，除菲律宾公民及其配偶及子女、菲律宾永久居民以及外交官外，菲律宾对所有来自发生疫情本土传播国家的旅客实施旅行禁令。此后，菲律宾多次调整入境禁令规定，逐步放宽。2020年12月新冠病毒变种暴发后，菲律宾又对30多个国家的外国旅客实行旅行禁令，并于2021年1月31日解禁。②

在出境政策方面，2020年3月，菲律宾允许所有的海外菲律宾劳工视航班情况出境，但必须提供在离开吕宋岛内的居所后24小时内出发的国际旅行路线证明，同时允许那些参与疫情援助，携带医疗用品的公务人员和人道主义者随时出境。③

2. 现金、物资等援助

新冠肺炎疫情期间，菲律宾政府为海外菲律宾人提供系列现金援助计划，其援助人群范围广泛，包括在海外滞留的海外菲律宾劳工、海外菲律宾劳工的大学生子女、离婚的海外菲律宾妇女等。除此之外，菲律宾政府还通过法律、回国后的教育培训等方式来帮助海外菲律宾人走出困境。

2020年2月20日，海外劳工福利管理局向受疫情影响的离职海外菲律宾妇女提供了8 100万比索援助，这些离职的海外菲律宾妇女因为菲律宾政府在疫情期间的旅行禁令而不得不滞留在海外。海外劳工福利管理局此举是为了帮助她们减轻负担，并且努力帮助她们返回到原籍地。④

---

① https://newsinfo. inquirer. net/1309655/only－27－percent－of－private－school－students－enrolled－so－far－says－deped.

② 中国国务院侨务办公室，http：//www. gqb. gov. cn/news/2021/0207/50803. shtml。

③ 菲律宾外交部，https：//dfa. gov. ph/covid－19－advisories/26375－travel－advisory－outbound－travel－restrictions－by－philippine－government－on－foreign－travelers。

④ 菲律宾海外劳工福利管理局，https：//owwa. gov. ph/index. php/news/central/83－owwa－cash－aid－to－ofws－affected－by－travel－ban－reached－p81m。

2020 年 3 月，菲律宾总领事馆和菲律宾海外劳工福利管理局（中国香港）为在香港被解雇的 40 名海外菲律宾劳工提供有关工资和福利方面的法律咨询，并协助海外菲律宾劳工办理签证事宜。①

2020 年 3 月 17 日，菲律宾海外劳工福利管理局为了帮助被困在吕宋岛的海外菲律宾劳工顺利度过被隔离的困境，一度推出"Hatid-Sundo"援助计划，为滞留在当地的海外劳工提供免费食物、住宿、交通服务。此外，菲律宾海外劳工福利管理局还在以色列、巴林、中国澳门、希腊、新加坡和日本进行了海外食品包和卫生用品的分发。在巴林、希腊、新加坡和日本，向 2 758 名菲律宾劳工提供卫生工具包，在以色列、巴林和中国澳门等地，向菲律宾劳工提供食品包。②

2020 年 3 月 26 日，菲律宾劳工福利管理局实施"FAST"援助计划，为 248 名身在科威特的海外菲律宾劳工提供食物、机场援助、临时住所和交通援助，并帮助他们顺利回国。③

2020 年 4 月，菲律宾劳工和就业部制订了针对海外菲律宾人的"AKAP"援助计划，旨在为受疫情影响而失业、被遣返、没有接受过东道主国政府援助的所有海外菲律宾劳工（包括非法的）提供每人 10 000 菲律宾比索或者 200 美元的一次性现金援助，那些因为被封锁或被社会隔离而流离失所的海外菲律宾人也可以申请这项援助。④ 截至 2020 年 10 月，已经有 28 万海外菲律宾劳工申请到这笔现金援助。

2020 年 9 月，菲律宾劳工和就业部和高等教育委员会实施"Tabang OFW"援助计划，向受新冠肺炎疫情影响的海外菲律宾人的大学生子女提供 30 000 比索的一次性货币援助，该赠款用于支付诸如教科书或学习材料之类的学校费用、学术和课外费用，以及包括食宿、衣服、交通、健康或医疗需要以及学校用品在内的津贴。⑤

2020 年 10 月，菲律宾海外就业管理局颁布第 24 号备忘录，为在新冠肺炎疫情中失去工作的海外菲律宾劳工提供失业救济金。凡年龄低于 60 岁，且已缴纳 36 个月的社保，因非人为方式失去工作的海外菲律宾人，都可以凭借其身份证

---

① 菲律宾海外劳工福利管理局，https：//owwa. gov. ph/index. php/news/central/89 – polo – owwa – consulate – assist – displaced – ofws – in – hong – kong – due – to – covid – 19。

② 菲律宾海外劳工福利管理局，https：//owwa. gov. ph/index. php/news/central/95 – owwa – reports – assistance – to – ofws – affected – by – covid – 19 – halts – hatid – sundo – service – beginning – march – 30。

③ 菲律宾海外劳工福利管理局，https：//owwa. gov. ph/index. php/news/central/94 – owwa – s – fast – assistance – mobilized – for – 248 – repatriated – ofws – via – kuwait – sponsored – flight。

④ 菲律宾海外劳工福利管理局，https：//owwa. gov. ph/index. php/news/central/96 – advisory – on – dole – akap – cash – assistance。

⑤ 菲律宾劳工和就业部，https：//www. dole. gov. ph/news/ros – set – for – tabang – ofw – aid – grant。

和解聘通知书前往各省的海外就业管理局提交失业救济申请。①

3. 就业援助政策

为了应对疫情对海外菲律宾劳工的影响，菲律宾劳工和就业部采取了一系列就业救助措施。如恢复海外劳工福利管理局的"Balik Pilipinas, Balik Hanapbuhay"系列生计计划，帮助那些陷入困境的海外菲律宾劳工。这一计划为回国的海外菲律宾人提供最高 20 000 比索的救济，作为创收或生计项目的额外资金。②此外，还通过新冠肺炎疫情补救措施，为失业的海外菲律宾劳工提供财政支持，为流离失所的海内外菲律宾劳工提供转介服务，同时提供适合其资格的工作机会，并授权相关机构进行技能培训，提供了最新的劳动力市场信息，并且通过公共就业服务办公室安置求职者。③

除此之外，菲律宾各行各业也在致力于帮助海外菲律宾人获得就业机会，例如 SM 公司计划雇佣回国的菲律宾工人建设新的马尼拉国际机场，为后者提供就业机会。④

4. 遣返政策

2020 年 1 月，菲律宾政府将 30 名海外菲律宾人从武汉运送回国，由此开始了菲律宾在疫情期间的遣返行动。⑤ 菲律宾外交部的相关数据显示，2020 年菲律宾政府共接回 327 511 名海外菲律宾人，其中陆地劳工 231 537 名，占比 70.7%，余下 29.3% 为海上劳工。这些被遣返的劳工有 69.89% 来自中东地区，有 11.26% 来自亚太地区，9.46% 来自美洲（见图 4 - 4）。⑥

① 《马尼拉公报》，https：//mb. com. ph/2020/10/26/guidelines - on - unemployment - insurance - certi-fication - for - ofws - issued - by - poea。
② 《菲律宾时报》，https：//filipinotimes. net/news/2020/05/26/owwa - announces - resumption - of - balik - pilipinas - balik - hanapbuhay - program - repatriated - ofws - can - apply - up - to - php20000 - livelihood - support。
③ 菲律宾通讯社，https：//www. pna. gov. ph/articles/1126069。
④ 《马尼拉标准报》，https：//manilastandard. net/business/corporate/333106/san - miguel - to - tap - re-turning - workers - for - bulacan - airport. html。
⑤ 菲律宾外交部，https：//dfa. gov. ph/dfa - news/dfa - releasesupdate/25888 - dfa - brings - home - 30 - filipinos - from - wuhan - city。
⑥ 菲律宾外交部，https：//dfa. gov. ph/dfa - news/dfa - releasesupdate/28480 - dfa - repatriates - 327 - 511 - overseas - filipinos - in - 2020。

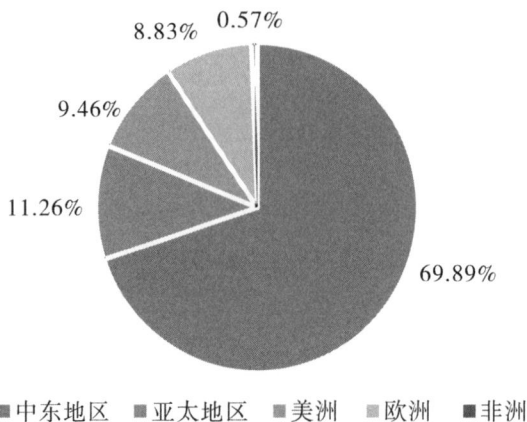

图4-4　新冠肺炎疫情期间被遣返的海外菲律宾人来源地

数据来源：菲律宾外交部，https：//dfa. gov. ph/dfa - news/dfa - releasesupdate/28480 - dfa - repatriates - 327 - 511 - overseas - filipinos - in - 2020。

据马尼拉通讯社报道，截至 2021 年 1 月，接受新冠肺炎检测并隔离的遣返者已经达到 410 211 人，而据菲律宾海外劳工办公室的报告，2021 年预计还会再遣返 60 000 ~ 80 000 海外菲律宾人。①

当被遣返的海外菲律宾人回到菲律宾之后，菲律宾政府除了为他们提供免费的防疫检测和隔离酒店场所、食物和交通费用外，还命令当地政府部门接受遣返者返回家乡的要求，并致力于为遣返者提供就业、咨询等各种形式的支持。②

5. 菲律宾海外就业管理局的相关政策

疫情期间，菲律宾海外就业管理局颁布了一系列政策和备忘录，帮助海外菲律宾人在疫情期间更好地维护自身利益。如 2020 年 2 月，海外就业管理局要求前往澳门和香港的海外菲律宾人提高疫情防范意识，允许海外菲律宾人前往香港和澳门，只要他们签署文件表示了解新冠肺炎疫情可能造成的健康风险。当他们到达各自的工作地点时，应遵守菲律宾和目的地的医疗和健康规定。2020 年 9 月，菲律宾颁发有关菲律宾海员的遣返指导方针，10 月，为合格的海外菲律宾人颁发失业保险证明等。③

---

① 菲律宾通讯社，https：//www. pna. gov. ph/articles/1127645。

② https：//www. compas. ox. ac. uk/2020/emergency - returns - covid - 19 - and - the - repatriation - of - filipino - migrant - workers.

③ 相关文件和政策可以参见菲律宾海外就业管理局网站，https：//www. poea. gov. ph/news/newsar- chive. html。

四、菲律宾移民政策评估

总的来说，菲律宾的移民政策呈现出如下特点：

第一，从国家层面予以海外菲律宾人足够的重视。保护、注重和尊重海外菲律宾人已经成为菲律宾国家和社会的一个传统，从中央到地方的各级政府都非常尊重包括海外劳工在内的海外菲律宾人。这一重视也体现在国家对海外菲律宾人权益的保护上，并且在国内设立了各种与海外菲律宾人有关的节日和庆祝活动。

第二，移民及涉侨法规非常全面，涉及政治、经济、文化、科技、人权、教育等多个领域。从内容上看，既包括总统令、行政令、国会议案和国会决议，也包括菲律宾与其他国家或国际组织签订的协议；既有社会保险，也涉及就业、福利和劳务等领域。

第三，在机构设置方面尤其注重跨部门合作与协调。由于海外菲律宾人事务涉及多个领域，因此相关部门除各自分管的领域之外，如菲律宾劳工和就业部设立专门的处理中心，来帮助归国海外菲律宾劳工处理福利、就业、法律和生活援助外，各部门还会成立多种跨部门委员会，就海外菲律宾人事务进行协调与合作，以整体推进海外菲律宾人事务。

第四，注重发挥 NGO 组织的作用以及加强政府部门和 NGO 组织合作与协调。这些 NGO 组织除了直接为海外菲律宾人提供各种服务外，还作为成员参与一些政府跨部门组织，与政府部门一起工作。

总的来说，与中国相比，受国家经济实力所限，菲律宾未能像中国一样推行大规模的、大刀阔斧的移民政策，比如其举办的海外菲律宾裔青少年活动，无论是规模还是活动范围都远逊于中国。此外，由于缺少海外有影响力的菲律宾企业和企业家，这一群体在菲律宾社会和经济发展中所发挥的作用也是有限的。但是，很多海外菲律宾人仍然通过各种方式维系着与菲律宾国家、社会和文化的联系，他们为自身的菲律宾身份而自豪。海外菲律宾人对其祖籍国的向心力和凝聚力，正体现了菲律宾移民政策的成效，这也是值得我们借鉴和学习的。

第五章 马来西亚移民政策法规[①]

马来西亚是一个移民大国，由于国情问题，外来移民尤其是外国劳工（以下简称"外劳"）在马来西亚移民中占主体地位，而对外移民相对人口数量较少，其影响从表象来看也没有外来移民那么深刻。

一、马来西亚的移民历史及现状

本章所论述的马来西亚移民主要分为外劳、中国新移民和对外移民三部分。外劳人数在马来西亚的外来移民数量中占据绝对优势，并且长期以来基本呈增长趋势，其来源地主要是周边国家和中亚、南亚的伊斯兰国家。中国新移民在20世纪90年代中马关系正常化后，开始较快增长，类型主要包括婚姻移民、劳务移民、商贩、性工作者和留学生，其中又以女性移民居多。马来西亚的对外移民数量不多，以华裔为主。不过，包括马来人在内的对外移民近年来也呈现上升趋势。

（一）外劳

在1957年独立时，马来西亚实行"第一个马来亚计划"，开始在经济领域推行进口替代政策。从20世纪60年代末开始，马来西亚经济由进口替代转向出口导向。从1970年开始，马来西亚开始实行优先扶持马来人的新经济政策。

马来西亚经济的迅速发展大大提高了本国人民的生活水平，城市中产阶级队伍日益壮大，生活趋于优裕舒适的马来西亚人不愿意从事"三D"（Dirty，Difficult，Dangerous）工作，更为重要的是，马来西亚长期以来致力于发展劳动力密集型工业，致使劳动力短缺问题逐渐凸显。进入20世纪90年代后，马来西亚人才不足、劳动力缺乏的问题日趋严重。根据马来西亚统计局数据，1992年各部门短缺劳动力达83 273人，既包括技术人才和熟练工人，也包括非技术工人。

---

① 本章执笔者石沧金，暨南大学国际关系学院/华侨华人研究院研究员，主要研究方向为马来西亚政治、马来西亚华人文化、海外华人宗教信仰。马来亚大学中文系硕士生张佩娟、中央民族大学博士生蓝佩铵（马来西亚国籍）、马来亚大学中文系教师祝家丰博士以及台湾暨南国际大学赵祥光教授（马来西亚国籍）对本课题有诸多贡献，在此一并表示谢意。

当时马来西亚每100万人中只有400名科技人员，人才严重不足，严重阻碍了生产的维持和扩大。① 因此，马来西亚政府大量引进外劳。

据马来西亚内政部的数据估计，截至1998年3月，全国外劳数量略超过100万。其中，邻国印度尼西亚是合法外劳最大的来源国，总数达68万，孟加拉国外劳位居第二，有22.3万人，菲律宾外劳排第三，有8万人。② 截至2010年，外劳人口中，来自印度尼西亚的仍然占到55%，居于首位，菲律宾外劳上升至第二位，占20%。③

而据1998年马来西亚警方的有关数据估计，当时非法外劳数量接近30万，大部分为印尼人。也有估计认为，非法外劳当时高达120万。④

1999年马来西亚官方估计，该国有外来人口约160万，约占当时全国总人口的7%。另据统计，2000年马来西亚的合法外劳人数为732 588人，2001年增加到769 566人。⑤ 仅在沙巴，2000年时就估计有60万外国移民，其中40万身份不明。⑥ 2002年，根据有关数据，全马来西亚有100万非法移民。到2004年7月1日，在马来西亚境内工作的合法外劳数量达到1 282 090人；⑦ 2006年，马来西亚合法外劳人数已经达到190万名，约占其国内总人口的7%。⑧ 6年期间共增加了大约120万人，平均每年增加20万人左右。2010年，外国人已经占马来西亚总人口2 840万的8.3%。⑨

2011年8月1—31日，马来西亚政府在移民登记中使用指纹识别系统。生物检测技术中指纹识别系统的运用提高了马来西亚政府统计非法移民的能力。之前，有关方面估计非法移民的数量为50万~150万。采用指纹识别技术后，比较

---

① 廖小健：《世纪之交马来西亚》，北京：世界知识出版社，2002年，第21页。

② Shamsulbahriah Ku Ahmad, The Constant Flux, the Mobile Reserve and Limits of Control: Malaysia and the Legel Dimensions of International Migration, in Robyn Iredale, Charles Hawkleys ed., *Migration in the Asia-Pacific: Population, Settlement and Citizenship Issues*, London: Edward Elgar Publishing Limited, 2003, p.141.

③ Immigration in Malaysia: Assessment of Its Economic Effects, and a Review of the Policy and System, Ministry of Human Resources of Malaysia, 2013, p.15.

④ Shamsulbahriah Ku Ahmad, The Constant Flux, the Mobile Reserve and Limits of Control: Malaysia and the Legel Dimensions of International Migration, in Robyn Iredale, Charles Hawkleys ed., *Migration in the Asia-Pacific: Population, Settlement and Citizenship Issues*, London: Edward Elgar Publishing Limited, 2003, p.141.

⑤ （马来西亚）《南洋商报》，2002年4月11日。

⑥ Asian Migration News, 15 July 2002. 转引自 Graziano battistella and Marula M. B. Asis, Southeast Asia and the Specter of Unauthorized Migration, in Graziano Battistella ed., *Unauthorized Migration in Southeast Asia*, Philippine: The Scalabrini Migration Center, 2003, p.6.

⑦ （马来西亚）《南洋商报》，2004年11月21日。

⑧ （马来西亚）《光华日报》，2006年8月1日。

⑨ Azizah Kassim, Current Trends in Transnational Population Flows in Malaysia: Issues, Policy and Challenges, Paper for the International Population Conference on "Migration, Urbanisation & Development", University of Malaya, 8 July 2013.

准确的数据为 130 万，其中几乎一半来自印尼。① 而外国移民的总人口为 232 万。②

根据马来西亚人力资源部的资料，截至 2015 年 12 月，当地合法外劳共有 2 135 035 人，他们的来源国依次为印度尼西亚、尼泊尔、孟加拉国、缅甸、印度与柬埔寨。③ 马来西亚人力资源部也指出，截至 2015 年，还有约 170 万名非法外劳，合法与非法外劳的总数约 383 万。但是，2016 年 2 月，民间团体马来西亚雇主联合会表示，当地合法和非法外劳已经超过 600 万人。马来西亚雇主联合会认为，若加上该国政府当时宣布要引进的 150 万名外劳，其人口总数将多过作为"第二大种族"华族的 660 万人口。④ 而 2018 年马来西亚统计局统计数据显示，马来西亚外劳人数已达 670 万人；马来西亚业内人士估计，非法外劳人数多达 400 万。⑤ 2020 年 7 月，马来西亚统计局发布了《马来西亚当前人口估算报告》，其中的相关数据表明，该国非公民人口有 300 万，这些人主要是合法外劳。尽管受到新冠肺炎疫情的影响，马来西亚外劳人口没有明显增加，但非法外劳仍有约 300 万，他们甚至可能成为马来西亚防疫能否成功的关键⑥。

表 5-1 1993—2013 年马来西亚外劳人口数量

单位：人

年份	数量	年份	数量
1993	532 723	2004	1 474 686
1995	726 689	2005	1 821 750
1996	745 239	2006	1 871 038
1997	1 471 645	2007	2 044 805
1998	1 127 652	2008	1 935 975
1999	897 705	2009	1 918 146

① Immigration in Malaysia: Assessment of Its Economic Effects, and a Review of the Policy and System, Ministry of Human Resources of Malaysia, 2013, p. 124.

② Immigration in Malaysia: Assessment of Its Economic Effects, and a Review of the Policy and System, Ministry of Human Resources of Malaysia, 2013, p. 235.

③ 《马国内长：引进外劳政策并非朝令夕改》，http://www.zaobao.com/news/sea/story20160221-58370。

④ 《国家统计局和雇主联合会资料显示 马国外劳人口快超越华族》，http://www.zaobao.com/news/sea/story20160214-581200。

⑤ 《马来西亚外劳占总劳动人口 44.67%》，http://info.texnet.com.cn/detail-708921.html。

⑥ 《马国职工总会：约 300 万非法外劳才是马国防疫关键》，https://www.zaobao.com/news/sea/story20201127-1104198。

（续上表）

年份	数量	年份	数量
2000	819 684	2010	1 817 871
2001	769 566	2011	1 573 061
2002	1 057 156	2013	1 571 679
2003	1 412 697		

资料来源：Azizah Kassim, Current Trends in Transnational Population Flows in Malaysia：Issues, Policy and Challenges, Paper for the International Population Conference on "Migration, Urbanisation & Development", University of Malaya, 8 July 2013.

2001 年，外劳在马来西亚主要从事制造业（占全部外劳人数的 34.6%）、农业（25.5%）、家政服务（16.6%）。其中，马来西亚制造业对外劳的依赖，从 1990 年的低于 10% 增长至 2001 年的 24.7%。[1] 另有 2001 年的数据表明，外劳人口中的 29% 在园丘工作，19% 在工业领域工作，18% 在建筑领域工作，另外还有 7% 在服务业工作。其中家庭女佣的数量占从事服务业总数的 27%。[2] 而按照 2004 年的数据，外劳多数在工厂就业，人数为 425 193；其次是种植领域，人数为 308 944；女佣人数达到 257 556；建筑行业人数为 222 909；服务行业人数为 67 097；其他行业人数为 391。[3]

表 5 - 2　外国人在马来西亚就业群体中所占比例

年份	比例（%）	年份	比例（%）
1982	2.6	2000	9.9
1983	3.1	2001	9.5
1984	3.6	2002	9.6
1985	3.7	2003	9.7
1986	3.4	2004	9.6
1987	3.4	2005	9.9

① Chia Siow Yue, Demographic Change and International Labour Mobility in Southeast Asia—Issues, Policies and Implication for Cooperation, in Graeme Hugo and Soogil Young ed. , *Labour Mobility in the Asia Pacific Region—Dynamics*, *Issues and New APEC Agenda*, Institute of Southeast Asian Studies Singapore, 2008, p. 103.

② （马来西亚）《南洋商报》，2002 年 8 月 9 日。

③ （马来西亚）《南洋商报》，2004 年 11 月 21 日。

（续上表）

年份	比例（%）	年份	比例（%）
1988	3.7	2006	9.7
1989	3.5	2007	9.7
1990	3.6	2008	9.6
1992	4.9	2009	9.6
1993	5.9	2010	13.9
1995	6.2	2011	13.7
1996	10.6	2012	13.3
1997	10.9	2013	13.2
1998	11.4	2014	13.0
1999	11.7		

资料来源：Percentage Distribution of Labour Force by Ethnic Group, Malaysia, 1982 – 2014, Department of Statistics Malaysia, 2015.

根据表5 – 2数据，外国人在马来西亚就业人口中所占比例，1982年为2.6%，2014年增至13.0%。外国人在马来西亚就业市场占据重要地位。

外劳的主要来源国包括：印度尼西亚、尼泊尔、印度、孟加拉国、缅甸、越南、菲律宾、泰国、柬埔寨、巴基斯坦、斯里兰卡、老挝等。据统计，在外劳中，印尼籍的外劳居首位。2001年，来自印尼的外劳人数达566 983人，[①] 2004年增加到869 002人，2005年则增加到100万人，[②] 增加了将近50万人，平均每年递增10万人。印尼外劳超过一半为男性。另一个重要来源国是菲律宾，截至2007年12月，在马来西亚的各种菲律宾移民约有244 967名。[③]

外劳进入马来西亚，主要分布在西马半岛，东马比较少。2011年，82.44%外劳人口在西马工作，在东马沙巴的占到8.9%，其余外劳分布在沙捞越。[④]

进入马来西亚的跨国移民主要有两条渠道：一条在西马，邻近的印度尼西

---

① （马来西亚）《南洋商报》，2002年4月11日。

② 网易，http：//news.163.com/05 /0405/11 /1 GIPNTOE0001121S.html.，2005年4月5月。

③ 转引自 Graeme Hugo, Demographic Change and International Labour Mobility in Asia-Pacific—Implication for Business and Regional Economic Integration：Synthesis, in Graeme Hugo and Soogil Young ed., *Labour Mobility in the Asia Pacific Recion—Dynamics*, *Issues and New APEC Agenda*, Institute of Southeast Asian Studies Singapore, 2008, p. 17。

④ Immigration in Malaysia：Assessment of Its Economic Effects, and a Review of the Policy and System, Ministry of Human Resources of Malaysia, 2013, p. 3.

亚、缅甸、泰国和南亚劳工大批流入；另一条在东马，邻近的印尼东部和菲律宾南部劳工大规模进入沙巴、沙捞越。

马来西亚境内不仅有大批合法外劳，也有很多滞留不归的非法外劳。每年被马来西亚政府逮捕的非法外劳数以万计。1999 年有 78 051 人被警方逮捕，2000年为 100 103 人，2001 年为 158 420 人。[①] 非法外劳中，一部分通过偷渡方式进入马来西亚，还有很多人是利用各种签证合法入境，逾期不回而沦为非法移民。据统计，从 2000 年到 2004 年，马来西亚共引进 353 万合法外劳，其中大量逾期不归，变为非法移民。[②]

马来西亚境内还有很多各国非法女性移民从事色情工作。据马来西亚警方公布的数据，1996 年到 2002 年 4 月，共有 18 119 人被警方逮捕。其中印度尼西亚女性占多数，七年间共有 10 943 名印度尼西亚女性落网；其次是泰国女子，共有 3 198 人落网；接下来依次是菲律宾 1 847 人，中国 1 267 人，乌兹别克斯坦399 人，柬埔寨 113 人，越南 81 人，俄罗斯 71 人，缅甸 54 人以及其他国家 147人。[③] 事实上，马来西亚境内从事色情服务的各国女性人数远远大于上述公布出来的被捕人数。

据估计，马来西亚的非法外劳中，70%来自印尼。而在东马的沙巴，数量可观的非法外劳来自菲律宾。

（二）中国新移民

关于马来西亚的中国新移民的总人数，2009 年时，庄国土教授曾估算有 10万～15 万。[④] 这一数字比较客观准确。在这 10 万～15 万的中国新移民中，女性新移民占了大多数。中国新移民主要包括婚姻移民、劳务移民、商贩、性工作者和留学生。

1. 婚姻移民

由于受到宗教及族群关系的影响，马来西亚政府愿意接受穆斯林婚姻移民进入该国，而对非穆斯林尤其是中国女性移民，则不太欢迎，中国女性移民在入籍、就业、融入等方面面临诸多问题。

根据马来西亚内政部公布的数据，到 2002 年 8 月，该国人数排前 5 名的外籍太太，分别是印尼籍，2 万余人；其次是泰国籍，约 1.9 万人；再次为印度籍约 5 100 人，菲律宾籍约 4 800 人，以及新加坡籍 4 600 人；中国籍 2 184 人。到

---

① （马来西亚）《南洋商报》，2002 年 4 月 11 日。

② （马来西亚）《南洋商报》，2004 年 6 月 15 日。

③ （马来西亚）《南洋商报》，2002 年 5 月 3 日。

④ 庄国土：《东南亚华侨华人数量的新估算》，《厦门大学学报》（哲学社会科学版）2009 年第 3 期。

2003 年 8 月，中国籍太太人数增加至 2 710 人，一年间增加了 526 人。① 2006 年，马来西亚官方公布的统计数据表明，大约有 6 000 名中国女性与当地公民注册结婚，中国女性仍然主要嫁给当地华人。由于双方文化、生活习俗等方面比较接近，马来西亚华人往往乐于娶中国女性为妻。

按照进入 21 世纪以后增长的速度来估算，目前在马来西亚的中国新娘总数应该超过了 1 万人。

2. 劳务移民

马来西亚也从中国输入劳务人员。2003 年，中马两国间正式签署《中华人民共和国政府与马来西亚政府关于雇用中国劳务人员合作谅解备忘录》，由中国商务部指定 18 家对外劳务公司负责向马来西亚派遣劳务人员，他们必须在指定的行业工作。不过，不少中国劳务人员通过"灰色途径"到马来西亚打工。因此，以各种方式进入马来西亚的中国务工人员数量也有很多。2004 年 4 月，马来西亚移民局宣布，有 18.5 万中国人非法滞留马来西亚。② 但中国驻马来西亚大使馆否认了马方这一说法。中国大使馆掌握的资料显示，非法在马来西亚务工的中国人有 2 万~4 万。③

根据中国商务部统计，2014 年末，合法在马来西亚务工的中国劳务人员数量为 1.39 万名。④

3. 商贩

前往马来西亚的中国女性新移民中有不少是小商贩。实际上，进入马来西亚的中国商贩，女性占绝对优势。

2004 年，马来西亚媒体报道称，有越来越多的中国女性商贩进入马来西亚兜售物品。⑤ 女商贩大多来自福建莆田，她们一般通过旅行社办理旅游签证进入马来西亚，签证办理手续简单，费用低廉。她们可以单独或跟团从厦门或澳门乘飞机去马来西亚。

女商贩年龄一般都介于 20 多岁到 30 多岁，她们最初以短期签证进入马来西亚，之后就想方设法在马来西亚长期居住、生活，很多女商贩也积极利用马来西亚的福建籍尤其是莆田籍的华人亲友来寻求生存和发展的机会。

笔者在马来西亚访学（2011—2012 年）及后来的调研期间，不仅在吉隆坡、

---

① 《马来西亚男子爱娶中国太太》，http：//www. tigtag. com/overseas/Print. asp？ ArticleID = 37172，2003 年 10 月 17 日。

② （马来西亚）《南洋商报》，2004 年 4 月 17 日。

③ （马来西亚）《南洋商报》，2004 年 4 月 18 日。

④ 《2015 年马来西亚投资指南》，http：//fec. mofcom. gov. cn/article/gbdqzn/upload/malaixiya. pdf。

⑤ 《出入茶餐室公市兜售物品　中国女小贩抢滩》，http：//www. nanyang. com/index. php？ ch = 8&pg = 19&ac =437327，2004 年 12 月 22 日。

怡保、太平、诗巫等大中城市可以经常见到来自福建莆田的女商贩；在一些偏僻的华人小镇上，如森美兰州的马口（Bahau）、吉打州的日得拉（Jitra）等地，在当地餐馆中就餐时也能碰见莆田女商贩。根据笔者与马来西亚当地华人的访谈，估计在马来西亚的中国女商贩至少也有数千人之多。

4. 性工作者

马来西亚是东南亚地区色情业比较猖獗的国家之一，大量从印尼、泰国、越南等国涌入的年轻女性在该国从事色情行业〔一定数量的中国女性也涉嫌非法入境、非法滞留以及在马来西亚从事非法的色情工作。这些中国女性被当地人称为"China Doll"（中国娃娃）〕。

根据 1998 年国际劳工组织公布的该组织于 1993 年以及 1994 年对马来西亚色情行业的调查结果，估计该国当时有 4.3 万到 14.2 万人涉及卖淫活动。[1] 目前，由于外来男性务工人员的持续增加，马来西亚色情业的市场需求更趋旺盛，从业人数也持续增加。其中，中国籍女性性工作者的数量也应该增多了。如前所述，自 1996 年至 2002 年 4 月，因为在马来西亚卖淫而被警方拘捕的外籍女性中，中国女性 1 267 人。[2] 在 2004 年与 2005 年两年间，马来西亚警方共拘捕了约 6 000 名涉嫌卖淫的中国女子，约占同期被捕外籍女性的 40%。[3] 2010 年，马来西亚华文报《中国报》报道，当地警方 11 月 29 日公布的数据表明，截至当年 11 月底，共有 5 453 名中国女子涉嫌在马来西亚卖淫被逮捕。[4]

女性性工作者入境马来西亚的方式包括：持旅游签证入境后非法滞留；持劳工签证入境后进入色情业；或持学生签证入境。因为往马来西亚留学的学生签证办理费用较低，一些不法分子就通过办理学生签证引入一些中国女性，从事非法工作。有些非法中介替中国女子办理伪造证件，包括工作准证，然后把她们带入马来西亚从事色情行业。

5. 留学生

马来西亚政府非常看重中国的留学生市场，通过各种方式吸引中国学生前往该国留学。事实上，留学马来西亚的确有一些优势条件：费用低廉，学费每年人民币 3 万~5 万元，生活费每年 2 万~3 万元；签证政策宽松、签证通过率高，留学门槛很低，使用英语教学，学制短，转签第三国手续简便。

马来西亚有独特的联办课程，学生在马来西亚就读本科或硕士，可以获得英美澳等国名校颁发的文凭，而且马来西亚高校在中国教育部的认可度比较高。为

① 《非法移民诞生超过万人子女》，（马来西亚）《南洋商报》，2004 年 12 月 1 日。
② 陈美玲：《捕获 1 万 8 千女性，大马最多印尼流莺》，（马来西亚）《南洋商报》，2002 年 5 月 3 日。
③ 《中国女性在东南亚名声受损 "小龙女"成卖淫代名词》，《环球时报》，2006 年 12 月 24 日。
④ 《5 千中国女子马来西亚卖淫被抓 号称"小龙女"》，《重庆晚报》，2011 年 1 月 2 日。

此，马来西亚素有"留学跳板"之称。目前不少中国学生及其家长只是把马来西亚作为留学跳板，经过在当地一段时间的学习和生活后，转签到其他英联邦国家。

马来西亚教育部 2002 年的资料显示，1997—2002 年，在马来西亚的中国留学生累计有 2 万多人。2003 年，在马来西亚的中国留学生共有 10 884 人。另据马来西亚《星洲日报》报道，2010 年时，马来西亚共有 10 214 名中国留学生，其中有 2 168 名在国立大专求学，另外 8 046 名在私立大专上学。① 而 2012 年马来西亚驻华大使馆的数据显示，当时在马来西亚的留学生中，有超过 1.5 万名学生来自中国。2018 年，中国在马来西亚的留学生有 15 733 人，同时有 9 479 位马来西亚学生在华学习。

另根据 2011 年马来西亚教育联盟的统计，每年赴马来西亚留学的中国学生人数已经破万，并呈持续增长态势。② 如果按照留学三年最多四年的学制来估计，目前在马来西亚的中国留学生总数有 4 万左右。

当然，留学生不能算作严格意义上的新移民，但他们当中一部分人学成后留居当地，从学生转为移民。

从 2014 年开始，中国企业开始比较大规模地进军马来西亚市场。同时，中马两国政府都积极致力于扩大现有的合作，尤其重视共同建设海上丝绸之路，打造命运共同体、责任共同体和利益共同体。而在经济领域，中马两国已经达到一种"互通有无，你中有我，我中有你，高度依存"的地步。

过去，中资在马来西亚的投资主要集中在日常商品、电子电器、纸张印刷、物流及纺织领域；现在已转为发展再生能源、物联网、医疗器材和消费者科技产品。全球知名中资企业如阿里巴巴集团、华为、中信、中国建设银行、腾讯等在马来西亚进行投资，已使中国在 2016—2019 年成为马来西亚最大的外来直接投资（FDI）国。③

在全球经济不景气的今天，中马经贸合作逆势上扬，中国已连续 10 余年成为马来西亚最大的贸易伙伴国，2018 年，两国双边贸易总额达 1 086 亿美元，再创历史新高。2019 年前 11 个月，马来西亚对外贸易总额达 16 751 亿林吉特，中马双边贸易额为 1 114 亿美元。④ 2020 年，中马贸易额为 1 311.6 亿美元，同比

① 《马来西亚中国留学生人数超印尼位居第二》，中国新闻网，2011 年 4 月 6 日。
② 《2011 在马来西亚留学的中国学生人数已经破万》，http://www.sina.com.cn，2011 年 9 月 5 日。
③ 《马投资发展局：中资企业在马投资更加着重高科技领域》，（马来西亚）《南洋商报》，http://my.mofcom.gov.cn/article/sqfb/202102/20210203041149.shtml，2021 年 2 月 23 日。
④ 《2019 年前 11 个月中马贸易保持增势》，中国新闻网，https://baijiahao.baidu.com/s?id=1654709836521022985&wfr=spider&for=pc，2020 年 1 月 3 日。

增长 5.7%。①

在上述大背景下，中马关系更趋紧密，两国之间的人员往来也更加频繁。如果再考虑到马来西亚有数百万与我们同根同源的华人，可以预测的是，今后中国新移民前往马来西亚的数量仍会继续增长。

（三）对外移民

马来西亚既是一个接收大规模外劳的国家，同时，该国不少劳动力也外流到他国，如美国、澳大利亚、加拿大、英国等。尤其是近年来流出的人口中，大多为专才和管理人才，他们也倾向于永久移民。这一点，与流入的外劳形成鲜明对比。

马来西亚人才的外流，从该国 1957 年独立之后很快就出现了。彼时他们是为了寻找工作和定居。而到了 21 世纪初，马来西亚专才和管理人才的外移，主要是为了寻找更好的经济机会，他们也是临时性和环流性的。

1995 年的数据表明，马来西亚移居海外的劳工移民约 25 万人，目的地主要是日本和中国台湾。② 1996 年，新加坡有来自其他国家的移民 35 万人，2000 年增至 55.3 万人，其中数量最多的就是马来西亚人。这些移民主要从事的行业涉及建筑业、制造业、家政服务、造船业等。有学者估计，早在 1990 年时，在新加坡的马来西亚工人有约 10 万，他们当中，每天有 2 万人往返于新马两地。③

除了在新加坡，在海外从事半熟练和非熟练技术工作的马来西亚人通常先通过学生和旅游签证到达目的国，之后就"黑着"待在当地谋生。马来西亚政府对本国国民在海外生活的人口数字没有加以关注并进行相关统计。因此，海外马来西亚人比较详尽的数字，一般要通过居住国的相关数据来窥探一二。

1996 年，在文莱，有 2.6 万名合法马来西亚籍工人；1997 年，在新加坡，有 19.4 万名合法马来西亚籍工人，在中国香港有 1.5 万名；1998 年，在日本，有 5 万名合法马来西亚籍工人，另有 1 万名是非法的，在中国台湾有 1 000 名。综合上述数字，在东亚和东南亚，当时共有 29.6 万名合法和非法的马来西亚籍

① 《2020 年 1—12 月中国—马来西亚经贸合作简况》，http：//yzs. mofcom. gov. cn/article/t/202103/20210303042845. shtml。

② "亚洲移民中心" 1999 年数据，转引自 Graeme Hugo, Demographic Change and International Labour Mobility in Asia-Pacific—Implication for Business and Regional Economic Integration：Synthesis, in Graeme Hugo and Soogil Young ed. , *Labour Mobility in the Asia Pacific Region—Dynamics*, *Issues and New APEC Agenda*, Institute of Southeast Asian Studies Singapore, 2008, p. 13。

③ Azizah Kassim, Trans-National Migration Within and Among the ASEAN Member Countries：Issues and Challenges for Malaysia, in Marja Azilma Omar, Diana Peters ed. , *ASEAN Universities Student Leaders Conference Proceedings（Auslea in* 2001）, School of Social Sciences, University Malaysia Sabah, 2001, p. 76。

工人。①

另有数据表明，1991 年，在加拿大，马来西亚人有 16 100 名；1996 年，在新西兰，马来西亚人有 11 898 名；1998 年，在欧洲、日本两地的马来西亚人有 6 600 名；2001 年，澳大利亚有马来西亚移民 78 858 名，在美国有 3.9 万名。②

1996 年 5 月至 2000 年 1 月，在日本有 1 万名马来西亚逾期滞留者；1999 年 6 月，在澳大利亚有 1 991 名身份非法的马来西亚人。③

2005 年底，在新加坡工作的外国人共有 62 万。其中，马来西亚人占有不小比例。即使不算专业人士，仅技工就有"10 万名马来西亚人在新加坡工作，其中 4 万人来自柔佛新山"④。

根据马来西亚内政部披露数据，2007 年时共有 139 696 人移民，从 2008 年 3 月至 2009 年 8 月，移民海外的马来西亚公民高达 304 358 人。移民的原因包括追寻海外教育、工作和从商等，而受到国内政治不稳定影响而移民者则占少数。⑤

而据马来西亚《东方日报》报道，2005—2009 年，共有 15 458 名马来西亚人放弃马来西亚国籍，其中以华人居多。国民登记局数据显示，选择脱离马来西亚国籍的族群以华裔居多，在这 5 年期间共有 12 410 人，马来裔和印度裔则分别有 984 人和 762 人，1 302 人是其他族群。这些选择放弃马来西亚国籍的人士中，大部分移民新加坡、文莱、英国、德国、新西兰、加拿大、印度、澳大利亚、印尼、日本和美国等，并获得当地公民权。另外，国民登记局数据显示，2005—2009 年，马来西亚脱离本国国籍的人数有起有落，其中 2007 年及 2009 年人数最多，分别有 4 565 人及 4 649 人。除了 2005 年的 1 525 人外，另一低潮期是 2008 年，当年脱离马来西亚国籍人数只有 1 994 人。而政府也估计，移居海外的马来西亚人中，有 50% 为专业人士。移居海外的主要动因是求学、经商、结婚等。⑥

2010 年前后，马来西亚人移居国外者估计有 90 万人，他们主要是留学生、

① Charles W. Stahl, International Labour Migration in East Asia: Trends and Policy Issues, in Robyn Iredale, Charles Hawkleys ed., *Migration in the Asia-Pacific: Population, Settlement and Citizenship Issues*, London: Edward Elgar Publishing Limited, 2003, p. 36.

② ABS 2001 Census, U. S. Census Bureau Current Population Survey 2001, New Zealand 1996 Census, Statistics Canada 20 per cent Sample Data, Statistics Canada 1992, OECD 2001, 转引自 Graeme Hugo, Migration in Southeast Asia Since WWⅡ, in Aris Ananta and Evi Nurvidya Arifin ed., *International Migration in Southeast Asia*, Institute of Southeast Asian Studies Singapore, 2004, p. 41。

③ Azizah Kassim, Trans-National Migration Within and Among the ASEAN Member Countries: Issues and Challenges for Malaysia, in Marja Azilma Omar, Diana Peters ed., *ASEAN Universities Student Leaders Conference Proceedings (Auslea in 2001)*, School of Social Sciences, University Malaysia Sabah, 2001, p. 77.

④ 《马来西亚人力资源部部长冯镇安的谈话》，《联合早报》，2005 年 10 月 31 日。

⑤ 《内政部：30 万人移民海外》，http://www. guangming. com. my/node/62549? tid = 14。

⑥ 《马来西亚五年逾万华人放弃国籍　大部分移民他国》，http://news. xinhuanet. com/2010 – 09/12/c_12543636. htm。

低技术工人、专业人士、技术工人，[①]　其中，早期的移居者以留学生、低技术工人为主。

　　2011 年 4 月，世界银行发布的《马来西亚经济监督：人才流失》报告指出，马来西亚人才外流情况严重且不断加剧，截至 2010 年，约有 100 万名马来西亚人移民海外，其中 57% 的马来西亚人定居新加坡，以华裔为主。该报告指出，移居海外马来西亚人口数据显示，在这之中，有 33.5 万名人才流失，其中 54% 人才流往新加坡，相比过去 10 年增加了 68%。该报告指出，马来西亚人移居海外人数迅速增加，在过去 30 年里，已经增长了 4 倍。移居海外的马来西亚人主要定居在新加坡，其次为澳大利亚、文莱、英国及美国，其中移居新加坡的马来西亚人口约有 90% 为华裔。报告显示，人才外流至其他国家的百分率分别为澳大利亚 15%、美国 10%、英国 6%、加拿大 4% 及文莱 3%。[②]

　　世界银行这份报告根据在马来西亚、新加坡和美国的调研结果，指出促使马来西亚人才外流的因素主要包括：①薪资/福利比外国少；②特定行业在马来西亚缺乏就业机会；③缺乏社会公平，非土著年轻人觉得获得奖学金和在国内念大学的机会比较少；④生活水平、治安问题；⑤接受高等教育的质与量；⑥海外马来西亚人的网络（马来西亚靠近新加坡，不少人前往新加坡工作，同时可与在马来西亚的亲友保持联系）。[③]

　　2011 年，根据墨尔本大学亚洲研究所名誉研究员阿末沙哈鲁丁的研究，许多马来西亚人为了追求更好的教育环境以及前途光明的事业，纷纷移民至澳大利亚，使得马来西亚出现一股移民潮。"仅仅是维多利亚就有约 5 000 名马来西亚人，其中 75% 为永久居民或澳洲公民，该数据不包括学生。"阿末沙哈鲁丁指出，多数马来西亚人是在 1981 年后通过家庭团聚计划，技术或商业移民计划移民到澳大利亚；马来西亚人移民潮也是源自澳大利亚政策的改变，即澳大利亚政府允许拥有相关技能和资格的海外学生延长在澳大利亚的逗留期限。"这项政策吸引了很多马来人留在澳洲发展，然后再慢慢决定他们的未来，很多人起初只是留在澳大利亚深造和进行培训，但他们过后都决定移民至澳洲。"选择移民至澳大利亚的马来西亚人多是专业人士，如医生和医护人员等，也有一些是文员，或

　　① Azizah Kassim, Current Trends in Transnational Population Flows in Malaysia: Issues, Policy and Challenges, Paper for the International Population Conference on "Migration, Urbanisation & Development", University of Malaya, 8 July 2013.

　　②《世银：情况加剧·百万人移民海外·大马人才多外流新加坡》，http：//news. sinchew. com. my/node/202741。

　　③《世银：情况加剧·百万人移民海外·大马人才多外流新加坡》，http：//news. sinchew. com. my/node/202741。

从事销售和服务工作。①

澳大利亚阿德雷德大学人口问题专家雨果教授（Graeme Hugo）发布的《大马人经济研究文献》中提到，移居到澳大利亚的马来西亚人，其中 40% 均拥有大学学士学位或更高的学历，在 1997—2009 年，专业人士以及副教授级别的人员更多达 11 953 人。②

有数据显示，截至 2012 年的过去 40 年间，马来西亚有 200 万华人移居他国，50 万印度人移居海外。40 年里，60 万持红身份证的华人与印度人申请公民身份时不断被拒绝。与此同时，有 300 万印尼人移居到马来西亚，成为马来西亚公民并享有土著地位。③

2013 年 6 月联合国发表的普查报告显示，约有 1 445 890 名在马来西亚出生的人散布在全球各地，仅仅在新加坡就估计有 1 044 994 人，其次是澳大利亚，估计有 145 227 人居留该国。④ 而据英国《电讯报》报道，马来西亚自 1957 年独立以来，共有逾 200 万人移民英国，其中仅在 2013 年就有约 9 000 人移居当地。另外，根据中国台湾的资料，到 2016 年 1 月底，在台马来西亚人共 7 526 人，其中男性 4 065 人，女性 3 461 人。⑤

2018 年 5 月，马来西亚举行第 14 届大选。其中，旅居海外的马来西亚选民掀起返乡投票潮，在新加坡、印尼、泰国、文莱几个周边国家工作或求学的马来西亚合格选民多达 40 万人⑥。如果加上非选民，以及其他国家的马来西亚人，马来西亚移民他国的人口数字远远高于 40 万。而一项人才机构的统计数据显示，多达 180 万名马来西亚公民定居海外，包括澳大利亚 12 万人、英国 7 万人、美国 6 万人和加拿大 2.5 万人。他们大多数是医疗、制造业、金融、科学与技术领域方面的专业人士，甚至在国际领域享有声誉。⑦

二、马来西亚移民法律和政策

关于马来西亚的移民政策法律，我们将其区分为外来移民和海外移民政策两类分别探讨。

---

① 《研究员：澳洲政策改变·大马移民人数增》，http：//www. guangming. com. my/node/104824。
② 《马数百万人才外流·专才为何不回来？》，http：//news. sinchew. com. my/node/428424？ tid =67。
③ 笑摇罗汉：《这就是大马政策！》，http：//bbs. tianya. cn/post – worldlook – 429513 – 2. shtml。
④ 《马数百万人才外流·专才为何不回来？》，http：//news. sinchew. com. my/node/428424？ tid =67。
⑤ 数据资料由台湾暨南国际大学赵祥和教授提供，谨致谢忱。
⑥ 黄自强：《大马大选弥漫浓浓烟硝味》，http：//www. sginsight. com/xjp/index. php？ id =21087。
⑦ 《离散大马公民与新马来西亚》，https：//www. malaysiakini. com/bulletin/440447。

（一）外来移民政策法规

总体上，马来西亚接纳外来移民的政策十分严格，在马来西亚居留 15 年以上的外国人才有资格申请永久居留权，进而申请公民权。马来西亚政府并没有专门制定吸引外来人才乃至最终成为永久移民的政策，在某些领域，甚至对外来人才保持高度敏感性。2006 年之后，马来西亚国立大学才首次开放给外国留学生就读，但也只招收总名额 5% 的外国留学生。[①]

1. **外来移民法律**

在马来西亚，有三类主要的法律条文影响到如何界定外劳的"合法"与"非法"。前两者涉及移民的具体过程，以保证外劳合法进入马来西亚。它们包括《1959/63 移民法》（*Immigration Act 1959/63*）和《1966 年护照法》（*Passport Act 1966*）。第三种类型的法律条文涉及外劳在马来西亚的就业，它们包括《1968 年就业（限制）法》［*Employment（Restriction）Act 1968*］以及其他保护外劳在马来西亚工作的相关法律。[②]

马来西亚正式承认 1997 年《国际劳工组织公约》（*1997 ILO Convention*），采用适合国际劳工标准（International Labour Standards）的原则。

在上述法律框架下，所有合法外劳都被置于《1955 年就业法》（*Employment Act 1955*）、《1952 年工人补偿法》（*Workmen Compensation Act 1952*）、《1994 年职业安全和健康法》（*Occupational Safety and Health Act 1994*）、《1967 年工业关系法》（*The Industrial Relations Act 1967*）的监管下。而非法外劳则不受上述法律保护。

《1959/63 移民法》即第 155 号法令（*Act 155*）于 1959 年颁布，随后几度修订，至 2006 年又进行全面修订。以下依据的是 2006 年的最新版本。

《1959/63 移民法》第二部分内容涉及进入或离开马来西亚，其中规定了进入或离开马来西亚的条件，对进入者的管控，能够进入的权利，禁止移入之人，移民总监有取消任何通行证和许可证的权力；移民总监有权禁止任何人的进入。以下人员禁止进入马来西亚，包括：没有任何有效旅行证件者、伪造证件者、不能提供在马来西亚可以找到工作证明者、罪犯、精神病人、拒绝入境体检者、移

---

① 周兆呈：《从移民社会到"新移民"社会——新加坡华人移民的现代观察兼与马来西亚比较》，何启良等主编：《马来西亚、新加坡社会变迁四十年（1965—2005）》，新山：南方学院出版社，2006 年，第 215－233 页。

② 对马国上述相关移民法律的介绍分析，可参见 Shamsulbahriah Ku Ahmad, The Constant Flux, the Mobile Reserve and Limits of Control：Malaysia and the Legel Dimensions of International Migration, in Robyn Iredale, Charles Hawkleys ed. , *Migration in the Asia-Pacific*：*Population*，*Settlement and Citizenship Issues*，London：Edward Elgar Publishing Limited，2003，pp. 141－155。

民总监认为其有犯罪倾向而视为不受欢迎者、卖淫者、皮条客、无业流民和乞丐、禁止进入者的亲属、意图推翻马来西亚政府者等。

第三部分内容涉及准许移民进入的条件。第四部分规定抵达马来西亚的程序、途径等。第五部分规定了离开马来西亚的条件，其中，非法移民和非法居留者都要离开马来西亚。

第六部分规定了多方面的内容。其中，移民局官员有权逮捕、控告和讯问，有权传唤证人；为了安全，可阻止任何非法登陆，执行遣返；提供免费通行；监管合法移入；有豁免权；掌控总体的惩罚；审判违反者；颁发奖励等。对那些违反《1959/63移民法》的移民，可处以不超过1万令吉的罚款，或者不长于5个月的拘禁，或者同时处以以上两种处罚。

第七部分是关于移民东马地区的特别规定。

《1959/63移民法》在几次修订中，都强化了对雇用和隐藏非法移民者的处罚。1998年修订版增加对非法入境或非法就业施以鞭刑的规定。2002年修订版强调更有效抑制非法移民的流入，规定对非法外国人及雇用他们的老板处以从5 000令吉到不超过1万令吉的罚金，涉嫌犯罪的，从1年监禁延长至5年。2003年9月的修订版又再度提高处罚力度，将对非法移民和其雇主的鞭刑增至六下。

《1966年护照法》（第150号法令）要求所有移入或离开马来西亚的人都必须拥有有效护照。对外国人，则要求既有护照，也有有效签证。

《1959年工会法》（Trade Unions Act 1959）和《1967年工业关系法》的有关规定，使外劳有可能加入劳工组织，参与它们的合法活动。

《1990年工人最低住房和设施标准法案》（Worker Minimum Standard Housing and Amenities Act 1990）于1991年正式采用。它规定雇主必须给其雇用的外劳提供干净卫生的住房。

《1991年雇主准备基金法案》（Employment Provident Fund）对外劳是非强制性的，尽管他们可以选择将其工资的11%捐给基金。

2. 外来移民政策

为了加强对外国工人的管理，以及有效指定和执行相关政策，1982年，马来西亚政府建立外国工人招募委员会。1991年，建立外国工人内阁委员会。2005年，鉴于外劳政策实施中出现的行政和立法缺陷，政府对招聘外劳的设施和进程做全面检讨，随后出台了一系列改革措施，扩大了内阁委员会的功能，不仅规划政策措施，同时有权监督政策的实施、评价和修订。该委员会由马来西亚

副首相主持，其成员由 13 个相关部局的代表组成。①

马来西亚政府民政部和人力资源部在外劳的管理中发挥着决定性的作用。在过去大部分时间里，民政部负责移民法令的贯彻实施。后来，民政部组建了其下辖的外劳管理局，它的建立是为了加快和简化吸纳外劳的申请程序。

对于外国工作者，马来西亚政府一般将其分为两类。一类为侨居者（expatriate），他们是技术人才、管理人才、专业人士或技术工人，月收入不低于 3 000 令吉。如果他们签订的雇佣合同不少于两年，会被发给工作准证。签订少于一年的短期合同的侨居者，会给他们发放专门职业的通行证。侨居者的数量远远低于外劳，他们大约只占全部登记在册的外国侨居人数的 2%。根据马来西亚移民局的统计数据，2011 年 10 月，这一类人只有约 43 172 名。② 马来西亚政府积极吸引侨居者的到来；除了国家安全部门，他们被允许从事任何领域的工作。侨居者的配偶也可以进入马来西亚，在当地居留和工作。

另一类为外劳，他们是半熟练或非熟练工人，收入较少，低于每月 3 000 令吉，其数量占到马来西亚全部外国侨居总人数的 98%。马来西亚政府给他们发放短期工作准证，期限为 12 个月，可最长延续 5 年；在年龄方面，马来西亚政府对他们限制较为严格；其亲属也不被允许带入（不过，在沙巴，由于海岸线广阔，管理松懈，这一政策很难实施，外劳经常举家迁入）。③

对外劳的来源国及外劳能够从事的行业，马来西亚政府也有相关规定。比如，1984 年，马来西亚政府和印尼政府签署《棉兰协议》，从印尼输入农业、种植业和家政方面的工人。同年，和菲律宾签署谅解协议，从菲律宾输入家政服务员。1985—1986 年，允许雇主从孟加拉国、泰国招聘建筑业、种植业领域的工人。

随着外劳人口规模的不断增加，马来西亚政府控制外劳的一些办法，是建立相关的招聘机构，与特定国家签署双边协议。马来西亚政府也会冻结或禁止某些特定类型的外劳，以免他们与马来西亚本地人竞争。保护马来西亚本地工人最重要的政策，是"马来西亚人优先"（Malaysian First）政策。如，1990 年 1 月，冻结印尼工人的输入。1992 年 6 月、7 月，准许雇主从印尼、泰国、菲律宾、孟加拉国和巴基斯坦招募工人，用于制造业和服务业。1992 年，马来西亚政府首次

①　Immigration in Malaysia: Assessment of Its Economic Effects, and a Review of the Policy and System, Ministry of Human Resources of Malaysia, 2013, p. 110.

②　Immigration in Malaysia: Assessment of Its Economic Effects, and a Review of the Policy and System, Ministry of Human Resources of Malaysia, 2013, p. 91.

③　Immigration in Malaysia: Assessment of Its Economic Effects, and a Review of the Policy and System, Ministry of Human Resources of Malaysia, 2013, p. 96.

准许在 5 个领域引入外国工人：种植园、家政服务业、普通服务业、建筑业和制造业。[①] 1993 年 4 月至 1994 年 1 月，禁止招募非熟练工人，禁止为制造业输入非熟练工人，后扩大至在所有领域禁止输入非熟练和半熟练工人。

控制和调节移民的流入，减少非法移民，保护马来西亚人免受廉价外劳的冲击，这些目标很大程度上影响着移民的管理。

2001 年 5 月，由于孟加拉国外劳与马来西亚本地人发生冲突，马来西亚政府禁止输入孟加拉国工人。2002 年，除了家政服务，禁止所有领域输入新的印尼工人。

2002 年初，马来西亚政府通过签署谅解协议，着手扩大移民的来源国范围。当年初，由于雪兰莪的印尼劳工发动暴乱，马来西亚政府开始减少印尼劳工的配额。招聘外劳的对象国从传统的几个来源国加以扩展，随着双边协议的不断签署，新的来源国包括：土库曼斯坦、乌兹别克斯坦、哈萨克斯坦、斯里兰卡、巴基斯坦、尼泊尔。后来，马来西亚政府又继续与几个国家（或地区）达成相关双边协议，包括：斯里兰卡（2003 年 8 月）、中国台湾（2003 年 9 月）、泰国（2003 年 10 月）、巴基斯坦（2003 年 10 月）、孟加拉国（2003 年 10 月）、越南（2003 年 12 月）、印尼（2004 年 5 月）。2007 年 10 月，马来西亚政府批准从中国输入半熟练/熟练和非熟练工人。这样做使移民来源国不断扩大，而每个国家的外劳被准许只在某一行业劳作。后来，缅甸也成为来源国之一，来自该国的外劳被允许在所有领域就业。[②]

服务行业中，为保护本国就业人口，对外劳的从业资格要求更为严格，所以，这一领域外劳的从业人数波动最大。

建筑行业中，雇用外劳的雇主必须是注册承包商，持有相关部门颁发的有效登记证/许可证。在建筑行业中，外劳从业人数与马来西亚本地工人从业人数的合适比例是 3∶1。除了孟加拉国人，所有来源国的外劳都可以在建筑行业中工作。[③]

由于沙巴和沙捞越两州在马来西亚的特殊地位，在雇用外劳和引入移民的过程中，这两个州有一定的特权。当然，两个州政府的移民事务仍处于马来西亚政府的管辖权之内。事实上，移民政策最初是在西马半岛实施，后来，沙巴和沙捞

---

① Immigration in Malaysia: Assessment of Its Economic Effects, and a Review of the Policy and System, Ministry of Human Resources of Malaysia, 2013, p. 96.

② Immigration in Malaysia: Assessment of Its Economic Effects, and a Review of the Policy and System, Ministry of Human Resources of Malaysia, 2013, p. 129.

③ Immigration in Malaysia: Assessment of Its Economic Effects, and a Review of the Policy and System, Ministry of Human Resources of Malaysia, 2013, pp. 98 – 99.

越将它们加以变通后应用在东马。

2007 年，由于马来西亚政府允许外国游客落地签证，当年，146 500 名游客通过落地签证来到马来西亚，其中约 36% 逾期滞留，很多人在当地寻找工作。因此，到 2008 年，从印度次大陆来的游客被马来西亚政府禁止使用落地签证。[①]

马来西亚政府不断采取多项措施，加强对外劳的管理。2004 年 3 月，马来西亚政府出台规定，要求外劳参加马来西亚语言和文化的学习班。

2006 年，民政部推出了劳工电子交易机，强制要求种植业、建筑业、制造业以及服务业的雇主，在他们申请输入外劳前，要在劳工电子交易机上公布职位信息。

马来西亚政府还规定，所有外国工人必须进行强制性健康检查，以防不健康人员流入马来西亚增加公共卫生系统的负担。据 2004 年马来西亚移民厅公布的数据，2003 年在马来西亚半岛和沙巴州参与体检的 716 157 名外劳中，有 18 562 人被发现存在健康问题，其中，9 686 人感染 B 型肝炎，2 313 人感染肺结核，1 620 人感染性病，286 人感染艾滋病。[②] 2011 年 1 月，马来西亚政府强制规定必须给外劳购买健康保险，违反这一规定的雇主将被处以不超过 2 万令吉的罚款，或者不长于两年的监禁，或者处以以上两种惩罚措施。

2006 年 11 月，马来西亚政府与印尼政府签署谅解协议，其中包括要求马来西亚雇主给本地相关机构给付 2 415 令吉，同时外佣要向其在印尼的代理机构缴交 1 228 令吉。[③] 其目的是确保政府能有足够的经费加强对外劳的管理，为外劳支付相应的保险费用。

2012 年 7 月 1 日，马来西亚政府宣布，最低工资标准制度扩展实行于所有部门的外劳，除了女佣和园丁之类的家政工人。[④]

马来西亚的移民体制不允许外来工人长期居留，但 2011 年以后，政府规定外国高技术工人可以申请人才居留签证（Residence Pass for Talent，RP - T），这是 10 年期的工作签证，获此签证的外国侨民如需更换雇主，无须办理新的签证，即可继续在马来西亚就业。[⑤] 不过，能获得这一权利的外来工人数量很少。

---

① Immigration in Malaysia: Assessment of Its Economic Effects, and a Review of the Policy and System, Ministry of Human Resources of Malaysia, 2013, p. 129.

② （马来西亚）《南洋商报》，2004 年 8 月 22 日。

③ Immigration in Malaysia: Assessment of Its Economic Effects, and a Review of the Policy and System, Ministry of Human Resources of Malaysia, 2013, p. 235.

④ Immigration in Malaysia: Assessment of Its Economic Effects, and a Review of the Policy and System, Ministry of Human Resources of Malaysia, 2013, p. 108.

⑤ Immigration in Malaysia: Assessment of Its Economic Effects, and a Review of the Policy and System, Ministry of Human Resources of Malaysia, 2013, p. 160.

根据马来西亚移民法，外劳合同期满后就必须回国。一般雇主必须负责送外劳回国，但有时也由招聘机构负责。为保障外劳利益，马来西亚政府实行最低工资法令。但此项法令的实施尤其受到批评，在此项法令出台之前，大量的外国工人被给予更低的工资，最低工资法令出台后，雇主为了规避这一法令，往往非法雇用外国工人。[1]

外劳对马来西亚国家发展进步尤其是经济成长有着非常重要的贡献。然而，外劳特别是非法外劳问题给马来西亚带来复杂的长期困扰。马来西亚政府虽然经过多次整治，但收效仍然有限。

2002 年 1 月 17 日，森美兰州芙蓉市汝来华隆纺织厂 500 名外劳与警方发生冲突。当天凌晨，警方到该厂印尼外劳宿舍盘查肃毒，在场 500 名外劳因不满警方押走 16 名涉嫌吸毒者而引发冲突，他们捣毁数辆警车，打伤多名警察，并与随后调派来的大批军警对峙。此次冲突事件惊动了森美兰州各级官员和印尼大使馆。事件平息后，100 多名滋事者被捕并被遣返印尼，十几人被告上法庭。

正是从 2002 年之后，在诸多外劳负面事件的影响下，马来西亚政府开始大幅度修订外劳政策，遣返非法外劳，严惩非法外劳及其庇护者，实行外劳来源国多元化。不过，有关措施在国内外造成强烈影响，进而波及马来西亚的对外关系和经济发展，外劳的主要来源国印尼与马来西亚的国家关系因此一度紧张甚至恶化。印尼报刊和劳工组织从 2002 年 2 月起就不断抨击马来西亚政府对外劳采取的严厉措施，更强烈谴责马来西亚对印尼非法劳工实行鞭刑。8 月 26 日，印尼示威者在马来西亚驻雅加达大使馆前焚烧马来西亚国旗，推倒了大使馆的铁门。30 日，又有近百名大学生到马来西亚大使馆门前示威。[2]

针对负面影响与日俱增的非法外劳问题，马来西亚政府也采取多项应对措施，首先是抓捕、遣返非法外劳。为此，马来西亚政府每年花费的遣返费用高达数百万令吉。仅在 2001 年，遣送 142 787 名外劳，耗资 7 566 205 令吉。[3] 2007 年 7 月，政府采取大范围行动，抓捕约 50 万名非法移民。2011 年 7 月到 2012 年 4 月，146 979 名非法移民返回其各自的来源国。[4]

马来西亚政府也进行大赦，尤其是通过合法化等途径，处理非法移民问题。

早在 1996 年 1 月，马来西亚政府就给予印尼非法外劳开斋节大赦。2002 年

---

① Immigration in Malaysia: Assessment of Its Economic Effects, and a Review of the Policy and System, Ministry of Human Resources of Malaysia, 2013, p. 168.

② 《环球时报》，2002 年 9 月 5 日。

③ （马来西亚）《南洋商报》，2002 年 4 月 11 日。

④ Immigration in Malaysia: Assessment of Its Economic Effects, and a Review of the Policy and System, Ministry of Human Resources of Malaysia, 2013, p. 127.

3—7 月，再次对非法外劳实行大赦计划。

2011 年 6 月，马来西亚政府宣布开始实行"6P"计划，其中的"6P"代表 6 个马来文，即 Pendaftaran（registration，登记）、Pemutihan（legalization，合法化）、Pengampunan（amnesty，大赦）、Pemantauan（monitoring，监管）、Penguatkuasaan（enforcement，强制）、Pengusiran（deportation，驱逐）的首个字母。当时，马来西亚民政部发表声明，在第一登记阶段（biometric registration，即从 2011 年 7 月 13 日至 8 月 31 日），前来登记的非法外国人将不会受到法律惩治。作为外劳和非法外国人内阁委员会的主席，副首相宣称，"6P"计划是解决该国外劳问题的一个"一揽子解决办法"。在"6P"计划之下，非法外劳或者被合法化，或者免受惩罚而被驱逐出境。①

"6P"计划的第二阶段从 2011 年 10 月 10 日开始，直到 2012 年 4 月 10 日，持续时间 6 个月。在这一合法化阶段，马来西亚政府放松了一些条件，并扩大了移民的就业门类。据民政部统计，那些登记后在新开放的领域就业的非法移民估计有 30 万～40 万人。②

另外，2011 年 7 月到 2012 年 4 月，马来西亚政府实行大赦，从而能够使 480 995 名非法移民合法化（包括 91 064 名雇主）③，146 979 名非法移民返回其各自的来源国。④

到了 2014 年 1 月初，马来西亚待遣返的非法外劳超过 30 万人。如果以每人每天约 75 令吉的食宿医疗成本计算，政府每天必须花费 2 250 万令吉的成本安顿这些外劳，负担沉重。当时，已有约 60 万名非法外劳遭遣返。⑤

因此，从 2014 年 1 月 21 日午夜开始，马来西亚内政部展开大规模逮捕非法外劳行动，同时雇用无证件外劳的雇主也将一并受罚。内政部部长当时表示，1 月 20 日为"管理非法外劳特别计划"大限，这项为期 3 个月的宽限计划，绝不会再延长。内政部部长认为非法外劳剥夺了马来西亚国人的经商及就业机会。⑥

当然，大规模抓捕、遣返外劳对马来西亚国内经济也产生了不小的影响。一

---

① Immigration in Malaysia：Assessment of Its Economic Effects, and a Review of the Policy and System, Ministry of Human Resources of Malaysia, 2013, p. 124.

② Immigration in Malaysia：Assessment of Its Economic Effects, and a Review of the Policy and System, Ministry of Human Resources of Malaysia, 2013, p. 126.

③ Immigration in Malaysia：Assessment of Its Economic Effects, and a Review of the Policy and System, Ministry of Human Resources of Malaysia, 2013, p. 235.

④ Immigration in Malaysia：Assessment of Its Economic Effects, and a Review of the Policy and System, Ministry of Human Resources of Malaysia, 2013, p. 127.

⑤ 《媒体称马来西亚政府每天耗巨资养 30 万非法外劳》，http：//world. huanqiu. com/exclusive/2014 – 01/4725889. html。

⑥ 《马来西亚开始大规模逮捕非法外劳》，http：//www. chinanews. com/gj/2014/01 – 09/5719157. shtml。

时间，劳动力严重短缺，民间顿时怨声四起，受影响的行业纷纷要求简化外劳输入程序。马来西亚是东南亚最大的劳动力输入国，马来西亚外劳政策的波动也会影响本地区的稳定安全。

在国内外压力之下，马来西亚政府很快调整外劳政策。早在2002年6月，马来西亚议会通过了新的移民法案。7月，马来西亚政府宣布非法移民在一个月内自愿遣返，此后大批非法移民纷纷回国，新的移民法令于8月1日颁布前，40万名移民自愿离开了马来西亚。与此同时，马来西亚政府先解决建筑工地的劳力缺乏问题。如前文所述，2002年8月初，马来西亚内政部允许主要建筑承包商从印尼、菲律宾、柬埔寨、老挝、缅甸、尼泊尔、泰国等11个国家引进所需外劳，以扩大外劳来源国。马来西亚政府还同意让印尼外劳进入非出口导向制造业领域。

非法外劳问题是马来西亚的"顽疾"，难以根治。2020年11月12日，内政部部长韩沙再努丁宣布，针对国内的非法移民，政府将推出含2项主要措施的重新安置非法移民计划，即自愿遣返安置计划和重新安置劳工计划，从2020年11月16日起生效至2021年6月30日。该计划只在马来半岛实行，不涉及东马地区。而且，它也仅限于在4个领域（建筑业、制造业、种植业和农业）实施。申请人必须向马来西亚半岛劳工局申请雇用外国劳工的配额，并通过移民局的综合外国劳工管理系统（ePPAx）向移民局申请合法化外国劳工。12月5日，移民局总监凯鲁再米表示，重置非法移民计划仅允许雇主合法化他们已经雇用的外国劳工，或聘请被扣留在移民局扣留营的外国劳工。不过，雇主认为新规定存在申请不便和烦琐等问题，引起他们不满。马来西亚有关政党也呼吁善待外劳，应该更有效监督并保护他们。[①]

马来西亚关于外劳的相关法律中，把女佣排除在保护范围之外。例如，《1952年工人赔偿法令》以及《1994年工作安全与卫生法令》旨在确保所有合法工人的安全、健康和工作福利，外劳因工作而造成意外或受伤，将获得赔偿法令的保护。但外国女佣不被包括在内，因为他们不被归入"工人"或"劳工"，而是家庭助手，因此女佣无法享有雇用法令所赋予外国劳工的权利。

事实上，在马来西亚，女佣受虐待的事件时有发生。女佣在忍无可忍的情况下，往往选择逃跑而沦为非法外劳。根据马来西亚移民厅统计，1999—2000年，全国各地大约有2.4万名印尼籍外劳逃离雇主，就是说平均每个月有1 330人或

---

① 《马来西亚政府应让雇主容易、简单和方便地合法化非法外国劳工》，https：//dapmalaysia.org/cn/statements/2021/01/12/15672。

者每天有 44 人失踪。①

　　由于女佣大多来自印尼、菲律宾等邻国，女佣问题甚至影响马来西亚与邻国关系的稳定。为此，马来西亚移民厅特别规定：收入在每月 5 000 令吉以上的家庭才可以通过外劳介绍所聘用女佣，雇主需为每名女佣按年缴纳人头税。从 2004 年开始，马来西亚政府又强制规定雇主为女佣购买保险。

　　由于马来西亚的外国女佣多数为印尼女佣，并且多数为穆斯林。马来西亚政府对此规定，非伊斯兰教雇主要尊重伊斯兰教女佣的宗教信仰，为她们准备一个房间作为祈祷之用，不得让女佣从事违反其宗教习俗的工作等。

　　缅甸难民尤其是罗兴亚难民问题也给马来西亚移民政策带来一定冲击和变化。2012 年，由于国内严重的民族矛盾，缅甸开始爆发规模较大的罗兴亚难民潮。大批罗兴亚人想方设法逃往邻近的泰国、马来西亚等国避难。鉴于罗兴亚人问题的复杂性，马来西亚起初并不愿接收这些难民。2015 年 5 月，在国际社会的压力下，马来西亚政府同意接收罗兴亚难民，给予他们临时避难住所，不过，国际社会应该在一年内安置或遣返马来西亚的罗兴亚难民。2016 年 12 月，正陷入贪腐丑闻的马来西亚总理纳吉为了转移国内民众视线，与数万民众共同组织了一次游行示威，抗议缅甸军队在若开邦地区针对罗兴亚人的行动，同时他呼吁印尼政府也行动起来，共同向缅甸施压。此举引来缅甸政府的反驳，缅方对马来西亚使用"种族清洗"和"种族灭绝"的言论表达不满。② 2017 年，缅甸罗兴亚难民危机陷入最严重时期，出于同为穆斯林的宗教因素考虑，加之国内政治的需要，马来人占主导地位的马来西亚政府宣称有义务为罗兴亚难民提供人道主义援助。9 月 9 日，马来西亚派出两架军用运输机运载 12 吨物资到孟加拉国的吉大港，为从缅甸逃到当地的罗兴亚人提供人道援助，正式启动了对罗兴亚难民的人道主义援助。纳吉称，马来西亚有义务伸出援手，不能单靠孟加拉国政府收容日益增加的罗兴亚难民。③ 截至 2019 年 8 月底，马来西亚约有 97 750 名罗兴亚难民和庇护申请者。④ 到 2020 年 4 月，马来西亚收留的罗兴亚难民人数估计为 10 万～15 万。⑤ 此时，马来西亚经济也已经受到了新冠肺炎疫情的严重冲击，因

---

　　① （马来西亚）《南洋商报》，2000 年 6 月 19 日。

　　② 樊诗芸：《"罗兴亚人"问题引发外交争端，缅甸指责马来西亚干涉内政》，https：//www.thepaper.cn/newsDetail_forward_1576328。

　　③ 蒋天：《东盟因罗兴亚人问题陷入分裂》，http：//news.cyol.com/content/2017 – 09/26/content_16533200.htm。

　　④ "Figures at a Glance in Malaysia"，UNHCR，https：// www.unhcr.org /figures – at – a – glance – in – malaysia.html.

　　⑤ 《我国对罗兴亚人仁至义尽　目前没有能力收留新难民》，https：//dapmalaysia.org/cn/statements/2020/04/27/14574。

此，马来西亚民众普遍呼吁政府不要再接收罗兴亚难民，以免导致经济雪上加霜，社会治安更加恶化。

（二）海外移民政策法规

马来西亚国人尤其是专业人士移居国外，对马来西亚社会也造成负面影响。但直到 20 世纪 90 年代中期，马来西亚政府才采取相关措施加以应对。1995 年，马来西亚政府出台"人才流入计划"（Brain Gain Scheme），鼓励马来西亚专业人才回流。但该计划并不是很成功，而且，由于亚洲金融危机期间本国薪水和就业状况都不尽如人意，该计划无疾而终。2001 年，马来西亚政府再次出台这一计划，并配套实施一项"远程服务"计划（Distance Service Programme），以便在海外马来西亚人无须回国的情况下，获得海外马来西亚专才服务。[1]

为了实现迈向高收入国的目标，时任首相纳吉于 2011 年 10 月推出了经济转型计划，马来西亚政府为此成立专才机构，前往海外各地游说，希望吸引海外人才回流。相关数据显示，自专才回流计划推行至今，已有超过 2 500 项马来西亚专才回国计划申请获得批准。[2]

马来西亚政府不允许本国公民持双重国籍。马来西亚国内事务部资料显示，截至 2004 年 7 月 30 日，共有 5 310 名马来西亚人因持有双重国籍而被褫夺公民权，另 1 930 人因持有他国护照而丧失公民权。[3]

有学者认为，马来西亚政府对劳工移民流出持积极鼓励的态度，而对熟练劳工和非熟练劳工的流入却持积极干预的态度。[4]

2011 年 4 月世界银行《马来西亚经济监督：人才流失》报告曾对马来西亚政府提出如下建议：①增加提高收入的机会，拟定减少成本和设立人员流动门槛的政策，增加劳动市场的竞争力，推高薪资，减少僵化的劳动市场条规，增加就业率，加强市场劳动力配对和减少约束。②投资和发展人力资本，减少各州之间或城乡之间普及教育的差距、重组技职教育系统，确保所提供的技术培训符合市

---

① 参见 Chia Siow Yue, Demographic Change and International Labour Mobility in Southeast Asia—Issues, Policies and Implication for Cooperations, in Graeme Hugo, Soogil Young ed., *Labour Mobility in the Asia Pasific Region—Dynamics*, *Issues and New APEC Agenda*, Institute of Southeast Asian Studies Singapore, 2008, p. 117.

② 《马数百万人才外流　专才为何不回来？》, http：//news. sinchew. com. my/node/428424？tid = 67。

③ 《移民台湾者 7 年 470 人　放弃公民权难取回》, http：//news. sinchew. com. my/node/5068。

④ Graeme Hugo, Demographic Change and International Labour Mobility in Asia – Pacific—Implication for Business and Regional Economic Integration：Synthesis, in Graeme Hugo, Soogil Young ed., *Labour Mobility in the Asia Pasific Region—Dynamics*, *Issues and New APEC Agenda*, Institute of Southeast Asian Studies Singapore, 2008, p. 45.

场需求。③为贫穷和弱势族群提供社会保护，确保政策中所给予的福利让真正需要的人受惠。①

三、对中国移民的政策

目前，马来西亚尚未对中国开放其普通劳务市场。2003 年 9 月，中马两国政府签署了《关于雇用中国劳务人员合作谅解备忘录》。2004 年初，中马劳务合作委员会召开会议并签署会议纪要。据此，马方向中国开放了古建筑维护、制瓷、木器加工、家具制造四个行业，允许这四个行业聘请熟练及半熟练的中国员工，并且人数不受限制。马来西亚内政部规定，有 3 年工作经验的中国熟练工人或专业技术人员薪水可达 2 500 令吉；已婚的中国熟练工人或专业技术人员可携带家属；获准到马来西亚工作的中国熟练或专业技术人员，将获得专业准证而不是外劳准证。与此同时，中方还向马来西亚有关政府部门提交了首批 18 家开展对马来西亚劳务合作业务的公司名单。但是，上述四个领域劳务均属技术工人范围，由于薪资较低以及对技术劳务定位的认识不同，目前，双边劳务合作尚未得到有效开展。中国公司主要以承包工程带动技术劳务输出和派出少量有技术专长的劳务人员。②

马来西亚对外国公民入籍限制较严格。中国公民即使与马来西亚公民结婚，也很难获得长期居留身份，更难获得其国籍。马来西亚至今尚有相当一部分人仍持有所谓"红登记"（有别于护照的永久居民身份证件），这些人出生在中国，于马来西亚独立（1957 年）后来此定居生活至今。根据马来西亚国籍法，中马公民通婚，如父亲是马来西亚公民，所生子女具有马来西亚国籍；如女方是马来西亚公民，所生子女如出生地在马来西亚可申请入籍，如出生地为外国，不可以入籍。但如果是来自中国的穆斯林，入籍则会相对容易。

近些年，中国公民比较关注马来西亚政府推出的"第二家园项目"。

"第二家园项目"是马来西亚政府为吸引外国资金、促进旅游、发展经济而出台的一项政策，目的是鼓励外籍人士在马来西亚较长时间居住。自实施以来，马来西亚"第二家园项目"以其较低的门槛、较简易的程序和较优惠的待遇吸引了大批国外人士到马来西亚定居，为其吸引外来投资开辟了一条蹊径。

马来西亚"第二家园项目"起源于 1996 年马来西亚旅游部对外国退休老人

---

① 《世银：情况加剧　百万人移民海外　大马人才多外流新加坡》，http：//news. sinchew. com. my/node/202741。

② 《马来西亚劳工政策及法律法规》，http：//www. twwtn. com/Policy/59_259391. html。

实施的一项较长时间居住计划即"银发族项目",鼓励外国退休老人带着自己的退休金到马来西亚旅游并长期居住生活。由于该项目实施后效果良好,2002年政府决定把"银发族项目"正式更名为马来西亚"第二家园项目",申请对象不再局限于退休老人,而是扩大到21岁以上的外籍人士。

一经实施,"第二家园项目"就得到了申请者的热烈响应,仅2003年一年,申请量就达到了1996—2002年的总和。截至2009年底,马来西亚政府累计批准32 063个符合条件的外籍个人或家庭到马来西亚安家落户。中国一直排在马来西亚"第二家园项目"10大来源地之首,申请者主要来自沿海省份和东北三省气候比较寒冷的地区。排在中国之后的依次是孟加拉国、英国、日本、新加坡等。除英国之外,处于前10位的均为亚洲国家或地区。① 2017年3月最新资料统计显示,已有约8 000名中国公民因"第二家园项目"而获得在马来西亚的永久居留权。②

严格来说,"第二家园项目"并不是完全的移民计划,而是一个长期免签证的有条件永居计划,或者说是一种侨居特权及身份。拥有了第二家园签证,可以不去马来西亚当地居住,也可以居住在当地。这种比较自由的身份在无必要时可以搁置不用,但在必要时可以获得很多除侨居外的特权。例如,凡参与"第二家园项目",可以免税购买或携带一辆汽车到马来西亚境内;可获得可观的定期存款利息,定期存款一年以上的利息可以免税;出入马来西亚没有时间及次数限制;一人申请,全家获签,子女可就读当地学校等。但不包括移民优先权利。③

此外,由于女佣市场出现短缺,马来西亚有关机构要求政府解除禁令,从中国引进女佣,却引来马来西亚各界,尤其是华人社团的抵制。其中,反对从中国引进女佣最强烈的是马来西亚的华人妇女和组织。她们主要担心中国女子来到马来西亚后与华人男子有染,威胁和破坏马来西亚华人家庭的安宁和睦。

由于马来西亚政府对中国人入籍实行严格限制,因此,中国女性嫁入马来西亚后,可以获得婚姻居留签证,但并不等于就可以在当地工作。根据马来西亚一般法律程序,刚与马来西亚男性结婚的中国妻子,移民局只批准她们居留半年至一年;当夫妇双方生下小孩后,马来西亚移民局会考虑延长中国妻子居留至5年以上,但这只是延长旅游签证。此外,马来西亚的相关法律还规定,中国妻子要在马来西亚申请永久居留证,必须要在结婚多年以后,移民局才会考虑批准。至

---

① http://baike.baidu.com/link?url=aNLBn3 – HyF_8q5NqzPs7br0bN7hUFNt9bfE02pZaxPsGcOjWXpKMdC3l。

② 《中国成大马房地产最大投资者》,http://www.sginsight.com/xjp/index.php?id=18358。

③ 刘伟业:《专访马来西亚移民局副总监沙吉 "在大马买房与移民无关"》,《中国房地产业》2014年第9期。

于那些专业人士性质的中国妻子，她必须通过某家拥有 50 万令吉缴投资本的公司，才可以申请工作准证，并合法居留大马。①

在马来西亚，外籍女性配偶大都持"Wife Visa"（Multiple Visa），这种签证需要每年更新。有的甚至需每半年更新一次，只有在保持 4～5 年良好记录的条件下，才可以申请长期居留，但是不可以更改国籍。办理更新签证手续需要去吉隆坡，十分不方便。马来西亚政府还规定，外籍配偶都不可以入籍马来西亚。

2011 年 8 月，马来西亚政府为了吸引更多中国学生赴马来西亚留学，专门制订了针对中国留学生的两项计划，一个就是当时已经推出的中国学生赴马来西亚游学计划；另一个是计划推出的针对中国留学生的新的奖学金计划。中国学生赴马来西亚游学计划就是马来西亚邀请部分中国学生到马来西亚的学校住宿、学习，以便充分了解马来西亚学校的教学设备、教学手段、住宿、饮食、交通、生活习惯等各方面的情况，从而决定是否留学马来西亚。该计划产生的各项费用均由马来西亚政府承担，具体事宜委托留学中介机构办理。奖学金计划则是专门针对尚未赴马来西亚留学的中国学生，主要是减免学费，分为三个层次，即免除百分之三十、免除一半或全部免除。其依据主要是中国学生在国内的成绩，同时还要通过马来西亚的官方考试。②

四、马来西亚移民政策和法律改革发展趋势

根据马来西亚移民法律政策的发展变化，我们可以预测其未来的几个发展趋势。

（一）非法外劳问题仍将长期困扰马来西亚

2016 年 2 月，马来西亚政府突然调高外劳人头税，引起社会严重不安。早在 1991 年 10 月，马来西亚政府按照不同领域和不同技术水平（普通、半熟练、熟练），出台外国工人年度收费（人头税）规定，其中农业领域分别为 360 令吉、540 令吉、720 令吉，建筑业领域分别为 420 令吉、600 令吉、900 令吉，制造业领域分别为 420 令吉、600 令吉、900 令吉，服务业领域分别为 360 令吉、540 令吉、720 令吉。③ 1998 年 1 月，建筑业、制造业和服务业的每名工人的年度收费

① 《生活在大马的中国妻子：婚姻多变数　居留成问题》，http：//www.gqb.gov.cn/news/2016/1129/41268.shtml。

② 《马来西亚针对中国留学生推出奖学金新计划》，http：//www.eduglobal.com/Asia/Article/99868。

③ Immigration in Malaysia：Assessment of Its Economic Effects，and a Review of the Policy and System，Ministry of Human Resources of Malaysia，2013，p. 233.

（人头税）提高到 1 500 令吉，种植业和家政服务员的 360 令吉年度收费维持不变。2011 年，马来西亚政府再调涨六大领域的外劳人头税，即每名外劳每年人头税一律调涨 50 令吉。由于当时涨幅不大，而且马来西亚经济情况较好，因此业者的反弹也不大。

2016 年 2 月 1 日，由于国际油价严重下跌等原因，陷入财政困境的马来西亚政府突然宣布大幅调高外劳人头税。具体调高情况参见表 5 - 3。

表 5 - 3　马来西亚六大领域外劳人头税涨幅表①

领域	人头税（令吉）		涨幅
	2011 年	2016 年	（%）
农业	410	1 500	265
园丘业	590	1 500	154
制造业	1 250	2 500	100
建筑业	1 250	2 500	100
服务业	1 850	2 500	35
女佣	410	410	0

根据表中数据，与 2011 年相比，除了女佣的外劳人头税维持不变外，农业与园丘业外劳人头税的涨幅都超过 150%，而制造业和建筑业的外劳人头税涨幅则高达 100%。

截至 2015 年底，向马来西亚当局注册的合法外劳约 2 135 000 人。若按此计算，当局调高外劳人头税后，国库每年将增加 25 亿令吉收入。

马来西亚政府的"突然袭击"引起当地多个劳动密集型产业者的强烈反弹。人头税调高政策公布当日，马来西亚中华总商会、马来西亚马来人总商会、马来西亚印度人总商会分别代表华裔、马来裔、印度裔三大族群的总商会联合其他 52 个工商团体要求政府马上取消调涨外劳人头税的决定，同时尽快检讨外劳需求及聘请外劳的程序。② 上述 55 个工商团体不满政府把人头税当成政府的收入，认为人头税应作为培训劳工的资金。他们建议政府将逾 400 万非法外劳合法化，

---

① 原表见《马大幅调高五领域外劳人头税》，http：//www.zaobao.com/news/sea/story20160202 - 577651。

② 《华巫印商会与52个工商团体　吁政府马上取消调涨外劳人头税》，http：//blog.of21.com/？p = 51481。

以便为政府带来 50 亿令吉的额外收入。①

面对社会舆论的强烈反弹，马来西亚政府副首相及内政部部长只好表示，内政部将重新检讨外劳人头税暴涨一事。

然而，调高人头税引发的不满尚未平息，2 月 12 日，马来西亚当局又宣布，将在 3～5 年内分阶段引进 150 万名孟加拉国外劳。这一消息一经公布就再次引起民间强力反弹，马来西亚厂商联合会等团体纷纷反对政府的做法，并指马来西亚目前已有太多外劳，远超过厂商的人力需求。同日，副首相及内政部部长却为政府的做法进行辩护。②

马来西亚政府计划引进 150 万名孟加拉国外劳，不仅马来西亚厂商联合会担心，当地公民更是忧心忡忡。当地人尤其担心，大批外劳的流入可能会引发政治冲击：如果一些外劳取得身份证变成了公民和选民，也会影响马来西亚的政治结构；计划引入的 150 万名孟加拉国外劳将来只要有 1% "变成选民"，就有 15 000 张选票，足以影响选举结果。当地人因而认为，不管是为了政治或经济的理由，都应该拒绝让 150 万名孟加拉国外劳进入马来西亚。③

2016 年 2 月 18 日，正当马来西亚政府计划引进 150 万名孟加拉国劳工引发的争议白热化时，孟加拉国报纸《每日星报》（*Daily Star*）报道，该国部长已和马来西亚人力资源部部长于当地时间上午 10 时，在首都达卡的侨民福利与海外就业部办公室签署了有关备忘录，以便在未来三年分阶段引进孟加拉国劳工。

面对传闻马孟签署备忘录而引起的不满，2 月 19 日，马来西亚人力资源部部长出面澄清，马来西亚并非引进 150 万名孟加拉国劳工，而是孟加拉国要向全球 139 个国家输出 150 万名劳工，因此马来西亚政府将依据雇主及企业需求引进孟加拉国外劳。他也说，两国政府所签署的备忘录没有说明马来西亚所要聘请孟加拉国外劳的人数，备忘录内容与马来西亚和印尼、印度、泰国、柬埔寨、巴基斯坦、斯里兰卡以及越南政府所签署的备忘录内容大同小异。④

同日，马来西亚副首相又宣布搁置马来西亚引进所有国家的外劳，包括孟加拉国外劳的引入，并呼吁国内雇主优先聘请本地员工。⑤

---

① 《要求政府收回成命　抗议外劳人头税大涨》，http：//www.zaobao.com/print/news/sea/story20160203 - 578026。

② 《引进 150 万孟外劳惹争议　马副首相挑战业者只聘当地人》，http：//www.zaobao.com/news/sea/story20160215 - 581505。

③ 金柳：《百万外劳冲击大马》，（马来西亚）《东方日报》，http：//blog.of21.com/？p = 51991，2016 年 2 月 18 日。

④ 《人力资源部长澄清：并非引进 150 万孟加拉劳工》，http：//blog.of21.com/？p = 52097。

⑤ 《阿末扎希宣布政府搁置引进外劳计划》，http：//blog.of21.com/？p = 52095。

上述新闻表明，人力资源部部长和副首相都在"自说自话"，内容不无互相冲突之处。马来西亚政府各部门之间"自乱阵脚"，也招致多方批评。

自2015年以来，马来西亚货币令吉汇率持续下跌，也引发在马来西亚工作的外劳不满。有相关业者指出，来自印尼、越南、泰国的劳工大多表示在合同期满后将不再续约，可能会做出其他安排或离开马来西亚。马来西亚女佣代理协会指出，令吉贬值无疑会产生"外劳出走"的现象，但更可能成为女佣要求加薪的理由。以菲律宾女佣为例，2015年4月以来，菲佣就要求加薪30%~40%，涨幅比本地员工还高。① 有相关学者早就提出建议：马来西亚政府应该改革其招聘、雇用和监管外国工人的政策和程序，政府也应该参照其他国家在移民法中的强力措施，以阻止非法移民。② 当然，东南亚各国也有必要建立合法渠道，以便利本区域内的人口流动，进而遏制人口走私团伙的活动，减少非法移民现象。

对国际社会而言，缅甸难民问题特别是罗兴亚人问题错综复杂，不可能短期内得到解决；而罗兴亚难民问题也会在将来一个比较长的时期内考验马来西亚的移民政策，甚至使其"左右为难"。

2021年初，印尼苏门答腊岛亚齐省司马威（Lhokseumawe）一个临时难民营原本接收的将近400名罗兴亚难民，大部分人横越马六甲海峡，偷渡马来西亚，难民营内只剩112人。罗兴亚人之所以逃往马来西亚，是因为马来西亚也是穆斯林居多的国家，且相对富裕。马来西亚收留了至少10万名罗兴亚人，虽然他们以难民身份居留，被禁止打工，但不少人暗地里到建筑工地非法干活或从事其他低收入工作。③ 这也是马来西亚民众反对政府接收罗兴亚难民的重要原因，尤其在新冠肺炎疫情期间，马来西亚经济发展本就艰难，国内失业率居高不下。

2021年2月23日，马来西亚移民局不顾该国高等法庭发出的暂缓令，执意遣返1 086名缅甸人。马来西亚维权组织"人民之声"（SUARAM）认为移民局的行为错误且不尊重司法系统，理应被控藐视法庭。移民局之后解释说，这批扣留者是自愿返回缅甸，并指他们是无证移民，当中没有罗兴亚人或寻求庇护者。据有关人士说，被遣返者包括来自政局动荡的克钦邦和掸邦的基督徒少数族群。

---

① 《马来西亚林吉特贬值引发外劳市场担忧》，环球网，http：//www. yn. xinhuanet. com/asean/2015－09/02/c_134580174. htm。

② Immigration in Malaysia：Assessment of Its Economic Effects，and a Review of the Policy and System，Ministry of Human Resources of Malaysia，2013，p. 168.

③ 《印尼数百罗兴亚难民　或已偷渡至马来西亚》，https：//www. zaobao. com/news/sea/story 20210129－1120051。

他们都是为了躲避国内的战乱和迫害而外逃。① 但这些说法受到马来西亚国内民众的质疑，认为只是官方的一面之词，即使他们不是罗兴亚难民，其他少数族群也不该随便被遣返；他们指出，移民局原本计划遣返 1 200 人，据说因为其中 114 人是新冠肺炎确诊患者，暂未被遣返，但他们康复后仍不能保证不被遣返。政府的做法让国家在国际上蒙羞，马来西亚政府应该暂缓遣返行动。②

马来西亚移民局强行遣返缅甸难民的做法甚至招致美国的批评。美国表达了对马来西亚此项举动的"关注"。2 月 24 日，美国国务院发言人内德·普莱斯（Ned Price）说，缅甸军方"有长期侵犯宗教和少数民族人权记录的历史"；人权组织强烈抨击马来西亚有关遣返难民的做法，他们已经通过法律途径获得吉隆坡高庭发出庭令，暂缓遣返行动，但马来西亚政府仍按原定计划遣返缅甸难民。普莱斯促请区域所有国家考虑将缅甸移民送回缅甸的决定，暂停遣返他们回国，直到联合国难民署评估这些移民是否面对任何庇护的问题为止。③

缅甸难民尤其是罗兴亚难民问题仍将是马来西亚移民政策上的"痛点"，尤其在其国内经济不景气、政局动荡时，处理起来将更为棘手。

（二）马来西亚对中国人仍将实行严格的移民控制政策

马来西亚首相纳吉于 2015 年 9 月 14 日宣布，当年 10 月 1 日至 2016 年 3 月 31 日期间，前往马来西亚的中国旅行团可豁免签证。不过由于各政府部门缺乏协调，并没有中国旅行团成功以免签证方式入境马来西亚。马来西亚各方对此争议不断，内政部属下的移民局就是其中一个坚决反对这项措施的单位。移民局总监曾声称，该局不会为了增加游客人数而危害国家安全，他坚决反对让特定国家的游客免签入境。

马来西亚政府规定，从 2015 年 12 月开始，所有从中国直飞马来西亚、至少两人成团的中国游客都可免签证入境 15 天。但到了 2015 年 12 月 8 日，中国游客两人以上前往马来西亚无须签证的措施仍不能落实，旅游业者未收到政府白纸黑字公文，中国业者也没收到通知，网上申请系统也未见启用④，引起多方批评。

到了 2016 年 1 月 2 日，马来西亚移民局宣布，当日起分三阶段落实电子签证（e-Visa）措施，中国游客是首阶段可使用电子签证的外国游客，而首三个月

---

① 《移民局被指罔顾庭令送走 1 086 人　马高庭延长暂缓令　阻当局遣返剩余 1 200 缅甸人》，https：//www. zaobao. com/news/sea/story20210225 – 1126641。

② 唐南发：《令人发指的遣返行动》，https：//www. themalaysianinsight. com/chinese/s/302501。

③ 《无视庭令遣返逾千名难民　美国批评大马做法》，https：//www. themalaysianinsight. com/chinese/s/302272。

④ 《南洋社论：眼巴巴看外汇流失》，http：//blog. of21. com/？p = 49512。

的电子签证将是免费的。马来西亚电子签证措施原定 2016 年 1 月中旬实行，不过，该国内阁在 2015 年 12 月 17 日议决，提前于 2016 年 1 月 2 日起落实。除了电子签证，马来西亚旅游部也积极向内阁争取允许中国游客免签证。目前，所有从中国直飞马来西亚、两人以上成团的中国游客，都可免签入境，但此措施附带一系列条件，包括其旅游配套必须由政府承认的旅行社负责，逗留期限不超过 15 天，必须携带足够的现金和信用卡，需有回程机票、行程表和酒店住宿资料，游客不可同时申请其他签证等。①

（三） 马来西亚人才外流现象仍将持续

根据 2016 年初马来西亚公积金局公布的数据，2015 年共有 2 206 人放弃马来西亚公民权，相比 2014 年的 1 787 人，增加了 23%。马来西亚当时的反对党——民主行动党的一位国会议员引述相关数据称，马来西亚人才外流问题日益严重；过去两年，至少有 7 828 人放弃马来西亚公民权而移民外国发展，相信大部分是移民到新加坡，这显示政府积极推动的专才回流计划失败。② 这也表明，马来西亚对其海外移民人才的重视尚需加强。

五、小结

作为发展较为成功的资本主义国家，马来西亚也是一个非常开放的经济体。马来西亚吸引了数量庞大的外劳人口，同时，因为体制方面的不足或者漏洞，加之管理、治理过程中的不到位或者腐败，更多的非法外劳人口一直存在于马来西亚的各个经济领域，甚至"散布"于社会各角落。未来一个很长的时期，只要马来西亚经济稳定发展，庞大的外劳人口尤其是非法外劳人口仍将会是马来西亚经济和社会中的重要现象，非法外劳问题也将给马来西亚移民治理带来一定困扰。

马来西亚是一个多元族群和多元文化的国家，但是，由于长期实行马来人至上的政策，马来人的特权地位日益加强和稳固，华人和印度人在政治上的处境不断弱化和边缘化，促使两大族群中不少人移居他国，"另谋高就"。只要马来西亚明显存在偏向主体马来人的种族主义政策不进行本质性的调整，华人和印度人中有不少人仍会选择"出走"他国，寻求更好的发展环境。

---

① 《马分三阶段落实电子签证　中国游客首批受惠》，http：//www.zaobao.com/print/news/sea/story20160102 – 566329。

② 《马国放弃公民权者　去年同比增逾两成》，http：//www.zaobao.com/news/sea/story20160223 – 584378。

也是由于敏感、复杂的马来人和华人族群关系，导致马来人始终对华人"放心不下"，顾忌华人整体实力的发展壮大。因此，马来西亚一直实行防范甚至抵制中国移民的政策措施，致使中国人要成功移居马来西亚存在许多现实困难。当然，由于地缘上的邻近，中马关系的密切发展，以及马来西亚国家治理中存在的一些"灰色因素"，中国改革开放特别是1990年中马建交以来，仍有不少中国新移民前往马来西亚，尽管数量不是那么多。未来，中国人移居马来西亚的现象仍将持续，但数量增长仍会十分缓慢。

第六章　日本移民政策法规[①]

随着全球化的不断蔓延和深入，亚太地区的人口流动和跨国移民增长迅速。各国为了应对国际性的移民潮，积极制定和修改相关政策和法规。日本至今执迷于所谓的"单一民族神话"，社会各界消极对待移民政策，反对移民在日本定居，还有排外主义等因素，导致日本的移民政策发展滞后。然而，人口老龄化、经济发展等因素也迫使日本政府为了能更好利用跨国移民所带来的技能和劳动力等资源，不得不制定相应的移民政策，根据形势的演进反复修订。

一、日本的移民现状及主要政策演变

（一）日本的移民政策演变

近20年来，日本经济由于通货紧缩和世界性金融危机的影响持续低迷。一方面，日本国内少子化、老龄化问题日趋严重，总人口数量不断减少。另一方面，近年访日外国人数量急速增加，他们大都来自中国和韩国等亚太国家。为了振兴经济，日本政府不得不逐步放宽对外国人出入境的限制，通过改善移民政策来推动跨境人员流动。

20世纪90年代以来，日本的外国人数量急剧增长，不论是日本政界还是学术界，围绕应当怎样吸纳外国人劳动力的问题都开展了激烈的争论。移民政策一般主要为移民管控政策和一体化政策（integration policy），两者互相关联，但日本政府往往不使用"移民"或"移民政策"等词，更倾向于将移民管控和一体化理解为同一概念。[②] 90年代后，由于生育率下降和人口老龄化问题的影响，日本的劳动年龄人口不断下降，经济持续衰退。据联合国人口司的计算，从1995年到2050年日本需要每年平均增加1 000万移民，才能缓解劳动力萎缩带来的巨

[①] 本章执笔者吉伟伟，暨南大学国际关系学院/华侨华人研究院副教授，主要从事国际移民与华侨华人研究、跨界跨文化研究。

[②] Kondo A., The Development of Immigration Policy in Japan, *Asian and Pacific Migration Journal*, 2002, Vol. 11, No. 4, pp. 415 – 436.

大压力，如果没有移民输入，日本将不得不把退休年龄提至 77 岁。① 但日本政府
对移民政策的制定和修订一向趋于保守，法务省和厚生劳动省趋向于不吸纳新移
民，主张通过进一步实现产业自动化、强制延长退休年龄、大量使用女性劳动力
等手段解决劳动力短缺问题。② 而且，日本至今执迷于所谓的"单一民族神话"，
社会各界一直消极对待移民政策，这导致日本的移民政策发展滞后。③ 日企工会
普遍认为如果不严格管控移民，将导致大量外国人流入，增加劳动力市场分层的
风险，削弱社会凝聚力，日本的司法部门甚至坚持认为移民犯罪率高于日本人犯
罪率。④ 1990 年日本移民法改革以及限制非法移民法案的出台就是这一系列立场
的集中体现。⑤ 1999 年 4 月，日本经济委员会曾发布题为"出于对日本经济社会
的全面考虑，建议建立一个充满活力的社会，有序开放外来劳动力市场"的报
告。但直到 2000 年，小渊惠山前内阁的政府商谈会报告书《21 世纪日本构想》
中才第一次提及"移民政策"一词。⑥ 2000 年 1 月，日本首相小渊惠山明确提出
"要建立更为明确的移民和永久居留制度，鼓励外国人永久居住日本并参与日本
社会建设"⑦。然而，这些建议进入内阁讨论后往往陷入僵局而被搁置，日本经
济产业省担忧外国人会抢走日本人的工作。⑧

近年来，在日外国人人数持续增长。截至 2020 年，在日外国人总数为
2 885 904 人（见图 6 - 1），占日本总人口的 12.3%，其中特别永住者⑨309 282

---

① UN Population Division, Replacement Migration: Is it a Solution to Declining and Ageing Populations?
New York: United Nations, 2000.

② Myron W., Opposing Visions: Migration and Citizenship Policies in Japan and the United States, in
M. Weiner and T. Hanami eds., *Temporary Workers or Future Citizens? Japanese and U. S. Migration Policies*, Lon-
don: Palgrave Macmillan, 1998, pp. 3 - 27.

③ 廖赤阳主编:《跨越疆界:留学生与新华侨》，北京:社会科学文献出版社，2015 年，第 34 - 49 页。

④ Koshiro K., Does Japan Need Immigrants?, in M. Weiner and T. Hanami eds., *Temporary Workers or Fu-
ture Citizens? Japanese and U. S. Migration Policies*, London: Palgrave Macmillan, 1998, pp. 151 - 176.

⑤ Spencer S. A., Illegal Migrant Laborers in Japan, *International Migration Review*, 1992, Vol. 26,
No. 3, pp. 754 - 786.

⑥ 《"21 世紀日本の構想"懇談会》，日本首相官邸，http: //www. kantei. go. jp/jp/21 century/
index. html。

⑦ Papademetriou D. G. and Hamilton K. A., Reinventing Japan Immigration's Role in Shaping Japan's Fu-
ture, Carnegie Endowment for International Peace, 2000, p. 40.

⑧ Immigration in Japan. The Door Opens, A Crack, The Economist, http: //www. economist. com/node/
354192, 2000 - 08 - 31.

⑨ "特别永住者"主要指"二战"后，韩国、朝鲜和中国台湾等国家和地区由于不再受日本殖民，
当地居民脱离日本国籍，这部分人的后代如果希望在日本定居，虽然可以获得永久居留的资格，但根据
1991 年 11 月 1 日施行的《日本和平条约规定针对脱离日本国籍居民的出入境管理特例法（入管特立
法）》，拥有这种存留资格者被称为"特别永住者"。相对地，"一般永住者"指满足在日本居住 10 年以上
（如果和日本人结婚的情况，满足在日本居住 3 年以上），并且满足三个条件（①品行良好；②具备独立营
生的资产或技能；③永住符合日本国家利益）向法务大臣申请"永住许可申请"的外国人。

人。在日本外来移民人口中，韩国人口近年略有下降，而在日越南人口持续增长，2016 年至 2020 年，年均增长 7 万人左右。2017 年在日越南人超越在日巴西人，成为日本第四大外来族裔。从在日外国人的国籍来看，中国人有 786 830 人，占外国人总数的 27.3%，人数最多；其次是韩国人，共 435 459 人，占外国人总数的 23.6%，越南人第三，共 420 415 人，占外国人总数的 14.6%；巴西人共 211 178 人，占外国人总数的 7.3%（见图 6 - 2）。①

（百万人）

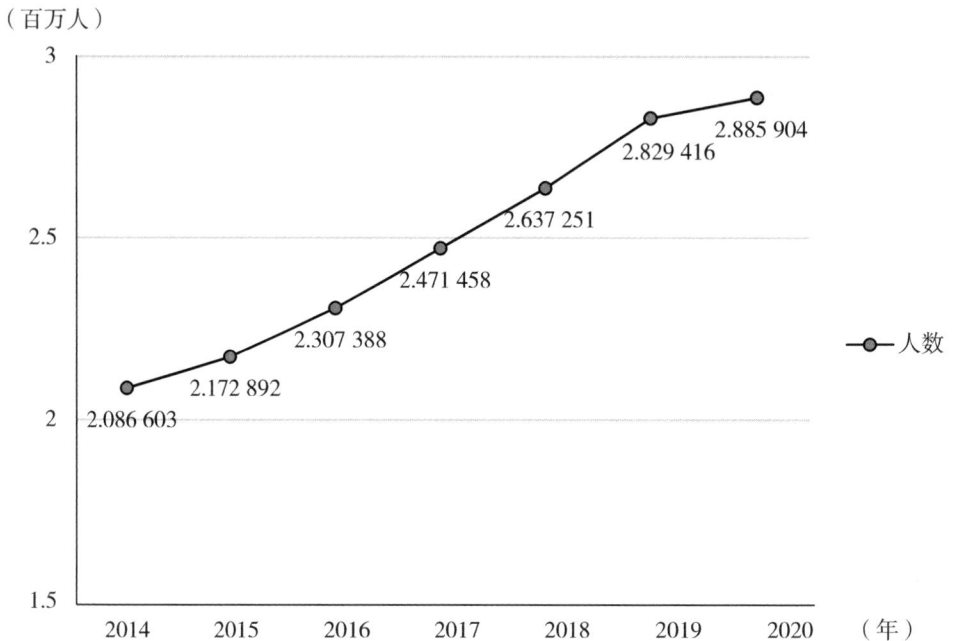

图 6 - 1　在日本的外国人数量变化

数据来源：《在留外国人统计》，日本出入境管理局，http：//www. moj. go. jp/isa/policies/ statistics/toukei_ ichiran_ touroku. html。

---

① 《出入境管理白皮书》，日本法务省，http：//www. moj. go. jp/nyuukokukanri/kouhou/nyuukokukan-ri06_00067. html。

	2016年	2017年	2018年	2019年	2020年
中国	677 571	711 486	741 656	786 241	786 830
韩国	456 917	452 953	452 701	451 543	435 459
越南	175 744	232 562	291 494	371 755	420 415
巴西	176 284	185 967	196 781	206 886	211 178
菲律宾	237 103	251 934	266 803	277 409	282 023

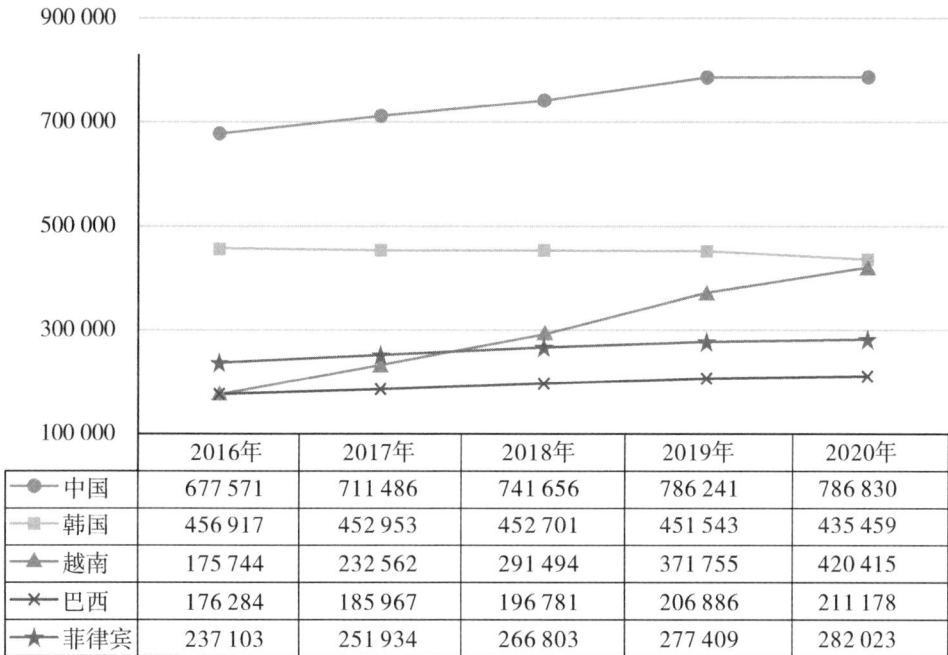

图6-2 在日本的主要外国人人口数量推移

数据来源:《在留外国人统计》,日本法务省,http://www.moj.go.jp/isa/policies/statistics/toukei_ichiran_touroku.html。

2011年1月,日本国立社会保障/人口问题研究所公布对日本未来人口的预测,指出从2010年到2030年,日本本国人口将减少1 000万。为了应对人口变化的社会需求,推动日本经济和社会发展,日本政府制定了积极引进外国专业技术人才的政策,同时也重视引进普通劳动者。为了引进日本社会迫切需要的护理人员,日本政府专门为此与印度尼西亚、菲律宾等国政府签署了双边合约(EPA)。2014年6月,日本部长级会议通过《日本再兴战略版2014》,明确提出要积极引进外国护理人员,并允许在日本大学毕业、通过国家护理师资格考试的外国人护士在日本工作。2014年4月,在"灵活引进建筑领域的外国人才的紧急部长级会议"期间,为了推进日本东部地区大地震的重建,以及确保2020年东京奥运会相关设施对于建筑人员的需求,日本决定引进不需要经过技能培训即可直接参加建筑工程的外国人。日本法务省也保证今后将会和相关部门协调推进移民政策的改革。同时,日本政府也越来越重视引进更多的留学生,因为在日留学生有助于增进各国对日本的理解以及日本与各国的相互理解;学成回国的留学生往往在政治、经济、学术、文化等行业工作,有助于强化日本与各国的友好往来,促进日本企业拓展海外市场;而那些毕业后留日工作的留学生则可能成为促进日本经济发展的重要力量。为此,负责留学生管理的日本出入境部门，专门为留学生提供了特别的半年短期签证，为他们毕业后在日本找工作提供方便。

日本有关在日外国人的法律法规主要包括《出入境管理及难民认定法》（简称《入管法》）、《劳动法》和《社会保障法》。《入管法》主要用于规范入境以及逗留日本的外国人的行为。《劳动法》设立了最低劳动标准，为包括在日外国人在内的所有劳动者提供获得公平雇佣的权利。《社会保障法》以国家和地方公共团体为主体，为劳动者提供育儿、失业、贫困等风险时的生活保障。1980 年，日本法务省入国管理局在《入国管理白皮书》中指出，以往日本消极引进外国人主要是因为日本的人口过密以及单一民族的特性，日本出入境管理的本质不仅是要抑制外国人劳动力流入，还为了严格控制外国人在日本定居，杜绝除日本人及永久居留者的配偶以外所有试图永久居住在日本的行为。

2012 年 7 月 9 日，日本实施新居留管理制度，并正式实施中长期留日外国人居民的基本登记册制度，使法务大臣可以有效掌握中长期侨居者相关信息。日本法务省和地方各级机构通过综合行政网络（LGWAN）① 构筑了联合信息网络系统，地方各级能够及时提供有关外国人的基本信息的行政服务。对于外国人集中居住的地区，日本政府也尝试创建实现日本人和外国人的共生社会，因此出现了如位于东京池袋的中国新华侨集中居住的新中华街②，位于爱知县丰田市东北部的在日巴西人集中居住的住宅新村③等外国人集中居住的地区。

2005 年日本"第三次出入境管理基本计划"指出，在人口不断减少的时代，引进专门技术型外国人才对于经济的推动作用并不显著。2010 年，日本"第四次出入境管理基本计划"中也同样认为引进专业外国人才的效果不明显。2015 年，日本法务省出台"第五次出入境管理基本计划"，公布了日本 5 年后有关外国人引进的主要政策和方针。作为所谓的安倍经济学中有关放松管制促进创新的增长战略的一环，"日本再兴战略"④ 对移民政策提出了以下方针：①从根本上改变外国人技能实习制度；②完善吸纳高级外国人人才的制度与环境；③灵活应用建筑业以及造船业的外国人才；④在国内接纳制造业公司的海外员工；⑤支持

---

① 综合行政网络（LGWAN）：连接日本地方公共团体组织的行政专用网络。为了推进日本各地公共团体之间的交流和信息共享，日本在全国设置了行政专用网络基本设施，将日本全国各地方公共团体的内部网络相互连接，而且地方间网络又与政府网络相连，以方便国家机关的信息交换。LGWAN 在提供电子邮件、电子公告等基本服务以外，对地方公共团体的电子文书加密，以防止篡改。参见日本地方公共团体信息系统机构，https://www.j-lis.go.jp/lgwan/cms_15.html。

② 山下清海：《池袋チャイナタウン 都内最大の新華僑街の実像に迫る》，东京：洋泉社，2010 年。

③ 石井由香主编：《移民の居住と生活 グローバル化する日本と移民問題》，东京：明石书店，2003 年。

④ 相关内容见日本首相官邸，https：//www.kantei.go.jp/jp/singi/keizaisaisei。

外国人留学生取得日本有关护理行业的国家资格证书；⑥讨论中长期引进外国人才的理想模式；⑦灵活应用国家战略特区的外国人家政服务人员；⑧引进国家战略特区的创业人才并为外国人才提供多样化服务；⑨放宽签证申请，为外国人可以长期侨居日本提供制度支持，使出入境手续更加迅速和灵活。日本国会于2015年6月30日通过《日本再兴战略改订版2015》，强调必须强化引进外国人才，增加在IT和观光领域有专门技术与才能的外国人才的雇佣。而放宽对外国人劳动力的限制也是日本安倍政权推进国家战略特区建设的重要构想。概而言之，修订之后日本的移民政策以吸纳外国研究型人才以及其他高级技术人才为主，同时放宽对从事护理、家政服务业的外国人劳动力的雇佣限制。

（二）日本接纳外国移民政策主要内涵

1. 高级人才积分制

2012年5月7日，日本政府出台了高级人才积分制。高级人才积分制主要面向从事学术研究、专门技术、经营管理三大领域的外国人，并系统考核其学历、职历、年收入、研究业绩等，获得70分以上者可以被认定为高级人才。向获得认定的外国人提供的优待政策主要包括：允许侨居年限最长5年；放宽对其配偶工作许可的限制；侨居期间允许从事各种活动；对于年收入等条件达到一定程度的高级人才，缩短其申请永久居留的年限。然而，该制度实施后的第一年，只有极少部分人被认定为高级人才。2013年12月24日，日本法务省对积分制进行改革，新制度提高了对日语能力的要求，以及在日本的高等教育机构取得学位的要求，还限定了300万日元的最低年收入标准。2014年6月11日，新增"高级专门职"侨居资格，将过去的"投资经营"资格修改为"经营管理"资格，"技术"和"人文知识、国际业务"被综合为"技术、人文知识、国际业务"侨居资格，修改后的制度于2015年4月1日开始施行。新高级人才积分制主要是为了满足中小企业的需求，让中小企业可以以较少的年薪雇佣到合适的高级外国人才。

2014年《入管法》改革后，新设高级专门职1号、高级专门职2号两种侨居资格。高级专门职1号包括高级学术研究专门职1号、高级技术专门职1号和高级经营管理专门职1号等三种类型。高级学术研究专门职1号是指和日本的国立和私立机构签署雇佣合同，从事研究和教育活动的专门职位；高级技术专门职1号是指和日本的国立和私立机构签署雇佣合同，拥有从事自然科学或人文科学领域所需知识或技能的专门职位；高级经营管理专门职1号是指在日本的国立和私立机构从事经营和管理活动的专门职位。高级专门职2号相比高级专门职1号的范围更为广泛，不但包括从事"研究和教育""自然科学和人文科学""经营和管理"等三个领域，其他所有普通劳动活动都可以被认定为是高级专门职。规定要求必须获得 70 分以上才能被认定为高级人才，比如一位年收入 800 万日元、取得硕士学位、连续工作 8 年的 33 岁的外国人技术人员，他的高级人才认证分数为 75 分（30 分 + 20 分 + 15 分 + 10 分 = 75 分），可以被认定为高级人才（见表 6 - 1）。主要优惠政策有：允许高级专门职 1 号享有 5 年的侨居期限，允许其从事多种侨居活动，为配偶提供工作，在满足一定条件下可以亲属陪同，放宽永久居留申请条件，满足一定条件可以携带家政服务人员，优先处理出入境手续；针对高级专门职 2 号，允许从事所有与高级专门职 1 号同样的工作，侨居无时间限制，并享有与高级专门职 1 号一样的优惠，可以说高级专门职 2 号类似于一种永久居住资格。但是，获得认证的高级人才如果超过 6 个月以上不在日本，侨居资格将被取消。自 2012 年 5 月制度开始实施后，在第一年内只有 845 人认证成功；但 2015 年政策修改后，认证成功人数显著增加。截至 2015 年底，共有 1 508 人在日本获得"高度专业人才"的认证，其中中国人最多，占 64%。① 《日本再兴战略》中明确指出，截至 2017 年，实现 5 000 人次的高级人才认证。根据日本出入境在留管理厅统计，截至 2017 年 12 月，日本共认证高级人才（分为高级学术研究、高级技术和高级经营管理人才三类）10 572 人，超额完成《日本再兴战略》的目标。日本国会提出到 2022 年底，计划认定 40 000 人次的高级外国人才②。

表 6 - 1　高级人才积分制示意表③

年收入	积分	学历	积分	职历	积分	年龄	积分
900 万日元	35	博士	30	10 年以上	20	29 岁以下	15
800 万日元	30	硕士	20	7 ~ 9 年	15	30 ~ 34 岁	10
700 万日元	25	本科	10	5 ~ 6 年	10	35 ~ 39 岁	5
600 万日元	20	高中	0	3 ~ 4 年	5	40 岁以上	0

　　回顾历史，早在 1988 年，日本厚生劳动省就在报告中明确指出日本应尽可能多地吸纳高技能外国人劳动者。④ 2000 年，日本法务省的移民管控基本计划中

① 《日将降低门槛吸引高级人才》，《环球时报》，2016 年 11 月 16 日。
② 《高度人材ポイント制の認定件数（累計）の推移》，日本法务省，http：//www.moj.go.jp/isa/content/930003821.pdf。
③ 《外国人労働者受け入れ——高度人材に注力》，《日本经济新闻》，2016 年 12 月 11 日。
④ 《第 9 次雇佣対策基本計画》，日本厚生劳动省，http：//www.mhlw.go.jp/topics/2002/07/dl/tp0711 - 1a1.pdf。

也特别强调政府需要积极推进高技术移民。① 和其他同类发达国家的移民政策相比，尽管日本常被诟病为移民的"孤岛"②，但事实上具有专业技能的外国人只要在日本通过面试获得工作机会，立即可以获得工作签证，工资水平也和日本人相当，因此，也有学者认为日本移民政策比其他发达国家更为开放和公平。③ 2012 年，日本政府出台高级人才积分制，主要是政府为了满足劳动力市场发展需求而施行的一项激励方式，旨在吸引有特定经验和资格的外国人才。2008 年，日本自民党总干事中川秀直曾提出一个大胆设想，即制定"日本风格的移民政策"，建议当时的福田康夫政府到 2050 年要累计接收 1 000 万移民。但该建议受到众多保守派的反对，未能付诸实施。④ 由于人口老龄化和劳动力数量日渐减少的残酷现实，日本社会各界已经认识到引进移民的重要性，而且 2011 年 3 月 11 日东日本大地震后，甚至发生了超过 1/3 的高技术移民和留学生选择离开日本的情况，造成日本政府对日后移民流动趋势的担忧。⑤ 可以说，高级人才积分制是一个重要标志，显示日本政府为了重新让日本成为亚洲商业中心而以更积极姿态修订移民政策。

2. 外国人研修及实习制度

20 世纪 80 年代日本经济泡沫时期，劳动力严重不足，大量日企下属公司以"外国人研修生"为名雇佣外国人。1989 年，日本法务省修改了有关外国人研修生的《入管法》，为外国人研修生提供了"研修"的侨居资格，中小企业从而可以名正言顺地雇佣外国人研修生。然而，这也造成了日后出现大量非法劳工、非法逗留现象。2009 年，日本出入境管理局为了从法理角度保护技能实习者而修改了《入管法》，此后又多次改革完善该制度。但这种做法违背了日本一贯以来仅仅将外国人劳动者当作单纯劳动力、低薪劳动力的技能实习制度的初衷。而且，由于日本各地不断发生由于低薪雇佣外国人研修生引发纠纷的事件，社会各界开始认识到缺乏对外国人研修生群体利益的保护。日本业界普遍要求增加外国人研修生人数并延长他们的实习时间，日本政府也认识到修改相关政策的需求，

---

① Basic Plan for Immigration Control，日本法务省，http：//www. moj. go. jp/ENGLISH/information/bpic2nd – 01. html。

② French H. , Insular Japan Needs, but Resists, Immigration, *New York Times*, 2003, p. A1.

③ Oishi N. , Redefining the "Highly Skilled"：The Points-Based System for Highly Skilled Foreign Professionals in Japan, *Asian and Pacific Migration Journal*, 2014, Vol. 23, No. 4, pp. 421 – 450.

④ 自由民主党外国人才交流推进议员联盟：《人材開国：日本型移民政策の提言　世界の若者が移住したいと憧れる国の構築に向けて》，http：//www. kouenkai. org/ist/pdff/iminseisaku080612. pdf，2008 年 6 月 12 日。

⑤ 《東日本大震災前後の外国人出入国者数について》，日本法务省，http：//www. moj. go. jp/nyuukokukanri/kouhou/nyuukokukanri01_00062. html，2011 年 4 月 15 日。

于是在日本第 6 次出入境管理政策商谈会期间，相关各部门专门讨论了接收外国人制度的议题，在 2013 年 11 月到 2014 年 5 月的半年间召开了八次相关会议。会议结果主要有：要确保研修生掌握相关技术；出台相关监管机制并强化监管体制；强化对侵犯技能实习生人权行为的应对措施；延长实习期限（再技能实习）；增加接收人数的上限及扩大职业种类。

技能实习制度规定最长实习年限为 3 年，不允许实习生再次进行技能实习或者学习更高的技能，因此，日本社会各界普遍要求延长实习年限。日本政府通过设立监管机构，试图延长实习生实习的时间。相比 1992 年技能实习制度导入之初只允许 17 个工种技能实习的情况，2015 年 4 月的新规定将工种范围扩大到了 71 种。2015 年 3 月 6 日，日本法务省和厚生劳动省共同向国会提案，建议明确技能实习的基本理念以及国家的责任，设立有关技能实习计划的认定机制和监察组织的制度，保护技能实习生，培育人才，推动技能向发展中国家转移，推动国际合作。新制度的基本理念是为了让实习生熟练掌握技能，而为了能够达到这一目的，首先要为技能实习生提供能够专心提高技能的合适环境。2019 年 4 月，日本政府为在日本完成 5 年技能实习的外国人劳动者提供了"就劳许可'特定技能'在留许可"，在农业和护理业实习的外国人通过相应考试，可以邀请家属赴日，在日本开展更长期的实习。

3. 30 万留学生计划

1983 年日本政府曾经提出过吸引 10 万留学生计划。当时，美国有 30 多万留学生，德国有 5 万~6 万留学生；法国有近 12 万留学生，而日本仅有 1 万多外国留学生，在发达国家中数量偏低。而此时适逢马来西亚时任总理马哈蒂尔推行东进政策，中国实施改革开放，韩国推行签证自由政策，亚洲各国人民出国意愿普遍较为强烈，经济发达的日本也就成为亚洲青年留学目的国的一大选择，日本的留学生新政有效增加了外国留学生的总量。

2008 年 1 月 18 日，日本首相福田康夫在其施政方针中进一步提出：从 2008 年到 2020 年，将 12 万留学生扩大到 30 万留学生，并且通过产学官合作的方式增加企业对海外优秀人才的雇佣。同年 7 月 29 日，日本文部省、外务省、法务省、厚生劳动省、经济产业省和国土交通省 6 省联合推出了"30 万留学生计划"。"30 万留学生计划"启动后，由于日本接收大量留学生的制度尚不完备，该计划也给日本社会带来了一定影响。日本东京大学的栖原晓曾指出阻碍留学日本的三大壁垒，首先是入国管理法制度，《入管法》规定必须有在日本的身份担保人担保留日学生侨居、生活费用，这造成部分学生无法及时找到身份担保人；其次，日本大学要求学生入学时有支付学费的债务担保人，但许多有意留日的外国学生在入学时很难找到合适的债务担保人；最后，由于外国人在日本租房需要

连带保证，这也造成很多地产商拒绝为外国人服务。① 根据日本学生支援机构统计，截至 2018 年 5 月，共有 298 980 名在日留学生，其中超过 20 万人在日本的高等教育机构学习，如何将这部分在日留学生转变为在日 "高级人才"，成为日本政府今后相应政策转变的重要方向。

4. 日本的难民政策

"二战" 期间，曾经有数百犹太人为了躲避纳粹迫害来到日本。② 1978 年到 2005 年，日本共接收了 11 319 名印支难民。③ 1981 年到 1982 年，日本通过了《联合国难民公约》和《联合国难民协议》，日本政府也修订了相关出入境管理条约。在日本，只要被认定为难民，不但可以获得侨居资格，而且可以享受和日本人一样的初级教育和国民年金的社会待遇。

相比同类发达国家，日本常被诟病接收难民过少，难民认定条件过于苛刻。日本的非政府组织 "难民援助会（AAR Japan）"④ 会长柳濑房子指出：由于存在假冒难民及治安恶化，能够真正符合难民身份的人其实很少。申请难民庇护的人大多是为了在日本寻求工作，应通过提高审查效率以解决这一问题。⑤ 2017 年，日本法务省严格对待难民认定，以此作为解决以务工为目的的访日外国人的非法滞留问题。2019 年，19 629 名外国人申请日本的难民认定，人数历年最高。2018 年，共有 10 493 名外国人申请日本的难民认定，人数大幅降低。申请日本难民认定的外国人主要来自菲律宾、越南、斯里兰卡、印度尼西亚、尼泊尔、土耳其和缅甸。截至 2018 年，共有 14 871 人获得日本的难民认定。

5. 日系人和非法移民

日本早在海外殖民地时期就招募了大量韩国和中国劳工，用以填补日本国内短期劳动力的严重不足，⑥ 1945 年之后，这部分劳工仅有一半离开了日本。1947 年 5 月 2 日，日本出台外国人登录令，在日韩国人成为外国人，由此在日韩国人一度成为日本最大 "外国人" 群体。1957 年，由于《旧金山和平条约》的签署，

---

① 栖原晓：《アジア人留学生の壁》，日本：日本放送出版协会，1996 年。

② Sakamoto P. R., *Japanese Diplomats and Jewish Refugees：A World War Ⅱ Dilemma*，New York：Praeger，1998.

③ Araima M., Asylum in Japan：An Overview of Government Commitments and Asylum Statistics，*CDR Quarterly*，2012，Vol. 5，pp. 74－83.

④ 日本 "难民援助会" 成立于 1979 年，是为了支援当时的印支难民而成立的 NPO 法人，介绍详见其官网，http：//www. aarjapan. gr. jp/about/history. html。

⑤ 《（创论）日本の難民政策、問題はどこに　出稼ぎ目的の抜け道に「難民を助ける会」会长柳瀬房子氏》，《日本经济新闻》，2016 年 1 月 24 日。

⑥ 从 1939 年到 1945 年，日本共引入近 80 万名韩国劳工和 8 万名中国劳工。

日本施行《外国人登录法》，① 拥有日本国籍的多重国籍外国人因此丧失了日本国籍。

1990 年，由于日本出入境管理及难民认定法的修改，日系人的第三代获得合法工作的地位，以日系巴西人、日系秘鲁人以及中国人为中心的外国人劳动者数量增加。1991 年由于"根据出入境管理以及难民法以及旧金山和平条约对脱离日本国籍的人员的特例法"施行，1991 年 11 月 1 日，"特别永住者"② 在法律上的地位被承认。此外，日本政府还为中国遗孤和菲律宾的日系人家庭设立了假定"定住者"身份。除了"二战"时期的劳工移民，日系人在日本是一种主要的移民输入方式。日系人移民是 20 世纪 90 年代的产物，为了满足当时高速发展的日本经济对外国劳动力的迫切需求，日本政府试图采用一种折中策略，既可以维持舆论界排斥外国移民的传统理念，又可以为劳动力市场引进外国移民。而为了能够让这部分日系人就业，日本政府在 1990 年出台了管理日系人回归就业的相关移民政策，③ 政策主要是为从拉美回归的日系人及其后裔提供就业培训和就业移民的机会。④

20 世纪 80 年代中期以来，非法移民在日本的数量持续上升。⑤ 最初，从事娱乐行业的很多年轻女性移民是非法移民的主体，也有很多回归的日系人从事和其他很多在日外国人所从事的建筑业、低技术需求的制造业和低附加值服务业的工作，日本人称这些工作为"3Kの仕事（3K 工作）"。⑥ 根据日本法务省的估计，截至 2015 年 1 月，有超过 60 000 名的外国人在超过签证规定逗留期限后依然非法逗留在日本，其中非法在日韩国人数量最多。⑦

---

① 该法案在 2009 年日本第 171 次国会期间，由国会通过"根据出入境管理以及难民法以及旧金山和平条约对脱离日本国籍的人员的特例法的修正"，2012 年 7 月 9 日《外国人登录法》被废止。

② 区别于"一般永住者"，"特别永住者"主要指战后仍然居住在日本的朝鲜人和中国台湾人及其后裔。

③ Kajita, T., The Challenge of Incorporating Foreigners in Japan："Ethnic Japanese" and "Sociological Japanese", in M. Weiner and T. Hanami, eds., *Temporary Workers or Future Citizens？Japanese and U. S. Migration Policies*, London：Palgrave Macmillan, 1998, pp. 120 – 147.

④ Castles, S., Miller, M. J., *The Age of Migration：International Population Movements in the Modern World*, London：Palgrave Macmillan, 2009, p. 176.

⑤ Morita, K., Sassen, S., The New Illegal Immigration in Japan 1980 – 1992, *International Migration Review*, 1994, pp. 153 – 163.

⑥ 3K 即"危険（Kiken）、きつい（Kitsui）、汚い（Kitanai）"，形容危险性高、辛苦劳累、环境脏乱的工作。

⑦ 日本法务省，http：//www. immi – moj. go. jp/seisaku/2015 _ kihonkeikaku _ honbun _ pamphlet _ english. pdf。

二、日本的海外移民及相关政策

(一)日本的海外移民

海外日本人①主要是指在国外居住 3 个月以上的海外日本公民。② 日本政府将海外日本人分为两类,即长期滞留人员和永久居住人员。长期滞留人员主要指在海外居住 3 个月以上,最终要返回的日本人,并根据职业(民间企业相关人员、新闻报道相关人员、自由职业者、留学生/研究人员/教师、政府相关人员以及其他)不同进行细分(见表 6-2)。永久居住人员原则上指取得侨居国永久居住权,生活重心从日本转移到海外的日本人。

表 6-2 长期滞留人员职业细分表

民间企业相关人员	①商社、银行、证券、保险、制造业、运输、土木、建筑、广告、宣传、水产、矿业、林业、旅行社、仓库、房地产、其他营利企业及相关团体职员;②NGO、NPO 等经济团体职员;③外国企业职员
新闻报道相关人员	①新闻、杂志、广播、通信业等机构的特派员;②以上机构的当地雇佣职员
自由职业者	①僧侣、传教士;②文学家、作家;③律师、会计;④茶道、日本舞蹈、柔道等人士;⑤艺术家;⑥建筑师;⑦医生、兽医;⑧服装设计师;⑨美容师、护士等特殊技能者;⑩自营业者;⑪其他自由职业者
留学生/研究人员/教师	①公费和自费留学生;②从事教育和研究的人士;③日语教师
政府相关人员	①日本银行以及独立行政法人的职员;②日本工商会职员;③地方自治体海外事务所职员;④政府委派的技术人员;⑤联合国及其他国际机构职员;⑥日本学校的外派教师;⑦其他拥有公务签证但经费由国家负担的人士

日本政府出于保护海外日本人生命和财产的目的,《护照法》规定侨居海外

---

① 日语用"邦人"称呼海外日本人,主要指根据国籍法,满足日本国民条件,拥有日本国籍的海外日本人。

② 不包括那些虽是日本人后代,但没有日本国籍的人士;不包括自愿取得他国国籍,但没有提交放弃日本国籍申请书,故而根据法律规定自动丧失日本国籍的人士。

的日本人每年10月1日须向日本驻当地国的大使馆或总领馆报告其基本状况（包括其住所、遇突发状况时的联系资料等信息），以作为"侨居报告书"的基本资料。① 日本在外使领馆在每年10月1日调查统计各自管辖区域内的侨居日本人和日系企业数量，中国台湾地区委托日本公益财团法人交流协会收集，南极圈内的情况委托日本文部科学省收集。② 调查对象为侨居海外的日本国民，并规定：①在外滞留时间不足3月，以及跨国活动频繁，难以掌握其状况的短期滞留人员除外；②不包括没有日本国籍的"日侨"③，但包括多重国籍人士；③对于南极圈内的日本人，主要针对昭和基地④的全体成员，调查活动由日本文部科学省研究开发局海洋地球科负责开展。

（二）海外日本人的数量与分布

根据日本外务省《海外侨居邦人数量调查统计》⑤ 公布的数据，2019 年海外日本人总数为 1 410 356 人，⑥ 比 2018 年增加 19 986 人（约增长 1.44%）。2019 年海外日本人中，长期滞留人员为 891 473 人，占海外日本人总数 63.2%。永久居住人员为 518 883 人。自 1999 年以来，海外日本人中女性人数一直高于男性。

表 6 - 3　海外日本人人数变化（2015—2019）⑦

年份	总人数	长期滞留人员人数	永久居住人员人数
2015	1 317 078	859 994	457 084
2016	1 338 477	870 049	468 428
2017	1 351 970	867 820	484 150
2018	1 390 370	876 620	513 750
2019	1 410 356	891 473	518 883

---

① 2004 年起，日本政府为确保海外日系企业安全，每年10月1日对海外日系企业开展相关问卷调查。

② "侨居报告书"是一种基本信息的资料。部分侨居海外的日本人可能没有及时提交或更新他们的侨居报告书，侨居报告书还涉及海外日系企业、日本人会、日本人研究人及留学生所在学校和研究机构发放问卷进行调查的内容。

③ 日侨：日语称之为"日系人"，主要指移居日本以外国家获得住在国国籍或永久居留权的日本人，以及他们的后裔。

④ 昭和基地：位于南极圈内的东钓钩岛，属于日本的观测基地。

⑤ 《海外在留邦人数调查统计》，日本外务省，https：//www.mofa.go.jp/mofaj/toko/tokei/hojin/index.html。

⑥ 据日本政府称，出于保护海外日本人安全的因素，该统计未包含阿富汗、伊拉克和叙利亚的日本人。

⑦ 《海外在留邦人数调查统计》，日本外务省，https：//www.mofa.go.jp/mofaj/toko/tokei/hojin/index.html。

截至 2019 年，超过 30% 的海外日本人聚居在美国，在美国的日本人有 444 063 人（约31.5%）。居住在中国的日本人有 116 484 人（约8.3%），近年来居住在中国的日本人人数呈下降趋势。其后依次为澳大利亚有 103 638 人，泰国有79 123 人，加拿大有 74 687 人。1975 年时，巴西的海外日本人曾高达 146 488 人（约37%），高居各国海外日本人人数之首，1975 年之后人数一直在减少。相比近年的趋势，居住在中国的日本人也处于减少趋势（见图 6-3）。

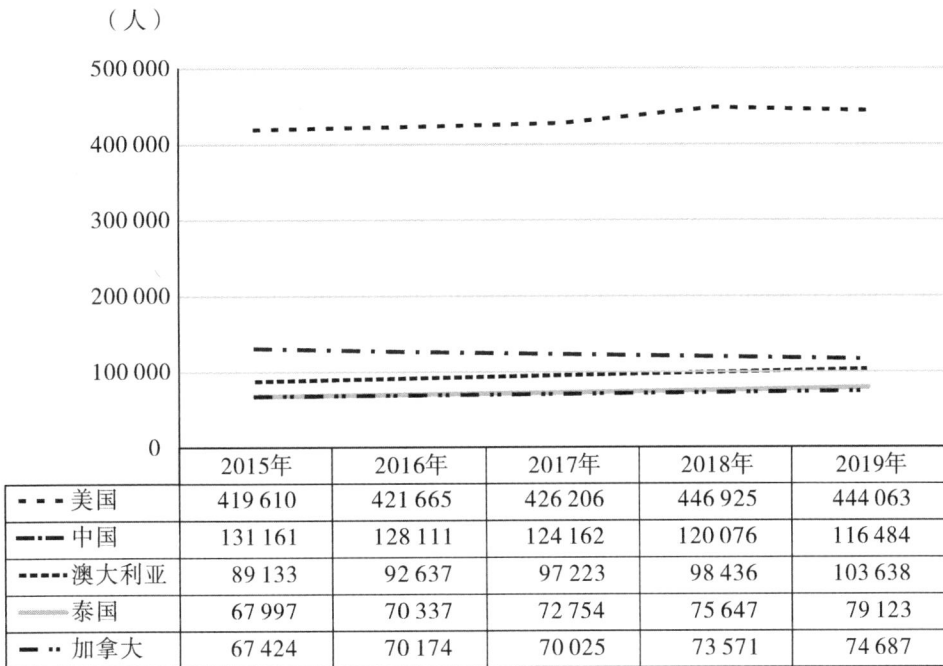

	2015年	2016年	2017年	2018年	2019年
- - - 美国	419 610	421 665	426 206	446 925	444 063
- · - 中国	131 161	128 111	124 162	120 076	116 484
······· 澳大利亚	89 133	92 637	97 223	98 436	103 638
—— 泰国	67 997	70 337	72 754	75 647	79 123
— ·· 加拿大	67 424	70 174	70 025	73 571	74 687

图 6-3　日本人在海外 5 国分布情况（2015—2019）①

（三）海外日本人权益保护

1987 年，日本三井物产公司马尼拉分公司的经理若王子信行在菲律宾遭到绑架，恐怖分子直到 136 天后，在获得勒索金的情况下才将其释放。日本外务省在发生若王子事件后高度重视海外日本人的安全保障，根据所有海外日本大使馆和领事馆的信息，制作了"海外安全册"，并于 1987 年 5 月 25 日建立了日本"海外安全商谈中心"。该中心的主要工作包括：①为海外日本企业提供紧急情

---

① 《海外在留邦人数调查统计》，日本外务省，https：//www.mofa.go.jp/mofaj/toko/tokei/hojin/index.html。

况下的员工安全保障建议和商谈安全对策；②为海外日本旅行者提供当地国治安状况的介绍及注意事项。1987 年，在强化突发状况下对海外日本人保护机制的同时，日本外务省还强化了通信联络体制，为海外日本公馆设立基站，配置无线对讲机。① 不过，在那之后海外日本人人质事件依然频发。2013 年 1 月，日本日挥公司在阿尔及利亚受到当地武装势力袭击，10 名日本人遇害。② 2015 年 1 月，两名日本人在叙利亚被"伊斯兰国"极端组织杀害。2016 年 7 月，在孟加拉国发生的人质事件中，有 20 名人质丧生，其中包括 7 名日本人。③ 因此，2015 年日本外务省大臣岸田文雄提出了今后日本外交的"三大支柱"④：

（1）强化反恐对策。增加对中东、阿富汗反恐对应能力的财政支援（共提供约 1 550 万美元），加强国境管理，提高搜救和追诉的能力，完善相关法制建设；落实和强化国际法构建（包括安保理决议第 2178 号等）；通过多边协议强化反恐对策；强化在外邦人的安全对策。

（2）强化面向中东的安定繁荣外交，开展高级别首脑外交（强化首脑级别以及外交部间的对话），强化多样化交流（包括商界），强化反恐相关信息的共享。首相安倍明确表示要投资 2 亿美元增加对人道主义的援助，为促进经济成长对地区经济和社会安定化实施必要的支援。

（3）支持建立不产生过激主义的社会。为了实现充满活力的安定社会而开展"中庸之道"实践，为年轻人提供失业保障，缩小贫富差距，支持教育，支持和援助纷争国实现和平；开展民间交流（包括邀请宗教指导者等活动），进一步与 ASEAN（东南亚国家联盟）各国合作。

日本外务省设立了《外务省设立法》，第 7 条规定在外日本公馆具有保护和维护日本人的义务，在发生危害到海外日本人生命和财产安全的事件时，在外公馆优先处理相关事件。不过在事件与居住国法律相冲突时，由居住国的行政机构根据其法律处理。日本外务省领事局（Consular Affairs Bureau）负责海外日本人相关权益保护。领事局下设 12 个科室，其中政策课、在外选举课、领事服务课、海外日本人安全课、海外日本人恐怖主义对策课、海外安全商谈课等六科室的业

---

① 《若王子事件繰り返すな、海外邦人守る体制作り——相談センター、外務省25日開設》，《日本经济新闻》，1987 年 5 月 24 日。

② 《アルジェリア事件、手薄だった情報収集、検証委、企業との緊密な交流必要》，《日本经济新闻》，2013 年 3 月 1 日。

③ 《バングラテロ、日本人 7 人死亡、JICA 事业に従事、伊 9 人含め20 人犠牲、1 邦人を救出》，《日本经济新闻》，2016 年 7 月 3 日。

④ 《邦人殺害テロ事件を受けての今後の日本外交》，日本外务省，http：//www. mofa. go. jp/mofaj/press/release/press3_000074. html。

务涉及海外日本人权益保护。六科室的主要分工如下①：

（1）政策课（Consular Policy Division）：为出国、海外生活提供综合性政策以及有关移居者安定生活的政策服务。

（2）在外选举课（Division for the Overseas Voting）：为海外日本人提供选举服务。负责让年龄在 20 岁以上但身居海外的日本公民行使在外选民权利。

（3）领事服务课（Consular Service Division）：强化和完善海外日本人的领事服务，负责与日本人身份相关的业务。

（4）海外日本人安全课（Japanese Nationals Overseas Safety Division）：负责海外日本人的安全对策和保护，统计有关海外日本人需要援救的信息。

（5）海外日本人恐怖主义对策课（Terrorism Prevention Division）：负责海外有关恐怖主义事件时期海外日本人的安全对策和保护，向海外日本人发送各类信息，如外派海外的安全说明；应对炸弹恐怖袭击的对策说明；在海外受到威胁以及诱拐时的对策说明；应对海外生化（CBRN）武器威胁的对策资料，以及相关影像资料。

（6）海外安全商谈课（Overseas Security Information Section Center for Consular Services）：提供海外安全信息。

三、小结

移民一词在日本曾经专指迁居海外的输出移民，但现在它的使用范围已经被延伸到了定居日本的外国人。对旅居海外的日本人移民，日本官方称其为海外邦人；对移居日本以外国家获得住在国国籍或永久居留权的日本人以及他们的后代，日本称其为日系人（日侨）；而对在日本的外国人，日本一般称其为在日外国人。对于海外邦人的政策制定与实施主要由日本外务省负责，对于在日外国人以及日系人的政策制定与实施主要由日本出入境管理局负责。日本所谓的移民政策更多是有关外国人劳动者的政策，虽然外国人劳动力政策与移民政策属两个概念，但重叠部分很大。早期日本移民大多是指日本人向南北美洲等地的劳务移民，属于输出移民，20 世纪 90 年代以后，获得永久居留权、定居者等资格的外国人长期定居日本，移民一词开始包含日本的输入移民。

日本高级人才积分制政策的制定者有一个共识，即通过采用积分制有助于引进高技能移民，提高日本的产业竞争力，带来更多的创新。但围绕如何界定高技

---

① 《组織案内·所在地：領事局》，日本外务省，http：//www. mofa. go. jp/mofaj/annai/honsho/sosiki/ryoji. html。

能移民，日本政界争论不断。日本的高级人才积分制标志着长期闭塞的日本劳动力市场向对外开放迈出了艰难一步，有助于那些希望留居日本但缺乏经济实力的年轻留学生毕业后在日本就职。但是，高级人才制度评价体系过于琐细，设置了太多门槛。2018年，日本政府修改《入管法》，首次承认单纯务工为目的的外国人在留资格，一定程度上从法律角度加强了对外国人劳动者的保护。

日本对同质文化根深蒂固的认同观念，使日本一直抵制外来移民。近年日本移民政策的核心内容依然纠结于接收移民的利弊。日本政府往往看重移民的国籍，即便是积极引进的护理业移民或见习生移民，大多也是来自与日本外交关系比较友好的东南亚国家，并不重视这部分群体的日语能力和实际技能。

对于现在聚居在日本的超过200万人口的移民，日本政府大多注重引进移民的短期效果，对于移民融入日本社会所需要的教育支持和福祉支持不足。此外，日本社会对于移民往往希望其能够"日化"，对于移民的人权意识重视不够，由于日本本身具有单一民族的特性，在多元文化社会建设方面意识滞后。传统日本企业倾向于雇佣大学本科应届毕业生，在日本取得博士学位的外国人留学生即便可以在"高级人才积分"中获得较高分数，但是日本企业雇佣他们的意愿并不高，日本企业往往更看重外国人的语言优势，忽视其技能特长，这违反了移民政策应当契合劳动力市场需求并保护劳动者权利的理念。相比欧美发达国家，亚太地区有关高级人才移民的实践与研究尚处于初级阶段，日本也出现了高级人才积分制政策与最终移民结果分离的现象，说明日本对高技术人才的吸引力并不高，而大规模的移民政策也并不一定就能够吸引到足够的海外人才，建立多元化体系，以及与之相配套的保障制度才是吸引高级人才移民的重点。

第七章　印度移民政策法规[①]

印度由政府内政部负责移民、签证及公民身份相关事务，由移民局及各邦政府、联邦属地管理部门负责外国人入境、居留及出境事务。印度政府有关外国人入境的法律法规主要包括《护照法》《护照规则》《外国人登记法》和《外国人登记规则》等。近年来，印度内政部开始实施"移民、签证及外国人登记和跟踪计划方案"（Immigration，Visa and Foreigners Registration & Tracking，IVFRT），该计划的目标是发展和实现一个安全、有效整合的服务管理架构，这有利于提升安全性。同时，印度政府还出台了"印裔卡""印度海外公民方案"，设立海外印度人节和海外印度人奖，旨在加强与海外印度人的感情联系，肯定和表彰海外印度人的贡献和成就。

一、印度政府接纳与管理外国移民的政策

（一）在印外国移民概况与印度政府移民管理机构

印度拥有相当数量的外国移民人口。联合国世界人口数据库 2015 年的数据显示，印度作为移民输入国接收国际移民人数为 5 240 960 人。[②] 据印度政府内政部的统计，从 2018 年 1 月至 2019 年 3 月底共有 13 730 282 名外国人（含 57 283 名巴基斯坦公民）访问印度，[③] 2019 年共有 10 923 084 名外国人（含 39 018 名巴基斯坦公民）访问印度。从国别来看，2019 年访问印度的外国人数最多为孟加拉国（2 571 131），其次为美国（1 511 967）、英国（1 000 287）、澳大利亚（367 208）、加拿大（351 846）、中国（339 428）、马来西亚（334 543）、斯里兰卡（330 858）、德国（264 960）和俄罗斯联邦（251 314）。以上 10 个国家来访

[①] 本章执笔者路阳，华侨大学国际关系学院副教授、硕士生导师，主要从事政治学理论、中国政治、国际移民和华侨华人研究。

[②] World Population Policies Database，http：//esa. un. org/PopPolicy/about_ database. aspx.

[③] Ministry of Home Affairs，Annual Report Ministry of Home Affairs 2018 – 2019，https：//www. mha. gov. in/sites/default/files/AnnualReport_18_19. pdf，p. 232.

141

数量占全部访问人数的 67.05%，其他国家占比为 32.95%。① 应该指出，这里的数据不仅包含来印度的国际移民的数据，也包含游客的数据。

印度由内政部（The Ministry of Home Affairs，MHA）负责移民、签证、外国捐赠及公民身份相关事务。内政部下属的移民局（Bureau of Immigration，BOI）及各邦政府、联邦属地管理部门负责外国人入境、居留及出境事务。印度政府有关外国人入境的法律法规主要包括《护照法》《护照规则》《外国人登记法》和《外国人登记规则》等。印度政府非常重视外来移民的入境管理与服务工作。近年来，印度内政部开始实施"移民、签证及外国人登记和跟踪计划方案"。该计划的目标是发展和实现一个安全、有效整合的在线服务管理架构，以在签发签证和移民进程中为包括外国人在内的合法旅行者提供便利，同时也有利于国家内部安全。该计划正在有计划、分阶段加以运作实施。

该项目范围涵盖海外各印度使馆及印度全国不同的地区。截至 2020 年 3 月 31 日，已有 177 个印度使馆及国内 674 个外国人登记办公室（Foreigners Registration Offices，FROs）及 12 个外国人地区登记办公室（Foreigners Regional Registration Offices，FRROs），98 个移民检查站（Immigration Check Posts，ICPs）和 23 个邦内政部门（State Home Department）应用这一整合的在线签证系统（Integrated Online Visa Application System）。② 位于印度首都新德里的 IVFRT 中央办公室已投入运营，以协助外国人、印度海外使领馆以及全国各地 FRROs/FROs 解决日常问题，数据恢复中心（DRC）也已建立起来。从 2018 年 7 月开始，内政部将许多与签证有关的职权下放给外国人地区登记办公室，以便更快地提供签证服务。③

（二）印度政府签证、居留及移民事务的相关规定

印度签证分为商务签证、会议签证、工作签证、项目签证、记者签证、就医签证、访问学者签证、学生签证、旅游签证、体育签证、实习签证、电影签证和过境签证等。④ 印度境外的签证机关是印度驻各国使领馆和高专署。印度国内的签证机关是印度外交部，内政部与各邦、市及国际机场的外国人地区登记办公室（FRROs）负责出入境检查并办理口岸签证。目前，只有少数国家的公民可以办

---

① Ministry of Home Affairs, Annual Report Ministry of Home Affairs 2019 – 2020, https://www.mha.gov.in/sites/default/files/AnnualReport_19_20.pdf, p. 237.

② Ministry of Home Affairs, Annual Report Ministry of Home Affairs 2019 – 2020, https://www.mha.gov.in/sites/default/files/AnnualReport_19_20.pdf, p. 241.

③ Ministry of Home Affairs, Annual Report Ministry of Home Affairs 2018 – 2019, https://www.mha.gov.in/sites/default/files/AnnualReport_18_19.pdf, p. 233.

④ 中国领事服务网，http://cs.mfa.gov.cn/zggmcg/ljmdd/yz_645708/yd_648314/。

理印度的口岸签证。印度外交部办理外交和官员签证事宜。

按照印度政府的规定，所有持有学生签证、医疗签证、研究签证和工作签证等，长期（超过180天）访问印度的外国公民（包括外籍印度裔人士），需要在入境后14天内到所在地的外国人地区登记办公室/外国人登记办公室办理登记，领取登记证。① 印度签证有效期和停留期一般为同一时段。

近年来，印度自身经济快速发展，导致本国工程技术人员和熟练工人极度缺乏，对高素质人才和熟练技术工人的需求量增幅较大。② 外国人在印度工作，必须事先获得工作签证或项目签证（针对电力和冶金项目）。③ 印度不允许持有商务签证的外国人在印工作，且不可从事与所持签证种类不符的活动。对于长期居留印度的外国人而言，其签证附带各种各样不方便的条件。

长期以来，印度政府所签发的所有类型签证中都没有涉及向非印度裔的外国公民提供"永久居留"的权利。在现行制度下，外国人经常被印度的烦琐公文所困扰，比如要求他们频繁更换签证，在限定的时间内离开，以及填写大量的文件。④ 对非印度裔的外国人来说，获取长期居留权的方式（除了婚姻以外）就是在印度居留7年后申请加入印度籍，同时必须放弃自己原来的国籍。⑤

2019年4月开始，印度内政部对印度签证的主要类别及子类别进行了优化调整，从26个大类减少至21类，子类别从104个减至65个。⑥ 印度内政部已采取许多步骤措施来放宽、简化和合理化印度的签证制度，以便于签证申请签发流程更为顺畅，同时为已持有效签证在印度逗留的外国公民提供便利。印度的电子签证（E-visa Facility）主要包括电子旅游签证、电子商务签证、电子会议签证、电子医疗签证和电子医疗服务签证，现已通过全国28个指定国际机场及5个主要港口，扩展到全球171个国家公民入境。⑦ 其中，电子旅游签证和电子商务签证

---

① Registration of Foreign Nationals Visiting India, https：//boi. gov. in/sites/default/files/RegForeigners－11. pdf.

② 商务部国际贸易经济合作研究院、商务部投资促进事务局、中国驻印度大使馆经济商务参赞处：《对外投资合作国别（地区）指南（2015年版）·印度》，中国商务部：http：//fec. mofcom. gov. cn/article/gbdqzn/upload/yindu. pdf，2015年10月，第33－34页。

③ 商务部国际贸易经济合作研究院、商务部投资促进事务局、中国驻印度大使馆经济商务参赞处：《对外投资合作国别（地区）指南（2020年版）·印度》，中国商务部：http：//www. mofcom. gov. cn/dl/gbdqzn/upload/yindu. pdf，第59－60页。

④ Indian Residency Can Be Yours for ＄1.5 Million, http：//money. cnn. com/2016/09/01/news/india－investor－visal003AMVODtop Link & ltnd＝28280270。

⑤ 《印度应实行绿卡制度》，FT中文网，http：//www. ftchinese. com/story/001065548。

⑥ Ministry of Home Affairs, Annual Report Ministry of Home Affairs 2019－2020, https：//www. mha. gov. in/sites/default/files/AnnualReport_19_20. pdf, p. 237.

⑦ Ministry of Home Affairs, Annual Report Ministry of Home Affairs 2019－2020, https：//www. mha. gov. in/sites/default/files/AnnualReport_19_20. pdf, p. 240.

有效期为一年（多次），电子医疗和电子医疗服务签证为 60 天（3 次），电子会议签证为 30 天（1 次）。①

内政部同时放宽了某些签证允许的活动，并简化各种与外国人签证有关的服务。自 2017 年起，印度向全球 160 多个国家公民提供五年期的多次入境旅游和商务签证；紧急情况下，在申请 48 小时之内发放旅游和医疗签证；为在印度拍摄电影、真人秀或商业电视剧等人员提供电影签证（Film Visa）。② 2017 年 9 月，内政部将有效期为 6 个月（多次入境）的医疗签证扩展到 160 多个国家。内政部于 2018 年 8 月起放宽实习生签证（Intern Visa）制度，申请者可在学习期间的任何时间获得签证，并对实习签证人数上限和实习最低报酬进行优化调整，为前来印度实习的人员提供实习签证的便利。③ 2018 年 10 月，印度在全国启动了在线的外国人地区登记系统（Online e-FRRO Module），并提供 27 项与签证有关的服务。当前，在印度境内的外国人均可利用这一在线平台办理登记、签证延期、签证转换和出境许可等服务，而不再需要前往外国人地区登记办公室或外国人登记办公室办理。④

印度计划实施"投资移民"签证。前往印度投资的外国企业家、投资者持有的多为商务签证或工作签证。近年来，印度政府效仿美国和新加坡等国在吸引外资方面的做法，允许那些为印度经济做出了实质贡献的外国投资者定居。2016 年 9 月，印度政府发言人 Frank Noronha 在新德里表示，印度内阁于 8 月 31 日批准了投资移民计划。⑤ 符合上述政策的投资者，将获得印度政府首次推出的"投资签证"（Investor Visa）。⑥ 有报道指出，这项提议早在 2016 年 2 月的印度联邦预算案中即被提出。此前，满足这些条件的投资者只能使用最长 5 年的商务签

① Ministry of Home Affairs, Annual Report Ministry of Home Affairs 2018 – 2019, https：//www. mha. gov. in/sites/default/files/AnnualReport_18_19. pdf, p. 234.
② Ministry of Home Affairs, Annual Report Ministry of Home Affairs 2018 – 2019, https：//www. mha. gov. in/sites/default/files/AnnualReport_18_19. pdf, pp. 232 –233.
③ Ministry of Home Affairs, Annual Report Ministry of Home Affairs 2018 – 2019, https：//www. mha. gov. in/sites/default/files/AnnualReport_18_19. pdf, p. 233.
④ Ministry of Home Affairs, Annual Report Ministry of Home Affairs 2018 – 2019, https：//www. mha. gov. in/sites/default/files/AnnualReport_18_19. pdf, p. 233.
⑤ India mulling US＄1. 5m investor visa, http：//www. taipeitimes. com/News/biz/archives/2016/09/01/200365 India mulling US＄1. 5m investor visa4260.
⑥ 外国公民需在 18 个月内至少投资 1 亿卢比（约150 万美元），或在 36 个月内至少投资 2.5 亿卢比（约 375 万美元），并在每一个财政年度都要为印度创造至少 20 个工作岗位。作为回报，这些外国投资者通过印度内政部的许可即可长期居留 10 年，多次入境，并获准在印度购买一套房子，在签证有效期内，其配偶和子女也可在印度工作或求学。

证。① 当前，印度政府这一新的"投资签证"政策还有很多细节有待规范，包括这一政策如何实际运作、手续的申办过程、生效的时长等。② 此举旨在进一步刺激海外投资者投资印度，为外商投资打开了方便之门，进一步助推莫迪政府推行的"印度制造"（Made in India）计划。

近年来，印度政府在签证制度的管理和服务方面积极进行了优化和创新，这将有利于为合法的外国旅行者提供方便，刺激经济增长，增加旅游、医疗旅游和商务旅游等服务出口，打造"技能印度"（Skill India）、"数字印度"（Digital India）、"印度制造"，以及为印度政府的其他重要倡议取得成果。

（三）新冠肺炎疫情与印度移民入境管理措施

新冠肺炎疫情暴发后，印度政府内政部移民局迅速做出应对，根据全球疫情发展先后禁止中国、伊朗、意大利、韩国和日本等国的公民入境。同时，印度政府建议本国公民谨慎前往中国、意大利、伊朗、韩国、日本、法国、西班牙和德国旅行。印度政府在 2020 年 3 月对于新冠肺炎疫情期间本国公民出入境，外国公民及印度海外公民身份证持有人（OCI Cardholders）入境及在印居留实施新的签证限制等出入境管理措施，并于此后根据延期发展而不断调整。③ 由于新冠肺炎疫情的影响，印度政府宣布自同年 3 月起暂停使用电子签证。④ 印度外交部在 2020 年 3 月专门设立了新冠肺炎疫情救援合作的帮助热线（A Functional Helpline for Coordination on COVID – 19）。⑤ 印度政府卫生和家庭服务部自 3 月开始定期、及时发布有关新冠肺炎疫情防范的旅行建议。⑥

印度在 3 月下旬宣布关闭所有定期国际商业客运航班，但仍开放经民航局局长（Director General of Civil Aviation，DGCA）特别批准的国际货运业务和航班。

---

① 《印度招揽外国投资者：多创造就业就给居留身份》，界面网，http：//www. jiemian. com/article/829912. html，2016 年 9 月 1 日。

② 由于印度与巴基斯坦两国关系的特殊性，这一引资计划并未对巴基斯坦公民或巴基斯坦裔公民开放。《印度允许外国人以投资换取居留权》，联合早报网，http：//www. zaobao. com/news，2016 年 9 月 1 日。

③ FAQ on New Visa Restrictions—Covid – 19，https：//mea. gov. in/Images/amb1/faq – covid – 19. pdf；Advisory：Travel and Visa Restrictions Related To Covid – 19，https：//boi. gov. in/content/advisory – travel – and – visa – restrictions – related – covid – 19 – 1.

④ Ministry of Home Affairs，Annual Report Ministry of Home Affairs 2019 – 2020，https：//www. mha. gov. in/sites/default/files/AnnualReport_19_20. pdf，p. 240.

⑤ MEA Covid – 19 Control Center，https：//mea. gov. in/press – releases. htm？dtl/32591/MEA_ Covid19_Control_Center.

⑥ Additional Travel Advisory for Novel Coronavirus Disease（COVID – 19），https：//mea. gov. in/Images/amb1/Traveladvisory20march. pdf.

从 3 月 22 日起，印度禁止任何国际商业客运航班飞往印度。① 直至同年 8 月初，印度民航部（MCA）开始允许美国、法国、德国、英国、加拿大、阿拉伯联合酋长国等国的商业客运航班往返印度与相关国家。②

根据印度卫生和家庭福利部发布的《国际入境指南》（Guidelines for International Arrival），所有乘客在入境前需承诺接受 14 天的强制检疫（Mandatory Quarantine），其中包括 7 天隔离机构有偿检疫和 7 天居家隔离检测，并填写自我声明表格（Self-reporting Form）。入境印度之前，旅客需提前下载 Arogya Setu 手机应用程序，只有体温正常的乘客才被允许登机/登船。旅行期间，所有旅客应做好预防措施，如佩戴口罩、做好环境卫生和手部消毒等。旅客入境后，接受卫生官员的体温监测，并向其出示自我声明表格。③ 出现症状的旅客将由医护人员按照相关操作规程带至医疗机构隔离；未出现症状的已豁免人员应出示豁免信息，允许居家隔离 14 天；其余乘客将被送至相关邦区政府设立的隔离设施进行至少 7 天隔离，经病毒检测后，无症状、轻症人员可居家隔离或在新冠护理中心隔离，轻度、中度、重度症状人员将被送至专门收治新冠患者的医院进行治疗。④

二、印度政府的海外移民政策

（一）当前海外印度人的数量及分布概况

作为世界第二人口大国，印度拥有数量众多、规模庞大的海外印度人（Overseas Indians）群体。海外印度人既包括拥有外国国籍的印度裔人士（Person of India Origin，PIOs），也包括居住在国外但拥有印度国籍的印度人（Non-Resident Indians，NRIs）。前者通常为早期印度移民的后代，拥有居住国的国籍，后者多为在海外工作和生活仍拥有印度国籍的海外印度公民。

印度政府海外印度人事务部 2012—2013 年度报告显示，海外印度人的人口

① Advisory：Travel and Visa Restrictions Related to Covid – 19，https：//boi. gov. in/content/advisory – travel – and – visa – restrictions – related – covid – 19 – 1.
② 商务部国际贸易经济合作研究院、商务部投资促进事务局、中国驻印度大使馆经济商务参赞处：《对外投资合作国别（地区）指南（2020 年版）·印度》，中国商务部，http：//www. mofcom. gov. cn/dl/gbdqzn/upload/yindu. pdf，第 104 – 105 页。
③ Advisory：Travel and Visa Restrictions Related to Covid – 19，https：//boi. gov. in/content/advisory – travel – and – visa – restrictions – related – covid – 19 – 1.
④ 商务部国际贸易经济合作研究院、商务部投资促进事务局、中国驻印度大使馆经济商务参赞处：《对外投资合作国别（地区）指南（2020 年版）·印度》，中国商务部，http：//www. mofcom. gov. cn/dl/gbdqzn/upload/yindu. pdf，第 104 – 105 页。

总量已超过2 700万。① 截至2016年12月，海外印度人总量为30 843 419人，其中海外侨民为13 008 012人，印度裔为17 835 407人。② 截至2017年12月，海外印度人总量为30 833 234人，其中海外侨民为13 327 438人，印度裔为17 505 796人。海外印度人分布在全球208个国家，主要聚居于英国、美国、非洲和东南亚等地。其中，美国（4 460 000）、沙特阿拉伯（3 255 864）、马来西亚（2 975 000）、阿拉伯联合酋长国（2 803 751）、缅甸（2 008 690）、英国（1 825 000）、斯里兰卡（1 614 000）、南非（1 560 000）、加拿大（1 016 185）、毛里求斯（894 500）、新加坡（650 000）、卡塔尔（697 500）和尼泊尔（600 000）等国家和地区分布最多。③ 国际知名移民研究机构——皮尤中心的报告显示，印度的国际移民人数从1990年的680万增加至2015年的1 558万，在移民输出国排行榜上居首位。④

1. 海外印度人的移民代际与来源分布

印度人最早作为契约劳工被输送到各个殖民地。十九世纪三四十年代，印度出现了近代劳工移民潮。二十世纪七八十年代后，印度向海湾地区输出了以低技术劳动力和技术工人为主的移民。自20世纪80年代开始，印度的留学生、专业人士和知识精英纷纷前往英国、美国等发达国家，形成了新一轮的移民潮。印度移民在计算机、医疗和工程等行业具有优势，其软件人才更是享誉国际。印度国内绝大部分的地区都有居民移居海外的记录，其中以喀拉拉邦、泰米尔纳杜邦、北方邦、安得拉邦、旁遮普邦、马哈拉施特拉邦等邦移民输出较多，其中又以北方的旁遮普邦和南方的喀拉拉邦、泰米尔纳杜邦和安得拉邦与海外印度人的经济联系最为紧密。⑤

2. 海外劳工是印度海外移民的重要部分

印度独立后向国外输出的海外劳工被印度政府视为海外印度人的重要组成部分。20世纪70年代开始，由于海湾地区的石油工业迅猛发展，印度赴沙特阿拉伯、阿拉伯联合酋长国等海湾国家的劳工日益增多。当前，印度海外劳工普遍受教育水平不高，主要从事技术水平较低的体力劳动，多参与当地基础设施建设等

① Ministry of Overseas Indian Affairs, Annual Report：2012 – 2013, http：//moia. gov. in/writereaddata/pdf/Annual_ Report_2012 – 2013. pdf.

② Population of Overseas Indians（December 2016）, http：//mea. gov. in/images/attach/NRIs – and – PIOs_1. pdf.

③ Population of Overseas Indians（December 2017）, http：//mea. gov. in/images/attach/NRIs – and – PIOs_1. pdf.

④ http：//www. pewresearch. org/fact – tank/2017/03/03/india – is – a – top – source – and – destination – for – worlds – migrants.

⑤ 李丽、李涛：《海外移民与母国的经济联系：以印度为例》，《南亚研究》2009年第1期，第85页。

工作。有学者统计，1973年，印度向海湾国家输出劳工总计19.5万人；1975年增至30.5万人，1980年增至59.9万人，到1998年达368.8万人。① 在印度政府的支持下，这种劳务输出的方式不断获得新的突破。2009年印度海外劳工人数已突破500万，其中90%的劳工在海湾国家和东南亚工作。② 据印度政府海外印度人事务部统计，从2010年到2014年，印度每年向包括沙特阿拉伯、阿拉伯联合酋长国、阿曼和马来西亚在内的17个国家③输出海外劳工人数分别为641 355人、626 565人、747 041人、816 655人和804 878人。④ 当前，印度在计算机和相关领域、旅游服务、医疗和建筑等领域有一批训练有素的专业技术人员，巨额人口红利使印度成为全球劳务输出大国之一。侨汇是海外印度人与印度经济联系的主要纽带之一，它也成为印度经济发展的重要推动力。据世界银行（World Bank）的估算，2018年，全球移民汇款总额达到6 890亿美元，印度（795亿美元）、中国（674亿美元）和菲律宾（337亿美元）位居全球移民汇款接收国前三位。⑤

（二）印度政府的海外移民管理机构

海外移民政策是指一个主权国家对海外移民群体所实施的相关政策的统称。印度独立后的几十年间，长期执政的国大党对于海外侨民工作并没有给予过多的关注。随着海外移民政治地位和经济实力的提升，印度政府自20世纪80年代开始进行政策调整。印度实施经济自由化改革后，其海外移民政策有了一些实质性变化。印度政府海外移民政策大致可以分为以下几个阶段：①无为而治时期（印度独立至20世纪70年代前期），印度政府缺乏实质性的海外移民政策，也没有为独立前的海外移民提供保护和服务；②逐步重视时期（20世纪70年代后期至90年代初期），随着海湾地区印度劳工的增多，印度政府通过法律法规与机构设置注意保护海外劳工及移民权益；③实际保护时期（20世纪90年代至今），随着海外劳工数量增多且对印度经济贡献增大，加之印度市场化改革使印度政府采取进一步措施，加强海外移民的管理与服务以强化与海外印度人的联系。

印度的海外印度人政策转变的原因，如果仅用吸引侨汇和借助海外印度人的

---

① 李明欢：《海外维权：印度政府对海外劳工的保护》，《红旗文稿》2004年第24期，第33页。

② 时宏远：《海湾地区的印度劳工及其对印度的影响》，《世界民族》2012年第2期，第64页。

③ 这17个国家分别是阿富汗、巴林、印度尼西亚、伊拉克、约旦、科威特、黎巴嫩、利比亚、马来西亚、阿曼、卡塔尔、沙特阿拉伯、苏丹、叙利亚、泰国、阿拉伯联合酋长国和也门。

④ Ministry of Overseas Indian Affairs, Annual Report：2014 – 2015, http：//www. mea. gov. in/images/pdf/annual – report – 2014 – 15. pdf, p. 50.

⑤ World Bank Group, Migration and Remittances：Recent Developments and Outlook, *Migration and Development Brief 30*, December 2018, p. 2, https：//www. knomad. org/sites/default/files/2018 – 12/Migration.

政治影响力则不足以解释，印度新的国际政治定位与实现大国梦想的推动作用是其深层原因。①

（1）印度海外移民管理机构的设立与发展。随着印度政府对海外印度人越来越重视，其管理机构也在不断调整、升级。在设立正式管理移民事务机构之前，印度政府早于1960年在财政部之下设立了印度投资中心，处理有关印度移民及印度投资的问题，到20世纪90年代后划归印度外交部管辖。1977年，印度外交部设立海外印度人组负责研究印裔问题。除了早期的印度投资中心、移民保护办公室外，印度外交部于1984年1月设立海外印度人处并于1992年1月并入领事护照签证处，2000年3月又设立印侨印裔处。尽管这一机构的设立有助于改善过去那种政出多头的局面，但还是缺乏全面有效的管理机制，无法处理移民所涉及的政治、经济、文化以及中央与地方政府关系等问题。②

（2）海外印度人高级委员会（High Level Committee on Indian Diaspora，HLCID）的设立。为全面了解海外印度人的状况及其诉求，制定更为客观有效的政策，印度政府于2000年9月成立了由外交部牵头组成的海外印度人高级委员会，对海外印度人进行了全面的调查。③该委员会隶属外交部，直接向总理负责，主席是国会议员，其主要成员是包括前外交部长在内的外交官员。委员会的主要任务是对海外印度人的历史与现状进行调查研究，了解他们在海外生存发展中面临的问题及海外印度人对印度经济和社会发展可能发挥的作用，为印度政府制定相关政策提供建议。在一年多的时间里，该委员会访问了20个海外印度人分布较多的国家，通过调查获得了大量的第一手资料，并于2002年1月向总理提交了长达百万字的调查报告。④其中关于修改完善印裔卡计划、举办海外印度人节和颁发海外印度人奖的三个子报告比较重要。报告同时就海外印度人在文化、经济、教育、卫生、传媒等领域的发展现状和面临问题进行了比较全面的介绍和分析，并对如何实施相关计划提出一系列具体建议。印度政府对此非常重视，采用了报告所提出的相关建议，为此后印度政府的海外印度人政策定下基调。⑤

（3）21世纪以来印度政府海外移民管理机构沿革。2004年5月，印度政府

---

① 毛悦：《大国战略视角下的印度海外印度人政策研究》，《世界民族》2015年第4期，第78页。

② 康晓丽：《论印度的海外印度人政策及其对中国侨务政策的启示》，《南亚研究》2013年第1期，第135页。

③ http：//indiandiaspora. nic. in/.

④ Report of the High Level Committee on Indian Diaspora（HLCID），http：//indiandiaspora. nic. in/contents. htm.

⑤ 贾海涛、石沧金：《海外印度人与海外华人国际影响力比较研究》，济南：山东人民出版社，2007年。

根据海外印度人高级委员会的建议建立了印度侨民事务部（Ministry of Non-Resident Indians' Affairs）。同年12月，印度国大党上台执政后将该部更名为海外印度人事务部（Ministry of Overseas Indian Affairs，MOIA）。该部由一名内阁部部长领导，下设海外社区服务司、对外移民服务司、经济司、金融服务司、行政管理司五个部门。其中，海外社区服务司负责海外印侨、印裔的身份认同，海外印度人节与海外印度人奖等活动及其他文教计划；对外移民服务司负责印度政府海外移民政策的制定与调整、国际移民协定的签署、移民保护与管理等；经济司负责筹设投资协助中心、基金会与网络等，服务对象不仅包括印度侨民，还包括已加入外国籍的印度裔人士。① 海外印度人事务部的业务范围涵盖了关于海外印度人的广泛领域，其主要职能任务是促进、培育和保持海外印度人与印度之间互惠互利的共生关系。此外，海外印度人事务部通过总理全球咨询理事会、海外印度人促进中心、印度发展基金会和印度人全球知识网络等社团机构为海外印度人提供"一步式"服务，业务范围涵盖广泛。2016年初，海外印度人事务部重新划归印度外交部，标志着印度海外移民的政策进入全新时期。印度外交部下设海外印度人事务一司、海外印度人事务二司、海外就业与移民保护总局（Overseas Employment & Protectorate General of Emigrants，OE&PG）等机构承担海外印度人相关事务。② 从立法、行政机构及具体实践来看，印度的海外印度人政策已经建立起一套较为全面、清晰、长期的制度化政策框架，从而更好地推进具体政策措施的制定实施。

（三）印度政府海外劳工和移民权益保护机构及法规

长期以来，印度政府一直积极支持本国劳动力加入国际劳动力市场的就业竞争，并高度评价海外劳工对印度经济做出的贡献。③ 在国内，移民保护办公室和劳工部被授权管理在国外就业的印度公民相关事务。内政部下属的移民局负责管理公民的出入境事务，警察局负责调查征募劳工过程中可能存在的弊端。在海外，印度驻外使领馆有专门的劳工官员负责检查和报告印度公民的情况，并就有关事宜与东道国政府联系沟通。印度政府与卡塔尔、阿拉伯联合酋长国、巴林等海湾地区国家及菲律宾都签署了劳动合作协议，以保障海外劳工权益。协议依据当地国法律，对雇工条件、期限、住宿、医疗以及工人的权利和义务等做了详细规定。此外，印度还建立了较为完善的听证制度，移民保护总署和设在孟买、加

---

① http：//moia. gov. in/index. aspx.

② Organogram of the Ministry of External Affairs, http：//www. mea. gov. in/Images/attach/MEAOrganogram_27_04_2017_new07april. pdf.

③ 李明欢：《海外维权：印度政府对海外劳工的保护》，《红旗文稿》2004年第24期，第34页。

尔各答等地的移民保护专员直接受理这方面的投诉。① 2002 年 6 月，印度政府劳工部成立了人力输出促进委员会，其主要任务是与相关的国际机构和外国雇主进行联系和沟通，为海外印度人提供有效的帮助。

近年来，印度政府将劳工输出和海外就业的管理职能移交给海外印度人事务部管理，其下属的对外移民事务司负责制定涉及海外劳工的管理办法、法律规章完善修改、增进多边国际劳务合作等职能。目前，相关职能由于海外印度人事务部划归外交部，转为由外交部下设的海外就业与移民保护总局负责。另外，印度政府设立了劳工福利基金，由印度海外使领馆支配以备救急之需，目前已在 18 个印度劳工聚集的国家建立了此类劳工福利基金机构，对遭遇困难的海外印度劳工就地给予食宿和遣返方面的紧急救助。2008 年 7 月，海外印度人就业理事会（Indian Council for Promotion of Overseas Employment）成立。该理事会旨在帮助印度出境移民寻找就业机会，以提高海外印度人的竞争力，同时通过签订合作协议使印度成为科技人才的主要供应国，满足国际社会对海外印度劳工的需求。2010 年 12 月，印度建立了移民求助和投诉机构——海外劳工资源中心（Overseas Workers Resource Center），为计划出国的劳工及海外劳工家属提供就业等方面的信息，解决各种问题。②

印度政府重视海外印度劳工的管理保护工作，制定相关法律规章维护他们的合法权益。1983 年，印度颁布了《移民法案》和《移民出境规则》。移民法旨在管理前往海外就业的印度工人，保障他们的权益和福利，使印度的海外雇佣征募制度规范化，已成为印度劳工移民保护最为重要的法律依据。③ 移民法对劳务输出规定了三种方式：一是招工代理，劳工部已给 3 500 余家代理机构发放了许可证；二是外国雇主直接招募，需事先获得印度中央政府的许可；三是印度工程承包商可派遣工人到国外承担其承包的工程，但需经商业部或储备银行批准。印度代理机构需交一定的保证金。《移民法案》第 10 条规定，没有移民保护局颁发的征募许可证，任何代理人都不准从事征募活动。2009 年，印度政府对《移民法案》进行了修订，进一步提高了中介注册的资格条件，通过提高资金起步门槛，增加中介注册登记所需缴纳的保证金和注册费用，同时提高中介负责人文化程度的要求。可以说，印度在海外劳工的立法、规范管理等方面的措施比较健全，形

---

① Ministry of Overseas Indian Affairs, Annual Report：2012 – 2013, http：//moia. gov. in/writereaddata/pdf/Annual_ Report_2012 – 2013. pdf.

② 参见丘立本：《印度国际移民与侨务工作的历史与现状》，《华侨华人历史研究》2012 年第 1 期，第 30 – 32 页。

③ 康晓丽：《论印度的海外印度人政策及其对中国侨务政策的启示》，《南亚研究》2013 年第 1 期，第 134 页。

成了较为完善的劳务输出保护体系。

(四) 印裔卡计划的实施与终止

为满足印度国内对外来投资的强烈需求，并顺应海外印度人的热烈呼声，印度政府于 1999 年 3 月出台了印裔卡（PIO 卡）计划，以加强与海外印度人的感情联系，满足这一群体回国发展的需要。这一计划通过印度政府的特殊政策，向外籍印度人提供一种特殊的证件，方便他们出入印度，在印度定居及进行投资活动。除巴基斯坦、孟加拉国等国，居住在世界各国的四代以内的印度裔及其外国配偶都可以获得这种身份卡。只要交纳 1 000 美元，符合条件者就可以享有为期20 年、可多次入境印度的签证。印裔卡持有者可在印度获得、持有、转让、处置除农用之外的不动产，子女可以进入印度学校就读，可以购买住宅，可进入印度的保险公司、邦政府及其他政府部门工作。印裔卡持有者访问印度无须签证，如果在印度停留不超过 180 天，向外国人登记官登记即可。这种身份卡为海外印度人返回印度提供了极大便利。2001 年 4 月，印度政府采纳海外印度人委员会的建议，大幅降低和简化了印裔卡的申请费用与申办手续，并将有效期缩短为 10年。近年来印度政府实施有条件的双重国籍政策及印度海外公民方案后，印裔卡仍适用于无法取得印度国籍的海外印度裔人士。

印度政府通过给海外原印度籍人士发放印度海外公民身份证（OCI 卡）（详见下文），以及给在海外生长的印度人后代发放印裔卡（PIO 卡）以解决印度作为国家和海外印度裔人士的多方、多层次的需求。印度内政部在 2015 年 1 月 6日颁布了新修订的《国籍修正条例》［Citizenship（Amendment）Ordinance］。[①] 这一条例规定，PIO 卡的资格和附加利益与 OCI 卡相结合，同时包括通过修正 1955年国籍法案而赋予 OCI 卡持有人的某些政策优惠（Relaxation）。条例规定，现有的印裔卡持有人自动成为印度海外公民身份证（OCI 卡）持有者。这一条例使得海外印侨（NRIs）中的外国籍未成年人（Foreign National Minor），以及印裔卡或印度海外公民身份证持有者的外籍配偶可获得印度海外公民身份证。此外，居住在世界各国上溯四代以内的印裔人士都可以进行印度海外公民身份登记。[②] 2015年 1 月 9 日，PIO 卡条例（PIO Card Notification）被撤销，所有 PIO 卡持有人从当日起成为 OCI 卡持有者，此后只有不断增加优惠利益的 OCI 卡存在。[③]

[①]　The Citizenship（Amendment）Ordinance, 2015, http：//mha1. nic. in/pdfs/GazetteofIndia_0901. pdf.

[②]　Ministry of Overseas Indian Affairs, Annual Report：2014 – 2015, http：//www. mea. gov. in/images/pdf/annual – report –2014 –15. pdf, p. 18.

[③]　Ministry of Home Affairs, Annual Report：2014 – 2015, http：//www. mha. nic. in/sites/upload_files/mha/files/AR（E）1415. pdf, p. 227.

2015 年 3 月 10 日，印度国会通过《国籍修正法案》，以替代之前的条例。① 根据印度政府的规定，PIO 卡持有人直至 2020 年 12 月 31 日前均可持此卡进出印度。②

（五）印度海外公民方案的制定与实施

1. 实施印度海外公民方案，给予海外印度人以特定优惠条件，也可视为有限制的双重国籍政策

根据 1955 年《国籍法案》（*Citizenship Act*）和 1956 年《国籍规则》（*Citizenship Rules*），印度国籍（Indian Citizenship，IC）可以通过出生、继承、登记入籍和归化方式获得。③ 随着海外印度人与印度联系的加强，不少海外印度人希望能够拥有双重国籍。2003 年初，印度政府在第一届海外印度人节大会上宣布，美国、英国、加拿大、澳大利亚、新西兰、新加坡六国的印度人可以申请印度公民身份。④ 印度议会于 2003 年 12 月 22 日通过 1955 年《国籍法案》的修正案［*The Citizenship（Amendment）Bill，2003*］，并以此为架构推动海外公民身份的登记认证工作。2004 年 1 月 7 日，该修正案［*The Citizenship（Amendment）Act，2004*］获得印度总统批准开始实施。⑤ 经印度总统批准，印度政府开始批准具有澳大利亚、加拿大、芬兰、法国、希腊、爱尔兰、以色列、意大利、荷兰、新西兰、葡萄牙、塞浦路斯、瑞士、瑞典、英国、美国等 16 国国籍的印裔人士同时申请获得印度国籍。

为了进一步回应海外印度人（尤其是欧美地区）对双重国籍的长期和持久诉求，时任印度总理辛格在 2005 年于孟买举行的海外印度人节上，就印度海外公民方案（Overseas Citizenship of India Scheme）进行了说明，并决定将其适用范围推展至 1956 年 1 月 26 日之后在印度出生的所有海外印度人，只要其住在国法律允许双重国籍。他同时表示，政府将简化申请及证件登记表格，并增加 OCI 所享受的福利。⑥ 2005 年 6 月 8 日，《国籍修正条例》［*Citizenship（Amendment）*

---

① http：//indiancitizenshiponline. nic. in/UserGuide/E – gazette. pdf.

② Ministry of Home Affairs，Annual Report：2019 – 2020，https：//www. mha. gov. in/sites/default/files/AnnualReport_19_20. pdf，p. 242.

③ Ministry of Home Affairs，Annual Report：2007 – 2008，http：//mha. nic. in/sites/upload_files/mha/files/pdf/ar0708 – Eng. pdf，p. 109.

④ 张秀明：《海外印度移民及印度政府的侨务政策》，《华侨华人历史研究》2005 年第 1 期，第 27 页。

⑤ Ministry of Home Affairs，Annual Report：2003 – 2004，http：//mha. nic. in/sites/upload_files/mha/files/pdf/ar0304 – Eng. pdf，p. 114.

⑥ Ministry of Home Affairs，Annual Report：2004 – 2005，http：//mha. nic. in/sites/upload_files/mha/files/pdf/ar0405 – Eng. pdf，p. 132.

Ordinance〕公布，以修正 1955 年的《国籍法案》。① 2005 年 8 月，印度政府通过 1955 年《国籍法案》的修正案，将海外公民身份（OCI）的范围扩展到除了巴基斯坦和孟加拉国之外的印裔（Persons of India Origin，PIOs），只要居住国的法律允许双重国籍的存在，印度政府将授予世界各地的印度人以海外公民身份。② 该方案从 2005 年 12 月开始实施。2016 年 1 月 7 日，印度总理在海德拉巴举行的海外印度人节上授予两名印裔人士海外公民身份证明书（certificates）和签证（visa）。③ 2008 年 1 月 1 日，印度海外公民综合服务（OCI Miscellaneous Services）作为在线综合服务系统开始运作，以解决海外公民身份登记及管理中存在的问题。④

该方案由印度政府内政部负责具体实施。海外公民方案允许 1950 年 1 月 26 日及以后出生的海外印裔人士，既包括原印度公民，也包括有资格成为印度公民的其他国家人士（除巴基斯坦和孟加拉国之外）登记成为印度海外公民。⑤ 2013—2014 年，为了保证海外印度公民方案的顺利运作，更好地为申请者提供帮助，印度政府的 12 个外国人身份登记办公室（FRROs）经授权可接受和处理印度海外公民相关事务。同时，为了整合 OCI 和 PIO 卡，印度上议院在 2013 年 8 月 13 日通过了《国籍法案》的修正案。⑥

2. 印度海外公民身份证的申请条件和优惠条件

海外印裔人士若想经登记认证为印度海外公民身份证持有者，需满足一定的资格条件。

除申请人无论其父母或祖父母或曾祖父母为巴基斯坦和孟加拉国国民，或任一国家的中央政府通过官方公报特别申明外，满足下列各项之一者均有资格成为印度海外公民身份证持有者：①在印度宪法生效日（1950 年 1 月 26 日，印度独立日）及以后出生的印度公民。②在 1950 年 1 月 26 日有资格成为印度公民，即满足一人或其父母或祖父母在印度出生（基于 1935 年印度政府法案所定义），且在印度以外国家长期居留。③居住于 1947 年 8 月 15 日之后印度新增领土的人

---

① Ministry of Overseas Indian Affairs, Annual Report: 2006 - 2007, p. 11.

② Ministry of Home Affairs, Annual Report: 2005 - 2006, http://mha. nic. in/sites/upload_files/mha/files/pdf/ar0506 - Eng. pdf, p. 127.

③ Ministry of Home Affairs, Annual Report: 2005 - 2006, http://mha. nic. in/sites/upload_files/mha/files/pdf/ar0506 - Eng. pdf, p. 127.

④ Ministry of Home Affairs, Annual Report: 2007 - 2008, http://mha. nic. in/sites/upload_files/mha/files/pdf/ar0708 - Eng. pdf, p. 109.

⑤ Ministry of Overseas Indian Affairs, Annual Report: 2014 - 2015, http://www. mea. gov. in/images/pdf/annual - report - 2014 - 15. pdf.

⑥ Ministry of Home Affairs, Annual Report: 2013 - 2014, http://mha. nic. in/sites/upload_files/mha/files/pdf/AR（E）1314. pdf, p. 264.

(who belonged to a territory)，这些地区包括 Sikkim；Puducherry；Dadra & Nagar Haveli；Goa，Daman & Diu。④前三类人的子女或孙子女或曾孙子女。⑤前四类人的未成年子女。⑥父母双方或一方为印度公民的未成年子女。⑦印度公民的外籍（foreign origin）配偶，或根据 1955 年《国籍法案》第 7A 条款登记认证为印度海外公民身份证持有者之外籍配偶（申请前需满足婚姻登记且维持不少于两年）。①

印度海外公民方案自 2005 年 12 月 2 日开始实施。印度海外公民被赋予终身、不限目的访问印度的签证和某些经济、教育和文化权益。在 2006 年，印度海外公民身份证持有者和海外印度侨民（NRIs）同等享有如下权益：①同等票价进入国家公园和野生动物保护区；②跨国收养；③同等票价的国内航班机票。② 当前，作为印度海外公民身份证持有人，可以享受以下优惠条件：①获得终身、多次往返、不限目的访问印度的签证（OCI 持有者在印度进行研究工作需向印度政府有关部门提交申请经过批准）；②无须为在印度居留而向外国人登记办公室或外国人地区登记办公室（Foreigners Regional Registration Officer）官员进行登记；③与印度侨民（Non-Resident Indians）在经济、金融和教育领域享有同等的待遇（农业等种植业所得除外）；④与海外侨民同等在印度国内收养儿童；⑤与印度国内公民享有同等的国内航班票价和税费，与本地印度游客同等票价进入印度的国家公园和野生动物保护区；⑥与印度海外侨民一样，同一票价进入印度的国家古迹、历史遗迹和博物馆，同样在印度取得医生、牙医、护士和药师、律师、建筑师、注册会计师等执业资格，同等参加医师资格等各类考试以作为从业条件；⑦印度各邦政府（States Governments）将 OCI 卡登记册（Registration Booklets）作为提供服务的证明；⑧具有在印度顶级高校从教资格（OCI cardholders are eligible for appointment as teaching faculty）③。其他的优惠条件由海外印度人事务部根据 1955 年《国籍法案》第 7B（1）条款加以通告。④ OCI 卡持有者，也就是经登记注册的印度海外公民可以使用多次入境、多用途、终身访问印度的签证，也不再需要在外国人地区登记办公室为长期在印居留而进行登记。除此之外，还可享有多项与海外印度侨民及印度国内公民同等的利益和优惠。

3. 印度海外公民身份证的申请与发放情况

随着双重国籍政策的不断改进，印度海外公民方案得到了海外印度人社会的

---

① Frequently Asked Questions（FAQs），http：//mha1. nic. in/pdfs/oci - faq. pdf.

② Ministry of Overseas Indian Affairs，Annual Report：2006 - 2007，p. 11.

③ Overseas Citizenship of India（OCI）Cardholder：Frequently Asked Questions（FAQs），https：// www. mha. gov. in/PDF_Other/3OCIcardholder_FAQs_15112019. pdf.

④ Comparative Chart on NRI/Person of Indian origin /OCI Cardholder，http：//mha1. nic. in/pdfs/oci - chart. pdf.

热情回应，越来越多的海外印度人获得印度海外公民身份。从印度政府海外印度人事务部和内政部的年度报告相关统计，可以对印度海外公民身份证申请和发放情况加以宏观和历史理解。从 2005 年 12 月 2 日开始实施，直到 2014 年 12 月 31 日，已有 1 718 498 人获得印度海外公民身份登记认证。① 海外印度人事务部 2014—2015 年度报告提供的数据显示，该计划自 2006 年 1 月至 2015 年 1 月 19 日，共有 1 691 058 名海外印裔人士（PIOs）登记注册为印度海外公民（OCIs）。② 截至 2016 年 12 月 31 日，有 2 405 986 张 OCI 卡已经被登记，另有 218 232 张 OCI 卡被登记并替代 PIO 卡。③ 印度内政部最新年度报告显示，截至 2019 年 12 月 31 日，共有 3 593 963 名海外印裔人士登记为 OCI 卡持有人，同时有 405 102 张 PIO 卡替换为 OCI 卡。④

4. 印度海外公民方案的评析

总体来看，印度海外公民身份证持有者，也就是经登记注册的印度海外公民，可以使用多次入境、多用途、终身访问印度的签证，也不再需要在外国人地区登记办公室为长期在印度居留进行登记。作为印度海外公民身份证持有人，可以享有较多与海外印度侨民及印度国内公民同等的利益和优惠。印度海外公民身份证制度的实施，给予海外印度裔人士与国内印度人同等的居民待遇（除选举权外），这大大加速了海外印度裔人才的回流和环流。

应指出的是，OCI 卡持有者与海外印度侨民不同，前者并没有被赋予政治权利，更谈不上在海外行使投票权。严格来说，印度海外公民不能被直接理解为双重国籍。⑤ 这一政策的有限性在于：拥有双重国籍者不能参加投票和竞选，不能参军和担任某些法定职位，其投票权或选举权、被选举权和获得某些行政职务的权利受到限制。具体而言，经申请登记为印度海外公民者并不能与普通印度公民同样享有印度宪法第 16 章所规定的权利，即与普通印度公民一样从事公职事务的平等机会。⑥ 经登记的 OCI 卡持有者并没被赋予任何投票权利，如选举人民院

---

① Ministry of Home Affairs, Annual Report：2014 – 2015, http：//www. mha. nic. in/sites/upload_ files/mha/files/AR（E）1415. pdf, p. 227.

② Ministry of Overseas Indian Affairs, Annual Report：2014 – 2015, http：//www. mea. gov. in/images/pdf/annual – report – 2014 – 15. pdf, p. 18.

③ Ministry of Home Affairs, Annual Report：2016 – 2017, http：//mha. nic. in/sites/upload_ files/mha/files/EnglAnnualReport2016 – 17_17042017. pdf, p. 286.

④ Ministry of Home Affairs, Annual Report：2019 – 2020, https：//www. mha. gov. in/sites/default/files/AnnualReport_19_20. pdf, p. 242.

⑤ Overseas Citizenship of India Scheme, http：//www. mea. gov. in/overseas – citizenship – of – india – scheme. htm.

⑥ Overseas Citizenship of India Scheme, http：//www. mea. gov. in/overseas – citizenship – of – india – scheme. htm.

(Lok Sabha)、联邦院（Rajya Sabha）、议院/委员会，不能拥有诸如总统、副总统、最高法院/高等法院法官等职位。[1]

表 7 - 1　印度侨民、印裔及海外公民之比较表

项目	居住国外拥有印度国籍的印度人（印度侨民，NRIs）	有印度血统的外国人（印裔，PIO）	印度海外公民身份证（OCI）持有者
定义	持有印度护照，主要在国外定居的印度公民	一人或其任一祖先（any of ancestors）是印度国民（Indian National），现在拥有其他国家的国籍身份（Citizenship/Nationality），也就是持有外国护照	按照 1955 年《国籍法案》第 7（A）条款，经登记认证成为印度海外公民身份证持有人
取得印度公民之条件	印度公民	符合 1955 年《国籍法案》5（1）（a）和 5（1）（c）所列条件，在申请前已在印度长期居住满 7 年，可取得印度公民身份	如符合 1955 年《国籍法案》5（1）（g）所列条件，其作为 OCI 卡持有者登记满 5 年，且在申请前已在印度长期居住满 12 个月，具有授予印度公民身份的资格

资料来源：Comparative Chart on NRI/Person of Indian Origin /OCI Cardholder, http：//mha1. nic. in/pdfs/oci - chart. pdf。

　　印度调整国籍政策、赋予海外移民公民权的原因，既是源自该国海外移民数量的增多和实力增强，也与重视发挥海外移民作用为国家发展服务有关，无疑有借助海外移民力量发展本国经济的实用主义考虑。从某种意义来看，赋予海外移民双重国籍的重要因素就是全球化背景下国家利益的驱动。就国家而言，其为加强与海外移民社群之间的联系，或通过具有双重国籍的海外移民在来源国投射影响力而功利性地接受双重国籍，多重公民权的出现实际上扩大了国家权力。[2] 从

---

[1]　Overseas Citizenship of India（OCI）Cardholder, http：//mha1. nic. in/pdfs/intro. pdf。

[2]　吴小安：《遗忘的历史与剧变的现实：中国海外华人双重国籍问题的争论》，周南京主编：《境外华人国籍问题讨论辑》，香港：香港社会科学出版社有限公司，2005 年，第 62 页。

印度的实践可以得出，这实际体现出移民输出国国家战略与海外移民利益驱动的某种契合。就个人而言，双重国籍增加了对国籍的策略性使用，以功利为目的保留和取得国籍的可能性随着多种国籍的接受而增加。同时，也应该看到双重国籍在印度的实践也引起了国内外的争议和疑虑，比如对国家安全的影响、双重认同可能产生的效忠问题、公民的权利与责任的关系、政策的实用主义与功利性等问题。在一个越来越承认国家作为多民族和多元文化角色的时代，赋予移民双重国籍和公民权意味着移民输出国正在经历一种变革，即从国家成员资格以定居国内为基础向以该国对移民社群的认识为基础转变。① 对于移民输出国而言，通过引入各种类型的双重公民权，以加强本国海外移民的权利，实际上是一种跨国民族主义形式。

（六）设立海外印度人节和海外印度人奖等国家级节日和奖项

根据海外印度人高级委员会的建议，借鉴菲律宾的相关经验，印度政府开始设立海外印度人节和海外印度人奖，肯定和表彰海外印度人的贡献与成就。② 印度政府将每年的 1 月 9 日定为海外印度人节（Pravasi Bharatiya Divas，PBD）。1919 年 1 月 9 日，是印度国父圣雄甘地从南非回到印度，举起反殖民主义大旗，领导独立运动的日子。2003 年 1 月 9 日，首届海外印度人节在新德里召开，来自66 个国家的 2 000 多名海外印度人代表出席了会议，其中包括政治领导人、企业家、银行家和知名作家等杰出人物。活动内容主要包括演讲、商业及投资贸易促进会、海外印度人的社会政治文化学术研讨会及文化体育活动等。每届举办活动，包括国家元首和政府首脑在内的印度政府高级官员大多会出席会议，印度总理照例发表重要演说。海外印度人节的宗旨是鼓励海外印度人回国投资和参加建设，增强海外印度人对印度的认同感和印度对海外印度人的凝聚力。2003—2021年，海外印度人节已在新德里（New Delhi）、孟买（Mumbai）、海德拉巴（Hyderabad）、金奈（Chennai，以前称马德拉斯）、斋浦尔（Jaipur）、科钦（Cochin）、甘地讷格尔（Gandhinagar）、班加罗尔（Bengaluru）和瓦拉纳西（Varanasi）9 个城市举办 16 届。③ 从 2007 年起，又陆续在海外印度人比较集中的地区举办小型、区域性的海外印度人节活动。④

---

① Jose Itzigsohn：《拉丁美洲的移民与跨国公民权——以墨西哥和多米尼加共和国为例》，［德］托马斯·费斯特、［美］彼得·基维斯托主编，王全译：《全球视野下的双重国籍：从单一国籍到多重国籍》，北京：法律出版社，2015 年，第 125 页。

② High Level Committee On Indian Diaspora, Report of the High Level Committee, http：//indiandiaspora. nic. in/contents. htm.

③ https：//www. pbdindia. gov. in/en.

④ http：//moia. gov. in/services. aspx? id1 = 25&id = m1&idp = 25&mainid = 23.

自 2003 年开始，印度在海外印度人节上颁发海外印度人奖（the Pravasi Bharatiya Samman Award，PBSA），以表彰在国际社会表现突出或有卓越成就的海外印度人，肯定他们在加强印度与其他国家关系以及推广印度的声誉、威望方面所作的贡献。奖项主要针对印度侨民（Non-Resident Indian）、印度裔人士（Person of Indian Origin）、印度侨民/印度裔人社团。2003—2021 年，海外印度人奖已颁发 16 届。① 根据印度政府相关条例规定，具有全球性特点的重要海外印裔组织每年可提名一位海外印度人奖候选人，获此提名权的印裔组织不超过 15 个，其中美国印裔组织占三分之一以上。② 海外印度人节及海外印度人奖的实施，有助于提高海外印度人在国家中的地位、凝聚这一群体并发挥其作用。

三、印度华侨华人概况

（一）印度华侨华人社会形成与汉族侨胞发展概况

中国人移民印度的历史概况。中国和印度同属文明古国，中印两国人民的友好交往源远流长。在清代中后期，一批以广东客家人为主的中国人来到印度加尔各答，并在那里繁衍生根，形成了印度第一个华人聚居地。太平天国运动失败之后，有太平军余部逃往印度。1930 年前，印度华侨有 8 300 余人。到太平洋战争爆发前，在印华侨增至 1.4 万人。③ 据《印度华侨志》的统计，1959 年印度华侨人数为 56 781 人。④ 20 世纪 60 年代印度的排华给印度华侨社会造成严重影响。1962 年以前，加尔各答的汉族侨胞达 5 万余人；1963 年后，汉族侨胞多数移居他国。至 1971 年，印度华侨华人人口已经减少到 12 717 人。应该指出，这一数据并未包括海外藏胞等群体。⑤ 老一代的汉族侨胞主要来自广东、湖北、山东、江苏、浙江、福建、山西等地，尤以广东籍占多数，特别是梅县出身的客家人数量最多。

加尔各答是印度唯一拥有唐人街的城市，即该市中心的保巴沙区和距离加尔各答约 5 公里、位于东南郊外的塔坝区。⑥ 在印汉族侨胞主要聚居在加尔各答等

---

① http：//moia. gov. in/writereaddata/pdf/recipients_2003_2013. pdf.
② 毛悦：《大国战略视角下的印度海外印度人政策研究》，《世界民族》2015 年第 4 期，第 81 页。
③ 国务院侨办侨务干部学校编著：《华侨华人概述》，北京：九州出版社，2005 年，第 97 - 98 页。
④ 转引自张秀明：《被边缘化的群体：印度华侨华人社会的变迁》，《华侨华人历史研究》2008 年第 4 期。
⑤ 涂华忠：《印度华侨华人经济发展探析》，《南亚东南亚研究》2010 年第 2 期，第 87 页。
⑥ 具体可参见［日］山下清海、刘晓民：《印度的华人社会与唐人街：以加尔各答为中心》，《南洋资料译丛》2010 年第 1 期。

地，主要从事皮革加工、餐饮等行业。① 数十年来，在印度人口飞速增长的同时，汉族侨胞的数量却在持续下降。2004 年，印度有老华侨华人 6 000 余人，其中加尔各答 4 000 多人，孟买 1 000 多人，新德里 500 多人，其余分布在海德拉巴和班加罗尔等地。② 目前，印度华侨华人总数虽没有确切的数据，但传统华人社会的规模越来越小。较低的社会地位和较少的发展机会使得印度汉族侨胞群体处于萎缩状态，许多人通过移民方式前往英联邦等其他国家。③ 由于历史原因，印度传统华人社会总体呈现衰落状态，汉族侨胞数量规模较小，在政治和经济生活中的影响微小。

印度华侨华人的职业分布与籍贯有很高的关联。华侨在印度早期多从事甘蔗、茶叶、修筑铁路及小商业等，至 21 世纪初印度汉族侨胞职业以制革业、制造业为主的状况基本没有改变。广东籍侨胞多从事制革和制鞋业，湖北籍侨胞以牙医业为主，广东四邑籍的侨胞多从事木匠行业，而在印藏胞以务农、打工和从事手工业为主。

印度华侨华人社团的演进与发展。印度华人社团组织最早出现于 20 世纪初期，1907 年在加尔各答成立了嘉应会馆、南顺会馆等地缘性组织。此后，加尔各答工友合作社（1952）、加尔各答中国街侨团联合会、塔坝华侨联合会、印度中华总商会（1944）等各种业缘、宗教性及综合性社团相继成立。④ 有研究显示，至 20 世纪 80 年代，印度仍有 20 余个华侨华人社团，人数较多的有塔坝制革服务互助社、旅印华侨协会等社团。在 20 世纪末期，印度一些华侨华人社团因华侨移民人数减少等原因，在社会中影响日益减弱。⑤ 2017 年 5 月 19 日，全印度华侨华人协会在印度首都新德里成立。协会第一届理事会推选丘开勇为首任会长，叶启炎和谢明通为副会长，刘国赵为顾问，来自印度新德里、加尔各答、孟买、班加罗尔等地的 19 名侨胞担任理事。⑥ 协会作为在印度的首个全国性侨胞组织，揭开了在印华侨华人历史的新篇章。

---

① 商务部国际贸易经济合作研究院、商务部投资促进事务局、中国驻印度大使馆经济商务参赞处：《对外投资合作国别（地区）指南（2015 年版）·印度》，中国商务部，http：//fec. mofcom. gov. cn/article/gbdqzn/upload/yindu. pdf，第 8 页。

② 《印度华人从半世纪前 5 万人减到 6 000 人》，国际在线，http：//news. cri. cn/gb/1827/2004/09/29/1165@313777. htm。

③ 《海外侨情观察》编委会编：《海外侨情观察：2013—2014》，广州：暨南大学出版社，2014 年，第 88 页。

④ 参见《华侨华人百科全书·社团政党卷》编辑委员会编：《华侨华人百科全书·社团政党卷》，北京：中国华侨出版社，1999 年。

⑤ 国务院侨办侨务干部学校编著：《华侨华人概述》，北京：九州出版社，2005 年，第 99 页。

⑥ 《全印度华侨华人协会举行成立大会》，人民网，http：//world. people. com. cn/n1/2017/0521/c1002 - 29289215. html。

印度华文媒体与华文教育发展也经历了从繁盛到衰落的过程。印度最早的中文报纸是 1933 年 7 月创办的《印度日报》，此后陆续有《新军日报》《中国周报》和《中国日报》等报出现。但因资金不足和其他原因，《印度日报》2001 年已经停办。[①] 印度目前唯一出版发行的华文报纸仅有 1967 年创办的《印度商报》。2016 年 11 月，中国国务院侨务办公室副主任谭天星在印度加尔各答访问期间专程前往《印度商报》参观考察，并为该报题词"传承中华文化，反映侨胞心声，促进中印友好"。[②] 印度华校数量最多时有数十所，到 20 世纪 80 年代仅有培梅学校、建国学校和梅光学校。由于印度华侨华人社会人口外移，加上师资力量的缺乏，华校日渐衰落。[③] 进入 21 世纪，培梅学校成为印度唯一的中文学校，至 2005 年仅有 60 多名学生坚持学习中国文化。[④] 印度华文教育走向衰落的同时，印度民众对汉语和中华文化的热情却有所提升。2008 年，加尔各答中文学校成立，这也是该市唯一一所专门从事中文教育的机构。2017 年，该校与云南师范大学合作设立了印度首家"孔子课堂"。[⑤]

随着中印关系的不断改善和发展，印度华侨华人在谋求更好发展的同时，也更加关注中国的发展，与中国的联系日益密切，不少人回国旅游、探亲、开展商贸活动等。[⑥]

（二）印度是海外藏胞的重要聚居地

少数民族侨胞尤其是海外藏胞数量多、比例高是印度侨情的一大特点。有数据显示，20 世纪 80 年代中期印度华侨华人人数为 110 000 人。其中，藏族和维吾尔族等少数民族侨胞占有很高比例，这也是印度华侨华人相较于东南亚和北美等传统华人移居地的不同之处。[⑦] 也有学者指出，2004 年印度有少数民族华侨华人 13 万人，其中藏族 11 万，维吾尔族 2 万。维吾尔族华侨华人主要是 1959 年

① 《〈印度商报〉：顽强求生的中文报》，大公网，http：//news. takungpao. com/paper/q/2014/1030/2806500. html，2014 年 10 月 30 日。

② 《谭天星考察印度华文报纸〈印度商报〉》，中国新闻网，https：//www. chinanews. com/hr/2016/11 – 26/8075541. shtml。

③ 参见《华侨华人百科全书·教育科技卷》编辑委员会编：《华侨华人百科全书·教育科技卷》，北京：中国华侨出版社，1999 年，第 121 – 122、512 – 514 页。

④ 《印度唯一的中文学校——培梅中学》，中国华文教育基金会，http：//www. chinaqw. com/node2/node2796/node2797/node3107/userobject6ai259556. html。

⑤ 《印度首家孔子课堂落户加尔各答》，人民网，http：//world. people. com. cn/n1/2017/1129/c1002 – 29674780. html。

⑥ 张秀明：《被边缘化的群体：印度华侨华人社会的变迁》，《华侨华人历史研究》2008 年第 4 期，第 20 – 21 页。

⑦ 《各国华侨华人》，北京：国务院侨务办公室秘书行政资料室，1991 年，第 328 页。

以前以探亲、经商、朝觐等名义在印度定居者及其后代。①

海外藏胞是海外华侨华人群体的组成部分，在印藏胞也成为印度华侨华人社会的重要群体。② 海外藏胞在迁徙与调适的过程中，日益呈现出与包括汉族在内的各民族人口跨国流动相似的基本特征。③ 藏族华侨华人，也就是海外藏胞的主体是 20 世纪 50 年代末随达赖集团在西藏发动叛乱遭到失败后前往印度的 8.5 万人及其后代。此外，还有 1959 年以前在印度经商定居者及其后代，改革开放以来从中国前往印度的藏族新移民，约 1.5 万至 2 万人，其中 45% 为僧尼。④ 关于海外藏胞的数量，存在不同的统计数据。如中国现代国际关系研究院南亚所所长胡仕胜曾指出，2009 年约为 17 万人，其中定居印度的近 11 万人。⑤ 印度学者拉什米·塞赫加认为，如果将在印度出生的第二、三代藏胞全部统计在内，居住在印度的海外藏胞总数即达到 30 万人。2010 年 12 月，达赖集团公布的数据显示，海外藏胞总数为 127 935 人，其中印度 94 203 人。⑥ 目前，在印藏胞主要分为两大部分。一是 50 年代末随达赖前往印度的第一代藏民及其后裔；二是改革开放之后，由中国各藏区前往印度各地的，以僧侣为主的新移民群体。全印度共有 39 个"西藏村"，其中三个分布在首都新德里。

在印度，除达赖集团高层骨干分子都拥有外国国籍之外，大部分流亡藏人只有印度居住证，只能接受"二等公民"的身份，不得不担心印度可能的政策变化。因此，他们很难购买土地和房产，从而进一步加大了他们在印度谋生的难度。由于自然条件、身份与文化差异等限制，大部分在印藏胞生活艰苦。

（三）印度中国新移民发展概况

改革开放尤其是 21 世纪以来，从中国大陆到印度留学、经商及务工的赴印中国新移民人数不断增加，这也成为印度华侨华人社会的新变化。这些改革开放之后到印度工作和学习的新移民，他们中的大多数没有获得在印度的长期居留权，但是由于工作关系，一部分选择长期在印度生活。

目前，中国是印度第一大贸易伙伴，印度是中国在南亚最大的贸易伙伴。2019 年，中国是印度第三大出口目的地和第一大进口来源地。据印度官方统计，

① 赵和曼：《少数民族华侨华人研究》，北京：中国华侨出版社，2004 年，第 123 - 124 页。

② 《境外爱国藏胞是我们的兄弟姐妹》，中国驻印度大使馆，http：//www.fmprc.gov.cn/ce/cein/chn/sgxw/t1377771.htm，2016 年 7 月 6 日。

③ 李明欢：《海外藏胞的发展状况与多元分化》，《世界民族》2014 年第 6 期，第 83 页。

④ 赵和曼：《少数民族华侨华人研究》，北京：中国华侨出版社，2004 年，第 123 - 124 页。

⑤ 《海外"流亡藏人"调查》，《国际先驱导报》，2009 年 3 月 16 日。

⑥ 具体参见李明欢：《海外藏胞的发展状况与多元分化》，《世界民族》2014 年第 6 期。

2019 年印中货物贸易总额 854.7 亿美元。[①]《中国统计年鉴 2020》数据显示，2019 年中国对印度直接投资流量 5.34 亿美元；截至 2019 年末，中国对印度直接投资存量 36.1 亿美元。[②] 总体而言，中国对印度投资规模仍较小，缺乏集约式投资，投资模式和领域都较为单一，与两国的经济规模和经贸合作水平不相称，提升空间较大。目前，中国阿里巴巴、腾讯、小米、VIVO、OPPO、复星医药、上海汽车、海尔、华为、特变电工、青山钢铁、三一重工等企业在印度投资较大。主要投资领域包括电子商务、手机、电信设备、家用电器、电力设备、钢铁、工程机械等领域。[③] 印度中国企业商会成立于 2006 年，是为适应日益发展的中印经贸交流而成立的商业团体，致力于推动中国驻印度企业间以及中印企业间的相互联系和资讯交流；维护中印企业在经贸往来中的合法权益，推动解决重大经贸问题；为扩大中印经贸而进行相关行业政策法规的调研和呼吁，在促进中印商业、贸易、教育、文化与社区发展等各个方面都扮演着重要角色。[④] 作为印度境内经营的中资企业自愿成立的民间组织，商会目前累计拥有会员单位 160 余家，2016 年理事单位 20 家。[⑤]

当前，前往印度从事经贸工作的中国投资者，以及赴印度从事海外务工的熟练工人、技术人员和各类专业人员在不断增多。[⑥] 随着中印经贸关系在几十年间的长足发展，在印度的中资企业日益发挥重要作用，派驻人员数量也日益增多。印度《经济时报》估计，2009 年在印度工程项目工作的中国工人大约为 2.5 万人，其中只有 1 800 人选择申请在印度继续工作。[⑦] 由于印度政府外国人签证政策不稳定，经常出现拖延和拒签现象，普通劳工很难取得在印度的工作签证，甚至一些商务签证也出现两三个月的审查期，较为严重地影响了两国的人员往来，但在 2011 年后状况有所缓和。曾有国外媒体报道，2015 年印度内政部向外交部表达希望推迟启动金砖国家商务旅行卡（BBTC）项目，同时以安全考虑为由，

---

① 商务部国际贸易经济合作研究院、商务部投资促进事务局、中国驻印度大使馆经济商务参赞处：《对外投资合作国别（地区）指南（2020 年版）·印度》，中国商务部，http：//www. mofcom. gov. cn/dl/gbdqzn/upload/yindu. pdf，第 38 页。

② 《中国统计年鉴 2020》，国家统计局，http：//www. stats. gov. cn/tjsj/ndsj/2020/indexch. htm。

③ 商务部国际贸易经济合作研究院、商务部投资促进事务局、中国驻印度大使馆经济商务参赞处：《对外投资合作国别（地区）指南（2020 年版）·印度》，中国商务部，http：//www. mofcom. gov. cn/dl/gbdqzn/upload/yindu. pdf，第 38 页。

④ 《印度中国企业商会成立 10 周年庆典举行》，人民网，http：//world. people. com. cn/n1/2016/0405/c1002 - 28249081. html。

⑤ 《商会简介》，印度中国企业商会，http：//www. ccei. org. in/4。

⑥ 涂华忠：《印度华侨华人经济发展探析》，《东南亚南亚研究》2010 年第 2 期，第 89 - 90 页。

⑦ 《印度实行新签证制度　数千中国劳工被迫回国》，《环球时报》，2009 年 11 月 2 日。

对向中国公民发布长期商务签证持保留意见。① 在工程承包和劳务合作方面，2019 年当年派出各类劳务人员 1 419 人，年末在印度劳务人员为 2 073 人。②

在印留学生群体和社团概况。有数据显示，从 2003 年开始到 2009 年，在印度的中国留学生人数已经超过了 1 200 人。2013 年 1 月 19 日，来自印度各地 13 个分会的中国留学生代表参加了"全印中国留学生联合会"（简称"中国学生会"）第一次选举活动，也标志着作为在印度境内各大学的中国学生会基础上自愿联合组织的中国学生团体正式成立。③

四、小结

在印度政府的移民管理方面，印度内政部负责移民、签证及公民身份相关事务。外国人入境、居留及出境事务由印度政府移民局及各邦政府、联邦属地管理部门负责。印度政府有关外国人入境的法律法规主要包括《护照法》《护照规则》《外国人登记法》和《外国人登记规则》等。近年来，印度内政部开始实施"移民、签证及外国人登记和跟踪计划方案"，该计划的目标是发展和实现一个安全和有效整合的服务管理架构，有利于提升安全性。据印度内政部的统计，2019 年共有 10 923 084 名外国人访问印度。

截至 2017 年 12 月，海外印度人总量为 30 833 234 人，其中海外侨民为 13 327 438 人，印度裔 17 505 796 人。海外印度人分布在全球 208 个国家，主要聚居于英国、美国、非洲和东南亚等地。随着印度政府对海外印度人工作的不断重视，其管理机构也在不断调整、升级。21 世纪以来，海外印度人高级委员会、海外印度人事务部相继成立，而 2016 年初海外印度人事务部重新划归外交部，标志着印度海外移民的政策进入全新时期。

印度政府于 1999 年 3 月出台了印裔卡计划，以加强与海外印度人的感情联系，满足他们回国发展的需要。印度海外公民方案基于 2005 年 8 月通过的《国籍法案》修正案而得以开始实施。该方案由印度内政部负责具体实施。根据海外印度人高级委员会的建议，借鉴菲律宾的相关经验，印度政府开始设立海外印度人节和海外印度人奖，肯定和表彰海外印度人的贡献和成就。从立法、行政机构及具体实践来看，印度的海外印度人政策已经建立起一套较为全面、清晰、长期的制度化政策框架，从而更好地推进具体政策措施的制定实施。印度政府重视海

---

① 《印度内政部以安全为由反对简化中国商人签证》，参考消息网，http：//www.cankaoxiaoxi.com/world/20150403/729181.shtml，2015 年 4 月 3 日。

② 《中国统计年鉴 2020》，国家统计局，http：//www.stats.gov.cn/tjsj/ndsj/2020/indexch.htm。

③ 全印中国留学生联合会，http：//www.csuin.org/。

外印度劳工的管理保护工作，制定相关法律规章维护他们的合法权益。

　　历史原因，印度华侨华人数量少，在印度政治和经济生活中的影响小。汉族侨胞主要集中在加尔各答等地，他们主要从事皮革加工、餐饮等行业。境外爱国藏胞是海外华侨华人的重要组成部分。中印关系的不断改善和发展，为华侨华人在印度的发展营造了良好条件。近年来，从中国大陆到印度留学、经商及务工的人员不断增加。

第八章　美国移民政策法规[①]

美国是个移民国度，所接纳的外来移民人数超过世界上所有国家的总和。美国历史上曾经历过数次大规模的移民浪潮的冲击。1965 年新移民法通过后，世界各地不同肤色的移民更是源源不断地涌向美国，尤以来自拉丁美洲和亚洲等发展中国家的移民最为显著。据统计，仅 1990 年到 2005 年间，美国就新增移民 1 500 万，占全球移民总数的 75%。与此同时，还有大量通过非正规途径入境的移民，目前总人数达到近 1 200 万，接近全美总人口的 4%，而且还在以年均 30 万人的速度增加。至 2013 年，有 4 600 万移民居住在美国。如何制定合理的移民政策，既不违背其引以为豪的自由民主传统，又能适应社会经济发展需求，有效地甄选移民，是美国移民法律和政策制定者一直需要面对的问题。影响移民政策法规的因素是多方面的，除了人道主义和经济上的考虑外，不同党派、部门和利益集团的博弈，国家安全及种族文化问题都在其中起着制约作用。

一、外来移民与美国移民政策法规的历史演变

（一）自由移民时期（1776—1881）

从建国初一直到 19 世纪 80 年代，美国基本上实行的都是自由移民的政策。在这一历史时段，外来移民的主体来自西北欧，只有少量来自东欧、南欧、亚洲。1880—1920 年，美国经历了一次前所未有的移民浪潮的冲击，大约共有 2 300 万移民迁入。这一次移民潮的民族来源发生了很大的变化，来自西北欧的英国、德国、北欧等国家或地区的移民逐渐减少，而来自东欧和南欧的移民日渐成为主体，至 1907 年他们已占据移民总数的 80% 以上，其中以意大利移民和东欧犹太移民数量最多。[②]

---

① 本章执笔者李爱慧，暨南大学国际关系学院/华侨华人研究院副研究员，主要研究方向为美国移民与华侨华人、中美关系。

② Thomas Kessner, *The Golden Door: Italian and Jewish Immigrant Mobility in New York City*, New York: Oxford University Press, 1977, pp. 5, 7.

（二）民族来源限额时期（1882—1965）

由于 19 世纪末 20 世纪初美国经济形势恶化，加上主流社会对东欧、南欧移民和亚洲移民的疑惧，本土主义和排外主义思潮日渐高涨。美国政府决定采取措施，杜绝亚洲移民入境，严格限制东欧、南欧移民入境。1882 年美国通过了专门针对中国移民的《排华法案》，之后又制定了一系列限制外来移民的法律。1917 年颁布了文化测验法，1921 年通过《紧急移民限额法》，第一次提出限制欧洲移民的数量。1924 年正式通过《移民限额法》，禁止亚洲劳工入境，同时把欧洲移民总额由 1921 年的每年 35.7 万降至 16.4 万，把移民限额的基准年从 1910 年改为 1890 年[①]，以此减少东欧和南欧移民的配额。这种带有种族和民族偏见的移民限额制一直到 1965 年才完全被废除。

"二战"期间和战后初期，出于经济发展和外交的需要，美国颁布了一些特别法案，稍微放宽了对某些移民的接纳限制。1943 年，美国废除了《排华法案》，给予华人移民 105 名配额。"二战"结束后，为解决战时海外作战的美军士兵与当地人结婚而产生的家庭团聚问题，美国于 1945 年通过了《战时新娘法》和《战时未婚夫妻法》。为安置战后欧洲的大量难民，于 1948 年特别通过了《战时流亡人员安置法》。这些法令的主要受益者是东欧和南欧人，也有少量亚洲人，一定程度上突破了 1924 年的《移民限额法》对上述地区移民的配额限制。

1952 年美国通过《移民与国家安全法》（也称《麦卡伦—沃尔特法》），依旧维持了民族来源限额制的基本原则；不过同时增设了"亚太三角区"条款，允许这一地区每年 2 000 人入境，每个国家的最高限额为 100 人。该法规定将全部移民限额的 50% 用于美国亟须的、有突出才能的各类外国专业人才，是美国战后第一部强调引进职业技术移民的法律；同时出于人道主义的原则，该法将 50% 分配给家庭团聚类移民。

（三）全球限额时期（1965 年至今）

1. 1965 年《移民与国籍法》

直到 20 世纪 60 年代中期，在国际上反殖民主义和国内民权运动等多种因素的推动下，美国实行全面的移民改革，于 1965 年通过《移民与国籍法》，彻底废除 1924 年《移民限额法》民族来源限额制的歧视性条款，确立了相对公平合理的移民接纳原则，来自亚非拉第三世界的移民获得相对平等的入境机会。该法规定：自 1965 年 12 月 1 日起到 1968 年 6 月 30 日，用两年半的时间来取消民族来

---

①　因为 1890 年 80% 以上的移民来自英国、德国和北欧。

源限额制，从 1968 年 7 月 1 日起开始实施全球限额制度（美国公民的直系亲属可不受配额限制），每年的总限额为 29 万人；西半球不分国籍，按先来后到的原则入境，总限额 12 万人；东半球以国籍为基础实行限额制，总限额为 17 万人，每个国家的最高限额为 2 万人。对移民的甄选采取七个类别的优先权分配原则，第一类为美国公民的成年未婚子女，占 20%；第二类为获得永久居留权的外侨的配偶及其子女，占 20%；第三类为受过高等教育、在科学和艺术上具有突出才能的移民，占 10%；第四类为美国公民的已婚子女，占 10%；第五类为美国公民年满 21 岁的兄弟姐妹，占 24%；第六类为美国急需的熟练和半熟练劳工，占 10%；最后还有 6% 的优先权给予难民。家庭团聚类移民占总限额的 74%，而职业移民占 20%。

由于 1965 年《移民与国籍法》未对西半球的移民选择作具体规定，导致西半球移民状况混乱和移民国籍结构失衡，迫使国会于 1976 年和 1978 年对其进行补充修订。1976 年国会通过了《西半球法案》，把施用移民限额优先分配、每年每国最高限额等原则同样施用于西半球。1978 年，最终把两半球分立的限额制纳入全球统一的系统，完成了对移民来源限额制的全部改革。

2. 《1980 年难民法》

自"二战"以来，美国经历了几次难民潮的冲击：第一次是"二战"后初期的欧洲难民潮，第二次是 20 世纪 50 年代末到 60 年代的古巴政治难民潮，第三次是东南亚难民潮。前两次难民潮发生时，美国的经济发展势头很好，总统推动国会颁布一些特别难民法予以接纳，民众没有什么反对之声。可是，70 年代中期之后的东南亚难民潮所引起的社会反响却大不相同。由于需要安置的数量远远超过配额，很多人只能依赖美国总统动用"便宜行事权"① 得以入境。1978 年又出现了第二次东南亚难民潮，也就是引起世界关注的"船民危机"②，美国政府被迫再次使用"便宜行事权"接纳几十万"船民"入境。由于这一时期美国经济状况不佳，美国公众对大批涌进的东南亚难民有些不安，国会议员对"便宜行事权"的滥用也极为不满。1978 年，美国国会设置了一个特别委员会，其主要目标是重新制定一项长期有效的难民法，确定更现实的接纳数量，按国际标准进行分配。

经过两年多的讨论商定，《1980 年难民法》出台。该法把难民与普通移民的接纳分立开来，为其单独设立了一个接纳程序；采用联合国难民署的规定，把难

① 便宜行事权是指在紧急或特殊情况下，美国总统可以不用通过国会批准，直接发布行政命令。
② 越南统一之后，很多人不堪忍受恶劣的经济和社会状况，不惜冒生命危险，乘小船远渡他国避难，因而被称为"船民"。

168

民定义为"由于种族、宗教、社会阶级或是政治观点的原因遭受迫害或有充分理由担心将受到迫害而不能或不愿回到自己国家的人"。[1] 1965 年移民法的第七类优先及其他现存的难民法一律被取消。难民审查分两种方式进行：一种为海外审查，指外国人在美国以外指定的地点接受审查；另一种为境内审查，指已在美国的人可以申请避难权，只要能达到联合国规定的难民标准，就可被接纳为难民。该难民法颁布之后，美国的难民接纳事务逐步走上了正轨。

3. 1986 年《移民改革和控制法》

在合法移民之外，美国还有数量庞大的非正规移民。他们一方面为美国提供了大量的廉价劳动力，另一方面他们带来的经济、执法和社会问题一直困扰着美国政府。非正规移民包括偷越入境者及持合法非移民签证逾期不归的外籍人，其中人数最多的是偷越美墨边境的墨西哥人。非法移民屡禁不止，令美国政府颇为头痛。20 世纪 50 年代，移民局为解决非法移民问题，曾于 1953 年和 1954 年连续两年实施清除"湿背客"[2] 行动，但只在短期内控制了移民的非法入境现象。

当 1965 年移民法为西半球也设置了移民总限额之后，非法入境的移民又有明显增加。1976 年对西半球进一步实行国籍限制后，非法移民的数量更是惊人，不仅包括墨西哥人，还有大量逃避暴乱的中南美洲人。仅 1978 年，移民当局在边境逮捕的人数就有 100 多万人；20 世纪 80 年代中期之后，每年的平均人数达到 160 万。[3] 美国公众普遍认为，非法移民不仅影响了美国本土工人的工资水平和就业率，而且增加了美国的贫困人口，加重了美国的财政负担。加利福尼亚州的反移民情绪最为激烈，因为该州毗邻墨西哥，一直是墨西哥非法移民的重要聚居地，该地居民对非法移民素无好感。

在控制非法移民的强烈呼声中，美国国会于 1986 年通过了《移民改革和控制法》。该法规定：①雇佣非法移民是违背法律的行为，首次触犯者，每雇佣 1 名罚款 1 千美元，再犯罚款 1 万美元和 6 个月的监禁；②赦免 1981 年 12 月 31 日以前入境，且连续居住在美国的非正规移民，允许他们申请合法居留身份，申请截止日期为 1988 年 5 月 31 日；③设立"特殊农业工人计划"，允许 1986 年 5 月 1 日之前入境并且在美国从事特殊农业耕作达 90 天以上的人申请赦免，并将颁布新的短期农业工人计划；④禁止雇主在招聘时因种族、国籍、性别和宗教信仰等原因歧视和排斥应聘者；⑤增加司法部和移民局的拨款，扩大边境巡防人员和

① David W. Haines ed. *Refugees in America in the 1990s*, Westport, Connecticut: Greenwood Press, 1996, p. 32.
② "湿背客"指游过美国和墨西哥边境的格兰德河的非法移民。
③ Palmer Seler Tamara, Melting Pot and Mosaic: Images and Realities, in David Thomas ed., *Canada and United States Difference that Counts*, Peterborough, Canada: Broad View Press, 1993.

境内检察人员的编制。

该法的主要目的是通过打击雇主来控制非法移民，但收效甚微。它的赦免方案倒是取得了巨大的"成功"，把习惯于季节性往返的短期墨西哥裔非法移民变成了合法永久居民，共计有230万墨西哥人获益。这使得边境线上被逮捕的非法移民在短期内锐减，不过很快又回升。原因在于原先的非法移民获得合法身份后，又会带动其他家庭成员迁入，而这当中只有极少部分是合法的。从实际效果看，美国非法移民控制法并未达到预期目的，非法移民数量不断攀升，与当初的设想相差甚远。南北经济差距的存在，使得非法移民成为美国社会难以根治的顽疾。

4.1990年《合法移民改革法案》

1965年移民法实施之后，美国移民来源地结构发生了很大的变化，拉丁美洲和亚洲移民逐渐占据移民的主体。不少白人担忧这些变化不仅会破坏盎格鲁—撒克逊文化的纯洁性，还会造成移民素质的下降，给美国经济带来消极影响。批评者把矛头指向1965年移民法，认为该法偏重家庭团聚，使得拉丁美洲和亚洲等第三世界国家很多教育和技能水平低下的人得以轻松入境。有人建议限制第三世界的移民入境，并改变移民优先分配方案，减少家庭团聚类移民，增加职业移民配额。关于1965年移民法的批评在20世纪80年代末达到高潮，迫使国会对限额移民优先权的分配方案做出调整，于1990年通过了《合法移民改革法案》（一般简称《1990年移民法》）。该法将限额移民按三大类十小类优先类别进行分配：

第一大类给予依据家庭团聚原则入境的移民，总限额为22.6万。其中，美国公民的成年未婚子女限额为2.34万；获永久居留身份的移民的配偶和子女限额为11.42万，美国公民的已婚子女限额为2.34万；美国成年公民的兄弟姐妹限额为6.5万。

第二大类给予职业移民，总限额为14万。该类优先权又分为五小类：第一类的申请者须是在科学、艺术、教育、商业、体育方面具有突出才能者、杰出的教授及研究人员、跨国企业中的高级经营管理人员，限额为4万；第二类限额为4万，给予具有高学历或特殊才能的专业技术人员；第三类给予熟练劳工和非熟练劳工，限额为4万；第四类给予一些特别移民，此类移民必须是美国政府机构的工作人员、国际组织工作人员、宗教工作者等，限额为1万；第五类给予投资移民①，每年限额为1万，投资金额一般为100万美元，司法部部长可视情况增

---

① 美国对投资移民的条件相比其他国家来说比较优惠：对投资移民没有受教育程度的限制，也没有语言能力的要求，不用具备直接经营企业的能力，不需要担保人，不需要等候期。

减投资额，但最低不少于 50 万美元，最高不超过 300 万美元。

第三大类给予"多样化"① 移民，主要供过去移民人数较少的国家和地区使用，此类移民限额在 1992—1994 年间为每年 4 万，此后每年 5.5 万。

从上述限额的分配看，该法增加了职业移民的配额，同时新设立了投资移民类别，但又并未根本改变照顾家庭团聚类移民的原则。1990 年移民法案明显有扩大移民数量的倾向，将合法移民的总限额从原来的每年 27 万人增加到 67.5 万人，从而使得每年移民的限额达到 20 世纪的最高水平，被认为是 20 世纪最宽松的移民法。

5. 1996 年《非法移民改革和移民责任法》

自 1990 年移民法通过后，美国国际移民数量达到一个新的高峰。同时，旨在控制非法移民的 1986 年《移民改革和控制法》也未达到预期效果，非法移民依然持续涌入。这使得美国民众的排外情绪高涨，他们认为移民不仅增加了美国的财政负担，而且还威胁到美国人的传统、价值观念和社会制度，加剧了种族冲突。1994 年，非法移民聚集最多的加利福尼亚州以公民表决的方式通过了"187 号提案"，要求禁止非法移民享有教育、住房和医疗等方面的福利待遇。这是当地民众向州政府和华盛顿的决策者们发出信息，希望他们采取严厉措施，解决非法移民这一严重的问题。② 1994 年之后，美国国会中关于移民提案的数量越来越多，并且大多都是主张加强移民限制。比如，国会众议院和参议院在 1995 年分别提交了史密斯议案和辛普森议案，两项议案都建议削减入境移民的总限额；逐步减少家庭团聚类移民的入境量；控制非法移民和入境后依赖社会救济的移民；参议院议案还建议减少职业移民的配额。

正是在反移民情绪不断高涨的情况下，美国国会于 1996 年通过《非法移民改革和移民责任法》。其主要内容包括：①加大对边境的人力和财力投入，5 年内增加 5 000 名边界巡逻员；在美墨边界偷渡频繁的地段建造三道隔墙。②在移民最多的五个州，实施身份证查核试用办法，拒绝非法移民领取汽车驾驶执照。③增加 300 多名移民局官员，加速检查遣返非法移民。④另外增加 150 名移民局官员，查缉雇佣移民的雇主。⑤简化驱逐出境程序等。⑥限制低收入移民（不论是非法还是合法）享受一些公共福利，如领取食物券、社会保障（含医疗）补助等。上述移民政策法规的通过，似乎表明美国决定要扭转移民政策的方向，然而事实上它只是对现行政策的强化，并且还存在许多漏洞和缓冲条款。联邦政府

---

① 设立"多样化"移民配额的主要目的是以非种族化的语言鼓励欧洲移民，以平衡拉丁美洲和亚洲移民。但从实施的效果看，这一意图未能实现。

② 梁茂信：《美国移民政策研究》，长春：东北师范大学出版社，1996 年，第 388 页。

颁布了一系列政策，以加快数百万名已经在美国居住至少五年的永久性居民入籍，这样他们就可以享受政府全部的福利。这些都显示美国仍在实行宽松的移民政策，因此有学者将 1996 年移民法案称为"反非法移民的马其诺防线"。①

二、21 世纪美国移民政策的现状和改革趋向

1990 年《移民法》通过后，在对待移民的态度上，美国分别经历了相对宽松的克林顿政府时期，相对严格的小布什政府时期及相对宽松的奥巴马政府时期，到特朗普执政后则采取激进手段开始全方位的收紧。

（一）"9·11"事件与美国移民政策趋向严控

从克林顿执政到小布什上台之初，美国移民政策总体来说是宽松的。可是，2001 年 9 月 11 日恐怖分子②劫机袭击纽约世贸中心双子塔事件令美国朝野震惊和恐慌。如何打击恐怖主义，加强安全防范措施，将恐怖主义拒之门外，这些无疑是美国所面临的最迫切的问题。事件过后，移民局受到来自国内强烈的批评与责问，移民政策也遭到猛烈抨击。不仅移民局被迫重组，移民政策亦明显趋向紧缩与严控。

2002 年，小布什总统签署《国土安全法》，宣布成立国土安全部（U. S. Department of Homeland Security，DHS）。这是美国自 1947 年成立国防部以来最大规模的一次政府机构大调整。国土安全部的主要职能部门有公民和移民服务局、海关和边境保护局、移民和海关执法局、联邦紧急事务管理署、运输安全管理局和海岸警卫队。其中，前三个部门的前身是美国移民归化局③，被拆分为三个局。移民事务纳入国家安全事务范畴，反映了美国政府对移民的管理更趋严格。根据国土安全部的内部分工，公民和移民服务局负责核发雇佣许可、劳工证、入籍归化、永久居留申请、短期签证申请及其他以往移民归化局主管的业务。公民和移民服务局在美国东部、西部、南部、北部设立了 4 个地区服务中心，与外国人打交道最多的便是这 4 个直接受理移民和非移民申请的服务中心。海关和边境保护局负责检查所有外国人的入境，防止恐怖分子和恐怖武器进入美国，有权拘留、逮捕企图非法进入美国的个人。移民和海关执法局负责美国口岸和边境线管理，调查移民方面的刑事犯罪。此外，劳工部负责审批外国人劳工证，外国人申请美

---

① Eric Schmitt, Senate Votes Bill to Reduce Influx of Illegal Aliens, *New York Times*, 1996 – 05 – 03.

② 调查显示，发动"9·11"恐怖袭击事件的 19 名犯罪嫌疑人中，有 11 名是居美的非正规移民。

③ 美国移民归化局成立于 1933 年 6 月 10 日，是美国昔日掌管移民与归化事务的政府部门，曾先后隶属于财政部、劳工部和司法部。

国职业类签证前，必须先取得劳工证。[①]

　　美国政府更采取一系列措施收紧移民政策：①从严发放签证，特别是加强了对移民是否曾有犯罪记录的审核；②强化难民审查；③加强边境管理，控制非法移民，严厉打击可能存在的恐怖分子。2005 年 12 月，在加强美国国家安全的主旨下，众议院通过了第 4437 号法案——《2005 年边境保护、反恐与控制非法移民法案》，制定了一系列针对外来移民的苛刻法令。其中包括：无合法证件滞留美国移民的量刑标准，将由"民事违法"升级为"触犯联邦刑法"，最高可判刑一年并予以强制遣返；雇佣非法移民的雇主将受到追加惩罚；为移民提供援助的相关机构都必须检查其所帮助对象的法律身份；为了阻止非法移民入境，强化边境安全管理措施，拟在美国与墨西哥边境建立一道长达约 600 千米的隔离墙，并允许动用军队和地方执法力量来阻止非法移民流入。由于该法案鲜明的反移民特点，被美国媒体和民间简称为"反移民法令"。

（二）全面的移民法改革举步维艰

　　21 世纪以来，美国一直想进行全面的移民法改革，其主要目的是增加高技术移民的配额，适当削减家庭团聚类移民，为美国经济发展延揽人才；另外一个目的是用合适的途径解决国内庞大的非法移民问题。小布什总统和奥巴马总统均力图推进全面的移民改革，可是面对国会两党和民间利益集团的较量，显得举步维艰。

　　1. 小布什的移民改革尝试

　　2007 年，在新一轮总统大选前夕，小布什再度将他的"移民政策全面改革"提上了参议两院的议事日程。围绕移民改革问题，美国国会出现了两个政策修订提案，一个是共和党参议员支持的"白宫版"[②]，另一个是众议院民主党支持的"移民奋斗法案"。两个提案的基本原则都是以满足企业主对外来廉价劳工的需求为主，因而有意对境内非法移民实施合法化，只不过在具体程序、实施条件上

[①] 刘国福：《技术移民法律制度研究：中国引进海外人才的法律透视》，北京：中国经济出版社，2011 年，第 128－131 页。

[②] "白宫版"议案的基本内容包括：非法移民可申请为期 3 年的工作签证（Z 签证），并且可以交纳 3 000 美元申请延期，延期次数不限；但如果要申请绿卡，申请人则必须返回自己的出生地，向那里的美国使领馆申请移民签证再返美国，并且交纳 1 万美元罚款。众议院的"移民奋斗法案"提出的基本原则是：2006 年 6 月 1 日前来美的非法移民如果继续在美国生活工作，必须交纳 500 美元罚款，通过安全资格审查，证明自己有一项正当工作，懂英语，无犯罪记录，即可得到临时的工作证件；合法工作 6 年之后，再交纳 1 500 美元罚款，就能申请绿卡或成为美国公民；该法案还提出，每年允许 10 万临时工进入美国，以填补那些美国人不愿意从事的工作岗位的空缺。参见李明欢：《国际移民政策研究》，厦门：厦门大学出版社，2011 年，第 202 页。

有所差异，民主党的议案版本明显宽松和人性化。

参议院和众议院对这两个议案争议不休，经过多轮磋商后，小布什政府终于在 2007 年 5 月 17 日出台了一个被称为"协商版"的移民政策改革法案——《2007 年边界安全与移民改革法案》。其中制订了一套雇用临时工人的计划，同时设计了有别于现行亲属移民制度的"计点制移民体系"，对申请绿卡者的语言能力、工作经验与教育程度等制定了系列标准。可惜的是，该法案因为没能得到参众两院多数议员的支持而流产，小布什希望在任内做出移民改革的重要建树的梦想彻底终结。美国移民政策改革的接力棒交到了新任总统奥巴马的手中。

2. 奥巴马的全面移民改革案

在第一任期内，奥巴马未能推动国会通过全面移民改革法案。至第二任期，"移改"成了他的首项国内政策倡议。2013 年 3 月初，美国国会参议院 8 人组成的跨党派移民改革小组开始草拟法案，于 4 月 26 日完成。经过参议院跨党派小组数月的磋商和妥协，6 月 27 日参议院终于以 68 票赞成、32 票反对的投票结果正式通过了 S. 744 号全面移民改革案，全称为《边境安全、经济机会和移民现代化法》(*Border Security*, *Economic Opportunity*, *and Immigration Modernization Act*)。参议院通过的全面移民改革案主要提出以下八大变革方案：

（1）为现居住在美国的 1 100 多万非法移民提供取得合法身份的路径，同时在美墨边境增大人力和财力投入，加强防范，切断非法移民潮。成年非法移民至少需要 13 年才可成为美国公民；而那些未满 16 周岁的非法移民则可利用《梦想法案》，最快可 5 年取得绿卡并立即申请入籍，但条件是他们必须读完高中，至少上过 2 年大学或服过 4 年兵役，并通过英文考试。

（2）对于亲属优先移民条例的修订：一是废除有关合法永久居民配偶和未成年子女的配额限制，将他们归为直系亲属移民，可以直接获得绿卡；二是取消美国公民的兄弟姐妹和 31 岁以上成年已婚子女的入境优先权，他们需要通过新的计分制或其他途径移民。

（3）对于职业优先移民条例的修订：一是取消职业移民的国别配额上限；二是某些高技术和才能突出的移民也不受全球配额的限制，特别是那些具有杰出才能或是从美国大学获得科学、技术、工程和数学类学位（STEM）① 的人才。

（4）新设立优秀移民签证类型（Merit-based Point System），主要是采用计分制选拔适合美国市场需求的技术人才，分数将根据学历、就业经验、居美时间、

① 2010 年全美所有外国研究生中的 60% 就读于科学、技术、工程和数学（STEM）专业，而这些领域恰恰是本土学生的冷门。基于科学、技术、工程和数学（STEM）专业的美国本土学生不仅数量有限而且增长缓慢，使其实现较快增长又有待时日。美国目前严重短缺科学、技术、工程和数学（STEM）领域的人才，而且这种现象愈演愈烈，美国公司不得不寻找外籍员工以弥补这个缺口。

有无亲人在美国、英语流利程度等条件计算。此类移民签证配额设在12万至25万，每年会依照就业市场需求调整。

（5）增加了H-1B类非移民签证的数量，从原来的每年6.5万增至11.5万~18万，也是按就业市场需求而调整。这类签证一般发放给在美国工作的外籍科学家、工程师、电脑程序员等技术人才。

（6）为技术水平低下的普通工人新设了一个非移民的"W"签证。

（7）新设企业家类别签证：一类是非移民的企业家签证，至少需要10万美元的投资，每年创造25万美元的收入；另一类是EB-6移民企业家签证，可以取得绿卡。后一类移民申请者必须在美国公司中占有相当比例的股份，或作为某公司的主要创办人之一，而且所营企业每年至少创造5个工作机会和获得50万美元的投资，或在前两年每年至少有75万美元的创收。

（8）取消现行的"多元化签证"，将配额转至计分制移民。①

总体看来，参议院S.744号全面移民改革案最突出的地方，就是取消原先针对每个国家的职业类移民签证数量限制和杰出人才的全球移民限额，优先考虑理工科毕业生，并拟采用计分制度挑选更多专业技术人员，还增加了H-1B短期工作签证数量。同时，移民改革案新设的EB-6投资移民企业家类型与现存的EB-5投资移民签证不同，投资者不用再经过"临时绿卡"阶段，只要符合要求就能直接拿绿卡，大大缩短了投资移民获取绿卡和公民身份的时间，而且此类移民签证的数量也增加到了1万。上述改革的主要目的都是为美国延揽更多的高素质人才、熟练劳工和投资企业家，以满足美国经济发展需求，帮助美国早日走出经济低谷。

参议院的移民改革法案在提交众议院之后遭遇搁浅。众议院对于增加高科技人才的签证额度、削减亲属移民签证数量的改革路向是赞成的，但是不认同参议院移民改革案中有关无证移民合法化的一些条款。外来移民群体发起大规模的集会游行，试图给众议院施加压力，促其尽快推进移民政策改革。由于国会中的党派之争，再加上美国政府在当年底因关门危机、《美国医疗保健法案》（*American Health Care Act*）、叙利亚危机、伊朗核谈等一系列紧迫问题被弄得焦头烂额，移民改革法案再次被搁置。

美国在非法移民问题上变得愈发保守。皮尤研究中心2014年9月3日在其官网发布了一篇名为"越来越多的人在移民政策辩论中倾向于优先保障边境安

---

① Immigration Policy Center, A Guide to S.744: Understanding the 2013 Senate Immigration Bill, July 2013, http://WWW. immigration. org/special - reports/guide - s744 - understanding - 2013 - senate - immigration - bill.

全"（More Prioritize Border Security in Immigration Debate）的调查研究报告。报告揭示：与一年前的调查相比，有更多的美国人希望看到更好的边界管理和更强硬的法律条令；而赞成让非法移民归化为美国公民的比例则有下降。此次民意调查是皮尤研究中心2014年8月在全美范围内进行的，调查的样本是1 501名成年美国公民，他们分布于美国50个州及哥伦比亚特区，年龄介于18～65岁，涵盖了不同种族和政治派别。① 在美国如此民意背景下，奥巴马很难在解决非法移民问题上有所突破，2014年11月20日，奥巴马绕过国会颁布行政令，拟"特赦"500万非法移民，宣布不再驱逐美国公民或永久居民的父母，并扩大童年入境暂缓递解的受益范围等。2015年1月14日，美国国会众议院表决通过一项法案，拒绝为总统奥巴马宣布的"特赦"令提供拨款。至此，奥巴马为推动移民法规全面改革所做的种种努力化为乌有。

不过，奥巴马在其两任内还是通过了几项应急性的短期移民法令，对提振美国经济和缓解非法移民起到了一定的作用。第一项就是2009年9月签署的专门向投资移民申请者开放的"EB – 5 投资区域中心"法案，之后该法案又几度延期。从实际成效看，EB – 5 投资区域中心项目累计获得投资300多亿美金，对振兴美国经济、创造就业机会作用很大。2012年，奥巴马政府还颁布了一项为期两年的"年少移民暂缓递解出境项目"（Deferred Action for Childhood Arrivals，DACA，简称"两年计划"，也称"逐梦者"计划），允许部分入境美国时尚未满16岁的非法移民申请两年期的暂缓遣返并开放工作申请许可，两年期限到期后可申请再延。截至2016年，共有近80万年轻非法移民受益，在一定程度上缓解了来自中南美洲"黑身份"的年轻人的窘境。但"两年计划"只能算是奥巴马政府在解决非法移民问题上的一个小小的突破。

（三）特朗普的限制移民"新政"

近年来，美国共和党和民主党两大党"极化"的政治态势逐渐深化，总统的更替或国会中两党力量的变化都有可能导致国际移民政策的大逆转。共和党的特朗普自上台之后，对美国的移民政策进行全方位且饱受争议的调整，无论针对非法移民、合法移民、难民庇护，都大幅收紧措施。对于来自中东的穆斯林难民，他颁布了一系列禁穆令，力图堵住难民入境的口子。而对非法移民，他更是毫不心慈手软，不仅花费巨资在美墨边境加建围墙，而且对美国境内的非法移民

---

① Pew Research Center, More Prioritize Border Security Immigration Debate: How to Accommodate Undocumented Central American Children in U. S? http: //www. people – press. org/files/2014/09/9 – 3 – 14 – Immigration – Release. pdf.

加大抓捕和遣返力度。对于合法移民，他借鉴加拿大和澳大利亚的积分制经验，采取"择优移民政策"选择高素质移民，大幅减少"亲属移民"。特朗普政府的调整措施多以行政命令、备忘录等形式发布并实施。其改革措施虽然受到一部分保守主义者的支持，但同时也遭到民主党、民权团体、移民群体甚至国际社会的反对与抨击。

2017 年 1 月，特朗普刚上台没多久，就抛出了针对中东穆斯林难民的移民禁令，在全球和美国国内引起不小的震动。1 月 27 日特朗普发布《保护国家防止外国恐怖分子进入美国的行政命令》（Protecting the Nation from Foreign Terrorist Entry into the United States），在此后 90 天内暂停伊朗、伊拉克、叙利亚、苏丹、利比亚、也门、索马里等七国公民进入美国境内，并在 120 天内暂停所有难民入境。[①] 此外，禁令也适用于以上七国持有美国绿卡的人员。该行政命令签署后，美国所有机场都立即禁止相关人员入境。这一行政命令在全球和美国引发愤怒、恐惧和抗议，2 月 3 日即被美国联邦法院"冻结"。但特朗普并未就此罢手，他对上述限制令稍做修改，于 3 月 6 日签署了新版"禁穆令"，即《关于保护国家免于外国恐怖主义者进入美国的总统行政令》，定于 3 月 16 日正式生效。自生效起 90 天内，暂禁伊朗、利比亚、索马里、叙利亚、苏丹和也门六国公民入境美国；120 天内禁止所有难民进入美国。与旧版的入境限制令相比，新行政令取消了暂禁伊拉克公民入境的规定；明确了来自暂禁国家的美国绿卡持有者和持有效签证者可以入境；不再无限期禁止叙利亚难民入境。[②] 但新限制令的字里行间仍暗含着针对伊斯兰教的内容，美国持自由主义立场的人士仍然坚决反对。

华盛顿州要求援引联邦法院先前判决，继续暂停实施特朗普发布的第二份限制移民的行政令，加上 2017 年 3 月 12 日正式对特朗普第二份行政令发起诉讼的夏威夷州，美国有 6 个州明确反对特朗普新版移民禁令。2017 年 6 月 26 日美国联邦最高法院裁决，部分解冻穆斯林禁令。2017 年 9 月 12 日，美国最高法院裁准实施特朗普政府难民禁令。9 月 24 日，特朗普签署新的旅行禁令，禁令新增乍得、朝鲜和委内瑞拉，去掉了苏丹。也就是说，来自乍得、伊朗、利比亚、朝鲜、叙利亚、委内瑞拉、也门和索马里这八个国家的公民将被禁止入境美国或是

---

① The White House, Executive Order Protecting the Nation from Foreign Terrorist Entry into the United States, 2017 – 01 – 27, https：//www. whitehouse. gov/presidential – actions/executive – order – protecting – nation – foreign-terrorist – entry – united – states/，2019 – 09 – 20.

② 《特朗普重颁入境限制令：3 月 16 日生效　暂禁 6 国公民？》，中国网，2017 年 3 月 7 日。

接受更为严格的筛选和审查。① 新政策将因国家而异,并分阶段实施。2017 年 10 月 18 日,入境限制令遭遇夏威夷州和马里兰州联邦地区法官喊停其大部分内容。

与"禁穆令"遭遇的重重阻力相比,特朗普政府推出的堵截和驱逐非法移民的举措,其力度令世人震惊。建设边境墙是特朗普移民政策调整的重要举措,被提升至国家安全战略的高度。特朗普在执政后的 1 月 25 日签发了《加强边境安全和移民执法力度》的行政令,要求国会拨款 250 亿美元,以用于在美墨边境规划、设计和建造物理墙。② 不过众议院仅支持 16 亿美元的财政预算,远远低于特朗普的要求。白宫和国会在拨款问题上的拉锯战持续良久,双方的斗争甚至造成联邦政府历史上最长时间的关门(34 天 22 小时)。特朗普提出新版"美墨边境墙"的三大标准:①墙高要达到 35～45 英尺(10～13 米);在没有梯子的情况下不可攀爬;难以使用普通和更复杂的攀爬辅助件。②墙体必须是混凝土实体墙,能抵抗穿透或从其下方穿过,能成功承受诸如大锤、千斤顶、凿子、冲击钻等各式工具的破坏行为,以防打洞穿过。③边境墙要有美学上令人愉快的颜色,融入或匹配边境周围景观,简要说就三个字"高、牢、美"。面对拨款僵局,2019 年 2 月特朗普宣布国家进入紧急状态,绕过国会,以便筹集 81 亿美元资金修建隔离墙。③ 这种滥用总统权力的行为遭到美国上下的批评。最终,在得到新任国防部部长马克·埃斯珀(Mark Esper)授权后,2019 年 9 月 3 日国防部宣布动用原本用于 127 个军事建设项目的 36 亿美元资金,修建美墨边境墙。

特朗普终止了奥巴马针对年轻非法移民的"逐梦者"计划,加大力度驱逐依法应予遣返的非法移民。2017 年 2 月 21 日,为执行特朗普的行政令,国土安全部发布了《边境安全和移民执法改进》《加强美国国内公共安全》两份备忘录,意在更大范围逮捕和遣返非法移民,并赋予国土安全部和移民执法官员更大的裁量。美国过去只驱逐犯下重罪、对国家安全构成严重威胁的无证移民。可据国土安全部签署的最新备忘录,不仅扩大了对"外来犯罪分子"的定义,还将地方警察列为执法者,新建拘留设施。只要被认定属于非法滞留,即便是轻微的

---

① The White House, Presidential Proclamation Enhancing Vetting Capabilities and Processes for Detecting Attempted Entry into the United States by Terrorists or Other Public-Safety Threats, 2017 – 09 – 24, https://www. whitehouse. gov/presidential – actions/presidential – proclamation – enhancing – vetting – capabilities – processesdetecting – attempted – entry – united – states – terrorists – public – safety – threats/, 2019 – 08 – 12.

② Nash Jenkins, President Trump Wanted $ 25 Billion for a Border Wall Congress Gave Him a Fence Instead, *Times*, 2018 – 03 – 22, http://time. com/5210780/congress – omnibus – border – security – wall – donald – trump/.

③ Presidential Proclamation on Declaring a National Emergency Concerning the Southern Border of the United States, https://www. whitehouse. gov/presidential – actions/presidential – proclamation declaring – national – emergency – concerning – southern – border – unitedstates/.

交通违规，都会被列为优先驱逐对象，这将是美国有史以来最彻底的一次遣返行动。① 备忘录要求美国移民局和海关执法局在法律允许的范围内，并在拨款允许的范围内，采取一切适当措施，雇用 10 000 名其他移民官员，他们应完成相关培训并被授权执行相关任务。同时，宣称拒绝在打击非法移民问题上与联邦政府合作的"庇护城市"（Sanctuary Cities），将不能获得联邦财政拨款。尽管面临这样的"威胁"，对非法移民持同情态度的"庇护城市"明确表示拒绝协助或拒绝与联邦移民官员合作审查、抓捕和遣返非法移民。地方政府的抵制对特朗普移民措施在特定的执行层面产生了较大的影响。

2018 年 4 月，特朗普政府开始实施对成年非法入境者采取"抓获必收押、起诉、遣返"的措施，随这些成人一起入境的儿童虽可免于被起诉，却被强制与他们被捕的父母分开，并被送入收容所。据统计，"家庭分离"做法在实施期间共造成约 2 700 名儿童与其非法越境的父母分离。这种造成"骨肉分离"的非人性化政策在国内外遭到猛烈抨击，迫使特朗普于 6 月 20 日签署行政命令，结束非法入境者与子女分离的政策。② 非法入境者家庭将被拘留在一起，直至诉讼程序结束。

2018 年 10 月底，鉴于来自中美洲洪都拉斯的"大篷车"数千名难民向美墨边境逼近，特朗普命令国防部启动一项"忠诚爱国者"行动，向加利福尼亚、亚利桑那和得克萨斯州的美墨边境地增派 5 200 名现役士兵、移民官员和专家，同时为边境执法人员增配黑鹰直升机，以阻止这批中美洲难民非法闯关。这是 19 世纪中期美墨战争以来，美国第一次向美墨边境派遣大量现役部队。特朗普此后还称要将军队增加到 1.5 万人。"忠诚爱国者"行动带有明显的政治色彩，11 月份美国中期选举结束后，国防部用较为中性的"边境支援"行动取而代之。③ 2019 年 10 月，美国与中美洲国家危地马拉、萨尔瓦多和洪都拉斯签署"安全第三国"（Safe Third Country）协议，要求移民在他们途经的国家寻求庇护，尽可能地使申请者留在美墨边境以南。④

特朗普还试图在全国范围内强制推行雇员身份电子验证（E-verify）系统，

---

① 《特朗普〈移民新政〉会有多严厉》，《新京报》，http：//www. bjnews. com. cn/opinion/2017/03/08/435658. htm，2017 年 3 月 8 日.

② The White House, Affording Congress an Opportunity to Address Family Separation, 2018 - 06 - 20, https：//www. whitehouse. gov/presidential - actions/affording - congress - opportunity - address - family - separation/.

③ https：//www. defense. gov/Explore/Features/Story/Article/1675862/more - troops - deploy - to - support - dhscbp - southwest - bordermission/.

④ Fact Sheet：DHS Agreements with Guatemala, Honduras, and El Salvador, 2019 - 11 - 07, https：//www. dhs. gov/publication/fact - sheet - dhs - agreements - guatemala - honduras - and - el - salvador, 2021 年 2 月 19 日.

以加大工作场所执法力度。特朗普政府在 2019 财年政府预算中指出，计划投资 2 300万美元，在全国范围内强制使用雇员身份电子验证系统，确保企业只雇佣那些被授权在美国工作的人，以减少非法就业。强化工作场所执法力度，目的是识别未获工作授权的工人及在知情的情况下仍然雇佣非法移民工人的雇主。特朗普政府强化工作场所执法力度的措施包括：突击搜查工作场所，逮捕非法移民，起诉"明知故犯"的雇主并处以罚款。2018 财年国土安全调查局（Homeland Security Investigations）执行的犯罪调查、商业审计和逮捕人数同比大幅上升。对于执法人员来说，这堵阻挡非法移民在美国获得工作的"隐形墙"似乎比边境"实体墙"更为重要。

特朗普提出了"雇佣美国人、购买美国货"的治国理念，在此理念的指导下，他坚持移民越少越好的原则，无论是针对高技术移民还是低技术移民，均采取了种种限制性措施。对于合法移民的接纳，特朗普上任后即一再言要采纳"基于价值的系统"（Merit-based System）或"择优移民政策"修订美国的移民政策。① 特朗普内阁已相继提出若干移民改革方案，包括大幅度提升投资门槛，由国土安全部确认"目标就业区"等，以进一步确保推行特朗普的"美国优先"政策。在高技术移民方面，特朗普在其入境申请、配偶就业、绿卡申请方面均实行比奥巴马政府时期更为严格的规定。2017 年 8 月 2 日，特朗普宣布支持以技能为基础的重大移民改革提案，借鉴加拿大和澳大利亚的经验采用积分制甄选移民。该提案由两位共和党参议员提出，目标是 10 年内减少一半合法移民数量（由 100 万减至 50 万），限制亲属移民名额，停止发放绿卡给美国居民配偶及未成年子女以外的亲属。采取积分制来接收移民，积分系统将评估移民申请者的英语能力、是否具备有益于美国经济的技能、是否有高薪工作等。特朗普称此举为 50 年来美国移民政策的最大改革。2019 年 5 月 16 日，特朗普又公布了系统的移民改革计划，声称要"保护美国人的工资和价值观"，并"吸引世界各地最优秀和最聪明的人"。根据该计划，57% 的绿卡将发给有技能或有工作机会的个人，同时大幅减少家庭团聚人员及难民的绿卡和签证发放量。针对特朗普推行合法移民"积分制"的计划，民主党群起攻之，众议院民主党领袖佩洛西指责"积分制抛弃了位于我们价值观核心位置的家庭"。②

2019 年，美国移民和非移民签证发生了几大关键性的变化。第一，美国众议院和参议院提出了《高技术移民公平法案》，拟在取消职业移民和投资类移民

---

① 《海外移民解读特朗普国会"首秀"的移民政策走向》，华夏经纬网，2017 年 3 月 9 日。

② John Parkinson, Mariam Khan, Pelosi Condemns Merit-based Immigration Reform as Trump Unveils Proposal, https：//abcnews.go.com/Politics/pelosi - condemns - merit - based - immigration - reformtrump - unveils/story？id＝63078290.

绿卡申请国别配额。第二，美国移民局则于 2019 年 7 月 23 日宣布对 EB-5 投资移民作出重大改革：一般类的最低投资额度将由此前的 100 万美元上调到 180 万美元，特别指定区域中心的投资额度则从 50 万美元涨到 90 万美元；同时将区域中心的划分和决定权转交国土安全部直接负责，各州不再有决定权。新规定于 2019 年 11 月 21 日生效，这是 EB-5 项目自 1993 年以来首次重大调整。第三，收紧 F1 学生签证，中国留学生申请 F1 签证的拒签率达到了 10 年来的最高值。

特朗普以抗击新冠肺炎疫情为借口打出反移民牌。2020 年 4 月 21 日，特朗普宣布计划于次日签署一项持续 60 天的赴美移民冻结令，但仅针对永久居留即"绿卡"的寻求者。这是特朗普政府对欧洲和中国、加拿大、墨西哥和伊朗等国发布旅行限制令后，进一步显著强化入境限制。移民冻结令一经宣布，随即引发广泛争议和质疑。实际上，特朗普是想借机在大选年推行自己的移民改革，以争取更多保守派、反移民人士的支持。到 6 月初，特朗普政府又宣布，从 6 月 24 日起至 12 月 31 日暂停发放一系列特定非移民工作签证，其中包括 H-1B 等科技公司员工经常使用的签证。收紧 H-1B 工作签证，受影响最大的为印度移民和中国移民。特朗普政府宣称，在新冠肺炎疫情大流行的背景下，以上举措都是为了保护因疫情失业的美国人，防止外国劳动力抢走工作机会。当地时间 8 月 10 日，包括亚马逊、脸书等在内的美国科技巨头提交了一份法律诉状，起诉特朗普政府暂停发放 H-1B 等工作签证、限制部分外籍劳工入境的行政令。

特朗普还削减接纳难民数量，以减轻美国对于全球移民治理的责任。2015 年叙利亚难民危机后，当时的奥巴马政府在 2016 年接受了 85 000 名难民，2017 年提高到 110 000 名，但是特朗普上台后把 2017 年接受的难民数量减少到 60 000 名，最终 2017 年美国仅仅接受了 53 716 名难民。2018 年，美国接受的难民数量进一步减少到 22 491 名。① 另外，主要针对中南美洲难民的临时保护政策也被特朗普废除。特朗普 2017 年暂时终止包括海地、苏丹、尼加拉瓜等 10 个国家大约 40 万难民的临时保护政策。② 与此同时，特朗普也开始减轻全球移民治理中美国的责任和义务，并于 2017 年 12 月宣布退出《全球移民公约》。特朗普的移民改革方案严重违反国际准则、推卸大国应尽责任，致使美国的领导力和所谓"移民国家"或"自由国度"的国际形象受损。

综上看来，特朗普政府试图用"美国优先"的口号对 1965 年实行的移民政策进行全面改革。可受限于美国民主两党政治斗争，特朗普大多是通过行政令强力推

---

① U. S. Department of State, Bureau of Population, Refugees and Migration, Office of Admissions, Refugee Processing Center, https：//www. wrapsnet. org/admissions – and – arrivals/.

② 唐慧云：《特朗普政府一元主义移民政策改革及其影响》，《华东师范大学学报》（哲学社会科学版）2019 年第 3 期，第 135 页。

行其保守和排外的移民政策，并未能通过国会立法推动系统的移民改革。从内部来看，特朗普的移民政策造成反穆斯林和反移民情绪的上涨，加剧了美国国内的政治斗争和族群紧张关系，助长了极端势力的发展。从外部来看，这种与美国民主开放传统相悖的移民政策损害了美国的国际形象，遭到其西方部分盟国的谴责，同时也冲击了美国与墨西哥的关系，破坏和影响了美国与中东各国的关系。

（四）拜登的自由主义移民政策

拜登执政后，开始着手推翻特朗普执政时期对移民、留学生的收紧政策，力推自由主义移民政策。首先是取消"禁穆令"和放宽难民政策；其次是重新吸收高技术移民；再次是停建美墨边境墙；最后是推动非法移民的合法化。对居美华侨华人、中国留学生和准备移民美国的中国人来说，最具吸引力的无疑是第二项政策。拜登很重视抢占高科技革命制高点，重视海外人才为己所用。他计划给美国大学的海外博士毕业生直接发绿卡，免除 STEM 领域博士研究生的限制，这对中国籍的博士留学生很有吸引力。同时，美国的顶尖大学、国家实验室、硅谷及其他高科技企业在疫情没有得到完全控制和右翼民粹势力仍然还有较大影响力的情况下，拜登重新放宽移民政策的一系列举措实际执行起来还会遭遇很多挑战，还需要一段时间才能见到成效。

三、影响美国移民政策的主要因素

（一）人道主义

美国政府一直以较为开放的态度实行接受移民的政策。《独立宣言》明确提出，人的自然权利包括"生存、自由和追求幸福的权利"，这是美国的立国之本。第一批移居到美洲新大陆的开拓者所拥有的追求自由和幸福的权利同样也属于后来的移民。1965 年《移民与国籍法》的一个重要方面就是确立了"家庭团聚优先"的原则，这在很大程度上体现了这一点。

美国在接纳难民问题上也表现出人道主义的高姿态，这不仅给难民树立良好的形象，而且给其西方盟国树立一个榜样，从而迫使它们能够更多地承担起安置难民的义务，在根本上有利于美国推行其外交战略，增强其霸主地位。美国还是《联合国难民公约》的签署国，并在国际人权讨论会中发挥主要作用。因此，美国标榜的所谓"自由、民主和人权"让其在移民政策的制定标准上相对宽松。同样，对非法移民实行大赦，既是为满足企业主对廉价劳动力的需求，一定程度上也有人道主义的考量。

（二）经济考量

尽管美国接纳的国际移民中总体来说以家庭团聚类居多，但如何吸引更多有才能、有财力的新移民始终是美国移民政策的重要目标。20 世纪 60 年代中期，美国之所以放宽对外来移民的限制，很大程度上归因于美国经济的迅猛发展对外来技术人才和劳动力的需求。在国际人才和劳动力资源竞争中，美国通过优惠的移民政策，获取了高端和低端两方面的人力资源，使其长期占据世界经济霸主地位。

当今世界，科技日新月异，尤其是信息技术革命给人带来翻天覆地的变化。20 世纪 90 年代以来，美国为了使自己在科技领域始终保持领先地位，不断加大对高技术人才的争夺力度。1990 年移民法每年分配 14 万个配额给职业移民，重在引进高素质的专业技术人才。除了永久居留职业签证外，美国还发放 H、L、O、P 等几种临时居留职业签证吸引人才。H 类中，H－1B 适用于外国专业人士，允许美国雇主雇佣短缺的外国人才。H－1B 签证每年普通配额 6.5 万个，但美国大学、研究所和政府机构雇佣外国员工不受配额限制，另外还有 2 万个 H－1B 特别配额给拥有美国硕士以上学位的外国学生。由于美国信息技术人才短缺，H－1B 类劳工即具有特殊才能的科技人才连年出现名额透支。1998 年，美国国会颁布《美国竞争力和劳工改善法》，将 H－1B 计划限额增加近一倍，其中绝大多数配额都是分配给计算机及工程职业类。2000 年，美国国会又颁布了《21 世纪美国竞争力法》，决定将此类签证的年度限额再增加至 11.5 万人，之后又提高到每年 19.5 万人。L 类签证签发给外国公司调派到美国分公司或合资公司工作的人员，大多数有效期为一年或两年内可多次入境。L1 类签证限额从 20 世纪 80 年代的 6.53 万人增至 90 年代的 11.21 万人，进一步扩大到 21 世纪初的 29.46 万人，20 年间增长了近五倍。[①] O 类签证适用于在科学、艺术、教育、商业等方面有杰出才能的外国人，不需要有特定学位。P 类签证适用于运动员、演艺人员等，有效期一年至五年不等。上述临时职业签证持有者实际上成为永久职业移民的储备军，不少人在美国连续工作六年以上后就获得申请美国绿卡的资格。

当前美国硅谷的扩张使得其对科技人才引进的需求达到高峰。2014 年 6 月，由美国顶级企业家们组成的"商业圆桌会议"发布报告，分析了移民政策对美国经济的积极作用。报告认为，改革移民政策带来的红利将集中在四大方面：GDP 增长、提高就业、减少预算赤字和创建更多新公司。根据美国智囊团两党政策中心的数据，改革移民制度将有望在 20 年内，将美国国内生产总值提高

---

① 梁茂信：《二战后专业技术人才跨国迁移的趋势分析》，《史学月刊》2011 年第 12 期，第 87、93 页。

4.8%，同时把联邦赤字降低 1.2 万亿美元；移民改革也将扩大美国的劳动力队伍，同时增加税收，为长期财政前景带来一丝曙光。[①]

与支持移民者恰恰相反，移民反对者则认为过多的移民破坏了美国正常的经济发展秩序。第一，从最基础的层面说，移民消耗了更多的自然资源和能源。第二，移民特别是非法移民抢走了美国公民的就业机会，降低了本土工人的工资，加剧了失业问题。第三，低端移民低成本的劳动妨碍了机器生产和技术进步，并将经济转向一种低技术的劳动密集型经济，影响到制造业和服务业总体水平的提升，阻碍了经济发展。当经济出现滑坡时，移民一般成为首当其冲的排斥对象，要求限制移民的声势就会高涨。第四，移民挤占了社会福利等公共资源，降低了民众的生活水平和生活质量，加剧了社会贫困。有调查显示，60%以上的公众认为非法移民享用了与他们自身贡献不相符的社会福利及公共服务。[②] 在美国经济增速放缓的情况下，美国国内对外来移民挤占国家资源的负面影响的批判呼声逐渐升高。

商人出身的特朗普重视成本收益，因此强力推行美国优先，将外来移民视为美国的负担，并收紧移民政策。特朗普认为，尽管全球化给美国带来巨大的利益，但外来移民抢占了美国大量的就业机会，美国倾向于将工作机会留给本国民众。美国更欢迎赴美投资的外来移民和高技术移民，而非抢占社会福利的移民。特朗普称，奥巴马的移民政策对美国民众、公民和工人极不公平，推进移民改革表明美国政府致力于为美国中下层民众谋利益，也贯彻了"美国优先"的政策。

（三）政治上的博弈

美国政府不同部门（立法、行政、司法）、党派和利益集团的较量制约着各项法律和公共政策的通过及实施，移民立法和政策也不例外。国会主导着移民政策的各个方面，行政机关在这一问题上几乎没有发言权；而国会需要经过漫长与艰难的利益博弈，通过烦琐和高度政治化的立法程序，才能出台新的移民法。举例来说，特朗普自竞选之初就提出了一系列需要通过立法才能实现的移民政策目标，但其提议除遭到参众两院民主党议员的反对外，共和党内部对特朗普的移民政策也存在异议，根本没法通过立法来实现。总统可以动用否决权来拒绝签署国会通过那些明显有违人道主义和人权的移民法案。有时，总统也试图越过国会，颁布特别行政令，实施临时应急的短期移民政策，但有可能被国会表决"冻结"。就司法部门在移民事务上的权力来说，联邦法院可以推翻或"冻结"在他

[①] 宋冰：《硅谷博弈华盛顿》，《第一财经日报》，2014 年 6 月 23 日第 A1 版。

[②] 朱岚：《美国移民政策背后的多种考量》，《中国经济时报》，2014 年 5 月 28 日。

们看来是违反移民（不论是合法的还是非法的）个人权利的法案或行政令，比如联邦最高法院就曾以"违反宪法所表达的自由平等精神"而推翻了1994年加利福尼亚公决通过的"187号提案"。特朗普上台后签署的第1号"禁穆令"就遭联邦最高法院"冻结"。

支持和反对移民的团体、商会、企业等通过游说、宣传、集会游行与司法途径提出诉求，以保障自身利益。最常见的一种方式是，利益集团可以充分发挥院外游说的能力，对国会施加压力。国会议员必须兼顾各利益集团的需求，才能确保自己仕途畅通。美国民主政治中多元性和地方主义的特点在关于移民立法的国会争论中表露无遗，代表不同利益集团的议员们绞尽脑汁，千方百计地要把自己的主张写进法律，这让美国的移民政策需要经过各方协商和利益妥协才能在国会中通过。

一般情况下，要求限制移民的组织主要是工会，因为他们视移民为潜在的竞争对手，会削弱工会组织，降低工资水平。在经济衰退、失业率高涨的时候，他们就更为仇视移民。当然反移民者还有持狭隘民族主义立场的极右政治势力，一般多为担心外来移民会破坏既有秩序的中产阶层。值得注意的是，总体看起来支持开放性移民政策的外来移民群体也并不是铁板一块。那些已经获得永久居留权或业已入籍的移民，如果是受雇于当地企业的普通员工，则大多数对移民政策持较保守的态度。一方面，他们希望开放的移民政策能够有利于其亲属团聚；但另一方面，他们又担忧新的外来移民可能冲击劳动力市场，影响自己业已获得的权益。20世纪末美国曾经爆发过围绕移民政策的一次大辩论，其中明确持反移民立场的主要族群是非盎格鲁—撒克逊族裔，特别是1880年以后移入美国的各族裔群体。甚至那些稍早一点进入美国的美籍墨西哥人、波多黎各人、古巴人对第三世界移民潮的反映也是"来美国的移民真是太多了"①。

要求放宽移民限制的组织主要有工商企业主集团、少数族裔团体、移民团体、宗教组织、自由派团体等。企业主集团通常在"维护人权""争取平等"和促进经济发展的旗号下，为更开放的移民政策推波助澜。2017年，包括谷歌、亚马逊及美国商会、全国制造商协会（National Association of Manufacturers）和全国零售基金会（National Retail Foundation）在内的143家企业与行业协会在提交给最高法院的意见书中提出，若允许特朗普终止"梦想者计划"，将损害美国经济，抑制就业增长。虽然美国国会一再立法要求加强边境监控，防范非法移民入境，将业已入境美国的非法移民送回原籍国。可是，在现实社会中雇主则"乘机雇佣非法移民，同时压低最贫穷的美国工人薪金"，而参众两院"议员们往往会

---

① 钱皓：《美国移民大辩论历史透视》，《世界历史》2001年第1期。

屈服于企业主的压力，对雇佣非法移民的雇主睁一只眼闭一只眼"。① 这是美国很难出台严厉打击非法移民法规的根本原因。

外来移民也深谙美国的政治游戏规则，积极采取政治行动，从分散的个体行为到有组织、有目标的集体抗争，从抱怨、申诉到罢工、大张旗鼓的压力运动到运用选票说话，影响了美国移民政策的制定和实施。在政治倾向上，他们总体上偏向支持重视移民、少数族裔和中下层民众权益的民主党。自 1965 年新移民法实施以来，来自第三世界的移民群体在美国总人口中的比例节节攀升，成为不容低估的一股潜在票源和压力集团。手中握有选票的数以百万计美国外来移民及其后裔，使得美国大选时所有候选人的竞选团队，都必须认真斟酌自己的移民政策主张，以免触犯众怒。由于以墨西哥移民为主的拉美裔族群力量迅速增长，无论是在总统选举还是国会选举时，抓住拉美裔选民都是民主党、共和党的主要任务和目标。1980 年之前，拉美裔移民在美国外来移民总数中占 43.7%，进入 21 世纪之后上升到 58.7%。② 在全美 3 亿多人口中，拉美裔接近总人口的 15%，其中 2/3 集中在加利福尼亚、佛罗里达、纽约州等九个州。因此竞选人在拉票时，一般都会特别注意涉及拉美裔移民权利的相关政策。在美国移民政策改革中，他们成为自由主义移民政策支持者着重争取的对象。

除了利用总统大选和国会选举的时机提要求、加压力之外，移民利益集团还开展长期的院外活动，从游说乃至罢工、罢市、罢课，举行公开的抗议示威运动等。这些活动有时确实能为移民赢得权益，但有时却起到反作用。比如，美国众议院于 2005 年底通过了严苛的《边境保护、反恐与控制非法移民法案》后，激起了美国民间的强烈反弹，支持派与反对派两大阵营展开激烈论争。支持者认为该法案有利于美国社会安全，反对抗议者则谴责其违背人道人权。全美支持劳工移民权益的利益集团联合起来发起了几轮大规模抗议行动。最初的抗议行动起到了一定的积极效果，参议院在审议众议院移民改革法案时，改变了其中一些措辞强硬的条款，通过了一项相对温和的新议案。可是移民权益组织并不满足，仍然发动更大规模的系列抗议示威运动。其中，以 2006 年 5 月 1 日拉美裔族群为主的全美"五一大游行"规模和声势最大，估计有数百万人参与。然而，这次示威运动不仅没有为拉美裔移民争取到更多的权益，反而被反移民利益集团利用，

① 《布什欲借移民改革突围，可望看到更多中国技术移民》，《华盛顿观察》2007 年第 19 期，转引自李明欢：《国际移民政策研究》，厦门：厦门大学出版社，2011 年，第 187 页。

② Steven A. Camarota, Immigrants in the United States, 2007: A Profile of America's Foreign-Born Population, Center for Immigration Studies, http://www.cis.org/immigrants_profile_2007; Yearbook of Immigration Statistics, 1980 – 2010.

渲染外来移民带来的社会威胁，结果导致国会中反移民保守势力获得更多支持。[1]

美国总统大选和国会中期选举，参众两院中自由派和保守派力量的重新洗牌会令移民政策改革趋向发生很大逆转。例如，在2014年6月"商业圆桌会议"发布报告的前一天，支持移民改革的众议院多数党领袖埃里克·坎托意外败选，使得奥巴马支持的移民改革案提上日程的前景日益暗淡。有分析认为，就连华盛顿最有势力的政治人物坎托都因有限度支持移民改革而被扳倒，这无疑是向那些正在考虑为美国1 200万非法移民提供入籍途径的共和党议员发出警告。[2] 可见，党派和利益集团之间的博弈对于移民政策改革有着重大制约。在移民问题上，美国共和党和民主党历来都存在分歧和争议。尽管共和党占据美国国会和议会多数席位，但民主党也代表了诸多少数族裔移民的利益，因此移民政策是否改革两党将继续展开国内政治博弈。

（四）国家安全的考虑

"冷战"结束后，非传统安全问题成为各国国家安全的重心，移民问题也被视为影响非传统安全的世界性难题。移民反对者忧虑的国家安全问题主要体现在以下两个方面。

一是国土、主权意义上的国家安全。美国是世界上最大的非法移民聚居地。不少美国人认为，移民的非法入境或非法滞留是对国家法律尊严和法治原则的践踏。事实上，非法移民确实恶化了社会治安，增加了社会犯罪，加大了司法成本。"9·11"恐怖袭击事件的发生就给美国人敲响了警钟。美国民众认为拉美非法移民是影响治安的一大群体，给美国社会带来潜在的安全隐患。特朗普认为以往不够严格的移民政策导致大量未经核查的危险移民进入美国并威胁美国国家安全，因而应加大打击非法移民的执法及遣返力度，敦促国会修改移民法以保护美国民众的安全。

二是种族构成、文化传统和国家认同意义上的国家安全。这是美国精英阶层对移民问题的最大忧虑，是涉及国家安全的核心。统计显示，1965年新移民法通过以来，来自拉丁美洲和亚洲等地区的移民持续大规模涌入，在数量上远胜于美国传统的欧洲移民，加上数目不小的非洲裔，使得美国的少数族裔群体[3]快速增长。2010年人口普查显示，拉丁美洲裔已经占到总人口的16.3%，比2000年增长了43%，已取代非洲裔美国人成为美国最大的少数族；纯亚裔血统占总人

---

① 李明欢：《国际移民政策研究》，厦门：厦门大学出版社，2011年，第201页。
② 宋冰：《硅谷博弈华盛顿》，《第一财经日报》，2014年6月23日第A1版。
③ 美国的人口普查除了按种族进行统计外，还将拉丁美洲裔（其中包括白人、南美土著民族、混血种族等）单列统计，非拉美裔白人之外的所有族群都被归为少数族裔群体。

口的 4.8%，增长速度与拉美裔相当；纯非洲裔血统者增长速度不及前两者，但因人口基数不小，依然占总人口的 12.6%。总计起来，少数族群已经占到美国总人口的逾 1/3。在西部地区，少数族裔群体已占到总人口的 47%；其中加州的少数族裔人口数量位居全美各州之首。在全美的 3 143 个县中有大约 348 个县的少数族裔人口也已超过 50%。①

保持文化的"同质性"一直是美国主流群体的理想目标，因此对后来的移民群体常常是抱着怀疑甚至是恐惧的态度，生怕他们会破坏盎格鲁—撒克逊文化和血统的纯洁。越来越多的白人学者和政客认为美国"正处于危险中"，称白人将会被第三世界移民"包围"，成为一个少数群体，急切呼吁保持美国白人种族和文化传统的绝对优势。亨廷顿在《文明的冲突与世界秩序的重建》和《我们是谁？美国国家特性面临的挑战》两本书中表达的一个核心论点就是：来自非西方国家的数量庞大的移民对美国为代表的西方文明构成强大的挑战。他直言不讳地指出，墨西哥人给美国造成了问题，假设美国政府听任当前的移民趋势和移民政策延续下去，那么 20 世纪末在美国人口中还占有 74% 比例的欧裔白人到 21 世纪中叶可能减少到仅为总人口的 50%，而同期拉美裔人口将从 10% 激增到 25%。② 收紧移民政策的呼声加剧表明，美国无法轻松面对日益汹涌的移民潮以及其带来的种族文化多样性。

四、美国保护本国海外侨民权益的举措

美国将保护海外侨民的安全和利益视作政府的一件大事。1996 年美国外交协会发表的《美国未来领事战略政策声明》中写道：美国政府为海外美国公民所提供的帮助直接影响到美国纳税人对政府、外交系统和驻外使领馆的支持。美国政府尤其关注外国如何对待危机地带的美国公民。国务院在领事保护方面的责任和所采取的行动不仅对公民个人很有益处，对美国的国家利益也十分重要。③ 2007 年美国国务院外交手册领事事务卷又加入新的内容：美国国务院和驻外使领馆的最高责任就是保护海外美国公民；每个驻外使领馆的紧急行动委员会都应有领事官员的参与，以确保在战略计划制订和决策过程中考虑在国外旅行和居住

---

① U. S. Census Bureau, Overview of Race and Hispanic Origin: 2010, p. 20, http://www.census.gov/prod/cen2010/briefs/c2010br-02.pdf, March 2011.

② 塞缪尔·亨廷顿著，周琪等译：《文明的冲突与世界秩序的重建》，北京：新华出版社，2002 年，第 225-226 页。

③ American Foreign Service Association, A Consular Strategy for the Future, Policy Statement, 1996-10-17, http://www.afsa.org/diplomacy/consularfull.cfm, 2007-08-10.

的美国公民的利益。[①] 美国对海外侨民的权益保护方面，从安全预警、紧急援助到海外派兵，形成了一整套规范化的保障系统。美国非常注重安全预警工作。比如及时为公民提供有关国家最新情况，对可能有危险的地区及时发布"安全警告"，加强海外旅行安全保护教育，等等。同时他们提供大量的帮助项目，从紧急医疗帮助、经济援助到犯罪帮助、生育帮助等，事无巨细，根据可能出现的问题列出了有效可行的解决方案。美国的护侨措施具有以下特点：

（一）美国的领事保护预警机制比较完善

1. 美国公民可以通过多种渠道获知所需的国外安全信息

美国公民既可以通过官方渠道也可以通过民间渠道，既可以通过网络也可以通过电话、宣传手册或海外美国公民组织来获得有关的海外安全信息和旅行建议。美国国务院领事事务局有专门的领事信息项目，为拟出境公民提供海外安全信息并发布旅行警告。领事信息手册向美国公民提供包括世界上每个国家（207个国家和地区）的相关情况，如卫生状况、治安状况、不寻常的货币情况、入境要求、局势不稳区域、距离最近的美国使领馆的地址等。手册、预警信息和最新公告都可以从美国国务院网站查阅并下载。国务院设置了电话预警信息服务，最新的旅行和安全信息可以通过拨打电话获得，在美国国内拨打该电话免费，在国外拨打按正常话费收取。除了联邦假日外，电话从星期一到星期五每天早上8点到晚上8点都开通。

国务院和其他政府部门印刷了一系列出国宣传手册，提高出国公民的安全保护意识。这些手册有《对居住在国外的美国公民的提示》《海外安全旅行》《海外危机——美国国务院的行动》《海外公民服务》《国外入境要求》《海外妇女单独旅行提示》《安全旅行/潇洒旅行》《学生旅行提示》等。

此外，海外美国公民组织也协助提供有关的海外安全信息。如果某个国家有大量的美国人住在那儿，肯定有美国商会或文化交流性质的组织和俱乐部，这些组织都是获取信息的来源。如果在该国居住的美国人比较少，可以通过当地的国际俱乐部了解情况。美国大使馆的领事部或领事馆可以协助美国公民与这些组织取得联系。

2. 建立和完善海外公民登记系统

美国国务院规定，旅行登记是美国政府向在国外旅行、生活的美国公民提供的免费服务。通过登记，美国驻外使领馆可以掌握驻在国的美国公民的数量和位

---

① U. S. Department of State Foreign Affairs Manual Volume 7—Consular Affairs，7 FAM 000 Consular Protection of U. S. Nationals Abroad，7 FAM 011，2007 - 01 - 11.

置以应对紧急情况。2004 年 7 月 16 日美国国务院公布了《最新美国公民登记办法》，并建立了一个安全旅行登记网络。美国公民可以利用国务院和美国驻外使领馆网站的公民登记栏目进行登记，并记录在国外的旅行路线和住址信息。2005—2006 年，美国国务院又采取了新的领事互联网登记服务 IBRS（Internet-Based Registration Service）系统，不仅能够使公民实现网上登记，还自动生成已登记的美国公民的联络地址，包括电子邮件地址，可以自动给已登记的公民发送有关国家的安全信息。

3. 向广大海外侨民介绍预防和应付各种危急事件的基本知识

美国国务院网站设有名为"紧急和危机事件"专栏，告诉美国企业、家庭、孩子应该如何应付各类风险，如爆炸、生化武器、地震等，在紧急情况下如何撤离。如果在国外发生危害美国公民安全的危急事件，如自然灾害、交通事故、局势动荡或恐怖事件等，美国国务院和大使馆会利用各种渠道（包括互联网）和美国公民联系，在海外的美国公民必须及时关注美国国务院和驻外使领馆网站的内容，注意收听 VOA 和 BBC 的报道。在国外的美国公民遭遇危急情况，第一时间联系在美国国内的家人或朋友，后者可以通过美国公民服务和危机处理办公室直接跟美国国务院联系，也可以与美国驻外使领馆直接联系。

4. 设有专门机构为海外美国企业提供安全信息

美国国务院外交安全局设有海外安全顾问委员会，旨在促进全球范围内的美国企业与国务院及政府其他机构之间的安全合作。该委员会在美国有 100 多名顾问、2 700 多个下属组织、600 个协会，由外交安全服务局局长和 1 位来自私营机构的代表共同主持工作。委员会下设若干子委员会：①安全意识和教育委员会：负责研究、培训和出版刊物，帮助所有在国外旅行和经商的美国公民了解海外安全方面的信息；②信息技术保护委员会：通过帮助美国公司的通信免受外国公司和政府的监控来加强美国企业的海外竞争力；③国家顾问支持委员会：负责促进美国驻外使领馆和在国外运营的美国私人机构之间在安全风险问题上的有效沟通；④跨国犯罪和恐怖主义委员会：负责收集和发布关于跨国犯罪和恐怖主义活动的信息。海外安全顾问委员会出版 7 份刊物，为海外运营的美国公司提供安全指导。任何一家非营利性组织或在国外做生意的美国公司都可以申请加入该机构。

5. 举办培养公民和企业安全意识的培训班和研讨会

美国外交学院设置的培训课程中有一门课是对公众开放的，即为在国外工作的人员培训安全意识的课程。在美国驻外使领馆或其他驻外机构工作的人员现在都必须参加一个旨在培养个人安全意识的培训项目，名为"雇员及其家庭海外安全"。此外，外交学院还举办"私人机构海外安全研讨会"，每年举行 2 ~ 3 次，

每次 2 天。

从美国的领事保护预警机制可以看出，它周到全面，实用性强。首先，在宣传渠道上，美国政府多渠道地向公民提供领事保护预警信息。网络、电话、书面材料、电视、广播、公众活动都可以获得相关信息。其次，在宣传内容上，美国的宣传内容分门别类，生动细致。最后，参与领事保护预警机制的部门和机构非常多元。不仅国务院、外交部门、联邦事务部相互合作，而且有民间组织（如海外美国公民组织、慈善组织）的参与，都十分重视与海外本国企业在安全信息方面的沟通与合作。这种做法不仅减轻了政府部门的工作量，减少了开支，也能更广泛地了解海外公民和企业对安全信息的需求，起到更好的预防效果。[1]

（二）处理大规模灾难性危机事件时注重多部门及民间机构的合作

对大规模领事危机事件的处理往往需要各方的支持与配合。与传统的领事保护实践相比，现在美国参与领事危机处理的部门更多，各方在危机处理过程中的职责更为明确，处理程序更为规范。

2007 版美国外交手册列出了处理领事危机事件过程中各部门的作用，其中包括国防部、援助人员、和平队、紧急服务公司、红十字会、慈善机构、美国俱乐部[2]。外交手册还规定，在绑架和人质事件中，驻外使领馆的领事官员和国务院领事司的官员应与地区安全官员、外交安全局、反恐办公室、司法部和联邦调查局等机构密切合作。领事官员在处理这类危机事件中的角色是：作为国务院和人质家属之间的联络人；帮助受害人家属与联邦调查局的协助受害人办公室取得联系；与紧急行动委员会、任务小组、领事司、联邦调查局合作。在发生大规模涉及美国公民生命安全的自然灾害时，领事司可以请求美国军方或法医专家小组的协助，在征得东道国政府同意的情况下，这些专家小组可以到现场提供支援。

此外，参与危机事件处理的各个部门还通过签订部门间合作协议的方式来规范各方在危机处理过程中的职责。1997 年 6 月，美国国务院和国家交通安全委员会签署了《关于为交通灾难的受害人家属提供协助的谅解备忘录》；1998 年 7 月，国务院和国防部签署了《保护和从海外危险地区撤离美国公民和指定人士的议定书》；2003 年 3 月，国务院领事司和司法部的犯罪受害人办公室与联邦调查局就帮助国际恐怖主义受害人事宜签署了谅解备忘录。2005 年 5 月 6 日，美国司法部成立了专门的海外恐怖主义活动受害人办公室，其主要任务是保证对海外针

---

[1]　夏莉萍：《美英领事保护预警机制的特点及对我国的启示》，《外交评论》2006 年第 1 期，第 70 - 74 页。

[2]　俱乐部可帮助寻找训练有素的救济顾问，为受难者提供紧急食品和住处、衣服和毯子，并陪伴遇害者的家人。

对美国公民的恐怖袭击活动进行调查并起诉。国务院与该办公室合作，组织成立了联合任务小组，为在海外遭受恐怖活动袭击的美国公民及其家人提供协助和保护。①

美国在未设立外交和领事代表机构的城市设立领事代理处，为海外美国公民提供紧急服务。世界多数国家的领事代理人是不受薪的，仅收取一些领事服务费，但美国的领事代理人受所在领区使馆或领馆首席领事官的领导，属于美国外事工作人员，领取薪金，工资与工作量挂钩。美国领事代理人一般由海外美国公民担任，如果没有合适的美国公民人选，也可以由非美国公民担任。②

美国强大的国力为其保护海外公民权益提供了强有力的政治、外交、军事等保护措施。美国奉行人权是海外公民权益保护的至高准则，只要本国海外公民的人身或财产受到侵害，都是依据美国对人权标准的认定而提供保护。美国公民若在旅居国违法犯罪而被该国拘留或惩罚，美国也会强烈地要求给予人道主义的保护。如果本国公民在旅居国受到非法侵害，哪怕是非政治性事件或普通刑事犯罪，如果美国得不到满意的解决结果，就会以侵犯人权为由而采取保护行动。

美国海外军事力量的存在对当地投资和商人起到了"隐形保险"的作用。当美国侨民的生命和财产受到威胁需要动用军事手段时，即使是盟友，美国也毫不含糊。比如，美国就曾警告土耳其，如果土耳其境内的骚乱威胁到美国人生命及其财产安全，美国将派军舰到其海岸进行保护。③ 在政治压力、外交交涉、经济制裁、领事保护手段都未能达到预期目标时，关键时刻美国会毫不犹豫地动用武力保护其海外公民利益。美国曾在 1980 年动用突击队解救伊朗人质，也曾在 2009 年和 2012 年分别在海上、陆上武装营救被索马里海盗绑架的美国公民。身为世界第一大国，美国在使用武力保护其海外公民权益上很注意方式方法，最主要的特点是"重威慑轻打击"，不到万不得已不轻易直接动手。此外，美国在海外经常借助保安公司，或依靠在当地的代理人、亲美势力行军事保护之责，这样可节约经费、减少风险，并避免一些不必要的政治麻烦。

---

① U. S. Department of State Foreign Affairs Manual Volume 7—Consular Affairs, 7 FAM 000 Consular Protection of U. S. Nationals Abroad, 7 FAM 1827, 2006 – 07 – 26；转引自夏莉萍：《20 世纪 90 年代以来主要发达国家领事保护机制变化研究》，外交学院博士学位论文，2004 年，第 55 页。

② 夏莉萍：《20 世纪 90 年代以来主要发达国家领事保护机制变化研究》，外交学院博士学位论文，2004 年，第 90 页。

③ 杨恒均：《美国如何保护海外公民的生命财产》，http：//bbs. mlnews. gov. cn / archiver / ? tid—53339. html。

五、美国的"国际侨民接触"① 战略

近年来，随着世界不少侨民大国对海外侨民的重视，美国政府也开始积极争取侨民，推出"国际侨民接触"战略，把居住在美国的外来移民和侨民纳入美国"巧实力"外交的总体布局中。2011 年 5 月，美国政府创办国务卿全球侨民论坛（Secretary's Global Diaspora Forum），并建立国际侨民接触联盟（International Diaspora Engagement Alliance），标志着美国国际侨民接触战略正式出台。美国政府出台这一战略，既是出于增强国际影响力的需要，也有不少方面是针对侨民的祖籍国。

国际侨民接触联盟的目标是"支持以侨民为中心的伙伴关系的发展"，以此"促进（侨民）祖籍国的贸易和投资、志愿者服务、慈善事业及外交、创业和创新等"。② 国际侨民接触联盟具体包括五大计划③：

（1）侨民创业计划。该计划支持侨民企业家在其祖籍国开展贸易、投资和创办企业等活动。为此，美国国际开发总署专门成立了一个侨民网络联盟（DNA），提供包括便捷金融服务在内的"侨民工具包"。

（2）侨民外交计划。该计划旨在增强侨民组织及个人在外交、宣传、和平事业等方面的天然作用，如通过体育、艺术和文化等媒介，对祖籍国政府、媒体、私人单位和其他著名团体产生影响。

（3）侨民志愿服务计划。该计划鼓励侨民在其祖籍国创办更多志愿者服务平台，吸引侨民帮助发展中国家提高知识和技能，为企业主和商人提供建议，提升公共卫生和高等教育管理能力，为战争或灾后重建与恢复进行咨询活动，深入社区工作等。

（4）侨民创新计划。该计划旨在促进创新性交流与信息技术的培育，建立侨民社会网络等，以促进和深化接触。

（5）侨民慈善计划。该计划鼓励侨民对祖籍国教育、健康、营养和灾难救助等方面的捐助。

美国政府推出国际侨民接触战略的根本目的是争夺国际影响力，以及通过侨民来改变其祖籍国。正如希拉里在谈到侨民在发展中国家民主转型的作用时，特别提到发生在中东和北非的政治运动。她说："我们需要你们的协助，帮助我们

---

① 这里的"国际侨民"是指从其他国家移居到美国的移民，而不是指在美国出生，移居他国的移民。
② 参见"国际侨民接触联盟"网站介绍，http//www. diasporaalliance. org/index. cfm。
③ 以下五大计划可参见"国际侨民接触联盟"网站介绍，转引自陈奕平：《美国"国际侨民接触"战略及其对我国侨务政策的启示》，《东南亚研究》2012 年第 2 期，第 93 页。

寻找良策，如何最佳地传递我们认同的对政治运作至关重要的信息。"① 由此可见，国际侨民接触战略的真正目的是要借助美国外来移民之手推动他们的祖籍国施行"美国式"的民主政治改革，扩大美国在当地的影响。由于美国是世界排名第一的移民接受大国，该战略的潜在影响力值得重视。

六、美国移民政策法规对华人移民的影响

（一）华人新移民数量持续攀升

应当说，近半个世纪以来美国移民政策改革总体来说对华人移民是很有利的。1965 年《移民与国籍法》分配给中国的 2 万移民配额最初主要由台湾地区移民享用，至 1979 年中美建交后，美国给予中国大陆和台湾各 2 万配额，也另给香港一些移民配额。此后，华人新移民数量激增，而且来源地趋向多元化。中国大陆新移民在 20 世纪 90 年代之后超过台湾地区的移民。

华人新移民持续大规模涌入使得美国华人人口大幅增长。1960 年，美国华人人口不足 24 万，到 2000 年达到近 300 万，至 2010 年人口普查已突破 400 万。美亚裔权益团体联盟 2011 年 10 月 26 日发布的一份报告②显示，全美自报血统为"华人"的有 379.5 万人，再加上自报为"台湾人"的有 23 万③，两者合计美国华人人口达到 402.5 万。据美国移民统计局发布的数据：2011 年获取绿卡（合法永久居民身份）的中国大陆移民有 87 016 人，占该年获得绿卡总人数的8.2%，仅次于墨西哥移民；比 2010 年增长了 1.6 万多人，比 2009 年则增长了近 2.3 万人。④ 综合联合国人口司、美国人口普查局和移民统计局公布的数据，2019 年定居在美国的华人总数接近 550 万，其中约 330 万人出生于国外，即第一代移民。在华人新移民中，85% 来自中国大陆、台湾和香港；余下 15% 是马来西亚、印度尼西亚、泰国等地的华人再移民。数据显示，1980 年时全美境内华人移民有 38.4 万人，2013 年则增至 201.8 万，翻了 4 倍多，目前是美国第三大移

① 转引自陈奕平：《美国"国际侨民接触"战略及其对我国侨务政策的启示》，《东南亚研究》2012年第 2 期，第 94 页。

② 这份报告以 2010 年美国人口普查和 2007—2009 年的社区调查数据为基础，是迄今为止关于亚裔美国人发展状况最全面的报告之一。

③ 实际上来自台湾地区的华人远远不止这个数量，有很多人在填报血统时选择了"华人"。据台湾当局侨务部门统计，截至 2007 年底，美国台侨有 85.8 万人；一般来说，自报"台湾人"的多是"台独"倾向者。

④ Homeland Security，Office of Immigration Statistics，U. S Legal Permanent Residents：2011，p. 4，table3.

民群体，位居墨西哥和印度移民之后，占美国总移民人口的 5%。① 现今，居美的中国大陆新移民人数近 270 万；其次为台湾移民，有 30 多万；再次为香港移民，有 20 多万。近几年因美国移民政策收紧，获得绿卡的中国大陆移民数量已从 2016 年的 8.1 万跌至 2019 年的 6.2 万。②

（二）中国人才和资本大量流向美国

由于相当数量的华人移民都是从留美学生（尤其是博士）转变而来的，这就决定了华人移民的受教育水平和从事专业技术工作的比例要高于美国平均水平。据华盛顿移民政策研究院 2020 年 1 月发布的报告：2018 年，25 岁以上的成年华人中大约有一半至少拥有学士学位，远远高于美国外来移民整体的平均水平（32%）；而且华人移民中已取得研究生或专业学历的比例高达 29%，是移民平均水平的两倍多。从职业结构看，有一半以上的华人移民从事科研、工程技术、教育、管理、商务、艺术等高级专业工作。③

大量华人高技术人才以 H－1B 类非移民工作签证入美，其中为数不少的人工作六年以上后最终落户美国。据美国国务院领事署的统计，2011 年以 H－1B 签证（高级技术人才）进入美国的中国大陆移民有 10 849 人，占此类移民的 8%，仅次于印度移民。④ 2012 年，获得 H－1B 临时工作签证的中国人达 23 787 人，比 2011 年增加 3 937 人，增长近 20%。大量中国留学生是潜在的专业技术移民，他们中很多在美国学成毕业后，转而申请 H－1B 工作签证，在美国连续工作六年以上，就可转而申请绿卡。近年来，中国是向美国输出留学生最多的国家。美国 2012 年 12 月初公布的新数据显示，2011 年美国大学的国际学生人数增加近 6%，总数达 76.5 万；其中中国学生增长达 23%，达 15.8 万之多，居首位。⑤ 不过，近年来由于美国经济不景气，为保证本地人就业，不少非紧俏专业的留学生（其中不乏博士）很难获得工作签证。除此之外，近年来美国不断对亲属移民做出严格的配额限制，造成大量家庭团聚移民申请积压，使家庭观念重

① Kate Hooper, Jeanne Batalova, Chinese Immigrants in the United States, 2015－01－28, http://www.migrationpolicy.org/article/chinese－immigrants－united－states/.

② U.S. Homeland Security, Office of Immigration Statistics, Yearbook of Immigration Statistics, 2018, 2019, https://www.dhs.gov/immigration－statistics/yearbook, 2021－02－17.

③ Migration Policy Institute: Carlos Echeverria-Estrada and Jeanne Batalova：Chinese Immigrants in the United States, https://www.migrationpolicy.org/article/chinese－immigrants－united－states－2018, 2021－02－17.

④ 2011 财政年度以 H－1B 签证方式进入美国的印度移民最多，达到 72 438 人，占此类移民的 56%；参见 H－1B Visas Issued by, Top Nationalities, FY, 2011, Bureau of Consular Affairs, U.S Department of State; Research Center, The Rise of Asian Americans (Released June 19; Revised July 12, 2012), p.27.

⑤《去年赴美留学生达 76.5 万，中国学生 15.8 万，增长 23%》，中国新闻网，2012 年 11 月 13 日。

的华人受害最深。2010 财政年度美国移民法庭的各类案件积压创历年来新高,总数达到 22.8 万件,其中纽约州的华人案件积压最多,达 1 万多件。①

近 20 年来,中国的投资移民备受关注。美国的 EB - 5 投资移民条例规定,只要投资 50 万美元(相当于 320 万元人民币),创造 10 个全职就业机会,就可以申请和获得有条件绿卡,之后两年申请取消临时绿卡,成为持有永久绿卡者,就可以等待成为美国公民。因美国相对其他国家提出较低的资金要求②,使它成了投资移民的首选。据美国公民和移民服务局发布的报告,2011 年共有 2 969 名中国公民申请了投资移民 EB - 5 签证,共 2 505 人获得批准。③ 2012 年,通过投资移民到美国的中国人升至 6 124 人,比 2011 年翻了两倍多,更是 2010 年获批人数的近 8 倍。美国移民局发布的最新数据显示,在 2013 年美国颁发的投资移民签证中,中国人占了 3/4 以上。同时,中国人已成为美国第二大海外房地产买家。截至 2013 年 3 月底之前的一年里,中国人在美国购房总价值达 123 亿美元,占当年外国人在美国购房总额的 1/8。更令人惊叹的是,这 123 亿美元的购房款中,有 69% 为全额现金支付。④ 2014 年,通过投资移民到美国的中国人达 9 128 人,在当年美国颁发的 EB - 5 签证中占 85.4%。⑤ EB - 5 签证门槛相对较低、申请难度小、通过率较高,申请该签证的中国人多为中等收入家庭但并非富豪阶层。

(三) 美国移民政策收紧对不同类型华人的影响

2008 年以来,在金融危机浪潮的冲击下,美国收紧移民政策,加大打击非法移民的措施,华人新移民也受波及。2010 年 4 月 23 日亚利桑那州通过一项有史以来最为严苛的移民法,禁止非法移民进入该州;只要警察有合理的理由怀疑某人是非法移民,便可当街拦下查问其身份,法案于当年 7 月底正式生效。这项法案以肤色、衣着和语言等外表作为标准,并且对象基本是少数族裔。该法案对华人社区造成了巨大冲击,包括美国福建同乡会在内的多个社团都担忧其他各州会效仿亚利桑那州出台类似的反移民法案,使华裔移民的生存空间更加狭窄。

① 《严苛移民法 华人受波及》,《人民日报 (海外版)》,2010 年 5 月 11 日 006 版。
② 关于投资移民的资金最低要求,英国需要 100 万英镑;加拿大需要 80 万加元;澳大利亚是 500 万澳元;新加坡的"金融投资者计划"适用于超级富豪,其个人净资产必须至少有 2 000 万新元(相当于 1 亿人民币)。
③ 《中国移民潮逾半留美国》,《世界日报》,2012 年 12 月 18 日 A1 版。
④ 王辉耀、刘国福主编:《国际人才蓝皮书:中国国际移民报告 (2014)》,北京:中国社会科学出版社,第 125 - 143 页。
⑤ 王辉耀、刘国福主编:《国际人才蓝皮书:中国国际移民报告 (2015)》,北京:中国社会科学出版社,第 130 - 136 页。

2010 年 11 月，移民与海关执法局在纽约华埠扫荡华人偷渡链，华人餐馆、职业介绍所风声鹤唳。移民执法行动对华人社区经济打击极大，此次执法行动涉及范围广，涉案人数多，不仅职介所，连提供交通工具和安置住处的人都被牵连。① 特朗普执政期联邦移民与海关执法局（ICE）大举抓捕无证移民，吓得很多华裔无证移民回流"庇护城市"纽约，但还是有些人被抓，进而被递解出境。在美国约有 20 万华裔非法移民，特朗普政府收紧的移民政策对在唐人街打工的华裔非法移民会造成较大影响。② 美国收紧移民政策，加大打击非法移民的措施，主要目的是在保障本国公民就业的基础上，提高入境移民的整体素质，筛选更加需要的高级专业技术人才，提高国家竞争力。

　　特朗普上台后，彻底扭转了奥巴马执政期相对宽松的移民政策，大幅度削减合法移民（尤其是亲属移民）的配额，使得很多居美华侨华人的家庭团聚梦破碎。特朗普尽管一直强调要采用加拿大和澳大利亚的计分制经验，采取"择优移民政策"甄选高素质移民，可是他在执政期发布的一系列限制中国留学生的签证政策，又与他的上述移民改革路向相违背。特朗普政府将学习航空、人工智能等高科技专业的中国研究生签证从五年缩短到一年，而且对中国移民、留学生和访学人员的审核更为严格，拒签率很高。这使得赴美中国留学生的增幅从 2016 年的 6.8% 逐年降至 0.8%。自 2017 年以来 H－1B 工作签证申请的审核也比以往严格数倍，拒签率很高，对华人的影响最大。对于赴美留学生来说，H－1B 签证是留美合法工作，并申请绿卡的重要条件，而 H－1B 工作签证数量的减少会进一步压缩中国留学生毕业后的就业空间。有关中国留学人员窃取美国知识产权和商业机密的"怀疑论"和"间谍论"甚嚣尘上，这让中国留学生、访问学者甚至已定居美国的华人科学工作者陷入了前所未有的困境。以上种种对中国移民和留学人员"不友好"的操作，使得过去几年间赴美的中国移民数量有大幅回落，获得绿卡的中国大陆移民已从 2016 年的 8.1 万人跌至 2019 年的 6.2 万人。移民"门槛"不断提高的背后，是"美国优先"思想和保护主义回潮的倾向。不过，特朗普政府推行限制移民的政策，客观上却为中国吸引更多的留美优秀人才回归提供了机会，这是海归数量近几年不断增长的外部原因之一。

　　2020 年，新冠肺炎疫情暴发，特朗普更是迅速发布全球旅行警告，4 月和 6 月又相继发布移民冻结令和暂停非移民工作签证行政令。表面上看起来是为抗疫不得不采取的措施，实际上是为推行保守移民政策改革找到极好的挡箭牌。特朗

---

① 《2010 年美国华人十大社区新闻》，美国中文网，2010 年 12 月 24 日。

② 邢瑞利：《特朗普政府移民政策调整及影响》，《唯实》2018 年第 11 期，第 93－96 页。

普公然称新冠病毒为"中国病毒""武汉病毒""功夫病毒",正是这类明显带有种族主义色彩的煽动言论持续发酵,使得在美华人遭受种族歧视乃至人身攻击的事件上升。2020 年 10 月联合国发布的一份报告显示:仅 2020 年 3 月至 2020 年 5 月的 8 周中,美国就发生了 1 800 多起针对亚裔美国人的种族主义事件。新冠肺炎疫情让本来就充满不确定性的中国学子赴美留学申请变得难上加难。与此同时,特朗普政府对新冠肺炎疫情的不力处理,使得美国大学饱受财政危机,纷纷采取非常措施,导致留美学生和华裔学子面临"推迟入学、专业暂停招生、奖学金削减、学费增加"等问题。

(四)拜登上台后的移民政策对华侨华人影响的预测

出于维护国家安全和站稳世界科技霸主位置的需要,拜登上台后会继续加强对敏感专业华人科学家的监视和调查,只是可能不会像特朗普时期那样将华人"泛间谍论化"。总统换届并不意味着中美之间的科技战就会停止。拜登高度重视创新发展问题,"为了赢得与中国或其他任何国家争夺未来的竞争,美国必须提高创新能力"。要想提高创新能力,就必须吸收大量国际优秀人才,这对赴美留学生的处境和有能力的华侨华人而言是好事,但在敏感的科技领域依然会对留学生和华人科技人才大门紧闭,居美华人科学家不用像在特朗普时期那样刻意规避与中国的学术交流,但在知识和技术共享方面还是要避免踩到雷区。

拜登执政后对高层次人才开通的"绿卡"通道与中国的人才争夺战将会更激烈。中国若想吸引更多的居美高尖端人才"回流",可能需要在创业创新环境营造、政策支持、软硬件配套设置、福利待遇等方面制订出更吸引人的计划。而且,采取合适的方式进行高层次人才的联系和引进工作。要加强与美国华人高科技团体、专业人士协会、人文社科教授协会、留学生学者联谊会、文艺团体、青年团体的跨国联系,这些团体可以充当人才"资源库"和"联络站",可由他们推荐中国亟须的杰出人才。

第九章　加拿大移民政策法规[①]

加拿大作为一个移民国家，自 1867 年建国以来一直秉承实用主义的精神，根据国际国内环境的变化适时调整其移民政策。加拿大的移民政策经历了"自由移民—选择性移民—限制性移民—放松限制移民—自由开放移民—精心选择移民"等不同演变阶段。加拿大现阶段实施的对移民申请人进行精心选择的政策，主要基于人道主义和加拿大社会经济、人口、安全等国家利益考虑，并且几乎每年都会与时俱进地进行必要的修正与调整。

一、加拿大移民简史

加拿大是一个典型由外来移民所组成的国家，其境内生活着一百多个族群，英裔与法裔为前两大族群。根据 2020 年 7 月的人口统计，加拿大现有总人口为 37 694 085 人，族群构成为：英格兰裔 18.3%，苏格兰裔 13.9%，法裔 13.6%，爱尔兰裔 13.4%，德裔 9.6%，华裔 5.1%（约 192 万人），意大利裔 4.6%，北美印第安裔 4.4%，印度裔 4%，其他 51.6%[②]。

作为一个移民国家，加拿大总共经历过五次移民潮，其中第五次依然在进行当中。

第一次移民潮以法国人和英国人为主。16 世纪上半期，法国人卡蒂尔发现了加拿大，并使用"Canada"来指代加拿大。1608 年法国人尚普兰来到圣劳伦斯河谷定居，后来建立了魁北克城，法国人开始大量向加拿大移民，并派兵常驻加拿大，法国开始殖民统治加拿大。后来英国与法国展开了争夺加拿大统治权的一系列战争，并在 1756—1763 年的"七年战争"中打败法国，1763 年双方签署《巴黎和约》，加拿大正式成为英属殖民地。从此，英国人大举移民加拿大，仅

---

① 本章执笔者吴金平、夏景良。吴金平，暨南大学国际关系学院/华侨华人研究院教授，主要研究方向为美国研究、国际移民与华侨华人、加拿大华侨华人史等；夏景良，广东农商总行行长助理，研究方向为加拿大移民政策。

② Canada, https://www.migrationpolicy.org/country - resource/canada? gclid = EAIaIQobChMIuq - F6eu17gIVSK2WCh0iOgimEAAYASAAEgKON_D_BwE. 族群的百分比加起来会超过 100% 是因为有些人有着多重身份认同。

在美国革命期间就有 46 000 ~ 50 000 英国保皇党人从英属北美殖民地逃到加拿大的安大略、魁北克的东方镇、新不伦瑞克和新斯科舍等地，形成英、法两大族群并列的局面，这也是第一次移民潮的顶点①。

第二次移民潮发生在 1812 年美英战争之后。在失去北美殖民地之后，英国驻加拿大总督担心美国会夺取上加拿大（今安大略等地），于是鼓励英格兰人、爱尔兰人以及参与美英战争的英军服役人员移民加拿大。在 1846—1849 年，由于马铃薯饥荒，导致爱尔兰人移民加拿大的数额激增，第二次移民潮达到顶点。

第三次移民潮发生在 1900—1914 年，主要来自欧洲，大部分集中在 1911—1913 年，仅 1912 年就有 40 万人。

第四次移民潮发生在 20 世纪 40—60 年代，主要来源地依然是欧洲（主要是东欧，加拿大也因此成为乌克兰裔人除乌克兰和俄罗斯之外的第三大居住地），仅 1957 年就达到 282 000 人②。

第五次移民潮从 20 世纪 70 年代开始，一直持续到现在。这一移民浪潮中的绝大多数都是来自发展中国家，使得加拿大族群构成更为多元。

二、加拿大移民政策的历史与现状

（一）加拿大移民政策的历史演变

作为一个移民国家，自 1867 年建国以来，加拿大一直秉承实用主义的精神，根据国际国内环境的变化适时调整其移民政策，经历了从自由移民—选择性移民—限制性移民—放松限制移民—自由开放移民—精心选择移民等不同的历史演变阶段。

在自由移民时期（1867—1885），其移民政策主要体现在 1869 年颁布的《移民法》内。该法案是加拿大独立后第一部移民法，其目的主要是吸引移民来开发建设新国家，因此对外国人移入加拿大几乎没有特别的限制。华人也在这一段时间移民加拿大。1881—1885 年间，总共有 17 000 多名华人来到加拿大，参加太平洋铁路的修建。③

在选择性移民时期（1886—1914），由于太平洋铁路的修建接近完工，劳工需求不是特别紧迫，加上种族主义作祟，加拿大政府宁愿接受原先不被看好的东

---

① https：//en. wikipedia. org/wiki/Immigration_ to_ Canada.
② https：//en. wikipedia. org/wiki/Immigration_ to_ Canada.
③ 黄昆章、吴金平：《加拿大华侨华人史》，广州：广东高等教育出版社，2001 年，第 38 页。

欧与南欧移民，也不愿接纳亚洲裔移民。限制亚洲移民的有1885年《中国人移民法》和1907年《日加君子协定》。加拿大还对中国人与印度人征收了人头税。

在限制性移民时期（1915—1945），由于第一次世界大战的爆发，加拿大采取了限制移民入境的政策，禁止无政府主义者、吸毒者、传染病患者、精神病患者、各类残疾人、罪犯等"不受欢迎的人"入境，禁止德国、意大利和奥匈帝国等与加拿大处于敌对状态国家的移民入境。① 1923年的《移民法》对东欧与南欧移民也采取限制政策，要求必须具有加拿大需要的就业技术，而亚洲和非洲国家的有色种族移民则不得入境。已经在加拿大定居的非加拿大籍华侨的家属不得进入加拿大。② 这一系列极端苛刻的规定是对华人的最大歧视，加拿大禁止华人入境的法案一直到战后1947年才被废除，导致在1923—1946年间居然只有15名中国人进入加拿大。③ 1931—1945年进入加拿大的移民总数仅为219 494人。④

在放松限制移民时期（1947—1966），加拿大政府不仅在1947年废除了1923年的《移民法》，并在1951年颁布同意接受无担保人的印度移民和废除限制亚洲人移民的2115号内阁令等，而且颁布了影响深远的《1952年移民法》，废除种族歧视条款，各国移民在平等的基础上按照先来后到的原则入境，1963年更允许在加拿大无亲属的中国人可以以独立移民身份申请入境，移民条件进一步放宽。⑤

在自由开放移民时期（1967—2002），1967年10月加拿大颁布了新的《移民法》，更正了长期以来奉行的移居加拿大是一种特权而非人权的思想，终结了历史上以种族歧视为原则的限额制，取而代之的是以实用主义为核心的积分制。新的以积分制为核心内容的平等开放的移民法案的颁布在加拿大百年移民史上具有里程碑式的意义。这标志着加拿大种族主义移民政策的终结。除了反对种族歧视之外，加拿大政府在《1976年移民法》中更提出了人道主义的指导原则，强调家庭团聚，给予难民人道主义援助。

（二）加拿大移民政策现状

2002年生效的《移民与难民保护法》，把移民分为家庭团聚类移民、独立技术移民、商业移民及难民类型移民等，奠定了加拿大目前移民政策的基础和框架，宣告加拿大从此进入一个精心选择移民的时期。当然，该法被沿用到今天，

① 梁茂信：《现代欧美移民与民族多元化研究》，北京：商务印书馆，2011年，第159页。
② 黄昆章、吴金平：《加拿大华侨华人史》，广州：广东高等教育出版社，2001年，第193页。
③ 李东海：《加拿大华侨史》，加拿大：加拿大自由出版社，1967年，第420页。
④ 龙瑞光：《1867年以来加拿大移民政策的演变》，湘潭大学硕士学位论文，2008年。
⑤ 黄昆章、吴金平：《加拿大华侨华人史》，广州：广东高等教育出版社，2001年，第233页。

也经过多次被修改和补充，发生了一些变化，即从人道与社会文化等多重因素考虑家庭团聚移民的申请，更严格的独立技术移民申请限制，商业移民政策稳中有变，难民保护政策基本稳定，入境居留及入籍等更严格。

1. 从人道与社会文化等多重因素考虑家庭团聚移民的申请

2002 年实施的《移民与难民保护法》关于家庭团聚的出发点依然是人道主义。它对旧移民法中关于家庭团聚类移民的相关规定作了重要的变动。变化包括：①将依亲子女的年龄上限从原先的 19 岁提高至 22 岁。新移民法放宽依亲子女的年限，对于一些考虑为较年长子女申办移民的人来说无疑是一大利好消息，为他们的子女顺利来到加拿大团聚提供了方便。②将加拿大担保人（担保加拿大境外亲属团聚）的资格年龄从 19 周岁下降到 18 周岁。[①] ③将申请配偶移民加拿大的生活担保期由 10 年缩短为 3 年，而为子女和父母的担保期仍然不变，维持在 10 年。担保人必须有足够的经济收入，主要是根据担保人前 12 个月的收入证明，并且达到移民部规定的最低收入标准。被担保人获准作为家庭团聚类移民进入加拿大之后，可以自由定居、读书或工作，享受与一般居民同样的福利，譬如申办医疗卡等，但也要履行纳税等义务。[②] ④简化家庭团聚类移民申请手续，加快审批速度。新政规定允许家庭团聚类移民中的配偶及子女申请移民加拿大时，将担保申请、移民申请、移民体检三个过程同时进行，被称为"三合一"申请方式，最终可使此项申请的速度比以往快 4～6 个月。旧法至少需要 9 个月[③]。⑤尝试建立第三者担保的可能性，如果家庭团聚类移民的申请者在加拿大的亲属不具备经济担保能力，而有其他的加拿大公民或永久居民愿意且有能力资助并提供担保的话，申请者也可以被批准以家庭团聚类移民的方式移入加拿大。⑥如果加拿大公民或永久居民的配偶、子女已经在加拿大境内，则可以直接在加拿大境内申请永久居民权。而按照旧移民法是不能直接在加拿大境内进行申请的，需回到原籍才能进行申请。相比之下，新法更富人道主义精神。

应该说，2002 年新移民法放宽了家庭团聚类移民的条件，使得家庭团聚类移民在加拿大移民政策注重投资与技术移民的时代依然一直保持在总移民人数的 1/4 左右，仅次于经济类移民，2020 年是个特例，由于新冠肺炎疫情，这一年的前两个季度的家庭团聚类移民居然占到了总移民人数的 42.8%。2005—2020 年加拿大家庭团聚类移民情况如表 9-1 所示。

---

① 尤小文译：《加拿大移民与难民保护法及条例》，北京：中国政法大学出版社，2011 年。

② 吴开军：《加拿大新移民法对华人申请移民的影响》，《国际人才交流》2003 年第 6 期。

③ 李其荣：《家庭团聚是移民法体系的核心——美国、加拿大团聚移民政策分析》，第五届海外华人研究与文献收藏机构国际会议，2012 年 5 月 16 日。

表 9-1　2005—2020 年加拿大家庭团聚类移民情况（按类别分）

年份	总数（人）	配偶团聚（人）	子女团聚（人）	父母与祖父母团聚（人）	其他团聚（人）	占总移民数百分比（%）
2005	63 374	45 458	3 232	12 475	2 209	24.2
2006	70 516	45 304	3 191	20 005	2 016	28
2007	66 242	44 912	3 338	15 813	2 179	28
2008	65 584	44 211	3 254	16 600	1 519	26.5
2009	65 208	43 904	3 027	17 177	1 100	25.9
2010	60 226	40 763	2 960	15 326	1 177	21.5
2011	56 455	38 541	2 740	14 080	1 094	22.7
2012	65 012	39 536	2 716	21 814	946	25.2
2013	81 843	42 747	2 769	32 322	4 005	31.6
2014	66 661	42 124	3 265	18 150	3 122	25.6
2015	65 849	42 604	3 052	15 848	4 345	24.1
2016	77 995	56 855	3 730	17 040	370	26.3
2017	82 460	58 130	3 515	20 490	325	28.8
2018	85 160	62 890	3 795	18 030	445	26.5
2019	91 305	64 775	4 030	22 010	490	26.8
2020（第一、二季度）	44 275	32 190	2 130	9 755	200	42.8

　　资料来源：2005—2015 年数据参见 Canada – Admissions of Permanent Residents by Immigration Category，1980 – Q2 2016 ∗，http：//open. canada. ca/data/en/dataset/ad975a26 – df23 – 456a – 8ada – 756191a23695？ _ga = 1. 139385270. 483040600. 1489067151。2016—2020 年数据参见 Canada – Admissions of Permanent Residents by Province/Territory of Intended Destination and Immigration Category，January 2015 – November 2020，https：//open. canada. ca/data/en/dataset/f7e5498e – 0ad8 – 4417 – 85c9 – 9b8aff9b9eda。

　　2011 年 11 月 5 日，加拿大政府宣布即日起暂停家庭团聚类移民申请，以冻结移民申请的方式来缓解申请案件积压的问题。

　　2014 年 1 月 2 日，暂停两年的"父母和祖父母赞助移民计划（PGP）"正式重启，同时加拿大移民部推出新规，从 2014 年 1 月 1 日起各类移民申请案的随行子女须未满 19 周岁。移民部强调，移民抵埠时的年龄愈小，他们的教育经验

与本地出生者就愈相似，也愈容易习得官方语言，更适应加拿大的文化与社会①。PGP 项目从 2015 年起差不多每年都是 1 万个名额，只是在 2019 年增加到 2 万个，并从抽签改为先到先得制。2021 年的 PGP 计划将有 3 万个新申请名额，有关信息和时间表将于上半年在移民部的网站上发布。鉴于全球疫情造成的影响，加拿大政府放松了对该计划申请者的收入要求，并制定了更灵活的时间表。加拿大移民部强调，加拿大公民和永久居民还可以通过申请"超级签证"，将父母和祖父母带到加拿大，该签证允许多次入境，最长可达 10 年。加拿大联邦移民、难民及公民部（IRCC）还宣布向新移民提供优质安顿服务，使新移民能够安全、可持续地从新冠肺炎疫情中恢复。

随着加拿大家庭团聚类移民政策在 2002 年以来不断变化，可以看出加拿大吸引家庭团聚类移民不只是从人道主义考虑保障家庭在加拿大重新团聚，更是从有利于加拿大经济发展和社会稳定的准则对移民政策进行不断调整。

2. 更严格的独立技术移民申请限制

加拿大独立技术移民是指不依靠他人担保，而根据申请人的年龄、学历、工作技能、语言、适应能力等方面进行评分，各项评分累积达到一定的及格线，体检合格且没有犯罪记录的话便可以移民加拿大的一种移民类别。独立技术移民的审核是以家庭为单位进行的，一个家庭包括夫妻双方及其抚养子女。家庭中主要的被评审对象称为"主申请人"。只要主申请人符合规定条件并获得加拿大永久居民身份，那么其配偶与子女均可同时获得居留权，这也被称为"一人通过，全家移民"。这种移民方式吸引了来自全世界的高学历高素质人才移民加拿大，申请者除了可以以联邦技术移民方式进入加拿大外，还可以选择魁北克技术移民或各省提名计划（PNP）方式移民加拿大。独立技术移民约占每年加拿大移民总数的 40%，即每年约有 10 万人以技术移民身份登陆加拿大，因而独立技术移民类别是加拿大每年接收数量最大的一种移民类别。

自加拿大 1967 年创立积分制评分方法以来，独立技术移民就一直按照积分制来进行评分选拔。在 2002 年新移民法实施之前，加拿大独立技术移民的评分项目有 10 项，总分 110 分，如果各项目的得分总和达到 70 分即可以移民加拿大。其评分项目包括：①教育程度（最高 16 分），如硕士/博士 16 分，本科 15 分；②教育训练因素（最高 18 分），如常见的各工程师类为 17 分；③工作经验（最高 8 分），如一年工作经验可得 2 分；④职业因素（最高 10 分），这主要是加拿大劳务市场根据各职业的需求状况而确定的分数，如程序员即可得 10 分；⑤就业安排（最高 10 分），如果已获得加拿大雇主聘用，同时又获得了加拿大就

---

① 中国新闻网，http：//www.chinanews.com/hr/2013/05 − 21/4840468.shtml，2013 年 5 月 21 日。

业人力资源部的批准即可得 10 分；⑥人口因素（最高 8 分），这是加拿大政府为调控移民数量而规定的常数；⑦年龄（最高 10 分），如申请移民时年龄在 21 ~ 44 周岁，可得 10 分，每增加或减少 1 岁扣 2 分；⑧英语、法语能力（最高 15 分），申请人可以以官方语言中的英语或法语任何一种作为第一外语，另外一种作为第二外语，第一外语流利得 9 分，第二外语流利得 6 分；⑨个人适应能力（最高 10 分），这一项取决于申请人的文件准备和面谈表现给移民官的印象，打分具有主观性，申请者的外表、气质、外语能力、性格等都会影响到移民官的打分；⑩亲属加分，如果申请人或配偶的直系亲属已经是加拿大公民或永久居民，就可以得到额外的 5 分。①

2002 年之后新的技术移民评分方法将评分项目由原有的 10 项减少至 6 项，删除了教育训练因素、职业因素、人口因素及亲属加分项目。剩余 6 项评分项目分别是教育背景、语言能力、工作经验、年龄、加拿大境内就业安排、适应能力，新的评分方法对每个评分项目进行了详细的说明与规定，将更加强调申请人的教育程度、语言能力及工作经验。而且新的评分方法将各项目的总分由原来 110 分降至 100 分，及格分却由原来的 70 分提高至 75 分。这一标准导致大量申请者不合格。2003 年，加政府将之调低到 67 分（这一标准沿用至今），也依然不能改变技术移民逐年下降的趋势，2002 年之前其比例曾多年占据总移民数的一半以上。不过，在鼓励技术移民的大背景下，加上对投资移民等的打击，自 2016 年起，技术移民的比例又开始回升，甚至超过此前最高的 2005 年的 19.9%，2020 年更达到 33.7% 的新高。新移民法实施后，2005—2020 年加拿大独立技术移民情况如表 9-2 所示。

表 9-2　2005—2020 年加拿大独立技术移民情况（按类别分）

年份	技术移民主申请人（人）	技术移民其亲属（人）	主申请人占当年移民总数百分比（%）	主申请人亲属占当年移民总数百分比（%）
2005	52 269	77 969	19.9	29.7
2006	44 159	61 782	17.5	24.6
2007	41 251	56 601	17.4	23.9
2008	43 360	60 372	17.5	24.4
2009	40 733	55 221	16.2	21.9

---

① 黑建涛：《加拿大移民的种类和具体要求》，《出国与就业》1999 年第 3 期。

（续上表）

年份	技术移民主申请人（人）	技术移民其亲属（人）	主申请人占当年移民总数的百分比（％）	主申请人亲属占当年移民总数百分比（％）
2010	48 819	70 537	17.4	25.1
2011	36 778	52 007	14.8	20.9
2012	38 601	52 868	15.0	20.5
2013	34 156	48 952	13.2	18.9
2014	28 773	38 712	11.0	14.9
2015	30 432	39 713	11.2	14.6
2016	65 605	—	22.1	—
2017	47 410	—	16.5	—
2018	71 240	—	22.2	—
2019	77 860	—	22.8	—
2020（第一、二季度）	34 855	—	33.7	—

资料来源：2005—2015 年数据参见 Canada—Admissions of Permanent Residents by Immigration Category，1980 – Q2 2016＊，http：//open. canada. ca/data/en/dataset/ad975a26 – df23 – 456a – 8ada – 756191a23695？_ga = 1. 139385270. 483040600. 1489067151；2016—2020 年数据参见 Canada – Admissions of Permanent Residents by Province/Territory of Intended Destination and Immigration Category，January 2015 – November 2020 和 Canada – Admissions of Permanent Residents by Country of Citizenship，January 2015 – November 2020。https：//open. canada. ca/data/en/dataset/f7e5498e – 0ad8 – 4417 – 85c9 – 9b8aff9b9eda。2016—2020 年的统计资料没有技术移民的亲属这一类别。

2008 年 11 月 28 日，加拿大政府颁布《加拿大技术移民新法》（简称"2·27 新政"），使得技术移民的申请难上加难。新政将可以申请技术移民加拿大的职业类别由 340 多种缩减至 38 类。新政规定在 2008 年 2 月 27 日以后申请的人士，移民申请人的职业定位必须在公布的 38 类紧缺职业列表里且在该类职业下最近 10 年内至少全日制工作满 1 年。

"2·27 新政"所推出的 38 类紧缺职业列表里，对于以前比较难移民的医疗专业领域的申请人和大学教师敞开了大门；餐饮、酒店、建筑等行业也更倾向引进高端管理人才；在石油、矿藏、地理等领域的专业人才成为加拿大的急需；此外，财务经理以及部分技工（俗称蓝领），如电工、水管工、起重机操作员、焊

接工等也被列为紧缺职业人才。

为了配合"2·27新政"的实施并留住具有加拿大学习、工作经验但职业不在规定的38类紧缺职业列表中的申请人，加拿大政府在2008年9月6日推出了加拿大经验类移民类别（简称CEC）。该类别移民适合那些拥有加拿大教育背景的国际留学生以及在境内持有临时工作签证的申请人。加拿大经验类移民对留学生的最低要求：在申请时有合法的居住身份；至少完成加拿大2学年的正规教育；毕业于加拿大公立院校或者政府授权的私立院校；有1年的专业性或技术性的工作经历；具备初级或中级的语言能力。对技术工人的最低要求：合法的居住身份；近3年内需要至少2年的工作经验；具备初级或中级的语言能力。CEC的申请成功率相对较高，它与其他移民类别的区别在于，更看重申请者在加拿大工作或学习期间积累的经验，并以此作为筛选的关键因素。申请人可以在加拿大工作时申请，也可以在离开加拿大的工作之后1年内申请。加拿大移民部创设的加拿大经验类别移民为国际学生及拥有一技之长的海外临时劳工提供了一条获取永久居民身份的捷径。

2010年3月10日，加拿大联邦移民部颁布了"关于移民申请人语言能力证明"的新规定：申请人在递交移民申请时，需要同时提交语言能力证明，并只有一次提交语言能力证明的机会，一旦移民申请遭到否决，将不会有第二次提交语言能力证明的机会。

2010年6月26日，加拿大对2008年11月推出的"2·27新政"做出了新的修改，将加拿大联邦技术移民要求的职业从38类紧缺职业减少至29类紧缺职业（"6·26新政"）。规定从2010年6月26日至2011年6月30日为一个周期，在此周期内，加拿大仅接收符合新的29类紧缺职业的技术移民申请，并且限定每类职业的接收配额为1 000个，总共只接收20 000个移民申请。这是加拿大技术移民政策史上第一次在移民申请职业和数量上对申请者进行双重限制。

2011年6月25日，加拿大移民部再次对技术移民政策做出修订，规定从2011年6月26日至2012年6月30日为一周期，在此周期内，依然只接收符合29类紧缺职业的技术移民申请，但每类职业最多只接收500个名额，且总共只接收10 000个申请。加拿大政府进一步缩减联邦技术移民的名额，在2010年"6·26新政"的基础上将名额减半。

2012年，加拿大对其独立技术移民政策进行了密集而重要的调整与修改，独立技术移民政策进一步收紧。①加拿大政府于2012年3月29日宣布将退回2006年9月1日至2008年2月27日期间积压的约30万人的移民申请及申请费。②2012年6月28日，加拿大移民部宣布，于2012年7月1日起至2013年5月暂停接收加拿大联邦技术移民的申请。③2012年8月17日，加拿大联邦移民部公布新的联邦独立技术移民政策,将联邦独立技术移民分为技术移民、技工移民及加拿大经验类移民三大类型,新增"技工移民"类别(FSTC)将于2013年1月2日起开始接受申请,2013年该类移民的配额为3 000名。这是加拿大联邦政府时隔40年后再次推出"联邦技工移民计划",这是专为加拿大劳动力极度短缺的技工行业量身打造的移民项目,所涉及的行业包括电器技工、烧焊技工、喉管接驳工匠及重型机械技工等行业,除了要求申请者获得加拿大雇主聘用,或已获得省或地区发出的合格资历证书之外,还要通过加拿大语言标准(CLB)听说5级和读写4级考试。④实行新的技术移民计分方法。新的技术移民计分方法总分100分、及格分数线67分依然保持不变,但对各评分项目细则进行了调整。包括:将语言要求提升至"最重要的甄选移民因素",语言因素的分数由24分提高至28分,并设定最低语言门槛;① 对教育因素要求更加严格,规定所有海外学历必须经过认证等同加拿大学历才有资格提出移民申请;提高18~35周岁年龄段的分数至满分12分,年龄每增加或减少1岁扣2分,47岁以上得0分。⑤制订了新的"博士移民计划"。加拿大政府将每年吸收1 000名在加拿大留学深造的外籍博士生为加拿大永久居民,以激励他们为加拿大经济发展作贡献。

2013年5月4日,加拿大移民部宣布重开独立技术移民申请,暂停了11个月的技术移民重新开始接受申请,加拿大政府进一步缩减了技术移民申请所要求的职业类别,将加拿大紧缺职业类别由29项减至24项,主要是工程师及医疗人员。工程师方面包括土木、机械、化学、矿业、地质、石油、航天、计算机工程师及工程经理9个职业。医疗人员方面则包括物理治疗师、职业治疗师、医疗实验室技术人员、放射科及超音波等技术人员等。每类职业的配额是300个,总共配额不超过5 000个,比2011年时又减少了一半。加拿大政府对独立技术移民进行双重限制,缩减职业类别并减少配额,使得大量原本符合申请条件的人失去了移民加拿大的资格,加拿大独立技术移民政策正变得越来越严格。

由于联邦技术移民政策不断缩减紧缺职业类别以及减少配额,通过联邦技术移民的方式移民加拿大变得日趋困难,因而在近几年魁北克技术移民项目成为越来越多申请人的选择。加拿大联邦政府为维护国家统一并保护魁北克省独特的法语文化,在1978年就同魁北克省政府签署了"加拿大—魁北克移民协议",魁北克省可以根据自己的经济发展、社会需求、文化等自主选择移民。

魁北克技术移民政策不受近年来联邦技术移民紧缺职业类别的限制,其技术移民计分方法也与联邦技术移民计分方法有所不同。现行魁北克技术移民计分方法是自2013年8月1日起修订执行的。其评分项目包括:①教育水平,最高28

---

① 周佳:《加拿大移民部全面更新联邦技术移民甄选办法》,《侨园》2012年第147期。

分。含学历与专业两个方面，学历最高得 12 分，专业分 A ~ E 五类，A 类专业得
16 分。②工作经历，最高 8 分。有 4 年及以上工作经验的得 8 分。③年龄，18 ~
35 周岁得满分 16 分，每增加或减少 1 岁扣 2 分。④语言能力，最高 22 分。其中
法语流利得 16 分，英语流利得 6 分。⑤与魁北克省关系，最高 8 分。在魁北克
停留、学习或工作 3 个月以上得 5 分，有魁北克亲属得 3 分。⑥随行配偶的教育
水平、专业、年龄、语言能力均可加分，最高 18 分。⑦雇佣因素，最高 10 分。
⑧子女情况，最高 8 分。⑨财政自主力，签署一份资产声明表得 1 分。⑩适应能
力，由移民官综合评估，最高 6 分。总共 10 个评分项目，对于未婚申请人总分
是 107 分，及格分是 55 分；对于已婚申请人总分是 123 分，及格分是 63 分。可
以说魁北克技术移民非常有利于技术移民申请者实现"一人通过，全家移民"
的移民梦。魁省移民厅在 2013 年 7 月 9 日宣布将受理 2 万个技术移民申请，其
中"魁省经验类别"的申请人列在审理顺序的第一位，受理时间是从 2013 年 8
月 1 日至 2014 年 3 月 31 日。①

　　除了以联邦技术移民或魁北克技术移民的方式移民加拿大外，还能通过加拿
大各省提名计划（即 PNP）的方式技术移民加拿大。由于长期以来绝大多数移民
加拿大的人在入境后都会选择多伦多、温哥华、蒙特利尔这三大城市为定居地，
造成加拿大移民人口分布不均，为了调节新移民到达加拿大定居地分布的均衡
性，从法律、政策的层面上引导新移民选择以上三大城市以外的省份和地区为定
居地，同时促进当地的经济发展。② 自 1999 年至今，加拿大联邦政府已经同包括
安大略省、卑诗省、曼尼托巴省、爱德华王子岛、萨省、纽芬兰省、新不伦瑞克
省、新斯科舍省等在内的省份分别签署了省提名计划协议书，协议规定加拿大联
邦政府允许各省政府有权根据各自的经济、劳动力、人口、文化等社会和经济因
素来选择自己所需要的新移民。移民资格审查由各省政府负责，然后联邦移民部
（CIC）只负责审查申请人的健康、安全背景和签发移民签证，从而通过省提名
计划移民加拿大的人就可以来到该省定居。由于省提名计划申请周期短，一般一
年左右就可以通过审核，而且职业范围广，相比联邦移民漫长而痛苦的等待，加
拿大省提名移民计划有相当大的优势，所以越来越多的人选择通过 PNP 方式移
民加拿大。如在 2000 年时，还只有 1 252 人通过省提名计划移民加拿大，到
2006 年时，人数增长至 13 336，2008 年为 22 404 人，占经济类移民比例的
9.1%，2012 年更是达到 40 899 人，增加到 2000 年的 32 倍。

　　2018 年，加拿大移民部开设的"快速信道"移民项目是加拿大政府引进经

---

① 中国新闻网，http: //www.chinanews.com/hr/2013/07 - 11/5031834.shtm，2013 年 7 月 11 日。
② 资料来源：易贤网，http: //www.ynpxrz.com/n276636c1415.aspx。

济类移民，即联邦技术移民、联邦技工移民和加拿大经验类移民的主要途径，而加拿大大多数省份的省提名移民项目都有利用联邦"快速信道"移民系统引进本省所需移民人才的专门移民项目。

这些各省的专门移民项目，是通过"快速信道"移民系统的"候选人池"，筛选符合条件的移民申请人，每名被选中的申请人将额外增加 600 移民评分（CRS），结果在参加加拿大移民部组织的"快速信道"移民系统下一轮随机抽签中能够保证被抽中，获得申请移民机会。

2019 年，加拿大魁北克省政府提出移民新方案，将从现有 42 000 个配额基础上增加移民数量，直至 2022 年达到 49 500 ~ 52 500 个的移民目标，所有增长名额均针对经济类移民（技术类移民、经验类移民、商业类移民），魁北克省政府有意将此类别移民的比例从目前的 59% 增长至 65%。

该方案提及的内容还包括：

（1）对符合魁北克省劳动力市场需求且已在本省作为临时居民居住的、具有魁北克省学位的外籍工人和外籍人士给予优待。

（2）对符合魁北克省短期劳动力市场的技术申请人优先提供紧缺职业培训或提供政府认可的工作安排。

（3）欢迎并积极促进经济类移民的到来，以更快地响应魁北克省的劳动力需求。

（4）努力支持魁北克所有区域的雇主征聘临时外国工人，并促进程序以满足劳动力、短期工作的需要。

（5）为给新移民创造更好的法语学习环境，将通过扩大政府运营的法语培训机构，帮助新移民尽快融入当地生活及扩大讲法语的成年移民人数。

（6）欢迎并鼓励年轻群体移民魁北克省，以应对魁北克省人口的下降趋势和老龄化。

此外，在 2019 年，加拿大还颁布了新的《乡村及北部地区移民试点计划》（RNIP），规划在未来五年内，与部分省及地区政府合作，帮助他们为新移民安家提供支持，鼓励新移民到"小小区"，繁荣当地经济，创造更多的中产就业机会。此前，加拿大移民部已经开始了《大西洋省份移民计划》，受到当地省份和小区的欢迎，在 2018 年，吸收了 2 500 名符合当地劳动力市场的人才。此次进一步扩展试点，在《大西洋省份移民计划》成功的基础上，向有兴趣的安大略省、西部省份及各个特区招标。按照新的计划规定，所谓的"小小区"为在大都市 75 公里以外、具有 5 万人口以下的市镇，或者是远离大城市、人口不超过 20 万的地区，具有就业机会及经济发展规划，并与当地的经济发展机构合作。

符合参与资格的"小小区"，还需要具备帮助新移民定居的一些基本条件，

比如与移民服务机构有关联、有能力帮助新来者与当地已经定居人士建立联系，并能提供教育、住房、交通和医疗等关键服务。

加拿大政府希望开创一种以"小小区"的经济需求为驱动力的移民方式。根据"小小区"的特殊劳动力市场需求，吸收当地需要的人才。这样一个新的移民计划案，为有专才的移民提供了新的途径。

21世纪以来加拿大每年吸纳近25万移民，其中独立技术移民占40%，即每年有近10万人以技术移民身份来到加拿大，他们中大多来自亚非拉地区，这些人进入加拿大后增加了加拿大的人口数量，同时壮大了加拿大少数族裔的力量，使加拿大社会更加多元且和谐。

3. 商业移民政策稳中有变

加拿大商业移民是指加拿大为了提振经济、增加就业、促进商业及体育文化事业的繁荣，而创设的一种专门吸引拥有资金、商业经验的成功人士或拥有特殊专长的人进入加拿大的移民类别。商业移民的审核与技术移民相似，也按照具体的打分项目进行积分并要求达到一定的及格线。商业移民也属于"一人通过，全家移民"的类别，即主申请人一旦通过移民审核，其配偶及子女也可移民加拿大。因投资方式不同，商业移民又分为投资移民、企业家移民及自雇移民类。投资移民类主要要求申请者本人与其配偶的净资产达到一定数目且来源合法，同时愿意在加拿大进行投资，以促进加拿大的经济发展。投资移民依申请途径不同又可分为联邦投资移民、魁北克投资移民及各省提名计划（PNP）类投资移民。企业家移民类重点吸纳具有成功商业经历的人，并保证在抵达加拿大后的2年内在加拿大创立企业，提供就业岗位并参与企业经营管理。自雇移民类是指有能力在入境加拿大后成功自雇，并为加拿大特定经济活动做出重大贡献的移民。自雇移民一般包括两类人：一种是指具有艺术或体育天赋的人才，能为加拿大的文化艺术或体育事业做出突出贡献；另一种则是具有农场管理经验，并拥有资金在加拿大购买并经营农场的农场主。

一直到2002年新移民法实施前，加拿大平均每年吸纳1.3万名商业移民进入加拿大，其政策与配额都比较稳定。2002年新移民法规定了投资移民的申请条件：①拥有80万加元以上的净资产，主申请人自有或与配偶共同拥有，保证为合法所得。②在自申请永久居民签证之日5年前至该申请获准之日期间，有至少2年的管理经验。③同意将个人净资产中的40万加元用于投资加拿大经济机构，5年内该投资不能收回，5年期满后返还本金。④通过体检和安全检查，保证身体健康并没有犯罪记录。符合以上条件的人即可向加拿大移民部提交投资移民申请。

新法对企业家移民申请条件规定为：①在自申请永久居民签证之日5年前至

该申请获准之日期间，有至少 2 年的管理经验。②有合法取得的最低个人净资产 30 万加元。新法对最低净资产的数额作了明确规定，并要证明其资产来源的合法性，这些都是旧法中没有明确要求的。③企业家移民申请者要向移民官员提供书面声明，说明自己准备且有能力达到法律所规定的移民创业的有关条件。新法对这些所要达到的条件做了明确规定，包括：（a）该企业家必须控制一家合格加拿大企业 1/3 或以上的股权且必须积极、持续对该合格加拿大企业进行日常管理，此外还必须为除本人及其家庭成员外的加拿大公民或永久居民创造至少 1 个新增的全职工作量。其中对"合格加拿大企业"也做了界定，即企业家在加拿大境内经营的，且在该企业家成为永久居民之日后 3 年内的任一年该企业都要满足上述四项文件证据中的任两项。（b）在企业家成为永久居民当日后 3 年内，企业家必须至少有一年满足（a）所述的条件，并向移民官员提供相关证据。（c）企业家在成为永久居民之日起 6 个月内，向移民官员提供本人住址和电话号码。① 企业家在成为永久居民后的第 18 个月起至 24 个月期间内，要向移民官员提供本人满足上述 3 项条件情况的证据。

新法对自雇移民类的申请要求为：具有相关的文化、体育活动或购买并经营农场的经历，准备且有能力在加拿大自雇，并能为加拿大特定经济活动做出重大贡献。其中新移民法对自雇移民的相关文化或体育等活动的经历做了较为翔实的规定：（a）2 次为期一年的文化或体育活动自雇经历；（b）2 次为期一年的参与世界级文化或体育活动经历；（c）1 次为期一年的（a）段规定的经历和 1 次为期一年的（b）段规定的经历。对农场主则要求有 2 次为期一年的经营农场经历。

与独立技术移民相似，加拿大商业移民的选择也是采用积分制的方法来审核申请者是否符合申请条件，不过相比技术移民的及格分数要求来说，虽然都是满分 100 分，但商业移民的分数要求低很多，满 35 分就能通过。2002 年新移民法规定了商业移民具体的计分方法：①年龄因素，按照对技术移民进行评估的计分细则进行评估，最高 10 分。22～49 岁为满分 10 分，每增加或减少 1 岁扣 2 分。②教育因素，也按照对技术移民进行评估的方法进行打分，最高 25 分。③加拿大官方语言熟练程度，同样按照对技术移民进行评估的计分细则来打分，最高 24 分。即第一语言最高 16 分，第二语言最高 8 分。④适应能力，最高 6 分。其中对于投资移民或企业家移民，如果自申请永久居民签证之日前 5 年起至该申请获准之日期间曾到加拿大进行商业考察的评 6 分，或者参与联邦—省联合举办的商业移民计划的，评 6 分。而对于自雇移民，则根据配偶的教育程度、本人或其

---

① 尤小文译：《加拿大移民与难民保护法及条例》，北京：中国政法大学出版社，2011 年，第 143 - 144 页。

配偶在加拿大的学习与工作经验等分别评 3 ~ 5 分不等，最高不超过 6 分。⑤经历项目，最高 35 分。其中对于投资移民或企业家移民，如果有 5 年及以上"商业经历"的即评满分 35 分；有 4 年"商业经历"的评 30 分；3 年"商业经历"的评 25 分；2 年"商业经历"的评 20 分。而对于自雇移民，如果有 5 年及以上"相关文化、体育或经营农场经历"的即评满分 35 分；4 年评 30 分；3 年评 25 分；2 年评 20 分。① 从上述评分项目来看，35 分的及格分数是相对容易的，因此，此类移民在加拿大总移民中的比例一直比较稳定，变化不大。新移民法实施后，2005—2020 年加拿大商业类移民情况如表 9 - 3 所示。

表 9 - 3　2005—2020 年加拿大商业类移民情况（按类别分）

年份	投资移民主申请人数量（人）/其所占总移民数百分比（%）	投资移民亲属数量（人）/其所占总移民数百分比（%）	企业家移民主申请人数量（人）/其所占总移民数百分比（%）	企业家移民亲属数量（人）/其所占总移民数百分比（%）	自雇移民主申请人数量（人）/其所占总移民数百分比（%）	自雇移民亲属数量（人）/其所占总移民数百分比（%）
2005	2 592/1.0	7 023/2.7	749/0.3	2 095/0.8	302/0.1	714/0.3
2006	2 201/0.9	5 830/2.3	820/0.3	2 273/0.9	320/0.1	632/0.3
2007	2 025/0.9	5 420/2.3	580/0.2	1 577/0.7	204/0.1	375/0.2
2008	2 832/1.1	7 370/3.0	446/0.2	1 255/0.5	164/0.1	341/0.1
2009	2 871/1.1	7 432/2.9	370/0.1	943/0.4	182/0.1	360/0.1
2010	3 222/1.1	8 492/3.0	291/0.1	796/0.3	174/0.1	326/0.1
2011	2 980/1.2	7 606/3.1	184/0.1	522/0.2	113/0.0	236/0.1
2012	2 616/1.0	6 744/2.6	126/0.0	349/0.1	89/0.0	153/0.1
2013	2 362/0.9	6 043/2.3	114/0.0	312/0.1	94/0.0	170/0.1
2014	2 082/0.8	5 371/2.1	131/0.1	368/0.1	159/0.1	240/0.1
2015	1 547/0.6	3 913/1.4	74/0.0	185/0.1	260/0.1	417/0.2
2016	4 565/1.5	—	250/0.1	—	685/0.2	—
2017	4 375/1.5	—	355/0.1	—	435/0.2	—
2018	4 035/1.3	—	385/0.1	—	545/0.2	—

---

① 尤小文译：《加拿大移民与难民保护法及条例》，北京：中国政法大学出版社，2011 年，第 145 - 147 页。

（续上表）

年份	投资移民主申请人数量（人）/其所占总移民数百分比（%）	投资移民亲属数量（人）/其所占总移民数百分比（%）	企业家移民主申请人数量（人）/其所占总移民数百分比（%）	企业家移民亲属数量（人）/其所占总移民数百分比（%）	自雇移民主申请人数量（人）/其所占总移民数百分比（%）	自雇移民亲属数量（人）/其所占总移民数百分比（%）
2019	3 215/0.9	—	625/0.2	—	870/0.3	—
2020（第一、二季度）	1 015/1.0	—	300/0.3	—	305/0.3	—

资料来源：2005—2015 年数据参见 Canada – Admissions of Permanent Residents by Immigration Category, 1980 – Q2 2016＊, http：//open. canada. ca/data/en/dataset/ad975a26 – df23 – 456 a – 8ada – 756191a23695？ _ga = 1. 139385270. 483040600. 1489067151。

2016—2020 年数据参见 Canada – Admissions of Permanent Residents by Province/Territory of Intended Destination and Immigration Category, January 2015 – November 2020 和 Canada – Admissions of Permanent Residents by Country of Citizenship, January 2015 – November 2020, https：//open. canada. ca/data/en/dataset/f7e5498e – 0ad8 – 4417 – 85c9 – 9b8aff9b9eda。2016—2020 年统计里没有投资、自雇和企业家移民的亲属这一类别。

2008 年 9 月 2 日加拿大政府宣布实行新的商业移民政策，新政主要对省提名计划（PNP）的相关规定做了修改，缩小"被动投资"在加拿大各商业移民项目中的适应范围。在此之前，加拿大商业移民属于非主动投资，即移民本人不需要在当地经营，投资款直接投入政府基金，5 年后资金可以返还。这导致许多人在获得加拿大永久居民身份后，却没有在加拿大创造更多的财富与就业机会，加拿大政府为此受到批评，被指商业移民门槛太低，许多投资移民利用加拿大贷款获取加拿大永久居民身份，却没有对加拿大经济做出真正的贡献。

2010 年 6 月 25 日，加拿大政府宣布将联邦投资移民申请人个人净资产要求由 80 万加元提高到 160 万加元，对投资金额要求也相应由 40 万加元提高到 80 万加元，并从 6 月 25 日起暂停受理投资移民申请。直到 2010 年 12 月 1 日起重新开始接受申请并实施上述新规定。[①] 这一新政生效后，魁北克投资移民也上调了其投资标准与联邦投资移民保持一致。

---

① 资料来源：中国新闻网，http：//www. chinanews. com/hr/2010/11 – 12/2651423. shtml，2010 年 11 月 12 日。

　　2012 年 12 月加拿大移民部正式推出全新的"创业签证计划",此创业签证于 2013 年 4 月 1 日起实施。创业签证计划为加拿大首创,标志着加拿大正式对创业型企业家开放。这是加拿大企业家移民制度的重大改革之一。创业签证计划是一项为期 5 年的实验计划,在 5 年试行期间,移民部每年订立配额 2 750 人。申请人无须资产要求,无须说明资金来源,只要申请参加创业基金或天使基金,最低投资 20 万加币或 7.5 万加币,联邦移民局承诺最快 6 个月就可以获得创业签证申请批准,加上前期材料准备时间,大概 8 个月就可以完成签证的申请过程获得枫叶卡。① 目前看来,这是加拿大、美国、澳大利亚等主流移民国家中审理周期最短的移民项目。

　　魁北克投资移民政策和加拿大各省提名计划移民政策在 2013 年也得到了调整。2013 年 8 月 1 日魁北克投资移民重新开放,提高了对法语能力的要求,同时将投资移民配额定为 1 750 个,对递交的申请以抽签的形式予以优先受理。而在各省提名计划中,爱德华王子岛省在 2013 年 5 月公布商业移民新政,将申请人资产由 40 万加元涨至 60 万加元,在申请过程中需递交的保证金从原来的 10 万加元提高到 15 万加元,同时要求最低投资 15 万加元建立一桩生意,还需提供雅思 4 分的证明等。曼省也在 2013 年 8 月公布商业移民新政,在移民申请程度上采用 EOI(意向申请)筛选系统,从年龄、企业所有权、工作经验、资产净值、英语能力及曼省考察等方面作出了评分标准,申请人要先在网上递交意向申请表,评价达到要求后才有资格正式递交省提名移民申请,新政还将保证金从原来的 7.5 万加元提高到 10 万加元。②

　　由于商业投资移民存在诸多问题,2014 年 2 月 11 日,加拿大政府提出"2014 年经济行动计划"(EAP),但在 12 月 16 日,加拿大移民部门公布:"投资创业资本试验计划"将在 2015 年 1 月份开启,大大提高了投资金额,要求资产至少有 1 000 万元加币的申请人,做出 200 万元加币有风险投资达 15 年,移民部还首度要求投资移民必须具备中等英语或法语能力,以及具备专科以上教育程度。

　　4. 难民保护政策基本稳定

　　2002 年加拿大《移民与难民保护法》基本上继续了过去的人道主义原则,将难民划分为公约难民与需要保护的人两类,"要向有正当理由畏惧因种族、宗教、国籍、持有某种政治见解或属于某特殊社会团体成员等原因遭到迫害的人,

---

　　① 资料来源:中国新闻网,http://www.chinanews.com/hr/2013/01 – 26/4522731.shtml,2013 年 1 月 26 日。

　　② 资料来源:533 出国留学网,http://yimin.533.com/347/423380.html。

以及面临酷刑或残忍和非正常待遇或处罚风险的人提供安全的天堂"[①]。对于符合难民条件的申请人在加拿大境内和境外都可以申请难民保护。2005—2020年间加拿大接收难民情况如表9-4所示。

表9-4　2005—2020年加拿大难民类移民情况（按类别分）

年份	政府援助类难民总数（人）/其所占当年移民总数百分比（%）	私人资助类难民总数（人）/其所占当年移民总数百分比（%）	登陆加拿大难民总数（人）/其所占当年移民总数百分比（%）	难民亲属总数（人）/其所占当年移民总数百分比（%）
2005	7 424/2.8	2 976/1.1	19 935/7.6	5 441/2.1
2006	7 326/2.9	3 337/1.3	15 883/6.3	5 953/2.4
2007	7 572/3.2	3 588/1.5	11 696/4.9	5 098/2.2
2008	7 295/3.0	3 512/1.4	6 995/2.8	4 057/1.6
2009	7 425/2.9	5 036/2.0	7 206/2.9	3 183/1.3
2010	7 264/2.6	4 833/1.7	9 040/3.2	3 560/1.3
2011	7 363/3.0	5 584/2.2	10 743/4.3	4 183/1.7
2012	5 412/2.1	4 225/1.6	8 586/3.3	4 858/1.9
2013	5 661/2.2	6 269/2.4	8 036/3.1	3 712/1.4
2014	7 573/2.9	4 560/1.8	7 749/3.0	3 227/1.2
2015	9 491/3.5	9 743/3.6	32 111/11.9	3 389/1.2
2016	23 555/7.9	18 315/6.2	58 505/19.7	—
2017	8 630/0.3	16 665/5.8	41 075/14.3	—
2018	8 090/2.5	18 560/5.8	45 480/14.2	—
2019	9 950/2.9	19 140/5.6	48 510/14.2	—
2020	3 750/2.2	4 570/2.6	24 270/14.0	

资料来源：2005—2015年数据参见Canada – Admissions of Permanent Residents by Immigration Category，1980 – Q2 2016＊，http：//open. canada. ca/data/en/dataset/ad975a26 – df23 – 456a – 8ada – 756191a23695？_ga = 1. 139385270. 483040600. 1489067151；2016—2020年数据参见Canada – Admissions of Permanent Residents by Province/Territory of Intended Destination and Immigration Category，January 2015 – November 2020和Canada – Admissions of Permanent Residents by Country of Citizenship，January 2015 – November 2020，https：//open. canada. ca/data/en/dataset/f7e5498e – 0ad8 – 4417 – 85c9 – 9b8aff9b9eda。2016—2020年的统计没有难民亲属这一类别。

---

① 尤小文译：《加拿大移民与难民保护法及条例》，北京：中国政法大学出版社，2011年，第4-5页。

2015 年，难民申请的名额大致不变，不过以人道为理由的难民申请名额会增加 4 000 个，占移民总数的 10.7%，以舒缓往年的积压个案，预计到 2015 年底，难民申请积压的个案可以减少 40%。加拿大计划在 2015 年接收 14 500 名难民[1]，自 2016 年到 2019 年，加拿大接受的难民数量每年都在 4 万人以上，2020 年尽管受到疫情影响和经济低迷，加拿大接受的难民数量依然高达 24 270 名，占其所接受移民总数的 14%。

2017 年，加拿大移民部对《移民与难民保护法》（*Immigration and Refugee Protection Act*）做出修改，依亲子女（Dependent Child）随父母申请移民的年龄上限，从目前的 19 周岁上调至 22 周岁，意味那些有较大年纪孩子的家庭将有机会一起拿到枫叶卡。

5. 入境居留及入籍等更严格

2002 年 6 月 28 日实施的新《移民与难民保护法》加强了对移民出入境的管理力度，明确规定了因安全和侵犯人权原因而禁止入境的情形，具体包括：（a）参与间谍活动或颠覆活动，破坏加拿大认为民主性质的政府、制度或进程；（b）参与武力颠覆任何政府，或教唆武力颠覆任何政府；（c）参与恐怖活动；（d）对加拿大安全构成危险；（e）参与危及或可能危及加拿大境内人员的生命或安全的暴力活动；（f）参与大规模的侵犯人权活动或种族屠杀，犯有《反人类罪和战争罪》中规定的战争罪或反人类罪。[2]

新移民法对永久居民的居留制度也做了调整，规定具有加拿大永久居民身份的移民必须 5 年内共有至少 730 天身处加拿大境内，且 5 年的时间段只能从移民每次入境加拿大的当天算起，即"5 年内在加拿大居住满 2 年"，否则将取消其移民的永久居民身份。作为此新规的配套计划，加拿大政府于 2002 年 6 月首度推出了"枫叶卡"制度，对符合"5 年内在加拿大居住满 2 年"规定的永久居民颁发枫叶卡，替换原来的移民纸以证明其永久居民身份，枫叶卡只能在加拿大境内发放或签发，枫叶卡每 5 年更换一次。枫叶卡里包含申请人的姓名、出生日期、出生地、抵埠地点、移民类别和永久居民号码等基本信息。相比原有的移民纸携带不方便、易被伪造、易损毁或遗失等缺陷，枫叶卡因其易于携带且具有多重防伪功能等高科技优势而受到加拿大移民部的青睐，并在加拿大推广应用，这也象征着加拿大移民政策首度引入现代化管控系统。[3] 2002

---

① 《不可不知的 2015 年加拿大移民新政 10 大要点及 7 条新法规》，http://mp.weixin.qq.com/s?__biz=MjM5MzQwMzI0Mg==&mid=205515898&idx=2&sn=e506a6c050047cacba5e6954ffb188ed&3rd=MzA3MDU4NTYzMw==&scene=6#rd。

② 尤小文译：《加拿大移民与难民保护法及条例》，北京：中国政法大学出版社，2011 年，第 16 页。

③ 吴开军：《浅析加拿大新移民法对华人的影响》，《华侨华人历史研究》2003 年第 4 期。

年 6 月 28 日以后入境的移民将直接获得一张有效期为 5 年的个人枫叶卡，已经抵埠的移民可以自 2002 年 10 月 15 日开始申请办理换取枫叶卡，2003 年 12 月 31 日后，所有移民需凭枫叶卡进入加拿大，移民纸从此退出历史舞台。在入境时，移民官员通过计算机系统检查枫叶卡，以证明移民满足 "5 年内在加拿大居住满 2 年" 的规定。

加拿大的国籍法实行以出生地原则为主、血统主义原则为辅的政策。加拿大承认双重国籍，持有加拿大永久居民身份的移民可以申请归化为公民，条件是年满 18 周岁以上、在申请成为公民前的 4 年中，以永久居民身份在加拿大居住满 3 年；具有掌握一门官方语言的知识和能力；具有加拿大国情知识以及成为公民的权利和义务的知识；没有犯罪记录；不属于被驱逐人员等。[①] 满足以上条件的申请者必须参加考试，考试包括笔试与面试两个环节，考试合格者，在参加宣誓仪式后，即成为加拿大公民。

移民入籍政策自 1977 年实施以来，一直没有经过大的调整。2012 年 4 月 23 日，加拿大移民部宣布对入籍政策进行修改，提高对入籍申请者的语言要求，语言不达标的永久居民将无法申请入籍。要求所有 18 ~ 54 周岁的申请入籍人士，在递交申请表时必须一并提交英文考试成绩表，在听、说、读、写等四个领域必须达到加拿大语言标准（CLB）4 级，约相当于雅思（IELTS）4 分。

2014 年 2 月 6 日，加拿大政府进一步对 1977 年入籍法进行全面修订，施行所谓 C - 24 法，包括：①居住时间延长。将过去入籍申请者需要 4 年内住满 3 年的规定提高到 6 年内住满 4 年，且这 4 年里每年不得少于 183 天。②扩大入籍考试的年龄段，从过去的 18 ~ 54 岁申请者需要进行考试，扩大到 14 ~ 64 岁申请者必须笔试。[②] ③语言要求提高。新规要求申请人有更流利的英语或法语水平。④证明要求提高。新法案对 "实际居住" 的规定比过去更严格，申请人需要出示所得税交纳证据来证明自己在这段时间里确实住在加拿大境内。而现行入籍政策对住满 3 年不要求提供所得税证据。⑤入籍手续费增加。申请入籍的手续费从原先的 100 加元增加到 300 加元。⑥大大简化入籍程序。⑦加重对欺诈行为的惩处。对舞弊造假者的惩罚由处以最高 1 000 加元的罚款或最长一年有期徒刑修改为最高处以 10 万加元或最长 5 年的有期徒刑。[③] 新规授予移民部长更大的权力，凡是参与针对加拿大的武装冲突或恐怖活动并拥有双重国籍的加拿大公民，一律

---

① 黄昆章、吴金平：《加拿大华侨华人史》，广州：广东高等教育出版社，2001 年，第 239 页。

② 资料来源：中国新闻网，http://www.chinanews.com/gj/2014/02 - 08/5810218.shtml，2014 年 2 月 8 日。

③ 资料来源：533 出国留学网，http://yimin.533.com/346/424418.html。

被取消公民资格。该法于 2015 年 6 月 19 日正式生效。

2016 年 7 月 1 日，加拿大移民入籍新法案 C–6 正式生效。与被取代的 C–24 法案相比，新法降低了对移民入籍的居住要求。新法案 C–6 的居住要求改为 5 年住满 3 年（取消每年 183 天居住规定，非永久居民的居住时间可以以一半的折算率算入其中，最长折算不超过 1 年）。更重要的是，移民申请者以留学生或者以临时居民身份居留在加拿大的时间也能计算在内。其次，对入籍者进行公民和语言知识考试的年龄要求从 14～64 岁改为 18～54 岁。此外，收入报税年限也缩短，从 6 年内报至少 4 次税减为 5 年内 3 次。而在此前，部分修订的法案内容已从当年 6 月开始实施，诸如：入籍之后若迁至加拿大境外居住，其身份不会被废除；联邦政府唯一能取消公民国籍的理由是其在申请过程中造假；由联邦华裔参议员胡子修提出的未成年移民可独立于父母之外自行申请入籍；等等。

三、加拿大现行移民政策对华人移民的影响

整体而言，加拿大现有移民政策还是会继续鼓励移民，尤其是那些能够带来创新和经济贡献的移民。根据 2020—2022 年移民数量计划，加拿大的目标是在 2021 年接纳 351 000 名、2022 年接纳 361 000 名移民①。这是加拿大历史上的最高纪录。新的 2021—2023 年移民数量计划更将目标定在每年高达 40 万人。

作为当今最大的移民国家之一，每年有近 25 万来自世界各地的移民进入加拿大，其中平均每年就有约 3 万华人移民前往加拿大，约占每年移民总数的 13% 左右（见表 9–5），成为近十多年来加拿大移民来源的最大群体。移民政策规定了移民应该符合的条件与程序，以及移民的权利与义务；它决定了每年的移民配额、哪些人能够移民加拿大，以及移民加拿大后所应遵守的义务等，而且移民进入加拿大后对其所属族群的结构及整体力量都会带来影响，因而移民政策的调整与变化关系着包括成千上万华人移民在内的所有移民的切身利益，对于他们的入境、在加拿大的生存及发展等都会产生至关重要的影响。

① Notice-Supplementary Information 2018 – 2020 Immigration Levels Plan，https：//www.canada.ca/en/immigration – refugees – citizenship/news/notices/supplementary – immigration – levels – 2018.html？_ga = 2.76440790.2108314996.1509668275 – 1245021787.1488156923.

表 9-5　2005—2020 年加拿大中国移民一览表

年份	加拿大移民总数（人）	中国移民总数（人）	中国大陆（内地）（人）	中国香港（人）	中国台湾（人）	中国移民占加拿大总移民数百分比（%）
2005	262 224	46 410	42 584	729	3 097	17.7
2006	251 640	37 048	33 518	712	2 818	14.7
2007	236 753	31 082	27 642	674	2 766	13.1
2008	247 244	33 927	30 037	897	2 993	13.7
2009	252 170	32 751	29 622	657	2 472	13.0
2010	280 687	33 643	30 391	623	2 629	12.0
2011	248 747	30 797	28 502	591	1 704	12.4
2012	257 903	34 737	33 024	728	985	13.5
2013	259 023	35 677	34 130	774	773	13.8
2014	260 404	25 917	24 640	586	691	10.0
2015	271 817	20 779	19 532	630	617	7.6
2016	296 370	28 935	26 785	1 360	790	9.8
2017	286 510	32 405	30 250	1 360	795	11.3
2018	321 055	32 030	29 710	1 525	795	10.0
2019	341 175	32 800	30 245	1 540	1 015	9.6
2020	173 865	17 410	15 860	1 000	550	10.0

资料来源：2005—2015 年数据参见 Canada – Admissions of Permanent Residents by Country of Citizenship（Q3 2016 Ranking），Q1 2014 – Q3 2016＊，http：//open. canada. ca/data/en/dataset/ad975a26 – df23 – 456a – 8ada – 756191a23695？_ ga = 1. 139385270. 483040600. 1489067151；2016—2020 年数据参见 Canada – Admissions of Permanent Residents by Country of Citizenship and Immigration Category，January 2015 – June 2020 和 Canada – Admissions of Permanent Residents by Country of Citizenship，January 2015 – November 2020，https：//open. canada. ca/data/en/dataset/f7e5498e – 0ad8 – 4417 – 85c9 – 9b8aff9b9eda。

（一）对华人家庭团聚类移民的影响

2012 年，加拿大开始收紧家庭团聚类移民，首先将全年的申请名额预设在 5 000 个，接纳人数目标约 2 万人；其次将担保人的最低收入在以前的基准上大幅上调了 30%，这对于一些普通工薪阶层的华人移民来说担保资格可能不达标，导致无法担保申请；最后将担保时间延长，由以往的 10 年大幅延长到 20 年，这无疑将增加普通华人移民的经济负担，在以往的 10 年担保期结束后，生活困难

的移民可以申请加拿大社会保障金，而现在政府将这种负担转移到了移民担保人的身上。

今后，相关政策将更加严格，华人移民想通过家庭团聚类移民方式前往加拿大将变得更加困难。

（二）对华人技术移民的影响

如前所述，2012 年 6 月 28 日，加拿大宣布实行新的技术移民计分方法，新计分方法明确提出将语言要求提升至"最重要的甄选移民因素"，分数由 24 分提高至 28 分；并且规定所有海外学历必须经过认证等同加拿大学历才有资格提出移民申请；同时提高 18～35 周岁年龄段的分数至满分 12 分，倾向于选择更为年轻的技术移民进入加拿大。加拿大进一步强调技术移民的语言能力要求，对华人技术移民愈发不利，语言问题成为华人移民加拿大的"拦路虎"，同时中国的教育学历不被加拿大承认，使得学历认证困难重重。日益严格的加拿大技术移民政策对华人技术移民竖起一道道难以通过的关口。

（三）对华人商业移民的影响

加拿大 2014 年终结联邦投资移民项目和企业家移民项目的政策，对正在申请中的 6.6 万多名海外投资移民造成巨大影响，意味着他们中的许多人将无法以投资移民身份前往加拿大，其中来自中国的申请者最多，达到 4.6 万人。[①] 2015 年重启的投资移民项目将金额提高至 1 000 万加元，使得许多原来想投资移民的华人望而却步。自 2009 年以来的数据也显示，华人移民加拿大的数量呈现下降趋势，在 2009、2011 和 2012 年被菲律宾超过，2014 年更被印度和菲律宾超过。[②]

在 2019 年，大约 86 000 名印度人移民加拿大，占所有新来者的 25%，中国移民有 30 260 人，占比 9%，居第二位；其次是菲律宾，占新移民的 8%。前十位的还有尼日利亚、美国、巴基斯坦、叙利亚、厄立特里亚、韩国和伊朗。[③]

（四）对"太空人"的影响

2002 年以来新的居留规定及枫叶卡制度的实施，对长期往返中加两国的华

---

① 资料来源：环球网，http：//world. huanqiu. com/exclusive/2014 - 02/4826397. html，2014 年 2 月 13 日。

② http：//www. cic. gc. ca/english/resources/statistics/facts2014/permanent/10. asp.

③ Canada Broke Another Record by Welcoming 341 000 Immigrants in 2019，https：//www. cicnews. com/2020/02/canada - broke - another - record - by - welcoming - 341000 - immigrants - in - 2019 - 0213697. html#gs. rlxz0p.

人移民（被称为"太空人"）造成很大冲击。由于加拿大经济发展放缓，很多华人移民在加拿大难以找到适合自己专业的工作，而中国经济却迅猛发展，充满了工作机遇；很多华人商业移民在进入加拿大后依然在中国国内拥有生意或公司，因而出现了很多往返于中加两国之间的"太空人"，其中以香港移民最多。要求5年内住满2年，使得很多"太空人"不能像以前一样继续往返于两国之间，同时也有很多人因此被取消永久居民身份。例如2012年前5个月，加拿大因居住时间不足而被取消永久居民资格并且接到离境令者高达695人，其中华人移民就达175人，相当于平均每天就有一名华人移民丧失永久居民身份。[①]

（五）对华侨华人入籍的影响

2016年7月1日生效的C-6法案，对移民入籍的时间要求减短，语言要求放宽，对于新移民、临时海外工人和国际留学生都是重大的好消息。比如，入籍时间的计算对留学生就非常有利。根据新法：以非永久居民身份在加拿大居住的时间可以计算在内，计算方法是每2天算1天，上限是非永久居民的2年居住时间折算成1年。举例而言，如果成为永久居民之前已经在加拿大住满2年，那么在成为永久居民之后，只需在5年内再住满2年就可以申请入籍。2017年，安大略省已重开省移民提名计划（OINP）旗下两个受欢迎的移民项目，分别是硕士生项目及博士生项目，接受在本省毕业并希望在省内定居的硕士及博士生申请。两个项目的申请人无须已有工作聘请，申请时也无须正在安省居住。资格方面，无论是国际硕士生项目抑或是博士生项目，申请人都必须有意愿在安省居住及工作。2018年，针对包括中国在内的4个亚洲国家，加拿大还推出一项整合类学生签证项目"学习直入计划（SDS）"。相关国家留学申请人如能购买担保投资证（GIC），并递交英语语言证明，其学生签证申请将获加速审批。所谓SDS计划，即如果留学申请人拥有一定经济基础，且英语或法语能力较佳，可在更短时间内取得学生签证。根据加拿大移民部公布的信息显示，留学申请人如能购买1万加元的担保投资证（GIC），在雅思考试中取得至少6分的成绩，获得加拿大指定学习机构的录取通知书，递交留学期间充足经济能力的资金证明并通过体检，即符合SDS要求。

2020年3月，加拿大联邦政府宣布实施旅行限制措施，以遏制新冠病毒的传播。尽管如此，加拿大移民、难民和公民部仍在处理永久居民的申请，特快入境的常规抽签也未停止。此外，国际学生也不受这些旅行限制的约束，新留学生可以申请并获得学习许可。加拿大认识到国际学生对其补充未来劳动力的重要性。

---

① 资料来源：中国新闻网，http://www.chinanews.com/hr/2012/06-09/3951120.shtml，2012年6月9日。

　　这些修法对已在加拿大留学且有意在毕业后留在加拿大的华人而言，是极大的利好消息，对那些打算留学加拿大的中国人来讲，可能也是极大的刺激。一直以来，加拿大都是中国学生热门留学目的地之一，从 2005 年起，中国曾经很多年是加拿大最大留学生来源国，2017 年才被印度超越，这几年一直居第二位。在 2019 年，加拿大向全球总共发放了 40 多万份学习许可签证，中国公民获得 84 170 份，占总数的 21%，印度为 139 740 份，占比 35%。前十名的其他国家依次为韩国、法国、越南、巴西、伊朗、尼日利亚、美国和日本。①

　　类似修法将会慢慢改变加拿大华人社会的人口结构。过去，加拿大华人以劳工和投资移民为主。以后，这样的人口结构可望得到改观，华人融入加拿大社会的程度也会得到提高。

---

① Canada Welcomed More Than 400 000 New International Students in 2019，https：//www.cicnews.com，https：//www.cicnews.com/2020/02/canada－welcomed－more－than－400000－new－international－students－in－2019－0213724.html.

第十章　澳大利亚移民政策法规[①]

澳大利亚是典型的传统移民国家，已经拥有 200 多年的移民历史。几乎半数的澳大利亚人口是移民或移民的后代。第二次世界大战后初期，9.5% 的澳大利亚人在国外出生，2013 年这个比例上升到 27.7%。[②] 2018 年外来移民占澳大利亚总人口的比例已高达 29.4%。[③] 第二次世界大战后澳大利亚移民数量史无前例的增长源自澳大利亚政府移民政策因时因势的调整。移民政策成为"澳大利亚调节宏观人口发展，满足经济和社会发展对劳动力需求的重要工具"，"直接影响着澳大利亚移民的地区来源、族裔构成、文化素质水平和职业技能水平等"。[④]

一、澳大利亚移民简史及移民政策回顾

"南方大陆"（Terra Australis）是欧洲探险家发现的最后一块大陆。在欧洲人登上"南方大陆"前，已有约 100 万原住民生活在这片大陆上。自 17 世纪开始，来自欧洲的荷兰人、西班牙人、葡萄牙人以及法国人陆续勘察登上澳大利亚的海岸。1770 年，英国人 J. 库克（James Cook）率领军舰远航太平洋，在澳大利亚东南岸的植物湾（Botany Bay）登陆，并以英王乔治三世的名义正式宣布拥有澳大利亚的主权，命名其登陆地为新南威尔士。为了解决英国国内监狱过度拥挤以及美国革命对英国造成的破坏等问题，1786 年，英国政府决定将新南威尔士辟为罪犯流放地。1788 年 1 月 26 日，英国海军军官 A. 菲利普率领由 11 艘船只组成的"第一舰队"（First Fleet）运载 1 500 人（其中一半是囚犯）抵达悉尼

---

① 本章执笔者郭又新，华东师范大学历史学系/社会主义历史与文献研究院副教授，主要研究方向为国际移民与冷战国际史。

② Australian Demographic Statistic s – June Quarter 2013, Cat. No. 3101. 0., Canberra：Australian Bureau of Statistics；*Fact Sheet 60 – Australia's Refugee and Humanitarian Program*，Canberra：Department of Immigration and Border Protection，2013.

③ Statistics on Australia's International Migration, Internal Migration（Interstate and Intrastate），and the Population by Country of Birth, 2017 – 2018 financial year, https：//www. abs. gov. au/statistics/people/popula-tion/migration – australia/2017 – 18, 2019 – 03 – 04.

④ 颜廷、张秋生：《20 世纪末以来澳大利亚移民政策的转型及其对华人新移民的影响》，《华侨华人历史研究》2014 年第 3 期。

港（Sydney Harbour），正式建立新南威尔士殖民地，A. 菲利普担任殖民地总督。英国政府以流放囚犯开发澳大利亚的政策直到 1868 年才结束，共有 16 万男女囚犯被送到澳大利亚。

从 18 世纪 90 年代早期起，自由移民开始进入澳大利亚。1820 年，英国政府调整以流放囚犯为主开发澳大利亚的政策后，更多的自由民移居澳大利亚新南威尔士地区。澳大利亚有廉价土地和大量工作机会的消息不胫而走，吸引了越来越多富有冒险精神的英国移民。1832—1842 年，有近 7 万英国移民移居新南威尔士。这些移民开始深入原住民的领地，为他们的牲畜搜寻牧草和水。19 世纪 50 年代，新南威尔士南部等地发现金矿，"淘金热"吸引了数以万计的移民。有来自英国的年轻男子和一些敢于冒险的年轻女子，还有许多中国矿工，以及来自世界各地的形形色色的人。尽管在金矿区充满了暴力，但是黄金和羊毛带来的财富吸引了大量的移民与资本纷纷涌入墨尔本和悉尼。到 19 世纪 80 年代，它们已经成为充满时尚气息的现代城市。

19 世纪中叶开始的"淘金热"引发了澳大利亚人口数量的极大增长。但是这些人群后来受到越来越多的限制和种族歧视，大部分离开了澳大利亚。1901 年 9 月，新成立的澳大利亚联邦政府第一届国会通过 1901 年《限制移民入境法案》，将种族歧视性观念上升到立法的高度，规定所有入境澳大利亚的人士都要接受"50 字听写测试"，这种测试的目的是不让一切非白人申请者通过。作为限制有色人种入境的一种手段，"50 字听写测试"从法律上确认了"白澳政策"。为保护白人利益，澳大利亚联邦政府对有色人群实施政治暴力，致使海外移民大量减少。但是，澳大利亚各行各业的发展需要大量的劳动力。联邦政府发现，要想吸引各地的移民，必须给新移民提供津贴，而且可以通过控制津贴的数量来控制移民人口，从而实现在不同的经济发展阶段都能有数量合适的移民。1911—1914 年，澳大利亚每年接受政府援助的移民 5 万多人，政府未能提供援助的移民人数高达 15 万。第一次世界大战给澳大利亚带来了灾难性的影响。1914 年，澳大利亚男性人口不足 300 万，而其中近 40 万人自愿参战，估计有 6 万人阵亡，数万人受伤。第一次世界大战后，英国人继续移居澳大利亚。1921—1929 年有30 万英国移民移居澳大利亚。1931 年，英国议会通过《威斯敏斯特法案》，给予自治领内政、外交独立自主权，自此澳大利亚成为英联邦中的一个独立国家。

第二次世界大战结束后，为了满足国民经济建设和工业发展对劳动力的迫切需求，澳大利亚社会对移民基本持欢迎态度，政府开始推动制定有计划的移民政策。因此成千上万的欧洲和中东人来到澳大利亚。而且有超过 100 万的英国民众

在移民辅助计划的帮助下迁居澳大利亚，号称"10 英镑英国佬"（Ten-ponds Poms）①。这时澳大利亚接纳移民的条件非常简单，只要你是欧洲人血统，身体健康，没有犯罪记录，就可以被接纳。20 世纪 50 年代，澳大利亚的经济日益增长，不仅金属、羊毛、肉类以及小麦等主要出口产品的国际需求量不断增长，澳大利亚的市郊也繁荣起来。和许多其他国家一样，澳大利亚经历了 20 世纪 60 年代社会变革浪潮的洗礼，政治、经济和社会变革的呼声越来越强。1966 年，澳大利亚政府放宽对非欧移民的严格限制。非欧移民的数量慢慢增多，从 1966 年的 750 人增加到 1971 年的 2 700 人。非欧定居者的数量也在增加，1971 年超过 6 000 人。② 1972 年，律师出身的高夫·惠特拉姆（Gough Whitlam）领导澳大利亚工党（Australian Labor Party）当选执政，结束了战后自由党和乡村党联盟（Liberal and Country Party Coalition）一统天下的局面。此后三年间，由他领导的新政府进行了许多改革，其中就包括废除"白澳政策"，实施多元文化主义。这时澳大利亚的移民政策也已开始发生根本性的转变。自 1788 年澳大利亚向移民开放以来，首次出现不需要津贴的自愿移民数量高于政府所需数量的情况。但是澳大利亚结束了长期的经济繁荣，经济压力增大，失业率不断上升，因此，澳大利亚政府开始取消所有移民津贴，减少移民配额，移民的过程也变得越来越复杂。1971 年，澳大利亚移民局将移民配额由 17 万人减少到 14 万人，1972—1973 财年又减少到 11 万，1974 年减少到 8 万人，1975 年减少到 5 万人，是 1945—2000 年以来的最低水平。③

在多元文化政策指导下，澳大利亚政府尝试以移民的职业技术能力作为选择标准，推动移民选择的去种族化，也希望借此改变此前因种族选择而导致的移民整体素质不高的状况。在此背景下，澳大利亚政府的第一个技术移民评估体制，即结构化选择评估制度（Structured Selection Assessment System）被用于甄选海外技术人才。1979 年，澳大利亚移民局又出台量化多因素评估制度（Numerical Multi-factor Assessment System）用于移民挑选。这个制度要求对移民申请人的家庭、职业和语言技能等因素进行量化评估，以确定是否接受其申请。接纳移民的

---

① 20 世纪 50 年代，有近 100 万欧洲移民涌入澳大利亚，其中半数以上是英国人。英国政府希望继续通过移民维系与澳大利亚的特殊关系，澳大利亚执政的白人精英也渴望源源不断的"优等"英国人来到"白澳"。这时期有个非常著名的"10 英镑英国佬"计划，即英国人花费 10 英镑船费就可以到达有足够的居住空间、美味的食物、健康的生活方式、自由公平的教育机会以及改头换面的机会的国家——澳大利亚。

② A History of Department of the Immigration: Managing Migration to Australia, Canberra: Department of Immigration and Border Protection, 2015, p. 45.

③ Department of Immigration and Multicultural Affairs, Immigration: Federation to Century's End, 1901 – 2000, 2001, p. 9, http://www.immi.gov.au/media/pubication/statistics/federation.

目标为接下来的 3 年平均每年净增加 70 000 人。① 1980 年，针对无证件难民增加的现象，澳大利亚移民局又特别提议所有进入澳大利亚的旅客都必须携带护照。澳大利亚政府逐渐加强对移民的管理，希望超越种族和肤色的限制，为国家的发展建设提供所需要的人力资本。

20 世纪 80 年代，澳大利亚政府希望调整过度依赖矿产、能源等产业的经济结构，通过扶植高科技产业和服务重振经济。澳大利亚移民政策是直接为其经济发展策略服务的。因此，澳大利亚政府制定了更加具有目标指向性和更加精密的移民管理办法，其移民计划开始强调技术移民和投资移民。所谓技术移民包括两个类别：一类是那些在今后相当长时期内澳大利亚所需的特殊职业人才；另一类系由雇主提出，主要是其所需要的在本国劳动力市场上无法雇到的、掌握某种高级技术的人才。在后一种情况下，政府要求雇主必须承诺在国外挑选的人才移居澳大利亚后，愿意为澳大利亚培养同类人才，这样才可能获得批准移民。澳大利亚政府将招募菲律宾、韩国及中国香港、澳门、台湾等地有良好教育背景的年轻人视为经济成功转型的一个重要条件。1982 年，澳大利亚政府推出新的移民评估制度（Migrant Assessment System），不仅考察申请人的教育背景、英语能力，还强调申请人的专业技术能力，并给予更多的分值。从结构化选择评估制度到移民评估制度，澳大利亚政府的技术移民制度在逐步完善，澳大利亚移民政策的种族选择色彩不断淡化，移居澳大利亚的亚洲人日益增多，欧洲人在减少。1987 年，澳大利亚政府建立了移民记录信息制度（Immigration Records and Information System，IRIS）。移民记录信息制度简化了主要的空港入境旅客的批准程序，这样使澳大利亚移民官员可以在海外使领馆的柜台发放签证。1996 年，澳大利亚移民局推出电子旅游批准制度（Electronic Travel Authority System），短期进入澳大利亚的访客不再需要纸质审批手续。

自 20 世纪 80 年代中期以来，澳大利亚政府在许多国家的出版物上登载投资移民的广告，并在联邦德国、韩国、马来西亚、新加坡等地举办推介会，招揽投资移民。所谓投资移民，即愿意到澳大利亚投资、兴办企业的移民。按照澳大利亚政府当时的规定，投资移民携带相当于 50 万澳元以上的资金即可到澳大利亚定居。对于家庭团聚移民，澳大利亚政府仍然给予有限考虑，首先考虑的是夫妻，其次是未婚子女，订婚的非婚夫妻以及父母，然后是兄弟姐妹、子侄。家庭团聚移民的筛选以申请人移居澳大利亚后能够就业、不给社会带来负担为基本原则，此外还会考虑申请人的年龄、所受教育和所掌握的技能。总体来看，这一时

---

① James Jupp，*From White Australia to Woomera：The Story of Australia Immigration*，Cambridge & New York：Cambridge University Press，2002，p. 44.

期澳大利亚的移民政策遵循这些原则：澳大利亚政府独立自主地决定移民评选标准；除难民和家庭团聚移民以外，其他移民必须是能为澳大利亚做出某种贡献的人；移民不能影响澳大利亚民族和睦团结；移民政策和移民评选坚守非歧视立场；移民以个人和家庭为单位，不接受社会团体申请；移民合适与否按澳大利亚法律和社会风尚来衡量；移民必须愿意永久性定居；不提倡在"飞地"内定居；移民应该积极融入澳大利亚多民族文化的社会，同时，政府提供必要的条件，使他们保留和继承本民族的传统。20世纪80年代澳大利亚政府实施有计划的移民政策后，移民总体上给澳大利亚的经济发展带来许多有利因素，不仅扩大了国内市场、刺激贸易、实现经济结构调整，而且扩大了澳大利亚与东南亚以及太平洋地区其他国家的交往与合作，促进澳大利亚经济的进一步发展。到20世纪90年代中期，澳大利亚政府决定给予投资移民和技术移民比家庭移民更大的优先权，这种优先权的再平衡一直延续至今。

20世纪60年代末期至20世纪70年代，澳大利亚政府对国际危机做出反应，视情况需要持续接纳少量的难民。澳大利亚政府签署了联合国《1951年难民公约》的《1967年议定书》，这个议定书将难民救济的地理范围扩展出欧洲，这表明澳大利亚想要更广泛地支持人道主义行动。1976年，5名寻求政治避难的越南人乘船抵达澳大利亚。到1981年末，2 000多名印支难民乘船登陆澳大利亚。为了管理这些乘船来的难民，澳大利亚政府在悉尼的维拉伍德（Villawood）设置了第一个移民拘留中心。另外，为了减轻国内审查处理的压力，打消难民乘船来澳大利亚的意图，澳大利亚政府派遣移民官到越南、老挝、柬埔寨等国面试预期安置在澳大利亚的难民。1975—1985年，将近80 000名印支难民在澳大利亚安置下来。印支人道主义危机之后，澳大利亚政府制订了正式的人道主义计划，成为其移民政策的一部分。20世纪90年代，澳大利亚为来自苏联、伊拉克、科威特、黎巴嫩、中国、东帝汶和斯里兰卡的申请人和少数民族提供特殊帮助。到1995年，澳大利亚已经接纳500 000名难民和流离失所的人，其中约215 000人来自东欧，135 000人来自印支半岛，90 000人来自中东，50 000人来自拉美，以及25 000名中国学生。如今，澳大利亚和美国、加拿大一道成为世界难民安置国家的前三名。澳大利亚的人道主义移民计划每年为近19 000人提供永久移民配额。①

1998—2001年，12 000名非法移民乘船登陆澳大利亚海岸，这是跨国犯罪集

---

① Michael Pezzullo, The Department of Immigration: 1945 – 2015 Seventy Years of Nation Building, http：//www. border. gov. au/about/news – media/speeches – presentations/2015/seventy – years – of – nation – building.

团不断增长的人口贩运的一部分。1999 年，澳大利亚政府采取措施遏制这种情况的恶化，为确认难民身份的人提供 3 年临时保护签证或者短期安全避难所签证，而不是永久居留的权利。2001 年 8 月 26 日澳大利亚政府拒绝 433 名寻求庇护的阿富汗人进入澳大利亚，对峙 5 天后，澳大利亚政府与瑙鲁和巴布亚新几内亚政府达成协议，将这些阿富汗人安置在那里。随后，澳大利亚与瑙鲁和巴布亚新几内亚签订行政协议，在那里建立难民处理中心。2001—2008 年，霍华德执政期间，澳大利亚政府根据这份太平洋解决方案，把 1 637 名难民送到瑙鲁和马努斯岛，其中 29.5% 的难民最终放弃避难申请重返家园，另有 43% 的难民移居澳大利亚。[1] 2011 年洛伊研究所（Lowy Institute）的年度民调显示，72% 的澳大利亚人担心难民乘船偷渡澳大利亚。在这 72% 的人中，有 92% 的人表示，乘船偷渡可能引发伤亡事故；88% 的人认为难民在移民申请中插队；86% 的人声称难民造成安全隐患；85% 的人认为政府在处理羁留难民问题上花费太多。[2] 2013 年 7 月，时任澳大利亚总理陆克文与巴布亚新几内亚总理奥尼尔达成协议，未经授权进入澳大利亚的难民今后非但不能在澳大利亚避难定居，而且会被送到巴布亚新几内亚的拘留处理中心，在那里等待避难审核结果。即便这些难民今后获得定居资格，他们也将被安置在贫穷落后的巴布亚新几内亚。陆克文政府希望通过这种举措让试图偷渡的人明白，澳大利亚不是他们寻求避难的天堂。尽管联合国难民署和一些国家谴责澳大利亚政府处理难民问题的做法，但是绝大多数澳大利亚人支持政府把非法难民送到西南太平洋邻国的举措。

二、澳大利亚移民政策的调整

作为一个失业率低、收入高，无论综合国力还是社会福利均位居世界前列的国家，澳大利亚一直是热门的移民目的国，每 4 名澳大利亚人就有 1 名出生在海外。移居澳大利亚的方式多种多样，目前主要有投资移民、技术移民、留学生毕业后留居当地转为移民、家庭团聚移民、婚姻移民以及难民移民。不同的移民方式，其所对应的移民政策也各有特点。进入 21 世纪，澳大利亚政府几经调整其移民政策，旨在应对国际、国内的发展变化，促进澳大利亚的经济持续发展、社会融合、政治平稳。

---

[1] 《澳新政断偷渡后路　转嫁难民包袱被批"不人道"》，中国新闻网，https://www.chinanews.com.cn/gj/2013/08－01/5109463.shtml。

[2] 《澳大利亚人最关心的三大事：难民、阿富汗和中国》，《澳洲日报》，转自 http://blog.renren.com/GetEntry.do？id＝734306654&owner＝228917186。

（一）商业创新和投资移民政策的调整

霍华德政府时期，澳大利亚的经济持续发展。1996—2006 年，澳大利亚实际人均国内生产总值平均增长率达到 3.26%，年均增速位列世界第 7，是世界上经济增长最强劲的国家之一。① 澳大利亚政府财政扭亏为盈，自 2001 年开始逐年降低个人所得税，2008 年失业率降至过往 20 年的最低水平，成为公认的世界上经济最健康的发达国家。为了吸引更多的海外人才移居澳大利亚，霍华德政府对澳大利亚的移民政策进行了改革：10 年间将移民配额从 67 100 个稳步提升到 158 630 个；2001 年以后，有技能的外国留学生只要能在毕业后找到工作，就能得到澳大利亚的永久居留签证；创建 457 类签证类别，允许技能短缺严重的企业从海外招募人才。② 为了增加在澳大利亚边远和低人口增长地区定居的商业移民，2003 年 3 月霍华德政府对商业移民政策进行调整。自 2003 年 3 月 1 日起，绝大部分商业和投资移民的签证将不能一步到位取得永久居留资格，而是分两个阶段进行：第一个阶段将获得一个 4 年临时居住签证，在此期间真正创建了生意，并达到政府要求的标准，才有资格提出第二阶段的永久居留申请。但是，获得各州和领地政府赞助的申请人可以例外地直接获得永久居留权。这类签证属于"商业特殊人才签证"132 类，申请条件是：55 岁以下，在提出申请前的 4 个财政年度中，至少有两年的总营业额达到 300 万澳元，生意净资产不少于 40 万澳元，个人净资产不少于 1 500 万澳元，而且必须有各州和领地政府的特别赞助才能提出申请。③

为了提高澳大利亚商业投资移民签证的完整性，2010 年 4 月陆克文政府对商业投资移民政策进行调整：①提高移民申请者的个人净资产总额。各州和领地政府担保的临时商业移民的个人净资产从 25 万澳元提升到 50 万澳元；一般的临时商业移民的个人净资产从 50 万澳元提升到 80 万澳元。②增加商业投资移民在企业中所有权的比重。对于年营业额少于 40 万澳元的企业，商业投资移民所占股份的比重由 10% 提升到 51%；对于年营业额达到 40 万澳元以上的企业，商业投资移民必须拥有企业 30% 的股份。③从州和领地担保的临时商业移民签证类别

---

① 《澳大利亚经济发展现状及特点》，新浪财经，http://finance.sina.com.cn/roll/20071022/09081734499.shtml。

② 《澳洲移民专家：2011 年澳大利亚移民政策分析》，腾讯网教育，http://edu.qq.com/a/20110829/000269.htm。

③ 《澳大利亚 2003 年 3 月出台的商业移民政策分析》，中国留学网，http://www.chinaliuxue.com.cn/news/article19130.html。

中取消高级管理者的申请。①

2012 年 7 月，吉拉德政府又对澳大利亚的商业移民政策进行调整：①以商业创新和投资计划取代原来的商业技术移民计划，将签证类别从 13 种减少为 3 种，即商业人才签证（132 类）、临时商业创新与投资签证（188 类）和永久商业创新与投资签证（888 类），后两者属于原有类别合并之后产生的全新类别。②提高对个人净资产的要求。以 188 类签证为例，新政策要求申请人个人拥有 80 万澳元的净资产，年生意营业额达到 50 万澳元；而 188 类商业投资签证则要求个人净资产达到 225 万澳元以上，年生意营业额则没有详细要求。③设置"重大投资者签证"（Significant Investor Visa，SIV）类别，给那些至少投资 500 万澳元的重要申请人提供一个进入澳大利亚的快速通道，没有年龄上限（18 岁以上）、语言的要求，只需 4 年内在澳大利亚住满 160 天，即每年只需住满 40 天即可获得签证，被简称为"500 万"签证。④对商业创新和投资移民套用技术移民筛选系统"SkillSelect"。商业创新和投资签证的申请人必须通过"SkillSelect"筛选系统在线向澳大利亚移民局提交一份移民意向书（Expression of Interest，EOI）②，"SkillSelect"系统将根据申请人的年龄、英文水平、职业、从商投资经验、净资产、商业营业额和企业创新能力等项进行打分、排名，向合适的申请者发出移民邀请，申请人只有在收到移民邀请后才能正式递交移民申请。③

自 2012 年 7 月至 2013 年 6 月底，澳大利亚政府共发出 188 类签证邀请函 1 061 份。2013 年 7 月 1 日至 2014 年 6 月底，签发 188 类签证邀请函 2 260 份，比上年增长一倍之多。2014 年 7 月 1 日至 2014 年 11 月底，仅 4 个月就签发 188

---

① Janet Phillips, Harriet Spinks, Skilled Migration: Temporary and Permanent Flows to Australia, 2012 - 12 - 06, Canberra: Parliamentary Library, http://parlinfo. aph. gov. au/parlInfo/download/library/prspub/1601351/upload_ binary/1601351. pdf; fileType = application%2Fpdf#search = %22Temporary（long%20stay）%20Business%20%20Sub - class%20457%22.

② 2012 年 7 月 1 日澳大利亚移民局开始启用 EOI 评分标准，这是一种新的移民签证邀请制度。EOI（Express of Interest）是澳大利亚移民局发布的一个官方打分表，要想递交移民申请，首先要递交 EOI 打分表来表明移民意向。在申请 EOI 打分之前，需要准备好职业评估函、移民局认可的语言成绩，还有预估出来的 60 分组合结构。递交的 EOI 申请被放在一个"申请池"里面，移民局每个月会从池里根据需要挑选满足条件的申请者发放邀请。移民申请者受邀后才可以递交签证材料申请签证。通常来讲，除了 489 偏远地区担保类技术移民签证外，其他类别技术移民申请者达到 60 分的合格线，都会获得邀请。IT 和会计类职业属于热门职业，有些时候需要 65 分以上。EOI 制度启动后，系统自动排除了不符合基本要求的申请人，大大提高了澳大利亚移民局的工作效率。根据澳大利亚移民局公布的数据，EOI 评分主要有以下特点：提交 EOI 申请没有时间和地域的限制；除会计、IT 等职业，其他职业大多数情况 60 分就能获得邀请；递交 EOI 后，只有提名的职业不能更改，其他打分因素都可以更改；提交 EOI 是免费的，进入"申请池"后会留存 2 年，每人有 2 次提交机会；每月邀请两批，申请人在收到邀请的 60 天内必须递交签证申请，否则邀请将被作废；邀请名额的筛选依照分数的高低排列，同等分数按递交早晚发出邀请。

③ Department of Immigration and Citizenship, Reforms to the Business Skills Program, http://www. border. gov. au/WorkinginAustralia/Documents/reforms - business - skills - program. pdf#search = Skill%20Select.

类签证邀请函 1 197 份。可见，澳大利亚商业移民申请量在不断增多。2015 年 7 月 1 日，澳大利亚政府对"重大投资者签证"的新规定正式出台，新政规定投资将仅限于创业基金、小/微型上市公司股票的管理基金和平衡型基金，政府债券不再是合规的投资标的。在具体投向上，至少 100 万澳元需要通过许可的风投基金流入初创型、成长型企业中；至少 150 万澳元通过专门投资澳大利亚证券交易所小型上市公司的基金流入新兴上市公司。此外，草案还严格控制投资直接流向居住型地产，商业地产也必须通过正规的基金进行投资。在新的"重大投资者签证"政策下，澳大利亚政府将不再允许移民申请人把 500 万澳元全部投资到现金、房产或政府债券等安全的投资选项，而是硬性规定申请人要把一定比例的资金投到长期型风险资本基金及澳大利亚证券交易所小型上市公司。①

2015 年 7 月 1 日，澳大利亚政府又推出"卓越投资者签证"（Premium Investor Visa，PIV），规定海外移民申请者在澳大利亚投资 1 500 万澳元，1 年后就可以获得永久居留权。"卓越投资者签证"是移民条件最少的澳大利亚移民签证，申请人只要能够投资 1 500 万澳元到移民局认可的投资项目上，并且持有至少 4 年，即可递交移民申请，不需要参与移民评分，没有英语和学历要求，也不需要在企业拥有股份。作为澳大利亚超级移民签证，"卓越投资者签证"的申请人需要同时获得澳大利亚贸易和投资委员会的提名与澳大利亚联邦政府的邀请，才能递交移民申请，未获邀请不能主动申请。澳大利亚政府表明，食品与农业、开采技术和服务业、天然气和能源业、医疗技术和医药业、高级制造业这五个领域符合投资要求。澳大利亚政府希望借此获得更好的投资经济效果。

表 10 - 1　重大投资者签证和卓越投资者签证对比

移民要求	重大投资者移民	卓越投资者移民
投资金额	500 万澳币	1 500 万澳币
商业经验	不需要	不需要
语言要求	无	无
年龄限制	无	无
意向申请（EOI）	需要	需要
移民评分	不需要	不需要

---

① 《澳洲移民新政策将在 2015 年 7 月 1 日正式实行》，出国移民网，http://yimin. liuxue86. com/y/2432033. html。

（续上表）

移民要求	重大投资者移民	卓越投资者移民
居住时间要求	4 年累计住满 160 天	无
州政府担保	需要澳大利亚贸易投资委员会（Austrade）提名	需要澳大利亚贸易投资委员会提名，同时获得澳大利亚联邦政府邀请
转永久居民的时间	4 年投资期满，可申请永久居民身份	1 年投资期满，可申请永久居民身份

总而言之，2015 年澳大利亚的商业创新和投资移民政策的调整主要是针对高资产移民申请人，对创业移民申请人来说，除了申请处理时间有一定延期外，其他变化不大。2015 年澳大利亚投资移民政策的主要变化有：①提高了申请人的投资风险，规定投资资金要注入风险较高的投资基金，而不是风险较低的政府债券；②加强审核程序，具体表现在审核周期延长，审核要求提高；③对居住时间的要求更加严格，规定主申请人和副申请人都要到澳大利亚居住，副申请人每年的居住时间要达到 180 天；④对投资领域进行限制，规定移民申请人的资金向农业、能源、采矿技术、医疗技术和制造业等领域倾斜。

2020—2021 财年，澳大利亚商业投资移民签证配额数量翻倍，商业创新和投资计划（Business Innovation and Investment Program，BIIP）从 2019—2020 财年的 6 862 个配额提升至 2020—2021 财年的 13 500 个配额。[①] 虽然新财年商业投资移民配额总量有大幅度增长，但从 2021 年 7 月起商业投资移民将面临更加严格的要求。2020 年 12 月，澳大利亚政府宣布对商业投资移民签证做出调整。现有的 9 种不同的商业和投资签证将被削减至 4 种，保留商业创新类（188A）、投资类（188B）、重大投资类（188C）和企业家类（188E），以确保投资针对澳大利亚风险资本和新兴中小型企业；并调整了不同的申请门槛。澳大利亚政府还将对投资额度和申请要求再做调整。这 4 种商业投资移民项目的居留签证持有人 3 年后满足要求的可以申请永久居留，临时签证的有效期是 5 年，这意味着居留签证持有人有足够的时间去满足永久居留的要求。废除了"卓越投资者签证"（188D）和"商业特殊人才签证"（132 类）。132 类的消失宣告着澳大利亚投资移民一步到位拿永久居留身份的历史终结。这意味着，今后澳大利亚商业投资移民签证都需要先申请临时商业签证，然后经过考察再转永久居留。

---

① Alan Tudge，Getting a Better Deal for Australia from Business and Investment Visas，https：//minister. homeaffairs. gov. au/alantudge/Pages/Getting – a – better – deal – for – Australia – from – business – and – investment – visas. aspx.

188A 类签证的要求将会上调、更加严格，以便更有效地吸引到具有资深商业经营能力的申请人。商业创新签证允许移民在澳大利亚经营新企业或现有企业，但要求申请人持有 125 万澳元的资产，高于之前的 80 万澳元；还要求申请人公司的年营业额从 50 万澳元提高到 75 万澳元，以更好地证明他们成熟的商业技能。保留了 500 万澳元的"重大投资者签证"（188C 类），其投资门槛目前暂时没有变化。2019—2020 财政年度，澳大利亚政府共批准了 135 个 188C 类签证，将近 90% 是中国人。公开的移民数据显示，自 2012 年以来，已批准了超过 2 349 个重大投资签证，在澳大利亚经济中产生了价值约 117 亿澳元的投资。①

澳大利亚 2020—2021 财年移民计划的重点在于能创造就业机会的人、具有关键技能的人以及打算在澳大利亚的未来进行投资的移民。商业投资项目的变化将最大限度地提高高价值投资者的经济贡献，从而为澳大利亚人带来最好的结果。这是澳大利亚移民局与利益相关者协商的结果之一。澳大利亚政府自 2003 年推出商业投资移民签证至今已有十几年的时间，其间经历了多次重大变化，大大提高了商业投资移民的门槛和难度。今后要想获得澳大利亚永久居留身份只会越来越难。

（二）技术移民政策的调整

霍华德政府时期，澳大利亚移民计划中技术移民的份额逐渐增多，移民选择积分制度中的非经济因素大幅度减少。从 1996 年至 1999 年，移民和多元文化事务部（Department of Immigration and Multicultural Affairs）系统地审查、改革技术移民的选择标准，取消了为抵澳前两年的移民提供的福利救济金，决定在最初的申请者中"选择有成就的人"。② 这时澳大利亚政府的目标明晰："选择年轻、技艺熟练的移民，他们能够迅速地为澳大利亚的经济做出积极的贡献，他们一抵达澳大利亚就能够自力更生。"③ 1997—1998 年的初步审查后，澳大利亚政府开始审查、评估"独立的类别积分测试"（The Independent Category Points Test）的有效性。为了完善积分选择策略，审查了两个权威的数据库：以 1995/1996 年以来持续的移民团体中 5% 的移民/难民的代表性样本为基础的澳大利亚移民纵观调查（Longitudinal Survey of Immigrants to Australia, LSIA），以及对来自各种国家/

---

① 《重磅！2021 年澳洲商业移民将重大变化！》，搜狐网，https：//www. sohu. com/a/438844012_120871569。

② L. Hawthorne, Picking Winners: The Recent Transformation of Australia's Skill Migration Policy, *International Migration Review*, 2005, 39（2），pp. 663–696.

③ *Review of the Independent and Skilled – Australian Linked Categories*, Canberra: Department of Immigration and Multicultural Affairs, 1999, p. 2.

地区所有移民类别中的专业移民（以 1996 年人口普查数据为基础）的就业成果的比较分析。根据这些研究成果，自 1999 年起，通过严格扩展移民前的英语测试以及一些对积分筛选附加的修改，很大程度上拒绝了可能延迟就业或降级就业的技术移民。从 1999 年至 2006 年，澳大利亚政府主要的移民政策提案包括:①

（1）加权计分：最大的加权计分是基于构成"最低的入门标准"的要素，包括"重要的易于被雇佣的技能、年龄和英语能力"。

（2）资格水平：在政策调整的前 5 年，主要资格水平计分（60 分）给了特定的职业领域。到 2005 年，越来越多的贸易资格也可以获得 60 分，另外，因为澳大利亚矿业的暴涨，"澳大利亚技术职业清单"（Australia's Skilled Occupation List）迅速扩展。

（3）职业认证：要求具备限制领域资格的技术移民申请者向澳大利亚国家、州/领地的相关认证机构提交移民前审查申请（3 个月的邮寄期）。此项策略旨在避免因为非认证的技能导致劳工市场的更替。在这项改革实施前，澳大利亚每年有 2.5 亿澳元用于提供英语和劳工市场培训。

（4）职业需求：给具备高度需要领域资格的申请人最高 20 分和优先审批奖励〔根据澳大利亚移民职业需求清单（Australia's Migration Occupation in Demand List）评估〕，此举旨在实现技术移民的就业和薪水成果最大化。

（5）安置资格：国际学生毕业后有资格立即移民澳大利亚，因为拥有当地的文凭而获得奖励分数（2006 年要求至少在澳大利亚学习 2 年）。

（6）年龄：45 岁及 45 岁以上的申请者没有年龄计分，他们没有资格申请技术移民。

（7）英语能力：最初移民申请者的雅思（International English Language Testing System，IELTS）测试要达到"职业"或更高的水平。技术移民申请人最低的标准是 5 级——"部分掌握语言，虽然可能犯错，但是大部分情况能够应对。在自己的领域能够进行基本的交流"。2007 年 9 月英语能力提升到 6 级。英语能力低于"职业"水平的申请人没有英语语言计分。

（8）工作经验和/或资本：有近期连续在澳大利亚或国际上工作经历的申请人，在需要的领域有"真正的工作合约"的申请人，申请人的配偶满足申请的经济标准、携带大量资金来到澳大利亚的申请人（10 万澳元或更多）或由居住在澳大利亚的近亲资助的申请人，会获得额外的奖励分数。②

---

①　*Review of the Independent and Skilled – Australian Linked Categorie*s，Canberra：Department of Immigration and Multicultural Affairs，1999.

②　*Review of the Independent and Skilled – Australian Linked Categories*，Canberra：Department of Immigration and Multicultural Affairs，1999，p. 12.

2007 年陆克文带领工党上台后，继续增加技术移民配额。澳大利亚 2008—2009 年度的移民计划中技术移民的配额比 2007—2008 年度增加 31 000 个，达到 133 500 个。2008 年金融危机爆发后，陆克文政府立即削减技术移民配额。2009 年 3 月 16 日，陆克文政府将技术移民配额减少至 115 000 个，降幅达 14%，以此保护澳大利亚人的有效就业。随着金融危机愈演愈烈，2009—2010 年度的移民计划进一步削减技术移民配额至 108 100 个，与 2008—2009 年度的技术移民配额相比下降了 19%。为了保护国内逐步恶化的劳动力市场，陆克文政府宣布以"需求驱动"型移民政策替代"供给导向"型移民政策，技术移民计划的重点是优先选择最适合澳大利亚经济发展需求的、雇主和州及领地政府担保类的技术移民。[①] 同时引入就业准备测试（Job Ready Test）计划，提高英语能力标准，保证技术移民移居澳大利亚后能够迅速进入劳动力市场就业。

为了应对全球性金融危机给澳大利亚经济带来的冲击，更好地满足澳大利亚经济中远期发展对技术工人的需求，2009 年 1 月 1 日，澳大利亚政府正式实施急需技术移民职业清单（Critical Skills List，CSL）。2010 年 2 月 8 日宣布取消现行的移民职业需求清单并逐步废除 CSL 职业清单，取而代之的是 2010 年 7 月 1 日正式生效的移民职业清单（Skilled Occupation List，SOL）。该清单修改"紧缺"职业的选定标准，从过去注重短期的职业需求改为满足中长期经济发展目标需求，目的是筛选出符合国家劳动力发展战略要求、具有高附加值技术的职业，主要包括管理类、专业类、贸易类和技工类等 42 类职业，将原来的 400 多个职业削减至 181 个。[②]

澳大利亚政府根据国内外形势的变化，不断调整移民计分制度。2018 年 7 月 1 日澳大利亚政府公布新的技术移民计分（EOI）标准。新的计分标准更加注重申请者的学历、英语语言能力以及工作经验（见表 10 - 2）。根据澳大利亚的移民法，65 分是提交 EOI 的最低要求。对于大多数职业类别的申请人来说，EOI 申请的分数越来越高，一些专业要求的分数甚至高达 85 分或 90 分。

---

① 1999 年澳大利亚移民政策修订后，技术移民类别主要包括 3 大类：独立技术移民、澳大利亚担保技术移民和匹配技术移民。独立技术移民包括独立技术移民类（136 类）和地区提名独立技术移民（137 类）两类；澳大利亚担保技术移民包括亲属担保技术移民（138 类）和制定地区亲属担保移民（139 类）；匹配技术移民（134 类）旨在吸引海外人才，申请人不必通过计分测评，但需满足资本条件，包括申请人在申请前至少有 6 个月的工作经历等。

② 张秋生：《从陆克文—吉拉德政府的移民政策改革看澳大利亚未来移民政策走向》，《江苏师范大学学报（哲学社会科学版）》2014 年第 1 期。

表 10 - 2　澳大利亚政府技术移民计分标准（2018 年 7 月 1 日）

项目	条件	分数
年龄	未满 18 岁	0
	18 ~ 24 岁	25
	25 ~ 32 岁	30
	33 ~ 39 岁	25
	40 ~ 44 岁	15
	45 ~ 49 岁	0
英语水平	没有雅思成绩	0
	雅思听说读写每项 6 分	0
	雅思听说读写每项 7 分	10
	雅思听说读写每项 8 分	20
与职业相关的澳大利亚工作经验	在澳大利亚受雇佣不足 1 年	0
	在澳大利亚已经受雇佣 1 年	5
	在澳大利亚已经受雇佣 3 年	10
	在澳大利亚已经受雇佣 5 年	15
	在澳大利亚已经受雇佣 8 年	20
与职业相关的海外工作经验	在澳大利亚以外的国家已经受雇佣 3 年	5
	在澳大利亚以外的国家已经受雇佣 5 年	10
	在澳大利亚以外的国家已经受雇佣 8 年	15
拥有澳大利亚或被澳大利亚承认的学历	没有被承认的学历	0
	境外被认可的学徒 在澳大利亚完成三、四级证书 在澳大利亚完成的专科学历	10
	本科或硕士学位	15
	博士学位	20
在澳大利亚学习的经历	不足 2 年在澳大利亚学习经历	0
	2 年或以上在澳大利亚全日制学习经历	5
社区语言	没有 NAATI① 二级或三级认证	0
	已获得 NAATI 二级或三级认证	5

---

　　①　NAATI，澳大利亚国家笔译和口译认证机构（National Accreditation Authority for Translators and Interpreters）。NAATI 认证主要分为三类：三级笔译考试（Advanced Diploma of Translating）、二级口译外部考试（Diploma of Interpreting）和社区语言认证考试（Credentialed Community Language，CCL），这三种 NAATI 分类都属于认证的社区语言（Accredited in a Community Language）。

（续上表）

项目	条件	分数
配偶	没有符合条件的配偶	0
	有符合条件的配偶	5
职业年课程	没有参与 PY① 培训	0
	已完成 PY 培训	5
州/领地担保（适用于 190 州/领地担保）	没有获得州担保	0
	获得州担保	5
偏远地区担保（适用于由州/领地或者亲属担保的 489 偏远地区移民）	没有偏远地区担保	0
	有偏远地区担保	10
偏远地区学习生活	没有偏远地区学习生活经历	0
	在偏远地区学习 2 年	5
	在偏远地区生活 2 年	5

　　2019 年调整后，澳大利亚技术移民主要有 3 个类别，即 189 独立技术移民签证、190 州政府担保技术移民签证和 491 偏远地区②技术移民签证（下文以"数字＋签证"简称）。不同的技术移民类别有不同的分数要求，申请人需要满足相应的分数才可以申请。189 签证允许持有者以永久居民的身份自由地在澳大利亚各地工作和生活。如果申请人的职业属于 MLTSSL③ 列表中的提名职位，按照评分标准达到 65 分，就有机会申请 189 签证，既可以在澳大利亚境内申请也可以在境外申请。190 签证既可以在澳大利亚境内申请也可以在境外申请。与 189 签证相比，190 签证需要有州担保。在移民成功后，需要到担保的州居住 2 年以后

---

　　① 职业年课程（Professional Year）简称 PY，是由澳大利亚移民局授权且由相关职业评估机构合作协调，以帮助毕业生在专业领域内获取实践经验为目的的技能培训课程项目。该课程目前只面向会计、IT 以及工程类专业毕业生。

　　② 2019 年 11 月，澳大利亚政府针对 491 签证划定新的偏远地区：除悉尼、墨尔本、布里斯班这三大城市之外，其他地区均可申请 491 签证。

　　③ 2017 年 4 月 19 日，澳大利亚移民局宣布用新的中长期技术职业清单（Medium and Long-term Strategic Skills List，MLTSSL）替代原先的职业清单（Skilled Occupation List，SOL），MLTSSL 所列职业可以申请普通技术移民、雇主担保移民和工作签证。

才可以去其他地区定居（有居住限制）。申请人的职业在 STSOL[①] 或 MLTSSL 列表上才可申请州担保，190 签证可以给申请人加 5 分。按照评分标准，如果申请人达到 60 分，就有机会申请 190 签证，因为在州政府担保获批后，即可满足 EOI 总分 65 分。491 签证是一个 5 年的临时移民签证，于 2019 年 11 月 16 日开始实施，既可以在澳大利亚境内申请也可以在境外申请。491 签证的前身是 489 签证，因此与它非常类似，[②] 同样分为州/领地政府担保与亲属担保两种，适用于那些想要通过技术移民前往澳大利亚，但由于种种原因，达不到 189 签证和 190 签证要求的申请者。

表 10-3 澳大利亚三类技术移民签证申请条件（2019 年）

189 独立技术移民签证申请条件	190 州政府担保技术移民签证申请条件	491 偏远地区技术移民签证申请条件
获得 EOI 邀请（be invited to apply）	获得 EOI 邀请（be invited to apply）	年龄小于 45 岁
提名职业属于 MLTSSL 列表，并且通过职业评估	提名职业属于 STSOL 或 MLTSSL 列表，并通过职业评估	职业在相关技术移民职业列表上
年龄小于 45 岁（at the time of invitation）	年龄小于 45 岁（at the time of invitation）	有效的职业评估
EOI 评分达到 65 分	EOI 评分至少 60 分，获得州担保 5 分后达到 65 分	需要获得州/领地政府的担保或亲属担保
雅思听说读写最低 6 分或同等语言水平	满足州政府的要求，拿到州政府担保	雅思听说读写最低 6 分或同等语言水平
符合身体和品质要求	雅思听说读写最低 6 分或同等语言水平	
	符合身体和品质要求	

---

① 2017 年 4 月 19 日，澳大利亚移民局宣布用新的短期技术职业清单（Short-term Skilled Occupation List，STSOL）替代统一担保职业清单（Consolidated Sponsored Occupation List，CSOL）。STSOL 所列职业可以申请 189、190、489 这些普通技术移民签证，也可以申请 186、187、457（后来的 482 临时技能短缺签证）签证。

② 2019 年 11 月 16 日，澳大利亚开始实施 491 签证，加分细节与前身 489 签证相比发生了一些变化：获得偏远地区州政府担保，加 15 分；是澳大利亚科学、技术、工程和数学、IT 专业研究型的硕士和博士，加 10 分；申请人为单身，加 10 分；申请人有配偶，配偶是澳大利亚永久居民或公民，加 10 分；申请人有配偶，配偶有职业评估且雅思听说读写达到 6 分或同等语言水平，加 10 分；申请人有配偶，配偶无职业评估但雅思听说读写达到 6 分或同等语言水平，加 5 分。

2015—2016 财年，澳大利亚移民配额总数与前一年保持一致，依然是 190 000 个永久移民名额。其中包括 128 550 个技术移民名额（包含雇主担保、普通技术移民和商务类别），约占总数的 68%，另外有 57 400 个由直系家属担保的家庭移民名额，大概占总数的 30%。128 550 个技术移民配额中，由雇主担保的签证名额总计有 48 250 个，独立技术移民签证名额则有 43 990 个，各州及领地提名签证名额总计有 28 850 个，商务创新及投资签证名额有 7 260 个，杰出人才签证名额有 200 个。① 在 2015—2016 财年技术移民新的职业列表中，城市规划师、牙医和牙科专家 3 个职业被移除，而车身修理工与家具木工新增其中。技术移民职业列表的配额上限显示，会计行业减幅 50%，计算机行业有高达约 1 万个配额。② 2015 年 11 月，澳大利亚联邦议会通过了《移民修正法案》（*Migration Amendment*）。该项法案不仅适用于 457 签证项目，而且还适用于其他临时以及永久技术移民签证类别。该法案中明确表明，雇主不能向签证申请者收取任何"好处"（Benefits）。也就是说，雇主不能向雇员收取申请费，也不能索要替代的礼物、服务等，当然也不能从签证申请者的薪水中扣除申请费，或借机不支付雇员薪酬等。另外，移民局还规定，签证申请者也不能通过性（也就是为雇主"献身"）的方式来获得担保资格。如果违反任何上述法律规定，签证申请者的申请会遭取消。违法者个人将面临 6.48 万元的罚款，违法公司将面临 32.4 万澳元的罚款。违法者还将面临长达两年的监禁。该法案还规定，457 签证持有者必须在抵澳的 90 天内取得强制许可或注册证明。如果已在澳大利亚，则为获得签证后的 90 天内取得以上证明。这也意味着，他们必须在抵澳的 90 天内开始工作；对于已在澳大利亚的人来说，则是在获得签证后的 90 天内开始工作。受雇于小商业雇主的 457 签证持有者必须享有和大企业同样的工作待遇，该法案于 2015 年 12 月初正式施行。

2016 年 1 月，澳大利亚总理谭保宣布了内容长达 16 页的"全国创新与科学工作议程"10 亿元创新项目，表示联邦政府在该项目中会降低外国研究生获得永久居留权的难度。在科学、技术、数学或特定的信息通信技术科目上取得专业的博士或硕士研究资格的学生将受益于该项目，能够比较容易地实现移民。另外，还计划对 457 签证进行改革，通过以放宽 457 签证的方式鼓励更多企业家以及高技能工人来澳大利亚工作。这表明，澳大利亚政府正在调整移民政策，使其能够更好地服务于澳大利亚社会，为国家带来其所缺乏的技术劳动力。与此同

---

① 《2015—2016 澳洲移民配额大盘点》，原创力文档，https://max.book118.com/html/2017/0110/82245226.shtm。

② 《2015—2016 澳大利亚技术移民新政策解析》，豆瓣，https://www.douban.com/group/topic/77861451/。

时，澳大利亚政府也在加强对雇主的监管，保证移民政策不会遭到滥用，移民不会遭遇不公。

在 2019—2020 财年，澳大利亚移民局将工作重点放在技术移民类别（Skill Stream）。自 2013 年以来澳大利亚政府一直保持着将不少于 2/3 的移民配额发放给技术移民。为了吸引高科技移民，2019 年 11 月澳大利亚政府推出全球人才独立计划（Global Talent Independent Program）①，旨在建立一个高技能移民团体，巩固澳大利亚的高科技产业，为此每年为 5 000 名 "世界上最优秀和最聪明的人" 提供快速通道签证。全球人才独立计划被纳入每年的技术移民配额，是澳大利亚年度总移民人数的一部分。2020 年 10 月初公布的澳大利亚联盟政府预算案显示，在 2020—2021 财年，澳大利亚移民项目的配额上限将保持在 16 万人，移民计划将侧重吸引世界各地 "最优秀和最聪明" 的移民，其中全球人才独立计划的名额增加两倍，达到 1.5 万人。②

（三）留学生移民政策的调整

澳大利亚是世界排名第 4 的留学生接收国，位列经合组织国家中海外学生数量增长最快的国家。1990—2001 年，澳大利亚海外学生的数量增长了 300%。③ 中国、印度和韩国是位居前三位的澳大利亚国际学生来源国。澳大利亚入境的留学生从 2006—2007 年度的 350 097 名增加到 2007—2008 年度的 409 136 名，2008—2009 年度的 485 342 名。④ 2010 年，澳大利亚政府收紧留学生移民政策，将长期以来的 "留学—移民" 模式分离开来，取消留学生在申请移民时的额外加分政策。留学生在澳大利亚完成的某些职业课程如果不在紧缺职业列表上或者没有找到雇主担保，仍然可以申请技术移民，但没有优先权。如果想获得优先权，留学生毕业后可以申请时限 18 个月的 485 签证，在这期间找到相应的工作，

---

① 全球人才独立计划（Global Talent Independent Program，GTI）旨在吸引世界各地优秀、具备高技能、有才华的个人，在澳大利亚未来的重点领域里通过转移技能，促进创新和创造就业机会。全球人才独立计划的签证代码是 124 和 858（澳大利亚境外申请是 124 签证，澳大利亚境内申请是 858 签证）。该项目将为高端行业顶尖的技术人才提供更加简化和快速的审核程序，无须职业评估，无须资产证明要求，无英语要求，让他们一步到位获得澳大利亚永居签证（PR）。全球人才独立计划签证针对的目标人才主要来自七大行业：农业技术类（AgTech）、航空或先进制造业类（Space and Advanced Manufacturing）、金融科技类（FinTech）、能源与矿产科技类（Energy and Mining Technology）、医药科技类（MedTech）、网络安全类（Cyber Security）以及量子信息/高级数字/数据科学和 ICT 类（Quantum Information，Advanced Digital，Data Science and ICT）。

② 《预算案移民政策将如何影响澳大利亚？》，ABC News，https：//www.abc.net.au/chinese/2020 - 10 - 07/budget - migration - impact - on - australia/12741078。

③ Internationalisation of Higher Education，Policy Brief，http：//www.oecd.org/dataoecd/33/60/33734276.pdf.

④ Overseas Students in Australia，2013，http：//www.immi.gov.au/media/fact - sheets/50students.htm.

积累工作经验，提高英语语言能力，直到找到雇主愿意担保其移民，才能获得优先权移民澳大利亚。这使得留学生移民难度增加了。因此，2010—2011 年度，澳大利亚留学生的数量降至 250 438 名。①

澳大利亚政府针对赴澳留学生不断出台多项利好新政，比如向学士学位以上的大学毕业生发放毕业后工作签证，该签证将允许他们毕业后在澳最多工作 4 年，且无论何种专业课程都可适用，对从事何种职业也没有特别限制。学生如选择在偏远地区就读，可以获得 5 分的移民加分。如选择紧缺移民职业列表的专业就读，比如机械、土木工程、护理、教育等专业，亦可获得加分。

因为新冠肺炎疫情的影响，澳大利亚政府更加关注保护本地就业，所以移民政策调整的方向都是鼓励商业投资移民和高端人才移民，因为这两个类别的移民可以创造就业。基于这种情况，2020—2021 财年澳大利亚的留学生群体前景不容乐观，尤其是会计和 IT 专业的留学生。他们本来希望通过毕业后拼分数的方式或去偏远地区的方式来移民，但因为移民配额的压缩，他们的希望可能在短期内无法实现。为了改善人口结构、增加有才能且适龄的劳动力，澳大利亚政府可能会调整政策，给有澳大利亚学习生活经历的高技能留学生更多移民机会。

（四）家庭团聚移民政策的调整

澳大利亚政府将家庭团聚移民分为免除计分考核的亲属移民和须经计分考核的亲属移民两种。免除计分考核的直系亲属移民包括：澳大利亚公民与永久居民的配偶、澳大利亚公民与永久居民的达到退休年龄的父母（男性 65 岁、女性 60 岁）、多数子女在澳大利亚的父母、18 岁以下的未成年子女、21 岁以下的未婚子女。

澳大利亚的移民政策不断向技术移民倾斜。2014 年中，澳大利亚政府联邦财案宣布将停止 103 类别等普通（无贡献）父母家庭团聚移民的申请，可能会被取消申请的签证类别包括普通父母团聚移民（103 类别）、年迈父母团聚移民（804 类别）、年迈非独立亲属移民（114/838 类别）和其他家庭成员移民（115/835 类别）、护老者移民（116/836 类别）等。2015 年，澳大利亚在移民融合政策指数上的分数下降，主要是因为移民与家人团聚和获得永久居留权的难度增加。

配偶移民（Partner Migration）在澳大利亚是仅次于未成年子女移民的、最具有优先权的家庭移民。政府对此类签证不设名额，因此申请者不用排队。虽然如

---

① S. Marginson, C. Nyland, E. Sawir and H. Forbes-Mewett, *International Student Security*, Melbourne：Cambridge University Press, 2010, p. 4.

此，配偶移民又是家庭移民中最复杂的一种。申请人可包括已婚夫妻或者事实夫妻（De Facto Spouse）。配偶签证一般要分两个阶段进行：第一个阶段，临时配偶签证（Subclass309）；第二个阶段，永久配偶签证（Subclass100）。通常情况下，申请人只能首先获得临时配偶签证。在得到临时配偶签证两年之后，方可获得永久配偶签证，这就是所谓的等待期（Waiting Period）。在申请永久配偶签证时，申请人不用再交申请费。在特殊情况下，申请人可以直接获得永居签证。前提条件是，申请人和担保人已经有 3 年以上夫妻关系，或者事实夫妻关系；申请人和担保人已经有 2 年以上夫妻关系，或者事实夫妻关系，并且有一个孩子。申请人的配偶需持有保护签证或者基于人道主义程序获得的永久居民身份，而申请人与配偶的关系是在此之前就已经建立，并且向移民局声明过的。无论是哪一种签证，最重要的是要证明双方的关系是真实并且是进行中的。

2015 年 1 月 1 日澳大利亚的配偶签证费用上涨，跟外国人恋爱或结婚的澳大利亚人将要为配偶签证申请多支付 50% 的费用：暂定和永久配偶签证（Provisional and Permanent Partner Visas）费由 3 085 澳元增加到 4 627.50 澳元；未婚妻/未婚夫签证（Prospective Marriage Visa）费由 3 085 澳元增加到 4 627.50 澳元；临时和永久配偶签证（Temporary and Permanent Partner Visas）费由 4 575 澳元增加到 6 865.50 澳元。[①] 这次配偶签证费的上涨为澳大利亚政府增加了 3 亿多澳元的收入。

2020—2021 财年澳大利亚联邦政府预算案将家庭团聚类别配额增至 7.73 万个，其中绝大多数为配偶类别，占 7.23 万个名额。澳大利亚政府"一次性"增加了家庭移民的数量，并优先考虑澳大利亚乡村地区居住者的配偶移民。由于家庭团聚类别中的大多数人已经身在澳大利亚，因此赴澳的新永久居民中大约 1/3 来自家庭团聚类别。在新财年，澳大利亚政府将对配偶签证申请人和永居担保人引入英语语言要求，称此举将进一步支持社会凝聚力和有助于新移民获得关键服务。除英语要求外，联邦政府还将对配偶签证实施家庭担保条款，其中包括强制性检查、与签证申请人共享个人信息以及对配偶担保者实施强制担保义务，希望以此加强婚姻配偶项目的诚实性。[②]

（五）人道主义移民政策的调整

澳大利亚作为联合国《1951 年难民公约》以及《1967 年难民协定书》的签

① 《澳洲政府宣布 2015 年上调配偶签证申请费用》，澳创移民，http：//www.auact.com/news/show - 306.aspx。

② 《预算案移民政策将如何影响澳大利亚？》，ABC News，https：//www.abc.net.au/chinese/2020 - 10 - 07/budget - migration - impact - on - australia/12741078。

署国之一，要对符合难民公约里提出的、满足难民定义的人提供保护。在澳大利亚，庇护签证分成临时性庇护签证（785TPV）、避风港签证（790SHEV）以及永久性保护签证（866PPV）。前两种签证针对那些非法来到澳大利亚的申请者，例如采取偷渡、船民等方式进入澳大利亚的人。而永久性保护签证的申请者在申请时必须有合法签证。不管是临时性庇护签证还是永久性保护签证，对于申请者的要求都有一条，即要让澳大利亚对申请者有"保护义务"。

澳大利亚政府通常对难民采取较为宽容的态度，然而这种难民宽容政策造成越来越多的难民偷渡进入澳大利亚。2008 年，进入澳大利亚的难民只有 4 750 名，而 2010 年上半年就有 3 532 名难民非法进入澳大利亚，这引起澳大利亚国民的不满。① 吉拉德上台后，对难民采取强硬的态度。2010 年 4 月，澳大利亚政府宣布一项新移民政策，针对"非常规移民"采取离岸强制收容措施，将难民安置在瑙鲁、巴布亚新几内亚、马来西亚、文莱、圣诞岛等地，严格控制抵达澳大利亚的难民船只数量。2013 年 7 月 19 日，澳大利亚政府为遏制愈演愈烈的难民风潮，规定任何乘船抵达澳大利亚的寻求避难者都将被送往巴布亚新几内亚安置，即便经甄别为符合资格的难民，也将被就地安置而无权移民澳大利亚。2014 年 12 月，澳大利亚议会通过一项移民法修订案。修订案规定，可以向经过审查的难民发放临时签证，允许他们在澳大利亚工作 3 ~ 5 年，但是不得授予他们永久居留签证。而其他难民，在经过审查后将被安置在巴布亚新几内亚、瑙鲁和柬埔寨。

尽管澳大利亚的离岸难民安置政策招致国内外各种组织的反对，但澳大利亚仍是全世界吸纳安置难民最多的前三个国家之一。澳大利亚联邦政府在 2015 年 9 月 16 日宣布无条件接受 12 000 名叙利亚难民，并且在未来四年，每年的难民配额从 13 750 个涨到 18 750 个，这也是迫于国际舆论和本地选民的压力做出的调整。有关难民安置的问题一直是澳大利亚民间和主流媒体的讨论热点，同时也是各党派拉选票的工具。对于是否接受难民问题，有一半左右的澳大利亚人愿意接受难民，实现人道主义。②

2017 年 9 月，澳大利亚谭保政府决定实施美国领导的中美洲难民计划，接收来自哥斯达黎加等中美洲国家的 5 000 名难民，难民从 2018 年开始入境。③ 2018 年 11 月，受境内恐怖袭击频发事件的影响，澳大利亚新总理莫里森宣布退出

---

① 《澳总理表示将严厉打击难民偷渡活动》，新华网，http：//news. xinhuanet. com/world/2010 – 07/06/c_12303983. htm。

② 《震惊啦！澳大利亚对难民到底提供了多少补助？》，新起点，http：//www. newpoint. com. au/immi-gration – policy/1706。

③ 《澳洲移民政策大事件大盘点》，一起留学网，https：//www. 17liuxue. com/news/143435. html。

《全球移民协议》，拒绝接收难民。多次恐怖袭击历历在目，澳大利亚公民对难民的恐惧不断高涨，但是，2019 年 2 月澳大利亚参议院批准通过《难民入澳就医法案》。根据该法案，只要难民以治疗理由进入澳大利亚境内，就将获得长期滞留权。澳大利亚联盟党则坚决抵制这一法案的正式生效，认为这会破坏澳大利亚现有的边境保护政策，同样也会给澳大利亚社会带来不必要的动荡。但是工党和独立议员认为，这是为了维护澳大利亚社会的民主和人权，在给予难民人权和平等待遇的同时，加大监管力度、保障边境安全，这才是政府需要真正解决的问题，而不是拒绝所有难民入境。

澳大利亚总理莫里森在联邦大选期间宣布联盟党将把澳大利亚未来三年的难民接收人数控制在每年 18 750 万人。2020—2021 财年，澳大利亚政府为人道主义项目分配了 13 750 个移民名额，① 没有超过限额。挑选"对澳大利亚有价值的人"主导了 2020—2021 年澳大利亚移民政策的调整。对于不期而至的难民不敢轻易放开限制，这是澳大利亚政府在难民问题上长期保持强硬的重要原因。澳大利亚政府将继续坚持离岸难民拘留政策，严格限制人道主义项目的移民配额。

三、影响澳大利亚移民政策的主要因素

人口的快速增长，特别是移民的增多，是支撑澳大利亚经济发展的一个主要因素，使澳大利亚能够维持相对强劲的国内生产总值增长，减缓人口老龄化的速度（因为新移民都比较年轻）。2020 年 11 月，澳大利亚储备银行（Reserve Bank of Australia，RBA）行长警告，受新冠肺炎疫情影响，澳大利亚的人口增长几乎陷入停顿，可能会跌至第一次世界大战以来的最低水平。② 澳大利亚人口增长大放缓的重要原因之一就是移民数量的减少。2019 年 4 月和 5 月，澳大利亚永久技术签证入境人数达到 131 310 人，但 2020 年这个数字降到了 23 240 人。估计2020、2021 两年澳大利亚将出现 75 年以来首次净移民为负的情况，而人口增长预计要到 2027—2028 年才能恢复到此前预期的水平。③ 除此之外，疫情还将在一定程度上导致澳大利亚人口老龄化速度加快：一是澳大利亚的生育率较低，二是

① 《预算案移民政策将如何影响澳大利亚?》，ABC News，https：//www. abc. net. au/chinese/2020 - 10 - 07/budget - migration - impact - on - australia/12741078。

② 《澳储行警告：支撑澳洲经济的关键是人口增长，今年人口却大幅下降》，百家号，https：//baijiahao. baidu. com/s? id = 1683661112832361010&wfr = spider&for = pc。

③ National，State and Territory Population Methodology，Statistics about the Population and Components of Change（Births，Deaths，Migration）for Australia and Its States and Territories，Reference period June 2020，Released 17/12/2020，Australian Bureau of Statistics，https：//www. abs. gov. au/statistics/people/population/national - state - and - territory - population/latest - release.

由于边境限制，年轻移民人数短期内迅速减少。澳大利亚政府的一份报告指出，至 2025 年，澳大利亚的就业增长率将在 0.89% 至 2.15% 之间变化。[①] 不仅如此，现在 36% 的澳大利亚工作者是"生育高峰儿"，他们中的大部分人将在接下来的 20 年间离开工作岗位。这意味着澳大利亚面临着重大的更替任务以满足劳动力需求。这需要采取一些策略去应对工作数量和因在生育高峰期出生的人口大量集中性退休而出现的工作空缺。20 世纪 90 年代低生育期出生的年轻的澳大利亚人不足以替补因退休劳动力出现的缺额。澳大利亚比以往任何时候都需要移民，需要从移民带来的经济刺激中受益。这表明在可预见的将来，澳大利亚的移民政策将继续支持推动移民输入。

另一个影响澳大利亚移民政策的因素是全球移民与发展问题。澳大利亚位于亚太地区，现在 69.6% 的永久移民和 59.6% 的长期移民来自这个地区。所以，关于移民与发展的讨论对澳大利亚有特别的意义。但是，有关澳大利亚移民政策的讨论才刚刚开始向更加"有利于发展"的方向转变，而且受到从相对狭隘的国家利益角度来构思移民政策的传统[②]以及将移民与发展援助行动分离开来的政府决策和实践的脱节[③]这些因素的制约。新冠肺炎疫情对澳大利亚人口（特别是移民）增长的影响使澳大利亚政府更加怀念、重视海外移民给本国经济带来的红利，因此更倾向于能给澳大利亚带来最大价值的移民政策，使移民政策向更加"有利于发展"的方向转变。不过，无论如何，随着全球对移民与发展问题关注的提升，澳大利亚政府也难以忽视这个问题。澳大利亚政府会特别关注周边国家的移民与发展问题，例如，如何通过移民政策使太平洋岛国、东帝汶等国家的居民能够较方便地短期移民澳大利亚，从而寄回汇款，并有效地利用汇款推动那些国家的发展；如何让医生这类特殊技术移民能循环移民并同时服务于祖籍国和澳大利亚。

探究澳大利亚移民政策的制定和演变无法绕开难民问题。澳大利亚给一般移民的广泛资助并不总是惠及难民，一些民粹主义的政客和传媒组织已经提出这种

[①] Economic Modelling of Skills Demand, Report by Access Economics Pty Ltd for Skills Australia, 2009 - 10 - 22, p. i.

[②] J. F. Ryan, *Migration*, *Remittances and Economic Development Case Study*: *Australia*, Paper Presented at Workshop on International Migration and Labour Markets in Asia, The Japan Institute for Labour Policy and Training, 20 - 21 January 2005.

[③] G. J. Hugo, Migration Policies in Australia and Their Impact on Development in Countries of Origin, in UNFPA, International Migration and the Millennium Development Goals, 2005, pp. 199 - 216, http://www.unfpa.org/webdav/site/global/shared/documents/publications/2005/migration_report_2005.pdf.

抵制。乘船到达的难民越多，反移民的情绪越高涨。① 现在澳大利亚对登陆北部海岸的难民的态度和政策有许多矛盾与反讽之处。澳大利亚国内有些担忧对难民的负面看法会破坏传统的对移民更普遍的支持态度。其中一种观点认为，澳大利亚社会对移民强大的支持基于政府能够有效地管理与控制移民的规模和构成。一些媒体和政客持有的观点是，难民的流动表明政府已经失去对移民管理的控制。因此，有人担心这种情况会破坏对移民、社会团结以及支持多样性更广泛的社会认同。澳大利亚的决策者和社会总体上怎样处理这个问题将产生影响深远的后果。

国际移民在澳大利亚当代经济、社会、人口和文化中具有举足轻重的影响。也许有些国家更受移民影响，但是几乎没有几个国家拥有澳大利亚这样高度管理的移民输入。澳大利亚有复杂的移民制度，包括经验丰富的职业移民官员以及全面、及时和集中的数据收集方法。与其他国家类似，澳大利亚的政治体系和社会中有反移民的因素，但是澳大利亚已经成为一个多元文化国家。战后的计划移民改变了澳大利亚，移民有利于这个国家的观点已被广泛接受。不过，澳大利亚只是隔离了种族暴力，民众中还有种族主义因素，工作场合和社会中通常还有歧视。新冠肺炎疫情发生后，针对亚裔特别是华裔的审查和歧视有更加严重的趋势，出现了"谁应该成为澳大利亚人、谁该被评估和分析，以便进一步审查"的争论。

澳大利亚的移民政策有些延续的、成功的因素：其一，远离其他大陆的地理位置使得澳大利亚政府能够有效地控制定居的人口数量，而且政府管理移民投入了大量资金。其二，不墨守成规的移民政策具有适应国内外环境变化的灵活性。其三，有多种移民途径，政府会为永久居留的移民提供帮助。其四，两个主要政党支持第二次世界大战后的大部分移民政策。其五，具有实际工作经验的移民官员参与移民政策的制定，提供真实有效的信息。其六，社会主流认同"移民给澳大利亚带来益处"的观念，而且有强大的制度支持这种观念。其七，已经建立起卓有成效的移民管理组织机构体系，也培养了专业的、经验丰富的移民官。

这些因素使战后澳大利亚的移民政策具有连续性。但最重要的是澳大利亚政府时刻准备改变移民政策的内容和方向。澳大利亚移民政策的制定和执行过程中，国家扮演着比较强势的角色。在澳大利亚，移民局对移民政策拥有绝对的控制权，它不仅决定移民政策的具体方向，确定每年允许入境的移民数量和各个移民类别的评定标准，而且还可以根据政治和经济形势的变化对移民政策进行调

---

① A. Markus, *A "Sustainable" Population? – Key Policy Issues*, Canberra: Immigration and Public Opinion Productivity Commission Roundtable, 21 – 22 March, 2011, p. 130; Graeme Hugo, Change and Continuity in Australian International Migration Policy, *International Migration Review*, 2014, 48 (3), pp. 868 – 890.

整。强大的移民信息调查体系和活跃的移民研究机构让澳大利亚的移民政策具有很大的灵活性。移民局在制定移民政策时希望将政治冲突最小化，并尽量使自己置身于政党、族裔群体和司法干涉之外。一旦澳大利亚政府下定决心实行紧缩的移民政策，利益集团很难对政府施加压力。在政府机构制定的新法规进入议会讨论之前，不会有任何受利益集团和反对党影响的听证会；在议会中，政府可以依靠本党党员的忠诚来抵制利益集团的压力，因为澳大利亚实行议会民主制，政府由议会中占多数席位的政党或政党联盟组成，立法和行政机构属于同一阵营。因此，澳大利亚的政治制度和立法程序使支持移民的利益集团很难让一个持限制移民立场的执政党按照他们的意愿行事。而且在议会制度下，选民很容易就移民问题对政治家施压，当霍华德领导的联合政府要求实行限制性移民政策时，他也不必担心那些被忽视的利益集团向工党靠拢，因为工党同样担心会冒犯广大的选民。所以，澳大利亚政府可以对国内外环境的变化做出及时、灵活的反应，不断微调移民政策，并进行周期性的重要变革。

第十一章　英国移民政策法规[①]

英国是一个传统移民国家，早在 1793 年就出台了第一部移民法。200 多年来，英国移民政策历经了由"宽松自由"到"限制收紧"，再到"管理移民"模式的演变过程。未来英国移民政策发展趋势总体将更加趋紧，政府根据经济和社会发展需要，可能会在相关方面做出政策调整。这将取决于族群关系、经济发展、政治博弈、国际关系以及移民输出国政策等多重因素的影响。同时，英国还是一个重要的移民输出国家。目前海外移民有 600 余万，分布于世界各地。海外利益保护一直是政府对外工作的重要组成部分。英国海外领事保护制度措施及发展趋势有其独特之处，许多经验也值得借鉴。而英国华侨华人社会的形成与发展也与英国移民政策的演变有密切关系，经历了一个缓慢发展、快速成长再到多元发展的历史进程。

一、英国移民政策法规历史、现状与趋势

（一）前移民政策时期的英国移民：1793 年以前

从地理角度看，英伦三岛四面环水，地势西北高、东南低，与欧洲大陆仅一水之隔。在历史的长河中，伊比利亚人、克尔特人、罗马人、丹麦人都曾在这里留下他们的足迹。不列颠独特的地缘政治环境决定了其必然要在权力易手、战争频发的风雨飘摇中浮沉，但也正是这种环境，融合并建构了后来盎格鲁—撒克逊民族向外扩张的特性。虽然从历史进程的角度来看，英国移民输出所起到的作用显然要大于移民输入，但简要了解历史上移入英国的族群，对理解英国移民政策体系的发展具有一定意义。

第一次移民潮始于公元 1066 年，"征服者威廉"进攻大不列颠，在建立起强大封建王权统治的同时，第一次将英吉利海峡两岸置于同一位君主的治下。这为欧洲大陆移民进入英伦三岛提供了方便。涌入的外来移民为新兴的建筑、纺织等行业补充了新鲜的劳动力，也给之前相对封闭的不列颠带来了生机与活力，欧洲大陆的对

[①] 本章执笔者文峰，暨南大学国际关系学院/华侨华人研究院研究员。

英贸易也在这一时期蓬勃发展，威尼斯人、日耳曼人、西班牙人、热那亚人、犹太人、挪威人将东方的香料、丝绸、皮毛、沥青等商品输入了这个新的市场。①

第二次移民潮发生在14—15世纪地理大发现期间。新的航路打开了新世界的大门，新的贸易路线滋养了新兴的资本主义和殖民主义。资本在世界范围内流通，因此来到英国的移民主要是出于经商的需要，佛兰德尔的织工便是当时最典型的代表。14世纪的佛兰德尔动荡飘摇，长期的战事使得羊毛供应受阻，复杂的政治环境逼迫纺织工匠与商人离开故土，恰好英国有着良好的羊毛资源、稳定的政治环境以及更优惠的扶持政策。在商贸领域，意大利人与德国人则独领风骚，铜、铁、树脂、羊毛、酒，几乎所有的商品贸易都有他们的身影，伦敦也一跃成为世界上重要的商业中心之一。据记载，当时居住在英国的外来移民总数约为16 000人，占总人口的1%左右，其中大约10%的移民选择居住在伦敦。②

第三次移民潮发生在16世纪中后期，区别于前两次的移民潮，这一时期的移民主要是为了躲避宗教迫害与战争而来到英国。主要的移民群体包括尼德兰新教移民和法国胡格诺教徒。西班牙国王腓力二世拒绝赔付债务的举动让尼德兰的经济遭受巨大打击，西班牙政府还大力打压、残害新教徒。相比较而言，英国政府的宗教立场较为开明，成为尼德兰难民首选的避难所。截至1573年，英国容纳接收了大约6万名尼德兰难民。③ 17世纪中后期，英国外来移民再现高潮，法国国王路易十三再次对胡格诺教徒发难，滋生了新一批的宗教难民。路易十四此后更是变本加厉地施行宗教迫害，导致赴英的胡格诺教徒激增。这些教徒的身份与职业十分复杂，给英国社会生产带来了许多新奇的技术。

（二）早期排斥性移民政策的产生：17世纪至第二次世界大战之前

1793年，英国议会通过历史上第一个移民法案（The Aliens Bill of 1793），以调节规范外国人的到达、定居及其他相关事宜，确立了对来自各个不同地区、不同社会阶层与类型的移民要采取不同政策态度的实用主义原则。④ 之后，不断有相关法令出台涉及外国人问题，包括：1813年的《东印度贸易法案》（The East India Trade Act），要求东印度公司承担贫困水手们在陆地上的基本生活开销，直至将他们送回家；《1823年商船条例》（The Merchant Shipping Regulations of 1823）再次重

---

① R. Bartlett, *England under the Norman and Angevin Kings*, *1075 – 1225*, Oxford：Clarendon Press, 2000，pp. 346 – 349.

② C. Nicolson, *Strangers to England：Immigration to England*, *1100 – 1952*, London：Wayland, 1974, pp. 22 – 25.

③ 吴于廑主编：《十五十六世纪东西方历史初学集》，武汉：武汉大学出版社，2005年，第169页。

④ T. H. E. Roche, *The Key in the Lock*, *A history of Immigration Control in England from 1066 to the Present Day*, London：John Murray, 1969, pp. 47 – 48.

申了商船公司须将外国海员带离英国的规定；《1894 年商船法》（*The Merchant Ship-ping Act of 1894*）规定，如果发现亚裔或非洲裔海员登岸后 6 个月内处于贫困或四处流浪的状态，船主或主要负责人将被罚款。1905 年，英国议会颁布了《1905 年外国人法》（*1905 Aliens Act*），其主要目的是遏制当时大量迁入的东欧穷人。[1] 第一次世界大战爆发后，英国又先后颁布有关移民法案，包括：《1914 年外国人限制法》（*The Aliens Restriction Act of 1914*）、《1919 年外国人限制法》（*1919 Aliens Re-striction Act*）和《1920 年外国人法令》（*The Aliens Order 1920*），逐步剥夺外国人自由迁移的权利，增加了政府的驱逐权，同时以法律的形式确立了英国移民政策的体制，明确了移民法与其他法律的关系，规定了国家机关对之管理的原则，某些原则至今仍然有效。[2] 在此之后直到"二战"结束前，由于英国长期保持着移民输出国的身份，移民问题并没有给英国社会带来实质性的影响。

（三）从宽松到限制的移民政策转变：1948 年至 20 世纪 70 年代

第二次世界大战结束后，世界民族解放运动席卷全球，英国社会百废待兴。为了延缓殖民地的独立，拯救处于崩溃边缘的英联邦体系，防止人才与劳动力进一步流失，英国政府制定并颁布了《1948 年英国国籍法》（*The British Nationality Act of 1948*），将英国公民划分为六类：①英国及其殖民地公民；②独立的联邦国家公民；③爱尔兰的英国国民；④没有公民权的英国国民；⑤英国保护民；⑥外国人：所有不属于上述 1~5 类型的人。除了想方设法招募和吸引白人移民外，也不限制来自殖民地及英联邦国家的非白人移民迁入。在这部法律的推动下，战后移民英国的人数大量增加，其中包括大量有色人种，仅西印度群岛、印度和巴基斯坦三地移民就占到了 48.5 万人。[3]

20 世纪 50 年代末开始，随着英国经济的下行以及社会种族矛盾的深化，大规模的种族骚乱爆发，迫使政府加快收紧移民政策的步伐。社会舆论和政府、议会提案中控制有色移民的倾向越来越明显，但该变化也给许多潜在移民带来恐慌，导致 1961 年华人移民出现爆炸性增长。1961 年前 9 个月就有 1 300 名香港华人进入英国，而往常这个数字小于 500。[4] 1962 年，英国议会通过了《1962 年英联邦移民法》（*The Commonwealth Immigrants Act of 1962*），这是第一部试图阻

---

① 林晓东：《英国一九〇五年外侨法》，《华侨华人百科全书·法律条例政策卷》编辑委员会编：《华侨华人百科全书·法律条例政策卷》，北京：中国华侨出版社，2000 年，第 542 页。
② 续建宜：《二十世纪英国移民政策的演变》，《西欧研究》1992 年第 6 期，第 22 页。
③ 鞠长猛：《论英国〈1971 年移民法〉颁布的背景、内容及其影响》，《前沿》2013 年第 17 期。
④ Vaughan Bevan, *The Development of British Immigration Law*, London: Croom Helm, 1986, p. 78.

止英国成为多元种族国家的法律。① 该法限制了移民身份，规定除了出生于英国或者持有英国护照者不受限制外，其他想要移民的英联邦公民必须持有内政部颁发的证明书。证明书分为三类：一类指有明确特定工作的移民；二类指掌握英国所需技术的移民；三类指没有技能的劳工，将按申请顺序加以处理，优先考虑服过兵役者。② 在这份法案当中，独立的英联邦国家公民不再享有英国公民的身份，这使得他们在法律上成为"外国人"，需要接受相关法律的审核与约束才能正常地在英国工作与生活。《1968 年英联邦移民法》（The Commonwealth Immigrants Act of 1968）又使用了"祖籍"概念，与英国人没有血缘关系的移民即使持有英国护照也不得入境。这个法律排除了在英国没有近亲的人，也排除了父或母有一方不在英国的 16 岁以下的儿童。③《1971 年英国国籍法》（The British Nationality Act of 1971）进一步细化了限制移民的具体规则，在移民种类上增加了"欧共体国家移民"一项，表明了英国融入欧洲一体化的决心。欧洲的资本和劳动力自此大举进入英国。但大量欧共体移民的到来同样挤占了英国公民的就业机会，激化了族群矛盾和社会歧视。

（四）"管理移民"政策时代：20 世纪 80 年代至今

1979 年，保守党上台加大了对移民的限制力度。1981 年，政府颁布了新的国籍法，大规模移民潮有所减缓，但寻求避难者和非常规移民人数快速增长。与此同时，全球化进程加快，国际人才市场竞争加剧，而国内经济复苏对人才的需求又开始增多。因此，20 世纪 80 年代末英国开始进入"管理移民"阶段，其政策基本理念是一方面吸引有助于本国经济发展的技术移民，辅之以加强对边境的控制和加大对低技术移民和寻求庇护者的限制；另一方面，在国内积极促进广泛的社会整合和增强社会凝聚力。④

1. 进行国籍分类，缩小居留权范围

《1981 年英国国籍法》（The British Nationality Act of 1981）是今日英国国籍法主体。它确立了当前多类型的英国国籍，包括：英国公民（British Citizen）、英国海外领土公民（British Overseas Territories Citizens）、英国海外公民（British Overseas Citizens）、英国国民（海外）［British Nationals（Overseas）]、英籍人士

---

① Ian R. G. Spencer, *British Immigration Policy Since 1939: the Making of Multi-Racial Britain*, London: Routledge, 1997, p. 29.

② John Maxwell Evans, *Immigration law*, London: Taylor & Francis, 1983, p. 75.

③ Vaughan Bevan, *The Development of British Immigration Law*, London: Croom Helm, 1986, pp. 59 – 67.

④ 韦平：《移民政策下的英国华人》，陈晓律主编：《英国研究·第 6 辑》，南京：南京大学出版社，2014 年。

（British Subjects）和受英国保护人士（British Protected Persons），其中只有英国公民有英国的居留权。① 目标是将进入英国永久居住的人数维持在最低额度。法律虽然彻底抛弃了殖民地、英联邦这样的表达，但终归还是加强了对移民的限制，再次将一部分有色人种排除在了新的移民体系外。此外，政府还在社会福利上动刀，对居留在英国内的移民多加限制，甚至削减其福利；对家属探亲横加干涉，试图倒逼移民主动离开英国。

2. 加强难民控制，打击非正规移民

随着正常移民渠道的收紧，大规模移民潮得到遏制，但另一方面，试图通过难民渠道和非正规渠道进入英国的人开始增加。从 1985 年开始，避难申请人数不断上升，促使政府对难民和寻求庇护者的管控越来越严。《1993 年庇护和移民上诉法》（1993 Asylum and Immigration Appeals Act）开始创建庇护申请的处理程序。《1996 年庇护和移民法》（1996 Asylum and Immigration Act）取消了受到入境管制的人口原来可以享受的非供款性福利。此后一系列立法开始逐步剥夺难民可享受的权利，加大对非法移民的遣返力度，对难民申请设置更多限制条件。② 由于英国无身份证管理制度，国内存在大量的非正规移民。2009 年的一份研究显示，英国有 61.8 万名"非正常"居民，其中约 70% 在伦敦。移民事务智库组织 Migration Watch 则认为，这一数字在 110 万更为合理。经济合作与发展组织在 2011 年的统计显示，非法移民约占英国就业总人数的 1%。2015 年 8 月 11 日，英国国家移民安全部部长詹姆斯·布罗肯希尔表示，政府将尽全力打击雇用非法劳工的行为。雇主每雇用一名非法移民将被处以 2 万英镑罚款；雇主故意雇用非法工人可最高被判入狱 2 年。③ 政府甚至可以没收非法移民的收入。2016 年，面对不断蔓延的难民危机，英国政府颁布了《2016 年移民法案》，加大对非法移民的打击力度，对非法移民的身份确认标准更为严格，对于已知雇员已经被取消移民资格而依旧雇用的，最高监禁刑期也从 2 年提升至 5 年。④ 监察部门可以在没有获得法律许可的搜查指令时，对有嫌疑的非法工作者的身份证件等涉及个人隐私的信息进行审查，并且有理由冻结非法移民的银行账户等措施。政府通过立法将移民管控从边防拓展到英国社会的方方面面，比如房屋租赁、银行开户、医疗

---

① The British Nationality Act 1981, http：//www. legislation. gov. uk/ukpga/1981/61.

② 韦平：《移民政策下的英国华人》，陈晓律主编：《英国研究·第 6 辑》，南京：南京大学出版社，2014 年。

③ 《英国移民安全部部长：将严厉打击"流氓雇主"》，网易·新闻，http：//news. 163. com/15/0812/17/B0R75T9T00014JB6. html。

④ 英国政府移民网站，https：//www. gov. uk/browse/visas – immigration。

卫生等，给非法移民制造了"敌对环境"。[1] 此外，政府还缩减公共支出，将逾期逗留者的缓冲申请期限由 28 天减至 14 天，有意愿继续留英的英国移民在签证过期后，必须在 14 天内提出申请，否则将会被视为非法移民由内政部驱逐。[2]

3. 限制非欧移民，启动积分制移民

根据欧盟条约，欧盟经济区内的人口流动与就业不受各成员国移民法的约束，而欧盟委员会在这方面的管理是比较松散和开放的。非欧移民在 2008 年之前，劳工若想要获得永久居留身份，首先必须获得工作签证。英国的工作签证只能由用人单位提出申请，且必须"专证专用"：一张工作签证有且只能对应一份工作、一个雇主。被解雇或者换工作就必须重新申请签证并重新计算工作时间（在同一张工作签证下工作满 4 年才能拥有永居身份）。2008 年起，英国政府借鉴澳大利亚等国经验，启用计点积分制（Points Based System）：不同积分水平的移民群体享受不同水平的政策法规。本质上来说，计点积分制相当于移民英国的"等级考试"，其目的在于将移民标准统一与量化，从而方便政府管理。在系统中，签证共被分为 5 个 Tier（结构、层次，以下简称 T），分别对应不同的移民人群：[3] T1：企业家、毕业生企业家、英才移民、投资移民等；T2：普通劳工、企业内部调动者、宗教人员、体育人员等；T3：低技术人才；T4：各类学生；T5：临时慈善工作者、创意与体育人员、宗教人员、政府交流人员、国际协定涉及人员等。T1 项的申请者中有为数众多的投资者和企业家。对于投资者来说，第一，他们必须拥有实际的投资愿望；第二，他们必须在指定的金融机构拥有一定数额的个人财富，目前已提高至 200 万英镑。对于企业家来说，需要满足以下条件：[4] 在英国至少 20 万英镑的投资额；在至少一家指定金融机构有一定数量的存款；确保个人资金在英国可以自由使用；英语水平达到相应要求；不得享受任何政府救济。T3 项在设计之初主要是用来指导、代替诸如《季节性农工方案》（SAWS）这样的低技术要求项目，其适用范围较窄，不能转为其他签证且不允许申请者携带家属入境。在以往的实施过程中，这一项目仅涵括了保加利亚、罗马尼亚等少数国家的劳工。2013 年 3 月，卡梅伦政府正式宣布关停 T3 签证类别。移民可以根据自身情况，申请 T1、T2、T4、T5 中的任何一类签证。

4. 增加技术移民，调节投资移民，提高普通移民门槛

2015 年 11 月 19 日，英国新移民政策生效，从 2016 年 4 月 6 日开始正式实施，

---

① Sheona York, The Hostile environment: How Home Office Immigration Policies and Practice Create and Perpetuate Illegality, *Journal of Immigration*, *Asylum and Nationality Law*, 2018, 32（4）, pp. 35 – 65.

② 英国政府移民网站，https：//www. gov. uk/browse/visas – immigration。

③ 英国政府移民网站，https：//www. gov. uk/browse/visas – immigration。

④ 英国政府移民网站，https：//www. gov. uk/browse/visas – immigration。

部分内容做出修改调整，主要包括：对 T1 企业家签证增加了多项审核程序。T2 普通类工作签证新增 5 个短缺工作职位，分别是产品经理（Product Manager）、数据研究员（Data Scientist）、高级开发者（Senior Developer）和网络安全专家（Cyber Security Specialist）以及医疗领域内的护士。普通工作签证人士在英居住满 5 年后申请永居时，年薪需至少达到 3.5 万英镑，该年薪门槛至今已有多次增加。与此同时，在这 5 年里，申请人的年薪都需要符合 SOC Code 上规定的该职位的薪酬标准。此外，该年薪门槛至今已有多次提高：①2016 年 4 月 6 日或以后的申请者要满足 3.5 万英镑的税前年薪要求；②2018 年 4 月 6 日及以后要求 3.55 万英镑的税前年薪；③2019 年 4 月 6 日及以后达到 3.58 万英镑税前年薪，而 2020 年 4 月 6 日及以后则要达到 3.62 万英镑的税前年薪要求。在英国积分制签证体系（PBS）第五等级 T5 中，新增国际学生实习计划，规定在英境内的国际学生毕业后可以直接从 T4 学生签证转成为期一年的 T5 国际学生实习工作签证。[①]

2015 年新移民政策实施后，英国移民日渐呈现收紧的状态，并在接收海外学生签证时对财产保证提出了更高的要求，2015 年移民政策针对海外学生的工作时间进行了严格限制，相比于其他西方国家，这种对于工作时长的限制使得留学英国的成本进一步提升。日益严格的移民政策下，2015 年 3 月至 2016 年 3 月即 2015 财政年度签发的海外学生签证共计 206 162 份，相比上一个财政年度减少了 10 210 份。截至 2015 年底，非欧盟学生在英国接受教育相比同期减少了 16%。[②]

（五）脱欧后"变化频繁"的移民政策

英国在脱欧的背景下，其政治经济环境都发生了一系列变化，其中移民政策将完全从欧盟体系中脱离，更具独立性和灵活性。

2017 年，英国内政部提高了二级普通工作签证的申请门槛，将通过劳工市场测试的从业者在申请时所要求的年收入水平由原来的 20 800 英镑提高至 30 000 英镑，借此来提高持有签证的工人的质量。增加对雇用欧盟之外国家的移民工人的英国企业征收的税额，采用价格机制使得英国企业雇用本土劳动者。伴侣或父母身份的家庭移民在英国居住满 5 年后语言水平、经济水平达到标准才可以申请签证。一级工作投资签证（Tier 1 Investor）也受到严格审查，申请人的持有财产证明由 90 天延长至 2 年，银行也要配合严格的移民政策定期监控申请人的银行账户，以保证其财产的真实有效。日益收紧的移民政策使得英国人才外流严重，

---

① 《英国新移民政策正式生效　难惠及大部分华人》，凤凰网资讯，http：//news. ifeng. com/a/20151124/46369705_0. shtml。

② 英国政府移民网站，https：//www. gov. uk/browse/visas – immigration。

对金融业造成了一定冲击，因为这个为英国贡献了 51% 的 GDP 的传统行业超过三分之一的从业者是外籍人士。这也使得伦敦金融城为保证国际金融人才的流入，一直呼吁为伦敦设立特殊的"城市签证"（City Visa）。

2018 年，英国移民政策出现了重要变化。首先是"疾风世代"（Windrush Generation）被英国政府遣返。"疾风世代"是"二战"后英国应对劳动力短缺从当时英属加勒比海殖民地区带来的，从事简单劳动弥补英国本土劳动力紧张的政府移民行为的产物。1971 年英国停止从前英联邦国家（如牙买加、印度、巴基斯坦等欠发达国家）引进劳工。1971 年之前来英国的劳工，英国在引入新的移民时全都给了永居身份；1971 年之后英国政府不再直接给身份，而是按 1971 年后的移民法来处理。2000 年后，"减少非法移民"成为当时政党的重要工作目标。这时"疾风世代"移民的"身份"就变得尴尬起来：他们中有些人为生计在底层挣扎，申请护照就被忽略了。而在这一年，英国内政部把"疾风世代"移民当初来英国的相关文档也销毁了，内政部部长因此受到问责引咎辞职。种种因素使得大部分移民发现自己虽然在英国生活了几十年，第二代也在英国成长，却没有合法证件来证明自己在英国工作和居留的合法身份，导致数万人被遣返。其次，2018 年欧盟公民不再享有自由在英国内迁徙的权利。"欧洲公民"是《马斯特里赫特条约》（*Maastricht Treaty*）提出的，"欧洲公民"身份奠定了欧盟成员国共同的社会福利基础，强化对成员国国民社会权益的保护。① "欧洲公民"是在对主权国家公民之外的一种补充，享受诸如"选举欧洲议会成员""在欧盟境内自由流动""受欧盟各成员国保护"等权利。2018 年的这项移民政策实施后，"欧洲公民"来英后也需要办理签证，并且和其他非欧盟国家的公民一样受到移民法的监督。

2019 年，为了应对英国近年来经济低迷以及减缓脱欧对英国经济的不利影响，英政府再次对高层次移民政策进行了变革。首先，非欧盟移民获得二级工作签证政策以及依靠投资获得一级工作签证的难度加大的同时，吸引创新型人才的一级工作签证的政策已然放宽，2019 年 3 月，一级工作签证的申请者身份由应届毕业生创办企业修改至初创企业，并将留英时间由一年放宽至两年。创新型企业的投资金额从 50 000 英镑缩减至 20 000 英镑，利用价格机制来激励创新和吸引投资。其次，政府宣布将恢复 PSW 签证（Post-Study Work Visa）。英政府自 2008 年 6 月引入的 PSW 签证自 2012 年取消，直到 2019 年 10 月宣布恢复该签证，这项签证原本旨在让拥有学士、硕士、博士文凭的国际留学生在毕业之后，有两年的时间留在英国找工作或者开展其他的商业活动。梅政府时期，以"10 万留学

---

① 王滢琪、刘涛：《超国家主义退潮下的新英欧互动——后脱欧时代英国—欧盟移民社会保障合作问题研究》，《华中师范大学学报（人文科学版）》2020 年第 5 期。

生因持有 PSW 签证在英国滞留"为由取消了该签证。① 在此政策下，国际学生越来越难在毕业后留英，不论对于英国还是国际人才来说都是一种损失，这个签证的恢复显示了英国在针对国际学生的移民政策的一种松动，也是提振移民经济、吸引人才落户的举措。2019 年 8 月，鲍里斯首相还宣布取消英国杰出精英签证（Tier 1 Exceptional Talent）每年 200 人的配额，并且要求内政部配合简化签证流程，吸引杰出科学家来英国工作。

2020 年受到新冠肺炎疫情的影响，英国签证申请和移民政策都做出相应调整。首先，针对已经拥有 T1 签证的创业者来说，签证到期后证明自己创造了两个就业岗位就可以延长签证至两年。其次，延长医疗卫生工作者及家属签证。新冠肺炎疫情的蔓延使得医疗系统的压力不断增大，英国政府给予了签证在 2020 年 10 月 1 日到 2021 年 3 月 31 日到期的医疗卫生工作者及伴侣和 18 岁以下的孩子免费的一年签证延期。再次，落实"积分制"移民政策，所有工作签证都要根据申请人的积分进行评判，再择优发放签证，评分标准根据申请人的英语水平、工作水平、薪资水平划分。同时，拿到初创企业签证的人员在英国生活超过 12 个月，即可免除资金证明。面对不断严重的疫情，办理移民和签证手续遇到了一定阻碍，因此政府宣布 2020 年 1 月 24 日到 2020 年 8 月 31 日期间，因为疫情滞留英国的人士，无须承担法律责任。由于疫情防控，英国签证申请中心在 2020 年 3 月底关闭，使得签证申请一度陷入停滞。同时，提交的申请数量也逐步下降，2020 年 3 月约为 12.9 万份，不到 2019 年 3 月 28.1 万份的一半。同时，签证处理数量也大幅下降，3 月份共处理了 145 000 项申请，比 2019 年 3 月的 248 000 项减少 42%。

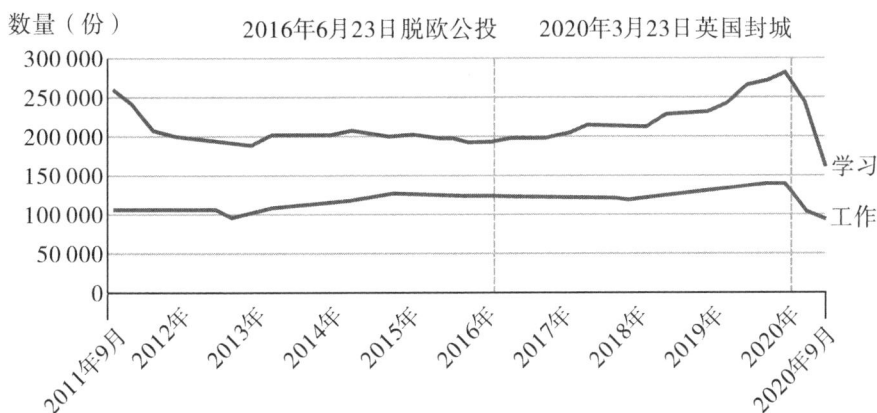

图 11-1　2011 年 9 月—2020 年 9 月非欧盟国家赴英工作和学习入境许可签证数量
资料来源：Office for National Statistics Analysis of Civil Aviation Authority Data。

① 《英政府宣布恢复 PSW 签证！留英可获 2 年工作签证！可英国留学申请难度就……》，搜狐网，https://www.sohu.com/a/340312500_776259。

2020 年下半年，新冠肺炎疫情在部分国家得到控制后，英国出入境限制有所放宽。6 月，英国国境封锁状态解除和个人居家隔离结束，移民局和签证申请中心恢复正常，截至 2020 年 9 月，共发放 140 万份签证，但比上一年减少了 56%，其中 67% 是旅游签证，13% 是学习签证，10% 是工作签证。[①]

数量（份）

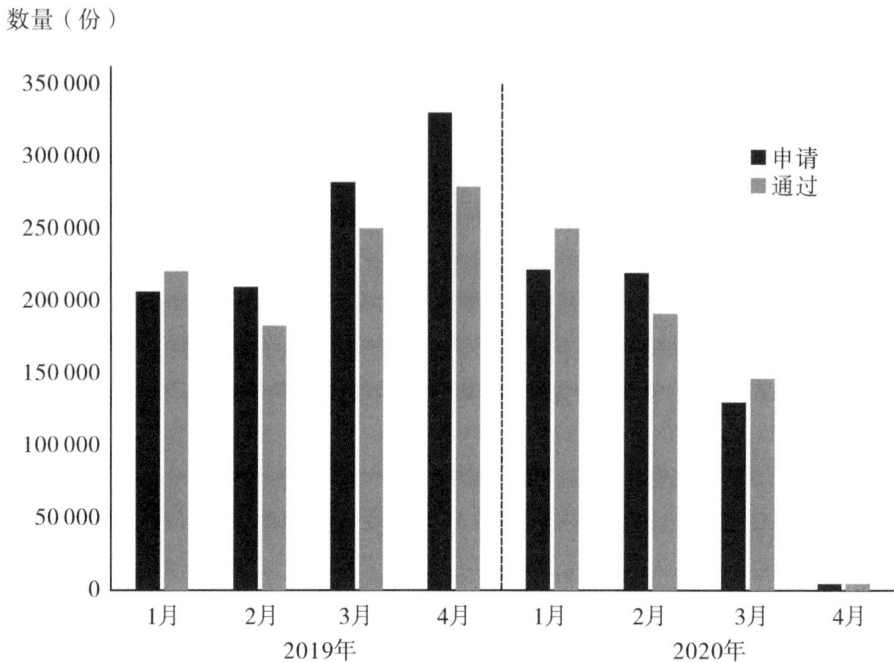

图 11 - 2　2019 年与 2020 年英国入境签证申请与通过数量对比图

资料来源：Overview of the Immigration System，2020 - 11 - 27，https：//www. gov. uk/government/statistics/immigration - statistics - year - ending - september - 2020/overview - of - the - immigration - system。

总体而言，当前英国移民政策的发展仍然面临族群矛盾、就业压力、社会治安、福利缩减等多重因素的影响。虽然日趋收紧是大势所趋，但改革一直处于尴尬状态。一方面，英国移民数量众多、种族多样、文化多元，部分移民素质不高令英国民众与社会难以接纳；另一方面，相当一部分英国本土人有较高的优越感，不屑于干那些脏、苦、累的工作，也看不起从事这类工作的移民。他们宁愿"啃"社会福利，也不愿通过自己的劳动获得报酬。近年来，英国大选期间，工

---

① Summary of Latest Statistics，2020 - 11 - 27，https：//www. gov. uk/government/statistics/immigration - statistics - year - ending - september - 2020/summary - of - latest - statistics.

党与保守党两大政党对待移民的宏观态度是一致的，都要求收紧移民政策。未来保守党政府在政策制定上将依旧遵循实用主义原则，一方面尽可能地避免移民所带来的负面影响和社会负担，另一方面对那些能够给英国社会带来资本与技术的"高级"移民始终敞开大门。

（六）英国移民政策发展趋势

客观评价一项政策的成效，首先要看其是否达到预定目标。英国现行移民政策的目标主要有两个：控制移民数量，提高移民质量；减少移民问题所带来的社会影响。自 2008 年成形以来，英国移民政策的延续性还是比较出色的，在不同政党政府任内，英国收紧移民政策的大方向一直没有改变。在政策执行的起初几年，净移民数量的确得到了控制（见图 11 - 3），民族社会矛盾也得到了有效缓解。

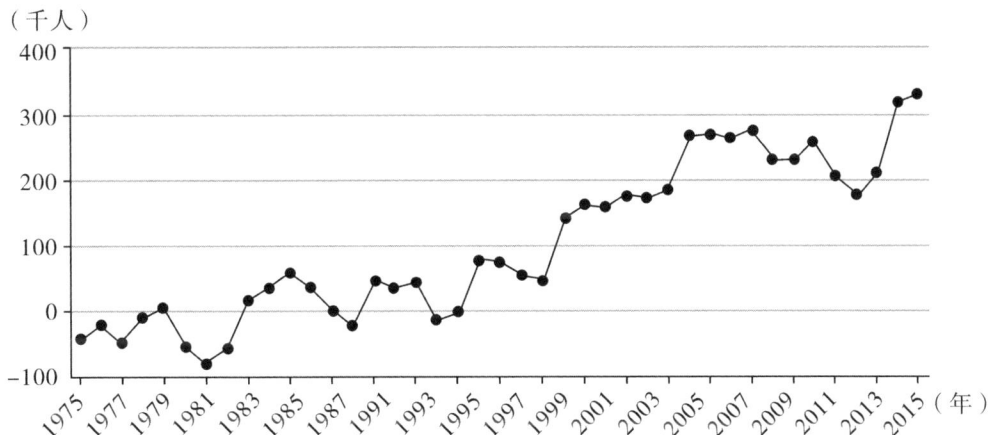

（千人）

图 11 - 3　1975 年到 2015 年 3 月英国净移民数量

资料来源：http：//www. migrationwatchuk. org/statistics - net - migration - statistics。

自 2008 年实施计点积分制以来，虽然净移民数量显著下降，但离政府所承诺的"把移民数量降至 20 世纪 90 年代的水平"[1] 的目标还有较大差距。2012 年以后，净移民数量又有了明显的增长，这主要是大量欧洲移民涌入的结果（见图 11 -4）。事实上，欧洲与非欧移民同样都受到了紧缩政策的打压，只是在程度上有所不同罢了。在《里斯本条约》的框架下，英国政府暂时无法对来自欧盟的移民进行有效调控。

---

[1]　David Cameron's Immigration Speech，https：//www. gov. uk/government/speeches/david - camerons - immigration - speech.

（千人）

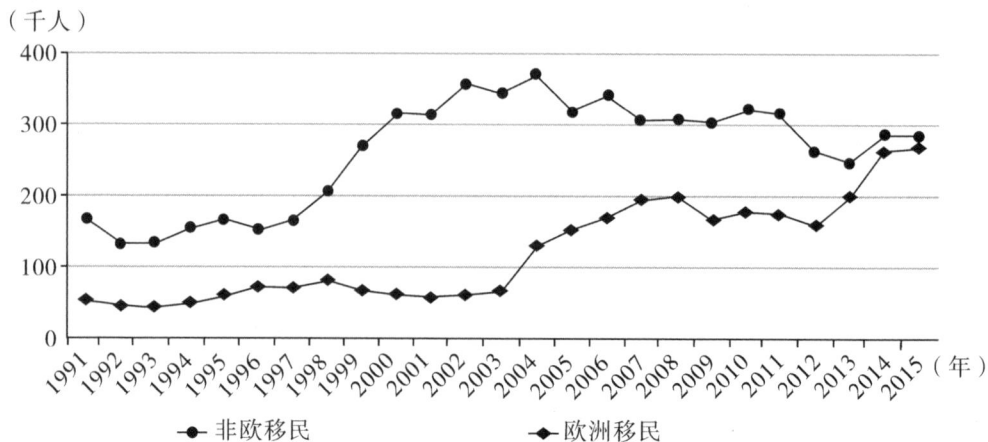

图11-4　英国的欧盟移民与非欧盟移民数量比较

资料来源：Net Migration Statistics，http：//www. migrationwatchuk. org/statistics - net - migration - statistics。

　　2013—2018 年的五年中，来自非欧盟国家的移民数量进一步增长，达到了 34 万人，而来自欧盟国家的移民持续减少。来自欧盟的净移民已经下降到 2009 年的水平。2019 年英国共接收非欧盟净移民超过 10 万人，在非欧盟国家中，亚洲国家是主要来源国，以印度、中国、乌克兰为主，印度近些年成为移民进入英国的重点国家。

　　总体上来说，英国现行移民政策还是稳住了基本局势。在解决移民问题的社会影响方面，政府的多元主义一直饱受争议。英国社会中的移民群体往往很难融入英国主流社会，他们普遍缺乏归属感和安全感，在工作与生活上，形形色色的偏见与歧视也严重地影响了他们的生活。虽然政府并不给任何群体贴标签，也不给任何种族戴帽子，但实际上，英国民众与政府还是希望移民们接受并且学会按英国的"规矩"生活。

　　从 2016 年脱欧公投以来，英国政府对移民政策进行的几次重大改革来看，在移民问题上保守党将保持外紧内松的原则。未来英国移民政策将更加鼓励能够带来就业机会、促进英国经济增长、有创新意识的新移民赴英发展，包括毕业生企业家、企业家和投资移民等。对此，有专业人士估计英国政府今后可能还会做出如下政策变动：①加大对高资产人群的商业移民鼓励政策，例如放开投资移民的投资类型及产品类型；②加强对移民签证真实性审核力度，包括企业家移民及相关其他等级积分制下的移民类别签证；③逐步放开部分地区的房地产市场经济刺激政策，例如鼓励投资苏格兰、北爱尔兰、威尔士的相关土地经济政策。但无论英国移民政策如何收紧，目的都是减少低素质的移民涌入英国，提倡并欢迎真

正的高净资产、高素质、高含金量的移民为英国政府创造直接的经济效益，促进本地劳动市场繁荣。表面上看，英国政府各项移民考察更加严苛，但从长远的角度而言，移民政策的收紧对于真正的精英人群还是利好消息。①

二、英国移民政策法规制定的主要影响因素

国家或地区政策的制定都是为其经济、社会和政治利益所服务的，移民政策也毫不例外。移民政策是否合理关系到一国或地区的经济能否快速发展，社会能否稳定，民族关系能否和谐。英国移民政策历史久远，其发展演变受到多方面因素的影响制约，但总体而言，族群关系、经济因素及政党竞争是主要变量。

（一）族群关系的影响

英国对有色种族的歧视与偏见有着深厚的历史渊源。从奴隶贸易到对外殖民扩张，英国白人凭借在商业、工业和军事上的优势，对有色人种进行征服和奴役，使得他们认为白人种族优越于其他有色种族。种族等级观和英国人特有的岛国封闭心理，造成了英国浓厚的排外传统。20世纪初，殖民地的非白人居民取代犹太人成为主要的排斥对象，英国政府曾于1914年和1920年两次颁布排斥外国人法案，限制其入境。②

"二战"后，大英帝国的诸多遗产中，种族情结和联邦理想是其战后英国移民政策的主要影响因素。相对宽松的《1948年英国国籍法》正是在此背景下应运而生，作为英国加强英联邦凝聚力、维护英联邦整体性的重要手段。但其结果是外来移民大规模涌入。其中主要分成两类：一是白人移民，主要是从爱尔兰、波兰等地前往英国的移民，还有部分返回本土的英国人；二是从西印度群岛以及印度、巴基斯坦等英联邦国家前往英国的移民，他们基本上都是有色移民。据统计，1956年到1962年之间，移民英国的有色人种达到372 950人，其中西印度移民235 100人，印度移民72 450人，巴基斯坦移民65 400人。③

20世纪50年代虽然英国政府赋予了英属殖民地和英联邦居民自由移民的合法权利，但英国社会对这些有色移民的到来仍然持忧虑态度。随着有色移民大规

---

①　《英国大选保守党获胜，引发移民政策再收紧》，中国新闻网，http：//www.chinanews.com/hr/2015/05 – 15/7278585.shtml。

②　C. Holmes，*John Bull's Island：Immigration and British Society*，*1871 – 1971*，London：Routledge，1998，p.145；王涌：《战后英国移民政策透析》，《世界历史》2002年第3期。

③　David Butler and Garteth Butler，*Twentieth-century British Political Facts*，*1900 – 2000*，Basingstoke：Macmillan Press，2000，p.352.

模到来，种族主义者不断鼓吹种族歧视与偏见情绪，并使大众对有色移民引发的社会问题高度关注。很多人认为有色移民的增加引发了犯罪增加、失业增多、住房拥挤及疾病传播等社会问题。报纸杂志等媒体也扭曲宣传，以便引起普通大众对有色群体的厌恶情绪。英国政府意识到有必要对有色移民进行直接干预和控制，进而向加勒比地区和印度次大陆的英联邦成员国施加压力，要求当地政府严格控制本国人民向英国迁徙。但来自爱尔兰共和国、英联邦和欧洲其他国家的白人移民则不在此列。

1958 年，有色移民聚居的诺丁汉和诺丁希尔爆发了大规模的种族骚乱，并且很快蔓延全国，要求限制移民的舆论一浪高过一浪。另外，此时英国的外交重心已从英联邦转向欧洲。在国内种族矛盾和国际关系的双重影响下，英国政府逐步对来自英联邦的有色移民加大限制。20 世纪 60 年代初，由于担心英国即将采取措施限制自由移民，许多英属殖民地与英联邦的潜在移民大量涌入，让种族主义者更加活跃。他们一再宣扬英国吸收、同化有色移民的能力有限，对有色移民的控制必须由行政转向立法，通过法律来限制有色移民的数量。终于，《1962 年联邦移民法》推出。虽然法案中没有明确提出种族问题，但无论议会还是大众媒体都将这个法案的矛头对准了有色移民，原因是具备英国规定的移民条件者大多数都是白人。

此后，英国政府又相继颁布了几部移民法，包括《1968 年联邦法》《1969 年移民申请法》《1970 年移民法》《1971 年国籍法》《1972 年移民法》和《2016 年移民法》等，致使有色移民前往英国变得更加困难，也标志着战后英国移民政策的转变，即从理论上包括有色移民在内的英属殖民地、英联邦的公民都可以自由移民英国转变到有条件、有限度的移民。总之，联邦理想与种族情结是制约战后英国移民政策的主要因素。正是由于这两大因素的相互交织，移民政策错综复杂，在战后呈现出一种曲线型的发展轨迹。"移民控制的根源是种族主义。"正如当时工党议员的评价："它让许多人更加坚定了他们的观点：这是一部由种族主义者设计来排斥有色移民的法律。"①

如今在英国，种族主义似乎变成了一个政治绝对不正确的禁忌，连种族主义者都不承认自己是种族主义者了，这似乎意味着英国社会的进步。然而，极右翼政党与主流社会和媒体仍有密切联系。它们的信息来源正是各大主流媒体，像 EDL（England Defence League，英国护卫党）这样极右翼的街头抗议组织，其领袖罗宾森就曾被邀请上 BBC 做节目，获得主流社会的发声平台。主流媒体的想法与罗宾森的并没有差很多，与国家政策也没什么差别，比如反移民、反穆斯林

---

① 王云会：《战后英国移民政策中的种族因素透析》，《理论界》2008 年第 7 期。

等。此外，主流媒体也一直在将少数族裔社区标签化，特别是针对穆斯林社区。随着叙利亚难民问题的发展，英国极右翼的势力和声音似乎也在越来越大。从与欧盟的难民争执到移民政策的不断收紧，英国政府的决策似乎正越来越受到这些声音的影响。[①]

（二）经济发展的需要

英国移民政策的原则向来是实用主义，其中维护国家经济利益是首要目标。早期移民法中关于敦促东印度公司保障海员基本权益的规定表面上看是保证了海员的基本生活待遇，但其实际目的一是阻止这些水手留在英国冲击劳动力市场，二是划清了政府与航运公司之间的责任，使这些贫困的人们被排除在国家福利之外。此外，对于维护英国海上贸易的稳定也有一定意义。拿破仑战争期间，英国对境内的外国居住者实施战时控制，规定他们在固定地点居住，不能自由迁移。[②] "一战"期间及战后一系列移民政策的出台，主要目的是遏制当时大量迁入的东欧穷人。另外，当时战争期间政府招募的几万名华工至1918年时仍有一部分留在英国港口。由于战后经济不景气，排外情绪盛行，政府只好尝试将移民遣送出国的政策。

"二战"后，英国国力因为战争破坏而大幅下降，希望通过政治经济改革等方式使国家重新繁荣富强。此时宽松的《1948年英国国籍法》出台，一方面有助于补充经济复苏需要的大量劳动力，另一方面也有助于维系英联邦，保持英国在国际社会的影响力。1945年10月，工会警告政府，每个部门都面临着劳动力短缺的问题，以至于这个国家所有关键部门的服务被迫中断。[③] 1946年，政府就国内劳动力状况做的一项调查显示，英国战后经济社会重建至少有6 000 000人的劳动力缺口。[④] 这一现象到20世纪50年代中期以后开始转变，大量移民的到来给本土英国人的生活空间、就业机会和社会福利带来负面影响，以至于引发族群冲突。1959年，英国失业率达到战后最高点。1961年8月至1962年1月，英国又爆发了第三次经济危机，终于推动了《1962年英联邦移民法》的出台。之后，移民政策迅速进入收紧阶段，并且将移民限制在某些行业领域，避免导致更多的利益纷争。移民英国的英联邦公民必须持有内政

① 《愤怒的白人——极右翼离我们有多远？》，英中网，http://www.ukchinese.com/News/2016 - 03 - 11/14371.html。

② Vaughan Bevan, *The Development of British Immigration Law*, London: Croom Helm, 1986, pp. 58 - 67.

③ John Darwin, *Britain and Decolonization: The Retreat from Empire in the Postwar*, New York: St. Martin's Press, 1988, p. 46.

④ Kathleen Paul, *Whitewashing Britain: Race and Citizenship in Postwar Era*, Ithaca: Cornell University Press, 1997, p. 4.

部的证明书（Voucher）。在证明书系统的限制下，仅有明确特定工作的以及掌握英国所需技术的原生移民（Primary Immigrant）能够实现迁移。这个系统强化了餐饮业在华人移民中的地位。1968 年，英国给华人的 193 个证明书中 171 个被签发到了餐饮业。[①]

20 世纪 70 年代后，世界资本主义经济危机再度爆发，英国更加不愿接收太多的移民。至 80 年代，普通移民渠道的收紧也引发了难民和非正规移民的增长，同样耗费了大量英国财政。当然，难民及非法移民的大量流入，一定程度上也恰好满足了英国劳动力密集型经济发展对劳动力的需求，致使政府对上述移民群体的限制难以持续有效，这也是英国乃至欧洲国家普遍存在的一个矛盾。

进入 21 世纪以来，英国管理移民政策中的经济考量更加明显。无论是积分制、难民接收还是非正规移民治理，处处可以看出其严格筛选移民的真正目的。那些对英国经济发展有利的技术移民、投资移民、创业移民等群体始终得到政策的实质性的欢迎。2016 年 T2 普通工作签证中推出的 4 个新短缺工种就是为满足伦敦成为国际金融大都市的信息化建设需要而设的，而一直真正短缺的中餐厨师却未能列入其中。

（三）政治博弈的结果

移民问题一直是英国政党政治关注的重要话题。移民政策的调整事实上也是政党不断博弈的结果、表现。"二战"结束后，英国于 1945 年 7 月举行战后第一次选举。保守党在选举中失败，工党成为英国执政党，促成了自由宽松的《1948年英国国籍法》。1952 年，保守党议员西里尔·奥斯本提出要进行移民控制，但响应者不多。50 年代中期，虽然议会多次讨论修改该法案以控制有色移民进入英国，但遭到工党议员的坚决反对，他们担心立法会伤害英属殖民地及英联邦的关系。直到《1962 年英联邦移民法》投票表决前，保守党都不知道法案能否通过。但在立法的最后阶段，工党的态度突然软化。在工党的最后演说中并没有出现像第二次审读时那样的强烈反对，只是发表了有所抑制的反对意见。[②] 工党态度的软化对保守党取得最后的成功起到了重要作用。当然，这最终还是因为民意取向发生了根本变化。

近年来，移民问题也成为英国大选关注的第二大话题。总体而言，各大政党皆倾向于移民控制，只是在具体措施上有所不同。例如，2010 年大选中，工党

[①] 韦平：《移民政策下的英国华人》，陈晓律主编：《英国研究·第 6 辑》，南京：南京大学出版社，2014 年。

[②] *Parliamentary Debates*（*Commons*）（654），cols. 1264 – 1271，1962 – 02 – 27.

支持计分制度，只接受那些高技术人才或填补英国国内和欧盟劳务市场无法填补的工作空缺，同时主张外国人一旦在英国犯法就会自动被驱逐出境，驱逐程序更加简单、一体化。而保守党的移民政策主张是只接受那些能对英国经济做出贡献的移民。它虽然支持工党的移民计分制度，但同时提出设定一个年度移民数量限制；要求到英国学习的学生在拿到签证的同时缴纳一笔押金，以保证他们遵守在英国居留期间的各种规定；对今后新加入欧盟的国家实行过渡性的移民控制；在边境管理问题上，保守党提出建立统一的边防警察部队，有权阻拦、搜查、拘留和法办那些企图非法入境的人。自由民主党则主张对英国各地区的资源和需求做出评估，然后根据这一评估引入一种地区化的移民计分制度。自民党认为这一制度对地区劳务市场的不同需求更有针对性，支持制定在欧盟范围内统一的庇护政策，新移民将得到更多学习英语的帮助，等等。[①]

2015 年 5 月大选前夕，英国三大党频频就移民问题发表演说，移民问题俨然上升到重大政治问题的高度，但政策观点基本上都是抨击移民进入英国带来的种种问题，主张上台后要采取更为严厉的移民措施。2010 年保守党赢得大选上任后的第一个重大举动就是取消了 PSW 签证，国际学生在毕业后不再拥有两年的缓冲时间来寻找就业机会。当前保守党抛出的移民政策是首先采取措施在源头上进行限制。自 2005 年以来英国移民人数始终保持增长，2010 年卡梅伦首相当选时许下的誓言"将移民人数由几十万控制为几万"早已成为泡影。而再次当选的保守党，毫无疑问会受到来自各个政党的压力，从各个方面严格缩紧移民政策，以兑现当年立下的宏伟目标。

三、英国海外侨民及其权益保护政策措施

1485 年都铎王朝建立，开启了英国近代史的篇章。都铎时代亨利八世发起的宗教改革为一个世纪后的大规模海外移民孕育了萌芽，大部分清教徒和部分天主教徒渴望到北美建立一块自由之地。至伊丽莎白统治末期、斯图亚特王朝前期，英国的社会、宗教、政治危机日益显露并不断加深，最终促成了大规模的海外移民浪潮。1620 年"五月花号"驶向北美，建立普利茅斯殖民地，10 年后又一批清教徒建立马萨诸塞，从而揭开了清教徒大迁徙的序幕。从 1630 到 1642 年，大约有 21 000 名移民迁徙到新英格兰。[②] 16 世纪末，以强盛的国

① 《英国三大政党的移民政策比较》，BBC News，http：//www.bbc.com/zhongwen/simp/uk/2010/04/100415_ukelex_immigration.shtml。

② James W. Davidson, William E. Gienapp, Christine L. Heyrman, etc. *Nation of Nations*：*A Narrative History of the American Republic*，New York：McGraw‑Hill，2005，p.70.

力为支撑，以逐渐壮大的海军为支持，英国政府及冒险家得以迅速抢占殖民地并不断扩大其地理范围。在历史上的全盛时期，英国拥有的海外殖民地面积是其本土面积的 110 倍。英国广大的海外从属领地开始大量吸收本土过剩的人口（失业者和穷人），也为流放的犯人提供遥远的监狱，以确保帝国战略利益的安全。扩张一方面为英国人找到了新的生存空间，另一方面也促进了帝国内殖民地的经济发展，建立起了帝国范围内的经济和贸易体系。英国的殖民扩张与海外移民是同步进行的，且规模庞大。北美、澳大利亚和印度是英国当时最重要的三个海外殖民地：其中北美和澳大利亚的价值在于分担了英国大量的过剩人口，缓解了英国国内矛盾，并吸收了相当数量的英国商品，输出了大量生产原料，兼有政治和经济意义。印度的价值则主要在于经济意义，其所吸收的移民数量与北美和澳大利亚相比要少得多，且以公司职员、政府公务员、商人等形式的短期移民为主。

英国对外输出移民为主的年代一直持续到"二战"结束以前。"二战"以后，由于国家重建需要大量人力，加上亚非拉民族解放运动进一步兴起，殖民体系逐渐瓦解。但英国政府为维持帝国竞争力，出台政策吸引殖民地人才入英发展，大量外来移民纷纷涌入，由此逐渐从以移民移出为主转向以移民移入为主的发展阶段。近年来从英国出去的移民主要以就业、居住为主，移入国主要以传统的殖民地国家和欧洲大陆为主。根据英国外交部统计，目前持英国护照而生活在海外的侨民约有 600 万之多，其中长期居住在海外的英国公民大约有 560 万，[1]其中人数超过 1 000 人的侨民社区分布于全球 100 余个国家，主要包括澳大利亚（100 余万）、西班牙、美国、加拿大和法国。近年来，在中国和阿联酋的英国人数量也快速增长。多数英国人移民海外主要是寻求更好的工作和体验不同的生活方式，而不是因为英国生活环境非常糟糕。[2] 随着全球化进程的发展，人员在全球范围内自由流动更加方便，使得国际安全形势更为复杂多变，英国政府和世界各国政府一样，面临着严峻的海外公民权益保护难题。

---

① Global Brits：Make the Most of Living Abroad, https：//www. gov. uk/government/news/global – brits – make – the – most – of – living – abroad.

② Global Brit：Making the Most of the British Diaspora, http：//votes – for – expat – brits. com/documents/ippr_ GlobalBrittextforprint. pdf.

表 11－1 2009—2014 年英国海外领事协助事件情况

年份	药物逮捕	逮捕（包括药物逮捕）	死亡	住院治疗	强奸	性侵犯	其他协助	总数	护照/旅游证件遗失/被盗
2009—2010	994	6 439	5 930	3 689	132	140	3 509	19 839	27 272
2010—2011	799	5 700	5 972	3 752	115	163	3 526	19 228	25 969
2011—2012	816	6 015	6 237	3 739	127	154	3 602	19 874	28 659
2012—2013	869	5 435	6 193	3 599	138	172	3 707	19 244	28 783
2013—2014	717	5 418	4 110	3 157	106	152	4 488	17 431	31 134

资料来源：https：//www. gov. uk/government/uploads/system/uploads/attachment_ data/file/363684/141013_ British_ Behaviour_ Abroad_ report_2014. pdf。

英国外交部在全球 180 个国家设立了 740 个外交领事机构，为本国海外公民（包括双重国籍人士以及指定情况下的其他英联邦、欧盟国家公民）提供各类高质量的领事服务，主要包括：①提供旅行文件丢失的补办服务；②提供资金转移信息；③在遭受强暴、性侵犯或身体侵犯，是犯罪行为的受害者以及生病住院时提供适当的帮助；④提供当地法律援助、翻译、医疗、丧葬等方面的信息；⑤在英国政府没有能力提供帮助的地方，提供其他专业机构的联系信息；⑥在获得授权的情况下联系亲友；⑦在恐怖主义、国内动乱、自然灾害情形下，提供专项帮助；⑧提供各类文件服务。① 2010—2015 年，英国外交部及驻外机构共提供约 280 000 次面对面咨询服务，处理了约 97 000 个领事保护事件。②

（一）建立健全领事制度，海外保护有章可依

英国对海外公民权益保护没有相关成文法，主要是通过政策文件予以实施，执行的灵活度相对较高。同时，政府对海外公民外交保护、领事协助、第三国领事保护等相关职能进行明确界定，避免相关机构之间职责不分，权利混淆。具体的一些司法判决和政策文件主要包括：EWCA Civ1279 判决书（2006 年 10 月 12 日，英国高等法院）；EWCA Civ1598 判决书（2002 年 11 月 6 日，英国上诉法

① https：//www. gov. uk/government/uploads/system/uploads/attachment_ data/file/407661/FCO_ BritsAbroad_DL_2014_web__1_. pdf.

② 2010 to 2015 government policy：British nationals overseas，*Policy Paper*，2015－05－08，https：//www. gov. uk/government/publications/2010－to－2015－government－policy－british－nationals－overseas/2010－to－2015－government－policy－british－nationals－overseas.

院）；3ALL ER 935（1984 年 11 月 22 日，英国上议院）；《支持海外英国公民指南（2009）》、《领事服务年度报告》、《关于欧盟公民在第三国的外交和领事保护》（2008 年 6 月 4 日）、《英国关于〈欧盟公民在第三国的外交和领事保护绿皮书〉的声明》（2007 年 3 月）；等等。[①]

（二）重视预防工作，多渠道发布信息，提高公民海外生活技能

1. 通过多种方式开展出国前教育工作

自 1999 年以来，英国外交部通过网络、传真、电话、纸质出版物以及公众参与的活动等方式发布的旅行建议和海外安全提示数量逐年增加，覆盖国家的范围也逐年增大。英国外交部每年根据当年的具体情况，举行名为"行前须知"（Before You Go）的大型公益活动，提醒公民出国旅行前确认目的地情况，国外旅游安全、安全驾驶情况，在国外生活的经济来源、社会福利、税收、保险，抵达外国需要办理的手续，使领馆服务等内容，[②] 并提醒公民提前浏览外交部网站上的安全提示。同时，政府网站上还有《海外公民保护指南》，对公民可能遇到的各种问题困难，包括海外死亡、丧亲、国外入狱、性侵犯、亲友失踪、亲人入狱、变换家庭、国外犯罪侵害、旅游安全、世界常识、残疾人出行等，以及使领馆提供的领事协助等内容有详细阐述。[③]

2. 发布《海外英国公民行为报告》，提醒重点注意事项

自 2006 年起，英国外交部还每年发布《海外英国公民行为报告》（British Behavior Abroad Report），分析英国公民在不同国家遇到的困难和原因，并告知人们对各类情况需要采取的应对措施，内容包括表格 11 - 1 中涉及的包括药物逮捕在内的逮捕、住院、死亡、性侵犯、证件遗失等问题的处理对策。[④]

3. 提供出国前各类有偿服务

除各类免费服务外，政府还会在公民移居海外前有偿提供种类多样的咨询与保险服务，结合公民之前的医疗记录，对其身体状况进行全面评估与投保。如若选择不购买保险，一旦发生突发事件，如感染传染性疾病，公民就将为之后的补

---

① Citizens Consular Assistance Regulation in Europe，in *Consular And Diplomatic Protection*：*Legal Frame-work in the Eu Member States*，p. 773，http：//www. ittig. cnr. it/Ricerca/ConsularAndDiplomaticProtection. pdf.

② Know Before You Go—Staying Safe and Healthy Abroad，https：//www. gov. uk/knowbeforeyougo；*Going to Live Abroad*，https：//www. gov. uk/government/uploads/system/uploads/attachment_data/file/193667/Going_to_Live_Abroad_web_13. pdf.

③ Support for British Nationals Abroad：A Guide，https：//www. gov. uk/government/uploads/system/uploads/attachment_data/file/317474/FCO_Brits_Abroad_2014. pdf.

④ British Behavior Abroad Report 2014，https：//www. gov. uk/government/uploads/system/uploads/attachment_data/file/363684/141013_British_Behaviour_Abroad_report_2014. pdf.

救行为买单，如接种疫苗等。

（三）加强与海外侨民的信息互通，建立各种沟通和交流机制

首先，政府支持海外侨民更好地融入当地社会，成立自己的组织，建立专门的网站，加强相互之间的网络联系。海外公民可以通过这些网站实现注册登记，加入小组网上讨论，分享异域生活经验和感受及有关信息；其次，英国通过民防队员机制来帮助驻外使领馆保持与当地侨民社区之间的联系。民防队员志愿充当驻外使领馆与当地该国公民之间的联系人。他们在情急时刻会帮助使领馆将指示和相关信息传达给其他的海外公民；再次，英国投入大量资源建设公民定位数据库（LOCATE data base），以及时跟进海外公民分布情况和最新变化。使领馆同时开通网上平台，为海外英国人提供在线领事协助服务。①

（四）加强应急管理制度建设，完善安全救护机制

1. 设立海外应急管理机构，加强分工合作

英国外交部领事司在 1990 年建立了应急处，以应对海难、空难、地震、火山爆发等突发事件。境外发生的针对英国及其公民的国际恐怖活动，由外交部反恐政策司处理，领事司协助。其他突发事件的领事保护由领事司危机处理处主管。警方负责协助外交部处理领事保护事件，包括寻找和联络国内亲属。所有驻外使领馆都应有应急计划，其中包括对领事风险进行评估的内容。

2. 强化伦敦危机中心职能，提升应急反应能力

2011—2012 年，领事司设立了 24 - 7 危机中心应对自然灾害和社会政治动荡，设 24 小时值班电话，与英国国防部、英军联合总部保持密切联系，危急时刻随时可以得到军方的增援。② 在某些危急时刻，政府还会派遣更多的外交与专业人员前往危机发生国，为海外公民提供更多帮助与服务。在经历 2011—2012 年一系列灾害后，英国外交部在领事协助和保护方面做出新的反应，包括：扩大快速发展团队网络，涵盖中东地区；建立伦敦快速反应队伍；为海外机构设计危

---

① Support for British Nationals Abroad：A Guide，https：//www. gov. uk/government/uploads/system/up-loads/attachment_ data/file/317474/FCO_ Brits_ Abroad_2014. pdf.

② 2010 to 2015 Government Policy：British Nationals Overseas，*Policy Paper*，2015 - 05 - 08，https：//www. gov. uk/government/publications/2010 - to - 2015 - government - policy - british - nationals - overseas/2010 - to - 2015 - government - policy - british - nationals - overseas；夏莉萍：《发达国家侨民生存安全预警与救护机制研究》，《侨务工作研究》2012 年第 6 期。

机管理工作框架；提升外交部危机中心同时处理多重危机的能力。①

3. 推进海外公民危机处理程序的制度化建设

在埃及和利比亚局势动荡、新西兰大地震、日本海啸和核泄漏事件后，英国外交部重新审查了海外公民危机处理程序，加强制度化建设，通常采取以下措施：①向有关驻外使领馆增派人手。②必要时，在英国建立咨询热线。③在机场或邻近的安全地带设置咨询台。④组织安排撤离。⑤考虑到先前选择商业航班或其他交通工具撤离的公民是自己付费的，所以在紧急情况下，乘坐政府安排的其他交通工具撤离的公民也需要付费。只有在极特别的情况下，才出动军用飞机或船只撤离公民。⑥和其他国家紧密合作，利用他们的交通工具撤离海外公民。②

（五）聘用名誉领事与当地雇员，延伸领事服务范围，工作更具灵活性

有效的领事保护要求外交官和领事馆能够在事件发生后立即提供帮助，这就要求外交部门和领事机构覆盖的范围尽可能广泛。英国外交部聘用部分名誉领事与当地雇员以解决人手不足问题，这一做法在较偏远地区尤为奏效。根据英国外交部门的统计，名誉领事与驻外职业领事的比例约为 1∶15。此外，在一些季节性工作压力较大的领事馆，如旅游旺季时，外交部会雇佣当地的季节性员工来协助进行领事保护事件的处理。这一机制一方面大大减少了人员成本，另一方面又有效提高了领事馆在高峰期处理事件的效率。③

（六）加强国际领事保护合作，减少海外权益保护盲区

为了保证外交机构可以更好地保护英国公民的广泛海外利益，政府在一些涉及英国利益的地方除了新增外交机构以外，还在国际法框架下加强与各国和国际组织的领事协助合作。首先，英国 1968 年正式通过加入了《1963 年维也纳领事关系公约》，并与部分国家签署了双边领事保护协定。④ 其次，适用《欧盟条约》中相关领事保护条款，根据《欧盟条约》及其执行条约规定，如某个欧盟成员国在第三国没有外交机构，该成员国的公民可以向其他欧盟成员国外交机构寻求领事保护，所有欧盟成员国公民享受同等待遇。行动计划还将扩大领事保护的范

---

① 2010 to 2015 Government Policy: British Nationals Overseas, *Policy Paper*, 2015 – 05 – 08, https://www.gov.uk/government/publications/2010 – to – 2015 – government – policy – british – nationals – overseas/2010 – to – 2015 – government – policy – british – nationals – overseas.

② 夏莉萍：《发达国家侨民生存安全预警与救护机制研究》，《侨务工作研究》2012 年第 6 期。

③ 董鑫：《英国领事保护：预防为主》，全景财经，http://www.p5w.net/news/gjcj/201309/t20130926_321082.htm。

④ Citizens Consular Assistance Regulation in Europe, in *Consular And Diplomatic Protection: Legal Framework in the Eu Member States*, p. 552, http://www.ittig.cnr.it/Ricerca/ConsularAndDiplomaticProtection.pdf.

围，并加强各成员国之间的合作，开展联合评估。① 欧盟委员会还设立专门网站，为欧盟公民提供各成员国外交机构联络方式等领事保护信息。此外，在特定的地区与国家，英国与一些英联邦国家如新西兰、澳大利亚等之间签订正式条约以相互帮助维护本国海外公民权益。②

总体而言，英国海外领事保护最重要的特点就是重视预防工作，让海外公民真正知晓身居国外之所需，经常遇到的问题，领事协助有哪些是可以做到的，哪些是无法做到的，等等。同时，政府也会警示公民不要去某些危险系数极高的国家和地区，因为根据英国领事保护政策，一旦发生不测将无法提供所需的有效领事协助。③

未来英国海外领事保护工作还将在以下方面继续加强：①设立新的危机管理中心，增加50%人员，提升人员素质，以同时应对多重危机，跨部门整合百人团队，配备先进的可视和电子设备；②建立新的客服网络，可以全方位地指导前线工作人员为公民服务；③建立新的快速反应队伍，提升在中东、北非和南亚的危机应对能力，每周7天24小时，随时准备出发帮助海外公民；④为英国公民引进新的注册系统，可以通过移动电话传递信息、跟踪危机；⑤进一步开放资源信息，减少信息不透明可能带来的不必要排队和电话；⑥进一步关注志愿者工作，尽量满足英国海外公民需要及提供帮助。④

四、英国移民政策的演变对华侨华人社会的影响

(一) 英国华侨华人社会的形成与发展

1. 早期缓慢发展阶段：17世纪至"二战"以前

中国人移民英国可以追溯到17世纪。1685年，中国南京学者沈福宗受邀为牛津大学图书馆的中国馆藏做编目工作，在英留居两年，开启了华人踏足英国的历史。18世纪末受雇于英国东印度公司的中国海员随商船来到英国，他们在利物浦、伦敦、卡迪夫等几个繁华的港口登陆。鸦片战争后，中英贸易增加，英国

---

① Article 35 Cex – Article 20 TEU Consolidated Version of the Treaty on European Union, in *Official Journal of the European Union*, Vol. 53, 2010, http：//www. wipo. int/wipolex/zh/text. jsp？file_id =199456.

② Support for British Nationals abroad：A Summary, https：//www. gov. uk/government/uploads/system/uploads/attachment_data/file/407661/FCO_BritsAbroad_DL_2014_web__1_. pdf.

③ Citizens Consular Assistance Regulation in Europe, in *Consular And Diplomatic Protection：Legal Framework in the Eu Member States*, p. 572, http：//www. . ittig. cnr. it/Ricerca/ConsularAndDiplomaticProtection. pdf.

④ Looking after Our Own：Strengthening Britain's Consular Diplomacy, https：//www. gov. uk/government/speeches/looking – after – our – own – strengthening – britains – consular – diplomacy – – 2.

向中国大陆倾销大量工业品，中国丝、茶行销欧洲。1850 年，大英轮船公司的玛丽·伍德号首次驶入上海黄浦江，开始了上海—伦敦定期航班。[①] 逐渐增多的商船也带来更多的中国海员，进而拉开了华人迁移和定居英国的序幕。早期东印度公司给予亚裔海员的待遇非常糟糕，船一泊岸就将船员们丢在岸上不管不问，直至下次起航。印度裔水手和华人船员们身无分文，语言不通，很多流落街头。1813 年英国下议院通过《东印度贸易法案》（The East India Trade Act），要求东印度公司对贫困水手们负责。由于这个法案，东印度公司自 1814 年开始为靠岸的海员提供简陋住房，伦敦的兰豪思（Limehouse）就是从这些海员简陋的居所发展起来的中国城。从 19 世纪末到"二战"被炸毁前，那里曾是最著名的华人聚居区，被当地人称为"华人的角落"。[②]

利物浦是华人侨居英国的最早落脚点之一。19 世纪 80 年代，英国华人组织致公堂在利物浦出现，主要致力于处理华侨内部事务。1906 年，英伦四邑总会馆在利物浦成立，以联络旅英梓里感情，增进团结互助精神，共谋事业发展及社会福利，安置及照顾老弱梓里，维护社员正当权益，发扬中国固有文化道德及优良传统为宗旨。[③] 同时，清政府为推动新政，鼓励海外华商建立商会，清政府领事馆在伦敦支持成立了中华会馆，同时也吸纳留学生积极参与。20 世纪 20 年代前后，英国华侨社团活动进入一个活跃期。当时英国有华侨 4 000 余名，留学生350 人左右。[④]

第一次世界大战期间，英国政府招募了几万名华工为欧洲战场服务，但当局采取了更为严格的移民控制措施。战后更是由于海上贸易减少，经济不景气，排外情绪盛行，先后出台《1914 年外国人限制法》《1919 年外国人限制法》和《1920 年外国人法令》等法律，鼓励将中国人遣送出国。其手段是一边使用恐吓威胁的方式排挤华人，一边策划安排华人到法国或比利时垦荒。[⑤] 加上中国这一时期内战不断，移民外出较少，[⑥] 因此，在两次世界大战期间经济萧条的年代，英国外来劳动力的流动很少。至 1949 年，英国华侨约为 2 000 人。

---

① 张仲礼：《近代上海城市研究》，上海：上海人民出版社，1990 年，第 181 页。

② Leslie Hearson、白晓红：《东伦敦的旧唐人街》，见游海龙：《英国华人综览 2006》，英国亚美企业有限公司，2006 年，第 35 页。

③ 《利物浦四邑总会馆：英国四邑总会馆 100 周年纪念特刊（1906—2006 年）》，2006 年，第 31 页。

④ J. Newell, *London Through Chinese Eyes or My Seven and A Half Years in London*, London：Swarthmore, 1920, pp. 305 - 306.

⑤ Gregory Benton, Edmund Terence Gomez, *The Chinese in Britain*, *1800 - Present*：*Economy*, *Transnationalism*, *Identity*, New York：Palgrave Macmillon, 2008, p. 26.

⑥ David Parker, Chinese People in Britain：Histories, Futures and Identity, in Gregory Benton, Frank N. Pieke eds. , *The Chinese in Europe*, New York：Palgrave Macmillan, 1998, p. 73.

表 11 - 2　1850—1931 年在英格兰和威尔士的华人人口

年份	人数	年份	人数
1851	78	1891	582
1861	47	1901	387
1871	202	1921	2 419
1881	665	1931	1 934

资料来源：《人口统计报告》，转引自：David Parker, Chinese People in Britain: Histories, Futures and Identity, in Gregory Benton, Frank N. Pieke eds., *The Chinese in Europe*, New York: Palgrave Macmillan, 1998, p. 69。

总的来说，早期华人移民素质较低，英国政府也不鼓励华人分散居住，这些限制性政策使得华人多聚居于港口城市，一定程度上促进了华埠的形成及其重要性的提升。同时，《1905 年外国人限制法》规定"没有自立能力的人不受欢迎"，实际上限制了很多无法证明自己有自立能力的华人女性进入英国，进而导致华人社会男女比例严重失调。1891 年伦敦的华人男女性别比是 176∶126，1901 年为 97∶23，到了 1911 年性别差异达 220∶27。[1] 这无疑限制了华人的发展，但也增加了华人男性与英国女性的接触和结合，间接促进了华人男性与当地社会的交往。此外，华人经济方面，由于入境管制的加强，外国人进入英国就业需要拥有经劳工部签发的工作许可（Work Permit）。该许可证授权持有者须为确定的雇主做特定的工作。早期华人主要从事洗衣店和中餐馆行业，洗衣机发明后洗衣店逐渐被淘汰，中餐馆艰难延续下来。另外还开设少量的中医馆。华人早期选择的这些经营方式都是小本买卖，自雇佣营生，工作非常辛苦，不参与或尽量减少参与社会主流经济行业的竞争。入境的限制和工作许可等政策又进一步将华人经济局限在这些很窄的范围内。[2]

（二）近期快速发展阶段：20 世纪 50—80 年代

《1948 年英国国籍法》像一颗磁石吸引着来自前殖民地国家的移民，其中也包括来自中国香港、马来亚、新加坡等国家和地区的华人移民。相比而言，来自马来亚和新加坡的华人文化素质和英语水平较高，融入英国社会较快，因而未像难以融入的香港移民一样成为社会关注的焦点。

---

① Kwee Choo Ng, *The Chinese in London*, Oxford: Oxford University Press, 1968, p. 11.
② 韦平：《移民政策下的英国华人》，陈晓律主编：《英国研究·第6辑》，南京：南京大学出版社，2014 年。

表 11-3　战后英格兰和威尔士华人人口数

年份	中国内地	中国香港	新加坡	马来西亚	总计
1951	8 636	3 459	3 255	4 046	19 396
1961	9 192	10 222	9 820	9 516	38 750
1971	13 495	29 520	27 335	25 680	96 030
1981	17 569	58 917	32 447	45 430	154 363

资料来源：英格兰和威尔士人口统计报告，转自：David Parker, Chinese People in Britain: Histories, Futures and Identity, in Gregory Benton, Frank N. Pieke eds., *The Chinese in Europe*, New York: Palgrave Macmillan, 1998, p. 74。

香港移民的大量涌入主要是因为从 1949 年开始大量技能更强的中国南方农民进入香港，泰国大米大量涌入导致新界的传统农业瓦解，移民输出似乎成为当时一种重要的生活出路。与此同时，英国重建国家，发展乡村生活方式，建设者们来自各个国家，对食物的需求多元化，进而推动了各种民族特色餐饮的兴起，中餐业也由此得到较大发展。出于行业竞争的压力，他们逐渐向内陆多地散开，改变了过去华人集中于几个港口城市的分布状态。

表 11-4　1940—1970 年英国中餐馆数量

年份	数量
1940 年以前	30 ~ 40
1945—1951	100
1952—1956	300
1957—1964	800
1965—1970	1 000

资料来源：James Watson, *Emigration and the Chinese Lineage*, Berkeley: University of California Press, 1975, p. 73。

在限制性工作移民政策的推动下，以家庭团聚为主的次生移民（Secondary Immigrant）成为新的重要移民方式。1962 年英国只签发了 135 份香港依附者入境证件，而 1967 年从香港抵达英国的家属人数增加了近十倍。到 1971 年，每年都有 2 000 多名家属抵达英国。至 1971 年英国人口普查统计，有 96 000 多名华

侨华人。① 家庭团聚移民在20世纪70年代达到高峰，那时以香港为来源地的新移民中依附申请者与许可证持有者的比例为4∶1。② 此外，这一时期至80年代还有联合国难民署从印支国家安置过来的华裔难民约2.5万人。

这一阶段英国移民政策经历了一个由宽松到收紧的转型过程，主要是受到大量移民导致的族群矛盾、社会竞争、经济下滑等各方面因素的影响。华人移民群体来源地多元，移民方式多样，规模逐步壮大，其中以中国香港移民为主。移民渠道政策差异也强化了华人群体间的差异性和分散性。受原生移民限制的影响，华人经济劳动力短缺，以家庭经营为主的快餐店迅速发展。据英国国会种族关系及移民委员会在1985年的调查，90%的华人从事与餐饮业相关的工作，而其中60%属于家庭所有的外卖店。③ 同时，英国的移民政策进一步强化了华人移民以村和亲属为纽带的移民链。证明书及工作许可政策使移民链在华人迁移过程中异常重要，再加上对原生移民采取限制后，亲属关系成为直接申请移民的主要依据。此外，以工作许可政策和难民渠道进入英国的华人在身份、地位和待遇上都与直接申请移民的华人存在差距，这些都进一步强化了血缘、地缘的移民链条。④ 随着大批香港新界移民到来，伦敦市中心苏豪区爵禄街及附近街道形成了新的华埠。1985年威斯敏斯特市议会对爵禄街进行整修，立牌楼、摆石狮、建凉亭，形成了伦敦市今天依旧在扩张的中国城。此外，在曼彻斯特、伯明翰、爱丁堡等城市华侨华人人数也大幅增长。

（三）当代多元发展阶段：20世纪80年代至今

1972年，中英正式建交，少数中国移民以家庭团聚方式移往英国。20世纪70年代末80年代初开始，中国实行改革开放政策，来自中国的新移民群体迅速壮大，其中包括留学生和非正规移民等，推动着英国华侨华人社会结构的变化。不过，由于英国的移民政策和社会环境并不太具吸引力，大部分留学生毕业后离开英国，部分回国，部分去美国、加拿大等第三国。例如1978—1999年间留英的中国学生回国率为46.8%，高于留美中国学生回国率（14%），还有部分转向美国、加拿大、澳大利亚等国家。

---

① Jenny Clegg, The Chinese in Britain, http：//www. sacu. org/britishchinese. html.

② Gregory Benton, Edmund Terence Gomez, *The Chinese in Britain, 1800 - Present*：*Economy, Transnationalism, Identity*, New York：Palgrave Macmillian, 2008, p. 41.

③ David Parker, Chinese People in Britain：Histories, Futures and Identity, in Gregory Benton, Frank N. Pieke eds., *The Chinese in Europe*, New York：Palgrave Macmillan, 1998, pp. 76 - 78.

④ 韦平：《移民政策下的英国华人》，陈晓律主编：《英国研究·第6辑》，南京：南京大学出版社，2014年。

表 11 - 5　英国华侨华人人口统计

年份	人数（人）
1975	120 000
1985	230 000
1995	250 000

资料来源：李明欢：《欧洲华侨华人史》，北京：中国华侨出版社，2002 年，第 830 页。

其间，1984 年《中英联合声明》确认香港回归。为使那些对香港经济很重要的人能安心留在香港，英国公布了《1990 年英国国籍法（香港）》［British Nationality（Hong Kong）Act of 1990］，赋予 5 万个经过筛选的香港家庭可以享受英国公民的全部权利，以维护英国在港利益。法律颁布后的 1995 年年中有 4 万个家庭申请了这个移民项目，其中主要是政府公务员及其家属申请。

与此同时，2000 年以来，中国赴英留学生和其他各类移民快速增长。至2005 年左右，英国华侨华人约 30 万人，其中 70% 来自香港地区，来自中国大陆的约 2 万、中国台湾地区的约 1 万，来自马来西亚、新加坡、牙买加、毛里求斯的约 4 万，印支的约 2 万。[①] 但据 2011 年的英国人口普查统计，英格兰和威尔士华裔族群人口 45.15 万人，而出生地为中国的人数增长迅猛，从 1991 年的 2.2万增至 2001 年的 4.8 万，而到 2011 年达到了 15.2 万，在 2001—2011 年人口普查区间，人口净增长速度之快仅次于属于欧盟的波兰。[②] 另据 2013 年中国国务院侨办统计，英国华侨华人总数约为 70 万。[③] 2015 年英国移民局数据称，截至2015 年 6 月，英国同比净增外来移民 33.6 万人，其中 9 万来自中国。[④]

目前，英国华侨华人总体分布特点是大分散、小集中。据英国国家统计局（ONS）发布的 2011 年英格兰与威尔士地区的人口普查数据，英格兰与威尔士地区华人总人口所占比例为 0.7%。其中英格兰为 0.7%，威尔士为 0.4%。在英居住华人华裔总体上平均分布在英国各个城市，其中剑桥与伦敦金融城的华人人口比例排行榜首，在当地总人口中占 3.6%。其中，在伦敦地区，内伦敦华人比例达到 2.0%，金融城达 3.6%，卡姆登区（Camden）2.9%，萨瑟克区（Southwark）2.8%，威斯敏斯特区（Westminster）2.7%；外伦敦华人总体上比例达到

---

① 《英国华侨华人概况》，中国侨网，http：//www. chinaqw. com/news/2005/0926/68/952. shtml。

② Office for National Statistics, *Population Estimate and Immigration Patterns of Non-UK Born Populations in England and Wales*, 2011 - 12 - 17, p. 1, 19.

③ 《海外侨胞结构与特征》，国务院侨办 2013 年海外侨情调研报告。

④ Migration Statistics Quarterly Report, November 2015, http：//www. ons. gov. uk/ons/dcp171778 _ 425188. pdf.

1.2%，其中班尼特（Barnet）与格林尼治（Greenwich）华人比例相对较高，分别达到 2.3% 与 2.0%。西北地区，华人比例最高城市为曼彻斯特（Manchester）2.7%，其次为利物浦（Liverpool）1.7%。东北地区，比例最高城市为纽卡斯尔（Newcastle upon Tyne）2.2%。东南地区，牛津（Oxford）华人所占比例最高，为 2.3%，华人比例第二的朴次茅斯（Portsmouth）为 1.3%，南安普顿（Southampton）达到 1.5%。西南地区，华人比例最高城市是埃克塞特（Exeter）1.7%，另外巴斯和东北萨默塞特（Bath and North East Somerset）为 1.1%；约克郡比例较高城市为 1.3% 的谢菲尔德（Sheffield）与 1.2% 的约克（York），利兹（Leeds）以 0.8% 的比例位居第三。在中西部地区，伯明翰（Birmingham）与考文垂（Coventry）同为 1.2%；中东部地区华人较多的城市为诺丁汉（Nottingham）与莱斯特（Leicester），分别占到 2.0% 和 1.3%。[①]

随着英国移民政策的不断调整与中国新移民的增加，英国华侨华人社会特征也发生了深刻变化。首先，华人移民来源地更具广泛性，除了依旧占主体地位的香港移民外，来自福建、广东、东北、四川、云南等各地的新移民群体壮大；其次，移民方式日趋合法化，留学移民、技术移民、投资移民、创业移民等逐渐成为主要移民方式，移民整体素质提升；再次，华侨华人经济多元化，新移民多数受教育程度高，从事行业朝各个领域拓展。与此同时，由于新移民以及中国游客急剧增多，曾经萧条的中餐馆和中式百货等行业也迎来新一轮发展。随着中英关系的发展，华侨华人新的经济发展模式将陆续出现。

（四）英国脱欧以来移民政策的变化对华侨华人的影响

移民问题是英国脱欧的缘由之一，也是英国脱欧后必须优先处理的问题。之前的特蕾莎·梅政府希望脱欧后展现一个"全球性"的英国，而不是"欧洲的"英国，在移民政策上有更多属于英国立场的主张。在公投完成后，英国在脱欧计划书中写道"完全停止欧盟人员的自由流动，而且收回对边境的控制权"，力图建立起比欧盟更加严苛的准入限制。无论在外部边境控制还是内部移民融入，英国政府都将会采取更多严厉的措施。

英国移民政策的变革发展对华侨华人社会也将产生一定影响。一是华侨华人社会结构进一步多元化，但华人社会的异质性特征也将进一步凸显。随着英国移民门槛的提高，大规模的移民潮不会出现。在 T1 的投资移民签证条件放宽的背景下，更多的中国移民将通过投资移民和创新型签证方式移居英国。同时，PSW 签证的恢复不仅吸引更多中国学生来英留学，还会有更多的留学生毕业后在英国

---

① Office for National Statistics，2011 Census，2011-03-27，https：//www. ons. gov. uk/census/2011census.

择业。这个群体大多接受过良好的教育，能够迅速融入当地语言环境和生活，在资本的加持下可以保证生活品质不出现断层，但同时中国移民中下层移民通过亲属签证或者其他手段进入英国也大量存在。不同华人群体之间的流动和互动较少，加剧了华人社会内部的隔阂。虽然同样来自东亚文化圈，但英国内部不同华人阶层分裂造成的鸿沟是无法跨越和弥补的，尽管政府一直试图通过多元文化主义政策融合不同族群的移民，但是这种差异是经济差异积累的结果，难以实现完全共通。

二是移民政策的演化对传统华人经济产生复杂影响，重新洗牌和转型升级势在必行。英国政府对移民的管控已经使得很多华人餐馆和超市遭受较大影响。雇佣劳动力上出现短缺，留学生的数量减少使得情况加剧，这对于当代华人社会是一种双向作用机制，一方面因为高昂的人力成本不可能雇佣白人，但选择华人或者华人中的非法移民将面临的惩罚力度不断加重；另一方面工人在这种夹击下不得不承受更加严酷的剥削，对于整个华人社会来说是一种恶性循环。依靠廉价劳动力的华人经济实体在日趋收紧的移民政策下步履维艰。

第十二章　德国移民政策法规[①]

第二次世界大战结束后，几乎在废墟上建立的德意志联邦共和国对于劳动力有极为急切的需求。这一需求带动外来人口的迁移，形成了外来移民群体数量大幅上升的过程。从战后的"客籍劳工"（Gastarbeiter）政策开始，到近年来对于吸引高技术人才移入德国的法规转向，德国尽管并未像一些欧洲邻国一样实行积极的吸引外来移民（尤其是非技术性移民）政策，但经过数十年的发展，已经成为事实上的移民国家。

根据德国联邦统计局的定义，具有"移民背景"的人指的是：一，所有在德国居住的外国人，无论其是否在德国出生；二，所有加入德国国籍的外国人，无论其是否在德国出生；三，所有在 1950 年以后回流的、已加入曾在国家国籍的海外德国人；四，所有在德国出生并由此获得德国国籍的人，只要其父母起码一方满足第一至四条规定的条件。[②] 因此在德国官方的外来移民人群统计中，须区分外来移民与国民中具有移民背景的人群两个群体。据德国联邦统计署的统计，截至 2019 年底，居住在德国的外国公民人数为 1 122.8 万，[③] 加上德国公民中自己或者父母双方之一出生地并非德国的部分，德国总人口中具有移民背景的总人数为 2 124.6 万，[④] 占总人口 8 184.8 万的 26%，[⑤] 即每四个居住在德国的人中就有一个人具有移民背景。

[①]　本章执笔者刘悦，厦门大学外文学院教授、博士生导师，主要从事跨文化交流、欧洲华人移民、德语国家国别区域研究。

[②]　Thomas Schäfer, Gunter Brückner, *Soziale Homogenität der Bevölkerung bei alternativen Definitionen für Migration*, Wiesbaden：Statistisches Bundesamt, 2009, pp. 1047 – 1048.

[③]　Statistisches Bundesamt, Ausländische Bevölkerung nach Geschlecht und ausgewählten Staatsangehörigkeiten am 31. 12. 2019, https：//www. destatis. de/DE/Themen/Gesellschaft – Umwelt/Bevoelkerung/Migration – Integration/Tabellen/auslaendische – bevoelkerung – geschlecht. html, 2021 年 1 月 1 日浏览。

[④]　Statistisches Bundesamt, Bevölkerung in Privathaushalten nach Migrationshintergrund Insgesamt, https：// www. destatis. de/DE/Themen/Gesellschaft-Umwelt/Bevoelkerung/Migration-Integration/Tabellen/migrationshinter-rund – geschlecht – insgesamt. html, 2021 年 1 月 1 日浏览。

[⑤]　Statistisches Bundesamt. Bevölkerung mit Migrationshintergrund 2019 um 2.1% gewachsen：schwächster Anstieg seit 2011, 2020 年 7 月 28 日, https：//www. destatis. de/DE/Presse/Pressemitteilungen/2020/07/PD20_279_12511. html, 2021 年 1 月 1 日浏览。

一、德意志联邦共和国的外来移民政策背景

德意志联邦共和国（两德统一之前专指当时的西德）1949 年建立后，在 20 世纪 50 年代出现了首个外来移民潮，自此之后，针对外来移民群体的政策背景和法律法规分为多个阶段。属于苏联阵营的东德（德意志民主共和国）在几乎同期也引入了一定数量的协议外国工人，主要来自越南、波兰、莫桑比克、苏联、匈牙利等地，合计约 19 万人，从人数上无法与西德的客籍劳工潮相比，并且东德的协议工人必须在工作期满后回国，也无法申请家庭成员团聚，因此在德意志民主共和国的整个存在期间，移民政策和移民融入问题没有成为对于社会具有重要影响力的议题。基于此背景，本章探讨的德国移民政策法规均只涉及德意志联邦共和国的部分。

德意志联邦共和国建国后移民政策法规的第一个阶段为主要针对被称为"客籍劳工"的劳动移民引入政策。"二战"结束后，德国在重建国家的过程中面临劳动力巨大短缺的问题。为解决这一问题，西德政府从 1955 年开始招募大批外国劳工，分别与意大利（1955）、西班牙和希腊（1960）、土耳其（1961）、摩洛哥（1963）、葡萄牙（1964）、突尼斯（1965）和南斯拉夫（1968）等国家签订了引进劳工协议。招募而来的客籍劳工主要在工业生产企业就业，尤其是进入本国人不愿意承担的艰苦行业领域，以填补由于战争造成的劳动力空缺。迅速增加的客籍劳工为德国 20 世纪 60 年代起出现的经济奇迹做出了巨大的贡献。最初的客籍劳工多为不携带家眷的年轻男性，在之后数十年中，不仅客籍劳工数量飞速发展，伴随客籍劳工进入德国的家庭成员也随之大幅增长，从而给德国的人口结构带来了深刻的影响。例如 1961 年德国总居住人口中的外国人仅有 68.6 万，仅占人口总数的 1.2%，到 1970 年这一比例已大幅上升为 4.9%。[①] 这一数字到 1989 年已经上升为 500.7 万，占当时德国总人口的 8%。[②] 20 世纪 60 年代末以后，来自土耳其和南斯拉夫的外籍劳工进一步大量涌入，成为德意志联邦共和国客籍劳工总体群体中的最重要组成部分。

1973 年至 1979 年可被视为德国战后外来移民政策发展的第二个阶段，也是

---

① Carolin ReiBlandt, *Von der*, "*Gastarbeiter*" —*Anwerbung zum Zuwanderungsgesetz*, *Migrationsgeschehen und Zuwanderungspolitik in der Bundesrepublik*, bpb, 2005.

② Thomas Schäfer, Gunter Brückner, *Soziale Homogenität der Bevölkerung bei alternativen Definitionen für Migration*, Wiesbaden: Statistisches Bundesamt, 2009, p. 1048.

一个调整期，意在进行"外来劳动力的整合"①。1973年西德政府停止招募客籍劳工，当时西德劳动人口中的外国人数量为260万。最初招募客籍劳工时的劳动力"轮换原则"②在实践中并未生效，取而代之的是越来越多的客籍劳工家属要求获得德国家庭团聚目的居留许可进入德国。随着外来移民的数量迅速上升，移民融入问题在德国社会得到的关注度日益上升，成为重要的社会议题。尽管西德的招募外国劳工政策在1973年正式停止，但当时的政策规定，已有劳工中愿意留下继续就业的可以申请获得长期居留和家庭成员赴德团聚。这一政策导致西德的客籍劳工数量从1973年的260万人下降到1989年的160万人，③但外国人数量却从1973年到1989年上升了近100万。

从20世纪80年代开始至21世纪初，德意志联邦共和国的移民政策进入了第三个阶段。其主要特点为移民政策收紧和移民门槛提高。东欧剧变之后，许多原居住于苏联加盟国家和其他东欧国家的德国后裔（Spätaussiedler）大量回流。据统计，从1988年到1991年间，这一回流人群的数量大约为120万，成为德国外来移民中从数量上仅次于土耳其裔移民的第二大移民群体。④这一群体及其家属的移入至2000年仍接近每年10万人，2001—2012年逐年下降至不到2 000人，近年来重新回升到约7 000人每年。⑤

21世纪后至今的德国移民政策进入了第四个阶段，在人口持续萎缩的背景下，以加强对移民的管理、促进融入、加大高技术人才引入力度为特点。

战后德国外国人数量的变化如表12-1所示。

①　Carolin ReiBlant, *Von der*, "*Gastarbeiter*" —*Anwerbung zum Zuwanderungsgesetz*, *Migrationsgeschehen und Zuwanderungspolitik in der Bundesrepublik*, bpb, 2005.

②　指德国政府原计划中的外国青壮年劳动力到期回国后继续轮换招募新一批劳动力有限期地在德国工作。

③　宋全成：《欧洲移民研究——20世纪的欧洲移民进程与欧洲移民问题化》，济南：山东大学出版社，2007年。

④　刘悦：《德国的华人移民——历史进程中的群体变迁》，杭州：浙江大学出版社，2018年，第80页。

⑤　Bundesministerium des Innern, für Bau und Heimat, *Migrationsbericht der Bundesregierung 2019*, 2021, p. 10.

表 12 - 1　德国的外国人口数量及比例（1961—2015）①

统计时间	总人口			外国人口			
	总数（万人）	男（万人）	女（万人）	总数（万人）	占比（％）	男（万人）	女（万人）
前西德地区							
1961 年 6 月 6 日	5 617.48	2 641.34	2 976.15	68.62	1.22	47.27	21.34
1989 年 12 月 31 日	6 267.90	3 023.64	3 244.26	500.72	7.99	274.11	226.61
统一后的德国							
1990 年 12 月 31 日	7 975.32	3 850.00	4 125.33	558.24	7.00	308.06	250.17
1995 年 12 月 31 日	8 181.75	3 982.48	4 199.27	734.28	8.97	402.69	331.59
2000 年 12 月 31 日	8 225.95	4 015.65	4 210.30	726.76	8.83	387.42	339.34
2005 年 12 月 31 日	8 243.80	4 034.00	4 209.80	728.91	8.84	376.65	352.26
2010 年 12 月 31 日	8 175.16	4 011.24	4 163.92	719.89	8.81	366.90	353.00
2015 年 12 月 31 日	8 145.90	4 002.94	4 142.95	791.74	9.72	412.00	379.74

　　2009 年，德国公民中具有移民背景的群体就已达到 800 万人，占当时总人口的 9.7%。② 考虑同年的 730 万外国人数量（8.8%），具有移民背景的人口首次超过 1 600 万达到 1 604.8 万人，在总人口中的比例达到 19.6%，比 2005 年的 18.6% 上升了 1%。即几乎每五个居住在德国的人中就有一个是外国人或者是具有移民背景的德国人。此后这一数字继续保持上扬，截至 2019 年底，德国总人口中具有移民背景的人群比例已占总人口的 26%。③ 据联邦统计署 2010 年 6 月中旬的数据，拥有移民背景的人口中最大的两个群体来自土耳其（300 万）以及苏联国家（290 万），其次是南斯拉夫和波兰（各 150 万）、意大利（83 万）和希腊（40 万）。到了 2019 年，德国人口中拥有移民背景者的最大来源国仍然为土耳其，但总数略有下降（282.4 万），占比 13.3%，其次为波兰（223.7 万），占比 10.5%。④

---

　　① 表格援引自刘悦：《德国的华人移民——历史进程中的群体变迁》，杭州：浙江大学出版社，2018 年，第 77 页，数据来源：Statistisches Bundesamt, Bevölkerung und Erwerbstätigkeit, Ausländische Bevölkerung 2015, Wiesbaden 2016, pp. 26 - 27。

　　② Thomas Schäfer, Gunter Brückner, *Soziale Homogenität der Bevölkerung bei alternativen Definitionen für Migration*, Wiesbaden: Statistisches Bundesamt, 2009, p. 1048.

　　③ Statistisches Bundesamt, Bevölkerung mit Migrationshintergrund 2019 um 2.1 % gewachsen: schwächster Anstieg seit 2011, 2020 - 07 - 28, https://www.destatis.de/DE/Presse/Pressemitteilungen/2020/07/PD20_279_12511.html, 2021 年 1 月 1 日浏览。

　　④ Bundesministerium des Innern, *Migrationsbericht 2019*, 2020, p. 198.

自 20 世纪 80 年代中期起，德国人口持续呈现负增长态势，2005 年德国人口总量仍超过 8 200 万，该数字在 2008 年底下降为 8 000.3 万人，2011 年更跌至 7 934.7万的谷底。① 尽管此后由于新的移民政策法规的实行，外来移民数量上升带动总人口有所回升，但人口发展下行趋势并没有根本改变。假设没有外来移民补充人口，那么到 2050 年，德国人口将萎缩至 5 370 万，原东德地区人口萎缩的速度要比西部更快。假设每年引入移民 10 万人，到 2050 年德国人口数量预测为 6 850 万，只有每年引入 30 万移民，德国总人口到 2050 年才能维持在 8 000 万人的水平。② 另据德国联邦劳动及社会部 2011 年的报告，如果不考虑外来移民，德国就业人口在 2017 年第一季度的数字为 4 370 万，比 2010 年的 4 460 万人下降了 2%，这一数字预计在 2025 年下降为 3 810 万，下降幅度达到 650 万。③

据德国联邦内政部、联邦移民与难民署共同发布的《2012 移民报告》④，从 1991 年到 2012 年，正式登记的外来移民数量达到 415.7 万，同一时间段向外移民的德国公民为 286.1 万人。从 2013 年至 2015 年，人口移入数量为 446.7 万，同一时期向外移出的德国人口为 265 万人，人口净流入共计 181.7 万。⑤ 仅 2013—2015 年三年时间的外来移民数量就超过了之前 21 年的总和。近年来由于实施新的移民法规，降低对于技术人才移民的门槛，德国的人口净流入保持在一个较 21 世纪初稳定和乐观的水平。如 2017 年移入人口为 155.1 万人，移出 113.5 万人，净流入 41.6 万人，2018 年移入人口 158.5 万人，移出 118.5 万人，净流入人口稍有下降，但仍维持在 40 万人。⑥ 外来移民较大程度上延缓了德国人口萎缩的进程。2012 年，拥有移民背景的德国人口平均年龄为 34.7 岁，而非移民背景人口的平均年龄为 45.6 岁。⑦ 到了 2019 年，非移民背景的德国人口平均年龄进一步上升到 47.3 岁，而这一数字在移民背景人群中的移民一代中为 44.4 岁，在移民背景人群中的二代则为 35.6 岁。⑧ 具有年轻化趋势的外来移民群体形

①　Statistisches Bundesamt，https：//www. destatis. de/DE/Themen/Gesellschaft – Umwelt/Bevoelkerung/ Migration – Integration/Tabellen/migrationshintergrund – geschlecht – insgesamt. htm，2021 年 1 月 1 日浏览。

②　陈凌等：《德国人才战略：历史、现状与政策》，北京：党建读物出版社，2016 年，第 214 – 215 页。

③　Bundesministerium für Arbeit und Soziales，*Fachkräftesicherung，Ziele und Maßnahmen der Bundesregierung*. 2011，p. 34.

④　Bundesministerium des Innern，Bundesamt für Migration und Flüchtlinge，*Migrationsbericht 2012*，2014.

⑤　Bundesministerium des Innern，Bundesamt für Migration und Flüchtlinge，*Migrationsbericht 2015*，2016，p. 30.

⑥　Bundesamt für Migration und Flüchtlinge，Migrationsbericht 2018：Wanderungssaldo bei rund *400 000* Personen，https：//www. bamf. de/SharedDocs/Meldungen/DE/2020/20200108 – am – migrationsbericht – 2018. html，2021 年 1 月 31 日浏览。

⑦　Bundesministerium des Innern，Bundesamt für Migration und Flüchtlinge，*Migrationsbericht 2012*，2014.

⑧　Bundesministerium des Innern，*Migrationsbericht 2019*，2020，p. 202.

成了德国劳动力市场的重要补充。

综上所述，战后德国尽管并未实行积极的吸引外来移民（尤其是非技术性移民）政策，但实际上已经成为一个移民国家。在人口持续负增长、劳动人口比例缩小的前提下，德国的移民政策到 21 世纪初发生了新的转向，最直接的原因就是人口结构的快速变化，总人口持续萎缩，劳动人口尤其是技术性劳动力人口缺口日益增大。德国政府近年来着手调整移民政策，正视移民现状，加大促进移民社会融入与职业技能培训力度，强调吸引稀缺领域的技术工人，正是基于通过移民劳动人口的输入满足德国就业市场需求的考量。

随着德国社会逐步向服务型和知识型社会转型，对于高技术人才的需求日益增加，低技术就业人口的就业可能性在 2002—2012 年间下降了 20%。低技术就业人口更容易面临失业威胁。2010 年低技术就业人口失业率为 20.7%，这一数字在 2011 年降至 19.6%，2012 年进一步下降至 19%。与此相对，高等教育毕业生的失业率同期仅为 2.5%。[1] 德国的专业人才市场近年来呈现出突出的人才需求趋势，劳动力市场中专业人才短缺现象覆盖面较广；紧缺职业中的人才紧缺情况呈现持续态势；在较高技术层面（如工程师），技术性职业中的专业人才缺乏问题凸显；在机械技术、汽车技术、机电一体化、能源及电子等职业领域中，高层次人才缺乏情况较为突出；IT 职业不存在普遍性的人才短缺，但在一些单独领域如信息学、IT 应用咨询、软件开发以及编程等仍存在明显的高层次人才短缺现象；具有上岗资格的健康及护理人才普遍缺乏。[2] 而另一方面，根据 2019 年底的德国人口中移民背景群体从业信息统计，具有移民背景的人群从业比例（55.1%）唯一超过非移民背景人群（44.9%）的行业是清洁，移民背景人群较多从事的行业还有仓储/邮递（38.2%）、食品/享用品生产（37.7%）、交通/物流/安保（37.2%）。[3] 由此可见，目前移民背景人群从事的职业仍多为非技术或低技术行业。

二、德国移民政策的法律框架

在战后德国移民政策的第一阶段，针对外国人的法律框架主要为 1965 年开

① Bundesministerium für Arbeit und Soziales, *Fortschrittsbericht 2013—zum Fachkräftekonzept der Bundesregierung*, 2014, p. 24.

② 德国联邦劳工署：《德国的专业人才缺口：2012 年 12 月分析报告》，转引自陈凌等：《德国人才战略：历史、现状与政策》，北京：党建读物出版社，2016 年，第 218 – 219 页。

③ Statistisches Bundesamt, Bevölkerung mit Migrationshintergrund 2019 um 2.1 % gewachsen: schwächster Anstieg seit 2011, https://www. destatis. de/DE/Presse/Pressemitteilungen/2020/07/PD20 _ 279 _ 12511. html, 2021 年 1 月 1 日浏览。

始实行的《外国人法》（*Ausländergesetz*）。《外国人法》于 1965 年 4 月 28 日通过，当年 10 月 1 日生效，是之后长达 40 年中德意志联邦共和国针对外国人居留身份的一部专门法律。之后该法在经过 1990 年的修订和 2004 年的最后一次修订，于 2005 年 1 月 1 日正式失效。该法将外国人定义为"并不具有德国国籍的人"①，规定外国人在德国居留必须获得居留许可证，居留许可证被分为"居留许可"（Aufenthaltserlaubnis）、"居留权利"（Aufenthaltsberechtigung）、"居留准许"（Aufenthaltsbewilligung）和"居留权限"（Aufenthaltsbefugnis）四种类型。

根据该法第 18 条，如果外国人拥有居留权利或被承认为政治避难者，或拥有居留许可，在入境时与配偶已结婚，并在第一次申请居留许可时已注明，或生于联邦地区，或作为未成年人入境，拥有无期限的居留许可或居留权利；合法地在联邦地区逗留了八年以上并成年，则必须发给外国人的配偶居留许可。如果外国人及其配偶共同合法地在联邦地区生活了四年以上，则在夫妻式共同生活解除之后，配偶的居留许可作为独立的居留权得到延长。

根据该法第 20 条"孩子的迁入"，政治避难者未成年、未婚的孩子必须按照第 17 条签发给居留许可，如果父母中的另一方也拥有居留许可或居留权利或已死亡，并且孩子还未满 16 周岁，也必须按照第 17 条签发给居留许可。另外，如果该孩子掌握德语，或其至今所受的教育和生活的方式保障了其能适应德意志联邦共和国的生活方式，则也可以按照第 17 条签发给该外国人的未成年、未婚的孩子居留许可。在联邦地区出生或作为未成年者入境的外国人，可以偏离第 17 条第（2）款第 3 点签发给其未成年、未婚的孩子居留许可，前提是其生活费用不领取公益金能得到保障。居留许可的签发不阻碍接受奖学金、助学金及类似建立在交费基础上的公共基金。

《外国人法》第 24 条"无期限的居留许可"规定：如果外国人满足下列条件，其居留许可可延长为无期限：①拥有了 5 年以上的居留许可；②是受雇者并拥有专门的工作许可；③拥有其他允许他从事持久工作所需的许可证；④能够以简单的方式用德语进行口头交流；⑤自己和一起生活的家庭成员有足够的居住面积；⑥不存在驱逐出境的理由。如果该外国人不工作，则居留许可仅被延长，前提是其生活费用通过本人的财产或其他本人的资金，或通过领取失业金，或至少还有 6 个月通过领取失业救济金得到保障。

该法第 27 条对外国人获得的"居留权利"进行了详细规定。如果外国人拥有居留许可 8 年以上；或 3 年以来拥有无期限的居留许可，并在此之前拥有居留权限；通过本人的工作、本人的财产或其他本人的资金，生活费用得到保障；至少已

---

① 领事及外交机构人员以及根据该法享有迁徙自由的人，尤其是欧盟国家公民除外。

经60个月义务地或自愿地交了法定的退休金保险费，或有证明表示其有资格从一个保险或供养机构或一个保险公司获得类似的养老金；最近3年内未因蓄意犯罪被判处6个月以上的少教或徒刑，或同等惩罚，则必须签发给外国人居留权利。

根据该法85条对于外国人加入德国国籍的规定，16~23周岁的外国人申请加入德国国籍必须放弃现有国籍、在德国境内合法居留满8年、在德国境内上学满6年，其中至少受过4年普及教育，并未因刑事犯罪而被判过刑。根据该法第86条，对于1995年12月31日前在德国境内合法居留满15年的外国人，如未因刑事犯罪而被判过刑，同时有能力承担本人及需其赡养之家属的生活费而不占用社会救济金或事业救济金的长期居留外国人可以申请入籍。①

随着两德统一及世界格局的变化，德国政府于20世纪90年代初大幅收紧了移民政策，给新的外国移民进入德国制造了更为严格的门槛。1990年7月9日（1991年起正式实行），德国内政部发布了《重新调整外国人权利法》，该法包含《外国人入境和居留法》《联邦哺育金法的修正》等共15章。其中《外国人入境和居留法》对外国人进入德国、在德居留、长期居留以及入籍的规定比之前的移民法令明显收紧。1992年7月起，德国开始实行《难民法》（Asylgesetz），1993年修改了相关条文，明确避难权的适用范围，加快遣送出境程序的进展规定，申请避难人数大幅下降。②

21世纪后至今的移民政策特点为加强对移民的管理和促进融入，以及加大引入高技术人才的力度。德国政府从21世纪初开始从法律框架上逐步修改《外国人法》，放宽移民限制。在此基础上出现了一个重要的法律框架变化，《移民法》（Zuwanderungsgesetz）取代了此前针对外国人的《外国人法》。

《移民法》的第一部分，是作为重要组成部分的《居留法》。2004年7月，新的《居留法》（全称为《关于控制限制移民和规定欧盟公民、外国人居留与融合事宜之法》）通过了联邦议院和参议院的投票，并于2005年1月1日正式生效，取代之前执行了40年的《外国人法》，成为德国外国人取得居留许可，以及德国针对外来移民的最重要法律依据。该法对外国移民获得德国工作和居留许可的有关规定，为德国的人才引进战略奠定了最重要的法律基础。新的《居留法》取消了《外国人法》中对于居留许可的四种区分，代之以"落户许可"和"居留许可"。《居留法》规定，外籍高层次人才获得德国工作许可主要可以通过三种方式：一是技术移民渠道；二是针对普通外国人（包括留学生）的申请工作

① 池正杰：《德国〈外国人法〉及其对中德民间交往的影响》，《德国研究》1995年第1期，第6-7页。
② 雨春：《德国的移民策略》，《国际人才交流》2010年第4期，第12页。

许可；三是具有投资意向的外国人可以在获得居留许可 3 年后获得落户许可。

2006 年德国政府调整了《居留法》第 16 条第 4 款的规定，外国的高校毕业生可以在毕业后申请为期 1 年的"求职居留许可"。这一规定实施后，同年获得求职居留许可的外国人为 2 031 人，2007 年上升为 2 856 人，2008 年为 3 753 人，2009 年为 4 418 人，2010 年截至 10 月底为 4 321 人，呈稳步上升趋势。[①]

2009 年 1 月 1 日起，德国针对技术性外来劳动力再次实行了新的规定，在《居留法》中加入了第 18a 条规定，即在德国接受职业教育或者大学毕业的外国人如果获得了与自己专业资质相符的工作岗位，无须重新签证，直接申请获得工作居留许可。《居留法》第 18b 条规定，毕业于德国高校的外国人如合法居留身份达 2 年，拥有和其毕业文凭相匹配的工作岗位，至少缴纳 24 个月的法定养老保险义务或自愿保费或获得同等保障，则可获颁发"落户许可"。

第 18c 条对此前《外国人法》中的相关规定进行了改革，规定取得了德国高校或被同等承认的外国高校毕业文凭，并且生活来源得到保障的外国人可以获得最长为 6 个月的居留许可，以寻找与其资质相匹配的工作岗位。但这一居留许可不允许直接工作。根据此前 1965 年颁布、1990 年更新、2004 年 12 月 31 日失效的《外国人法》，在德国大学毕业的外国留学生必须在获得学位后离开德国，然后在满一年期限后才能重新申请赴德国的工作签证，这在很大程度上限制了毕业于德国高校教育体制的专业人才进入德国劳动市场的可能性，同时工作许可的申请存在处理过程冗长、动辄需要等待数月的问题。新的《居留法》大幅改革了原有规定，为德国高校毕业生及具有同等学力的国外高校毕业生进入德国就业市场创造了更为便利的条件。

《居留法》第 19 条另外规定了针对高层次人群的无限期居留许可（"落户许可"）的颁发条件：

一名高层次的外国人可以在特殊情况下获得无限居留许可，当联邦劳工署根据本法第 39 条同意，或根据本法第 42 条，或根据国家间协议不需要联邦劳工署同意也可以颁发，同时该外国人需不借助国家救助就能使融入德国的生活关系得到保障。

第 1 款中规定的高层次人群尤其适用于具有特别专门知识的科学工作者或者具有较高职位的教职人员或者具有较高职位的研究人员。

《居留法》第 19a 条为针对向高层次专业外国人才发放欧盟"蓝卡"（Blaue

---

① Deutscher Bundestag Drucksache 17/4784: *Antwort der Bundesregierung auf die Kleine Anfrage der Abgeordneten Sabine Zimmerman, Jutta Krellmann, Sevim Dag delen, weiterer Abgeordneter und der Fraktion DIE LINKE*, 2011 - 02 - 15.

Karte EU）的规定（根据欧盟 2009 年 5 月 25 日通过的 2009/50/EG 号决议，自 2012 年起正式实施）。该条规定来自非欧盟国家的外国人在从事高技术工作时可以申请欧盟"蓝卡"，条件为：申请人拥有德国或被德国承认的外国高校毕业文凭或具备至少 5 年的相关工作经验并达到高校毕业同等水平；经过联邦劳工署同意或基于国与国之间协议则无须联邦劳工署同意；薪酬的年收入水平满足一定的基本条件，具体门槛由联邦劳动及社会福利部决定。相关的年收入门槛规定从最早的 86 400 欧元一度下降为 66 000 欧元。之后基于德国越来越突出的专业人才缺口问题，2010 年德国政界讨论中开始提出了降低高技术移民人才获得长期居留门槛的建议，到 2016 年，这一门槛已调整为 49 600 欧元（紧缺领域降低为 38 688 欧元）。

《居留法》第 21 条针对自主经营的移民，也是有投资意向的外来移民获得居留许可的法律依据。该条规定，外国人从事自主经营获得相关居留许可需要满足的条件有：其经营意向具有经济上的意义或者满足地区需求；对当地经济有可预期的积极贡献；通过自有资产或贷款许可可以保障运营的财务需要。该条的附加条件还对申请者的情况进行了具体的规定，如 45 岁以上的申请者需要拥有相应的养老保障，获批者首先获得最长为期 3 年的有限居留许可，在期满后依据对其商业行为是否成功以及其家庭收入状况的评估，决定是否发放落户许可。

《居留法》还引入了原来的《外国人法》中没有的"融合课程"，旨在"促进和要求在德国合法长期居住的外国人融入德意志联邦共和国的经济、文化和社会生活"。融合课程包括一个基础性的和一个拓展性的语言课程，以及普及德国法律、文化及历史知识的入门课程。根据该法第 44 条规定，第一次获得工作目的、家庭团聚目的、人道主义原因以及无限居留许可的外国人可以提出参加一次融合课程的要求。课程由政府支付费用。《居留法》还规定，在德国外国人的工作许可必须由外国人事务局颁发，同时联邦劳工署参与其中。这些说明，这部法律体现了德国政府在融入和移民政策方面的新思维。①

三、高技术移民政策法规发展趋势

如前所述，近年来随着全球化和人员流动性的加剧，专业技术人才短缺成为德国制定国家战略的重要考虑因素。如何在全球人力资源市场上吸引和争夺高层次人才也成为德国近年来移民政策调整的重要考量。同时在人口结构经历深刻变化的今天，德国正面临着自战后经济腾飞后最为严峻的专业人才流失瓶颈。为打

---

① Holger Seiber/ Rüdiger Wapler, Aus dem Ausland kommen immer mehr Akademiker, Institut für Arbeitsmartkt – und Berufsforschung ed. , *IAB – Kurzbericht*, No. 21, 2012, pp. 1 – 8.

破这一瓶颈，德国近年来努力打造新的移民政策，吸引更多的高技术人才进入本国劳动力市场，以在全球化浪潮下的国际人才争夺战中不落下风。与此同时，德国各界对于本国人才现状和发展趋势的讨论日趋热烈。德国政府对该问题的看法是，德国需要正视德国劳动力市场中长期发展存在明显的人才短缺问题，必须采取措施来引进外来人才。① 近年来德国在引入高技术移民方面已经进行了一些有成效的尝试。从 2004 年开始，从国外移民德国的学术研究人员呈增长趋势，而学历仅有或者低于职业教育毕业水平的外国移民总数则呈下降趋势。近年来移入德国的移民群体里，超过半数来自欧洲其他国家。新移民群体的受教育程度平均水平超过了德国公民中具有移民背景者的平均水平，但其中总体数量庞大、为德国外来移民族群之首的土耳其裔移民的受教育程度总体要比来自欧盟国家的其他外来移民明显低得多。②

德国劳动与社会部 2011 年报告《保障专业人才：目标与措施》中指出，德国将通过调整移民法提高德国对于高层次人才的吸引力，为此德国政府将致力于降低对于高层次移民进入德国工作的行政障碍，并改善外来移民获得落户许可和居留许可的框架条件。德国政府将长期检验外国高层次及专业人才进入德国劳动力市场的途径能否系统地适应德国劳动力市场的需求，寻求建立相关的、清晰的、透明的、平衡的规范标准，并在这一过程中借鉴其他国家的经验。③ 从长远来看，对专业人才的争夺必须加大在留学生中吸引优秀人才的力度，并且为大学毕业生提供更为改善的就业可能性。"许多在德国获得学位的学生，如果在毕业后无障碍地进入劳动力市场，将会把德国看作新的故乡。"④

根据德国联邦移民与难民署对于"高技术人才"的界定，德国政府有意识区别于非技术性传统移民群体而提出的概念为"专业人才/技术人才"（Qualifizierte）以及"高技术人才"（Hochqualifizierte）。根据德国联邦移民与难民署的界定，高技术人才尤其特指具有专门性专业知识的研究和教职人员，以及具有高级职位的科研人员。⑤ 默克尔政府于 2011 年 2 月 15 日针对联邦议会议员的询问，对于德国专业

① Bpb, Deutschland: Diskussion um Fachkräftemangel, 2010 年 9 月 1 日, http://www.bpb.de/gesellschaft/migration/newsletter/56992/deutschland-diskussion-um-fachkraeftemangel, 2018 年 9 月 30 日浏览。
② Holger Seiber, Rüdiger Wapler, Aus dem Ausland kommen immer mehr Akademiker. in Institut für Arbeitsmarkt- und Berufsforschung ed., *IAB-Kurzbericht*, No. 2012, p. 1.
③ Bundesministerium für Arbeit und Soziales, *Fachkräftesicherung: Ziele und Maβnahmen der Bundesregierung*, 2011.
④ Bundesministerium für Arbeit und Soziales, *Fachkräftesicherung: Ziele und Maβnahmen der Bundesregierung*, 2011, p. 34.
⑤ Bundesministerium des Innern, Bundesamt für Migration und Flüchtlinge, http://www.bamf.de/DE/Migration/Arbeiten/BuergerDrittstaat/Hochqualifizierte/hochqualifizierte-node.html, 2021 年 1 月 1 日浏览。

人才缺口问题进行了正式答复，对专业人才进行了以下界定："德国政府将专业人才基本理解为具有国家承认的高等教育学位或者接受过被承认的起码两年以上的、已毕业的职业教育的人群。"[①] 而被德国联邦统计局列入高技术人才统计行列的是"应用技术大学/综合大学毕业生，获得博士及以下学位的人员"。[②]。

为了解决日益增长的劳动力萎缩和高科技领域人才需求增加之间的矛盾，需要保证劳动力市场上专业人才的稳定数量。除了鼓励高素质的外国留学生进入德国高校学习，并吸引在德国高校取得学位的外国留学生留在德国就业市场，德国政府认识到必须发展一种对于外来移民持欢迎态度的文化，改善社会对于外国学生、专业人才以及高层次人才及其家庭的接受度。同时德国政府认为，必须在政策制定层面上同步考虑劳动力对外移民情况以及移民政策的制定，同时要求企业对于外来移民员工及其家庭的社会融入投入更大的精力。

德国移民政策在这一考量下的首个重要举措为引入人才居留的"绿卡"（Green Card）政策。德国劳动与社会部2011年报告《保障专业人才：目标与措施》[③] 明确指出，留学生群体是人才吸引措施中需要重点增加关注的高层次人才群体。针对高技术人才的绿卡计划由时任联邦总理施罗德领导的红绿执政联盟推行。2000年7月14日，德国联邦参议院通过了联邦政府的"绿卡"提案，提案最初计划发放1万张"绿卡"，数月以后调整为发放2万张。提案决定从2000年8月1日起至2008年7月31日，分阶段向2万名非欧盟国家的计算机及IT专业的专业人才发放最长期限为5年的长期工作签证及居留许可。"绿卡"持有者的配偶及未年满18岁的子女允许一同赴德生活，其配偶在1年等待时间后获得工作许可（2003年起改为半年）。但"绿卡"持有者工作年满5年后如想继续留在德国工作，则须按照《外国人法》相关规定进行申请。根据绿卡计划，申请者应具有计算机信息技术专业的高等教育毕业文凭，或能证明具有很好的计算机信息技术水平，并从受雇企业获得最低51 130欧元的税前年收入。对高层次外来移民的工作签证申请处理手续得到大幅简化，"绿卡"申请的处理时间在大部分情况下不超过1周。

德国"绿卡"的第一名获得者是2000年7月31日的一位印度尼西亚籍IT工程师。截至2002年底，德国政府共发放13 373张绿卡，获得"绿卡"最多的高技术人才来自印度（26.4%）和东欧国家（12.6%），来自中国的"绿卡"持有者共

---

① Deutscher Bundestag Drucksache 17/4784: *Anwort der Bundesregierung auf dei Kleine Anfrage der Abgeordneten Sabine Zimmerman, Jutta Krellmann, Sevim Dag delen, weiterer Abgeordneter und der Fraktion DIE LINKE*, 2011 – 02 – 15.

② Statistisches Bundesamt, *Hochqualifizierte in Deutschland. Erhebung zu Karriereverläufen und internationaler Mobilität von Hochqualifizierte*, Wiesbaden: Statisches Bundesamt, 2011, p. 6.

③ Bundesministerium für Arbeit und Soziales, *Fachkräftesicherung, Ziele und Maβnahmen der Bundesregierung*, 2011.

有400多人，占总持卡人数的3%左右。①"绿卡"计划的目的在于在国际竞争中争夺信息技术类的高技术人才，其出台对于德国进入21世纪后执行的移民政策改革具有实用主义转向的标杆意义。"绿卡"计划因此也被看作德国统一后移民政策的重要转折点。②

除了改革外国人居留法规，引入吸引高技术外来人才的"绿卡"计划，德国政府还颁布了《改善国外获得的职业资质确定及承认法》。该法于2012年4月正式生效，旨在减少在外国取得专业学历的人才在融入德国劳动力市场的障碍，对在德国之外取得的职业资质的评估、认证手续进行拓展、简化和改善。根据统计，2012年4月至12月递交的认证申请为1.1万份，82%的国外职业资质证书获得同等认可。③

比起21世纪初实行的"绿卡"政策，2012年后在德国落地的欧盟"蓝卡"政策在引进高技术人才方面则发挥了更大的作用。2012年8月份，欧盟开始引入针对高层次移民的欧盟"蓝卡"政策，其目的在于"减低高层次人才移民的障碍并促进其进行"④。德国从法律上进一步配合"蓝卡"政策对引进高层次专业外国人才规定进行了修改，使得德国劳动力市场比原来更加开放，并努力减少引进人才流程的官僚作风。欧盟"蓝卡"申请条件比起德国2000—2004年实行的"绿卡"政策更为宽松，门槛更低，对于应届毕业的外国大学生具有较强的吸引力。欧盟框架下的"蓝卡"政策由此为专业人才进入德国就业市场打开了第二条通道。与"蓝卡"政策开始实施时德国原有的《居留法》规定相比，欧盟"蓝卡"申请者的税前年收入门槛更低，申请者只需要具有大学毕业学历，税前年收入只需达到46 400欧元。在部分短缺职业如数学、信息工程、自然科学、工程学从业者以及医生中，这一门槛甚至放宽至36 200欧元（2013年规定，2014年规定提高到37 100欧元）。首次申请欧盟"蓝卡"者可获得最长4年的居留许可。⑤如蓝卡持有者从事相关高技术工作超过33个月并在此期间缴纳法定养老保险费用或具有同等保障（如德语水平达到欧洲B1标准，则降至21个月），可发给无限期的居留许可。同时根据"蓝卡"政策，引进移民的家属也同时获

---

① 蒋苏南：《德国绿卡政策实施情况综述》，《中国科技论坛》2004年第5期，第135页。

② Holger Kolb, Die Green Card: Inszenierung eines Politikwechsels, 2005年6月30日，http://www.bpb.de，2018年9月30日浏览。

③ 陈凌等：《德国人才战略：历史、现状与政策》，北京：党建读物出版社，2016年，第246页。

④ Bundesamt für Migration und Flüchtlinge, Blaue Karte, 2012年8月1日，http://www.bamf.de/SharedDocs/Meldungen/DE/2012/20120801 - blaue - karte - eu. html, 2012年12月31日浏览。

⑤ Bundesamt für Migration und Flüchtlinge, Blaue Karte, 2012年8月1日，http://www.bamf.de/SharedDocs/Meldungen/DE/2012/20120801 - blaue - karte - eu. html, 2012年12月31日浏览。

得无限制工作许可。[1]

欧盟"蓝卡"政策的主要目标群体为高技术人才,通过赋予来自非欧盟地区的第三国国民长期居留身份,赋予其在欧盟境内自由流动的权利。"蓝卡"政策自实施起就在高层次移民群体中获得了很高的认知度,对于外来高技术人才而言很快获得了比德国"绿卡"政策更高的接受度。仅在"蓝卡"政策实施的前6个月内就在德国发出了4 126张"蓝卡",其中三分之一申请人为新移民者,其余三分之二为已经在德国居住的外国人。申请"蓝卡"者多为医生、工程师以及信息和通信技术领域专业人才,获得首批"蓝卡"最多的移民,其来源国分别为印度、中国、俄罗斯和美国。[2] 在德国申请获得以工作为目的的居留许可的中国高技术人才中,申请欧盟"蓝卡"的占据绝大多数。

以2012—2015年同期作为比较,申请门槛更低、对于获得居留许可后在德年居留时间的规定更为宽松的欧盟"蓝卡"在总申请人数和针对高技术人才的发放数量上,都成为德国吸引高技术外来移民最具吸引力的居留政策手段。如表12-2所示,获得德国居留许可的中国公民赴德目的较为均衡。但同时,作为高学历的(潜在)技术人才群体移民,已经成为中国人赴欧洲国家居留的绝对最大的驱动力。

表12-2　中国公民在德国及欧盟首次居留许可及目的人数 (2014—2018)[3]

单位:人

国家	2014 年	2015 年	2016 年	2017 年	2018 年
首次居留许可总计					
德国	14 603	8 164	14 031	15 774	19 444
欧盟总计	170 497	167 357	179 211	192 987	204 368
教育居留许可					
德国	8 242	2 710	7 428	8 523	11 568
欧盟总计	100 809	102 239	115 270	126 000	138 145

---

[1]　Daniela Kolodzjej, *Fachkräftemangel in Deutschland：Statistiken, Studien und Strategien*, Deutscher Bundestag：Wissenschaftliche Dienste, 2011.

[2]　Dita Vogel, Deutschland：Hochqualifizierte Migranten—Offene Regelungen, geschlossene Gesellschaft？, 2013 年 2 月 25 日, http：//www. bpb. de/gesellschaft/migration/newsletter/155575/hochqualifizierte - migranten, 2018 年 12 月 31 日浏览。

[3]　数据来源：Eurostat Database, First permits by reason, length of validity and citizenship, 更新至 2020 年 4 月 10 日。

（续上表）

国家	2014 年	2015 年	2016 年	2017 年	2018 年
家庭团聚居留许可					
德国	2 965	4 125	3 376	3 574	4 237
欧盟总计	35 568	35 619	31 621	31721	32 348
工作居留许可					
德国	2 973	1 191	2 874	3 107	3 128
欧盟总计	22 648	18 384	19 747	21 321	22 826

从欧盟内部看，德国颁发的"蓝卡"数量高居首位，2017 年占整个欧盟"蓝卡"发放数量约 80%（见表 12 – 3），2018 年甚至是排名第二的法国的近 18 倍。

表 12 – 3　2012—2018 年德国及欧盟发放"蓝卡"数量及中国公民获得欧盟"蓝卡"的人数①

单位：人

	2012 年	2013 年	2014 年	2015 年	2016 年	2017 年	2018 年
欧盟"蓝卡"总数	3 664	12 964	13 869	17 104	20 979	24 310	32 678
其中：中国公民	324	1 011	1 005	1 322	1 725	2 210	2 371
德国	2 584	11 580	12 108	14 620	17 630	20 541	26 995
其中：中国公民	254	934	935	1 182	1 548	1 977	2 146

总体而言，随着欧洲一体化进程的推进和欧洲劳动力市场边界壁垒的模糊，近年来，以促进劳动力和人员流动为重要目的的欧盟共同移民政策对于国际移民群体的影响愈发重要，尤其在高技术移民群体层面，面向高层次人才的欧盟"蓝卡"起到了非常重要的吸引作用。以用欧盟"蓝卡"最有效地吸纳外来高技术人才的德国为例：2018 年底，持欧盟"蓝卡"在德国居住的非欧盟国家高技术人才已经累计达到 51 130 人，其中中国公民占 8.5%，居第二位（印度公民占 25.9%）。② 在"实现在德国"（make it in Germany）的人才引入口号下，德国首部针对技术人才移民的法律《技术人才移民法》（*Fachkräfteeinwanderungsgesetz*）于 2020 年 3 月 1 日正式生效，进一步拓宽了非欧盟国家的技术移民进入德国就

---

① 数据来源：Eurostat Database，EU Blue Cards by type of decision，occupation and citizenship，更新至 2020 年 2 月 24 日。

② Bundesministerium des Innern und für Heimat，*Migrationsbericht der Bundesregierung*，2018，p. 18.

业市场的道路。该法将原来由《外国人法》确定的具有德国承认的高等教育毕业证书的技术人才门槛放宽到拥有两年以上的德国承认的职业教育资质；废除了原来需要由联邦劳工署审核是否构成与持德国或欧盟成员国国籍者形成竞争关系的规定，技术移民进入德国就业市场放宽到只需要申请者出示雇佣合同、具体的工作岗位证明以及相应的从业资质；技术人才可以从事其取得资质证书的相关职业工作，除特殊职业之外，具有高等教育资质的学术人才原则上也可以从事与专业具有相关性的学术或非学术性工作；允许技术人才在满足语言、生活保障等前提下以找工作为目的申请入境，最长获批居留时长为 6 个月；外国技术移民在 4 年之后可以获得长期居留许可。① 德国联邦内政部部长霍斯特·泽霍夫称，德国通过新的《技术人才移民法》的目的在于"从外国赢得我们的经济所迫切需要的高素质人才"，并将这一部法律称为"德国移民政策的一个里程碑"。②

四、德国移民法律法规对于华人移民的影响

在德国战后开始的客籍劳工招募潮中，只涉及从欧洲南部国家和土耳其、南斯拉夫迁移至德国的劳动移民，除了个别从意大利和西班牙被招募至德国工作的华裔工人，基本没有形成大规模从亚洲移民德国的群体华人移民迁移。在中国实行改革开放之前，也只有极少数的中国移民进入德国。③ 改革开放后，中国对外移民踏入了相对于传统移民而言的一个新移民潮。欧洲是这次移民潮中新移民的主要迁移目的地之一，而浙江籍移民无论是从规模上还是从特色上都构成了这一新移民潮流的重要地缘群体。浙江籍新移民的移居动机与近现代的劳工输出多为躲避战乱和贫困不同，主要是为了追求更好的生活和"迅速致富"④ 的愿景，由此构成了新移民与传统移民之间的重要差异。20 世纪 80 年代起从中国移居海外的新移民群体与老一代华侨华人相比，移民一代及其新生代呈现相对高学历、高技能、高参政意识的特点，改变了传统华侨华人社会的构成，并影响着海外华人社会的未来。

随着欧洲各国移民政策的转变，欧洲华人群体近年来尤其在一些重点国家呈

---

① 德国联邦政府外国技术移民网络平台，https：//www. make – it – in – germany. com/de/visum/fach-kraefteeinwanderungsgesetz/。

② Bundesministerium des Innern und für Heimat, Ein Meilenstein in derDeutschen Migrationspolitik, 2020 年 2 月 28 日，https：//www. bmi. bund. de/SharedDocs/kurzmeldungen/DE/2020/02/fachkraefteeinwanderungs-gesetz. html，2020 年 4 月 1 日浏览。

③ 参见宋全成：《欧洲移民研究——20 世纪的欧洲移民进程与欧洲移民问题化》，济南：山东大学出版社，2007 年。

④ Li Minghuan, "To Get Rich Quickly in Europe!" Reflections on Migration Motivation in Wenzhou, in Liu Hong ed. , *The Chinese Overseas*，London/New York：Routledge, 2006.

现二元化发展趋势。一方面是存在像在法国、西班牙、意大利等国家的在移民行为和路径上主要接近于传统移民的华人新移民群体，主要以浙江温州、青田等地移民为代表，一度较多以非技术性工作签证、家庭团聚等身份迁移到欧洲，小部分以申请避难身份进入欧洲国家，从事餐饮、小商品贸易等非技术性工作，受教育程度和语言水平有限，主要依靠宗亲和老乡圈子搭建资源和人脉关系。另一方面是在德国、英国等吸纳大量技术移民的国家，[1] 受过高等教育、具有留学背景、语言水平和职业技能较高，在跨国企业或自营企业中从事技术类工作的华人移民群体规模近年来稳步增长，成为华人社会转型的一支重要推动力量。

根据欧洲统计局 2015 年的统计，欧盟 28 国内中国公民数量最多的 7 个国家分别为英国、法国、荷兰、德国、意大利、奥地利和西班牙。[2] 另据欧洲统计局统计，2018 年共有超过 20 万名中国公民获得包括英国在内的欧盟国家首次居留许可入境。其中对中国公民吸引力排名前五的欧盟国家为英国、德国、法国、西班牙和意大利。[3] 而根据其 2019 年的统计，除法国之外，在欧盟国家居住的中国公民数量分布最多的国家为意大利、西班牙、英国、德国和荷兰。[4] 由于该统计中并未纳入华人移民重要目的地法国，同时仅统计中国公民，不能将之与各欧洲国家的华人群体规模画等号，但仍可清晰看到，在德国的中国公民数量稳居欧洲前五。如表 12 - 4 所示，从 2016 年至 2020 年，居住在德国的中国公民数量一直处于平稳上升趋势，与此相对，加入德国国籍的中国公民数量则总体呈现平稳或缓慢下降趋势，入籍的总体比例相当小，如在 2018 年入德国籍中国公民占在德中国公民总数仅为 6.9‰。

表 12 - 4　德国的中国公民人数（2015—2020）[5]

单位：人

在德国居住的中国公民数量（2016—2020）				
年份	2016	2017	2018	2019	2020
德国	107 613	116 610	125 931	133 346	149 195

---

①　法国由于其优质的高等教育资源，同时也是中国留学生的重要目的国。

②　刘悦：《德国的华人移民——历史进程中的群体变迁》，杭州：浙江大学出版社，2018 年，第70 页。

③　Eurostat Database, First Permits by Reason, Length of Validity and Citizenship, 更新至 2020 年 4 月 10 日。

④　这一数字与相关国家的存量华人移民（包括已入籍的华人一代和数量众多的华裔新生代）数量之间并不直接对等。

⑤　数据来源：Eurostat Database, Population by age group, sex and citizenship / Acquisition of citizenship by age group, sex and former citizenship / Asylum and first time asylum applicants by citizenship, age and sex, 更新至 2020 年 4 月 3 日；德国联邦统计署（Statistisches Bundesamt），更新至 2020 年 4 月 15 日。

（续上表）

加入德国国籍的中国公民数量（2014—2018）				
年份	2014	2015	2016	2017	2018
德国	1 251	1 108	995	872	875

历史原因，目前在德华人绝大多数是中国实行改革开放政策后移居德国的新移民，其中相当一部分是以浙江籍新移民为代表的非技术移民。有研究称，浙江籍新移民中出国前受教育程度较低者比例占一半左右，该比例在温州和青田移民群体中更高。[①] 移居德国之后，他们仍主要从事餐馆和小商品贸易等非技术性工作。这样的职业结构决定了浙江新移民尤其是浙南新移民群体的总体层次和技能并不高，很多移民第一代难以形成真正融入当地社会和参与社会事务的能力。由于德国执行相较很多其他欧洲国家更为严厉的移民政策，没有使进入德国国境的非法移民身份合法化的政策，德国的平均工资高，但消费水平也高，加上法律法规健全，违法成本很高，餐馆等传统低技术移民集中的行业几乎无任何空子可钻，也就导致德国并不是华人非法移民的目的国。部分非法移民从欧洲南部的意大利等地入境并在当地转换了合法身份之后，再次迁移进入德国。客观上，由于本身职业技能所限，大部分第一代非高技术的新移民群体在移民初期的主要精力用于解决生存问题，在子女的教育和融入当地社会等方面尚存在不少问题。

与一些欧洲邻国的情况不同，在德国，华人新移民中的相当一部分为在20世纪80年代至90年代以留学生身份移居德国的人群。由于当时国内外薪酬水平的巨大落差，其中很大一部分留学生在学成后留在德国长期居住，或成为德国公民，他们中的一些精英人士进入德国大型企业和机构工作，或创业成为自营业主。另有少部分新移民是在20世纪90年代以后由中国大型公司及中国官方机构派驻的人员或随员，以及以投资移民身份进行进出口贸易等自主经营的群体，他们绝大部分在国内受过良好的教育，具有较强的语言运用及社会交往能力，在德国社会的融入程度高于沿袭传统生存发展模式的移民群体。[②]

德国内政部在《2018年移民报告》中明确指出，2018年来自中国的移民较2017年的136 460人新增8 314人，新增移民以技术人才和留学生为主。[③] 2018年共有7 096名中国留学生在德国高校取得毕业学位，约2倍于毕业的印度学生，占毕业外国学生总数的16%和非欧盟外国学生的近22%。近50%的毕业中国学

① 夏凤珍：《从世界看浙南非法移民》，天津：南开大学出版社，2008年。
② 参见刘悦：《德国的华人移民——历史进程中的群体变迁》，杭州：浙江大学出版社，2018年。
③ Bundesministerium des Innern und für Heimat, *Migrationsbericht der Bundesregierung 2018*, 2020, p. 44.

生专业为工程技术（3 519 人），其次为法学、经济学和社会学（1 593 人）。[①] 2018 年在德国高校毕业后申请工作签证的中国学生有 2 062 人，占全部非欧盟外国毕业学生的近 22%。[②] 德国《2019 年移民报告》更明确指出，来自中国的外来移民近年来一直保持移入数量多于移出状态，2019 年从中国净流入 7 840 人，最主要的移入群体就是大学生。[③]

2018 年德国共有 1 420 名中国公民以工作移民的身份获得居留许可，其中仅有 16.8%（238 人）从事非技术性工作，另外的 83.2%（1 182 人）为根据德国《居留法》第 18 条第 4 款所规定的技术移民。[④] 同年在德国高校中工作的中国籍科研人员达到 3 084 人，占全德国外国国籍高校科研人员总数（49 154 人）的约 6.3%。[⑤] 这一比例远远高于中国公民（14.9 万人）占在德合法居留的非欧盟外国人（约 634.6 万）的比例（约 2.3%）。[⑥]

2018 年移出德国的中国人为 15 281 人，其中 1/3 离开时获得居留许可不满 1 年，339 人已获得永久居留许可，4 488 人为高校毕业生。[⑦] 移出德国的中国人比 2016 年的 13 347 人和 2017 年的 14 928 人有稳定的上升。[⑧] 这些数字表明，包含留学生在内的在德国的高学历、高技术人群正在显示出一种持续加强的就业流动倾向。这也从侧面印证了德国联邦统计署一份报告的结论：来自中国的高技术移民在德国长期发展的意愿较高，而其余的劳工移民则表现出相对较短的在德国居留意愿。[⑨]

德国内政部的《2018 年移民报告》首次纳入了移民背景人口出生地的数据统计，我们因此得以清晰看到德国目前的华裔二代数量。2018 年德国人口中共

---

① Bundesministerium des Innern und für Heimat, *Migrationsbericht der Bundesregierung 2018*, 2020, pp. 75, 92.

② Bundesministerium des Innern und für Heimat, *Migrationsbericht der Bundesregierung 2018*, 2020, pp. 75, 94.

③ Bundesministerium des Innern und für Heimat, *Migrationsbericht der Bundesregierung 2019*, 2021, p. 51.

④ 基本条件为具有德国承认的高等教育毕业文凭。

⑤ Bundesministerium des Innern und für Heimat, *Migrationsbericht der Bundesregierung 2019*, 2020. pp. 75, 82.

⑥ Bundesministerium des Innern und für Heimat, *Migrationsbericht der Bundesregierung 2019*, 2021, p. 215.

⑦ Bundesministerium des Innern und für Heimat, *Migrationsbericht der Bundesregierung 2018*, 2020, pp. 279 – 280.

⑧ Bundesministerium des Innern und für Heimat, *Migrationsbericht der Bundesregierung 2016/2017*, 2018, p. 327.

⑨ Barbara He, Marie Wälde, Neue Herausforderungen der Arbeitsmarktintegration, Statistisches Bundesamt, *Sonderheft Arbeitsmarkt und Migration 2016*, p. 90.

有 2 079.9 万人拥有移民背景,[①] 拥有中国移民背景的人口为 17.3 万,稍低于越南移民背景人口,仅占总数的 0.8%。其中移民一代 13.9 万人,占绝对多数(80.3%);移民二代 3.4 万人,仅占 19.7%。[②] 2018 年在德国的中国公民总数为143 135 人,[③] 其中 52.7% 为在德国出生的未成年人。[④] 与移民一代数据相对比,可知加入德国国籍的中国公民累计约 3 万人。

由此可见,截至 2018 年底德国有华人移民背景的人数在 18 万人左右。这一数量在德国 2 124.6 万拥有移民背景的人口数量中,仅占约 0.8%。同时,在德华人新移民群体呈现出年轻化趋势(2015 年中国移民平均年龄 31.1 岁,同年入籍德国的中国公民平均年龄为 30.9 岁)。首次入境的中国移民群体平均年龄仅为不到 25 岁。如前文关于中国公民获得欧盟"蓝卡"者数量在德国各外来族裔中居于前列的介绍,虽然华人新移民总体数量在德国移民总量中占比很小,但其中的高学历、高技术移民比例却较德国许多其他移民族裔高。[⑤]

以高技术群体为重要代表的新一代跨国华人群体拥有高度自主流动意识、高度公民参与意识、活跃的身份建构意识等与其教育和职业背景相关的特点,他们基于专业身份建构的跨境技能及智力迁移正逐渐改变着海外华人群体自近现代以来以传统非技术移民为主的状况,必将对海外华人社会的形象、认同和社会融合产生深刻影响,塑造欧洲华人社会的未来走向。如果说一些传统非技术移民群体由于各种原因在社会参与、融入移居社会方面的行为并不完美,导致移居地社会出现对于华人整体群体形象的刻板印象、误解乃至偏见,那么随着近年来德国华人新移民群体中高技术、高技能群体比例的持续增加,已经为这种困扰华人社会已久的状况带来了良性的转变。高学历、高技术背景的华人新移民在德国的社会参与程度加深,还明显地体现在华人参政领域。改革开放以后移居德国的华人新移民群体中不少拥有留学背景和专业技能,他们多数具有良好的教育背景,熟悉所在国社会的运行规则,同时表现出更强烈的社会参与意愿。在近年来德国华人参政的案例中,接近一半的成功案例为外国人参政路径,即移民一代以外国人身

---

① Bundesministerium des Innern und für Heimat, *Migrationsbericht der Bundesregierung 2018*, 2020, p. 202.

② Bundesministerium des Innern und für Heimat, *Migrationsbericht der Bundesregierung 2018*, 2020, p. 202.

③ Bundesministerium des Innern und für Heimat, *Migrationsbericht der Bundesregierung 2018*, 2020, p. 216.

④ Bundesministerium des Innern und für Heimat, *Migrationsbericht der Bundesregierung 2018*, 2020, p. 310.

⑤ 刘悦:《德国的华人移民——历史进程中的群体变迁》,杭州:浙江大学出版社,2018 年。

份参与外国人事务管理，这在欧洲范围内形成了一种独特的华人参政路径。① 高技术、高技能专业人群的规模增加最直接的一个后果就是德国的华人群体从很长一段时期的单一化形象向多元化形象发展，无论从动机还是实际结果上看，华人高技术新移民已经在德国社会形成了比传统移民更为深入的联系和融合。

五、小结

从欧亚海轮上的华人水手在 19 世纪中期登陆汉堡港至今，华人在德国的有规模移民历史已超过 150 年。相对于其他主要欧洲国家，德国华人移民群体与德国移民政策法规具有以下特点：第一，由于两次世界大战的影响以及德国在纳粹期间对华人的种族迫害，德国目前绝大部分华人移民都是在"二战"结束后移居德国的，罕见移居德国百年以上的华人移民家庭，目前大部分在德华人属于 1978 年中国改革开放后出国的新移民群体及其后代。第二，德国的华人移民群体呈现出欧洲主要华人移入地独有的非技术移民与（高）技术移民二元平行的发展趋势。高学历、高技术人群早在 20 世纪初期就由于数次赴德留学潮而成为在德华人群体的重要组成，随着 20 世纪 80 年代以后中国赴德留学生人数持续上升，具有留学背景的高技术移民很大程度上塑造了在德华人群体的构成和面貌，并在华人参政、华裔新生代教育、移民再流动倾向等时效性强的领域体现出德国有别于其他欧洲国家的显著特点。第三，德国的移民领域以及各行各业的法规健全，非法移民无法直接转换合法身份，加之德国的生活和经营成本高昂，对于低技术移民的吸引力并不高。近年来德国的移民政策也一直在往吸引（高）技术移民的方向发展，意图利用外来高技术人才的红利弥补国内劳动力市场的人才缺口。在此背景下，在可预见的未来，德国华人的高技术人群占比仍将继续上升。

---

① 国懿、刘悦：《欧洲华人参政现状与参政模式初探》，《世界民族》2020 年第 5 期。

第十三章　俄罗斯移民政策法规①

　　移民问题是非常重要的人口问题和社会问题，移民并不是单纯的人口机械式流动，而是一个会影响到社会生活各个方面的复杂社会现象。俄罗斯的国际移民状况及移民管理政策与其他移民大国相比有很多独特之处。一是俄罗斯虽然是一个移民大国，但它是有选择性开放的移民大国，其所吸引的主要是流散在苏联加盟共和国中的斯拉夫族后裔以及独联体国家的移民。二是俄罗斯制定政策和修改体系十分灵活，国家移民管理机构和国际移民政策会紧跟国家需要和国际形势变化进行调整和修改，一些移民相关法律法规在发布不到 20 年的时间里修改就达上百次。三是俄罗斯对国际移民的统计范畴与国际通用做法也有区别，在俄罗斯联邦统计局、原联邦移民局以及目前国际移民管理机构——俄罗斯联邦内务部联邦移民管理局的统计数据中，一般是按照"进入"或登记注册、"离开"或注销的人数来进行各类移民的数据统计。而且，短期的旅游、因私、过境者，长期的留学和公务人员也都在国际移民统计数据中体现，换言之，其统计所遵循的是"人口迁移"的概念，而不是"定居"的概念。

　　近些年，随着俄罗斯外国移民规模不断扩大，俄罗斯政府制定了一系列如《俄罗斯联邦外国公民法律地位》《俄罗斯联邦国籍法》《俄罗斯联邦关于境外同胞的国家政策》等相关法律政策。本章梳理俄罗斯外国移民的历史与现状，归纳整理俄罗斯移民法律政策的历史演变及最新法律法规，分析俄罗斯联邦移民政策对中国公民的影响，进而总结在俄罗斯移民政策不断发展完善的背景下中国公民在俄工作和发展的特点。

一、俄罗斯外国移民状况

　　《2013 世界移民报告：移民福祉与发展》中指出，俄罗斯是世界上主要的南—南移民输出国，同时也是最主要的南—南移民输入国。该报告显示，1990年输入俄罗斯的国际移民有 1 150 万人，输出移民 1 270 万人；2013 年输入俄罗

---

　　①　本章执笔者王祎，中国华侨华人研究所副研究员，主要研究方向为俄罗斯国际移民、国际移民政策。

斯的国际移民有 1 100 万人, 输出移民有 1 080 万人。2019 年, 作为移民目的国或来源国, 俄罗斯均已掉出前三, 排在第四位。

表 13 - 1　1990 年、2015 年和 2019 年世界前三大移民目的国和来源国[①]

单位: 万人

前三大移民目的国						前三大移民来源国					
1990 年		2015 年		2019 年		1990 年		2015 年		2019 年	
国家	人数	国家	人数	国家	人数	国家	人数	国家	人数	国家	人数
美国	2 330	美国	4 700	美国	5 100	俄罗斯	1 270	印度	1 600	印度	1 750
俄罗斯	1 150	德国	1 200	德国	1 310	阿富汗	730	墨西哥	1 200	墨西哥	1 180
印度	750	俄罗斯	1 200	沙特阿拉伯	1 300	印度	680	俄罗斯	1 100	中国	1 070

按数量划分, 虽然近二十年俄罗斯始终位于世界前四大移民输出与输入国之列, 但与其他移民大国相比, 俄罗斯的移民具有历史特殊性。1991 年, 因为苏联解体, 原本是在自己国家内部迁徙的人, 由于国家边界的突然改变, 上千万人一夜之间突然变成"国外出生"的"移民"。他们的移民身份是因苏联解体而获得。这部分移民一直是俄罗斯外国移民中最主要的组成部分。同时, 自 2010 年, 俄罗斯经济迅速恢复和发展, 也吸引了其他邻国移民的流入。

(一) 俄罗斯外国移民的历史

本章所涉及的俄罗斯移民历史以苏联解体为开端。1991 年苏联解体后, 各原加盟共和国经济形势不容乐观, 而俄罗斯经济社会状况好于其他国家。一些原加盟共和国如阿塞拜疆、亚美尼亚、格鲁吉亚、吉尔吉斯斯坦、摩尔多瓦、塔吉克斯坦等国家开始实行民族主义政策, 通过在职业发展、教育、媒体宣传等方面进行限制及逐渐减少俄语学校数量等方式限制俄罗斯族人在当地的发展。为了求得良好的生存和发展环境, 大批俄罗斯族人从原加盟共和国迁回俄罗斯生活。同时, 由于各原加盟共和国政治局势非常不稳定, 以生存为目的的大量移民、难民也开始涌入俄罗斯。因此, 这一阶段俄罗斯输入移民主要有两种类型, 一类是住

[①]　数据来自皮尤研究中心"全球移民和汇款模式的改变", 中国华侨历史学会、中国华侨华人历史研究所编译:《2013 世界移民报告: 移民福祉与发展》, 第 193、196 页;《2020 世界移民报告》, 第 30、105、124 页。原文见皮尤研究中心, http://www.pewresearch.org。2015 年数据来自 United Nations, 胡润研究院, http://gw.yjbys.com/baogao/101689.html。

在其他苏联加盟共和国中的俄罗斯族人，另一类是苏联加盟共和国的公民。如果说 1989 年俄罗斯移民出入比为 1∶1.24，那么到 1993 年移民出入比已达到 1∶3.67，其中一半入境移民来自哈萨克斯坦和其他中亚国家，20% 来自乌克兰，17% 来自外高加索。其中，1993 年俄罗斯族回迁比例高达 80%。1991 年，从格鲁吉亚和南奥塞梯冲突地区逃出的约 10 万名奥塞梯难民进入俄罗斯境内；1992 年初，俄罗斯境内被迫移民约有 31 万人；到 1995 年初，俄罗斯登记注册的非自愿移民（包括被迫移民及难民）逾 60 万人。① 当然，另一方面也表明这一时期大规模移民涌入是国家对边境人口流动缺乏有效管理的结果。这种情形在一定程度上促使俄罗斯当局在 1992 年加入了《关于难民地位的公约》。但在实践中，俄罗斯并没有完全履行该条约内容，而是把所有非注册入境的人口都归为"非法"之类。此时，与输入移民的类型相比，使该国更加焦灼的是，本国高级专家技术人才大量外流，无疑令国家经济社会恢复和发展雪上加霜。

20 世纪 90 年代，随着俄罗斯经济私有化进程的不断推进，各类公司和新兴产业不断涌现，劳动力市场释放出大量工作岗位，吸引了众多以经济利益为目标的外国移民。此时，输出移民逐渐减少，以劳务为目的的输入移民逐渐增多，波罗的海国家、东欧中亚国家和中国成为劳务移民的主要来源国。2004 年，俄罗斯政府公布了《全俄 2002 年人口普查结果》。该报告指出，自 1992 年以来，输入移民成为弥补人口自然损失的唯一来源。在 1989—2002 年间，外国移民填补了人口自然损失数量的 3/4。

（二）俄罗斯国际移民的现状

2014 年，俄罗斯境内的外国移民来自 120 多个国家，到了 2020 年，该数字已经超过了 220。俄罗斯移民局统计资料显示，2013 年在俄罗斯的外国公民及无国籍人士为 1 100 余万人，2014 年为 1 120 余万人，其中，独联体国家移民超过 81%。乌克兰移民数量最多，占总数的 22%；其次是乌兹别克斯坦移民，占 20%；排在第三位的是塔吉克斯坦移民，占 10%；中国移民占 2%，2014 年在俄中国移民达到 26 万人。② 2020 年在俄罗斯的外国公民及无国籍人士数量有所减少，为 980 余万人，其中排前三位的移民来源国分别为乌兹别克斯坦、塔吉克斯坦和乌克兰。乌克兰向俄罗斯的移民数量在 6 年间降幅明显，减少了 68%；中国

---

① Миграционная политика России в 90 – х годах XX века，2015 年 3 月下载数据。该网站已关闭。https：//studref.com/513574/pravo/migratsionnaya_politika_rossii_godah_veka。

② 数据来源：俄罗斯联邦移民局，http：//www.fms.gov.ru，2015 年 3 月下载数据。该网站已关闭。

移民数量减少到 22 万。① 俄罗斯境内的外国移民主要仍来自中亚国家，历史原因、地理接壤和语言文化相近等因素是形成此种现象的重要原因。

表 13 - 2　2014 年和 2020 年俄罗斯国际移民构成②

2014 年俄罗斯国际移民构成			2020 年俄罗斯国际移民构成		
国家	数量（万人）	百分比（%）	国家	数量（万人）	百分比（%）
乌克兰	248	22	乌兹别克斯坦	346	35
乌兹别克斯坦	228	20	塔吉克斯坦	193	20
塔吉克斯坦	105	10	乌克兰	79	8
阿塞拜疆	60	5	吉尔吉斯斯坦	74	8
摩尔多瓦	59	5	哈萨克斯坦	42	4
哈萨克斯坦	59	5	亚美尼亚	36	4
吉尔吉斯斯坦	55	5	阿塞拜疆	35	4
白俄罗斯	51	5	白俄罗斯	30	3
亚美尼亚	50	5	中国	22	2
中国	26	2	摩尔多瓦	22	2
德国	24	2	土库曼斯坦	9	1
美国	14	1	土耳其	6	1
英国	11	1	德国	5	1
土耳其	11	1	越南	4	0
其他	120	11	其他	77	7
合计	1 121	100	合计	980	100

（三）劳务移民是俄罗斯输入移民的主要组成部分

劳务移民是俄罗斯输入移民最主要的组成部分。俄罗斯劳动力市场对独联体国家的劳动人口仍然具有很强的吸引力。尽管苏联已解体 30 多年，但俄罗斯仍与这些邻国保持着相当密切的联系。在这一区域，巨大移民潮形成的客观基础是共同的心理、文化、语言、接壤的边界以及俄罗斯劳动力市场的巨大需求。

---

①　数据来源：俄罗斯联邦内务部移民管理局，https：//xn - - b1aew. xn - - p1ai/Deljatelnost/statistics/migracionnaya/item/22689602/，2021 年 4 月 5 日浏览。

②　根据俄罗斯联邦移民局数据整理，原数据见 http：//www. fms. gov. ru，2015 年 3 月浏览；https：//xn - - b1aew. xn - - p1ai/Deljatelnost/statistics/migracionnaya/item/22689548/，2021 年 4 月 5 日浏览。

2009—2010 年世界金融危机给俄罗斯带来的巨大冲击，在一定程度上导致了劳务移民数量的减少。但危机过后，俄罗斯对外国劳务移民的需求出现了恢复性增长。2010 年 7 月，俄罗斯当局引入"特许工作证"制度，将免签国家劳务移民在私人部门中的工作地位进行了合法化。此前，俄罗斯向外国公民发放的劳动许可证一直是外国公民在俄罗斯境内从事劳务活动必需的证件。而新实行的特许工作证则给予免签国家公民为俄罗斯境内自然人工作的权利，如允许从事私人服务、家政服务等工作。根据俄联邦移民局的统计，在 2010 年下半年，超过 95 万人获得了特许工作证；① 从 2010 年年中到 2012 年 9 月，有 200 万人左右的外国劳务移民获得了俄罗斯特许工作证；② 2019 年，俄罗斯共发放了近 177 万份特许工作证；2020 年该数字减少到 113 万余份。③ 即便如此，在俄罗斯劳动力市场中，外国劳务移民所占比例仍然较小，只有 2%～4%。

根据官方统计数据，在俄罗斯工作的外国劳务移民中约有 70% 与法人或自然人雇主签署了雇佣合约，按照约定多属于长期合同。在私人部门（未注册法人资格的雇主）中工作的外国劳务移民只占 5%。但实际上，为私人雇主工作的外国劳务移民远比官方统计数据多得多。而在某些行业，外国劳务移民所占比例较大，如建筑行业，其比例达到了 19%。据推算，在某些经济领域，未注册的外国劳务移民数量占总体的比例可达 50%～60%。许多外国劳务移民从事保姆、园丁、维修、建筑、保安等职业，他们从事这些工作通常只与雇主定有口头协议，并没有正式的合同。关于外国劳务移民的数量，俄罗斯官方统计与实际规模存在着显著的差异。俄罗斯内务部代表认为，未登记注册的外国劳务移民数量在俄罗斯大约有 10 万人，而另一些官员则认为未登记注册的外国劳务移民数量约有 15 万人。④

相对接近实际的数据是 2002 年人口普查的结果。俄罗斯政府发现约 200 万外国劳务移民之前没有注册、被统计，2010 年人口普查中外国劳务移民的数量比 2002 年又增加了 100 万人口。基于对未登记注册的外国劳务移民进行估算，劳务移民在俄总数可能有 500 万。其中大多数是独联体国家的公民，他们中的很多人未在居住地注册或未获得工作许可。⑤ 2010 年后，人口普查原定于 2020 年

---

① 俄罗斯联邦移民局网站：http：//www. fms. gov. ru，2012 年 12 月 1 日浏览。

② ［俄］叶戈罗娃：《在"欧亚大陆移民桥"国际研讨会上的报告》，俄罗斯科学院，2012 年 11 月。

③ Сводка основных показателей деятельности по миграционной ситуации в Российской Федерации за январь – декабрь 2020года，俄罗斯联邦内务部联邦移民管理局官网，https：//xn －－ b1aew. xn －－ p1ai/Deljatelnost/statistics/migracionnaya/item/22689548/，2021 年 4 月 26 日浏览。

④ ［俄］梁赞采夫、格尔什科娃、阿克拉莫夫：《俄罗斯联邦外国劳务移民使用特许工作证的实践》，莫斯科国际移民组织会议，2012 年。

⑤ ［俄］梁赞采夫、格尔什科娃、阿克拉莫夫：《俄罗斯联邦外国劳务移民使用特许工作证的实践》，莫斯科国际移民组织会议，2012 年。

10 月实施，但因为新冠肺炎疫情，目前已被推迟。2022 年 3 月，据俄罗斯统计局公布数据，在册移民存量为 42.99 万。其中，入境的中国公民为 6 465 人，离境的中国公民为 2 217 人。

按照发放劳动许可证和特许工作证总数排序，2010 年俄罗斯前三大劳务来源国是乌兹别克斯坦、塔吉克斯坦和乌克兰；总数超过 80 万人的劳务来源国有中国、吉尔吉斯斯坦、摩尔多瓦、亚美尼亚和阿塞拜疆。此外，在俄罗斯劳务来源国中，土耳其、越南和朝鲜也占有非常大的比重；2014 年，俄罗斯前三大劳务来源国顺序变为乌克兰、乌兹别克斯坦和塔吉克斯坦。[①] 到了 2020 年，俄罗斯外国劳务主要来源国与 2010 年一致，仍然为乌兹别克斯坦、塔吉克斯坦和乌克兰。从 2007 年 1 月俄罗斯对独联体国家公民简化注册和发放劳动许可证的手续后，独联体国家移民数量迅速增长，达到俄罗斯外国移民总数的 4/5。[②]

在管理外国移民的过程中，可以说，俄罗斯政府根据经济和社会发展阶段和具体情况，不断调整政策措施、尝试了多种证件和规范，以加强对外国移民尤其是劳务移民的管理和控制。受地缘和历史渊源的影响，俄罗斯对独联体国家移民往往更具接收倾向。因此，俄罗斯政府针对独联体国家移民制定了与众不同的特殊政策，包括在移民法律框架下，俄罗斯当局会通过签署双边协议的方式，给予独联体国家、欧亚经济联盟国公民更多的便利。由于差异化的对待，在俄罗斯经常出现移民管理方面头绪多、证件杂、易重叠的现象。为了理顺关系、简化手续、有效管控，俄罗斯不断制定、修改和完善相关法律政策，以使外国移民更好地为本国经济社会发展服务。

二、俄罗斯移民法律政策的演变

移民政策制定的基础是俄罗斯国家的发展大局，移民政策的适应性、合理性、前瞻性对俄罗斯经济、社会和外交事务都具有极其重要的影响。为了加强对移民的有效管理，消除移民给国家发展带来的负面影响，引导移民为俄罗斯经济社会做出更多贡献，俄罗斯政府不断尝试制定、修改和完善移民管理法律政策，以建立一套可靠、可调、可控的移民管理政策体系，可以说，灵活性是俄罗斯移民政策体系的最大特点。为了避免多头管理、责任重叠，俄罗斯联邦于 1992 年成立了移民管理专门机构——俄罗斯联邦移民局（Федеральная миграционная

---

① 俄罗斯联邦移民局统计数据，http：//www.fms.gov.ru，2012 年 7 月浏览。

② 俄罗斯联邦内务部移民管理局统计数据，https：//xn－－b1aew.xn－－p1ai/Deljatelnost/statistics/migracionnaya/item/22689548/，2021 年 4 月 5 日浏览。

служба）。它是联邦的执行权力机关，主要负责落实国家在移民领域的各项法规政策，在移民管理领域行使检查、监督、执法和提供公共服务的职能。2004—2012 年，该机构将护照、签证服务部门和移民事务部门与联邦内务总局合并在一起，隶属于联邦内务部。2012—2016 年，转为隶属于俄罗斯联邦政府，是独立的联邦服务机构。2016 年 5 月以后，又与俄联邦内务部合并，成为移民管理局（Главное управление по вопросам миграции），两者官方网站也随之合并。

（一）俄罗斯移民法律政策概况

移民管理法律政策的发展和完善要基于对现实移民状况、发展趋势、现有法律有效性的深入分析和研究。经过多年的积累，俄罗斯对移民管理的法律政策[①]大致分成 8 种类型，包括俄联邦法律、俄联邦总统令、俄联邦政府决议、俄联邦政府条例、俄联邦外交部令、俄联邦移民局令、俄联邦移民局行政法规、国际协定等。在俄联邦移民局并入内务部前，截至 2016 年 3 月 1 日，在俄罗斯联邦移民局官网上公布的俄罗斯联邦法律及其修改版共 77 项，俄联邦总统令及其修改版共 24 项，俄联邦政府决议及其修改版共 146 项，俄联邦政府条例及其修改版共 65 项，俄联邦外交部令及其修改版 11 项，俄联邦移民局令及其修改版 148 项，俄联邦移民局行政法规及其修改版 53 项，国际协定及其修改版 107 项。

表 13 – 3　俄罗斯联邦关于移民的法律法规的生效及修改

名称	生效时间	修改时间
《俄罗斯联邦宪法》	1993 年	
《被迫移民法》	1993 年 2 月 19 日	1995 年 12 月、2000 年 8 月、2002 年 12 月、2004 年 8 月、2006 年 7 月、2008 年 7 月、2010 年 10 月、2011 年 7 月、2013 年 7 月、2013 年 11 月、2015 年 11 月和 2015 年 12 月修改
《难民法》	1993 年 2 月 19 日	2012 年 11 月和 2012 年 12 月修改
《俄罗斯联邦出入境程序》	1996 年 8 月 15 日	2003 年 1 月 10 日、2008 年 5 月、2009 年 12 月、2010 年 3 月、2012 年 11 月、2012 年 12 月、2013 年 12 月和 2015 年 12 月修改

---

　　① 以下法律文件来源均为俄罗斯联邦移民局官网，http：//www.fms.gov.ru/documents，2016 年 3 月 9 日浏览。

（续上表）

名称	生效时间	修改时间
《俄罗斯联邦关于境外同胞的国家政策》	1999 年 5 月 24 日	2010 年 7 月修改
《俄罗斯联邦国籍法》	2002 年 5 月 31 日	2012 年 11 月、2014 年 4 月、2014 年 6 月和 2014 年 12 月修改
《俄罗斯联邦外国公民法律地位》	2002 年 7 月 25 日	2006 年、2007 年 1 月、2009 年 6 月、2010 年 5 月、2012 年 11 月、2012 年 12 月、2013 年 7 月、2014 年 4 月、2014 年 5 月、2014 年 7 月和 2014 年 11 月修改
《关于对俄罗斯联邦境内的外国公民和无国籍人士的迁移登记》	2006 年 7 月 18 日	2009 年 7 月修改

表 13 - 4　俄罗斯联邦关于移民的总统令的生效及修改

名称	生效时间	修改时间
《俄罗斯联邦针对境外同胞的国家政策基本方向》	1994 年 8 月 11 日	
《关于协助自愿回国的境外同胞计划的方案》	2006 年 6 月 22 日	2010 年 1 月和 2014 年 7 月修改
《各部门委员会关于实施俄罗斯联邦协助自愿回国的境外同胞计划的若干问题》	2006 年 8 月 1 日	
《关于建立支持和保护境外同胞基金的令》	2011 年 5 月 25 日	
《关于实施俄罗斯联邦人口政策措施的令》	2012 年 5 月 7 日	

表 13 - 5　俄罗斯联邦关于移民的总统令的批准

名称	批准日期
《到 2013 年远东和后贝加尔地区经济和社会发展》	1996 年 4 月 15 日
《关于在俄罗斯联邦境内提供临时庇护的令》	2001 年 4 月 9 日
《关于向外国公民和无国籍人士印发暂住证的原则》	2002 年 11 月 1 日
《关于移民卡的令》	2004 年 8 月 16 日
《关于向在俄罗斯联邦境内的外国公民发放临时性劳务许可证的程序》	2006 年 11 月 15 日
《国家权力机关吸引外国劳动力及对外国劳动力实施配额的使用程序》	2006 年 12 月 22 日

（续上表）

名称	批准日期
《关于俄罗斯联邦外国公民和无国籍人士迁移登记的程序》	2007 年 1 月 15 日
《关于向参加〈俄罗斯联邦协助自愿回国的境外同胞计划〉，却没有劳动或经营收入的归国同胞及家庭每月支付津贴的程序》	2007 年 1 月 15 日
《关于向参加〈俄罗斯联邦协助自愿回国的境外同胞计划〉的归国同胞及家庭报销迁移到未来居住地相关支出的规则》	2007 年 3 月 10 日
《关于确定俄罗斯联邦吸引外国劳动力及确定 2012 年相应配额的要求》	2011 年 11 月 3 日

表 13 - 6　俄罗斯联邦关于移民的国际协定的签署

名称	批准日期
《俄罗斯联邦与塔吉克斯坦共和国之间签署的"关于两国公民在对方境内开展劳务活动和其权益保护"的协定》	2006 年 1 月 3 日
《俄罗斯联邦与朝鲜共和国之间签署的"关于一国公民在对方境内开展临时性劳务活动"的协定》	2009 年 11 月 28 日
《俄罗斯联邦和拉脱维亚共和国"关于两国边境地区居民简化出入境手续"的协定》	2012 年 2 月 28 日

此外，较为重要的法律政策还包括 1991 年出台的《俄罗斯联邦人口就业法》，2006 年颁布的《俄罗斯联邦禁止外国人在售货摊位和市场从事零售工作的政府令》《关于 2007 年俄罗斯联邦境内从事零售贸易经营主体内部使用外国劳务人员的许可比例》《俄罗斯联邦零售贸易和劳动法典修改意见》《关于向外国公民发放临时性劳动许可的管理办法》《关于 2007 年向外国公民发放劳动许可邀请配额指标》等。

从制定第一项移民管理法律政策以来，根据国家局势、社会状况的变化，每个时期俄罗斯移民法律政策的侧重都有所不同。

第一阶段为苏联解体后至 20 世纪 90 年代中期，以管理难民和被迫移民为重点。苏联解体后，为了解决国内涌入的大量难民和被迫移民带来的社会问题，确定其地位，根据俄罗斯联邦宪法和国际公约的基本原则，保障其合法的经济、社会和法律权利，俄罗斯制定了如《难民法》《被迫移民法》，以管理难民和被迫移民的相关事务。

第二阶段为 20 世纪 90 年代中期到 2003 年，以规范和管控外国移民在俄罗斯境内工作为重点。90 年代中期，随着俄罗斯经济私有化进程的不断推进，劳

动力市场释放出大量需求，吸引了大量外国移民。根据经济社会情况的需要，俄罗斯制定了《俄罗斯联邦出入境程序》《俄罗斯联邦人口就业法》《俄罗斯联邦针对境外同胞的国家政策基本方向》《到 2013 年远东和后贝加尔地区经济和社会发展》等，以规范和管控外国移民在俄罗斯境内工作，并最大限度地保护本国劳动力的就业权利和经济利益。

第三阶段为 2003 年至 2012 年，侧重对移民从业领域的管理。2003 年 3 月，由俄罗斯联邦政府批准的《调整俄罗斯联邦移民进程构想》是移民管理体系的理论基础。2007 年开始生效的《俄罗斯联邦禁止外国人在售货摊位和市场从事零售工作的政府令》，结束了国家对外国移民在俄罗斯零散、无序、混乱经营的管理状态。该法令将移民管控到行业层面，标志着俄罗斯政府对外国移民的规范管理进入了一个具体、可控的新阶段。

第四阶段为 2012 年以后，从战略角度审视外国移民对国家和社会的影响。2012 年，俄罗斯出台了《2025 年前俄罗斯联邦移民政策的国家构想》（简称"2012 年构想"）；2018 年 10 月，又出台了《2019—2025 年俄罗斯联邦国家移民政策构想规划》（简称"2018 年构想"），这是根据社会移民管理领域中出现的新问题对前一阶段构想的完善和修改。经过前期对移民的管理和调控，国家积累了一定经验，俄罗斯开始从国家战略发展布局的角度，审视外国移民对国家和社会的影响。俄罗斯开始考虑国家与移民合理互动和共赢发展，在保证国家安全的基础上，平衡人口和社会经济发展，有针对性地吸引并充分利用移民资源，为国家发展大局服务。

俄罗斯管理移民的法律法规始终根据时代和移民状况的变化不断修改完善，有时针对一部法律，在一年中可能修改若干条法律条款，如《被迫移民法》在2013 年 7 月、11 月分别进行了修改；《俄罗斯联邦国籍法》在 2014 年 4 月、6 月和 12 月进行了修改。俄罗斯移民管理法律体系大致可分为两个方向：一是针对在俄罗斯的外国移民；二是针对在境外的俄罗斯移民。最重要的纲领性文件——2012 年发布的俄罗斯联邦总统令《2025 年前俄罗斯联邦移民政策的国家构想》和 2018 年发布的《2019—2025 年俄罗斯联邦国家移民政策构想规划》，囊括了俄罗斯移民管理领域的内容、原则和基本行动方向。其中，不仅包括了国家对境内外国移民的管理，也包括了对境外同胞的政策。在这一构想理念的指导下，俄罗斯国家分别制定或修改了针对外国公民的法律法规和针对境外同胞的法律政策。

自 2017 年起，俄罗斯联邦陆续优化和修改了十几项移民领域中的法律法规。[①]

表 13 - 7　俄罗斯联邦自 2017 年起对移民领域法律法规的修改

序号	法律法规名称及修改情况
1	2017 年 7 月 29 日，联邦法律第 243 号《关于联邦法律〈俄罗斯联邦公民身份〉及〈俄罗斯联邦外国公民法律地位〉第 8 和 14 条的修正案》于 2017 年 9 月 1 日生效，为以俄语为母语并希望获得俄罗斯国籍的乌克兰公民建立了确认放弃乌克兰公民身份的通知程序
2	2018 年 2 月 8 日，联邦第 198 号、199 号令，明确了移民邀请方有义务采取措施确保外国公民遵守其声明的进入俄罗斯的目的和在俄罗斯停留的时间。还规定了作为邀请方的法人或官员由于未采取此类措施而应付的行政责任。该法律草案的目的是提高留在俄罗斯的外国公民遵守俄罗斯移民立法规范机制的有效性
3	2018 年 6 月 6 日，联邦第 1151 号令，审议批准了《〈关于批准外国公民在俄罗斯的临时居留证程序〉的修正案》，该法案的目的是减少外国公民滥用通过虚假结婚获得俄罗斯临时居留权的情况
4	2018 年 12 月 27 日，联邦法律第 544 号《关于联邦法律〈俄罗斯联邦公民身份〉的修正案》于 2019 年 3 月 29 日生效，为希望参与俄罗斯联邦的海外同胞恢复公民身份提供便利
5	2019 年 5 月 7 日，联邦法律第 923 号审议批准《俄罗斯联邦法律〈关于俄罗斯联邦外国公民法律地位〉以及俄罗斯联邦简化批准某些类别外国公民和无国籍人士获得临时居留许可或居住许可程序法案的修正案》。该法案建议在不考虑俄罗斯政府配额的情况下，向某些类别的外国公民颁发临时居留许可或居住许可。该法案还考虑将临时居留许可的审批发放时间从六个月缩减到四个月。与此前相关法案相比，其创新之处还在于引入了无限期的居住许可
6	2019 年 7 月 26 日，联邦法律第 236 号《关于联邦法律〈俄罗斯联邦公民身份〉和〈俄罗斯联邦公民身份修正案〉第 3 条的修正案》于 2019 年 8 月 6 日生效，对之前法律并未完全涵盖的人员类别和相关法律规范的有效期进行了调整

① 《移民法规的完善》，俄罗斯联邦内务部官网，https://xn--b1aew.xn--p1ai/mvd/structure1/Glavnie_upravlenija/guvm/inform/%D0%BC%D0%B8%D0%B3%D1%80%D0%B0%D1%86%D0%B8%D0%BE%D0%BD%D0%BD%D0%BE%D0%B5-%D0%B7%D0%B0%D0%BA%D0%BE%D0%BD%D0%BE%D0%B4%D0%B0%D1%82%D0%B5%D0%BB%D1%8C%D1%81%D1%82%D0%B2%D0%BE，2021 年 4 月 6 日浏览；俄罗斯政府网，http://government.ru/rugovclassifier/11/main/，2021 年 4 月 16 日浏览。

（续上表）

序号	法律法规名称及修改情况
7	2019 年 7 月 3 日，联邦法律第 165 号《关于联邦法律〈俄罗斯联邦公民身份〉第 14 条的修正案》于 2019 年 10 月 2 日生效，对吸引优秀专家人才规定中在俄罗斯本土工作年限的要求进行了修改
8	2019 年 8 月 2 日，联邦法律第 257 号《关于联邦法律〈俄罗斯联邦外国公民法律地位〉的修正案》简化了授予某些类别的外国公民和无国籍人士临时居留许可和居住许可的程序，简化了外国公民与俄罗斯亲属（俄罗斯公民）团聚的程序，从 2019 年 11 月 1 日起，简化了苏联加盟共和国公民在俄国家认可的教育机构留学并获得学位后申请临时居留许可或居住许可的程序，简化了乌克兰公民或在乌克兰永居的无国籍人士获得俄罗斯临时居留许可或居住许可的程序
9	2019 年 7 月 18 日，联邦法律第 188 号《关于联邦法律〈俄罗斯联邦公民身份〉第 6 条的修正案》于 2019 年 10 月 17 日生效，确立了俄罗斯联邦公民有向内政部相关部门提交终止外国国籍或外国永久居留权的权利
10	2019 年 3 月 7 日，俄罗斯联邦政府第 246 号决议，《关于〈外国公民和无国籍人士在俄罗斯联邦移民登记实施细则〉的修正案》简化了外国公民或无国籍人士登记临时居留时限的方式，减少了外国公民或无国籍人士进行移民登记时所需提供的文件，增加了对在俄罗斯联邦境内出生且没有外国公民护照的 1 岁以下未成年外国公民居住登记的规定
11	2019 年 3 月 15 日，俄罗斯联邦第 109 号总统令，《〈关于协助居住在国外的俄罗斯同胞自愿返回俄罗斯的措施〉的修正案》修改了关于配偶一方是"国家计划"参加者双方离婚后，另一方仍可保留"国家计划"参加者家庭成员身份的内容；相关条款修改为如果海外同胞曾参加国家计划后又自愿放弃，在偿还因国家担保和社会支持所产生的费用的条件下，可以重新获得申请的机会
12	2019 年 4 月 24 日，俄罗斯联邦第 183 号总统令，《关于出于人道主义目的有权以简化方式申请俄罗斯联邦公民身份的人员类别》于 2019 年 4 月 24 日生效；俄罗斯联邦第 187 号总统令，《关于某些类别外国公民和无国籍人士有权以简化方式申请加入俄罗斯联邦国籍》于 2019 年 4 月 29 日生效。俄罗斯联邦总统有权出于人道主义目的，确定可以以简化方式获得俄罗斯联邦公民身份的外国公民和无国籍人士的类别，包括永久居住在乌克兰顿涅茨克和卢甘斯克地区的乌克兰公民和无国籍人士

2015—2020 年，俄罗斯移民法律法规的最新变化主要有以下几方面特点。

1. 劳务移民逐步向规范化管理

2015 年，俄罗斯低迷的经济状况对移民政策产生了一定影响。为缓解因经济下滑导致的失业率上升，缓解国内就业压力，规范外国移民管理，并吸引更多优秀人才为社会经济复苏贡献才智，俄当局制定、修改了相关移民政策，2014 年 6 月、11 月修订的《俄罗斯联邦外国公民法律地位》自 2015 年 1 月 1 日起开始生效。

从 2015 年 1 月 1 日起，俄政府对外国劳务移民需具备的技能要求更高。除高级专家人才外，凡需办理工作特许工作证、临时居留证及居住证的外国公民，均需通过俄语、俄罗斯历史、俄罗斯法律三门考试。[①] 同时，针对与俄罗斯有免签协议国家的公民实行特许工作证制度，取消劳务配额制度。[②] 免签国家公民若需获得工作特许工作证，入境时需在入境卡"目的"栏内填写"工作"字样，并在入境后 30 天内向俄联邦移民局或地区机关提交申请，以获得劳动许可证件，否则，可能会面临 1 万卢布以内的罚款。[③] 此外，还需提供参加俄语、俄罗斯历史、俄罗斯法律三门考试的成绩单，提供无社会公害性疾病的医疗健康证、医疗保险单等材料。新政还规定，外国劳务人员在俄工作需按规定交纳所得税，即雇主要代外国劳务人员扣除工资总额 13% 的税款，意在使外国公民承担一定社会义务，同时也提升俄罗斯公民在劳动力市场上的竞争力。[④]

2015 年起，俄政府对外国劳务人员从事职业的管理更加规范。2015 年 6 月 29 日，俄罗斯总统普京签署了针对《俄罗斯联邦外国公民法律地位》的行政法典修订案。新修订案第 18 条第 10 和 15 款规定，对未按工作许可或特许工作证指定职业（专业、岗位、工作类型）从业的外国公民或无国籍人士、官员及法人雇主进行处罚，对公民处以 2 000 ~ 5 000 卢布的罚款，直至驱逐出境；对官员处以 2.5 万 ~ 5 万卢布的罚款；对法人处以 25 万 ~ 80 万卢布的罚

---

① 2015 年 6 月 29 日，俄罗斯总统普京签署了针对《俄罗斯联邦外国公民法律地位》的行政违法法典。该第 199 号联邦法令自 2015 年 6 月 30 日公布之日起生效，以法律的形式确定了要获得工作许可的外国公民必须掌握俄语、俄罗斯历史和法律知识。

② 笔者在《俄罗斯外国劳务移民及中国移民研究：现状与建议》一文中，谈到劳务配额制度在俄罗斯存在暗箱操作、黑市买卖等腐败现象，该制度在俄罗斯遭到了严厉批评，因此 2015 年俄政府取消了劳务配额制度。

③ 俄塔斯社：УФМС Москвы:мигрантам необходимо получить трудовые патенты нового образца, http://tass.ru/obschestvo/1713858，2015 年 1 月 22 日浏览。

④ 俄塔斯社：Мигранты в России:что изменилось с 1 января 2015 года, http://tass.ru/obschestvo/1648164，2015 年 1 月 12 日浏览。

款，或责令停业 14 ~ 90 天。① 延续 2015 年对外国劳务的精细化分类与严格管理，俄罗斯在 2016 年缩减了发放给外国公民的临时居留证数量。2016 年度俄政府发放给外国公民的临时居留证仅有 12.59 万份。与 2015 年相比，该额度缩减 2.53 万份。由政府支配的临时居留证配额根据地区政府的提议确定，这些提议将考虑各地区移民形势和经济状况，目的在于提高移民政策的效率。2016 年 11 月，俄总理梅德韦杰夫签署政府令，将 2017 年外国公民或无国籍人士在俄临时居留配额的数量下调至 110 880 个，这是俄政府连续第二年下调在俄的临时居留配额数量。②

2015 年 11 月，俄罗斯劳动和社会保障部根据公共设施和建设局、农业部、运输部、工业和贸易部、旅游署等相关部门的建议，起草了一项联邦政府法令草案，确定了 2016 年从事经营活动的实体雇用外国工人的许可比例，建筑领域雇用外国工人的许可比例由 2015 年的 50% 提高到 65%，体现了俄政府对社会急需领域移民政策的进一步放宽；陆路客运和陆路货运领域的许可比例则由 2015 年的 50% 降至 35%，其他领域许可比例如上述建议，与 2015 年相同。③ 2020 年 11 月，俄总理米舒斯京批准了 2021 年俄各行业允许使用外籍劳务人员比例：林业、木材采伐、蔬菜种植等行业为 50%，建筑业为 80%，公路旅客运输业为 24%，不动产管理行业为 70%。④

2. 放宽对高层次专家人才的入籍限制

与限制劳务移民相反的是，俄政府对高层次专家人才的吸引力度不断加大。2015 年 7 月 13 日，俄罗斯劳动与社会保障部制定了外国高级专家人才职业清单，该清单列明俄罗斯经济社会亟须包括医生、护士、工程师、冶金专家、经济学带头人、建筑类专门人才等 74 大类职业（专业、岗位）的外国或无国籍高级专业人才。达到要求的高级专业人才可申请通过简化程序获得俄罗

---

① Федеральный закон от 29.06.2015 № 199—ФЗ "О внесении изменений в статьи 18.10 и 18.15 Кодекса Российской Федерации об административных правонарушениях" и Федеральный закон "О правовом положении иностранных граждан в Российской Федерации"，俄法律信息官网，http://publication.pravo.gov.ru/Document/View/0001201506300090? index = 0&rangeSize = 1，2015 年 12 月 30 日浏览。

② 驻俄罗斯联邦经商参处：《俄缩减外国公民和无国籍人员在俄暂居额度数量》，中华人民共和国商务部，2016 年 11 月 21 日，http://www.mofcom.gov.cn/article/tongjiziliao/fuwzn/oymytj/201611/20161101865194.shtml。

③ 《俄罗斯确定 2016 年雇用外国工人许可比例》，中俄法律网，2015 年 11 月 11 日，http://www.chinaruslaw.com/CN/InvestRu/RuEmigration/20151111152849_740383.htm。

④ 驻俄罗斯联邦大使馆经济商务处：《俄副总理特鲁特涅夫建议对雇佣外国劳务人员的企业征税》，中华人民共和国驻俄罗斯联邦大使馆经济商务处，2020 年 12 月 28 日，http://ru.mofcom.gov.cn/article/jmxw/202012/20201203026635.shtml。

斯国籍。①

2019 年 5 月，俄联邦经济发展部采取一系列措施，简化俄引入外国高技术工人的程序。2019 年，俄根据工资等级确定高技术工种的类型，高技术工人工资水平应不低于 5.8 万卢布，科研人员工资不低于 8.3 万卢布，其他领域工资不低于 16.7 万卢布。2018 年，俄共向 2.82 万名外国高技术工人颁发劳动许可证。为吸引更多高技术人才，俄联邦经济发展部采取远程技能鉴定的方式，并提议简化在俄院校毕业的国外高技术人才在保留原国籍的情况下获取俄罗斯国籍的程序。②

2020 年 6 月 25 日，俄总理米舒斯京签署了第 1671 号政府令，批准放开持有工作许可的外国高级专家入境限制。根据该政府令，列入专门名单上的外国专家可单次入俄。该名单由外国专家雇主单位或服务发包方的联邦行业主管部门提交给联邦安全局和内务部。名单中应指明外国专家拟入境口岸和抵达时间。除护照外，外国专家应持有有效的劳动合同、开展工作或提供服务的合同。③

3.《2019—2025 年俄罗斯联邦国家移民政策构想规划》

2018 年 10 月，俄总统普京批准了《2019—2025 年俄罗斯联邦国家移民政策构想规划》，这是继 2012 年出台的《2025 年前俄罗斯联邦移民政策的国家构想》之后，俄罗斯对移民制度和公民制度的新一轮改革。2012 年至 2018 年之间的移民管理又分为三个阶段：第一阶段是 2012 年到 2016 年，联邦移民局负责管理移民事务；第二阶段是 2016 年下半年到 2017 年，移民事务处于联邦移民局向内务部移民总局交接阶段，2016 年联邦移民局被撤销，移民相关的法律并没有实质上的进展；第三阶段从 2017 年底开始，新的管理部门开始陆续进行相关法律法规的修改和发布。

"2012 年构想"除了国家援助俄罗斯同胞自愿安置的国家计划外，存在一系列不能满足经济社会发展需要的内容，如：并没有吸引该国所需的具有专业资格，符合俄罗斯教育、经济、人口、社会文化等方面发展移民的方案；获得临时居留证和居住证的过程过于复杂；吸引临时劳务移民的制度不完善；等等。

---

① Приказ Минтруда России №446н от 13 июля 2015 г.，俄罗斯劳动与社会保障部网站，中华人民共和国驻俄罗斯联邦大使馆经济商务处，http：//www. rosmintrud. ru/docs/mintrud/orders/410，2015 年 8 月 3 日浏览。

② 驻俄罗斯联邦大使馆经商参处：《俄罗斯经济发展部希简化俄引入高技术工人程序》，中华人民共和国驻俄罗斯联邦大使馆经济商务处，2019 年 5 月 27 日，http：//ru. mofcom. gov. cn/article/jmxw/201905/20190502867149. shtml。

③ 驻俄罗斯联邦大使馆经商参处：《俄政府放宽外国专家入境限制》，中华人民共和国驻俄罗斯联邦大使馆经济商务处，2020 年 6 月 28 日，http：//ru. mofcom. gov. cn/article/jmxw/202006/20200602978068. shtml。

2017 年和 2018 年是移民管理创新的高潮，尤其是 2018 年，简化了许多类别外国公民获得俄罗斯国籍的程序，更是为母语为俄语的乌克兰人打开了大门。这部分人往往都受过良好的教育、具有较高的专业技能，他们也期待在俄罗斯对口专业领域找到一份高薪工作。2018 年 10 月，俄罗斯国家杜马又审议通过了一项简化获得俄罗斯国籍程序的法案，该法案也主要是针对乌克兰公民。此外，2018 年俄罗斯政府还通过了一项新法案，积极吸引外国公民到远东地区发展，以配合"远东和贝加尔湖地区经济社会发展"国家计划。①

根据"2018 年构想"，外国公民入籍程序不再一刀切，而是分为一般程序、简化程序、特殊程序的"因人而异"。②

一般程序，即"默认"适用于所有不符合简化或特殊程序入籍条件的申请人。一般程序的入籍条件包括掌握俄语、在俄罗斯联邦领土上居住满一定时间、有遵守俄罗斯法律的义务。申请人将由委员会评估，并由内务部及地方机构做出入籍决定。

简化程序，是针对"从社会文化角度上与俄罗斯相近"的申请人，以及在俄罗斯建立了积极的社会联系或处于脆弱处境的申请人，同时，取消了一系列相关要求。该程序是由内务部及地方机构、外交部以及驻外使领馆做出入籍决定。

特殊程序，面向个别类别的申请人，入籍申请需要对一些内在条件和因素进行评估。该程序需要由总统做出入籍决定。

4. 2020 年新冠肺炎疫情期间移民政策的临时调整

2020 年受新冠肺炎疫情的影响，俄罗斯各级政府对出入境规则都进行了临时调整。在移民证件办理和有效期等方面也进行了一系列修改。为了调整俄罗斯联邦境内外国公民和无国籍人士的法律地位，防止新冠肺炎病毒进一步传播，根据《俄罗斯联邦宪法》第 80 条，俄总统普京于 2020 年 4 月 18 日签署了第 274 号《关于新冠肺炎疫情下调整俄联邦境内外国公民和无国籍人士法律地位的临时措施的总统令》，简化外国人及无国籍人士入籍的联邦法律。该法取消了申请人需放弃现有国籍的要求并缩短了入籍所需的在俄居住期限（此前规定需在俄居住满三年）的要求。对于曾拥有苏联国籍、一直居住在苏联加盟共和国但未获得其国籍的无国籍成年人士，该法取消了申请俄罗斯国籍需提供合法收入证明的

---

① Комментарии к Концепции государственной миграционной политики Российской Федерации на 2019 – 2025 гг.，https：//migrant. ru/novosti – proekta – sobiranie – naroda – ekspertnyj – analiz – koncepcii – migracionnoj – politiki/，2021 年 4 月 16 日浏览。

② 俄经评论：《俄罗斯移民新政吸引外来移民　政府究竟是"建墙"还是"拆墙"？》，俄罗斯经济评论微信公众号，2020 年 3 月 10 日，https：//mp. weixin. qq. com/s/3JZmUhaHsJ3pgSbX0GJlGA，2020 年 5 月 9 日浏览。

要求。

2020 年初，受新冠肺炎疫情影响，俄政府规定，俄境内外国人的签证、工作许可、居留证等文件的有效期延长 90 天，由 3 月 15 日延至 6 月 15 日。① 此后，又于 2020 年的 6 月 15 日②、9 月 23 日、12 月 15 日，分别通过总统令一再推迟外国人签证有效期的计算，目前，外国人签证有效期暂停计算至 2021 年 6 月 15 日，也即从 2021 年 6 月 15 日以后，签证有效期的期限再次启动计算。该法案是暂停计算有效期，并不是签证有效期延长到 2021 年 6 月 15 日。

（二）俄罗斯联邦外国公民的法律地位

2002 年 7 月 25 日颁布的《俄罗斯联邦外国公民法律地位》赋予了在俄罗斯的外国人一定的待遇，如外国公民可以从事企业经营活动，可以接受教育，而且根据 2002 年 6 月 12 日颁布的联邦法律《关于俄罗斯公民选举权和参加全民公投权的基本保障》，外国公民可以参加地方选举，但在国家和市政服务中不能享受政治权利，不能成为政党党员，不能参加公投，不能成为公务员，不能自愿服兵役等。

除了法律权利受到限制外，外国公民在俄罗斯境内工作的权利也取决于其法律地位。《俄罗斯联邦外国公民法律地位》将外国公民分为三类：一是长期居住（拥有居住证），二是暂住（拥有临时居留证），三是临时入境（既没有居住证，也没有临时居留证）。如果外国公民拥有居住证或临时居留证，则其同俄罗斯公民一样拥有工作的权利。居住证和临时居留证的区别在于，拥有临时居留证的外国公民只能在许可证规定的临时居住区域内工作。

《俄罗斯联邦外国公民法律地位》还对俄联邦境内的非俄罗斯公民的法律地位进行了界定，同时，也对外国公民与同其有关的各政府职能部门之间的关系进行了规定。此项法律明确了一系列法律概念，如外国公民、无国籍人士、入境俄罗斯联邦邀请函、移民卡、临时居留证、居住证、工作许可证、合法居留在俄罗斯联邦的外国公民、暂住在俄罗斯联邦的外国公民等。

在落地签证方面，原有的要求外国公民在抵达俄罗斯后 3 个工作日内必须在当地内务部分支机构进行登记的规定并没有更改，但登记程序有所变动。同时，

---

① 驻俄罗斯联邦大使馆经商参处：《俄启动入籍简化程序》，中华人民共和国驻俄罗斯联邦大使馆经商参处，2020 年 8 月 2 日，http：//ru. mofcom. gov. cn/article/jmxw/202008/20200802988747. shtml，2021 年 1 月 30 日浏览。

② 驻俄罗斯联邦大使馆经商参处：《普京签署总统令再次将逾期外国人在俄居留期限延长至 9 月 15 日》，中华人民共和国驻俄罗斯联邦大使馆经商参处，2020 年 6 月 16 日，http：//ru. mofcom. gov. cn/article/jmxw/202006/20200602976391. shtml，2021 年 1 月 30 日浏览。

享有外交特权与豁免权的外国公民将单独进行登记。根据此项法律，在俄罗斯无论居留时间长短，每隔一年就应到当地的内务部门进行重新登记。所有在俄罗斯居住或访问的外国公民的信息都将存储在中央数据库。特别指出的是，对于失去在俄罗斯居留权利的外国公民，其资料包括照片和指纹记录也将提交中央数据库。①

自 2002 年 7 月 25 日，俄罗斯联邦法律《俄罗斯联邦外国公民法律地位》颁布至今，俄罗斯当局根据各方面情况变化，对该法律进行了 100 余次修改。

2020 年 6 月 8 日，俄罗斯联邦第 182 号法律《俄联邦外国公民和无国籍人士移民登记法修正案》颁布，自 2020 年 9 月 7 日起生效。根据新法规定，在俄罗斯境内拥有不动产所有权的外国公民可作为接待方为入境俄罗斯的外国公民提供实际居所，并在该实际居所地址上为外国公民办理落地签登记。7 月，普京签署了《俄罗斯联邦国籍法》修正案，以扩大外国人通过简化程序获得俄罗斯公民身份的适用范围。俄罗斯修改国籍法为外国人入籍简化手续，本意并不是为所有国家外国公民提供便利，其实更深层次的原因是保护国家安全，控制周边局势。此简化程序旨在希望那些独联体国家的俄罗斯族外籍人士回到俄罗斯并且加入国籍。吸引在境外的斯拉夫人加入俄罗斯国籍是俄罗斯政府最重要的移民政策，很多时候移民政策的松动和变化，都是为了俄罗斯能输入更多的斯拉夫血液，以免民族自然消亡。②

（三）俄罗斯维护境外同胞权益的法律政策

在俄罗斯相关移民管理的各类法律法规条例中，针对境外同胞的法律法规，最早的是 1994 年 8 月 11 日签署的《俄罗斯联邦针对境外同胞的国家政策基本方向》。1994 年 8 月 31 日实施的俄罗斯联邦政府决议《关于支持境外同胞的有关措施》确定了这一系列政策的基本方向。1999 年 5 月 24 日实施的第 99 号联邦法律《俄罗斯联邦关于境外同胞的国家政策》，经过 2002 年 5 月 31 日、8 月 22 日，2004 年 12 月 29 日，2005 年 12 月 31 日及 2006 年 7 月 18 日等多次修改。

在此需要明确一个概念。1999 年 5 月 24 日颁布的第 99 号联邦法律《俄罗斯联邦关于境外同胞的国家政策》第一章，第一次以法律的形式定义了"同胞"（соотечественник）的概念。该法规定，"同胞"包括三类人：

---

① 《俄罗斯对外籍工作人员在俄居留及工作的新规定》，新浪网，http：//finance. sina. com. cn/roll/20050513/113557767. shtml，2005 年 5 月 13 日浏览。

② 《俄落地签新规生效　有房外国人可为其他外国人提供居所并办理落地签》，搜狐网，2020 年 9 月 7 日，https：//www. sohu. com/a/416879705_120058819，2021 年 3 月 4 日浏览。

一是出生、居住或曾经居住在俄罗斯或苏联加盟共和国中并拥有共同的语言、历史、文化、传统和习俗的人及其直系后代；

二是长期居住在俄罗斯联邦境外的俄罗斯公民；

三是居住在俄罗斯联邦境外，但经常与历史上居住在俄罗斯境内的人有联系，以及选择在精神上、文化上和法律上与俄罗斯有联系的、其直系亲属早先生活在俄罗斯联邦领土范围内的人。其中，包括居住在俄罗斯联邦境外的苏联公民，居住在苏联加盟共和国中，并已拥有这些国家国籍的人或无国籍人士，以及上述人士的后裔；从俄罗斯国家（1917 年以前）、俄罗斯共和国（Российская Республика，1917 年 9 月 1 日—10 月 25 日）、俄罗斯苏维埃联邦社会主义共和国（РСФСР，1917 年 11 月 7 日—1922 年 12 月 30 日）、苏维埃社会主义共和国联盟（СССР，1922 年 12 月 30 日—1991 年 12 月 25 日）、俄罗斯联邦（Российской Федерации，1991 年 12 月至今）迁出的，拥有相应的公民身份以及已经成为外国公民或无国籍的迁出民。

2006 年 6 月 22 日，俄罗斯联邦颁布了《关于协助自愿回国的境外同胞计划的方案》总统令，为了弥补国内劳动力不足，鼓励境外同胞作为有生力量支持俄罗斯国家建设，该方案制定了一系列鼓励境外同胞回国的优惠措施，如给予回国同胞安家补贴等。同时，通过制定联邦法律，制定和颁布俄罗斯联邦总统令、俄罗斯联邦政府法令、部门命令、签署国际合作条约等形式，保障该计划的顺利实施。如 2011 年 4 月 21 日，第 77 号《关于联邦法律〈俄罗斯联邦税法〉第二部分第 224 和 333.29 条以及联邦法律〈俄罗斯联邦外国公民法律地位〉第 19 条的修正案》；2020 年 1 月 24 日，俄罗斯联邦第 61 号总统令《关于批准组建跨部门委员会以执行国〈关于协助自愿回国的境外同胞计划的方案〉》等。

此外，为了支持明确表示加入上述计划的同胞，2007 年 1 月 15 日，俄罗斯联邦批准了《关于向参加〈俄罗斯联邦协助自愿回国的境外同胞计划〉，却没有劳动或经营收入的归国同胞及家庭每月支付津贴的程序》；2007 年 3 月 10 日，批准了《关于向参加〈俄罗斯联邦协助自愿回国的境外同胞计划〉的归国同胞及家庭报销迁移到未来居住地相关支出的规则》。两项法令制定了针对自愿回国境外同胞的一系列优惠措施，包括为归国的同胞补贴安家费，归国同胞回国后，在其获得劳动、经营或其他收入之前，国家每月向归国同胞及其每位家庭成员支付津贴，额度为国家规定的最低生活保障的 50%，期限不超过 6 个月。旨在吸引境外同胞返回俄罗斯，填补境内劳动力不足，充分利用俄罗斯文化辐射范围内的资源为国家发展效力。

除了吸引境外同胞回国效力外，俄罗斯政府还为保护境外同胞制定政策。2011 年，政府签署了《关于建立支持和保护境外同胞基金的令》，旨在对境外同

胞给予支持，并对其权利和合法利益进行必要的保护。如搜寻在领事辖区范围内失踪的俄罗斯公民、为领事辖区范围内的俄罗斯公民行使选举权及参与全民公投提供支持等，并以设立基金会的方式，支持海外俄罗斯同胞，为其提供法律支持和援助。以俄罗斯联邦名义设立基金的创始人包括俄罗斯外交部、联邦独联体事务管理机构、境外同胞及联邦国际人道组织合作机构。基金资金来源为联邦预算、自愿捐款和资助以及其他合法来源。

三、俄罗斯移民政策对华侨华人的影响

地理接壤是中俄两国人口迁徙的天然基础。从帝俄时代就有中国人到俄罗斯经商和生活。在俄国革命和苏俄国内战争时期，华侨华人在苏维埃政权建立的史册上写下了浓重的一笔。20 世纪 60 年代中苏关系冷却时期，人口流动有所停滞。90 年代初，中俄人口流动热潮开始逐渐升温。据俄罗斯移民局统计，从中国入境的人口数量在近些年逐渐增加。此现象不仅是俄罗斯经济社会发展带动的结果，俄罗斯移民政策也对中国公民出入俄罗斯具有重要影响。

（一）俄罗斯华侨华人概况

从 20 世纪 90 年代开始，华商数量有较大幅度的增长，21 世纪初中国公民以留学生和游客的身份入境俄罗斯的数量开始快速增长，2011 年后中资企业发展迅猛。

2000—2010 年这 10 年间，赴俄罗斯的中国公民数量处于稳中有升的发展阶段，每年赴俄人数平均在 70 万 ~ 80 万之间。统计数据显示，2011 年是入境俄罗斯的中国公民数量增长的一个转折点，自 2011 年开始，赴俄的中国公民人数呈快速上涨趋势，2013 年突破 100 万人，达到 107. 15 万人，并连续三年超过 100 万人。2014 年中国公民赴俄人数为 112. 51 万人，其中，游客 37. 2 万人、商务出行约 30 万人、留学生 1. 8 万人。[1] 2016 年后，由于移民事务管理部门的变更，统计数据和统计方法也出现了一些变化，俄罗斯联邦内务部移民总局不再以"出"和"入"方式统计人口数量，而是以抵达后在居住地或临时居所登记注册或注销的人口数量进行统计。根据两国领导人签署的合作协议，2016 年、2017 年是"中俄媒体交流年"，国家活动的举办往往带动和促进两国人民交流的热情。2018 年，中俄两国贸易额突破 1 000 亿美元，两国各层面交往又呈现一个小

---

① 《驻俄罗斯使馆邀请俄移民署官员在使馆举行第二期旅俄中国公民普法讲座》，中华人民共和国驻俄罗斯联邦大使馆，2015 年 4 月 24 日，http：//ru. china - embassy. org/chn/sghd/t1258271. htm。

高潮。2019 年是中华人民共和国成立 70 周年、中俄两国建交 70 周年，也是中俄全面战略协作伙伴关系进入新时代的一年，在国家层面密切交往的大背景下，中国公民赴俄人数也首次突破 200 万大关。2020 年，受新冠肺炎疫情的影响，全球人口流动被按下暂停键，各国除必要的经贸往来外，人员流动数量断崖式减少。2020 年，中国公民实际在俄罗斯落地登记的人数为 21.83 万，整体比 2019 年下降 90.58%。有长期居住地的中国公民 3 600 多人，同比下降 2.71%；旅游人数为 74 761 人，同比下降 95.8%；赴俄学习的人数为 26 350 人，同比下降 72.49%；赴俄工作人数为 33 582 人，同比下降 76.03%；因私赴俄的人数为 7 245 人，同比下降 75.27%。[1] 2020 年，俄罗斯境内约有 15 万中国公民。其中，中资企业的工作人员 1 万多人，个体华商 5 万~6 万人，留学生 2.7 万人。[2]

（万人）

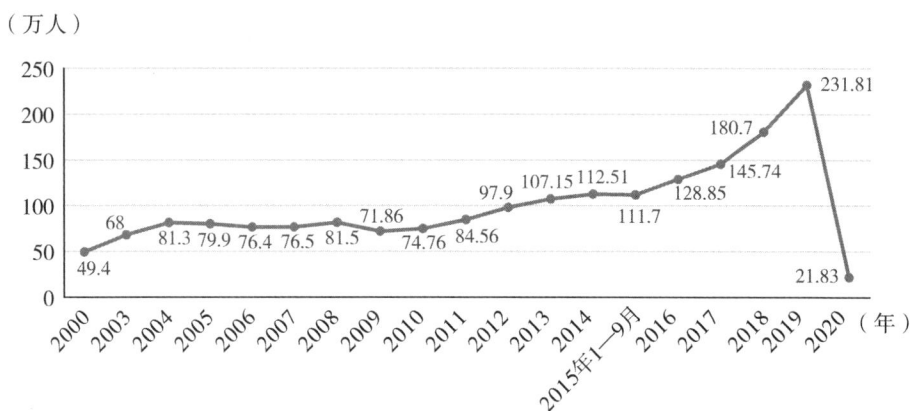

图 13-1 2000—2020 年赴俄中国公民数量变化趋势[3]

注：在俄罗斯联邦统计局数据指标解释中，因公包括政府人员、军官、代表团、随行家属及人员等；因私包括个体经营、务工、留学、探亲人员等；永久居留指获得居住证，但未取得俄罗斯国籍人士；商务包括企业代表处、商务代表团等人员。

---

① Отдельные показатели миграционной ситуации в Российской Федерации за январь – декабрь 2020 года с распределением по странам и регионам（《俄罗斯联邦 2020 年移民状况分解指标》），俄罗斯联邦内务部官网，https：//xn－－b1aew. xn－－p1ai/Deljatelnost/statistics/migracionnaya/item/22689602/，2021 年 2 月 24 日浏览。

② 季节：《俄将迎疫情高峰？在俄侨胞安心防疫莫恐慌》，俄罗斯龙报，2020 年 4 月 13 日，http：//www. dragonnewsru. com/static/content/news/glo_news/2020－04－13/859388718413250562. html。

③ 2000—2015 年数据为俄罗斯国家旅游局官网统计资料，http：//www. russiatourism. ru/contents/statistika/statisticheskie－pokazateli－vzaimnykh－poezdok－grazhdan－rossiyskoy－federatsii－i－grazhdan－inostrannykh－gosudarstv/kolichestvo－pribyvshikh－grazhdan－inostrannykh－gosudarstv－na－territoriyu－rossiyskoy－federatsii/，2015 年 12 月 28 日浏览。2016—2020 年数据为俄罗斯联邦内务部联邦移民管理局官网统计资料，https：//xn－－b1aew. xn－－p1ai/Deljatelnost/statistics/migracionnaya/item/22689602/，2021 年 3 月 10 日浏览。

（人）

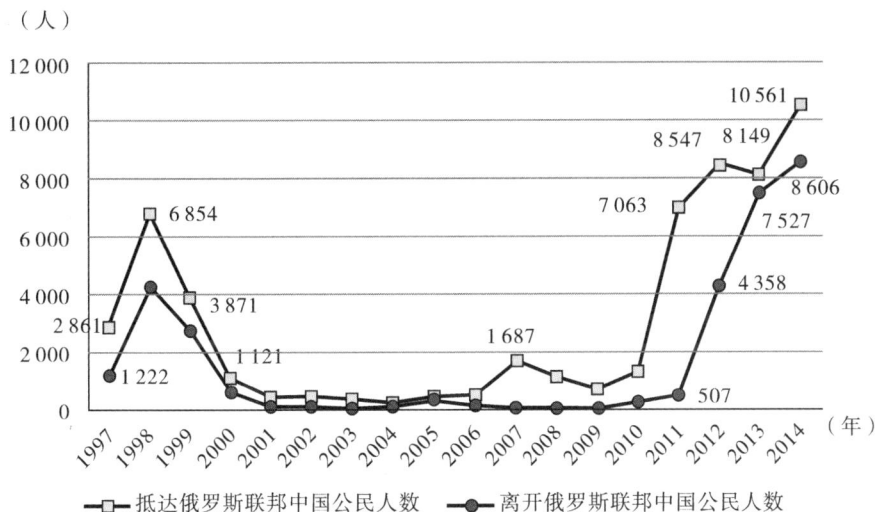

图 13 - 2　1997—2014 年抵达及离开俄罗斯联邦中国公民数量①

以上数据可见，1998 年抵达和离开俄罗斯的中国公民数量均为 20 世纪 90 年代末的高峰。2000—2006 年在俄罗斯的中国公民数量处于低谷阶段，抵离人数均不超过俄罗斯外国移民总数的 0.5%。虽然在此阶段，在俄罗斯境内的中国公民总数不断增长，但登记注册或注销长期居住地的中国公民数量却极其有限，一方面是由于一系列管理移民的联邦法律，如 2002 年出台的《俄罗斯联邦外国公民法律地位》刚刚制定，统计标准尚未明确，也没能进行规范管理和统计，另一方面，在俄罗斯的中国公民以中短期务工或经商为主，不属于登记注册范围人群。从 2011 年开始，在俄罗斯登记注册和注销的中国移民数量明显增加，除了登记注册和注销居住地的中国公民数量增加以外，统计口径发生变化（长期移民扩大到按居住地登记注册 9 个月或以上人士，以及由于居留期限结束而从居住地登记注销的人士，均纳入统计），也是统计数据骤增的原因之一。

2009 年，在俄罗斯的中国公民人数出现了锐减，减幅近 10 万人。其中重要的原因是 2009 年 6 月位于莫斯科东北部的切尔基佐夫市场关闭，大批华商失去了在俄经商的"大本营"。一部分华商由于损失惨重，被迫回国；另一部分华商被迫分散到其他市场或周边地区，艰难经营。另一个重要原因是 2009 年在俄罗斯境内发生了多起民粹分子故意伤害亚洲人的事件，这使亚洲移民感到惊恐与不安，一些移民选择了回国避险。另外，受一系列恐怖事件的影响，以出游为目的

---

① 俄罗斯联邦统计局网站，http：//www. gks. ru/wps/wcm/connect/rosstat_main/rosstat/ru/statistics/publications/catalog/doc_1135075100641，2016 年 3 月 10 日浏览。

的旅游者数量有所减少。因此，2009 年往返于中俄之间的中国公民数量呈现出一个低谷状态。2009 年 6 月，中俄两国元首签署了《中俄元首莫斯科会晤联合声明》，批准了《中俄投资合作规划纲要》；2009 年 9 月，共同批准了《中国东北地区与俄罗斯远东及东西伯利亚地区合作规划纲要（2009—2018 年）》，确定了两国相互投资和地方合作的优先方向和重点项目，确定了两国未来一段时间的合作前景，因此，从 2010 年开始，中国赴俄人数呈逐步上升趋势。

2016 年以后，俄罗斯联邦内务部移民总局对移民的统计方法是按照实际在居住地或临时居所登记注册或注销情况进行移民人数统计。外国公民按入境目的划分，赴俄分为旅游、学习、工作、因私和其他。

2016 年到 2019 年，入境俄罗斯的各类中国公民的数量仍呈上升态势。俄罗斯为中国公民签发各类签证的数量占总签证量的近 1/3，尤其是中国游客数量占俄罗斯外国游客总量的近一半。根据俄央行统计，中国公民于 2019 年 1 月至 3 月在俄罗斯总支出为 18.7 亿元人民币，超过其他任何国家在俄罗斯的消费。2019 年上半年，中国赴俄罗斯旅游人数同比增长 24.5%。其中，最受欢迎的城市是莫斯科和圣彼得堡，中国游客人数增量约达 43%。[①] 这是俄罗斯政府不可忽视的收益来源，也因此，俄罗斯创新各种方法吸引中国游客赴俄旅游。

（人）

图 13 - 3 2016—2020 年在俄罗斯的中国公民数量

---

① 《俄媒：2019 年中国赴俄游客消费预计超过 77 亿人民币》，中国侨网，2019 年 8 月 27 日，http://www.chinaqw.com/hqly/2019/08 - 27/229922.shtml，2020 年 7 月 19 日浏览。

表 13 - 8　2016—2020 年俄罗斯联邦移民状况指标——中国公民①

年份		发出邀请的数量(个)	签发的签证数量(个)	迁移统计(人)									实际注销
				实际登记	居住地登记	临时居所登记	其中						
							小计	其中					
								按照出行目的划分					
								旅游	学习	工作	因私	其他	
2016	全部	465 657	293 910	14 337 084	622 750	13 714 334	9 677 910	2 245 217	406 052	4 284 181	1 907 378	835 082	9 353 554
	中国	84 294	75 412	1 288 519	3 274	1 285 245	1 227 034	916 363	47 895	104 045	14 076	144 655	995 204
	占比	18.10%	25.66%	8.99%	0.53%	9.37%	12.68%	40.81%	11.80%	2.43%	0.74%	17.32%	10.64%
2017	全部	483 803	314 910	15 710 227	606 279	15 103 948	10 630 541	2 496 250	449 021	4 854 004	2 030 508	800 758	10 588 289
	中国	81 120	81 282	1 457 385	4 025	1 453 360	1 386 558	1 051 224	58 352	108 513	21 758	146 711	1 312 394
	占比	16.77%	25.81%	9.28%	0.66%	9.62%	13.04%	42.11%	13.00%	2.24%	1.07%	18.32%	12.39%
2018	全部	508 273	327 402	17 764 489	592 745	17 171 744	12 307 948	3 069 551	536 518	5 047 788	2 662 425	991 666	13 258 449
	中国	90 103	86 217	1 807 001	3 738	1 803 263	1 733 593	1 295 355	76 470	123 385	62 097	176 286	1 706 028
	占比	17.73%	26.33%	10.17%	0.63%	10.50%	14.09%	42.20%	14.25%	2.44%	2.33%	17.78%	12.87%
2019	全部	506 451	348 458	19 518 304	567 300	18 951 004	13 863 521	4 187 536	681 832	5 478 249	2 524 118	991 786	16 547 999
	中国	92 059	92 737	2 318 094	3 730	2 314 364	2 235 884	1 780 980	95 784	140 084	29 292	189 744	2 225 847
	占比	18.18%	26.61%	11.88%	0.66%	12.21%	16.13%	42.53%	14.05%	2.56%	1.16%	19.13%	13.45%

① 《俄罗斯联邦 2020 年移民状况分解指标》，俄罗斯联邦内务部官网，https：//xn‐‐b1aew．xn‐‐p1ai/Deljatelnost/statistics/migracionnaya/item/22689602/，2021 年 2 月 24 日浏览。

（续上表）

年份		发出邀请的数量（个）	签发的签证数量（个）	迁移统计（人）									
				实际登记	居住地登记	临时居所登记	其中						实际注销
							小计	按照出行目的划分 其中					
								旅游	学习	工作	因私	其他	
2020	全部	138 279	224 666	9 802 448	461 650	9 340 798	4 181 479	384 438	265 056	2 358 827	869 833	303 325	8 973 262
	中国	14 601	39 079	218 268	3 629	214 639	164 613	74 761	26 350	33 582	7 245	22 675	236 942
	占比	10.56%	17.39%	2.23%	0.79%	2.30%	3.94%	19.45%	9.94%	1.42%	0.83%	7.48%	2.64%
	同比下降	-84.14%	-57.86%	-90.58%	-2.71%	-90.73%	-92.64%	-95.80%	-72.49%	-76.03%	-75.27%	-88.05%	-89.35%

2016—2020 年，在俄罗斯登记注册的中国公民略多于注销的人数，但两者数差却一直在缩小，从 2016 年的差额 29 万余人，到 2019 年差额不到 10 万人。2020 年更是因为新冠肺炎疫情，注销人数已经超过登记注册人数。这表明在俄罗斯的各类中国公民呈现回流趋势。

按照登记住所划分，2016—2020 年，在居住地登记的人数保持着一个较为稳定的水平。这些长期生活和工作在俄罗斯的中国公民受外界因素的影响较小，无论是两国互动频繁的年度抑或是受疫情影响的时期，这类群体都保持着平稳水平的流动。

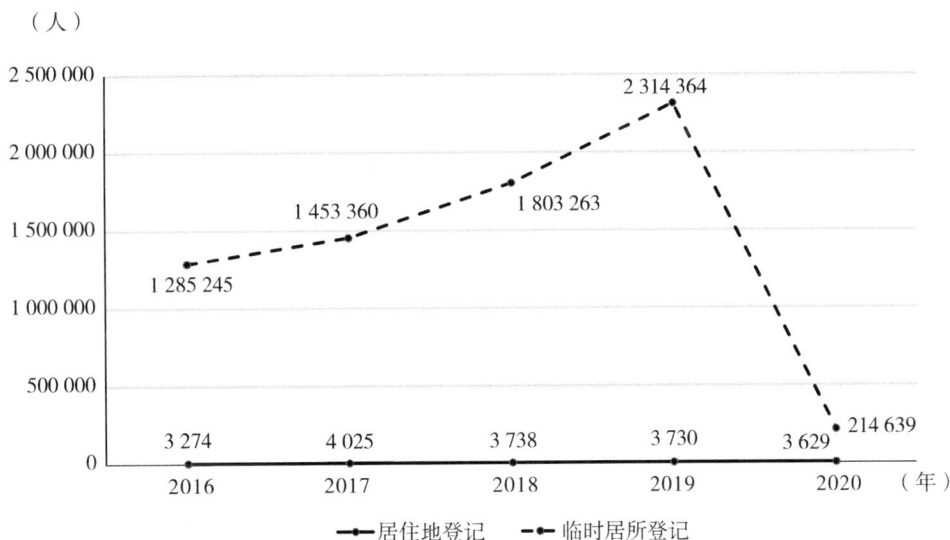

（人）

图 13 – 4 2016—2020 年俄罗斯按居住登记类型划分的中国公民数量

2016—2020 年，入境俄罗斯的中国公民中，游客占绝大多数，其数量是其他几种类型总和的 3 倍左右，2019 年达到将近 4 倍之多。2020 年受疫情影响，旅游人数大幅缩减，游客人数与其他几类总和数量相当。

（人）

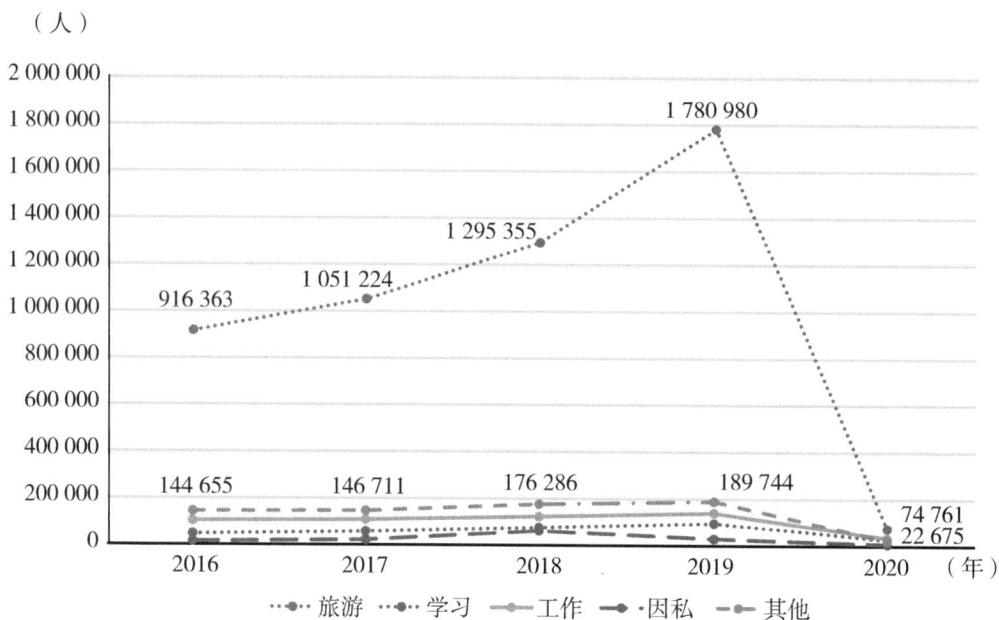

图 13 - 5　2016—2020 年俄罗斯按临时居所登记的各类型中国公民数量

注：因图片空间有限，部分数据无法一一呈现，详细数据请见表 13 - 8。

（二）移民政策的新变化对中国公民的影响

2020 年以前，由于俄罗斯出台了一系列移民管理的法律政策，以及俄罗斯经济社会状况逐渐趋于稳定，俄罗斯中国公民数量整体上稳步增加，没有出现大起大落。俄罗斯中国公民的构成主要由私营企业主、个体经营或受雇者（包括农、工、商类）、留学生、旅游者及其他因私赴俄人员组成。

为了落实 2006 年颁布的《俄罗斯联邦禁止外国人在售货摊位和市场从事零售工作的政府令》《关于 2007 年俄罗斯联邦境内从事零售贸易经营主体内部使用外国劳务人员的许可比例》《俄罗斯联邦零售贸易和劳动法典修改意见》《关于向外国公民发放临时性劳动许可的管理办法》《关于 2007 年向外国公民发放劳动许可邀请配额指标》等一系列法律政策，同时为了打击腐败、惩治利益集团，2009 年 6 月，俄罗斯当局突击关闭了莫斯科市切尔基佐夫市场。此举使华商失去了在俄经营的"大本营"，原在此经营的华商被分散到莫斯科其他市场或周边地区，一部分华商由于损失惨重而被迫回国。这从另一个侧面也反映出中国公民在俄经营对法律政策重视不足。早在 2006 年俄罗斯政府就已颁布从 2007 年 4 月 1日起禁止外国人在零售摊位和市场从事零售工作的法令，但仍有大批华商存在侥幸和从众心理，在 2007—2009 年逾两年的时间里，没有认真应对变化的法律政

策，有令不从，从而给自身带来了严重损失。

2015年，在俄罗斯经济状况下行的背景下，俄当局对移民政策进行的调整对中国公民在俄生存和发展产生了多方面影响。一方面，在赴俄中国人数增长的同时，俄民众对中国人的态度有所好转。2010—2015年，赴俄中国公民数量连续六年增长。这不仅是中国人对俄罗斯恢复信心的表现，也是中国人看好俄罗斯市场、对其具有良好预期的一致判断。2014—2016年，由于国家政策的不断助推，包括旅游团队免签政策以及"友好中国"项目①促使赴俄中国游客数量猛增。俄方也因此感受到中国游客给俄罗斯旅游市场带来的巨大收益，俄罗斯民众对中国的态度也明显好于以往，2015年俄罗斯旅游业对中国游客周到的服务就说明了这一点。另一方面，根据最新修订的《俄罗斯联邦外国公民法律地位》，2015年开始执行对外国劳务人员的考试制度可能成为在俄中国公民普遍提高语言能力的一种有效督促，中国公民亦可能按照相关移民新政规定，主动提高语言水平，主动提高生存能力，主动提高融入意识，在保护自我、提升自我的基础上，塑造整个族群在海外的良好形象。

2019年，在"一带一路"倡议的强势助力下，在俄罗斯移民政策相对友好的条件下，中国人在俄罗斯有了较快发展，各种类型、各种行业的人群均有蒸蒸日上的势头。俄罗斯华商开始从个体商人式"散兵作战"向企业集团式"舰队出海"转变，近年来，中国大型企业、电商企业在俄罗斯生根发芽，是中国人和中国资本在俄罗斯社会的一个新现象。中国电商企业在俄罗斯生根发芽以阿里巴巴为代表的电商企业进入俄罗斯后，给俄罗斯当地企业带来巨大的帮助和丰厚的收益。②"阿里速卖通"也带动俄罗斯中小企业包括个体工商户将商品销售覆盖到俄全境。③菜鸟网络公司开通了杭州到莫斯科的货运飞机。④ 支付宝深入开发俄罗斯市场，与俄罗斯大型网络公司 Mail. ru 建立合作，共同为俄罗斯用户开发数字支付系统，

---

① "友好中国"项目是俄罗斯旅游业专为中国游客设计的一系列服务。项目囊括了酒店、博物馆、餐厅、旅行社、购物中心等商家，为中国游客提供中文信息。加入"友好中国"项目的酒店为中国游客提供中文服务员、中文指南、中式早餐、银联刷卡、免费 Wi-Fi、开水和茶杯等，导游为中国游客提供中文讲解等。

② 驻俄罗斯联邦大使馆经商参处：《阿里巴巴助莫斯科出口商提升销售业绩》，中华人民共和国驻俄罗斯联邦大使馆经济商务处，2019年7月4日，http://ru.mofcom.gov.cn/article/jmxw/201907/20190702878608.shtml，2020年8月25日浏览。

③ 驻俄罗斯联邦大使馆经商参处：《"阿里速卖通"将售卖俄中小企业商品》，中华人民共和国驻俄罗斯联邦大使馆经济商务处，2019年7月4日，http://ru.mofcom.gov.cn/article/jmxw/201907/20190702878600.shtml，2020年8月25日浏览。

④ 驻俄罗斯联邦大使馆经商参处：《速卖通对俄包裹运送时间将缩至10天》，中华人民共和国驻俄罗斯联邦大使馆经济商务处，2019年11月11日，http://ru.mofcom.gov.cn/article/jmxw/201911/20191102911963.shtml，2020年8月25日浏览。

提供普惠金融服务。① 中铁建向莫斯科房地产业进军，在莫斯科西南区米丘林大街交通换乘枢纽项目中占40%的股份，② 中国华为公司与俄罗斯电信运营商 MTS 也签署了2019—2020年开发5G网络的合作。③ 俄罗斯 Mail.ru 集团游戏部门和中国大型手机游戏发行公司乐逗游戏开展合作。④ 2018年10月至2019年11月，俄罗斯新增中餐厅数量达到630家，全俄中餐厅增至8 200家；俄罗斯统计局同期数据显示，俄罗斯餐饮业营业额1月至9月增长4.7%，达1.9万亿卢布。⑤ 个体华商规模仍偏小，但商业模式有所改变。他们从原来的单纯国际贸易转变为在俄建厂，如在中国生产出半成品鞋子，再运到俄罗斯进行流水线组装。近年来，赴俄发展的华商也越来越多，2019年，仅在莫斯科经营的浙商就有1.7万余人。⑥

2020年是一个特殊的年头，由于新冠肺炎疫情的暴发和蔓延，各国移民政策愈加收紧，"不出不进"的临时措施给中国公民在俄罗斯的生存发展造成了极大影响。"抗疫"成为两国政府和人民共同的目标。在俄罗斯，华侨华人在侨领的带领下，不仅为中国抗疫及时捐款捐物，助中国渡过难关，而且为当地社会也做出了不可磨灭的贡献，他们中的大部分人不仅严格执行居家防疫措施，而且为当地相关机构捐款捐物。由于所从事的职业和所在的地理位置不同，他们在疫情下的生活状态也不同。在圣彼得堡从事旅游、餐饮业的大部分人有安居乐业的心态，能够积极响应两国防疫号召，自觉居家隔离。7 000多名圣彼得堡华侨华人、留学生和中资机构人员无一人感染。然而在莫斯科，前期防疫意识不强，尤其是在柳布利诺和萨达沃两个大市场附近群居，成为华商疫情暴发的源头。一些人出现了交叉感染，给整个群体带来了恐慌；加之这些华商语言不通、法律意识较淡薄，在俄罗斯相关部门采取防疫措施时首选回国避险。在远东地区，虽然中国人数量不多，但滞留在俄罗斯各地的不少华商或者务工人员俄语不好，交流困难，批发市场被封闭后，没有收

① 俄罗斯卫星通讯社：《支付宝与俄罗斯伙伴合力打造"俄版"电子支付系统》，俄罗斯卫星通讯社微信公众号，2019年10月11日，https：//mp.weixin.qq.com/s/woXTKety2hWr_zWMMwm0QQ，2020年8月25日浏览。

② 俄罗斯卫星通讯社：《投资地产业：中铁建在俄罗斯首都扩展业务》，俄罗斯卫星通讯社微信公众号，2019年12月14日，https：//mp.weixin.qq.com/s/fRNaAJnfHxYBY7UUYj19zQ，2020年8月25日浏览。

③ 俄罗斯卫星通讯社：《华为准备在数字发展道路上支持俄罗斯》，俄罗斯卫星通讯社微信公众号，2019年12月16日，https：//mp.weixin.qq.com/s/vpF5GHocofOMeUiD8HRaCA，2020年8月25日浏览。

④ 驻俄罗斯联邦大使馆经商参处：《俄 Mail.ru 与中国乐逗游戏公司签署合作协议》，中华人民共和国驻俄罗斯联邦大使馆经济商务处，2019年8月12日，http：//ru.mofcom.gov.cn/article/jmxw/201908/20190802889896.shtml。

⑤ 《调查：2019年在俄中餐厅数量增长超50%》，俄罗斯龙报，2019年11月29日，http：//www.dragonnewsru.com/static/content/news/glo_news/2019-11-29/859388723198951424.html。

⑥ 人民日报（海外版）：《俄罗斯华商虞安林：把在俄华商拧成一股绳》，中国侨网，2019年7月18日，http：//www.chinaqw.com/hqhr/2019/07-18/226858.shtml，2020年9月13日浏览。

入又不能出门赚钱，回国是无奈之举，于是取道远东回国，导致短时间内华商大量涌入，给当地防疫工作带来了较大压力。① 此外，在疫情暴发之初，还出现了几起违反疫情防控规定的事件，在没有进行隔离观察的情况下，一些旅游团擅自出行游玩，给当地相关部门带来了很多不必要的麻烦，也给人留下了负面印象。一些城市的大市场管理方趁乱大发国难财，借各地防疫政令频出、修改频繁之机，对中国商人进行盘剥。② 如强行推出市场自制的鞋类电子标签，而且多次更换标签规则。由于市场自制标签与国家标准是两套系统，中国商人还面临着商品在市面流通被处罚的风险。这使中国商人叫苦不迭。③

此外，在俄罗斯的中国律师事务所生根发芽，有望在当地为中国公民提供法律援助和服务。旅游餐饮从业者也在疫情下纷纷转型线上或开展企业内训，以应对疫情的冲击、等待疫情后的复苏。中资企业尤其是开展线上业务的企业逆势增长，基建和能源企业因为有国家的支持受影响较小。留学生们在线学习和交流成为疫情期间的主要学习方式。

四、小结

纵观在俄罗斯中国公民的迁移历史，可以说，这是从个体到集体、从地区到全国、从草根到高端的过程。这种变化是移民与俄罗斯法律环境、社会发展、市场需求互动的必然结果。在俄罗斯移民法律政策不断完善的进程中，俄罗斯的中国公民状况呈现出三个特点。

一是俄罗斯中国公民的发展呈现出多元化的趋势。这是俄罗斯法律制度、社会发展的要求和中国综合国力显著增强的客观结果。近 20 年来，俄罗斯社会虽经历金融危机、石油危机、新冠肺炎疫情等的打击，但总体上社会状况较为稳定，各项法律制度尤其是移民管控法律不断建立健全。俄罗斯越来越规范的社会和法律环境客观地要求参与主体的合法化和规范化。大量国际迁移主体的合法化进程淘汰掉了过去游走于灰色地带的大部分小商人或劳务移民，吸引了更多的高端人才、技术人才、游客、留学生及合法行商人员，这在客观上已形成了迁移主

---

① 资料来源：2020 年 5 月 9 日，清华大学华商研究中心与中国华侨华人研究所共同主办的"海外华商谈抗疫"在线系列观察活动俄罗斯专场会议内容。

② 俄经评论：《战疫胜利之后一个被遗忘的群体——旅俄华商，疫情之下围城内外，返乡受限出国遇阻》，俄罗斯经济评论微信公众号，2020 年 9 月 9 日，https：//mp.weixin.qq.com/s/yJWCFHj00Ij81nHiQQyNqw，2021 年 3 月 2 日浏览。

③ 俄经评论：《莫斯科大市场强卖商户鞋类"通用标签"贴鞋底、鞋面、鞋里 规定花样翻新华商叫苦连天》，俄罗斯经济评论微信公众号，2020 年 8 月 20 日，https：//mp.weixin.qq.com/s/2que5Kdba8DRV5AdY46Beg，2020 年 8 月 20 日浏览。

体多元化发展的趋势。

二是绝大多数赴俄中国公民选择跨国流动，长期居住在俄罗斯的中国公民保持在较为固定的水平，为 0.15% ~0.25%。绝大多数人并不以取得长期居留权或俄罗斯国籍为目的。首先，俄罗斯是非传统移民国家，其境内的绝大多数外国移民是由政治原因形成的，而非市场驱动的结果。同时，俄罗斯国内民族主义情绪始终存在，俄罗斯当局通过出台各种优惠政策，旨在吸引境外同胞回国发展，也使得非俄罗斯族裔的外国移民在俄罗斯劳动力市场上越来越被边缘化，心理上缺乏对俄罗斯的归属感。此外，根据《俄罗斯联邦国籍法》，获得俄罗斯国籍须具备的首要条件是在俄罗斯境内居住 5 年以上，其中每年出境时间不得超过 3 个月；申请者在申请加入俄罗斯国籍时必须放弃原有国籍；申请加入俄罗斯国籍的外国公民必须掌握俄语，这一切规定都使得外国公民难以如愿获得俄罗斯国籍。而且，俄罗斯社会福利也远不及欧美国家那样有吸引力。因此，赴俄中国公民大多不打算长期居留在俄罗斯，也不追求取得俄罗斯国籍，而是选择跨国流动。

三是移民政策的制定逐渐呈现吸引海外俄罗斯族人和高层次人才的趋势。俄罗斯政府制定和修改国际移民政策的主要目标是维护国家安全和族群延续。由于自然人口增长始终处于下降趋势，吸引海外俄侨和高层次人才填补国内劳动力市场不足已经成为俄罗斯高层的决策方向和社会的共识。苏联加盟共和国中俄罗斯族的外国公民是俄罗斯移民政策首要的吸引目标，他们的回归或加入俄罗斯国籍，对俄罗斯处理国内、周边及国际事务具有独特的作用。高层次人才的迁移，如专家、科技人才、留学生、游客、商务人士等也是俄罗斯争取和吸引的重要对象。

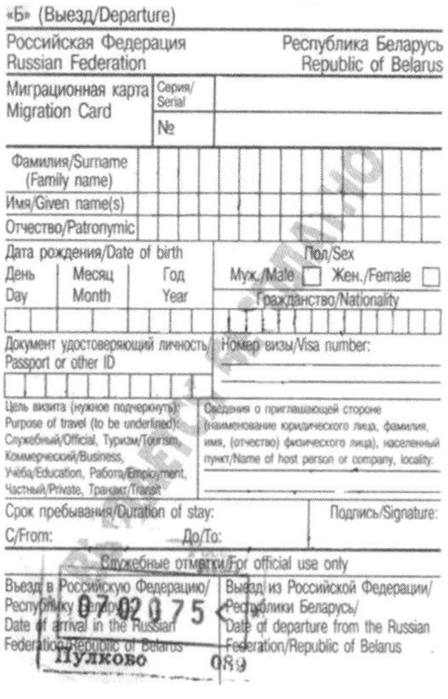

«Б» (Выезд/Departure)

Российская Федерация / Russian Federation — Республика Беларусь / Republic of Belarus

Миграционная карта / Migration Card — Серия/Serial — №

Фамилия/Surname (Family name)

Имя/Given name(s)

Отчество/Patronymic

Дата рождения/Date of birth: День/Day, Месяц/Month, Год/Year

Пол/Sex: Муж./Male ☐ Жен./Female ☐

Гражданство/Nationality

Документ удостоверяющий личность/Passport or other ID

Номер визы/Visa number:

Цель визита (нужное подчеркнуть)/Purpose of travel (to be underlined): Служебный/Official, Туризм/Tourism, Коммерческий/Business, Учёба/Education, Работа/Employment, Частный/Private, Транзит/Transit

Сведения о приглашающей стороне (наименование юридического лица, фамилия, имя, (отчество) физического лица), населенный пункт/Name of host person or company, locality:

Срок пребывания/Duration of stay: С/From: До/To:

Подпись/Signature:

Служебные отметки/For official use only

Въезд в Российскую Федерацию/Республику Беларусь/Date of arrival in the Russian Federation/Republic of Belarus

Выезд из Российской Федерации/Республики Беларусь/Date of departure from the Russian Federation/Republic of Belarus

07 02 0 75

Пулково 089

图 13 -6　移民卡

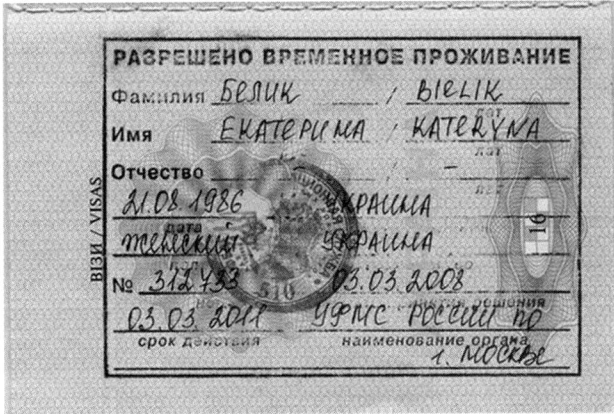

图 13 - 7　临时居留证

图 13 - 8　特许工作证

第十四章 以色列移民政策法规[①]

在世界移民史上，以色列移民具有非常鲜明的特色。1948 年现代以色列国家诞生后，以"犹太国家"和"民主社会"自居的以色列始终向世界各地的犹太人敞开大门，并且一直采取多种方式努力推进国外犹太人移民到以色列。即使是在席卷全球的新冠肺炎疫情背景下，以色列也继续接收犹太移民。以色列移民问题与犹太民族历史的特殊性、以色列的"犹太国家"属性、巴以矛盾的残酷性息息相关，既包括犹太人向以色列的移入，也包括以色列禁止巴勒斯坦人回归、外国非犹太工人的引入，当然还有以色列本国人向国外的移出。本章拟从以色列移民背景、政策法律、实践和影响等几个方面，对以色列移民问题做一个较为全面的回顾与分析。

一、以色列移民的背景

以色列的移民政策和实践与犹太民族历史的特殊性、以色列建国的复杂性、以色列的"犹太国家"属性、阿以巴以矛盾的残酷性息息相关，谈及以色列移民，务必要了解犹太人的曲折历史、犹太复国主义和以色列艰难的建国历程，现代以色列成立后对自己"犹太国家"的定位，与阿拉伯诸国的持续冲突和战争也对其移民产生重大影响。

（一）犹太复国主义

所谓犹太复国主义，就是散居在世界各地的犹太人重返"上帝应允之地"巴勒斯坦，再建犹太人国家的思想和实践。犹太人把自己的历史和《圣经（旧约）》联系在一起，犹太教认为，在很久以前犹太人先祖从今伊拉克地迁到迦南（今以色列、巴勒斯坦和约旦一部分，第一次世界大战以前这里是统一体"巴勒斯坦"），上帝把这块地允诺给犹太人，公元前 11 世纪犹太人在上述地方建立了其民族史上的首个统一国家。但是好景不长，犹太人的统一国家很快就陷入分裂，进而被周边大国所灭，特别是在公元 1—2 世纪犹太人反抗罗马人的统治失

[①] 本章执笔者范鸿达，上海外国语大学教授，主要从事中东问题和伊斯兰穆斯林事务研究。

败后，几乎所有的犹太人都被驱赶或被迫离开"上帝应允之地"，开启犹太人历史上所谓"大流散"时期，其中很大一部分犹太人流向了欧洲。

因为犹太教和基督教的早期矛盾、犹太人的生活特性以及欧洲自身的发展特点，总体而言流散到欧洲的普通犹太人之状况相当不理想，他们在欧洲没有国民待遇，而且还要面临较为广泛的"反犹主义"。法国大革命时代的拿破仑曾执行相当宽容的民族和宗教政策，并把这一政策推广到法国征服地，这曾给欧洲犹太人带来曙光。但是随着拿破仑的失败，犹太人在欧洲的境况又趋向恶化，特别是1881年沙皇亚历山大二世遇刺和1894年法国爆发"德莱福斯案件"后，俄国、法国等欧洲国家的反犹浪潮日甚一日，越来越多的犹太有识之士不断思考本民族的未来，并逐渐形成建立民族国家来保护自己的思想。这时，在宗教和历史因素的推动下已经有犹太人开始向巴勒斯坦移民。

1896年，被誉为"犹太复国主义之父"的西奥多·赫茨尔出版《犹太国》，生活在奥地利的他开篇直言其理想是重建犹太国家，他在书中列出相当详细的建国步骤和方略，包括散居在世界各地的犹太人向"犹太国"移民的具体方案。在西奥多·赫茨尔的推动下，来自俄国、东欧、西欧、巴勒斯坦、阿尔及利亚和北美等地约200名犹太复国主义者，于1897年在瑞士巴塞尔召开"第一届世界犹太复国主义代表大会"，这是犹太人踏上"大流散"之旅后召开的首次全球性民族大会。本次大会最终做出犹太人重返巴勒斯坦建立民族家园的决定，之后犹太人向巴勒斯坦移民的步伐加快，特别是第一次世界大战后巴勒斯坦成为英国的委任统治地，受到英国官方支持的"犹太复国主义"开展得更是如火如荼，希特勒针对犹太人的"大屠杀"亦推动一批又一批的犹太移民奔向巴勒斯坦。

随着犹太移民的不断到来并占有土地等资源，生活在这里的巴勒斯坦人利益受损，双方矛盾日益加剧，视巴勒斯坦为自己组成部分的阿拉伯世界也旗帜鲜明地反对"犹太复国主义"。当英国出于第二次世界大战的需要压制犹太人向巴勒斯坦移民从而讨好阿拉伯诸国时，愤怒的犹太复国主义者转而向美国求援。在美国的大力支持下，在不断增多的犹太复国主义者的期待中，1947年联合国通过巴勒斯坦分治决议时，这里的犹太人已经从1870年时的不到2万猛增到60多万了，[①]犹太人向巴勒斯坦移民的力度不可谓不大。

（二）以色列的"犹太国家"属性

如前所述，现代以色列国家之所以被创建，其最基本的目的就是要为散居世

[①]　参阅［美］小阿瑟·戈尔德施密特、劳伦斯·戴维森著，哈全安、刘志华译：《中东史》，北京：中国出版集团东方出版中心，2010年，第283页；United Nations Partition Plan for Palestine，维基百科，2017年3月20日，https：//en. wikipedia. org/wiki/United_Nations_Partition_Plan_for_Palestine.

界各地的犹太人提供一个庇护所和安全地，是犹太人的家园。不管是 1948 年的以色列《独立宣言》，还是目前以色列政府的诉求，以色列都被标以"犹太国家"。以色列的"犹太国家"属性在很大程度上影响到了其移民政策，一方面，以色列向全世界的犹太人敞开大门，就像其《独立宣言》中所说的那样："以色列国将向所有犹太移民开放。"另一方面，作为"犹太国家"，以色列的多数人口一定要是犹太人，并且犹太人要占全国人口的绝大多数。2014 年 11 月以色列内阁通过充满争议的《犹太国家法案》，再次突出强调以色列是一个"犹太国家"。2018 年 7 月 19 日，120 个议席的以色列议会以 62 人赞成、55 人反对、2 人弃权通过"犹太民族国家"法案，规定以色列的"自决权"只属于犹太人。该法案也成为以色列基本法之一，并于 2019 年被纳入学生教材。[①]

按照以色列官方统计，这个国家中的阿拉伯人出生率远高于犹太人，笔者在以色列考察时的确发现，占以色列犹太人口绝大多数的非宗教犹太人没有多生孩子的强烈愿望，非宗教犹太家庭一般只有两个或一个孩子。面对阿拉伯人的高出生率，以色列政府甚是担心国家人口比例问题，毕竟，对"犹太国家"以色列而言，务必要保证犹太人占国家总人口的大多数，这也影响到了以色列移民政策的制定和实施。另外需要注意的一点是，以色列官方和宗教势力对国家犹太属性的过分强调，不但导致国内非犹太人的不满和国际社会的非议，而且也引起很多非宗教犹太公民的反感甚至是反对。目前犹太人约占以色列总人口的 75%，其中非宗教犹太人约占 80%，他们是以色列犹太人口的绝大多数，以色列宗教犹太人只占全国犹太人总数的约 20%。

（三）阿以/巴以冲突

以色列是在阿拉伯世界的反对声中成立的，是在与阿拉伯诸国发生多次战争的环境下发展壮大的，阿以/巴以之间的对抗和冲突对以色列移民政策造成直接影响。

显而易见，以色列和阿拉伯国家的连续战争和对抗，让生活在阿拉伯世界的犹太人处境尴尬，这些犹太人自然被以色列视为移民归国的重中之重。另一方面，尽管很多流散他处的巴勒斯坦人祖宅和家园仍在以色列，但是由于安全和人口比例等因素的考虑，这些巴勒斯坦人被禁止移民以色列。而在 20 世纪 90 年代巴以冲突加剧后，以色列大大减少甚至停止引入巴勒斯坦工人，这导致以色列要

---

① 惠晓霜：《以色列议会争议声中通过"犹太民族国家"法案》，新华网，2018 年 7 月 19 日，http://www.xinhuanet.com/world/2018–07/20/c_129917020.htm；吕迎旭、尚昊：《以色列将犹太民族国家法内容纳入学生教材引争议》，新华网，2019 年 8 月 31 日，http://www.xinhuanet.com/world/2019–08/31/c_1124945473.htm。

从其他国家引入移民工人。当然，阿以/巴以冲突也使得一些以色列犹太人移居他国。

二、以色列的移民法规政策

以色列是作为散居在世界各地的犹太人的家园而建立的，大量犹太移民的到来是这个国家得以建立的最为关键因素。犹太移民和以色列国家之间存在非常紧密，可以说是唇亡齿寒的关系，因此，以色列建立后非常重视移民问题，在很多重要文件、法律中对此都有体现，而且也出台了多项与移民有关的政策。事实上，1948 年 5 月 14 日以色列首任总理本·古里安宣告的国家《独立宣言》，也是对散居在世界各地的犹太人的深切召唤，欢迎他们移民到这个新生的"犹太国家"。

（一）《回归法》

以色列建国后，制定明确的移民法规成为政府非常重视的问题。1950 年以色列颁布《回归法》，随后曾于 1970 年对《回归法》进行修正，在那之后直到今天，该法一直是犹太人移民以色列的根本性文件。该法规定"凡犹太人均有移居以色列之权利"，移民签证发给一切表示愿意来以色列定居的犹太人，但内政部部长确定的下列情况除外：一是申请者从事反犹太人民的活动；二是可能危及公共卫生或国家安全；三是过去犯过危害公共安全的罪行。《回归法》也把移民以色列的权利给予犹太人的配偶、儿子和孙子，以及儿子或孙子的配偶，但原为犹太人而自愿皈依另一宗教者除外。《回归法》规定，母亲是犹太人或已经皈依（犹太教）而不属于另一宗教的人也被认为是犹太人。尽管犹太律法规定只有通过母系关系才能获得犹太人身份，但是以色列《回归法》都为拥有母系或父系血缘的犹太人赋予公民身份，这与纳粹根据"犹太血统"来界定犹太人的做法一致，其目的是接受纳粹战争罪行的受害者和未来其他国家支持的反犹主义的受害者。《回归法》对犹太人移民以色列给予详细规定，并给出相当明晰的移民路径，便利了犹太人向以色列移民。[①]

（二）《国籍法》

以色列议会在 1952 年 4 月 1 日通过的《国籍法》是与移民息息相关的又一

---

① 关于以色列《回归法》，请参阅"以色列法律资源中心"网站，http://www.israellawresourcecenter.org/israellaws/fulltext/lawofreturn.htm，2016 年 11 月 2 日浏览。

部法律。《国籍法》全面规定了以色列国籍的取得、丧失、实施和处罚措施。该法开章明义，在列举可以取得以色列国籍人员资格时，第一条就是依据《回归法》移民以色列的犹太人可以自动取得以色列国籍，此外，犹太人还可以通过定居或出生在以色列以及归化以色列等方式获得以色列国籍。该法规定，在取得以色列国籍时要"宣誓效忠以色列国"①。以色列《国籍法》自颁布以来曾在1958年、1968年、1971年进行过多次修正。2010年10月，以色列内阁以22票赞成、8票反对通过一项《国籍法》修正案，要求非犹太裔人在获得以色列国籍时必须宣誓承认以色列是"犹太民族国家"，这在以色列国内外引起激烈争议，被认为是对以色列非犹太人权益的严重侵犯。

（三）《公民身份与进入以色列法》

2003年以色列议会通过《公民身份与进入以色列法》，对部分国家和地区的居民移民和居住在以色列做了新的规定。在家庭团聚的名义下，1963—1993年间仅有百余名来自约旦河西岸或加沙的巴勒斯坦人通过和以色列籍阿拉伯人结婚获得以色列公民资格，但是在1993年巴以签署《奥斯陆协议》后，1994—2002年间通过与以色列阿拉伯人结婚移居以色列或获得以色列公民身份的巴勒斯坦人猛增至13.7万人。② 针对这一情况，出于安全和"犹太国家"人口比例等考虑，2002年以色列内阁通过决议，冻结了关于部分国家和地区人士通过"与以色列阿拉伯人结婚"即可自动获得公民资格之法律条款，2003年7月底，作为临时法令的《公民身份与进入以色列法》被通过，该法令明确规定受限国家和地区包括伊朗、阿富汗、黎巴嫩、利比亚、苏丹、叙利亚、伊拉克、巴基斯坦、也门以及巴勒斯坦民族权力机构管理区域。2005年5月，以色列内阁投票通过《公民身份与进入以色列法》的修正案，该修正案把通过与以色列阿拉伯人结婚获得以色列公民身份的巴勒斯坦人数量每年限制在200~250人。

除了这些与移民息息相关的法律法规外，以色列和犹太人组织在机制、机构、资金、援助等方方面面也有相当全面的移民举措。比如，从内阁层级来讲，有专门应对移民问题的"以色列移民吸纳部"（前身为以色列移民部），还有一些非政府组织（基本都是犹太人组织）为犹太人移民以色列提供资金和路径帮助。可以说，只要能够证明自己是犹太人，就能获得以色列或犹太人的某些组织或力量的帮助，从而移民以色列，并且在抵达以色列后还能在住房、工作、教

---

① 关于以色列《国籍法》，请参阅"以色列法律资源中心"网站，http://www.israellawresourcecenter.org/israellaws/fulltext/nationalitylaw.htm，2016年11月2日浏览。关于移民的具体规定，可参阅以色列《回归法》。

② Daniel Pipes：《终结巴勒斯坦人的"回归权"》，国家评论在线，2012年1月17日，http://zh-hans.danielpipes.org/article/10579，2016年11月2日浏览。

育、语言培训、社会服务、保险等方面获得专门援助。为了帮助犹太人移民以色列，以色列移民和吸纳部还定期推出《新移民指南》，比如 2016 年推出的《新移民指南》第 12 版，这份 130 多页的文件细致入微，为（可能）向以色列移民的犹太人提供了接收、新移民身份、财政资助、移居以色列首年安排、帮助移民学生接受更高等教育、关税优惠、住房、就业、社会福利、健康服务、服兵役、驾照、公共调查、核对表和有价值地址等信息，几乎涵盖了新移民所需要的方方面面。①

三、以色列的移民实践

以色列建国后向全世界的犹太人敞开大门，欢迎散居他处的犹太人返回自己的民族国家以色列。以色列"犹太国家"属性的确立，预示着犹太人必定要在这个国家占据人口的大多数，这一特性在很大程度上决定了以色列的移民政策。20 世纪 90 年代与巴勒斯坦的冲突加剧则促使以色列吸引非犹太移民工人前来取代巴勒斯坦工人。当然，安全形势的不甚理想和发展机会的不足也推动一些以色列犹太人出走他国。

（一）犹太人移入以色列

在大量犹太移民的支撑下，以色列国最终在 1948 年得以建立。有了国家载体后，犹太人向以色列移民更加便利，人数也随之猛增，1948—1951 年间有 60 多万新移民加入，以色列犹太人增长了一倍，其中有约一半的新移民是从纳粹集中营逃离幸存的难民和欧洲流离失所的人，其余的则从周边阿拉伯国家而来，到 1952 年底移民数量再次激增到 738 891 人。② 随着二十世纪五六十年代以色列和阿拉伯国家关系的紧张，原生活于北非和也门犹太社区的犹太人几乎都移民到了以色列，来自其他阿拉伯国家和伊朗的大规模犹太移民也在持续。1960—1989 年间，平均每年移民以色列的犹太人约 1.5 万名，1989 年后特别是苏联解体后，以色列迎来一个苏联地区的犹太移民高潮，仅在 1990 年一年内进入以色列的犹太移民就有 199 751 人，其中来自苏联境内的犹太移民高达 184 493 人。③

---

① The Publications Department, Ministry of Aliyah and Immigrant Absorption, Guide for the New Immigrant 12th Edition, Jerusalem 2016, http://www. moia. gov. il/English/InformationAndAdvertising/Advertising/Pages/FirstSteps. aspx, 2016 – 11 –04.

② Israel State Archives, Immigrants to Israel, 1948 – 1952, https://israelsdocuments. blogspot. com/2013/04/immigrants – to – israel – 1948 – 1952. html#comment – form, 2021 – 03 – 25.

③ 益楚：《"人口扩张"——激化矛盾的以色列移民政策》，《世界知识》1991 年第 11 期，第 11 –12 页。

    以色列政府还采取一些非常措施帮助犹太人移民，大部分埃塞俄比亚的犹太人就是通过这样的方式抵达以色列的。《圣经（旧约）》列王纪中有关于来自非洲的示巴女王觐见古以色列王国所罗门的记载，这个示巴很可能就是今天的埃塞俄比亚，其境内的法拉沙（Falasha）人自称是家系以色列（Beta Israel），以色列建国特别是稳定后，一些法拉沙人也产生回归以色列的想法，并因此努力践行犹太教信仰。20 世纪 80 年代初，法拉沙人因为信仰在国内受到政府的打压，其经济状况也相当糟糕，正在大力吸纳犹太移民的以色列关注到这个群体并采取了一些行动。在埃塞俄比亚犹太人移民以色列的过程中，有两个非常著名的行动。第一个是"摩西行动"，1984 年埃塞俄比亚大饥荒时期，埃塞俄比亚国内一些犹太人逃到苏丹，大概有 8 000 人通过"摩西行动"由苏丹被空运到以色列。媒体曝光这一秘密行动后苏丹受到来自阿拉伯世界的巨大压力，从而导致空运的停止。更大的第二波埃塞俄比亚犹太人移民，其进入以色列的行动被称为"所罗门行动"，在 1991 年埃塞俄比亚剧烈的政治和经济动荡情势下，长达 36 小时的空运行动把 14 000 名犹太人带到以色列。[1] 进入 21 世纪后，以色列继续关注埃塞俄比亚的犹太人回归，比如通过 2020 年开始的"祖尔以色列（Tzur Yisrael）行动"，到 2021 年 3 月中旬已经有 2 000 名埃塞俄比亚犹太人飞抵以色列，其中一些是前期抵达以色列的埃塞俄比亚移民的亲人。[2]

    进入 21 世纪后，由于巴以冲突升级及经济形势不佳，以色列接收的犹太移民数量有所下降，据以色列《耶路撒冷邮报》2007 年 12 月 24 日报道，2007 年移民以色列的犹太人数量下降到 1.97 万人，创 20 年来最低点。但是随着以色列安全形势的好转，以及欧洲特别是法国针对犹太人恶性事件的上升，[3] 近年来欧美犹太人移居以色列有所增加，以色列时任总理内塔尼亚胡甚至一再公开欢迎欧洲犹太人返回以色列这个"犹太家园"。[4] 据法国犹太人办事处统计，2012 年全年有 1 917 名犹太人离开法国回到以色列，2013 年这一数字上升到 3 280 人，仅 2014 年 1 月，该办事处收到的申请就超过 1 000 份。[5] 在 2015 年以色列新增的

---

    ① Martha Kruger, Israel：Balancing Demographics in the Jewish State, Migration Policy Institute, http：//www. migrationpolicy. org/article/israel － balancing － demographics － jewish － state, 2016 年 11 月 4 日浏览。

    ② Operation "Tzur Yisrael" has Concluded with the Arrival of the 9th and Last Flight Carrying300 New O-lim, The Ministry of Aliyah and Integration of Israel, https：//www. gov. il/en/departments/news/tzur － israel － 20210311.

    ③ 《法媒：法国犹太人正在从该国的人口版图上消失》，环球网，2016 年 1 月 25 日，http：//world. huanqiu. com/exclusive/2016 －01/8438547. html，2016 年 11 月 5 日浏览。

    ④ 《袭击频发 内塔尼亚胡号召欧洲犹太人移民以色列》，观察者网，2015 年 2 月 16 日，http：//www. guancha. cn/europe/2015_02_16_309749. shtml，2016 年 11 月 4 日浏览。

    ⑤ 《以色列鼓励欧洲犹太人回归》，《人民日报》，2015 年 2 月 17 日。

31 013名移民中，来自法国的约占24%，其余主要来自乌克兰（约23%）、俄罗斯（约22%）和美国（约10%）。①

表 14 - 1　1948—2020 年以色列接纳移民人数统计

单位：人

年份	1948—1957	1958—1967	1968—1977	1978—1987	1988—2000	2001—2010	2011—2020
人数	908 792	366 304	341 458	180 365	1 053 604	224 709	241 284

资料来源：Central Bureau of Statistics of Israel, Immigration to Israel, https：// www. cbs. gov. il/en/subjects/Pages/Immigration - to - Israel. aspx；Jewish Virtual Library, *Total Immigration to Israel by Year*, https：//www. jewishvirtuallibrary. org/total - immigration - to - israel - by - year（笔者根据这两个网站的相关数据统计）。

　　值得注意的是，直到今天以色列仍然在不断接收来自世界各地的犹太移民，即使是在严重的新冠肺炎疫情之下，以色列也没有停止这一工作。据以色列媒体报道，2021 年 2 月 26 日早晨，又一批来自埃塞俄比亚、乌克兰和南非的 380 名新犹太移民抵达以色列本·古里安国际机场。② 这是在以色列因为疫情自 1 月 25 日就关闭了该机场所有商业航班的情况下发生的，由此可见以色列对移入犹太人的重视程度。事实上，即使是在疫情最严重的 2020 年，以色列接收犹太移民的工作虽然受到一些影响，但是也一直在进行。③

（二）拒绝巴勒斯坦人移民以色列

　　在以色列历史学家 Tom Segev 看来，自犹太复国主义诞生之日起，把巴勒斯坦人驱赶出"上帝应允之地"巴勒斯坦就成为犹太复国主义者始终如一的目标。④ 在此种目标的驱使和其他因素的推动下，犹太人移民巴勒斯坦的步伐不断加快，他们与当地人的矛盾也就自然产生，到二十世纪二三十年代，巴勒斯坦

---

　　① 以色列蓝皮书课题组：《2015 年以色列人口持续增长，外来移民大幅增长是主要原因之一》，皮书网，2016 年 9 月 7 日，http：//www. pishu. cn/psgd/380896. shtml，2016 年 11 月 4 日浏览。

　　② Jerusalem Post Staff, Aliyah flights from Ethiopia, Ukraine Land in Israel Despite Coronavirus, *Jersaleum Post*, 2021 年 2 月 27 日，https：//www. jpost. com/israel - news/aliyah - flights - from - ethiopia - ukraine - land - in - israel - despite - coronavirus -660318，2021 年 3 月 2 日浏览。

　　③ Jeremy Sharon, New immigrant to Israel diagnosed with coronavirus, *Jerusalem Post*, 2020 - 06 - 17, https：//www. jpost. com/israel - news/new - immigrant - to - israel - diagnosed - with - coronavirus - 630993. 关于以色列不断接收犹太移民的活动，以色列著名媒体《耶路撒冷邮报》网站开辟专栏给予关注，可参阅 https：//www. jpost. com/aliyah。

　　④ Tom Segev, The June 1967 War and the Pslstinian Refugee Problem, *Journal of Palestine Studies*, Vol. 36, No. 3 , Spring 2007, p. 6.

（阿拉伯）人和犹太人之间的矛盾已经达到不可调和的境地，而随着 1947 年联合国通过了"巴勒斯坦分治决议"，以及次年建立以色列国，以色列与阿拉伯国家便陷入了长期的激烈战争，并最终导致大量巴勒斯坦人流离失所，沦落为难民。[①]

按照联合国近东巴勒斯坦难民救济和工程处（UNRWA）的定义，所谓巴勒斯坦难民，指的是 1946—1948 年间定居在巴勒斯坦，并且由于 1948 年第一次中东战争而失去家园和生活资料的巴勒斯坦人及其后代，还包括他们合法收养的孩子。[②] 该机构官方网站 2016 年 11 月 6 日公布的信息显示，其服务范围内正式登记的巴勒斯坦难民已经超过 500 万，高达 5 149 742 人。[③] 这些巴勒斯坦难民除了一部分生活在今天的约旦河西岸和加沙地带外，大多只能流亡到其他国家。

在巴以和平进程中，巴勒斯坦难民是一个非常敏感和难以克服的问题，巴勒斯坦方面强调难民的回归权，认为他们有权回到祖籍地，但以色列方面对此坚决拒绝。以色列之所以拒绝巴勒斯坦难民移民到自己国土上，除了安全考虑之外，保持国内犹太人口的绝对多数也是关键因素，一旦大量且高出生率的巴勒斯坦难民移民而来，以色列国内的阿拉伯人将会在人口比例上对犹太人形成日益严峻的挑战，"犹太国家"也将名不副实。

为了保障犹太人在国家中的绝对多数地位，以色列还采取了一些其他措施。尽管耶路撒冷早就被以色列宣布为自己的首都，但是至今生活其中的绝大部分巴勒斯坦人只是耶路撒冷居民，不能自动取得以色列公民身份。在 1993 年巴以达成《奥斯陆协议》后，以色列曾允许西岸和加沙的巴勒斯坦人通过与以色列公民结婚的方式定居以色列并取得公民资格，但是如前文所述，当这样的移民骤然增多后，以色列推出《公民身份与进入以色列法》，对部分国家和地区居民移民以色列进行了新的规定，特别是对巴勒斯坦人通过婚姻实现移民提出具体限制并持续至今。

巴以冲突和以色列"犹太国家"属性带来的不仅仅是巴勒斯坦人难以重返故地、移民到以色列，而且还在其他方面影响到以色列的移民政策。在很长时期内，廉价的巴勒斯坦工人曾是经济发达国家以色列所倚重的，但是自 20 世纪 90

[①] 其实在 1948 年阿以战争爆发前，一部分巴勒斯坦人特别是富人，就慑于战争等因素离开了巴勒斯坦。关于当时巴勒斯坦难民产生的历史状况，国内外学者均做过专门研究，请参阅 Benny Morris, *The Birth of the Palestinian Refugee Problem*, *1947 – 1949*（前引书）和赵克仁的《巴勒斯坦难民问题的历史考察》（前引文）。对于巴勒斯坦难民问题，以色列、阿拉伯国家的认识存在明显差距，参阅美以合作公司（The American – Israeli Cooperative Enterprise, AICE）网站文章 The Palestinians Refugees（Written by Mitchell Bard），http：//www. jewishvirtuallibrary. org/jsource/History/refugees. html，2011 年 9 月 17 日浏览。

[②] UNRWA，http：//www. unrwa. org/etemplate. php？ id =86. 其实对巴勒斯坦难民的界定和认识，巴勒斯坦、以色列、一些阿拉伯和伊斯兰国家以及西方都有自己的看法，参阅 Elia Zireik, The Palestinian Refugee Problem：Conflicting Interpretations, *Global Dialogue*, Vol. 4, No. 3, Summer 2002。

[③] UNRWA，http：//www. unrwa. org/where – we – work，2016 年 11 月 6 日浏览。

年代巴以暴力事件增多后，以色列政府决定不再允许巴勒斯坦人前来工作，这直接导致以色列非犹太移民工人的出现。

（三）非犹太国际工人的移入

1991 年马德里中东和平会议召开之后，历经战乱多年的中东迎来片刻的相对和平，尤其让观察家感到兴奋的是，1993 年巴以双方达成《奥斯陆协议》，为之后巴勒斯坦自治打下基础。但是巴以和平之路走得并不平坦，双方内部都有不同意见，因此协议达成后巴以爆发了一系列暴力事件，进入 21 世纪后巴以冲突再次升级，以色列国内安全也大受影响。在这种情况下，为了获得更高的安全系数，以色列停止让巴勒斯坦人进入本国工作，而生活水准较高的以色列本国人又不愿意从事建筑、清洁、农业和家庭护理等工作，因此以色列政府决定以其他国家的非犹太工人取代巴勒斯坦人先前从事的这些工作。

在 2000 年之前，来自东欧国家的工人占据以色列移民工人的多半，其中尤以罗马尼亚的工人居多。自 2001 年开始，来自亚洲国家的工人开始超过东欧，主要有主营家庭护理的菲律宾人、从事农业的泰国人和建筑行业的中国人。以色列劳工签证一般是五年期，在以色列工作期间工人不能随便更换雇主，而且每年需要更新工作许可证。外籍工人要通过中介服务才能进入以色列劳工市场。

以色列对移民工人实行的行业配额制，根据国内各行业所需来颁发年度配额，比如 2005 年的移民工人配额包括 1.75 万建筑工人、2.6 万农业工人，在工厂、酒店和餐馆也分别有 2 100 人、550 人和 1 300 人。[①] 移民工人在给以色列带来服务的同时也降低了本国人的就业率，这使得 2002 年 10 月 3 日时任总理沙龙宣布实施"关闭天空"政策，决定之后不再从国外引进工人，就业配额只提供给已经在以色列的移民工人。此外还有一个问题需要以色列政府面对，那就是大量移民工人逾期不离开、非法停留在以色列。以色列政府从 2002 年 8 月起加大了遣返非法停留的移民工人的力度，自 2002 年 9 月至 2005 年中，有包括妇女和儿童在内的 13.6 万非法工人或被驱逐出境或不得已"自愿"离开以色列。2012 年 6 月，以色列接连采取包机的方式把数百名南苏丹人送回南苏丹，为了鼓励非法移民回国，以色列政府还推出提供免费机票，向每名成年人发放 1 000 欧元、儿童发放 300 欧元补贴等举措。[②] 但是在巴以冲突难以解决的情况下，以色列对从事劳力和苦力工作的移民工人的需求是客观存在的，因此政府也不得不面对这

---

① Martha Kruger, Israel: Balancing Demographics in the Jewish State, http://www.migrationpolicy.org/article/israel-balancing-demographics-jewish-state, 2016 年 11 月 26 日浏览。

② 《以色列开始驱逐非洲移民　首批南苏丹人乘机回国》，新华网，2012 年 6 月 19 日，http://news.xinhuanet.com/world/2012-06/19/c_123301639.htm, 2016 年 11 月 4 日浏览。

个问题，比如据以色列《耶路撒冷邮报》报道，以色列政府声称在 2017 年 1 月 4 日和中国商务部达成协议，规定从 2 月底正式签署合同之后的 6 个月内，将会引进约 6 000 名中国建筑工人，帮助当地修建住房。[①]

（四）犹太人移出以色列

尽管在犹太移民问题上移入以色列是主流，但不可忽视的是，在某些特定情况下，特别是在进入 21 世纪后，犹太人移出以色列也已经屡见不鲜。比如苏联解体后有近百万俄罗斯犹太人移民以色列，不过随着俄罗斯经济的复苏和在以色列生活工作不理想，也有犹太人再次返回俄罗斯，一份调查显示，在 2001—2003 年间，至少有 5 万人离开以色列返回俄罗斯。[②]

近些年来居高不下的物价和竞争性机会的缺乏，也使得一些犹太人选择或长或短时间地离开以色列。比如 2011 年夏天以色列民众因为高房价而举行了持续多日的抗议活动，再加上对国家经济发展不甚乐观，一些以色列人将目光转向欧美国家。一些具有高学历、有才能、有技术的以色列人也选择离开了以色列，比如 2002 年诺贝尔经济学奖得主 Daniel Kahneman、2013 年诺贝尔化学奖得主 Arieh Warshel 等。[③]

表 14 - 2　1985—2000 年间在以色列取得学位且到 2011 年已经在国外待满一年的以色列人数统计

学习专业/领域	数量（人）
医学	716
化学	348
工程建筑	3 162
数学、统计和计算机科学	2 385
物理	927
生物	1 568
总数	9 423

资料来源：The Knesset Research and Information Center, Information about Israeli Academics Abroad and Activities to Absorb Academics Returning to Israel, 2014 - 01 - 30, http://www. knesset. gov. il/mmm/data/pdf/me03375. pdf, 2016 年 11 月 5 日浏览。

注：此处总数还包括未在表中单独列出的其他学科。

---

① 范凌志、张雪婷：《6 000 名中国建筑工人将赴以色列修建房屋缓解当地住房危机》，环球网，2017 年 1 月 6 日，http://world. huanqiu. com/exclusive/2017 - 01/9911360. html，2017 年 2 月 20 日浏览。

② 《以色列政局动荡经济低迷　犹太移民潮回流俄罗斯》，新浪网，2004 年 8 月 5 日，http://news. sina. com. cn/w/2004 - 08 - 05/00443295698s. shtml，2016 年 11 月 4 日浏览。

③ 《以色列移民》，http://israel. com/zh/home/business - finance/immigration/，2016 年 11 月 5 日浏览。

科技创新在以色列的国家发展中占据非常突出的地位，因为政治、经济、物价、宗教等多种因素，进入 21 世纪后以色列本土人才流失较为严重，这对以科技立国的以色列形成严峻挑战，引起包括议会在内的国家机构和部门的高度重视，国家也因此出台了一些吸引人才回归以色列的政策，比如政府在 2010 年推出的"以色列国家人才流入计划"（The Israel National Brain Gain Program）、"以色列卓越研究中心"（The Israeli Centers for Research Excellence）项目，为来以色列工作的人才提供平台资金等支持，并提供一些把人才稳定在以色列的工作岗位。[①]

（五）以色列的中国"犹太移民"和工人

与以色列移民问题相关的华人主要包括两个群体——来自中国的"犹太移民"和主要从事建筑行业的中国工人。当 19 世纪末期欧洲掀起"反犹排犹"浪潮时，一批又一批的犹太人来到中国，到 20 世纪 40 年代初，中国的犹太人达到4 万人。[②] 第二次世界大战后，逃难中国的犹太人陆续离开中国前往欧洲、美国、以色列等地，1949—1952 年约有 8 500 名原住中国的犹太人移民到以色列，1951年 6 月，以色列成立"中国犹太移民协会"（后更名为"原居中国犹太人协会"），该协会为原住中国的犹太移民提供一些力所能及的帮助，并且积极推进中国和以色列之间的友好交往。[③]

以色列除了有这些曾逃难中国的犹太移民（或后裔）外，还有少量自己声称是犹太人的河南开封人。早在宋代，开封就存在犹太人社区，但是在漫长的历史岁月中犹太人在中国已被同化。尽管时至今日，这些曾经的犹太人已经没有了外貌、语言等犹太人特征，而且也不被以色列认可为犹太人，但是开封一些人仍然声称自己就是犹太人。成立于 2002 年的以色列"回归以色列"组织表示，截至 2016 年 3 月，该组织已经协助 19 名"开封犹太人"移民以色列，但是按规定，这些人必须完成犹太教的学习并完成皈依后才能取得犹太人身份。[④] 因为中国"犹太人"的绝对数量有限，所以通过"犹太人身份"获得移民以色列的案

---

①　The Knesset Research and Information Center, *Information about Israeli Academics Abroad and Activities to Absorb Academics Returning to Israel*, 2014 年 1 月 30 日, http：//www. knesset. gov. il/mmm/data/pdf/me03375. pdf, 2016 年 11 月 5 日浏览。

②　肖宪：《近代中国对犹太人的了解和态度》，《思想战线》1993 年第 6 期，第 80 - 86 页。

③　肖洪：《以色列原居中国犹太人协会的主要活动及影响》，《边疆经济与文化》2013 年第 1 期，第 182 - 183 页。

④　《河南开封 5 名犹太人后裔移民以色列》，观察者网，2016 年 3 月 2 日，http：//mini. eastday. com/a/160302203022652. html；《河南 5 名女孩以犹太后裔身份"组团"移民以色列》，天维新闻，2016 年 3 月 3 日，http：//news. skykiwi. com/world/dl/sh/2016 - 03 - 03/214715. shtml, 2016 年 11 月 26 日浏览。

例不多，而且随着中国发展的日新月异和中东安全局势的整体不乐观，也并非所有"中国犹太人"都有移民以色列的意愿。

20世纪90年代以色列推出引进非犹太人国际工人政策后，中国工人随之进入以色列，并在建筑行业占据突出地位。"中以劳务合作始于1992年，1995年后开始出现较明显的增长。根据以色列国家统计局公布的统计数据，1995年中国人获得入以工作签证占工作签证总数2.1%，2001年达到最高峰即占工作签证总数的15%……1995年至2003年，中国人累计获得入以工作签证3.14万份，占同期以色列发放工作签证总数的5.8%。"[1] 进入21世纪后，当以色列收紧外籍劳工政策时，中国在以色列的务工人员急剧减少。笔者在2010—2011年游学以色列时，与来自中国的建筑工人有些交往，得知他们出国时需要向中介机构缴纳十余万元人民币，一个以色列工作签证是五年，第一年的工作所得基本就是用来偿还中介费用。据笔者观察了解，到2011年，在以色列的此类中国工人已经所剩无几。

表14-3 1995—2003年中国持工作签证进入以色列的工人数量统计

单位：万人

年份	1995	1996	1997	1998	1999	2000	2001	2002	2003
人数	1.9	3.6	1.5	3.0	3.6	2.9	11.8	1.8	1.3

资料来源：Martha Kruger, *Israel：Balancing Demographics in the Jewish State*，http：//www.migrationpolicy.org/article/israel – balancing – demographics – jewish – state，2016年11月26日浏览。

另外，在以色列的华人还有一个规模极小的移民群体，那就是通过与以色列人结婚而定居那里的华人，有200~300人。笔者2019年在以色列时曾经接触过几位，在这个小的群体中基本都是来自中国内地的女性，大都从事翻译和导游的工作，主要服务来自中国的各种团队。因为有以色列的伴侣，而且自身素质和能力也比较高，所以在以色列的华人圈中这个群体的状况相当好。

四、以色列移民催生的问题

以色列的主体民族犹太人具有特殊的历史经历，这也导致建国伊始以色列就给自己贴上"犹太国家"的标签。但不可忽视的是，在以色列《独立宣言》中，

---

[1]　李明欢：《谋生于合法与非法之间：在以色列的福建人》，《世界民族》2008年第4期，第50–59页。

这个国家还有另一个同样重要的国家特征——"民主社会"。在很大程度上讲，以色列的移民政策和实践就是对这两大国家特征的阐释或挑战。

（一）以色列犹太人内部矛盾

犹太复国主义兴起后一直到现在，从地域上讲，移民以色列的犹太人可以划分为来自欧美的阿什肯纳兹犹太人和来自亚非的塞法迪犹太人。犹太复国主义运动的倡导者基本是欧美的阿什肯纳兹犹太人精英人士，他们是组织向巴勒斯坦移民和筹建以色列国的中坚力量，也是以色列建国后的国家长期主导力量。从世界犹太人口来看，85%的犹太人是阿什肯纳兹犹太人，迄今这部分犹太人仍然主要生活在欧美国家，而世界绝大部分的塞法迪犹太人却生活在以色列，以色列建国后接收的绝大部分犹太移民是塞法迪犹太人，到20世纪80年代中期，这部分犹太人已经占到以色列犹太人口的一半。[1] 但是，不管是在以色列建国前还是建国后，犹太复国主义运动和以色列倡导的都是以阿什肯纳兹犹太人为中心的犹太民族"熔炉"政策。

由于在国家构建过程中发挥的作用、掌握国家的权力和语言文化等不同，以色列的塞法迪犹太人相比较于阿什肯纳兹犹太人处于劣势，在居住区域、就业机会和薪金水平等方面存在较为明显的差距，并因此引发塞法迪犹太人的不满，导致他们逐步运用选票来改善自己的地位，甚至用上街游行示威的方式来表达自己的愤懑，以色列犹太人之间的隔阂可见一斑。[2] 此外，由于塞法迪犹太人来自阿拉伯、伊斯兰国家，他们充分感受过阿以冲突和战争带来的沉重心理压力，因此这些人一般对阿拉伯人怀有更深的仇视，在对待阿以、巴以和平方面与阿什肯纳兹犹太人也有一些差异。[3]

除了阿什肯纳兹犹太人和塞法迪犹太人之间存在隔阂外，在阿什肯纳兹犹太人内部也不是铁板一块，特别是苏联解体导致这里的近百万犹太人涌入以色列后，这些犹太教信仰非常淡薄的新移民与以色列既有的犹太生活可谓是相差甚远。而且，作为新移民，俄罗斯犹太人不管是在社会地位还是工作机会以及薪金水平等方面，都与以色列既有的阿什肯纳兹犹太人有明显差距，这造成俄罗斯犹

---

① Galvin Golescheider , Immigration, Nation Building and Ethniciy in Israel, *Harvard International Review*, Spring1998.

② 王晋：《除了美国，以色列也被黑白撕裂》，观察者网，2015年5月6日，http：//www.guancha.cn/WangJin/2015_05_06_318480.shtml，2016年11月13日浏览。

③ 关于以色列阿什肯纳兹犹太人和塞法迪犹太人的冲突与不和，可参阅杨军：《以色列的两大族类：阿什肯纳兹人和塞法迪人》，《世界历史》2001年第3期。

太人的不满。①

（二）以色列关于"犹太人"的争论

以色列在吸收犹太移民的过程中，产生了何谓"犹太人"问题，此问题引发以色列国内的争论。根据犹太教律法《哈拉卡》的定义，一切皈依犹太教的人和母亲是犹太人的人都是犹太人，正统派或保守派犹太人支持此种说法。但是自由派或改革派犹太人认为，只要父母有一方是犹太人并被按照犹太生活习俗养大的孩子也都是犹太人。当然，还有少数派犹太人认为只有父亲是犹太人的孩子才被认为是犹太人。1950 年以色列议会通过的《回归法》采取的犹太人定义是"一切皈依犹太教的人以及由犹太母亲所生的人"，规定这些人有资格移民以色列。但是在移民的实践中，以色列也发生了很多富有争议的案例。

隶属于印度 Shinlung 部落的 3 500 名 Bnei Menashe 认为自己是古代失落的以色列玛拿西（Manasseh）部落后裔，从 20 世纪 70 年代开始寻求移民以色列，并已有部分人移民成功，但是以色列人担心如果允许 Bnei Menashe 移民以色列，那么 Bnei Menashe 所隶属的 Shinlung 部落 200 万人都可以找到移民以色列的理由。如前所述，那些犹太教信仰非常淡薄或没有信仰的俄罗斯移民更是被一些正统犹太人视为异族他类。事实上，一些犹太教领袖已经担忧长此以往以色列将不再是犹太国家了。

（三）以色列移民对他国的影响

受以色列移民政策影响最大的群体和国家是巴勒斯坦人和巴勒斯坦国。② 通过与阿拉伯国家的战争，以色列占领了 1947 年联合国决议中划分给巴勒斯坦人的约旦河西岸和加沙地带，并且控制了整个耶路撒冷。随着犹太移民不断到来，以色列把其中一些人安排到了占领的巴勒斯坦领土上，形成至今仍存的犹太人定居点，而且迄今以色列仍然没有停止侵占巴勒斯坦人的土地或房屋扩展犹太人的居住地，这不仅给巴勒斯坦人的生活造成负面影响，也严重制约了巴以和平进展。以色列对巴勒斯坦工人入境工作的限制，也使巴勒斯坦人的失业率上升，其生活自然愈加困难。此外以色列还严禁流散在外的巴勒斯坦人返回其在以色列的家园，这一切都显示出以色列的移民政策带给巴勒斯坦人的苦难。

以色列自视为所有犹太人的"祖国"，对生活在其他国家中的犹太人多有关

---

① 《以色列惊现新纳粹组织：20 岁青年攻击犹太人》，中国网，2007 年 9 月 10 日，http://www. china. com. cn/news/txt/2007 –09/10/content_8852728_2. htm，2016 年 11 月 13 日浏览。

② 笔者曾在巴勒斯坦做过田野调查，尽管目前很多国家承认巴勒斯坦是个国家，但是它距离真正的拥有主权的国家还相当遥远，在很多方面以色列对它具有决定性影响。

注，这也比较容易引发国际纠纷，比如当 2004 年以色列总理沙龙批评法国反犹主义泛滥、呼吁法国犹太人移民以色列时，法国外交部称此言论不可接受，法国总统府称如果以色列不对此加以合理解释，法国和以色列的官方往来将会受到影响。[①] 此外，近年来以色列前总理内塔尼亚胡在呼吁法国等欧洲国家的犹太人移民时，常常把此问题与伊斯兰恐怖主义联系在一起，这进一步激化了法国犹太人和阿拉伯穆斯林之间本就存在的矛盾。[②]

再者，以色列实行的是双重国籍，这固然可以方便犹太人向以色列的移民，方便以色列招揽自己所需要的人才，使得一些犹太人可以方便地在某些特定的情况下选择使用某一种护照，但是双重国籍也带来一些问题，比如由于以色列与诸多阿拉伯、伊斯兰国家没有外交关系或者存在较为尖锐的矛盾，拥有以色列人身份的双重国籍者可能会因此而影响到另一国身份的效用，2010 年初巴勒斯坦哈马斯一位高级领导人在阿联酋被暗杀后，阿联酋就宣布禁止拥有双重国籍的以色列人进入该国。[③]

五、小结

在非常曲折的民族发展史的背景下，在错综复杂的对外（特别是对周边国家）关系的基础上，以色列推出了独具特色的移民政策。从人数上讲，以色列移民的主流是其他地方的犹太人移入以色列，以色列人移出数量相对很少。

作为全球犹太人的"祖国"，以色列自我设定为犹太人的保护者，除了积极吸引犹太人移民以色列外，以色列还密切关注身处他国的犹太人，特别是在他国犹太人遭遇"反犹主义"时常常公开呼吁这些犹太人移民以色列，这给予世界各地的多数犹太人对以色列产生较为强烈的认同感，但是以色列对他国犹太人的超乎国家界限的关注也引起包括法国在内的一些国家的反感或反对。在世界移民之势方兴未艾的当下，如何处理好本民族发展和国家间的关系是当政者必须要认真考虑的问题。如今华侨华人分散在世界各地，中国务必要探索出一条富有成效的与之交往的道路，分享中国发展和国际地位提升带来的荣耀，同时也努力使之成为中国发展的助推器，以及国际关系发展的友谊桥梁。

---

①　陈克勤：《以色列的"移民"情结》，《光明日报》，2004 年 8 月 6 日，http：//www. gmw. cn/01gmrb/2004 -08/06/content_72407. htm，2016 年 11 月 14 日浏览。

②　高晴：《反犹情绪高涨 大批犹太人考虑离开法国》，中国日报网，2015 年 1 月 13 日，http：//world. chinadaily. com. cn/2015 -01/13/content_19308994. htm，2016 年 11 月 14 日浏览。

③　《阿联酋宣布禁止拥有双重国籍的以色列人入境》，中国日报网，2010 年 3 月 1 日，http：//www. chinadaily. com. cn/hqgj/2010 -03/01/content_9521235. htm，2016 年 11 月 14 日浏览。

　　我们也要注意到，以色列国内的犹太人是有较为明显的差异的，而且为了保持本国的"犹太属性"，以色列在给犹太人提供家园的同时，坚决拒绝巴勒斯坦人回归故有家园。笔者在以色列访学时深切体会到，这是一个非常多元的社会，既有"民主社会"的色彩，也有非常明显的民族不平等和犹太人族内差异之存在。以色列的移民政策在给犹太人一个"祖国"的同时，并没有让一些移民获得平等公民之感受；在强调国家的"犹太属性"而不顾及国内非犹太人的感情时，以色列也让自己所宣扬的"民主社会"失色；在针对巴勒斯坦人的工作和移民施加种种限制时，以色列也增加了获得与巴勒斯坦和平的困难。因此，在探讨以色列移民问题时，以色列给饱经风霜的犹太人提供了一个"祖国"这一点经常被提及，但这只是事物的一个方面，我们还要注意到以色列移民政策及其实施带来的其他结果。

第十五章　南非移民政策法规[①]

南非是个移民国度，从 15 世纪至今，不断有外来移民迁入南非。以南非种族隔离制度的瓦解为时间点，可将南非的移民政策大致划分为两个历史阶段：第一阶段是 1994 年以前，这一阶段的南非移民政策导向具有明显的种族主义倾向，主要倾向于吸引白人移入南非，限制其他族裔获得南非公民身份；第二阶段是 1994 年种族隔离制度废除后，南非的移民政策也随之发生改变，这一阶段的移民政策主要以南非的国家利益为导向，根据南非的社会需求来制定相关移民政策。华侨华人在南非的生存发展状况深受南非移民政策的影响，在不同时期呈现出不同的发展特点。

一、南非移民政策的历史演变

南非位于非洲最南部，是一个由多种族构成的国家，但与美国、加拿大、澳大利亚等白人占大多数比例的移民国家不同，白人移民在南非只占少数。目前南非的族群状况如下：黑人主要有祖鲁、科萨、斯威士、茨瓦纳、北索托、南索托、聪加、文达、恩德贝莱 9 个部族，主要使用班图语；白人主要是荷兰血统的阿非利卡人（曾自称"布尔人"）和英国血统的白人；有色人种是殖民时期白人、土著人和奴隶的混血人后裔，主要使用阿非利卡语；亚裔人主要是印度人和华人。南非 2016 年人口普查中，南非总人口为 55 653 654 人。其中黑人44 891 603人，占总人口的 80.7%；有色人种 4 869 526 人，占总人口的 8.7%；白人4 516 691人，占总人口的 8.1%；印度裔和其他亚裔人口为 1 375 834 人，占总人口的约 2.5%。[②] 南非这一人口结构的形成是过去数百年人口迁移的结果。

南非移民政策的变迁与该国的社会发展紧密结合，根据外来移民进入的时间，大致可以分成两大阶段：第一阶段是 1994 年以前，这一时期的南非实行种族隔离政策，移民政策带有强烈的种族歧视色彩，着重吸引来自欧洲以及其他国家的白人，严格控制黑人以及其他有色人种的迁移；第二阶段是 1994 年至今，

---

① 本章执笔者陈凤兰，福州大学社会学系副教授，主要从事移民社会学、跨文化比较研究。

② *Community Survey 2016 in Brief*, pp. 20 - 21, 南非国家统计局，http: //cs2016. statssa. gov. za/.

南非逐渐改变原来带有强烈种族主义色彩的移民政策，转向更加务实的方向，移民政策主要围绕南非的国家利益和社会发展需求而制定。

（一）1994 年以前的南非移民政策

在欧洲移民到达南非以前，南非的土著居民主要有桑人（San）、科伊人（Khoi）和班图（Bantu）。从 15 世纪到 20 世纪初，南非的外来移民主要是欧洲的殖民者，包括葡萄牙人、荷兰人、英国人等，这些欧洲白人逐渐成为南非族群结构中的一部分，对南非社会历史发展产生深远的影响。这一时期南非的人口迁移主要由欧洲的白人殖民者主导，他们凭借其在政治、经济、军事方面的优势，取得了对南非的统治权，进而制定各种种族歧视和种族隔离政策，大多数移民政策导向主要是招募受过良好教育、具有专业技能的"理想的"白人。此外，他们根据殖民地的劳动力需求引进印度、中国劳工等。因此，在殖民地和种族隔离制度下的正式移民基本上被认为是只对白人开放，其他族裔进入南非只是为了满足殖民者开发南非的劳工需求，只是发展南非经济的一种手段。

1910 年，南非联邦成立，成为英国的自治领地。在此之前，为了开采南非的金矿，英国于 1904 年与中国签订《中英会订保工章程》，从中国招募了 6.4 万华工前往南非采矿。此外，英国还从殖民地印度招募了 15.2 万印度劳工。由此，南非的族群中增加了亚洲人及其后裔。然而，为了保障白人在南非的经济与政治利益，南非政府对迅速增加的亚裔移民进行限制。1913 年的《移民管理法》是南非第一部全国性的移民立法，其主要目的是排除那些在 1860 年以后进入甘蔗种植园工作的印度人以及开采金矿的中国人。这一时期，日益增长的亚洲人被认为是对"白人至上"意识形态的主要威胁，该管理法对印度人、中国人在南非的居住、活动范围做出限制。

第一次世界大战结束后，南非对欧洲移民（通常来自东欧）的吸引力迅速增加，成为很多欧洲人移民的目的地。为了防止犹太人、天主教徒和穷人大规模进入南非，1930 年南非实行"移民配额法"，旨在排除"不必要的移民"，也确立了歧视"不良"移民的概念。1937 年颁布的《外国人法》（*The Alien Act*）为那些具有专业技能"理想"特征的白人移民敞开了大门，欢迎来自其他国家包括南部非洲邻国的白人。这一法案对南非政策影响深远，如使用"外国人"一词来描述不是南非国民或英国公民的人。这一时期根据肤色区分"不良移民"与"理想移民"，南非的移民控制主要表现在维护边界安全和对非洲黑人的限制，以及禁止政治意见不同的人进入该国。

从 1913 年到 1986 年之间，黑人只能作为合同工或非法进入南非务工，不能申请临时或永久居留许可。莫桑比克、斯威士兰、莱索托、博茨瓦纳、津巴布韦

和马拉维等南部非洲国家成为南非黑人劳工的主要供应国，黑人劳工大多数集中在南非采矿业。南非外来移民由非洲就业局（TEBA）招聘，它在非洲各国建立了广泛的招聘网络。在规定期限结束时，外来黑人劳工必须返回家园重新续订合同。与此同时，白人受到了南非政府的欢迎。1960年至1980年间，许多来自赞比亚、肯尼亚和津巴布韦的技术与半技术白人移民获得公民身份，提高了当地南非本地白人的人口比例。

20世纪80年代，由于南非白人人口增长率低于黑人，白人的人口数量只有黑人的20%左右，为了增加白人数量，南非移民政策规定，向南非移民必须是白人，而且必须受过良好教育，具有专业技能。[1] 为此，南非政府管理移民事务的机构在欧洲进行宣传，积极招揽白人移民到南非。1989年，南非德克勒克总统上台后，对移民政策进行了一些调整，主要表现在不仅面向西欧、北美，也面向东欧招揽白人移民。此外，移民政策也从吸引资金和专门人才考虑，把目光转向东亚和东南亚地区。在这一政策影响下，中国台湾、香港地区有一些民众迁移到南非。

总体来看，在1994年以前，南非的移民政策带有明显的种族主义色彩。首先，南非这一时期的移民政策是典型的种族歧视政策，欧洲白人殖民者为了维持白人在南非的优势地位，积极招揽欧洲各国的白人迁移到南非，以便提升南非白人人口的比例。其次，虽然南非的金矿、农场等行业的发展需要从亚洲引进劳动力，然而，为了维护白人的经济利益和统治地位，此时的移民政策对印度人、中国人在南非的居住和活动范围做出严格限制，具有明显的排斥性。最后，这一时期的移民政策对黑人极其苛刻，黑人进入南非只能务工，但不能申请临时或永久居留许可，带有明显的歧视性。总之，南非带有种族歧视色彩的移民政策的出发点是维护白人利益，其他有色人种均受到不同程度的排斥。

（二）1994年以后的南非移民政策

南非经济较为发达，对周边国家的移民具有较大吸引力。在1994年以前的南非种族主义政权时期，南非周边国家如津巴布韦、莱索托、斯威士兰、莫桑比克的一些移民就以各种非正规的方式进入南非。1994年南非废除种族隔离制度后，移民政策也进行相应的调整。

1. 新南非的移民政策改革

1994年种族隔离制度瓦解后，南非政府努力扭转以往基于种族和剥削原则制定的法律，包括移民相关法律，并将南非纳入南部非洲发展共同体区域，积极融入非洲大陆和世界。南非的第一次移民政策改革于1995年进行，对1991年第

---

[1]　魏苇：《南非大量吸引白人移民》，《世界知识》1990年第5期。

96 号《外国人管制法》做出了一项法定修正案。南非制定了关于移民和难民的政策和法规，包括 1997 年的《国际移民绿皮书》《国际移民白皮书》《移民法草案》，以及 2002 年通过的《移民法》等。

1997 年 5 月，南非发布了《国际移民绿皮书》①，其中提到国际人口迁移是一股不可阻挡、无法减缓的大潮。该绿皮书建议，应有条件地引进移民为南非的经济增长和发展创造机会，将移民视为国家建设发展的潜在资源。与 1994 年之前的移民政策不同的是，绿皮书对那些有技能和资金的移民大开绿灯，欢迎这些人成为南非的永久居民和公民。其中一项重要的新政是：那些在南非大学毕业的外国学生可以获得南非永久居留身份。该绿皮书还建议，那些具有熟练技能者及其家属可以提交申请，待获批后即可获得长期工作签证，同时还建议对潜在的优质移民采取积分审批制度。

2000 年，为了促进南非经济进一步发展，南非政府着手修改移民法，放宽对外国投资者和人才的限制，尤其是放宽对拥有技术、管理特长的人才的限制。修改后的南非移民法规定，外国投资者只要经过南非内政部审批合格，就可以到南非进行投资。此外，南非移民局还鼓励南非本国公司雇用拥有信息技术、企业管理特长的外国人才。②

2. 2002 年《移民法》的主要内容

2002 年，在相继提交了《国际移民白皮书》（1999 年）和《移民法案》（2001 年）之后，南非政府于 2002 年正式公布了新的《移民法》。该《移民法》共有 11 章 51 条，分别对准入及离境、临时居住、永久居住、排除及豁免、强制执行及管理等方面做了明文规定。③

《移民法》旨在建立一个新兴的移民管理体系，在居留政策方面，该法规定：外国人须在签证有效期内入境，遵守签证上标明的停留期及其他限制规定。所有的签证只能用作短暂居留许可，且不能作为申请永久居留许可的依据。如希望在南非工作、学习或长期居住，必须在赴南非前申请相应居留许可，包括临时居留许可和永久居留许可。

在国籍与移民政策方面，南非承认双重国籍，但鼓励使用南非护照。拥有南非永久居留权，并连续在南非居住五年以上的外国人可以申请加入南非国籍。南非公民的外籍配偶拥有南非永久居留权两年后可申请加入南非国籍。在南非出生的新生儿，如父母一方或双方系南非公民或拥有南非永久居留权，出生时即具有

---

① *Green Paper on the International Migration*, Government Gazette, 2016 – 06 – 24.
② 《南非修改移民法吸引外国投资和人才》，新华社，2000 年 7 月 17 日。
③ 马慧丽：《评析南非〈移民法〉》，《法制与社会》2007 年第 12 期。

南非国籍。

鉴于南非失业率高，非技术和半技术移民南非比较困难，如系投资、引资、引进技术则获得移民核准的机会较大。凡有意移民南非者，须申请南非永久居留（Permanent Residence）并呈递"移民甄选委员会"（Immigration Selection Board），由该委员会进行个别审定。所有移民申请个案均须由本人在原居住国向南非驻外机构提出申请。一旦申请被核准，申请人须在6个月内到南非报到，接受永久居民身份，否则，居留权将被取消。

（1）申请南非工作许可的条件。

外国移民若想在南非就业，必须获得南非内政部批准的工作许可证，签证主要有普通工作签证、关键技能工作签证、公司内部调动工作签证、商务签证等类型。

表 15 - 1　申请南非工作签证必须具备的条件

签证类型	申请者须具备的条件
普通工作签证（Work Visa）	南非雇主须在南非全国性的报纸或媒体上刊登3个月以上的招聘广告，如无南非本国人符合要求或参与应聘的，内政部才可以许可外国移民的普通工作签证
关键技能工作签证（Critical Skills Work Visa）	关键技能工作签证由内政部实行配额制管理。 关键技能工作签证的主要目的是协助政府完成国家基础设施项目、战略性基础设施项目和国家重点战略项目，以支持贸易和工业部。 在获得关键技能工作签证的12个月内，以就业合同的形式提供就业证明，明确外国人从事的职业和具备的相应能力
公司内部调动工作签证（Intra-company Transfer Work Visa）	南非跨国公司可以将现有员工从外国分公司调到南非分公司。 公司应该出具信函，详细说明外国移民具有被雇佣的能力特长，且最长雇佣期限不超过4年
企业工作签证（Corporate Visas）	企业签证允许企业实体（如矿山集团、农场等）雇佣一定数量的熟练/半熟练/非熟练工人。工作签证有效期不超过3年。 外籍工人只能在特定岗位工作，期满必须离开南非
商务签证（Business Visa）	在南非投资企业，需要提交一份由南非特许会计师协会注册的特许会计师签发的证书；注册资本在500万兰特以上。 申请人承诺至少60%的工作人员是南非公民或永久居民。 主要行业有信息和通信技术、服装和纺织品制造、化学品和生物技术、农业加工、金属和矿物精炼、汽车制造、旅游工艺品

资料来源：*Immigration Act*，http：//www.dha.gov.za。

对于技术移民，该法设定的门槛并不高，申请者只要具有中专以上学历（南非及英联邦国家的学历标准）就可以申请永久居留，但必须得到对口专业招聘才能办理。例如应聘餐厅厨师者，一定要有相应的厨师证书，老板则需出具餐厅的经营许可和卫生许可；美容院要招按摩师也要具备相应医疗场所、必需的设备和资质。总之，这一时期修订的《移民法》要求外来移民必须具备相关的工作技能和英语能力，如果移民拥有南非当地的教育背景，则较容易获得工作签证。

（2）对非法移民的界定与管理。

南非是非洲大陆经济最发达的国家之一，与其他移民国家一样，南非政府也面临着非法移民的难题。在《移民法》的第 29 条、第 30 条分别规定了非法移民的两种类型："受禁止的人"[1] 和 "不受欢迎的人"[2]。

表 15 - 2　2002 年《移民法》对非法移民的分类

非法移民的类别	界定
"受禁止的人"（Prohibited persons）	①患有或携带规定的传染性疾病或其他病毒的人； ②任何未执行对其发出的令状或其已在共和国或外国就有计划的种族屠杀、恐怖主义、谋杀、酷刑、毒品犯罪、洗钱或绑架等方面的罪行而被定罪的人； ③任何已被驱逐出境且未由总干事以规定的方式予以解除的人； ④属于宣扬种族仇恨及社会暴力的协会或组织的成员或信徒； ⑤通过暴力或恐怖主义以达其目的的协会或组织的成员或信徒； ⑥任何拥有虚假的居留许可证、护照或身份证明文件的人
"不受欢迎的人"（Undesirable persons）	①已经或者可能被提起公诉之人； ②任何由部长确认为不受欢迎之人； ③经司法程序被宣称为无行为能力之人； ④无偿还能力的破产者； ⑤依本法规定而被命令离开南非共和国的人； ⑥逃避司法审判之人； ⑦有犯罪前科，又在南非共和国实施了不允许以罚金替代的严重罪行的人

资料来源：*Immigration Act*，http：//www.dha.gov.za。

① "受禁止的人"，即被禁止入境的人，不具备入境口岸签证、入境证的资格进入共和国及签证或永久居留许可证。

② "不受欢迎的人"，即总干事可按规定宣布下列外国人不受欢迎，以及经此申报后不具备入境口岸签证、入境签证、入境共和国签证或签证的资格、永久居留许可证。

（3）2010年以来进一步收紧移民政策。

随着全球经济发展速度的放缓，南非失业率居高不下，自2010年以后，南非逐渐收紧移民政策，对外来移民的选择更加严格。

2011年3月，南非时任总统祖马发表《国情咨文》指出，政府将着重解决就业问题。与此方针相配合，内政部对《移民法》进行了修改，提高外来移民进入南非的门槛。[1] 新修订的条款主要包括以下五部分：

①《移民法》第46款原来规定经过注册的律师有权代表他人处理移民相关事务，立法机构认为此规定不够严谨，易致申请代理的无序状况。因此，新修正案取消了律师的代理权，许多代理的移民中介因此面临失业，而对于英文不佳的申请者则因必须自己申请而提升了难度。

②原先规定申请人可将材料邮寄到签证审批部门或由他人代理申请，本人无须露面。但新规定要求申请者本人必须亲自前往南非内政部或南非驻海外使领馆申请办理签证。

③原规定海外投资者与国外企业可以自主选择投资范围，但根据新法案，内政部将对外国人在南非的投资领域进行限制，内政部将酌情对投资领域不定期更新。

④持旅游、探亲等访问签证进入南非的外国人不能在南非申请变更签证内容，如果想要将访问签证换成工作签证等，需要回到本国申请。如果持学生签证或商务签证入境南非需申请延期或将学生签证变更为工作签证，可以在南非当地申请，但需要达到更为严格的特定标准方可办理。

⑤新法案以"关键技能工作签证"取代原先的"特殊技能工作签证"。原先规定的特殊技能工作签证持有者只需技术出众或者资质优异即可，但修改后的"关键技能"内容将由人力资源及劳工事务方面的分析家进行严格定义。此外，新《移民法》对公司内部调动或集团工作签证申请者的要求也更为严格。

从以上规定中不难看出南非政府为了解决本国失业率居高不下的现实问题，希望通过修改《移民法》限制外国人入境，以便缓解南非国内的就业压力。与以前的移民政策相比，新修改的《移民法》增加了那些文化程度较低、英语不好的申请人进入南非的难度，但对于那些学历层次较高、拥有技术专长的人而言，影响则不大。

2014年6月，南非又对新移民法进行修改，[2] 具体包括：第一，新《移民

---

① 何华：《南非移民法修正申请南非签证将难上加难》，《非洲时报》，2011年11月24日。

② 《南非4月1日起实施新移民规定，收紧对外国人签证》，中华人民共和国商务部，http://ls.mofcom.gov.cn/article/jmxw/201403/20140300527571.shtml，2014年3月24日。

法》第九条规定，任何人在南非只要是签证过期就被视为"不受欢迎的人"，将面临 1~5 年禁止入境的惩罚。签证过期也包括已经向内政部提出签证延期申请但还没有获得批准的人。由于南非政府行政效率低下，持商务签证的中国新移民在办理延签手续时常受到影响。第二，新《移民法》规定，外国人不得在南非申请新签证，而是必须返回原籍地办理，因此，在南非新移民法颁布之前没来得及离开南非的外国人就可能面临成为"不受欢迎的人"的窘境。第三，新《移民法》颁布后，即使是自己的子女，如果没有出生证明也不能出入境。南非新《移民法》的实施，本想缓解南非国内的就业压力，未料，新法对所有外国人"一刀切"，除去津巴布韦和莱索托公民可以拿到"赦免工作证"外，其他国籍的外国人包括华人，基本上无法延期工作证和自聘签证。这一变化充分显示了南非移民政策的选择性，其政策的核心主要是选择南非社会发展所需要的人才和劳动力。

3. 南非难民保护制度

南非难民保护制度也随着时代的发展而变化。1994 年以前，南非在《外国人控制法》①中关于难民事务的规定不符合国际上规定的难民保护规范，将符合难民身份的人视为"非法的""不受欢迎的外国人"。1994 年南非实行宪政民主制度后，南非政府根据国际相关条约，承认难民的地位和特殊需求。1996 年 1 月12 日，南非接受了《联合国难民地位公约》（日内瓦，1951 年）、《难民地位议定书》（纽约，1967 年）和《关于非洲难民问题具体事项的非洲统一组织公约》（亚的斯亚贝巴，1969 年）。② 1998 年，南非颁布《难民法案》，其中规定了每个难民享有的基本权利，在南非可以获得相应的法律保护，包括居住权、工作和受教育的权利，如果难民在南非居住满五年，则有权申请移民许可。

二、南非移民政策对华侨华人的影响

中国与非洲的联系可以追溯到两千年以前，中国人对非洲大陆最南端的认识至少有近七百年的历史。一些史家认为，1320 年，即早在葡萄牙航海家迪亚士发现好望角 150 多年前，中国元代最杰出的地图学家朱思本已在他所绘制的《舆地图》中画出了南部非洲。然而，华人成批地前往南非，则出现在清末时期。华侨华人在南非经历了一百多年的发展与变迁，其迁移历程曲折艰辛，深受南非移

---

① *Aliens Control Act*，南非 1991 年第 96 号文件。
② ［南非］欧本·米热库库著，葛勇平译：《南非难民保护制度研究——对难民地位、权利和义务的分析》，《南京大学法律评论》2010 年春季卷。

民政策、中国社会发展以及世界外部环境的影响。

（一）南非华侨华人群体概况

在世界五大洲中，非洲华侨华人的群体规模较小，且大部分集中在南非。葛公尚估计1997年非洲华人总数约为10万人，其中南非约有2万人。[①] 朱慧玲在2002年发表的文章中指出，非洲约有华侨华人25万，分布呈现"大分散，小集中"格局，其中南非有7万~10万人。[②] 2012年，庄国土、张晶盈在分析中国新移民的类型和分布时，估计非洲的华侨华人约有50万人，从事商贩、技术人员、劳务人员等职业，大部分集中于南非。[③]

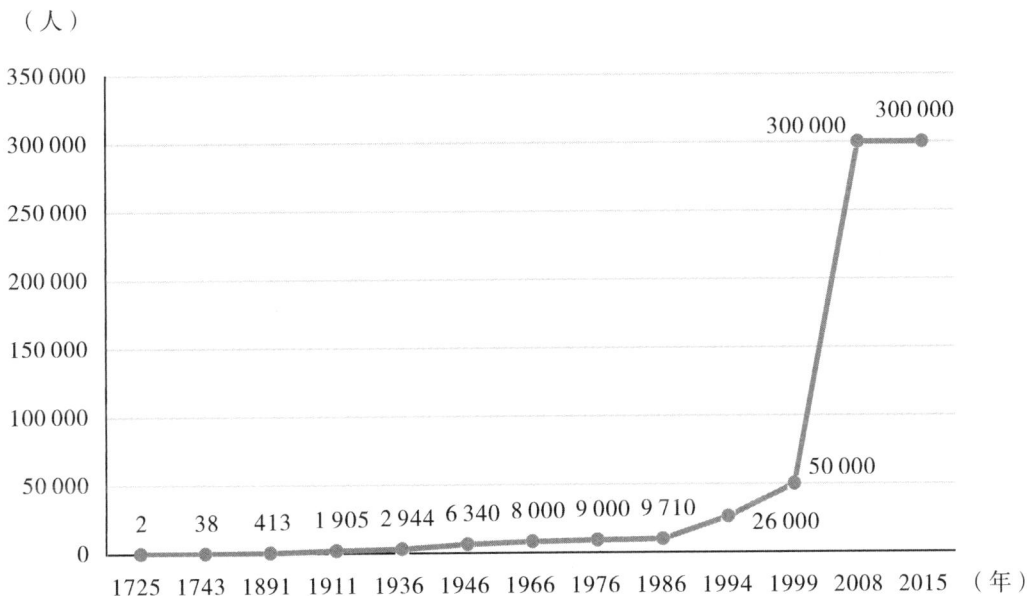

（人）

图15-1 1725—2015年南非华侨华人人数统计

资料来源：李安山：《非洲华侨华人史》，北京：中国华侨出版社，2000年，第562页；朴尹正：《荣誉至上：南非华人身份认同研究》，广州：广东人民出版社，2014年，第1、12、15、153页；2015年数据源于笔者对南非侨领的访谈。

注：笔者综合李安山、朴尹正等学者的研究以及自己多年来对南非华侨华人群体的追踪与调研，将1725年以来南非华侨华人群体的人数变动整理出来（不包括契约华工[④]），具体如

[①] 葛公尚：《非洲华人研究的若干问题》，《世界民族》1999年第1期。
[②] 朱慧玲：《非洲侨情及其特点》，《八桂侨刊》2002年第1期。
[③] 庄国土、张晶盈：《中国新移民的类型和分布》，《社会科学》2012年第12期。
[④] 因契约华工在合约满后返回中国，因此在统计中未将契约华工列入其中。

图 15-1 所示。据相关史料记载，1725 年，南非有 2 名华人，其后 100 多年的时间里，华人群体缓慢增长。至 1946 年，南非华侨华人群体突破了 6 000 人，随后的 50 年里，华人群体继续缓慢增加，直至 1995 年以后，华侨华人群体人数急剧上升，到 2008 年，朴尹正估计华侨华人群体达到新的历史高峰——30 万人。截至 2015 年，南非侨领估计华侨华人群体仍在 30 万人左右。近些年，由于南非调整进出口贸易政策，如 2019 年 4 月 1 日开始执行的《海关关税表》，对服装类进口产品征收 45% 关税，对鞋靴类产品征收 30% 关税，导致原先在约翰内斯堡批发商城、南非小镇从事服装类生意的商人无利可图，一些商人选择迁移到其他国家寻找新的商机，还有一些人则选择回国。据侨界商人曾女士估计，2019 年 8 月，南非华侨华人的总数可能减少数万人，大约 25 万人。①

南非华侨华人群体的产生、发展与变动，受到南非国际移民政策的影响。国际移民政策指的是国家的边境管理、签证发放、国籍获得及与之相关的外来移民在本国境内所应享有的公民权益。② 国家移民政策的导向决定着外来移民的数量和规模。

（二）南非契约华工（1910 年以前）

关于华人何时首次抵达南非，目前并没有确切的定论。从已有的研究来看，在南非现有档案中可以查到的有关华人的最早记录是 1660 年被流放到南非来的一名叫作 WANCHO（中文名已无从查对）的囚犯。③ 至 1795 年，在南非的华人不超过 100 人。

从 1849 年到 19 世纪末，契约华工先后出现在南非开普敦、纳塔尔等地，这一期间引进的华工数估计为 1 000 人。④ 契约华工真正大量进入南非是在 1904 年至 1910 年期间，当时英国人在英布战争中赢得胜利，在南非确立了统治地位。为了发展南非金矿业，英国从中国引进大批劳工，人数约为 64 000 人，⑤ 但大部分劳工在契约期满后即返回中国。因此，学者认为在南非出生的华人是 19 世纪 70 年代之后来到南非的独立自由移民的后代，而不是 1904 年至 1910 年间来到南非的契约矿工的后代。⑥

---

① 2019 年 8 月 25 日，对南非侨商曾女士的访谈，于福州市连江县。
② 李明欢：《国际移民政策研究》，厦门：厦门大学出版社，2011 年，第 25 页。
③ 温宪：《闯荡南非》，北京：当代世界出版社，2002 年，第 220 页。
④ Melanie Yap and Dianne Leong Man, *Colour, Confusion and Concessions: The History of the Chinese in South Africa*, Hong Kong: Hong Kong University Press, 1996, pp. 14 – 24.
⑤ 李安山：《非洲华侨华人史》，北京：中国华侨出版社，2000 年，第 115 页。
⑥ ［美］朴尹正著，吕云芳译：《荣誉至上：南非华人身份认同研究》，广州：广东人民出版社，2014 年，第 179 页。

（三）种族隔离时期的移民政策及华侨华人（1910—1994）

1910—1994 年，进入南非的华人逐渐增多，且来源地较为分散、多元，群体内部差异极大，大致可分为"老侨""中国台湾移民""中国大陆新移民"三类。由于南非在 1910—1994 年间经历了巨大的社会历史变迁，华侨华人身处其中，在不同年代遭遇了不同的对待。

1. 种族隔离背景下的老侨

在南非，已居南非三代以上的华人被称为"老侨"，以区别于二十世纪七八十年代后从中国台湾、香港、大陆迁移南非的新一代移民。南非老侨主要来自广东，在 19 世纪或 20 世纪初迁移到南非，他们都拥有南非国籍，该群体约有 1.2 万人。如今这些老侨大部分居住在南非开普敦、伊丽莎白港、德班等港口城市，还有一小部分住在约翰内斯堡、比勒陀利亚等内地城市。[1]

1910 年，南非联邦成为英国的自治领地。为了维护白人阶层的利益，南非开始推行种族隔离政策。该政策主要包含以下内容：①南非人口分成白人、有色人、亚洲人以及黑人，白人因其文化优势而优于其他种族；②作为南非的优势族群，国家的统治权由白人掌控，其他种族必须服从白人统治；③白人利益高于其他种族，国家对不同种族给予不同地位，种族不平等合法合理；④白人集团包括荷兰人后裔阿非利卡人以及其他讲英语的白人。

在种族隔离制度背景下，跟华人（亚洲人）相关的种族立法分为全国性法令和某省颁布的适合于该地区的地方性法令。1913 年，南非政府颁布了《移民管理法》[2]，这一法令禁止华人移民的迁移，既不许他们入境，也不许他们在南非本土各省之间流动。1937 年南非政府颁布《外国人法》，禁止华人入境永久居留。同年政府又发布了《工业调度法》，禁止亚洲人在矿区及实业公司就业。1939 年，南非颁布《铁路与海港规则控制及管理办法》，对亚洲人在公共场合的活动进行限制，如酒楼、茶室、乘坐乘船等，均有明确的限制。后经中国领事馆交涉，该法在对待华人方面有所改善，如华人持中国领事馆证明可乘白人乘坐的火车。[3]

在地方性的法令方面，对华人歧视较为严重的地区是德兰士瓦省。从 19 世纪起，德兰士瓦就颁布了针对华人的歧视性立法，在购置不动产、居住范围、商业经营范围、迁移范围、受教育机会等方面对华人进行了种种限制，华人在该地

① 温宪：《闯荡南非》，北京：当代世界出版社，2002 年，第 222 页。
② *Immigration Regulation Act*，Act No. 22 of 1913.
③ 李安山：《非洲华侨华人史》，北京：中国华侨出版社，2000 年，第 390 页。

区等同于"黑人"。该地区规定华人子女只能入读黑人学校；在乘坐公共交通工具时，华人只能乘坐黑人专用车厢；在其他运动场、礼拜堂、医院、旅馆等公共空间中，华人只能使用专供黑人的设施。由于实施严格的种族隔离政策，这一时期进入南非的华人并不多。据中国驻约翰内斯堡总领事馆统计，1946 年南非华侨有 6 340 人，其中女性 1 877 人，男性 4 463 人。①

1994 年种族隔离制度废除以后，为了补偿黑人在种族隔离时代所遭受到的不公正对待，南非政府在教育、就业等方面对黑人予以一系列的优惠政策。然而，在种族隔离时代被列为"杂色人"的华人却未能得到政策性补偿。因此，1994 年以后，代表南非老侨利益的南非中华总工会就一直与南非政府部门进行沟通，希望能够给予南非老侨与黑人一样的补偿政策，因为华人与黑人在种族隔离时代都遭受同样的歧视。然而，南非政府对此不予认可。2000 年，南非中华总工会将南非司法部、劳工部告上法庭，2008 年南非高等法院做出裁决：将 1994 年 4 月 27 日以前加入南非国籍的南非老侨视为"黑人"，在政策方面享受与黑人同样的待遇，有 1 万多名南非老侨因此获益。

2. 中国台湾移民与"荣誉白人"待遇

南非与中国的外交关系可以追溯到 1905 年。1904 年南非从中国引进契约劳工到德兰士瓦金矿务工，1905 年清政府与南非建立正式外交关系。在解放战争期间，南非当局一直支持中国国民党政权。1949 年以后，南非依然与退据台湾的国民党政权保持外交关系，在约翰内斯堡的"总领事"继续代表台湾当局。

20 世纪 50 年代之后，陆续有港台居民到南非经商定居。20 世纪 70 年代以后，南非与中国台湾地区的经贸往来逐年增长，1973—1978 年的年平均增长率为 28.1%。② 1976 年 4 月，南非与台湾当局升格为所谓"大使级外交关系"。台湾当局于 1972 年和 1993 年先后在开普敦和德班开设了"领事馆"。20 世纪 80 年代中后期，美国、欧共体等对南非实施经济制裁，造成南非资金外流，出口困难，迫使南非转向亚洲新兴工业国家和地区寻找新的合作伙伴。而台湾则利用南非政府提出的"工业分散化"③ 政策，向"黑人家园"投资，享受南非政府制定的财政补贴、减免税收等优惠政策。1984 年 9 月，南非宣布华人为"荣誉白人"④，华人在南非可以享受"白人"的待遇。

总体而言，从 20 世纪 70 年代起，从东南亚和中国香港、台湾一带移民非洲

---

① ［美］朴尹正著，吕云芳译：《荣誉至上：南非华人身份认同研究》，广州：广东人民出版社，2014 年，第 179 页。

② 杨立华等：《南非政治经济的发展》，北京：中国社会科学出版社，1994 年，第 249 页。

③ 即把能制造大量就业机会的劳动密集型企业转移到边远地区和"黑人家园"。

④ 温宪：《南非华人创业史》，《华声月报》1997 年 7 月号，第 252 页。

的华人逐渐增多，并在 80 年代末和 90 年代初达到高潮。从 1976 年到 1979 年，抵达南非共和国的中国台湾移民只有 12 人，在 1980—1989 年间，移民南非的台湾人达到 935 人。1990 年一年内，1 422 名南非华人移民全部是从台湾去的。在 1994 年移民南非的 869 名华人中，从台湾去的有 596 人，大陆去的有 252 人，香港去的有 21 人。① 20 世纪 90 年代初，南非的中国台湾新移民有近 3 万人。由于中国台湾允许所谓的"双重国籍"，许多中国台湾新移民在获得南非永久居留资格满五年后会选择归化为南非公民。② 资料显示，多达 90% 的南非中国台湾人持有南非身份证件，成为南非公民。③ 由此可见，南非与中国台湾关系的亲近，使得台湾人不断"涌入"南非；加之南非政府优惠政策的出台，华人相应获得了一定的特许权和特惠权，从而促使南非华人社会地位的改善和提升。

（四）南非华侨华人群体的变化（1994 年至今）

中国改革开放后，随着出入境管理的松动，以及中国民众对非洲的认识逐渐深入，越来越多的中国新移民到非洲寻找发展机会。自 20 世纪 80 年代末开始，中国新移民开始进入南非。这些新移民有些是国内各大公司派驻南非的商务代表，有些人原先在大陆台资企业工作，跟随台商到南非。总体而言，1994 年以前迁移到南非的中国新移民数量并不多，主要来自上海、浙江、江苏等地，他们主要集中在约翰内斯堡，从事批发零售生意。

1998 年，南非与中华人民共和国建立了正式外交关系，中国大陆居民往返南非更加便利。1999 年，南非华人总数估计接近 5 万人，④ 到 2010 年估计已有 30 万人。⑤ 其中，在南非出生的华裔 1 万 ~1.2 万人，来自中国台湾的移民及后裔 0.8 万 ~1 万人，⑥ 其余均为从中国大陆迁移过去的新移民。中国新移民的到来改变了南非华侨华人群体的结构，对南非侨社产生了重大影响。

总体而言，1994 年后南非华侨华人群体有几个显著的变化，一些南非老侨

---

① 李安山：《非洲华侨华人史》，北京：中国华侨出版社，2000 年，第 475 页。

② ［美］朴尹正著，吕云芳译：《荣誉至上：南非华人身份认同研究》，广州：广东人民出版社，2014 年，第 167 页。

③ 《中国快报》，2004 年 9 月 14 日。

④ ［美］Yoon Jung Park 著，秦天译：《华人是落地生根的还是跨国主义的？——种族隔离制度废除后南非华裔身份的多重性和易变性》，广东华侨华人研究会编：《世界海外华人研究学会地区性非洲国际会议论文摘译》，香港：香港社会科学出版社有限公司，2008 年，第 114 页。

⑤ 陈凤兰：《文化冲突与跨国迁移群体的适应策略——以南非中国新移民群体为例》，《华侨华人历史研究》2011 年第 3 期。

⑥ ［美］Yoon Jung Park 著，秦天译：《华人是落地生根的还是跨国主义的？——种族隔离制度废除后南非华裔身份的多重性和易变性》，广东华侨华人研究会编：《世界海外华人研究学会地区性非洲国际会议论文摘译》，香港：香港社会科学出版社有限公司，2008 年，第 115 页。

迁移到其他国家，来自中国台湾的移民人数大幅减少，而中国大陆新移民人数则大幅增加，具体如下。

第一，南非老侨减少。由于种族隔离制度的影响，20世纪70年代后，陆续有一部分南非老侨离开南非，迁移到英国、加拿大、美国和澳大利亚等国家。这部分人可以分成两部分：一是在1994年以前种族隔离制度期间离开的老侨，他们离开的原因是受到歧视、政治暴力威胁、缺乏法律权利、缺少安全感；二是在1994年后离开南非的，主要原因是南非的社会治安持续恶化，老侨感觉缺乏安全保障，并担忧教育和医疗质量下降以及对孩子的负面影响。[①]

第二，中国台湾移民减少。中国台湾人移民南非的高峰期在20世纪90年代初，当时南非约有3万中国台湾移民，2008年降至约0.6万人，且该群体人数一直在减少，2010年大约只有0.3万人。[②] 这与南非的政治经济环境变化有关系。早在1992年，由于南非经济衰退、政治不稳定、劳工冲突等问题，台湾移民在南非创办的工厂数量就开始下降。随着中国大陆制造业的发展，大陆成为全世界的"制造工厂"，中国新移民凭借小商品生产优势，到南非开拓服装和小商品的批发、零售市场。中国台湾移民在南非的商业模式受到挑战，优势不再，一些人即选择离开南非到其他地方寻找商机。

第三，南非中国新移民迅速增多。中国新移民在南非主要经营中国制造的小商品批发零售生意。约翰内斯堡是中国新移民的聚集地，有50%以上的中国新移民在此谋生。此外，开普敦、德班等大城市也是中国新移民较为集中的区域。自20世纪90年代中期以来，约翰内斯堡、开普敦、德班等大城市陆续兴建了许多批发商城，这些批发商城中的商铺差不多90%以上为中国人所拥有，批发生意辐射到南非周边国家，包括莱索托、斯威士兰、莫桑比克、博茨瓦纳等国。此外，中国新移民开办的餐馆、酒吧、加油站也遍布南非九个省的大小城镇。[③]

1. 中国新移民的迁移类型

从籍贯看，中国新移民主要来自上海、广东、江苏、浙江、福建、黑龙江、辽宁、吉林等地。由于各地区在经济、文化方面有较大差异，不同地区的新移民在出国方式以及在南非的就业方式等方面也存在一些差异，从而形成不同的移民模式，这使南非的中国新移民呈现出一种多样性的态势。根据已有研究及笔者的实地考察，大致可以分为以下三种类型。

---

① ［美］朴尹正著，吕云芳译：《荣誉至上：南非华人身份认同研究》，广州：广东人民出版社，2014年，第154页。

② ［美］朴尹正著，吕云芳译：《荣誉至上：南非华人身份认同研究》，广州：广东人民出版社，2014年，第173页。

③ 陈凤兰：《文化冲突与跨国迁移群体的适应策略》，《华侨华人历史研究》2011年第3期。

（1）非正规迁移。

南非存在着一个数量庞大的非法中国新移民群体，主要包括如下两类：一是合法入境、非法滞留当地工作。不少中国公民持旅游或劳工签证合法进入南非，然后滞留当地工作，当前在南非的非法中国移民主要是这一类，他们在南非从事零售和批发业。二是非正常途径入境。即在移民中介机构的帮助下，经由非正常渠道入境。

在南非的中国新移民群体中，上海人是最早到达南非的群体之一，中国与南非在1998年才建立正式的外交关系，但很多上海人在20世纪90年代初就通过各种方式进入南非，包括非法偷渡与逾期滞留。2000年前后，人数急剧增加的福建人也是非正规迁移的主要群体，其主要通过跨国移民网络的运作进入南非，增长速度很快。福建省是中国著名侨乡，素来有移民海外的传统，福建籍移民遍布世界各地。与老一代福建籍移民基本集中在东南亚各国不同的是，改革开放后出国的福建新移民在海外的侨居地比较分散，遍布世界五大洲，如日本、美国、英国、阿根廷、俄罗斯以及非洲的南非和莱索托等国家。据统计，到2004年，南非和莱索托的福建人总数已达3万人以上，是南非华人中最大的地缘性群体。另据《参考消息》驻约翰内斯堡特派记者报道，到2006年，在南非的福建新移民已达5万人之多。[1] 2010年南非福建同乡总会秘书长估计南非的福建籍新移民有将近10万人。

不同于一般想象中非法移民总是经过漫长而危险的偷渡旅程才到达目的地，大部分非正规迁移南非的中国新移民往往是所谓的"逾期居留者"或是从其他国家中转而来，亦即经由中介公司协助取得签证以合法方式入境但逾期居留，或通过南非周边国家如莱索托、赞比亚、莫桑比克等国中转至南非。很多新移民在出国前往往有不同的目标，比如20世纪90年代初到达南非的一些新移民，有的人是想要通过南非中转到英国甚至日本，种种原因滞留在南非；在20世纪90年代后期，有些人的目标是去匈牙利，但当时的东欧经济比较动荡，所以辗转到了南非；还有些访谈者说他们本来打算去澳大利亚或者其他经济更发达的国家，无奈移民中介费用太高，权衡之下他们选择留在南非。很多新移民说他们从来都没想过会来到南非，但他们或多或少都怀有一个"移民计划"，将出国视为一种投资。因为听闻中国新移民在南非的各种暴富神话，2000年后明确将南非视为迁移目的地的新移民逐渐增多。

（2）劳务输出与商务派遣。

在南非的中国新移民群体中，来自国内东北地区（黑龙江、辽宁、吉林）

---

① 张崇防、程志良、冯雪：《南非华人生存境遇全调查》，新华网，2006年9月29日。

的新移民群体颇受关注，该群体人数在 1998 年后增长速度比较快，仅次于福建省籍新移民的数量，这与中国国内的发展情况有关系。20 世纪 90 年代末前往南非的中国东北新移民，其移民背景与当时国内的国企改革有关系。由于国企改革，很多原国企工人下岗再谋职业，其中一部分人走出国门，来到南非。同样持商务派遣签证的中国新移民还有来自江浙等地的。由于该地区的民营企业发达，为了拓展海外市场，公司经常会派遣员工前往南非去开拓非洲市场，所以他们主要持商务签证进入南非。

（3）留学。

在南非的中国新移民群体中，留学生群体也是一个重要的组成部分。据南非《华侨新闻报》的调查，2005 年底南非留学的中国学生大约有 12 000 人。① 相对于其他国家，南非有几个方面比较吸引中国的留学生：一是它采取英式教育体制，在法律、管理、经济等方面，都承袭了英国的教育模式，在南非的大学获得的文凭及学位在国际上可以获得认可。南非有一些大学如开普敦大学、斯泰伦布什大学等学校，在教育质量、科研水平方面拥有较高知名度。二是与欧美国家相比，南非留学费用较低，留学成本相对较低。此外，虽然南非在近些年来收紧移民政策，但具有南非本土教育背景的外国留学生在申请永久居留权或加入南非国籍方面仍然具有明显的优势。三是中国与南非的贸易往来频繁，有许多中资企业前往南非投资。许多中国留学生毕业后倾向于在南非的中资企业工作，如中国银行、中信集团等都是中国留学生青睐的单位；南非几家主要华文报社（《非洲时报》《华侨新闻报》《南非华人报》）绝大多数记者都有南非留学的经历。

从以上几种迁移方式来看，南非中国新移民迁移方式多样化，其迁移动机也各不相同，既有来自外部经济社会环境的结构性影响，也有移民者自身因素的意愿所促进。内外因素综合作用，推动了南非中国新移民的增加。

2. 中国新移民的规模

关于南非中国新移民的规模与数量，目前并没有确切的统计数字。由于中国新移民流动性较强且存在大量非正规迁移，又极易与南非老华侨华人及港澳台移民混淆，因此南非的中国新移民难以统计，现有的一些数据相当不完整，甚至不同学者得出的统计结果数据相差很远。因此，对南非的中国新移民的规模和数量，我们只能参考既有的统计结果，结合侨界的社团人士做出大致的推断。根据学者朴尹正（Yoon Jung Park）的研究以及南非侨领们的估计，南非的华侨华人大概有 30 万，除去南非老侨与台湾移民，大陆新移民有二十几万。南非侨领陈先生根据批发商城、商铺数量、零售店、社团人数来估算南非新移民的规模，其

---

① 《南非的中国留学生人数持续上升》，（南非）《华侨新闻报》，2005 年 11 月 7 日。

推算的是南非的中国新移民人数不超过 30 万人。①

3. 中国新移民组建社团适应南非

伴随着南非华侨华人人口数量的增加，华侨华人在南非遇到的各种治安案件数量也直线上升。2000 年以来，每年都有 20～30 名中国侨民在南非被抢劫杀害致死，中国公民在南非遭绑架、武装抢劫和敲诈勒索的现象更是时有发生。图 15－2 是南非华人警民合作中心 2007—2017 年处理的案件汇总。

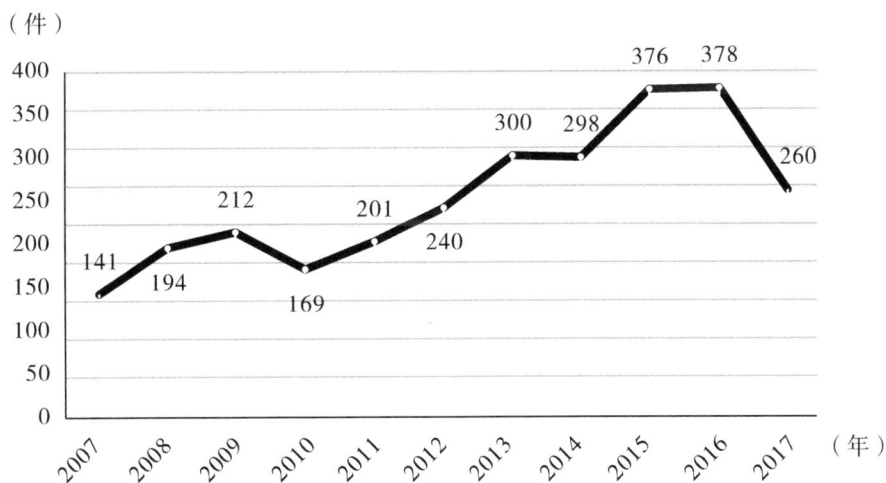

图 15－2　2007—2017 年南非华人警民合作中心案件汇总

资料来源：2007—2010 年数据由南非华人警民合作中心林警员提供；2011—2017 年数据来自南非华人警民合作中心网站。

如此恶劣的社会治安环境，使得在此经商、就业的华侨华人普遍缺乏安全感。为了互帮互助，在血缘、亲缘、地缘关系的基础上，华侨华人在南非构建了数十个社团，其中最具南非特色的社团是南非华人警民合作中心（简称"警民中心"）。警民中心是参照南非当地的"社区警民合作论坛"（Community Police Forum）的模式而成立的。表 15－3 梳理了警民中心成立十多年来的发展历程与主要事件。

---

① 2010 年 12 月 17 日，对陈先生（南非福建同乡会秘书长，2002 年到南非）的访谈，于约翰内斯堡福建同乡会馆。

表 15 - 3　警民中心发展历程

年份	发展历程
2002	筹集"警民中心"的前身"南非华侨华人抵制犯罪互助会"
2003	"警民互助中心"运行一段时间后停止
2004	正式成立"南非华人警民合作中心"
2005	中国公安部派驻警务联络官到警民中心上任
2007	南非夸纳省警民合作中心在德班成立（第一个省级分会）
2009	建立第六个省级警民合作中心
2012	南非警方在约翰内斯堡唐人街设立警务室
2013	为华人聚集地辖区的南非警务人员提供中文培训
2014	荣获世界华社十大"华社之光"荣誉称号
2019	建立第十三个省级警民合作中心
2021	建立第十四个省级警民合作中心

资料来源：南非华人警民合作中心陈秘书长提供的文字资料以及南非华人警民合作中心官方网站。

　　如表 15 - 3 所示，2004 年，警民中心正式成立，并与中国政府部门展开密切合作。2005 年，中国公安部的警务联络官到警民中心上任。此后，警民中心迅速发展，规模不断扩大。由于南非有九个省，中国新移民分布在各省从事商贸活动。为了有效提供服务，2007 年始，警民中心开始在豪登省约翰内斯堡以外的地区设立省级分会。2012 年，南非警方在约翰内斯堡唐人街设立警务室，警务室工作人员协调南非警察出警。2014 年，警民中心获得世界华社十大"华社之光"荣誉称号。2021 年，南非华人警民中心共建立了十四个省级警民合作中心。

　　警民中心处理的主要案件类型有维权护侨、刑事案件、协助部门执法、普法讲座、民事案件、经济纠纷、组织捐赠、跨国案件等。笔者根据实地考察与访谈，将警民中心的工作分成三大类别。

　　第一，与中国政府部门互动，链接中国政府资源。警民中心是一个全侨性社团，其成立之初就得到中国驻南非使领馆的支持。在日常运作中，警民中心也扮演了一个重要的桥梁作用，链接中国政府行政机构，为南非华侨华人提供服务。

　　第二，与南非警界等相关机构互动。警民中心除了链接中国政府资源，还积极与南非当地政府机构、慈善机构、政党团体互动，开展多样化的交流活动。①设立唐人街警务室。2012 年 6 月，豪登省警察厅设立专门为华侨华人提供服务和报警中心即唐人街警务室。该警务室由南非警察和警民中心工作人员 24 小时

共同值班，豪登省华人可直接用中文报警，然后由警务室工作人员协调南非警察出警，为华人提供服务和保护。②为华人聚集地辖区警察提供中文培训。2013年，警民中心同南非警察部和中国驻南非大使馆合作，为华人聚集地的辖区警务人员开展中文培训，20 多位警员顺利通过中文初级班结业考试，并在 2014 年继续进修中级班课程。南非中国新移民群体整体的英语水平不高，对辖区警务人员的中文培训有助于华侨华人在报案时的沟通。③警民中心同辖区警局共同合作。如 2013 年举办了南非华人社区禁毒宣传活动；2014 年，警民中心同辖区警局联手，共同向当地贫困社区捐赠，同时，警民中心还积极参与当地事务。2013 年底，警民中心同非国大党伊库兰尼市党部共同举办纪念曼德拉逝世的大型群众集会。2014 年 4 月，警民中心同非国大党豪登省党部共同举办 2014 年华人社区参政促选大会。此外，警民中心还多次向当地贫困地区、学校举行捐赠活动，通过慈善活动扩大华人社团影响力。

第三，处理与华侨华人相关案件。警民中心成立的初衷是配合南非警方打击针对华人的犯罪，因此，处理与华侨华人有关的案件就是其最重要的工作内容，主要包括华侨华人被抢劫案；华侨华人之间的纠纷；发布社会治安信息，提醒华侨华人预防犯罪，并在必要的时候向侨胞提供法律咨询与援助服务等。

警民中心的最大特色，就是它将南非的华侨华人社团联合起来，整合侨社的力量，为中国海外公民的社会安全保护提供帮助。这也是南非中国新移民适应南非社会环境的一种方式。

三、影响南非移民政策法规的主要因素及未来变化趋势

国际移民政策是主权国家政府公共政策的组成部分，它由政府制定、发布和实施，旨在对国际移民事务进行有效管理，以使国际移民流动能够在最高程度上有利于本国利益。① 每一个国家的移民政策的制定与修改，均源于其国内各个群体的利益博弈，以及国际大环境的影响。根据联合国经济和社会事务部的统计，2015 年南非接纳国际移民的总量高达 314.3 万人，国际移民在本国人口总量中所占比重为 5.8%。② 此外，还有数百万的非法移民没有计入其中。因此，未来南非的移民政策还将会继续调整。

---

① 李明欢：《国际移民政策研究》，厦门：厦门大学出版社，2011 年，第 53 页。

② 联合国经济和社会事务部：《国际移民存量（2015 年）》，https：//www.un.org/development/desa/pd/data/international - migration - flows。

（一）影响南非移民政策的主要因素

从历史纵向的角度看，从种族歧视政策到如今开放商务考察与留学申请、接收难民、允许各族裔申请永久居留等，再到为缓解国内失业率而收紧移民政策，南非移民政策随着社会经济环境的变化而变化。

1. 国际形势变化

国际形势的变化是南非废除种族隔离制度、修改移民政策的一个重要原因。第二次世界大战结束以后，南非继续推行种族隔离制度，受到国际舆论的强烈批评。1962 年，联合国通过决议，对南非实行经济制裁，要求所有国家与南非断绝外交关系，停止各种经济形式的往来。迫于国际社会的压力，南非政府废除种族隔离制度、建立民主制度成为历史的必然。1994 年南非正式废除种族隔离制度后，与此相应，南非政府也重新制定南非的移民政策，以适应国际关系发展的需要，重塑南非的国际形象。

2. 政治利益导向

国际移民政策的制定与实施，受政治体制之形塑，利益集团之左右，种族血缘之影响，乃至宗教文化之制约。① 南非的白人主要是由荷兰、英国移民及后裔组成。受欧洲母国文化的影响，南非白人在种族问题的立场上奉行"白人至上"原则，对非白人族群实施歧视和隔离政策。因此，在种族隔离时期，南非的移民政策及相关法律法规维护的是统治阶层白人群体的利益，限制非白人（包括华人）的跨国迁移与国内流动。种族隔离制度瓦解后，移民政策就要维护占人口大多数的黑人群体的利益，保护黑人的就业权益。

3. 经济利益考量

南非移民政策的制定与修改离不开经济利益的考量。如 1910 年以前，为了开发金矿，当时的政府主张引进华工，却不允许华工在工作期满后定居南非，而是将他们遣送回中国。1910—1994 年，经历了几个阶段的移民政策变迁，南非从限制华人移民到欢迎华人（中国台湾）移民，将华人认定为"荣誉白人"，给予他们相应的权利，其政策变迁的实质是经济利益的考量。1994 年以后，南非黑人获得了平等的政治权利，政策也放弃了以往对有色人种的排斥倾向。最近十几年，南非经济增长缓慢，失业率长期在 25% 徘徊，民众的排外运动频发，政府迫于压力，对外国移民在南非的就业条件限制越来越严格。

4. 社会需求的推动

1994 年以后，南非的专业技术人才流失严重，因此，在南非的移民法当中，

---

① 李明欢：《国际移民政策研究》，厦门：厦门大学出版社，2011 年，第 166 页。

要申请南非的工作签证必须具备相应的技术专长。以普通工作签证、关键技能工作签证为例，可以看到南非移民政策对社会需求人才的回应。南非内政部在关键技能工作签证实行配额制就是一种导向，即外国移民的迁入要根据社会需求来调整。

（二）南非移民法律政策的未来变化趋势

2020 年，南非的失业率高达 26.7%，[1] 经济增长陷入停滞状态，南非本国劳工与非法移民劳工的矛盾进一步加剧。基于南非国内政治、经济、社会就业需求的状况，以及南非移民政策最近二十年的修订趋势，可以预见的是，未来南非将更进一步收紧外国移民在南非的就业签证，以缓解国内失业与贫穷的问题，将主要体现在进一步限制外国人就业、严惩外籍劳工非法就业以及驱逐非法移民等方面。

1. 限制外籍劳工入境就业

随着外国移民人数的增多以及南非本国失业率的居高不下，自 2014 年 5 月26 日起，南非新的移民修正法案要求申请人须亲自向其原籍国的南非外交代表或邻国的南非外交代表（如果申请人所在国没有南非外交代表）提交临时居留签证申请。以往申请者可以通过中介代办，但 2014 年起必须本人亲自出面申请才能办理签证。

2018 年，南非内政部在《2018 年移民修正法案》中又进一步严格限制外籍劳工入境就业。今后外国人申请在南非就业的难度增大，对行业、技术特长、企业规模等都有较高要求。南非中国新移民大部分集中在南非的批发零售行业，无论是雇主的企业规模，还是普通的雇员，与内政部对外国人就业的要求来看，均有较大的差距。

2. 严惩外国人非法就业行为

南非内政部在《2018 年移民修正法案》中，对外籍劳工在南非的非法就业及雇主非法雇用外国人等行为制定严厉的惩处措施。外国人在南非申请工作签证，必须获得南非内政部的许可，且雇主须具备相应的条件，并证明该工作必须由外国人来从事。在严格的法律规定下，在南非非法就业的风险越来越大，对雇主的惩罚也日益加重。

针对非法就业的个体，内政部明确规定，如果外国人在南非非法就业，将面临被驱逐出境的风险。如果雇主非法雇用外国人，须承担与雇员的连带责任。如果雇主雇用超过五名非法移民或曾被认定违反《移民法》的雇员，将视为情节加重犯或累犯，从重处罚。[2]

---

[1] 南非统计局网站，http://www.statssa.gov.za/?page_id=735&id=1。
[2] 洪永红、方晓庆：《警惕南非限制外国人就业法的升级》，《中国投资》2020 年第 7 期。

外国人就业法案收紧对南非中国新移民的影响包括两个方面,对于普通的中国新移民个体,如想在南非就业,需要申请合法的工作签证,否则面临着被驱逐出境的风险。对于中国新移民商人雇主而言,雇用非法移民的成本比以前更高,需要承担与雇员的连带责任。因此,中国新移民商人需雇用南非本地人或拥有合法工作签证的外国人,这会使中国新移民商人在南非的经商成本上升,在商业经营领域面临新的挑战。

3. 新冠肺炎疫情带来的风险

2019 年底到 2020 年初,突如其来的新冠肺炎疫情在全球蔓延,给全世界带来了巨大灾难。根据世界卫生组织公布的数据,从 2020 年 3 月 5 日到 12 月 31 日,南非新冠肺炎感染人数从 1 例剧增到 1 039 161 例,死亡 28 033 例。① 截至 2020 年 12 月 31 日,南非的疫情仍未得到控制。疫情对南非经济、政治和族群关系都造成了巨大影响,虽然南非政府尚未对移民政策进行修订,但南非的中国新移民在经济领域已经面临新的挑战,在族群关系面临新的社会风险。

其一,中国新移民在南非面临着疫情带来的经济冲击,南非的零售、批发业商场关闭,中餐馆和中国超市关闭,中资项目暂停等,一些华人商铺的营业额断崖式下降。

其二,中国新移民在南非面临着疫情带来的安全冲击、新冠肺炎疫情的感染风险、南非本地医疗资源紧张、国际航运中断等。疫情带来的社会不稳定,使针对华商的作案明显增加。

由于疫情对南非经济发展的负面影响,南非不断发生排外运动,未来为了稳定社会秩序,回应南非民众对就业的需求,南非政府有可能进一步打击非法移民,收紧外国人在南非的就业与经商政策。

四、小结

金斯利·戴维斯指出:"移民是政策的产物。"② 也就是说,移民政策对国际移民的产生与发展具有重大的影响。一旦移民输入国采取严格的移民准入政策,移民将无法通过合法的渠道进入目的国。

移民政策是主权国家战略的一个组成部分,国家在人口跨国迁移中扮演着重

---

① 世界卫生组织网站,https: //www. afro. who. int/countries/south – africa。

② Kingley Davis, Social Science Approaches to International Migration, *Population and Development Review*, No. 14, 1988.

要的角色。① 自 20 世纪初以来，南非的移民政策经历了严格控制到逐步宽松，从排斥外来移民到逐渐选择性接纳外来移民，这与南非国内的社会经济发展状况、族群关系变化有着重要的关系。纵观南非过去一百多年的移民政策及对待华侨华人的态度，其政策的制定前提是保护本国国民的利益。在白人统治的种族隔离时期，歧视、限制其他有色人种的政策是维护白人群体的利益；如今，在移民政策方面设置各种门槛，尽管不是单独针对华侨华人群体，但其政策的根本目标还是维护南非本国国民的利益。因此，尽管南非的移民政策在过去有数次重大的变动，且最近两年受到新冠肺炎疫情的影响，但其根本的利益导向并未改变。华侨华人若要继续在南非发展，必须在发展自身的基础上，对南非社会有所贡献，方能在南非长远立足。

---

① 文军、黄锐：《移民政策的回归及其分析维度的建构———一项以国际移民研究为中心的讨论》，《天津社会科学》2013 年第 2 期。

第十六章 巴西移民政策法规①

自近代以来，拉丁美洲即是一个以移民为主的地区，成千上万的移民从欧洲、非洲、亚洲涌入，使拉丁美洲成为一个多元民族、多元种族融合的"大熔炉"。从16世纪起，西班牙、葡萄牙殖民者开始入侵拉丁美洲，他们滥杀当地印第安人而导致人口剧减，因此从非洲运入大批黑人以弥补。据估计，从1550年到1850年先后到达拉美的黑人有900万，主要集中于加勒比海地区和巴西。自19世纪起，以南欧为主的欧洲国家开始向拉丁美洲大规模移民，加上之前的移民，总数已经达到1 500万人，其中80%集中在巴西和阿根廷两国。从18世纪初到1970年，大约有2 100万人从世界其他地区迁入拉美，其中由意大利迁往阿根廷的移民总流量超过300万人，从西班牙到阿根廷以及从意大利、葡萄牙和非洲到巴西的移民流也分别超过100万人。② 与此同时，日本、印度尼西亚、印度和中国等亚洲国家也有一部分移民迁往拉美地区。巴西是拉丁美洲最大的国家，作为世界第七大经济体，其国土面积居世界第五位，人口居世界第六位。无论是移民传统，还是现实需求，巴西在拉丁美洲移民史上都具有代表性。本章主要以巴西为例，对巴西的移民历史做一个描绘，并对其移民政策及趋势进行分析，最后以巴西移民政策的变化为背景，分析巴西华人移民的发展趋势。

一、巴西国情及移民史

巴西，全称巴西联邦共和国，位于南美洲东部，首都为巴西利亚。巴西北邻法属圭亚那、苏里南、圭亚那、委内瑞拉和哥伦比亚，西接秘鲁、玻利维亚，南接巴拉圭、阿根廷和乌拉圭，东濒大西洋。巴西幅员辽阔，国土面积达到851.49万平方千米，海岸线长约7 400千米。国土的80%位于热带地区，最南端属亚热带气候，北部亚马孙平原属赤道（热带）雨林气候，年平均气温27℃~29℃。中部高原属热带草原气候，分旱、雨两季，年平均气温18℃~28℃。南部地区年

---

① 本章执笔者莫光木，广东财经大学人文与传播学院讲师，助理研究员。主要研究方向为华侨华人史、海外华侨华人社会和拉丁美洲华侨华人。本章在写作过程中得到巴西华人网邵园园、巴西华人网北京代表处高奇在资料收集及部分葡语法律法规翻译方面的帮助，在此致谢。

② 毛爱华：《拉丁美洲国际移民现状研究》，《世界地理研究》2006年第3期，第17页。

372

平均气温 16℃ ~ 19℃。

巴西在历史上曾经是一个重要的移民接纳国。截至 2020 年 10 月，巴西总人口为 2.15 亿。白种人占 53.74%，黑白混血种人占 38.45%，黑种人占 6.21%，黄种人和印第安人等占 1.6%。官方语言为葡萄牙语。64.6% 的居民信奉天主教，22.2% 的居民信奉基督教福音教派。①

1500 年，葡萄牙航海家佩德罗·卡布拉尔"发现"了巴西，随后，西方殖民者对当地原居民印第安人进行残酷的征服、屠杀和奴役，进而开始了向巴西大规模移民的历史。从 1530 年起，葡萄牙移民纷至沓来，开始主要集中在东北部和沿海一带地区，他们中的绝大多数是地主、商人和破落贵族，在这片广袤的土地上种植甘蔗。对印第安人的屠杀导致了人口的锐减，葡萄牙殖民者开始从非洲贩卖黑奴前往巴西，充当劳动力。据统计。从 1530 年到 1855 年，总计有 400 万黑人被当作奴隶贩运到巴西。② 他们用血汗与生命开发了巴西这片原始莽原，依赖黑奴贸易而形成的"黑奴经济"构成了此时期巴西经济、社会的最大特征。在历史上，黑人曾占巴西人口的多数。以至于巴西在 1822 年独立时，黑人占全国人口的 60%，他们主要居住在落后的中西部和东北部地区。巴伊亚州和里约热内卢州黑人最为集中。

到 19 世纪，更大规模的移民前往巴西，且移民的来源地也不再仅仅局限于葡萄牙，来自欧洲其他国家的移民开始来到巴西寻求更好的工作机会。他们来到这里购买土地并进行耕种以养家糊口，同时也售卖少量的农产品。那些在家乡有职业的人（手工艺者、鞋匠、裁缝等）来到巴西后又重操旧业。

在 19 世纪 20 年代初期，大量瑞士移民来到里约热内卢州的新佛里堡，同时，德国人也开始向圣卡塔琳娜和南大河移民。这些移民在巴西主要从事与耕种和畜牧有关的职业。19 世纪中叶，大量意大利人来到圣保罗市从事商业经营和工业生产。他们中还有人深入圣保罗州腹地去种植咖啡。在整个 19 世纪巴西接纳了来自 70 多个国家的移民，他们为巴西 19 世纪的发展做出了至关重要的贡献。

进入 19 世纪后期，风起云涌的废奴运动动摇了巴西奴隶制的根基。1888 年，奴隶制被彻底废除。此后，因为劳动力匮乏，巴西继续靠接纳大批自由移民推动社会经济发展，又迎来了一次移民高潮，成千上万的意大利人与德国人来到圣保罗州内地的咖啡园和巴西南部的工业区，成为农业工人和产业工人。从 1887 年

---

① 《巴西国家概况》，中华人民共和国外交部，https://www.mfa.gov.cn/web/gjhdq_676201/gj_676203/nmz_680924/1206_680974/1206x0_680976/，2022 年 10 月 20 日浏览。
② 黄怡：《巴西移民在美国》，《东南学术》2005 年第 4 期，第 95 - 96 页。

到 1900 年，仅巴西的圣保罗州就接纳了 100 万外国移民，他们大多来自欧洲大陆和非洲。[①] 进入 20 世纪后，也有部分亚洲移民来到巴西，其中以日本人为主，他们于 1908 年开始向巴西大规模移民，总数达到 30 万人。[②] 他们中的大部分都和意大利人一样，在圣保罗从事咖啡种植。之后，随着咖啡产业黄金时代的逐渐逝去，咖啡园中的剩余劳动力开始向手工业领域转移，为巴西最初的工业奠定了基础。

在欧洲向巴西移民期间，到 1929 年，西班牙人成为巴西第三大外来移民人口，仅仅位列意大利人和葡萄牙人之后。据估计，大约有 70 万西班牙人定居在了巴西，他们主要来自西班牙的农村，在那里，贫穷迫使当地人必须去找到新的生存机会。在圣保罗，西班牙人是第二大外来移民群体。在 20 世纪 30 年代，随着西班牙内战的愈演愈烈，西班牙向巴西移民的人数在不断增加，其中主要是被打败的佛朗哥军队。

据巴西《1980 年 4 月年鉴》统计，在 1884—1973 年期间抵达巴西的外来移民（不包括其后裔）多达 507 万人，其中葡萄牙和意大利的移民最多，分别为 157 万和 153 万人。此外，西班牙移民 70 万人，日本移民 24 万人，德国移民 20 万人，俄国移民 10 万人，其他国家移民 70 万人。[③] 这些移民群体构成了巴西多元种族的基础，也凸显了巴西作为移民输入国的特点。

进入 20 世纪 80 年代，长期以来一直接纳大量外来移民的巴西，在移民流向上却发生了根本性的变化，巴西社会掀起了一股向国外移民的高潮，由一个移民输入国变成移民输出国。经济衰退，国家负债，通货膨胀，人民实际生活水平下降，加上国内频繁的暴力事件等，使得巴西人心浮动，移民风向也发生逆转，大批企业家、律师、医生、经济学家纷纷到国外寻求富裕安宁的生活。这些有移民倾向的巴西人，包括一批享受国立教育系统的免费教育培养出来的高技术人才，巴西为培养这些人付出了昂贵的代价。这些人的外流使巴西高技术人才和熟练的技术工人严重短缺，大批企业家将资金带到国外，也影响了巴西经济发展。

据统计，仅在 1985—1987 年间，就有 125 万巴西人移居异国他乡，移民总数高达巴西当时总人口的 1%。[④] 巴西移民主要流向美国、日本、葡萄牙、意大利和巴拉圭，其中以移民美国的人数最多。葡萄牙和日本等国是最初向巴西移民

---

① 黄怡：《巴西移民在美国》，《东南学术》2005 年第 4 期，第 95－96 页。

② 陈太荣、刘正勤：《中华民国时期与巴西的关系》，巴西侨网，http://www.bxqw.com/userlist/hb-pd/newshow－12205.html，2016 年 2 月 24 日浏览。

③ 转引自吕银春：《巴西人口的特点和巴西政府的人口政策》，《世界人口》1982 年第 2 期，第 52 页。

④ ［乌拉圭］阿德拉·佩勒格里诺：《拉丁美洲和加勒比地区的国际移民动向》，《国际社会科学杂志》2001 年第 3 期，第 146 页。

的国家，近来两国开始大量接收这些移民的后裔，让他们回归其祖先的国度。

根据巴西外交部的统计，2014 年海外巴西人的人数为 310 多万人，其中北美洲最多，达到了 136 万人，仅美国就有 131 万多巴西人，欧洲和南美洲其他国家紧随其后，分别为 86 万多人和 56 万多人。[1] 最近几年，由巴西劳工部、外交部和司法部等机构联合组建的特别委员会正在制定相关政策，探讨吸引"海归"人才的办法以填补巴西国内的人才需求。

二、巴西移民政策及趋势

（一）巴西移民管理机构及职责

在巴西的行政机构中，与移民入境、移民管理相关的管理机构有劳工与社会保障部（2015 年 10 月后劳工部与社会保障部合并，改为劳工与社会保障部）、司法部及外交部。这三个部门各司其职、分工合作，均设有专门管理移民和外国人的机构，用不同程序管控进入巴西的外国移民并对在巴西的外国人实施管理。

巴西劳工与社会保障部是负责批准外国人在巴西工作的部门，其主要职责是根据《统一劳工法》、1980 年联邦第 6815/80 号法令（《外国人管理规定》）[2]、1981 年第 86715/81 法令及后续一系列修正案等法律法规的法律原则，对就业请求进行受理和评估，对符合条件的外国人，允许其在相关使馆或领事馆获得签证并进入巴西和在合法期限内居留。劳工与社会保障部批准外国人工作的原则主要包括是否符合本国政治、社会、经济和文化利益，以及是否危害本国劳动者利益。劳工与社会保障部还负责监督外籍人员在本国工作及所在公司执行劳动者保护法的情况，以打击劳动市场违规，促进劳动法的实施。

此外，巴西劳工与社会保障部（主要通过国家移民局）还根据巴西接待公司方的申请和现行法律签发的允许，给外国人发放就业许可。

具体而言，劳工与社会保障部在这方面的工作主要由其属下的国家移民局[3]负责，其组织和工作以 1980 年 8 月 19 日第 6815 号法律、1993 年 6 月 22 日第 840 号法令和 2000 年 8 月 23 日第 3574 号法令为依据。国家移民局主要负责以下工作：①制定移民政策；②协调和指导移民；③定期调查对外籍劳工的需求状

---

① 巴西外交部网站，http://www.brasileirosnomundo.itamaraty.gov.br/a–comunidade/estimativas–populacionais–das–comunidades，2016 年 2 月 10 日浏览。

② 巴西司法部网站，http://www.planalto.gov.br/ccivil_03/Leis/L6815.htm，2016 年 2 月 12 日浏览。

③ 原为全国移民委员会，根据 1980 年 8 月 19 日第 6815 号法律设立，1992 年 11 月 19 日根据巴西政府机构改革的第 8490 号法案成立国家移民局。

况，颁发临时或永久就业许可；④确定 1980 年 8 月 19 日第 6815 号法律第 18 条行使范围，制订相关移民计划；⑤进行移民相关问题研究；⑥制定移民的选择办法，以确保各类专业人才进入国家各经济领域工作，为特殊领域引进人才；⑦解决相关问题，处理未在法律涵盖范围内的个案；⑧就各行政部门提出的建议进行研究；⑨制定内部规范，规范需由劳工与社会保障部批准。

巴西司法部主要有三个部门涉及移民事务，一是外国人局（亦译为外国人司），二是联邦警察局，三是主管大赦等情况的大赦委员会。

本着为外国人和巴西人服务的宗旨，巴西司法部在司法国务秘书办公室下设立外国人局，外国人局有四个处、一个接待中心和一个全国难民委员会，它们的职能分别如下：

外国人居留处负责审核外籍人员能否在巴西居留，延长临时签证，将临时签证换发为永居签证或给配偶或子女为巴西人的外国人颁发永居签证。其工作主要包括：①管理、指导和进行签证类型变更，居留，政治保护及外国人签证延期；②受理、分析和管理更换签证类型的请求；③制定相关期限；④确定暂停、批准和终止受理请求；⑤遵守和执行其权限范围内的相关法律和判例；⑥发布相关信息。

国籍与归化处主要负责审核外国人入籍巴西的相关事宜。具体的事务大致有：①接受外国人归化；②出具归化或没有归化的证明；③承认民事、政治权利与义务；④修改外国人登记资料，修改外国人身份证资料等；⑤补发归化证书；⑥丧失或恢复国籍；⑦恢复政治权利。

强制措施处负责与巴西有相关引渡协议的国家开展主动或被动引渡、移交犯人事务等事务，同时对不适宜在巴西停留的外国人进行驱逐出境、限期离境、遣返等。巴西在外侨民事务也部分由强制措施处负责。

调研处的主要职责是研究移民政策、法律法规，根据外国移民进入、居留巴西的情况，提出移民政策、法律法规方面的建议，修订外国人局职权范围内的国际条约等。

外国人接待中心主要开展与巴西的外国人服务相关的工作。如为公众提供法律方面的咨询、答疑、查询；提供外国人局受理的案件进展查询；通过电话、传真、电子邮件等形式接受查询；接收虐待劳工的投诉等。除以上"四处一中心"外，还有一个全国难民委员会负责难民事务。

相对于外国人局对于移民事务的审批、服务功能，联邦警察局则更多地负责外国人入境、居留和出境的监督管理，主要有以下职能：①处理、研究和指导外国人国籍和法律制度相关事宜；②处理、研究和指导外国人出境、引渡和放逐相关事宜；③根据巴西与有关国家签订的协议，确定外籍在押人士回原籍服刑程

序；④制定确认难民和政治保护身份的相关程序；⑤向全国难民委员会提供行政支持。

在巴西外交部负责相关移民事务的是移民司及各驻外使领馆，它们负责巴西各驻外代表机构、管理各驻外领事机构入境签证的颁发和在巴西境内的签证认可。针对外国人，主要有以下几种情况：①签发赴巴西签证；②在收到劳工与社会保障部的材料（包括就业许可）后，通知巴西驻外领事机构办理签证；③通过各驻外领事机构决定签发为家人团聚而发的临时或永居签证。

（二）巴西移民政策与法规

自1822年由殖民地成为独立国家起，巴西经历了由帝国向共和国的转变，也在20世纪70年代后经历过十多年的军政府统治时期。但从1891年巴西第一部合众国宪法颁布时起，巴西合众国即对巴西公民的国籍有了明确的规定。现行巴西主要的移民法规分为三类：第一类是巴西宪法关于国籍的规定，作为国家的根本大法对巴西公民进行了规定，巴西现行的宪法是1988年巴西联邦共和国宪法。第二类是巴西国会通过的各类移民相关的法律法规，是供劳工与社会保障部、国家移民局、司法部外国人局及外交部相关部门管理移民事务时作为依据的法律法规，这方面的法律主要有1949年9月18日通过的第818号法案（即巴西《国籍法》，1957年7月4日第3192号法案及1996年10月20日第5145号法案对其进行了两次修改）、1980年8月19日颁行的第6815号法律（通称《外国人管理规定》）、1993年颁布的第840号法案等。2017年，巴西颁布了新的移民法案，即2017年5月24日通过的第13445号法律（后文统称为"2017年第13445号法律"），此移民法案于当年11月24日颁行后，此前实施的1949年第818号法律以及1980年第6815号法律旋即废止。第三类是国家移民局、司法部等各个与移民相关的管理部门根据宪法及相关法律法规颁行的相关规定，在不触动第一、二类法律法规精神的情况下，根据巴西国家利益和不同时期的移民需求而制定，这类决议更多地表现为各类移民签证修正案。从内容上来说，巴西移民法律法规主要包括对巴西国籍的相关规定、对获得巴西永久居留权的法律法规以及各类签证的颁发等内容。

1. 关于巴西国籍的相关法规

巴西1988年宪法中，第二篇"权利声明"的第一章即为关于国籍的规定，这关于巴西国籍的第145条对于巴西公民有两款相关规定。

第一款是关于出生地原则和血缘原则，它规定了取得巴西国籍的三种原则：①出生在巴西本土，其父母虽系外国人，只要他们不再为其国家服务；②从其父母任何一方为巴西服务之日起，在巴西父亲或巴西母亲的国土以外出生的；③在国外出生的，其父或其母为巴西人，虽然父母均不为巴西服务，从其在国外有资格的巴西分支机构登记之日起，或虽未经登记，但在其到达成年之前来巴西本土定居，在此情况下，在到达成年之后的4年内应选择巴西国籍。

第二款是关于外国人加入巴西国籍的规定，可分为两方面的情形：①依照1891年宪法第69条第四款和第五款之规定，取得巴西国籍的；②根据法律规定：第一，出生在国外，且在5岁以前被巴西接受和已在巴西本土最终定居的，为保留巴西国籍，从到达成年之日起2年内应明确地申明其巴西国籍；第二，出生于国外，但在成年之前已来巴西定居，在巴西定居期间接受高等教育并在取得学位后1年内申请巴西国籍；第三，葡萄牙人只要在巴西连续居住1年、具有相称的道德和体格健康，就可以取得巴西国籍。可见，在独立之前，长期作为巴西宗主国的葡萄牙人，在取得巴西国籍方面，具有特殊的照顾。对于申请成为巴西公民的法律程序，由联邦司法部门负责受理和审批。

2017年第13445号法律第63条还增加了一条国籍选择的条款，这条条款规定：父母一方为巴西公民、在国外出生且未在领事机构进行登记的子女，可以随时对国籍进行选择。

根据最新的巴西《移民法》规定，外国人入巴西国籍分为普通入籍、特殊入籍、特别入籍、临时入籍四类。

第一类为普通入籍。原国籍为葡萄牙语国家，在巴西连续居住满4年且符合条件的外国人可以申请入巴西籍。根据巴西1980年第6815号法律第113条规定，如果申请人有巴西籍子女或配偶，要求在巴西连续居住的时间可缩短为1年。申请应该向居住地附近的联邦警察局递交。巴西1981年第6964号法令第112条对归化条件进行了修改并具体化：①具有民事能力；②在巴西进行了居留登记；③申请归化时，至少在巴西连续居住4年；④会读、写葡萄牙语；⑤有职业或赡养家庭的经济条件；⑥操行良好；⑦在巴西或其他国家没有犯过刑期超过1年的欺诈罪。

而根据2017年第13445号法律，巴西新的《移民法》对普通入籍进行了如下规定：①根据巴西法律，具有民事行为能力；②在本国领土居住4年以上；③视入籍申请者的条件，能用葡萄牙语进行交流；④未获刑事处罚或依法释放恢复权利的。从内容上，前后两个法案对普通入籍条件的规定相差不大，对相关条文的表述进行了简化，去除了会读写葡萄牙语及职业等条件。在巴西连续居住至少4年，是指合法居住的时间，例如持临时签证、长期居留签证、公务签证或外交签证，而且在申请归化时已有居留登记（长期居留身份证）。根据1981年第86715号法令第119条的规定，如果因重要原因要离开巴西，离开时间累计不超过18个月的，计算时间不受影响。

对于居住年限，2017 年第 13445 号法律进行了规定，具有以下条件之一的，可以降低居住年限至不少于 1 年：①有巴西子女的；②有巴西籍配偶或伴侣，且在批准入籍时没有依法或事实分居的；③向巴西提供过或能够提供具有重要意义服务的；④具有值得推荐的专业、科学或艺术能力的。本条第③、④项条件的满足情况将依照执行细则的相关规定进行评估。

第二类为特殊入籍。2017 年第 13445 号法律第 67 条对此进行了规定：任何国籍的人士凡在巴西连续居住 15 年以上且未受刑事处罚的，在提出申请的情况下，均可被授予特殊入籍。

第三类为特别入籍。2017 年第 13445 号法律第 68 条也对巴西驻外人员的配偶或伴侣以及在巴西工作的外交人员的特别入籍进行了规定，凡符合以下任一条件的外国人可被授予特别入籍：①是巴西在任外交人员或在海外为巴西政府服务人员的配偶或伴侣，且关系持续 5 年以上的；②在巴西驻外使领馆连续工作或曾经连续工作 10 年以上的。

特别入籍除其身份的要求之外，授予特别入籍时应同时满足以下要求：①根据巴西法律，具有民事行为能力；②视入籍申请者的条件，能用葡萄牙语进行交流；③未获刑事处罚或依法释放恢复权利的。

第四类为临时入籍。临时入籍主要是针对在巴西成长的外国儿童而设的，2017 年第 13445 号法律第 70 条规定：临时入籍可授予在年满 10 周岁以前即在本国居住的儿童或青少年，且须由其法定代表人提出申请。申请临时入籍的儿童在本人成年后 2 年内明确提出申请时，可将临时入籍转换为永久入籍。1980 年第 6815 号法律在临时入籍年龄上的规定是"5 岁以前到巴西定居的外国儿童"，相较而言，新法案在年龄方面有所放宽。

从入籍程序上来说，新的移民法规所规定的程序相对之前实施的入籍政策而言有所简化。在第 71 条从法律上保障了入籍申请人的权利：入籍申请的提交和处理应按照行政主管部门确定的方式进行，并保障在否决的情况下拥有上诉的权利。对于申请人的姓名，也不像之前实施的入籍程序一定要翻译成葡萄牙语，而是变成"可要求"这样的措辞，带有选择性的权利，也可以在改葡萄牙语姓名的基础上保留原名一起登记：①在申请入籍的过程中，入籍申请人可要求将其姓名翻译或调整为葡萄牙语。②翻译或调整后的葡萄牙语姓名将与原姓名一起进行登记。新的移民法案还对申请入籍的入籍人的政治权利进行了保障，其第 72 条规定：在获得入籍许可后 1 年内，入籍人应到选举法院进行相关登记。

巴西相关法律对被取消国籍也有相关规定。1988 年巴西联邦宪法第 146 条及 1994 年宪法第三修正案对丧失巴西国籍（原始的或归化的）做了如下规定：遇以下情况，当事人将被宣布丧失巴西国籍：第一种情形为当事人危害巴西国家利益，由司法判决取消国籍。第二种情形为获得外国国籍者。但下列情况除外：①外国法律承认原国籍。②旅居在外国的巴西人，根据居住国要求，若因居留或行使公民权需要，必须归化旅居国国籍。由此可见，除由宪法规定的以上两种情况外，丧失巴西国籍的唯一情况就是因归化而获得外国国籍。根据 1995 年 8 月 7 日政府公报意见，申请放弃巴西国籍者，需明确表达放弃巴西国籍的意愿并出示已通过归化而获得外国国籍的证明。放弃巴西国籍的申请可由巴西驻外领事机构、联邦警察局转交司法部或者直接以挂号信或带回执的信函寄给司法部。同时递交的文件有经公证的出生公证书复印件及获得外国国籍的证明（入籍证明复印件）。

2017 年第 13445 号法律对于取消国籍也有新的规定，其中第 75 条明确指出：根据《联邦宪法》第 12 条第 4 款第（一）项的规定，因危害国家利益被终审定罪的入籍者将丧失巴西国籍。

因获得其他国家国籍而丧失巴西国籍者，若回巴西居住，可申请恢复巴西国籍。当事人需在巴西合法居留，但不要求有长期居留登记。恢复巴西国籍的文件包括在巴西的居住证明（如购买的不动产凭证或租房合同等）、经公证的出生公证书复印件并注明丧失巴西国籍的日期。申请书可直接交司法或当地联邦警察局，或者以挂号信或带回执的信函寄给司法部。

2. 关于取得巴西居留许可的法律规定

巴西居留许可的审批权在司法部，由该部外国人事务处受理申请。永久居留证（也称"红卡"）有效期一般为 10 年，到期后可顺延。获永久居留权者，连续 2 年以上未在巴居住，即丧失永久居留权。之前实施的居留权法规规定了家庭团聚、投资移民及其他三种获得永久居留权的方式。2017 年第 13445 号法律对外国人获得巴西居留权进行了新的解释。

（1）按申请居留目的授予居留权。2017 年第 13445 号法律第 30 条规定，以下九种情况，通过登记，可向符合以下条件的移民、边境居民或访客授予居留权。①进行研究、教学或学术推广的；②进行疾病治疗的；③被人道主义接纳的；④进行学习的；⑤进行工作的；⑥进行假期打工的；⑦进行宗教活动或志愿服务的；⑧进行投资或其他具有经济、社会、科学、技术或文化重要性的活动的；⑨进行家庭团聚的。

（2）按申请人个人身份授予居留权。2017 年第 13445 号法律第 30 条规定，以下七类人通过登记，可被授予巴西居留权：①居留及自由流动相关条约的受益者；②获得工作机会者；③曾拥有巴西国籍且不希望恢复国籍或不符合恢复国籍要求者；④避难、庇护或无国籍人保护的受益者；⑤在巴西边境上或国土内被发现，无人陪同或被遗弃的未成年外国人或无国籍人；⑥人口贩运、奴隶式劳动的

受害者或因移民身份权利遭受侵害者；⑦在巴西取保候审或服刑者。

（3）以家庭团聚为目的的授予居留权。新的移民法规改变了过去将家庭团聚纳入居留权管理的做法，单独设立一小节（即第三章"移民和访客的司法地位"之第五节"家庭团聚"，笔者注）对家庭团聚的居留许可条件或颁发签证予以界定。第三十七条规定：可将以家庭团聚为目的的签证或居留许可授予符合以下条件之一的移民。①配偶或伴侣，且不受任何区别对待；②居留许可持有者的子女，或子女为巴西公民或居留许可的持有者；③巴西公民或居留许可持有者上下两代以内直系血亲或兄弟姐妹；④巴西公民的监护人或监管人。

（4）投资移民。巴西政府欢迎外资进入本国市场，并实行国民待遇，根据宪法，所有在巴西的外国独资或合资生产企业均被视作巴西民族工业。由于其投资法规比较完善，基础设施良好，以及巴西作为中南美洲的物资集散地，具有向北美洲辐射的优势，2016年，巴西吸引外资500亿美元，在发展中国家中排第二位，仅次于中国的1 390亿美元。[①]

巴西政府为鼓励外国资本进入，于2004年10月6日颁布第60号法规规定，对投资额度达到15万巴西雷亚尔（约5万美元）以上的投资人，可申请巴西投资移民并获得在巴西的永久居留身份（对于投资购买土地的投资程序另有规定），其本人及其配偶和未成年子女均可申办永久居留。而在此之前，这一额度定在60万巴西雷亚尔以上，新法令大大降低了申请巴西投资移民资格的门槛。此外，凡注册60万巴西雷亚尔以上的外国公司，其董事长和高级管理人员可申请永久居留。

从方式上而言，巴西投资移民的程序也非常简单，只要履行以下程序即可获得巴西永久居留权：①先在巴西申办一家有真实地址的公司。[②] ②递交有效身份（护照）的复印件、出身公证、婚姻公证、子女公证、无犯罪公证、居住地公证和学历公证，以上证件均需经中、英文或中、葡文公证，并取得本国外交部及巴西使（领）馆的"双认证"。③委托人持以上合法文件聘请律师、会计师注册公司。公司被批准之后，再凭公司文件申请税号和到银行开户。④向银行账号汇入投资款（此资金经巴西中央银行结汇后即可提取使用）。⑤投资资金到位后，凭银行出具的证明，委托人开始办理投资移民的各项手续。一般3~6个月可获得

---

① 詹晓宁：《2016年全球十大外资流入经济体：美国第一，中国第三》，凤凰网，2017年2月2日，http：//finance.ifeng.com/a/20170202/15173886_0.shtml。

② 根据巴西的有关法令规定：①国外投资人必须选定一名在巴西永久居留或巴西籍者合作，共同组建公司。该合作人也被称作"委托人"。委托人在公司中的股份比例不受限制，是国外投资人在巴西注册公司或入股巴西公司的合法代表；②须做"委托人"公证书，公证书应含中、英文或中、葡文，此公证书需再经中国外交部及巴西驻华使领馆的双认证（另一条途径是：如果投资人通过合法渠道进入巴西，则可在巴西公证机关直接办理委托书，该委托书不再需要双认证）。

投资移民签证。

2011 年 8 月 10 号，巴西《移民法》新的修正案出台生效，投资移民的额度再次出现了调整。新规定要求投资不少于 60 万巴西雷亚尔，达到此投资数额，可以一步到位获得永久居民身份，4 年后可以入籍，且不要求必须创造 10 个就业机会。而到 2015 年底，巴西国家移民局又修正了最新的关于投资移民的金额，外国投资者签发永久居留签证的前提条件是外币的投资金额在 15 万巴西雷亚尔以上。

2017 年第 13445 号法律并无对投资移民的相关条款，但从上述各个时期的相关法律补充条款来看，无论投资移民的投资额如何变化（基本上在 15 万巴西雷亚尔到 60 万巴西雷亚尔浮动），巴西投资移民的门槛并不高，与欧美发达国家相比，还具有时长短、操作简单等特点。

（5）其他形式。1997 年，巴西国家移民局颁行了一系列法律规定，也对获得巴西永久居留权做了详细的规定。根据国家移民局 05/97 号法令，因连续离开巴西时间超过 2 年而丧失居留身份的外国人，可以重新向有关部门申请长期居留证。第 06/97 号决议则规定在巴西以避难或难民身份居住时间超过 6 年的外国人、受雇的专业技术人员，或投资移民可申请长期居留。第 01/97 号决议规定的在巴西工作的技术移民的情况，持临时签证类（第三类签证）的外国教师、高级科技人员，若是由教学机构或科研机构公开招聘或与私营教学机构或科研机构签订两年以上的合同，可申请长期居留。

3. 巴西签证的种类及规定

除了归化入籍巴西及获取巴西居留权外，巴西还向外国人颁发多种形式的签证，持有此类签证者在符合特定条件后，也可以获取永久居留权甚至归化入籍。除根据对等原则或协议免除签证外，外国人进入巴西前便需在巴西驻外使馆或领馆办妥签证，签证有效期一般是 90 天。

从准许进入巴西的不同目的划分，2017 年第 13445 号法律将签证种类从七大类调整为五大类，分别为：①访问签证；②临时签证；③外交签证；④公务签证；⑤礼遇签证。取消了原法案规定的过境签证、旅游签证和居留签证，统一设为访问签证，其余四类签证保持不变。

第一类为访问签证。2017 年第 13445 号法律第 13 条规定访问签证可授予来巴西进行短暂停留，且无意在此居住的申请人，具体情况分为五种：①旅游；②商务；③过境；④从事艺术或体育活动；⑤ 其他由执行细则规定的情况。持临时签证的申请人需要遵守以下规定：①禁止访问签证持有者在巴西从事收取酬劳的活动；②访问签证持有者可以从政府、巴西雇主或私人机构收取住宿费、费用补贴、出场费、劳务费或其他旅行费用，并可以参与体育竞赛、艺术或文化比

赛，争夺包括奖金在内的奖项；③在经本国领土转机停留时，只要访客不离开国际中转区域，便无须持有访问签证。

第二类为临时签证。2017 年第 13445 号法律第 14 条规定临时签证可授予希望来巴西居住一定时间并符合以下至少一种情况的移民：①进行研究、教学或学术推广的；②进行疾病治疗的；③被人道主义接纳的；④进行学习的；⑤进行工作的；⑥进行假期打工的；⑦进行宗教活动或志愿服务的；⑧进行投资或其他具有经济、社会、科学、技术或文化重要性的活动的；⑨进行家庭团聚的；⑩持固定期限劳动合同进行艺术或体育活动的。

对于获得巴西临时签证的具体细则，2017 年第 13445 号法律从以下九个方面予以详细解释：

第一款　无论与巴西研究或教学机构有无雇佣关系，均可向移民签发用于进行研究、教学或学术推广的临时签证；在有雇佣关系时，需提供相关的高等学历证明或同等的科学水平认可证明。

第二款　在证明有足够经济实力的情况下，用于进行疾病治疗的临时签证可授予移民本人及其陪同人员。

第三款　用于人道主义接纳的临时签证可授予面临严重或即将发生的政治动荡、武装冲突、大规模灾害、环境灾难或严重侵犯人权或国际人道主义法，或执行细则规定的其他情况下的无国籍或任何其他国籍人士。

第四款　用于留学的临时签证可授予希望来巴西参加正规课程、进行实习或交换学习、研究的移民。

第五款　根据执行细则规定的情况，用于工作的临时签证可授予前来从事劳务活动的移民，无论是否在巴西存在雇佣关系，但需要在巴西经营的法人实体正式提出申请；若移民可提供具有高等教育学历的证明或同等文件，则可免除上述要求。

第六款　用于假期打工的临时签证可授予年满 16 周岁，且其原籍国向巴西公民提供同等待遇国家的移民，具体要求应通过外交渠道确定。

第七款　进行长途旅行或在沿巴西海岸游轮上工作的海员进入巴西时，无须申请第 14 条第⑤点（即进行工作的临时签证，笔者注）所涉及的签证，而仅凭国际海员证即可。

第八款　持工作目的临时签证的移民可以在从事劳务活动期间更改工作地点。

第九款　用于进行投资的临时签证可授予向具有促进本国就业和收入潜力的项目注资的移民。

2017 年第 13445 号法律对外交、公务和礼遇签证进行了统一的阐释。其中第

15 条规定：外交、公务和礼遇签证的授予、延期及豁免应遵照本法及相关执行细则的规定。外交和公务签证可转为居留许可，这将导致原签证赋予的所有特权、待遇和豁免权的丧失。第 16 条则对外交签证和公务签证的发放对象予以进一步的说明，规定：外交和公务签证可授予代表外国政府或被认可的国际组织前来巴西进行临时或常驻公务活动的外国政要及官员，并对其在巴西的法律豁免及亲属权益进行了解释。第一，巴西劳动法律法规不适用于本小节（即外交、公务和礼遇签证，笔者注）中所涉及的签证持有者。第二，外交和公务签证可延伸至本小节（即外交、公务和礼遇签证，笔者注）内涉及的官员家属。

第 17 条条文则对持外交签证或公务签证本人及家属在巴西的劳动、报酬等进行了规定。外交或公务签证持有者仅可从外国政府或国际机构获得薪酬，相关条约对本事项有专门规定的除外。外交或公务签证持有者家属可在巴西劳动法律法规的保护下在巴西从事有偿工作，前提是其原籍国必须给予巴西公民同等待遇，并通过外交渠道告知。

第 18 条条文对礼遇签证的持有人在巴西的劳动及报酬等进行了解释：持礼遇签证的私人雇员只能为其持外交、公务或礼遇签证的雇主提供有报酬工作，并受巴西劳动法律法规的保护。外交、公务或礼遇签证持有者应对其私人雇员离开本国领土负责。

4. 关于外国人出入境巴西及提供政治避难的相关规定

对没有获得签证及居留权的外国人，2017 年第 13445 号法律在出入境也有一些相关的规定。其中，第 38 条规定了执法部门的权限及无害通过船只乘客的出入境权利：海上、机场和边境检查的职能由联邦警察在本国出入境口岸执行。无害通过船只上的乘客、船员及工作人员可免于检查，有人员上下船只的情况除外。第 39 条规定：除法律规定的情况以外，旅客必须停留在监管区域，直到其旅行证件被检查完毕为止。

2017 年第 13445 号法律对于持有旅行证件的人员获准破例入境的情况予以了界定：①没有签证的。②所持签证有错误或遗漏的。③根据执行细则规定在国外逗留过久而失去居民身份，但具备重新获得居留许可客观条件的。④无论持何种旅行证件，无法定监护人伴同且无单独旅行书面许可的儿童或青少年。在这种情况下，相关人员应被立即移交儿童保护机构，或视需要转交其他由主管机关指定的机构。⑤在遵循本法方针的前提下，执行细则可对其他特殊准许入境的情况做出规定。

在限制入境方面，2017 年第 13445 号法律第 45 条规定，在经过单独问询且理由充足时，存在以下 9 类情况的人员可被禁止入境：①此前曾被巴西驱逐出境且驱逐令仍然有效的；②根据 1998 年《国际刑事法院罗马规约》（由 2002 年 9

月 25 日第 4388 号法令颁布）的规定，因恐怖主义行为、灭绝种族罪、危害人类罪、战争罪或侵略罪被判刑或被起诉的；③在其他国家因故意犯罪被判刑或被起诉，且根据巴西法律可被引渡的；④因法院命令或巴西对国际机构的承诺被列入限制名单的；⑤出示的旅行证件有以下情况之一的：不被巴西认可的；超过有效期的；被涂改或有伪造痕迹的；⑥入境时无法出示旅行证件或身份证件的；⑦旅行目的与签证种类不符或不符合免签规定的；⑧被证实在申请签证时提供伪造资料或虚假信息的；⑨实施过违反《联邦宪法》原则和目标的行为的。

5. 巴西保护侨民权益的经验

20 世纪 80 年代以来，随着巴西海外移民的增加，巴西政府越来越重视对其海外侨民的保护，传统的领事保护仍是巴西保护海外侨民的主要手段，巴西政府还完善移民法规、开辟"全球巴西人""巴西人回归家园"等网络社区，通过现代化信息手段，探索多种形式的侨民保护机制。

其一，完善关于移出民的法律法规。2017 年第 13445 号法律专门就"移出民"的概念予以界定，即在国外短期或永久居留的巴西公民，并用法律的形式规范了关于移出民的公共政策制定时遵循的原则及方针，第 77 条规定：①通过巴西驻外代表机构提供保护和领事协助；②通过简化领事登记和提供与教育、卫生、劳动、社会保障和文化领域相关的领事服务来促进有尊严的生活条件；③促进针对移出民和海外巴西侨团的调查与研究，用于制定相关的公共政策；④根据国际法，通过双边、区域和多边层面的外交行动保护巴西移出民的权利；⑤由与以上第①②③④项内容相关的政府部门参与，进行联合行动以便为海外巴西侨团提供援助；⑥不断对服务系统进行简化、更新和现代化，以改善对巴西移出民的援助。

2017 年第 13445 号法律对巴西移出民回国定居、在外国遇到有可能的风险及旅外巴西船员的权利进行了法律保障。其中第 78 条规定了巴西移出民回国定居的条款：决定返回巴西定居时，移出民可携带符合其旅行目的、供本人生活或工作使用的新旧物品，且豁免进口税及海关费用，前提是物品的数量、性质和种类不会被视为商业或工业用途的进出口。第 79 条则对巴西移出民在外国面临严重或即将发生对社会安定和公共秩序造成威胁的政治动荡，或发生大规模自然灾害时，巴西驻外代表机构应向移出民提供特别援助。

2017 年第 13445 号法律第 80 条则是对进行沿海或远程航行、在巴西设有总部或子公司的外国船只或船东在巴西领海及海岸开展经济活动时的权利的规定：应按照《巴西船只登记》手册的规定，在合同有效期间，为其雇用的巴西籍船员购买保险，保障范围应覆盖工伤、残疾和部分残疾及身故等，且不影响执行国外其他更有利的保险政策所规定的权益。

其二，为海外巴西人提供领事保护。巴西外交部为海外巴西人提供了两种方式的领事保护渠道，一种渠道是当巴西人在国外遇到利益侵犯时，可到就近的使领馆寻求帮助。为方便海外巴西人在遇到紧急情况时便于与所在国领事馆联系，巴西外交部网站详细列出了巴西各驻外使领馆的联系方式。各个国家的重要法律制度、文化习俗及领事保护范围也会简单列出，供海外巴西人了解，以规避不必要的犯罪风险。而对巴西人在海外所遇到触犯刑法、证件丢失、遭受绑架、女性受到侵犯、遭受自然灾害和意外及被驱逐出境等常见问题，巴西外交部也会给予相应的指引，使巴西人在遇到类似情况时知道如何初步处置。另外一种渠道是当巴西人在外国受到侵害时，如果无法通过当地使领馆取得领事保护，也可以通过巴西国内的机构或者熟人和首都巴西利亚相关部门取得联系，联系方式可以直接拨打 10 条求助热线，也可以通过邮件或者脸书（Facebook）的方式，将海外巴西人个人身份信息、遭遇告知巴西外交部，以便对其采取进一步的领事保护。

除了官方的领事保护，巴西外交部还给海外巴西公民提供了各国救援组织的名称及其联系方式，方便海外巴西人在遇到紧急情况时向所在国申请援助。这些非营利的民间组织可以向海外巴西人提供法律咨询、妇女儿童权益、心理咨询服务等。各国救援组织的名称、联系电话、地址、网址、邮箱等详细信息均列在外交部网站上，供巴西移民随时参阅。①

其三，建立海外巴西人网络社区。为保障海外巴西人的权益，密切政府与海外巴西人社区、各国巴西社区相互之间的联系，巴西政府注重海外巴西人网络社区的建设。2010 年，巴西政府通过立法的形式成立了"全球巴西人"社区，该社区在政府及外交部的共同参与下，极大地为海外巴西人提供最方便的帮助。"全球巴西人"网络社区将所有海外巴西人相关的信息囊括在一起，其内容包括世界各地海外巴西人人数、社区文化、海外巴西社团、海外巴西媒体、文化传播、文化教育等。②

其四，为海外巴西人回归提供服务。近年来，巴西政府注重做好海外巴西人的回归工作，在外交部下专门设置了"巴西人回归家园"网站，为海外巴西人提供回归服务，为回国后的巴西人提供工作、生活和家庭等方面的服务，同时也为进入巴西的外国移民提供必要的帮助。③

此外，巴西外交部还通过开通脸书和领事专线等方式，每天发布、更新相关领事保护方面的信息，使海外巴西人能够实时掌握有用信息，以备不时之需。

---

① 巴西外交部网站，http：//www. portalconsular. mre. gov. br/apoio – no – exterior/casos – de – emergencia – no – exterior，2016 年 3 月 10 日浏览。

② 巴西外交部网站，http：//www. brasileirosnomundo. itamaraty. gov. br/，2016 年 3 月 10 日浏览。

③ 巴西外交部网站，http：//retorno. itamaraty. gov. br/pt – br/，2016 年 3 月 10 日浏览。

6. 巴西移民政策的发展趋势

四十多年以来，从政治发展趋势来看，巴西经历了从军政府统治时期到共和国时期，民主政治进入平稳发展阶段，社会局势总体稳定。从经济发展上来说，1967—1974 年巴西走过了高速增长时期，经济年均增长率高达 10.1%，被誉为"巴西奇迹"。20 世纪 80 年代，受高通胀和债务困扰，经济出现衰退，陷入"中等收入陷阱"，贫富差距扩大。从 20 世纪 90 年代开始，巴西政府推行外向型经济模式，经济重拾增势。近年来，为应对国际金融危机，巴西政府采取系列财政金融政策，维护宏观经济稳定，但经济增速逐步放缓。此前据国际货币基金组织预计，2010—2019 年这十年间巴西国内生产总值（GDP）的平均增长速度将仅为 0.9%。根据巴西国家地理统计局（IBGE）的修订数据，2017 年、2018 年和 2019 年巴西 GDP 分别增长 1.3%、1.8% 和 1.4%。而 2015 年和 2016 年，巴西 GDP 连续两年萎缩，分别下跌 3.5% 和 3.3%。[1] 受新冠肺炎疫情的影响，2020 年巴西国内生产总值呈现下挫的趋势，据巴西国家地理统计局发布的数据，2020 年巴西国内生产总值下跌 4.1%，这是巴西 GDP 连续三年增长后的首次下降，创下自 1990 年 GDP 下滑 4.3% 以来的最大年度跌幅。[2] 尽管如此，作为一个发展中国家，也作为传统的移民接收大国，巴西未来对移民需求量仍持续增长，其移民政策也不断优化调整。

第一，移民需求量仍保持持续增长的势头。巴西劳工与社会保障部披露的数据显示：巴西向外国人发放各类工作签证的数量从 2005 年的 2.5 万份增加到了 2011 年的 7 万余份，但相比同期飞速增长的高端劳动力市场需求来说还远远不够。巴西将招揽全球人才的希望寄托在吸引更多海外移民身上。至 2016 年，在巴西 2 亿多人口中，外来移民人口仅占 0.3%，而这一比例在整个拉美地区是 1.3%。[3] 战略事务处秘书里卡多·巴罗斯透露，巴西要用 20 年时间将人口中的移民比例提高到 3%。可见，未来很长一段时间，巴西对移民的需求量仍然很大。

第二，对技术型人才的需求增大。20 世纪 80 年代以来，巴西外向型经济的特点，对外资的依赖，使得巴西在吸纳移民时较为注重投资移民，高素质人才匮乏长期以来是巴西经济发展的一大掣肘，近年巴西经济的衰退使其加快了经济结

---

① 曾杰：《巴西 2020 年 GDP 跌 4.1%　创 30 年来最大跌幅》，南美侨报网，2021 年 3 月 4 日，http：//epms. br - cn. com/static/content/home/mainnews/2021 - 03 - 03/887327549779083268. html。

② 曾杰：《巴西 2020 年 GDP 跌 4.1%　创 30 年来最大跌幅》，南美侨报网，2021 年 3 月 4 日，http：//epms. br - cn. com/static/content/home/mainnews/2021 - 03 - 03/887327549779083268. html。

③ 王帆：《巴西急着招"海归"》，新华网，http：//jjckb. xinhuanet. com/opinion/2013 - 02/26/content_430501. htm，2016 年 2 月 26 日浏览。

构调整的步伐，巴西在移民政策上也越来越认识到人才的重要性，通过技术移民的方式进入巴西将会越来越便利。

为解决人才问题，巴西政府一方面注重吸纳海外巴西人才回国，另一方面也注重在移民政策上简化高端人才的入境手续，借此吸引海外人才移民巴西。2012年底，时任巴西总统的罗塞夫与西班牙政府签署了一份协议，允许西班牙年轻人到巴西寻找就业机会。同时政府出台了一系列措施吸引海外人才，其中最主要的政策变化是，尖端领域人才无须出示同巴西企业签订的劳动合同即可获得入境工作签证。

第三，入境的手续将会大为简化。巴西过去近 40 年最主要的移民法规仍是 1980 年颁行的第 6815 号法律，其颁布时还处于军政府独裁统治时期，40 多年来，虽然经过多次调整和修改，但其主要出发点还是以国家安全为首位，这保证了巴西国家安全的同时，也给外国移民的流入设置了樊篱。近年来，巴西政府正逐渐转变观念，更多地从人道主义的角度出发来吸纳和管理移民。为此，巴西政府正通过进一步简化入境流程，并让外国人在巴西各行各业都能找到适合自己的就业岗位。时任巴西战略事务处秘书里卡多·巴罗斯看到了这个问题，并表示在未来会更注重开放巴西的劳动力市场："我们要向美国、加拿大、澳大利亚等国看齐，进一步放开劳动力市场，不再让人才流动环节阻碍巴西竞争力。"[1] 从这个角度来看，2017 年第 13445 号法律正是在这种背景下出台的。

三、巴西移民政策与华侨华人移民

华侨华人移民巴西已经有 200 多年的历史，在过去漫长的历史时期，华侨华人移民巴西主要经历了三个高潮。第一个小高潮始于 19 世纪初，一些契约华工以"卖猪仔"的方式进入巴西，主要从事开矿、修铁路、种茶、种棉等工作。据统计，1812—1814 年，到达巴西的契约华工有 1 410 人，亦有一部分广东、福建的华工从南美其他国家进入巴西，到 1881 年，巴西约有 2 000 名华侨，[2] 总体数量并不是很多。即使是 19 世纪末至 20 世纪初，大量亚洲移民进入巴西时，中国移民所占比例也非常小，1884—1933 年，进入巴西的华侨华人仅 1 581 人。[3]

---

① 王帆：《巴西急着招"海归"》，新华网，http://jjckb.xinhuanet.com/opinion/2013 - 02/26/content_ 430501. htm，2016 年 2 月 26 日浏览。

② 白俊杰：《巴西华侨华人概述》，见周南京：《华侨华人百科全书》，北京：中国华侨出版社，2002 年。

③ 陈太荣、刘正勤：《中华民国时期与巴西的关系》，巴西侨网，2011 年 2 月 13 日，www.bxqw.com/ userlist/hbpd/newshow - 12205. html，2016 年 2 月 24 日浏览。

20 世纪中期，美国、非洲等地的华侨华人因为躲避战乱或迫害移民巴西，来自中国香港、台湾的华侨华人也在此时期形成过一个移民小高潮。这些移民的经济条件和受教育程度要比最初的契约华工高一些。20 世纪 50 年代初，全巴西华侨华人不足千人，圣保罗市约有 300 人。主要侨团有巴西中华会馆（1919 年 10 月 4 日建立，当时里约热内卢有华侨 100 多人，1976 年易名为"巴西里约中华会馆"）、巴西圣保罗中华会馆（1931 年初成立，当时圣保罗侨胞仅 80 余人，有侨校 1 所）。[①] 自此以后，巴西华人人数剧增，到 1959 年，巴西华侨人数增至 6 748 人，1967 年增至 17 490 人，1972 年已增至 4 万多人。[②] 从职业上来说，巴西侨胞主要从事商业活动，以家庭式的小本经营者居多。20 世纪 20—30 年代，多从事洗衣业；到 40—60 年代，侨胞主要行业是"角仔业"（角仔是一种类似于饺子的小吃）；而到了 50—60 年代，侨胞的热门行业是提包业，他们手提提包，走街串巷，贩卖商品。

得益于巴西相对宽松的移民环境和移民政策，自 20 世纪 70 年代末以来，巴西华人迎来第三次移民小高潮，来自广东、浙江、上海、北京等地的移民进入巴西。40 多年来巴西华侨华人人数实现了快速增长。据估计，2021 年在巴西的华侨华人有 30 多万人，圣保罗是巴西华侨华人最集中的地方，有近 30 万华侨华人居住于此。[③] 圣保罗华人在商业上取得了极大成功，"25 街"（又称"东方街"）成为华人商铺的集散地。与老一辈华侨华人不同，这批新移民中，相当一部分有文化、有资金、有专长、有现代化商业知识。他们活跃在商业领域，一些华人甚至当上律师、医生或者政府官员。在这些榜样力量的引领下，巴西华侨华人人数可望在未来有更大的增长。在当前巴西总体移民政策及移民环境背景下，中国移民巴西的有利因素有以下几方面。

第一，巴西持续的移民需求为华侨华人移民提供了广阔的空间。如前所述，作为发展中国家，巴西既有吸纳移民的悠久历史，又有吸纳投资移民和技术移民的现实需求。近些年巴西经济的衰退使政府更加意识到资金、人才的重要性和迫切性，因而在很多移民政策的制定和修改上都大开方便之门，政府服务移民的意识也逐渐加强。当下的华侨华人移民潮与历史上以劳务输出为主的形式已大为不同，掌握资金、技术、商业头脑的一部分新移民已将巴西视为"移民热土"，他们大多数经营小生意。在华人商铺集中的圣保罗"25 街"，廉价服装、配饰、小

① 陈太荣、刘正勤：《中华民国时期与巴西的关系》，巴西侨网，2011 年 2 月 13 日，www.bxqw.com/userlist/hbpd/newshow－12205.html，2016 年 2 月 24 日浏览。

② 白俊杰：《巴西华侨华人概述》，见周南京：《华侨华人百科全书》，北京：中国华侨出版社，2002 年，第 35 页。

③ 数据来自巴西华人网对巴西华侨华人的估计。

饰品、电子产品琳琅满目，小商铺鳞次栉比。① 巴西工业基础薄弱、手工业品依靠进口等经济特征也为华人移民提供了更多机遇。

第二，多元文化天堂的移民环境为华人移民奠定了社会基础。巴西是以白人和混血人种为主体的多元文化社会，有"种族大熔炉"之称，种族歧视不严重，同时有着深厚的移民文化积淀，对各国移民持宽容和友善的态度，有利于移民迅速融入巴西社会。早期来巴西的日本人、中国台湾移民已经为亚裔拓展了很好的事业，属于巴西的上流社会阶层，奠定了华人移民融入巴西的良好社会基础。近几十年巴西华人数量剧增，庞大的华人群体为其后续移民提供了动力和移民网络。

第三，频繁的大赦政策为华人获得巴西合法身份提供了更多机会。巴西是一个有大赦传统的国家，在过去四十多年的时间里，巴西分别在 1981 年、1988 年、1998 年、2009 年和 2014 年对非法移民进行了五次大赦。② 1998 年大赦时，约有 9 000 名华侨华人获得合法身份。而在 2009 年大赦时，又有 5 000 多名华侨获得合法身份。2014 年，巴西国会又通过非法移民 6300/13 大赦法，这个法令被指专为中国移民而提出，规定在 2013 年 6 月以前进入巴西的非法移民可以有资格申请巴西临时居留证，有利于那些非法进入巴西以及合法入境但是逾期居留的外籍人士。③

第四，中巴关系的发展为华人进入巴西提供了便利。中国和巴西同为发展中国家，且都被誉为"金砖国家"，两国在外交战略、经济发展、能源互补等方面各取所需、关系密切，是"南南合作"的典范。自 1974 年 8 月 15 日中国与巴西建立外交关系后，两国关系发展良好，1993 年，两国建立战略伙伴关系，2012年，两国关系又提升为全面战略伙伴关系。两国关系的升温，为双方人员往来提供了便利，2004 年 6 月 24 日中巴双方通过达成《便利商务人员往来协议》，2014 年 7 月 17 日中巴两国外长在巴西利亚签署《关于简化商务人员签证手续的协定》。该协定规定，两国可互为对方商务人员颁发有效期最长为 3 年的多次入境、每次停留期不超过 90 日的签证。必要时该签证可予延期，但第一次入境后12 个月内总停留期不超过 180 日。该协定同时规定，只要不超过所限制的总停留期，持该签证人员可在签证有效期内任何时间进入另一方境内。此协议生效后，中国新移民进入巴西从事商业活动更为方便。

然而，我们也应看到影响华侨华人移民巴西的诸多不利因素。近些年来，整

---

① Josh Stenberg, The Chinese of Sao Paulo: A Case Study, *Journal of Chinese Overseas*, 2012, pp. 105 – 122.

② 高伟浓：《拉丁美洲华侨华人移民史、社团与文化活动远眺》，广州：暨南大学出版社，2012 年，第8 页。

③ 《巴西非法移民大赦法或 6 月公布　被指专为中国移民》，中国新闻网，2014 年 4 月 28 日，http：// www. chinanews. com/hr/2014/04 – 28/6113989. shtml，2016 年 2 月 26 日浏览。

个巴西经济环境恶化、增长停滞甚至出现负增长、通货膨胀加快、店租昂贵等不利因素，都给巴西华侨华人经济的发展带来沉重的压力。从劳动力市场而言，巴西劳动力教育程度普遍不高、工作效率低下，劳动法和工会又对劳工给予过度的保护，令企业主无计可施，这已成为损害该国经商投资环境的主要因素之一。大多数华侨华人只能从事商业一类的活动，而无法在工业方面获得进一步的发展。对于追求经济效益为主的华侨华人来说，移民巴西也隐藏着巨大的投资风险。

伴随着经济低增长的是巴西的高失业率，随之而来的社会治安的恶化，华侨华人在商业上获得的成功，也招致其他族裔的关注，针对华侨华人的抢劫、盗窃案件时有发生，给华侨华人生命财产安全带来巨大的危害。巴西法治相对宽松、行政效率低下，执法机关的执法效率较差，甚至有人借机对华侨华人施以敲诈勒索。

四、新冠肺炎疫情与巴西入境政策的调整

2020 年，新冠肺炎疫情肆虐全球，疫情暴发之初，南美洲疫情并不算严重，初时确诊病例总和不超过 1 万人。2020 年 3 月 24 日，巴西全国共有新冠肺炎确诊病例 2 201 例，死亡病例 46 例。[①] 即便如此，面对疫情，巴西多个州和市采取封锁政策，最重要的两大经济中心圣保罗市和里约热内卢市停止了所有非必要商业活动。在此背景下，巴西也宣布对出入境政策进行一些调整。

2020 年 3 月 27 日，巴西多个部门联合出台关于限制入境的相关政策。巴西总统府民事办公室主任、司法与公共安全部部长、基础设施部部长及卫生部部长联合颁布第 152 号文件，决定自 3 月 30 日起 30 日内，暂停所有外国公民搭乘飞机入境巴西。有关入境限制不适用于以下情况：①巴西籍公民；②获得巴西永久居留权的外国人；③供职国际组织的外国专业人员；④巴西政府认可的外国工作人员；⑤巴西公民的外国籍配偶、子女、父母或监护人（需持有国家移民登记卡 RNM，并由巴西政府出于公共利益目的特别授权其入境）；⑥从事货物运输人员；出于公共利益由巴西政府特别授权入境的外国人；⑦不离开国际中转区且所前往的目的地国家允许其入境的国际中转旅客；⑧在巴西境内做技术经停且无须旅客下机的情况；⑨违反有关措施者将承担民事、行政或刑事责任，立即被驱逐或遣返，或将被取消避难请求。

在巴西国内疫情防控方面，巴西总统博索纳罗声称新冠肺炎疫情的担忧被"夸大了"，他认为巴西人年轻，巴西天气温暖，足够应付疫情。在防疫主张方

---

① 《全球新冠疫情日报》，网易，https：//www.163.com/dy/article/F8KP12QS0514R8DE.html，2020 年 3 月 25 日浏览。

面，博索纳罗经常和地方政府的防疫政策唱反调，希望地方政府撤回封锁措施，希望民众复工并且恢复正常生活。为了防止百姓恐慌，博索纳罗和官员甚至直接上街，跟人拥抱，鼓励接触和经济活动，以保障经济。巴西联邦政府对待疫情的轻视态度和不作为的做法，导致巴西疫情在 2020 年五六月份犹如汹涌之势，加速恶化。2020 年 5 月 16 日巴西卫生部网站公布的数据显示，该国单日新增新冠肺炎确诊病例逾 1.5 万例，为 15 305 例，累计确诊 218 223 例；新增死亡病例 824 例，累计死亡 14 817 例。① 一个月后，到 2020 年 6 月 15 日巴西累计确诊人数达到 867 882 例，死亡人数达到 43 389 人。在经历了 7 月份的峰值之后，到 8 月 24 日，巴西新冠肺炎确诊人数累计 3 605 783 人，治愈人数 2 709 638 人，死亡人数 114 772 人。

2020 年 7 月 29 日，巴西继续采取封闭海路和陆路边境的措施，但对外国公民开放了航空口岸。巴西总统府民事办公室、卫生部、基础设施部及司法与公共安全部 29 日联合签署了一条法令，法令更改了之前入境限制的部分规定。相关部门将对从陆路或海路抵达巴西的外国旅客，延长入境限制 30 天，但将不再禁止搭乘飞机来访的外国人入境。根据新法令，将开放航空口岸，延长陆海口岸入境限制 30 天。

2020 年 11 月，巴西联邦政府再次调整外国公民入境限制政策。11 月 12 日，巴西总统府民事办公室、司法与公共安全部、基础设施部及卫生部再次发布有关外国公民入境限制措施的联合公告，联合公告受限制入境的人员与之前相比，没有太大变化，有关入境限制不适用情况如下：①巴西籍公民；②获得巴西居留权的外国人；③经认定的供职国际组织的外国专业人员；④巴西政府认可的外国工作人员；⑤巴西公民的外国籍配偶、伴侣、子女、父母或监护人；由巴西政府出于公共利益目的特别授权入境的外国公民；国家移民登记卡 RNM 持有者；⑥从事货物运输人员。②

与之前相比，2020 年 11 月颁行的入境限制政策有两方面的调整：①根据公告第六条，允许外国公民在遵守巴西出入境要求的前提下（例如持签证入境等）通过巴西和巴拉圭陆路边境入境；②根据公告第七条，允许外国公民在遵守巴西出入境要求的前提下（例如持签证入境等）搭乘飞机入境巴西。这两方面入境政策的变化有条件地"开放"了巴西的国界。

综观 2020 年的巴西，在新冠肺炎疫情肆虐的背景下，尽管入境政策多次调

---

① 《5 月 16 日全球疫情观察》，海外网，2020 年 5 月 16 日，http：//news. haiwainet. cn/n/2020/0516/c3541093 – 31791613. html。

② 巴西联邦政府网站，https：//www. in. gov. br/en/web/dou/ – /portaria – n – 518 – de – 12 – de – novembro – de – 2020 – 288022437。

整，但巴西防疫政策难以达成一致、公众对新冠肺炎的认知出现严重偏差、医疗卫生长期超负荷运转等因素，导致疫情难以得到有效遏制。到 2020 年底，巴西新冠肺炎疫情有愈演愈烈的趋势。根据巴西卫生部当地时间 2020 年 12 月 31 日数据，该国新冠肺炎确诊病例累计 7 675 973 例，比前一日新增 56 773 例；死亡病例 194 949 例，新增死亡病例 1 074 例。[①]

2021 年 1 月，鉴于巴西新冠肺炎疫情的严重性，巴西总统府民事办公室、司法与公共安全部及卫生部再次发布有关外国公民入境限制措施的联合公告，在 2020 年 11 月入境政策的基础上增加了以下条款：①搭乘飞机入境巴西人员（巴西公民和外国公民）须在登机前向航空公司出示登机前 72 小时内的核酸检测阴性证明、填写完整的纸质版或电子版《旅客健康状况声明》；②暂时禁止自英国、南非出发或经停英国、南非的国际航班前往巴西；③暂时中止来自英国、南非或过去 14 天曾到访英国、南非的外国旅客登机前往巴西；④公告第三条中有关入境限制措施不适用人员如来自英国、南非或过去 14 天曾到访英国、南非，入境巴西后需进行 14 天隔离观察。

五、小结

巴西是一个有着悠久移民历史的国度，来自世界各地的移民构成了当今巴西人口和种族的基础。总体上来说，当前巴西的移民政策是开放性的，外国移民进入巴西的渠道比较多样。由于其历史特殊性，巴西对葡语国家的移民基本上持较为开放的姿态，而非葡语国家的移民可通过家庭团聚、投资移民及技术移民等方式移民巴西。相对宽松的移民环境为进入巴西的外国移民获得居留权乃至国籍提供了较为便利的途径，每隔一段时间实施的大赦政策又为非法移民获得合法地位提供了更多可能。

从发展趋势上来看，巴西的移民政策逐渐改变过去过分强调国家安全的做法，更加从人道主义的角度出发来制定移民政策。针对近年巴西经济社会发展及劳动力市场的特点，巴西在注重吸纳投资移民的同时，加大了引进高层次人才的力度，也愈发注意吸引海外巴西技术人才归国。在这种背景下，2017 年制定的第 13445 号法律对巴西移出民及外来移民的影响是深远的，而在实施过程中的具体实效还值得继续观察。

30 多万华人移民在巴西仍是极小的移民群体，但从巴西移民的历史维度观

---

① 《1 月 1 日全球疫情观察》，海外网百家号，2021 年 1 月 1 日，https：//baijiahao.baidu.com/s? id = 1687684003160221878&wfr = spider&for = pc。

察，华人移民又有着数量增长迅猛、行业高度集中（主要在批发零售业）、实力发展迅速等鲜明特点。华人移民在巴西所取得的成功为当地民众所瞩目，但如何更好地融入主流社会，合理规避各种利益风险，是目前巴西华社面临的较为重要的问题。而在 2020 年后，新冠肺炎疫情在巴西蔓延开来，受巴西国内所采取的各项防疫措施以及对外国人出入境的限制政策的影响，巴西华人在人员流动及商业经营上所受的影响仍需进一步关注。

第十七章　结语：比较视野下的思考[①]

中国是一个有着悠久移民历史的人口大国。一方面，当今遍布全球各地的华侨华人华裔已达数千万之巨，所谓"有阳光的地方就有华人"即为真切写照；另一方面，从历史上有唐一代的"万方来朝"到今天数以百万计的世界各国人士来华寻梦，中国这个拥有 14 亿人口的世界人口第一大国也已经成为一个既有移民迁出、也有移民迁入、兼有移民过境之三重现象并存的国家。如何在深入了解不同国家移民政策法规的基础上，制定符合中国国情的移民政策法规，既促进中国劳动力合情合理地加入国际劳动力大市场的竞争，争取更广阔的生存空间，又能有效吸引境外专门人才为我所用，完善中国的人口结构，在国家层面上为人口正常跨境流动提供必要的政策性支持，无疑具有重要的现实意义。

本书第二至第十六章分别以当今世界上受国际移民影响显著的十五个国家为个案，追溯其移民历程与结构，梳理其制定相关政策法规的时代背景，剖析各国在制定与修订移民政策法规过程中的各方利益博弈，并力图归纳总结其中可资参考的经验教训。他山之石，可以攻玉。本章将在前十五个国别研究章节的基础上，综合梳理、比较相关国家移民概况，通过勾勒该十五国国际移民政策法规之要点，剖析可资参考、借鉴之经验教训，进而结合当今世界发展的总体态势及其他若干相关国家的资讯，结合新冠肺炎疫情对世界造成的深远影响，融入对于中国当前国际移民现状及如何进一步完善相关政策法规之思考。

一、国际移民概况比较分析

本书选择进行重点评析的十五个国家基本涵盖了当今世界国际移民的主要类型。参与本书写作的作者对自己所撰写国家的移民问题和移民政策均具有较为长期、深入的研究。虽然还有些国家，如国内普通劳动力市场吸纳了大量外国劳工移民的阿联酋等中东石油国家，自二十世纪八九十年代以来不断通过大赦非法移民而接纳了大量外来移民的意大利、西班牙等国，因为没能联系到术业有专攻的学者加盟，故而未能纳入本书重点个案研究的范畴，是为遗憾。不过，就总体而

---

① 本章执笔者李明欢。

言，可以说本书所选择的十五个国家基本涵盖了当今世界国际移民的主要类型。

在此，笔者基于联合国经济和社会事务部（United Nations, Department of Economic and Social Affairs）于 2020 年公布的国际移民统计数据，选择其中与本书重点剖析的十五国相关的数据，并依据这些国家在 1990—2020 年期间国际移民总量的变化趋势制作了表 17-1，再根据这些国家之国际移民人数在本国人口总量中所占比重制作了表 17-2，力图从综合比较的角度，系统展示当今国际移民变化的总体态势。

表 17-1 十五国接纳国际移民总量变化趋势（1990—2020）

单位：人

国家	年份						
	1990	1995	2000	2005	2010	2015	2020
美国	23 251 026	28 451 053	34 814 053	39 258 293	44 183 643	48 178 877	50 632 836
德国	5 936 181	7 464 406	8 992 631	9 402 447	9 812 263	10 220 418	15 762 457
俄罗斯	11 524 948	11 928 927	11 900 297	11 667 588	11 194 710	11 643 276	11 636 911
英国	3 650 286	4 155 293	4 730 165	5 926 156	7 119 664	8 406 996	9 359 587
加拿大	4 333 318	4 864 778	5 511 914	6 078 985	6 761 226	7 428 657	8 049 323
澳大利亚	3 955 213	4 153 330	4 386 250	4 878 030	5 882 980	6 729 730	7 685 860
印度	7 594 801	6 952 238	6 411 331	5 936 740	5 574 018	5 210 847	4 878 704
南非	1 163 883	1 003 807	1 016 963	1 351 031	2 114 801	3 231 728	2 860 495
马来西亚	695 920	937 368	1 463 598	1 918 504	2 417 395	3 280 681	3 476 560
日本	1 075 317	1 362 371	1 686 444	2 011 555	2 134 151	2 232 189	2 770 996
新加坡	727 262	991 492	1 351 691	1 710 594	2 164 794	2 483 405	2 523 648
以色列	1 632 704	1 792 185	1 851 309	1 889 503	1 956 190	2 011 727	1 953 575
巴西	798 517	741 557	684 596	638 582	592 640	710 304	1 079 708
印度尼西亚	465 612	378 960	292 307	289 310	307 487	338 124	355 505
菲律宾	154 071	207 345	318 095	257 468	208 599	211 862	225 525

资料来源：联合国经济和社会事务部人口委员会：*International Migrant Stock 2020*，详见联合国数据库（United Nations database POP/DB/MG/Stock/Rev. 2020）。

注：依 2020 年度移民总量排序。

表 17 - 2　十五国接纳国际移民在本国人口总量中所占比重（1990—2020）

单位：%

国家	年份						
	1990	1995	2000	2005	2010	2015	2020
新加坡	24.1	28.1	33.6	40.1	42.2	44.4	43.1
澳大利亚	23.3	23.1	23.1	24.2	26.6	28.1	30.1
以色列	36.7	34.0	31.1	28.9	26.6	25.2	22.6
加拿大	15.7	16.7	18.0	18.9	19.8	20.6	21.3
德国	7.5	9.2	11.0	11.5	12.1	12.5	18.8
美国	9.2	10.7	12.4	13.3	14.3	15.0	15.3
英国	6.4	7.2	8.0	9.8	11.2	12.8	13.8
马来西亚	3.9	4.6	6.3	7.5	8.6	10.8	10.7
俄罗斯	7.8	8.0	8.1	8.1	7.8	8.0	8.0
南非	3.2	2.4	2.3	2.8	4.1	5.8	4.8
日本	0.9	1.1	1.3	1.6	1.7	1.7	2.2
巴西	0.5	0.5	0.4	0.3	0.3	0.3	0.5
印度	0.9	0.7	0.6	0.5	0.4	0.4	0.4
菲律宾	0.2	0.3	0.4	0.3	0.2	0.2	0.2
印度尼西亚	0.3	0.2	0.1	0.1	0.1	0.1	0.1

资料来源：同表 17 - 1。

注：依 2020 年度比例排序。

根据表 17 - 1、表 17 - 2 所展示的数据，并与当今世界其他主要移民国家进行比较，可以将该十五国所接纳之外来国际移民的基本构成分别归纳为如下六个类型。

1. 美国、加拿大、澳大利亚

该三国是当今世界上公认的国际移民接纳大国，其接纳移民的总量位居世界前列，而且移民在本国人口中所占比例也一直居于世界前列，例如，根据 2020 年的数据，澳大利亚国际移民人口占本国总人口的 30.1%，加拿大为 21.3%，美国亦达到 15.3%。从纵向发展看，这三国接纳移民的比例自 20 世纪 90 年代以来一直在高位上持续稳步上升，这也从一个侧面说明这三国接纳外国移民的政策法规相对稳定，而且一直对世界各国的各类移民具有较强的吸引力。

2. 以色列、新加坡

以色列立国于 1948 年，新加坡正式建国于 1965 年，这两个国家立国历史相对较短，而且都是以移民为立国基础的新兴国家。新加坡非出生于本土的外来移民人口在其人口总量中的比例最高达 44.4%（2015 年），以色列的同一比例最高也曾达到 36.7%（1990 年）。其中值得注意的是，进入 20 世纪 90 年代之后，新加坡接纳外来移民进入高速增长阶段，外来移民人口总量在 1990—2020 年的 30 年间从 72.7 万人猛增到 252.4 万人，增幅达 247%。反之，以色列的国际移民总人数虽然仍在上升，但增幅较小，且在总人口中的相对比例出现下降，在本书重点剖析的十五国中，以色列国际移民相对比例从 1990 年的 36.7% 高居榜首下降到 2020 年的 22.6%。

3. 印度、菲律宾

这两个国家是当今世界上跨国劳务的外派大国，这两个国家的劳工移民为其本国经济发展创造了极为可观的财富。以印度为例，尤其在 20 世纪 70 年代中东石油工业腾飞之后，印度劳工就成为中东产油国家最重要的生力军。在菲律宾，不仅有大量外派男性劳工进入异国他乡的石油、建筑等行业，而且菲律宾的大量女佣更是国际家政服务业佣工市场中有口皆碑的"品牌"，广泛就业于从东南亚到中东的中上阶层家庭。反之，进入这两个国家的外国移民人口则相对有限。进入印度的国际移民除来自发达国家的投资者、专业人士和管理人员外，主要还有来自周边国家如孟加拉国、尼泊尔、斯里兰卡等国的劳工，但由于印度本身就是人口大国，拥有庞大的劳动力大军，能够容纳外国底层劳动力的就业空间非常有限，因此，外来移民在印度自身人口中的比例已从 20 世纪 90 年代的将近 0.9% 下降到 2020 年的约 0.4%。与印度相似，外国移民在菲律宾总人口中的比例基本维持在 0.2% ~ 0.4%。由此可见，这两个国家主要是以外派跨国劳务为主的移民输出国。

4. 英国、德国、日本

这三个国家代表的是从移民外流为主向接纳移民为主的转变类型。英、德、日均为发达国家，而且历史上人口流动的主要趋势是向国外迁移。殖民时代的英国人随着其向外侵略的炮舰几乎遍布世界五大洲，而近代以来日本人也曾向中国的东北地区及韩国、秘鲁、巴西等国进行大规模"移民拓殖"。但是，进入 21 世纪以后，这三个国家都进入了本国人口严重老龄化的阶段，劳动力人口在总人口中的比例直线下降，以脏、苦、累为表征的底层劳动力市场严重供不应求，因此，虽然这三个国家并未承认自己是"移民国家"，但实际上业已不得不开启了引进发展中国家劳动力移民的大门。从表 17 - 1、17 - 2 中可以看到，德国 1990 年接纳外来移民约 600 万，2020 年增至 1 576 万，接纳移民总量仅次于美国，位

居全球第二，同期外来移民在本国人口中的比例从 7.5% 上升至 18.8%。英国情况也有相似之处，1990 年英国国内的外来移民总量约 365 万，到 2020 年已猛增至近千万，接纳移民总量位居全球第四，同期外国移民在本国人口中的比例也从 6.4% 上升到 13.8%。日本 1990 年外来移民人数约为 107.5 万，到 2020 年时已增长超过一倍，总量达到 277 万，同期外国移民在本国人口中占比也从 0.9% 上升至 2.2%。

5. 俄罗斯

该国情况比较特殊，可谓"坐地迁移"类型。苏联于 20 世纪 90 年代解体之后，根据新划定的边界和新的主权国家权力，数千万原本属于苏联的国民随之成为解体后相继独立的立陶宛、拉脱维亚、爱沙尼亚、乌克兰、哈萨克斯坦等十多个国家的公民，这些人虽然本人依旧生活在原地，但是，由于国家重构而使他们的生存在政治上"跨越了主权国家的边界"，因此在联合国相关机构的统计数据中，这部分民众亦被列入"国际移民"群体。与此同时，更值得关注的是，受国家解体与重构后不同国家民族政策的影响，在苏联地域内造成了苏联人口在新独立国家之间的再度跨境流动，数量亦为可观。

6. 马来西亚、南非、巴西、印度尼西亚

这四个国家均属于人口跨境移出与移入现象比肩并存的国家。

以马来西亚为例。马来西亚被认为是"英语能力最佳的亚洲国家"①，该国受过教育的民众多具有一定的英语听说能力，这就为当地劳动力外出打工、就业、谋求发展提供了语言沟通上的便利。该国劳工（包括相当数量的马来女佣）前往近邻新加坡、文莱及中国香港、台湾等地务工已成传统，而该国专业人士则不少前往英、美寻求发展。尤其值得注意的是，当地华人知识界因不满该国政府多年强制推行"马来人优先政策"，学有所长的中青年华裔出国谋求发展的相对比例更高。但另一方面，因为与周边国家如印度尼西亚、孟加拉国、泰国、菲律宾等东南亚和南亚国家相比，马来西亚的经济发展水平又相对较高，因此马来西亚同时又成为那些国家普通劳动力移民的目的国，而且增长明显，从 1990 年不足 70 万猛增至 2020 年将近 348 万，同期外来移民在本土总人口中占比也从 3.9% 上升至 10.7%，增幅相当可观。

再以南非为例。南非的移民构成与该国的政治格局密切相关。19 世纪 60 年代，随着在南非发现了钻石和黄金，大批欧洲移民蜂拥而至。1910 年，英国在当地建立起自治领地，在那之后的 80 多年间，南非当局长期在国内推行严格的

---

① 《马来西亚人英语能力在亚洲排名第一》，新华网，2013 年 11 月 8 日，http://news.xinhuanet.com/world/2013 - 11/08/c_125673985. htm。

种族隔离政策，不仅严禁非白色人种迁入，而且生活在当地的黑人群体也在严酷的种族压迫下挣扎于南非社会最底层。进入 20 世纪 90 年代之后，南非社会发生重要变革，1994 年曼德拉出任南非首任黑人总统，标志着种族隔离制度结束，新南非诞生。在那之后，一方面，随着新政权摒弃此前带有强烈种族主义色彩的移民政策，向务实、民主转型，原先受到限制的非白人移民源源进入南非；另一方面，由于当地白人中产阶级对新政权缺乏信心，亦出现了白人群体中的专业人士、中产阶级纷纷向他国迁移的动向。由此，南非也成为当今世界上一个人口向内向外流动数量都十分明显的国度。

总之，随着国际移民以空前规模在全球流动，全球几乎所有国家都在不同程度上受到国际移民的影响，而且，国际移民大潮使众多主权国家不得不直接面对从人权正义到国家安全等一系列问题的尖锐挑战，由此，国际移民政策法规已不再是单一国家可以自说自话的内政，而是全球化时代国际社会必须共同面对的一个重大课题。在相关国家和地区人口生态、经济发展、社会政治及文化传统等多重因素影响下形成的人口跨境流动，既受制于相关国家的移民政策，同时也直接影响着相关国家移民政策的修订和再修订。因此，各国政府当局无不以本国利益为主导，在不至于公然违背国际社会公认基本原则的基础上，力图通过立法规范、行政控制直至武力护卫，促使国际移民流动朝着最有利于本国利益的方向发展。尤其是自 2020 年新冠肺炎疫情暴发以来，各国为防堵病毒流行而在边界上高筑壁垒，民间正常交往深受影响，民粹主义、逆全球化思潮涌动，引发从政界、学界到民间的密切关注，以及对于未来世界趋向的深刻探索。

二、国际移民政策法规要点

承认民族国家或主权国家拥有控制国境、界定国民身份之威权，是国际移民或跨国移民政策法规具有合法性的首要前提，然而，各国政府以自身利益为主导而具体制定的相关政策法规，亦会彰显出不同的倾向与特性。纵观本书重点剖析之十五国的移民政策法规，可以归纳出如下值得关注的要点。

1. 主要移民接纳国都将移民事务纳入国家安全事务范畴，在国家层面上建立专门主管国际移民事务的机构，全方位监督立法执法，推动、督促相关政策法规能够被有效地付诸实施

美国作为世界第一移民大国，在国家层面上将移民事务直接纳入"国土安全

部"的管辖范围。① 发生于 2001 年的"9·11"事件曾经暴露出美国在移民审核问题上的严重问题，② 在那之后，美国一直力图强化移民审核的中央集权管理。主管国际移民的美国公民和移民服务局直接隶属于美国国土安全部。美国公民和移民服务局于 2020 年 5 月 7 日对网站信息进行了又一次修订。在这一最新修订公布的信息中，该部门特别强调："在这个全球威胁和安全挑战不断增加的时代，我们将牢记我们的使命，以加强和提高我们国家安全的方式提供移民服务。"该部门的职责包括："管理国家的合法移民制度，在保护美国人、保护国土和尊重我们的价值观的同时，通过高效和公正地裁决移民福利请求，维护其完整性和承诺。"该部门还强调要夯实本部门工作基石，使之成为一个高效且充满活力的机构。为此，根据 2021 年 2 月 17 日公布的最新信息，该部门在全世界各地共设立了超过 200 个分支机构，共有雇员约 1.9 万人。③ 根据该部门提供的报告，由其承担的大量日常工作涉及面十分广泛，要而言之，该部门的日均工作量包括：审核发放近 6 200 张"绿卡"，接纳 2 000 名移民加入美国籍，审核 10 万申请入美新员工的就业资格，在 131 个移民申请中心采集 1 万份指印和照片，处理世界各地的难民申请，分析审核约 600 宗可能潜在的危及公共安全和国家安全的案件。④ 由此可见，就机构设置而言，美国在国家层面上的移民事务，从提供咨询、资格审核到批准接纳，全都在美国公民和移民服务局的职权范围之内，如此机构设置，显然是为了形成一以贯之的移民事务管辖体系。

澳大利亚是另一个重要的移民接纳国。澳大利亚主管移民的机构于 1945 年建立，正式命名为"移民部"（Department of Immigration）并沿用该名称近 30 年。然而，进入 20 世纪 70 年代后，该部门名称却频繁更替，其相继采用过的名称主要包括：1974 年更名"劳工与移民部"（Department of Labor and Immigration）；仅仅两年后又更名"移民与民族事务部"（Department of Immigration and Ethnic Affairs）。1987 年，该部名称中特地加入了"地方"因素，更名为"移民、地方政府与民族事务部"（Department of Immigration, Local Government and Ethnic Affairs）。此后，该部的再次重要更名出现于 1996 年，更名"移民和多元文化事务部"。十年后，该部又于 2007 年更名"移民与公民部"（Department of Immigration and Citizenship）。然而，仅仅过了六年，移民部又再度更名，即于 2013 年更名为"移民与边境保卫

---

① 美国移民政策可分列为联邦、州及城市等三个不同层次，各自有一定的独立性。本文主要讨论在联邦层面上制订的最高层次移民政策。

② 一个典型的案例是：两名在"9·11"事件中驾机制造恐怖袭击而身亡的恐怖分子依然拿到美国学生签证，这一事件曾经严重激怒了美国民众，亦严重刺激了美国涉及移民审核的所有相关部门。

③ 详见美国国土安全部关于各下属机构的信息介绍，https：//www.uscis.gov/aboutus。

④ 详见美国公民和移民服务局主页，https：//www.dhs.gov/topic/overview。

部"（Department of Immigration and Border Protection）（详见表 17 - 3）。澳大利亚移民主管机构如此频繁更名，其所折射的正是"移民"在澳大利亚国家事务中的地位。要而言之，20 世纪 70 年代时，移民被认为主要与"劳工"相关，是澳大利亚劳动力的重要来源。进入 90 年代后，多元文化成为澳大利亚的重要国策，"移民"被认为主要归属于"多元文化事务"，并且一度与澳大利亚"土著"事务并列。进入 21 世纪后，"移民"转而成为"公民"问题。可是，人们注意到，在频繁发生于欧美等国的恐怖袭击事件中，不少肇事者实际上已经拥有居住国的"公民身份"，或许，正是由于这一事实，"移民"被认为必须与国家的"边境安全"相捆绑，故而成为"移民与边境保卫部"。伴随着移民事务从工作量到影响力的急速上升，澳大利亚移民部的工作人员也成倍增长，尤其是进入 21 世纪之后增长更为迅速（详见表 17 - 3）。根据澳大利亚移民与边境保卫部于 2014 年 6 月公布的数据，该部自建立以来，总共受理了 5.6 亿件入境申请，其中约 700 万人获得澳大利亚永久居民身份，460 万人入籍澳大利亚公民，82.5 万人获得人道主义居留。因此，澳大利亚人口从 1945 年的 740 万上升到 2014 年 6 月的 2 350 万。[①] 显然，移民在澳大利亚国家建构与发展中的影响力举足轻重。

表 17 - 3　澳大利亚移民部名称变更与工作人员总数

年份	机构名称	工作人员总数	海外工作人员总数*
1945	移民部	24	12
1958	移民部	1 864	313
1972	移民部	2 088	560
1974	劳工与移民部	—	
1976	移民与民族事务部	2 094 （1985 年统计数）	148 （1985 年统计数）
1987	移民、地方政府与民族事务部	—	
1993	移民与民族事务部	3 399 （1995 年统计数）	133 （1995 年统计数）

---

① 澳大利亚移民与边境保卫部：《移民部历史：澳大利亚移民管理》（*A History of the Department of Immigration: Managing Migration to Australia*），澳大利亚联邦政府，2015 年，第 85 页。

（续上表）

年份	机构名称	工作人员总数	海外工作人员总数*
1996	移民和多元文化事务部		
2001	移民、多元文化与土著事务部	—	
2006	移民与多元文化事务部		
2007	移民与公民部		
2013	移民与边境保卫部	8 489 （2014 年统计数）	203 （2014 年统计数）

资料来源：澳大利亚移民与边境保卫部：《移民部历史：澳大利亚移民管理》（*A History of the Department of Immigration：Managing Migration to Australia*），澳大利亚联邦政府，2015 年，第 85 页。

* 原注释：此处海外工作人员总数仅包括从澳大利亚派驻海外的工作人员，不包括澳大利亚外交与商务部以移民部名义在海外雇佣的工作人员。

菲律宾以外派劳务为主，其海外侨民管理机构也处于不断调整、健全中。根据 2014 年的数据，是年有正式合约在外工作的菲律宾人达到 180 万，分布在全球 190 多个国家和地区，同年汇回菲律宾的钱款总计超过 270 亿美元，是菲律宾国家重要的外汇来源，也是众多海外菲律宾劳工家人生活资金的依靠。[1] 另一统计显示，从 20 世纪 80 年代到 21 世纪初年，海外菲律宾人每年向菲律宾汇回的钱款几乎达到同年菲律宾 GDP 的 10%。[2] 为此，菲律宾政府一直高度重视侨务工作，建立了一个相当庞杂的几乎涵盖从外交到内务等方方面面的涉侨体系。菲律宾的涉侨机构大体可分为三类：一类隶属于劳工和就业部；一类隶属于外交部；第三类则属于跨部门运作的机构。首先是直接隶属菲律宾总统办公室的"海外菲律宾人委员会"。该委员会作为管理海外菲律宾人的中枢机构，主管移民的政策宣传、社会经济发展、社会融合与再融合、文化和教育、机构发展和组织强化等。该委员会的服务对象也十分宽泛，不仅包括在世界各国务工的菲律宾人，海外所有依然保留菲律宾国籍的侨民，与外国公民结婚的菲律宾裔配偶，持双重国籍的海外菲律宾人，同时还包括已经入籍当地的菲律宾移民及其后裔。在该委员会之外，菲律宾同时设立了若干管理移民具体事务的机构，如：直接就巩固和发展菲律宾海外劳务市场、维护海外菲律宾劳工权益而向总统办公室提供政策建

---

[1] 详见 http：//www. migrationpolicy. org/research/shortage – amid – surplus – emigration – and – human – capital – development – philippines。

[2] 根据"贸易网"（Trading Economics）提供的数据，菲律宾海外劳工汇回祖籍国的钱款在 1989 年至 2017 年期间，年均超过 9.1 亿美元，见 http：//www. tradingeconomics. com/philippines/remittances。

议的"海外菲律宾人社会事务总统顾问办公室";主理海外菲律宾劳工就业问题的"菲律宾海外就业管理局";主管菲律宾海外劳工福利的"菲律宾海外劳工福利管理局";以及协助海外菲律宾劳工回国后重新融入本土社会的"海外菲律宾劳工重返社会中心"。菲律宾移民主管机构的突出特点是涉及面和服务对象都十分宽泛。特别值得一提的是,菲律宾政府的涉侨机构十分理直气壮地将海外所有具有菲律宾血统的菲裔人士,无论其是否已经入籍当地国,统统囊括进其服务对象,自然也就认为他们是菲律宾可以借助的跨国桥梁。

在印度,尤其是进入 21 世纪以来,其移民机构的突出特点是主管海外侨务机构的级别不断提升且日趋完善。2000 年 9 月,印度成立了隶属外交部、直接向总理负责的"海外印度人高级委员会"。该委员会主席由国会议员担任,成员由包括前外交部部长在内的外交官员构成。委员会的主要任务包括:调查海外印度人现状,了解其面临的问题,探讨他们对印度经济社会发展可能发挥的作用,为印度政府提供政策建议。2004 年 5 月,根据海外印度人高级委员会的建议,印度政府专门建立了"印度侨民事务部"。同年 12 月,印度国大党上台执政之后,将该部更名为"海外印度人事务部",由一名内阁部部长担任主要负责人,下设海外社区服务司、对外移民服务司、经济司、金融服务司、行政管理司五个部门。印度侨务部门宣布的服务对象,同样不仅包括海外印度侨民,还包括已加入外国籍的印度裔人士。海外印度人事务部确立了四大政策目标,包括:为海外印度裔社团的需求提供适当的解决方案;把与海外团体的交流上升到战略层面;挖掘海外印裔社团中的各项资源;对北美地区印裔社团给予特别关注。该事务部专门建立了"总理全球咨询理事会"(The Prime Minister's Global Advisory Council),遴选全球印度海外侨民精英担任顾问,共同推进上述目标的实现。

在以色列,主管吸引并安置海外犹太人回归祖籍国事务的是"移民接纳部"(Ministry of Immigrant Absorption)。该部的主要职责是向海外犹太人宣传回归以色列的优惠条件,并在海外犹太人回归之后提供一揽子服务。同时,以色列内阁还另外设立了专门主管海外犹太人事务的机构"海外犹太侨民事务部"(Ministry of Diaspora Affairs),其职权主要是代表以色列政府处理与世界各地犹太人相关的事务。

在新加坡,进入 21 世纪之后,为了更好地贯彻有利于国家发展的移民政策,于 2004 年设立了"国家人口委员会",由当时的副总理兼任该委员会主席。2006年,新加坡在总理公署设立"国家人口秘书处",下设三个分支机构,即国籍与人口策划署、侨民联系署及策略与计划署,主理促进移民融入、强化海外联系等工作。2011 年,新加坡又在总理公署下设立部级机构"人口及人才署",下辖政策与规划局、婚姻与生育局、归化局、人才引进局、侨民联系署等诸多重要的政

府机构。该署全面主导扩增人口、吸引人才等移民事务，推动新移民融入新加坡
社会，同时加强与海外新加坡侨民的联系。

　　总之，鉴于跨国移民总量及影响无不与日俱增，已有越来越多国家认识到在
国家层面建立专门部门主管海外侨民事务的必要性和重要性。根据国际移民组织
和美国"移民政策研究院"（Migration Policy Institute）共同于 2012 年发表的一
份调查报告提供的信息，截至 2010 年底，全球已有包括印度、印度尼西亚、以
色列等重要移民国家在内的 26 个国家在国家部委级层面建立了主管侨务的机构，
而且，在这 26 个国家的部级机构中，印度、孟加拉国、巴基斯坦、斯洛文尼亚、
塞内加尔等 12 个国家建立的部级机构系单独专一主管侨务（详见表 17-4）。此
外，另有 17 个国家建立了副部级的侨务管理机构，这 17 个国家是阿尔巴尼亚、
巴西、波黑、布隆迪、智利、埃及、萨尔瓦多、埃塞俄比亚、厄立特里亚、德
国、加纳、墨西哥、荷兰、秘鲁、菲律宾、罗马尼亚、乌拉圭。由此可见，国际
移民事务已经在机构建制上获得了当今世界主要国家的共识，并付诸实施。

表 17-4　设立部级侨务机构的国家①

国家	机构名称	移民人数	海外移民与国内人口比例（%）	移民首选目的地
亚美尼亚*	侨务部	870 200	28.2	俄罗斯联邦
阿尔及利亚	国民团结和海外家庭、国民团体部	1 211 100	3.4	法国
阿塞拜疆*	国家侨务委员会	1 432 600	16	俄罗斯联邦
孟加拉国*	侨民福利和海外就业部	5 380 200	3.3	印度
贝宁	外交、非洲一体化、法语社区及海外贝宁人事务部	513 600	5.8	尼日利亚
科摩罗	对外关系和侨民联合部	38 600	5.6	法国
多米尼加	贸易、工业、消费者和侨务部	69 300	104.1%**	美国
格鲁吉亚*	国家侨务部	1 057 700	25.1	俄罗斯联邦
海地*	国外海地人事务部	1 009 400	9.9	美国

---

　　①　由于原作者对中国国情缺乏必要了解，因此将中国的"国务院侨务办公室"列为由政府"在国家
层面上设立的相关机构"，而没有列入"部级机构"。

（续上表）

国家	机构名称	移民人数	海外移民与国内人口比例（%）	移民首选目的地
印度*	海外印度人事务部	11 357 500	0.9	阿联酋
印度尼西亚	人力和跨国移民事务部	2 502 300	1.1	马来西亚
伊拉克	移民和流离失所人口事务部	1 545 800	4.9	伊朗
以色列	信息和侨务部	1 019 900	14	西岸与加沙地带
黎巴嫩	外事和国外移民部	664 100	15.6	美国
马其顿*	国外移民署	447 100	21.9	意大利
马里	国外马里人和非洲一体化部	1 012 700	7.6	科特迪瓦
摩洛哥*	居住国外摩洛哥人事务部	3 106 600	9.3	法国
尼日尔	非洲一体化及国外尼日尔人事务部	386 900	2.4	尼日利亚
巴基斯坦*	海外巴基斯坦人事务部	4 677 000	2.5	印度
塞内加尔*	国外塞内加尔人事务部	632 200	4.9	冈比亚
塞尔维亚	宗教与侨务部	196 000	2	奥地利
斯洛文尼亚*	服务国外斯洛文尼亚人政府办公室	132 000	6.5	德国
索马里	侨务和社区事务部	812 700	8.7	埃塞俄比亚
斯里兰卡*	促进国外就业和福利部	1 847 500	9.1	沙特阿拉伯
叙利亚	外事和国外移民部	944 600	4.2	约旦
突尼斯	社会事务、一体化和国外突尼斯人事务部	651 600	6.3	法国

资料来源：Dovelyn Rannveig Agunias & Kathleen Newland：《绘制吸引海外侨民参与国家发展的路线图：祖籍国与目的国政策制定者和参与者手册》（*Developing a Road Map for Engaging Diasporas in Development：A Handbook for Policy Makers and Practitioners in Home and Host Countries*），国际移民组织与移民政策研究院，2012年，第73-74页。

注：①根据原作者说明，表格中"移民人数"及"海外移民与国内人口比例"系2011年数据。

②加*号，表示这些国家系建立了专一主管侨务的部级机构。

加**号，按原作者说明，世界银行统计"海外移民与国内人口比例"时，所依据的是一国移出人口与仍然居住于该国人口的比例（即该国人口不包括外移人口），因此有可能出现该比例超过100%的情况。

2. 制定并实施海外侨民战略已经成为许多国家的共识。各国国际移民政策法规的要点既着眼于主动积极维护本国海外侨民的人身安全与切身利益，又注重充分发挥海外侨民的特殊作用，吸引海外侨民参与祖（籍）国的社会建设，充当祖（籍）国和住在国之间的桥梁

国际移民组织在《世界移民报告 2015》中指出：移民能够为移入国和祖籍国家乡的经济、社会、文化发展做出重要贡献，但遗憾的是，一些国家政府关注的仅仅是"海外移民汇款"，此乃太过狭隘，"移民应成为各国及国际社会有关移民与发展议程的中心议题"，而且，当移民采用与多个不同地区保持联系的循环流动模式和生活策略时，迁移就可能具有变革性的力量，并且引领脱贫减困。①

由国际移民组织和美国的移民政策研究院联合于 2012 年出版的《绘制吸引海外侨民参与国家发展的路线图：祖籍国与目的国政策制定者和参与者手册》一书（以下简称"《路线图》"），更是直接强调当今世界各国吸引海外侨民参与国家发展的特殊重要性。《路线图》一书开篇即明确指出：自从 2007 年首次举办"移民与发展全球论坛"以来，论坛参与国及各国各地非政府组织团体都越来越重视海外侨民对于其祖（籍）国建设发展的重要性。海外侨民对其祖（籍）国具有多重作用，他们不仅是重要的汇款人，而且可能成为投资人、慈善家或改革创新者，同时还有可能成为诸如旅游业、人力资本提升等重要领域的肇始推动力。虽然海外侨民所拥有的实力及其所具有的潜在影响已经有目共睹，但是，只有与海外侨民社群建立起紧密而切实可行的伙伴关系，才能够发挥他们的更多功能，取得更大成效。对此，许多侨民的居住国和祖（籍）国政府已经达成共识。②

《路线图》一书指出，时至 21 世纪初，世界上已经有 56 个国家的 400 多个政府机构直接通过设置不同项目参与到海外侨民事务之中，在这当中，正式建立的不同层次的侨务机构共计有 77 个。这些机构或是独立的国家政府中的部委级机构，或是隶属于国家级某一部委（外交部、商务部或劳动部）的分支机构。值得注意的是，这些侨务机构中有超过三分之一是在 2005 年之后才相继建立起

---

① 国际移民组织：《国际移民报告 2015》，国际移民组织，2015 年，第 119 页。

② Dovelyn Rannveig Agunias and Kathleen Newland：《绘制吸引海外侨民参与国家发展的路线图：祖籍国与目的国政策制定者和参与者手册》（*Developing a Road Map for Engaging Diasporas in Development：A Handbook for Policy Makers and Practitioners in Home and Host Countries*），国际移民组织与移民政策研究院，2012 年，第 3 页。

来的。① 由此可见，侨务战略已经越来越广泛地融入当今世界众多国家政府的国家级战略之中。

印度是十分重视海外侨民作用的国家之一。为了更有效吸引海外印度人为祖（籍）国做贡献，印度先是于1999年出台了"印裔卡"计划，随后又于2005年改为向海外印度裔人士颁发"印度海外公民卡"。根据印度政府的说明，该卡不是"印度护照"，但持卡人相当于拥有了一份可以随时进入印度的"终生签证"。持卡人在印度没有选举权和被选举权，但拥有若干与印度公民相似的权利，例如，持卡人可以在印度获得、持有、转让、处置除农田之外的不动产，本人可以进入印度政府部门工作，子女可以进入印度学校就读。印度政府强调指出，发放该卡的目的一是让海外印度人在心理上增强对印度的认同感，二是为他们在印度从事经济活动提供方便。印度政府对海外印度侨民的重视还充分体现于"海外印度人节"的设立。自2003年起，印度政府将每年的1月9日定为"海外印度人节"，每年均举行大型庆祝活动，大张旗鼓地颁发"海外印度人奖"，表彰在国际社会表现突出或有卓越成就的海外印度人，宣传他们在加强印度与其他国家关系、提升印度国际声誉方面所做的贡献。

俄罗斯长期面临劳动力人口不足的困境，因此，俄罗斯的侨务政策特别注重吸引海外俄罗斯人回归祖（籍）国。1999年，俄罗斯颁布了第99号联邦法律，题为《俄罗斯联邦关于境外同胞的国家政策》。该法律第一次以法律形式定义"同胞"概念，根据其定义，俄罗斯"境外同胞"包括三类人：一是出生、居住或曾经居住在俄罗斯或苏联加盟共和国领土范围内，拥有共同语言、历史、文化、传统和习俗的人士及其直系后裔；二是长期居住在俄罗斯联邦境外的俄罗斯公民；三是居住在俄罗斯联邦境外，但与历史上居住在俄罗斯境内的人有关系，以及选择在精神上、文化上和法律上与俄罗斯有联系的，其直系亲属早先曾经生活在俄罗斯联邦领土范围内的人。在这三类规定中，显然以第三类涵盖面最为广泛，要而言之，俄罗斯的"同胞"概念包括居住在俄罗斯联邦境外的苏联公民，居住在苏联加盟共和国，并拥有这些国家国籍的人或无国籍人士和他们的后裔，同时还包括那些历年从俄罗斯国家领土范围内迁出、目前持外国国籍或无国籍人士。如此宽泛的涵盖面，其关键点集中于"拥有共同的语言、历史、文化、传统和习俗"，选择"在精神上、文化上和法律上与俄罗斯有联系"。俄罗斯对于"境外同胞"的定义，与俄罗斯希望更广泛地吸引从专门人才到普通劳动力人口

① Dovelyn Rannveig Agunias and Kathleen Newland：《绘制吸引海外侨民参与国家发展的路线图：祖籍国与目的国政策制定者和参与者手册》（*Developing a Road Map for Engaging Diasporas in Development：A Handbook for Policy Makers and Practitioners in Home and Host Countries*），国际移民组织与移民政策研究院，2012年，第10页。

回归俄罗斯密切相关。为了弥补俄罗斯国内劳动力不足状况，俄罗斯于 2006 年签署了《关于协助自愿回国的境外同胞计划的方案》总统令，随后又接连为回归者颁布了一系列具体的优惠政策，如报销迁移经费，补贴安家费，为没有收入者提供月津贴，等等，鼓励境外同胞回归俄罗斯。

日本的侨务战略也侧重体现于为回归祖（籍）国的日本人提供种种优惠，同时亦为境外日本人提供全方位服务。二十世纪六七十年代，日本政府由厚生省主导，从中国接纳"战争遗孤"返回日本。按照日本政府的相关规定，凡是能证明"战争遗孤"身份者，都可以与配偶和家人一起回归并直接入籍日本。战争遗孤回国后，可以得到一笔安置费，其中经济来源无着者可享受"生活保护制度"，即获得日本的"最低生活保障"。一些从中国回归日本的战争孤儿认为相关援助额度太低，制度过于严苛，曾奋起抗争多年，最终于 2008 年争取到更为优惠的援助方案。另外，对于生活在境外的日本人，由日本外务省领事局负责受理相关诉求。日本的领事局下设 12 个科室，其中政策课、在外选举课、领事服务课、海外日本人安全课、海外日本人恐怖主义对策课、海外安全商谈课 6 个科室的业务注重于海外日本人的权益维护。进入 21 世纪后，随着欧美等地恐怖袭击事件上升，日本外务省于 2015 年专门制定了强化反恐措施的对策，包括增加 1 550 万美元的预算以加强国境管理，提升搜索、追诉能力；强化中东外交与反恐信息合作；同时还具体制订了 2 亿美元人道主义预算计划。

英国在海外有众多侨民，尤其是进入 21 世纪后面对暴恐事件急剧上升的严峻现实，英国政府也制定了专门保护英国海外侨民的政策，以应对可能的突发事件。英国外交部专门设立反恐政策司，在领事司之下设立危机处理处，警方则在必要时协助外交部处理领事保护事件，如此形成三方联动机制。由于英国侨民分布地域较广，专职外派的侨务领事人手有限，难免有鞭长莫及之虑，对此，英国外交部采取在一些偏远地区聘用"名誉领事"之举，协助处理必要事务。根据英国外交部的数据，英国驻外专职领事人员与"名誉领事"之间的比例大约是15：1。这一措施有效增进英国驻外领事与当地侨民之间的联系。

巴西政府的侨务战略则表现为开辟了由外交部和相关政府部门共同参与的"全球巴西人"和"巴西人回归家园"两大网络社区。网络社区的内容包括世界各地海外巴西人人数、社区文化、海外巴西社团、海外巴西媒体、文化传播、文化教育等信息，既为海外巴西人提供信息服务，同时也力图通过建立虚拟社区网络将海外巴西人的信息最大限度地囊括一体，通过互利互惠，实现共享共赢。

除了本书重点探讨的国家之外，另外还有一些国家建立起各有侧重的侨务战略规划，也值得关注。

例如，墨西哥政府自 20 世纪 90 年代开始即积极推进由政府与海外侨民共同投资墨西哥的社会建设计划。墨西哥政府最初宣布的规划是：海外墨西哥人每向祖（籍）国投资一元，联邦政府就配套投资一元。随着该项目逐渐拓展，墨西哥联邦政府动员地方政府也加入该计划，于是发展为海外墨西哥人投资一元，联邦政府和地方政府也各投资一元，建立了著名的"三合一项目"。根据联邦政府制定的政策，这些项目集中于推进基础设施和文化、教育、卫生事业。2002 年，墨西哥政府在外交部下建立了"海外墨西哥人研究院"，将北美地区约 56 个领事办公室联为一体，形成互通有无的信息网络，其宗旨之一就是直接推动三合一项目有效实施。据墨西哥政府 2010 年公布的数据，是年海外侨民、地方、州、联邦政府共实现融资总额达到 10 亿美元，成效卓著。[①]

类似墨西哥政府这样以设立专项基金会的形式吸引海外侨胞参与祖（籍）国建设的实例还有不少。韩国政府于 1997 年建立了非营利机构"海外韩国侨胞基金会"（Overseas Koreans Foundation），隶属于韩国的外交通商部，该基金会公开宣布的宗旨是："与全球化政策同步，调动海外韩侨力量促进国家发展。"[②] 此外，孟加拉国、巴基斯坦、斯里兰卡、泰国等国也都设立有由政府管理的公益金组织，这些公益金组织的资金来源主要有二：一是鼓励本国外出移民交纳会费，既可积少成多，也让移民了解加入公益金组织之后可以享受到的服务；二是向雇佣本国侨民的雇主征收钱款，目的同样在于既为雇主提供服务，同时也敦促他们承担一定的社会责任。根据相关章程，此类公益金筹集的款项专门用于为移民提供服务，包括：在移民出国务工前对他们进行必要培训；向移民提供贷款以购买出国所需保险；当移民在国外遇到困境时为其回国提供资金支持；等等。相关国家的经验表明，建立民间公益金是一种相对灵活的运作方式，尤其是有利于在海外侨民遇到突发事件时能够及时提供必要援助。

总之，各国政府都在探索如何制定更有效的政策法规，有理有据维护本国海外侨民人身安全和切身利益，而且，通过提供全方位服务吸引海外侨民参与祖（籍）国社会建设，已是诸多国家政府的共识与实践。

---

① Dovelyn Rannveig Agunias and Kathleen Newland：《绘制吸引海外侨民参与国家发展的路线图：祖籍国与目的国政策制定者和参与者手册》（*Developing a Road Map for Engaging Diasporas in Development：A Handbook for Policy Makers and Practitioners in Home and Host Countries*），国际移民组织与移民政策研究院，2012 年，第 194 页。

② Dovelyn Rannveig Agunias and Kathleen Newland：《绘制吸引海外侨民参与国家发展的路线图：祖籍国与目的国政策制定者和参与者手册》（*Developing a Road Map for Engaging Diasporas in Development：A Handbook for Policy Makers and Practitioners in Home and Host Countries*），国际移民组织与移民政策研究院，2012 年，第 41 页。

3. 关于移民接纳政策的制定，既遵循人道主义基本准则，但更注重以本国利益为主导，以吸引人才为我所用为要旨，按本国劳动力市场需求定规则

国际移民政策法规对人口出入本国国境进行规范制约，其管辖范围跨越国家的外交与内政，既必须遵守当今时代以人道主义为基本准则的国际法，同时又要维护本国作为独立主权国家的最大权益。因此，虽然在当今世界上没有任何一个国家政府敢于公开反对人权、人道、利益共享等国际社会公认的基本准则，但是，在实际政策的制定与实施过程中存在诸多相悖之处。各国政府如何依据不断变化的国内国际形势，妥善地在本国利益与国际公法之间寻找最佳平衡点，是各国政府不断修订移民政策法规的根本原因所在。

以新加坡为例。新加坡是一个独立于 20 世纪 60 年代的新兴国家，虽然其绝大多数国民的祖籍地都在中国，但根据联合国制定并通行于今之"国际移民"的界定标准，在新加坡 1965 年立国之前出生于当地的国民，即为新加坡人。在新加坡建国之初，由于经济不振，失业率高，其人口政策一是提倡国人计划生育和优生优育，二是严格控制外来移民进入新加坡。但是，进入 70 年代之后，随着新加坡经济腾飞，不仅迫切需要专业人才，而且普通劳动力市场也出现短缺，于是，自 1975 年之后，新加坡政府人口政策发生重要转向，不仅在国内改计划生育为鼓励生育，而且颁布外国劳工就业法，放宽移民准入条件。进入二十世纪八九十年代后，新加坡更是推出并实施一系列吸引外来人才的政策，尤其鼓励中国人移民新加坡。为适应新加坡对专业人士和不同层次劳动力的需求，新加坡移民政策根据申请人的学历背景、基本月收入、年龄、工作签证类型等进行评估。值得注意的是，虽然新加坡对外强调的是引进专业人才，但实际上新加坡既接纳外国投资人、企业家及拥有高学历、具备高级职业技能的专业技术人员，也接纳那些只有高中或中专学历的技术工人。新加坡的移民接纳政策对移民的准入门槛依据不同类别移民而有所差异。例如，要求专业人士的月收入必须在 7 001 新元以上，但对技术工人则只要求其月薪高于 2 501 新元，二者差距明显。同时，相关政策还规定，如果移民申请人是"能力或技术特别突出的人士"，即使收入或学历低于上述要求，也能申请特别的 Q2 签证。正因为新加坡政府制定了如此宽松、灵活的政策但又适应新加坡作为新兴工业国对于技工的需求，因此新加坡自70 年代中期以来，吸引了数百万新移民参与新加坡的经济建设。1980 年新加坡总人口 241.3 万，1990 年增至 301.6 万，2000 年增至 391.8 万，2010 年 507.9万，2015 年 560.4 万，其中外来移民比例高达 45.4%。

加拿大移民政策同样可为证验。如前所述，外来移民在加拿大总人口中的比例从 1990 年的 15.7% 上升到 2015 年的 21.8%，平均每五名加拿大居民中就有一人是国际移民。进入 21 世纪以来，加拿大接纳外来移民主要依据的是 2002 年生效的《移民与难民保护法》。根据该法律，移民申请人区分为家庭团聚类移民、独立技术移民、商业移民及难民类移民等。政府对遴选甄别移民的基本原则是：从人道与社会文化等多重因素考虑家庭团聚移民申请；更严格审核独立技术移民申请限制；对商业移民不断提升限额标准；对难民入境强化审核。由此可见，被接纳进入加拿大的移民分布于社会不同层次，如此有利于他们适应加拿大劳动力市场的不同需求。

在澳大利亚，虽然依据人道主义原则，家庭团聚类移民一直居高不下，但政府同时也不断出台助推人才引进的政策。2016 年 1 月，澳大利亚总理宣布了内容长达 16 页的"全国创新与科学工作议程"，设立了 10 亿澳元的创新项目，提出联邦政府在该项目中将降低外国研究生获得永久居留权的难度，那些在科学、技术、数学或特定信息通信技术科目上取得专业博士或硕士研究资格的学生将直接受益于该项目。

再看以色列。以色列移民政策遵循的基本原则首先是犹太人优先，其次即是根据国内劳动力市场需求进行相应调整。以色列对建筑业劳工引进的政策调整即为一个突出例证。以色列建筑业对外国移民工人的依赖度相当高，在巴以冲突激化之前，大量巴勒斯坦工人是以色列建筑业和服务业的生力军。二十世纪八九十年代后，随着巴以冲突不断升级，以色列禁止巴勒斯坦劳工入境，劳动力市场出现明显空缺。在此背景下，1992 年中国和以色列建交后，两国随即签订了劳务合作协议，中国劳工开始进入以色列，自 1995 年后人数明显增长。进入 21 世纪后，以色列本国失业率上升，政府认为外籍劳务人员占据了以色列人的就业岗位，于是决定通过减少外籍劳务人员、遣返无证非法外籍劳务人员来降低以色列人的失业率。然而，由于以色列本国人口并不愿进入建筑和服务行业，因此减少外劳的同时，以色列自身的失业率仍然持续增长，而建筑业出现停滞。面对现实，以色列政府只好重新修订引进外籍劳务人员的移民政策，包括于 2017 年 1 月再度与中国商务部签订引进 6 000 名建筑业中国工人的协议。

在英国，进入 21 世纪之后，英国也不得不面对国内随着老龄化加剧而出现的劳动力短缺现象。虽然政府的移民政策一直强调控制移民数量，提高移民质量，提倡并欢迎高净资产、高素质、高含金量的移民，但是，英国社会真正缺失的是愿意从事脏、苦、累工作的劳动力，为此，英国移民政策实际上遵循的是实用主义原则。

日本移民政策也存在相类似的问题。就政策层面而言，日本将无技能或低技能的移民严格拒之门外，但是，日本社会最缺失的同样是相对艰苦的建筑业、服务业的劳动力。为此，日本政府自 20 世纪 80 年代之后，就实施了所谓"研修生制"，允许日本企业以"研修生"为名，雇佣外国劳动力，美其名曰让他们进入

日本企业学习、提高专业技能，实际上却是给予这些日本企业"合法"低价雇佣外国劳动力的权利。如此不合理的制度一方面受到日本有正义感的民权组织和个人的批判，但另一方面一些企业主却要求继续增加招募外国研修生的数量，并延长外国研修生在日本的研习时间。迫于来自不同方面的压力，同时也面对日本社会高达 210 万的外国移民总量，日本政府已清楚意识到一味拒绝低技能移民的政策已经不能解决日本社会劳动力短缺问题，因此既强调其移民政策修订方向必须以强化监管为保障，但同时实际上仍然继续通过增加研修生数量以应对日本社会缺失底层劳动力的问题。

4. 是否承认本国公民可以持有"双重国籍"是当今世界各国侨务政策存在分歧的要点之一，目前世界各国应对"双重国籍"的具体政策可以区分为基本承认、有限承认和基本不承认三大类，同时还在具体实施中附加不同条件或限定

"双重国籍"对于不同国家含义不同。依照移出或移入为主进行区分，主要有如下不同。一是以外出移民为主的国家，此类国家多为发展中国家，这些国家的政府承认移民在入籍移居国之后仍然可以继续保有祖籍国国籍，或者，虽然完全出生于他国但只要具有祖籍国民族血统即可以同时持有祖籍国国籍，如此政策的目的主要是吸引在外移民仍能多少保有对于祖籍国的亲近感或忠诚感，进而希望他们能在一定程度上对祖籍国的社会经济发展做出贡献。

另一类国家系以接纳外来移民为主，此类国家以欧美发达国家为主，这些国家政府认可"双重国籍"主要是允许入籍本国的外来移民仍然可以持有其祖籍国的国籍，同时也允许本国入籍他国的公民继续保有本国国籍。

上述规定虽然在名义上都强调是遵从"人权"理念，但实际上同样也是相关国家基于本国利益的务实主义考量，正是在如此双重因素作用之下，形成了当今世界以认可"双重（或多重）国籍"为时尚之潮流。

许多研究都指出，"实施双重国籍"是当今世界发展的总体趋势。根据有关方面于 2015 年调研公布的数据，在全世界 200 多个国家和地区中，已有 133 个国家"完全承认"或"有限承认"本国公民可以拥有双重（甚至多重）国籍。反之，完全不承认双重国籍的国家仅为 29 个。[①] 然而，同时必须指出的是，各国对于"双重国籍"认可的程度、给予的方式，以及赋予持有者的权益均各有侧

---

① 根据中国公安部第一研究所樊海珍研究员于 2015 年主持完成的公安部软科学项目研究成果《欧美国家国籍管理制度及对我国的启示》（内部资料）提供的数据，完全承认双重国籍的国家和地区共计 90 个，包括欧洲 26 个，美洲 11 个，亚洲 13 个，非洲 37 个，大洋洲 3 个；"有限承认"或曰"有选择性地承认"双重国籍（即规定若干例外情况）的国家共计 43 个，包括欧洲 14 个，美洲 1 个，亚洲 17 个，非洲 11 个；完全不承认双重国籍的国家共 29 个，包括欧洲 4 个，美洲 2 个，亚洲 16 个，非洲 6 个，大洋洲 1 个。转引自王全：《犯罪嫌疑人"双重国籍"问题的应对与处理》，《中国刑警学院学报》2017 年第 1 期，第 54 页。

重，互不相同。例如：

美国、爱尔兰等国实施的政策是"默许原则"，即：如果持有本国国籍者在入籍他国时没有正式声明放弃原籍国国籍，那么，其所持有的本国国籍可以同时保留。

西班牙、阿根廷等国实施的是"有选择性承认"的原则，即：只允许本国公民可以同时持有某些特定国家的国籍。

韩国曾经长期实施比较严格的"一人一国籍"制度，根据韩国的国籍法，凡申请入籍韩国者，都必须提交"放弃外国国籍证明"。2011年，韩国增加了一项补充规定，即：科技、文化、体育等领域优秀人才可被列为"特殊入籍对象"，此类人才申请入籍韩国时，只要签署一份《放弃外国人权利备忘录》，声明不在韩国行使外国人权利即可。

日本的规定是：持"双重国籍"者必须在22岁之前做出放弃其中一个国籍的选择，如果当事人选择的是日本国籍，那么另一国护照在日本无效。如果当事人一时无法做出选择，那么，当事人将会收到以日本法务大臣为名签发的催告函，要求在一定期限内对自己的国籍做出选择，如果超出期限仍未答复，就"可能"失去日本国籍。显然，日本的"双重国籍"政策在法理上的适用面十分有限。

奥地利对外国移民入籍本国有着严苛的规定，外国移民如要在奥地利长期居留，必须签署一份《融合协议》，内容包括必须努力提高德语能力，必须主动积极地融入奥地利的社会经济和文化生活。外国移民如果要入籍，必须在奥地利连续居住满15年以上，才有资格提出入籍申请。对于本国国民入籍他国，按规定，只有那些对奥地利"有特殊贡献者"，方可被允许继续保留其奥地利国籍。

由此可见，虽然上述国家都被列入认可"双重国籍"的国家，但由于诸多各类规定和限制，实际上有可能合法地持有"双重国籍"者是十分有限的。

还必须指出的是，在普遍被列入认可"双重国籍"的国家中，在实际操作层面上，不少国家实施的是向本国的海外侨民发放某种特定证件，按规定给予持卡人在返回祖（籍）国时可以享有某些特定权益。

在拥有众多海外侨民的国家中，印度经常被引用为实施双重国籍的典型个案。然而，仔细分析，印度实施的是"海外印度公民卡"制度，并且明确说明该卡并非等同于印度护照，只是相当于持卡人拥有一个可以无限次进入印度的终身签证。持卡人在印度没有选举权和被选举权，不能参加印度军队，也不能在印度担任某些法定职位。而且，由于印度外出劳工绝大多数在中东石油国家务工，而阿联酋等中东国家既不允许双重国籍，同时亦对外国人入籍严格管控，因此绝

大多数印度在外移民并不具备入籍他国的可能。①

波兰政府也向海外波兰人发放"波兰卡"。申领波兰卡的基本条件是：多少懂得一点波兰语；能够提供具有"波兰血统"或"与波兰文化有某种联系"的文字证明。"波兰卡"由领事馆负责审核发放，持卡人享有多种与波兰公民同等的福利，包括：无须申请工作准证即可在波兰就业就职，可以和波兰公民一样开公司；可以在波兰入学、获取学位，或接受其他形式的教育；可以从事研发工作。持卡人在波兰可以申请奖学金，享有健康保健服务，享受公共交通减免优惠，免费参观国家博物馆，等等。

在巴基斯坦，由巴基斯坦国家数据库与注册机构向海外侨民发放"海外巴基斯坦人卡"（POC），所有在海外生活六个月以上的巴基斯坦劳工、移民，或持双重国籍的巴基斯坦人都可以申领。持卡人的权利包括：可以免签进入巴基斯坦且无限期居留，可以在巴基斯坦购买和出售不动产，开设银行账户。持卡人无论生活在任何国家都可以得到巴基斯坦政府的保护。

埃塞俄比亚政府于2002年公布一项新政，允许"海外埃塞俄比亚裔"申领特殊身份证件。可以申领"海外埃塞俄比亚裔证"的条件是：因为入籍其他国籍（厄立特里亚除外）而放弃埃塞俄比亚国籍者，或，至少父母、祖父母或太祖父母中有一人曾经是埃塞俄比亚公民。持有该证件者可以享有一些其他外国人所不能享有的权利，包括：免签入境，可以居住、工作，拥有不动产，享受公共服务。

爱尔兰政府于2010年宣布一项计划，为分布在全世界的7 000万不享有爱尔兰公民身份的爱尔兰人进行登记。"爱尔兰裔身份卡"将由爱尔兰政府授权的第三方机构承担。持卡人可以享有爱尔兰的许多公共服务，包括航空、住宿以及与旅游业相关的种种优惠。

就最重要的政治权益而言，"国际民主与选举援助机构"2007年的统计显示，全球共有115个国家和地区给予其本国在海外仍保持本国国籍的侨民以合法的投票权。但是，在本国议会中明文规定专门给海外侨民提供席位的国家则仅有11个，这些国家是法国、意大利、葡萄牙、哥伦比亚、阿尔及利亚、安哥拉、佛得角、克罗地亚、厄瓜多尔、莫桑比克和巴拿马。这些国家的海外侨民有权选举他们的代表担任祖籍国的立法委员。此外，如欧盟国家多规定：在欧盟内部迁移的欧盟成员国移民，可以参加欧盟选举，但不能参加居住地的地方选举。

---

① 例如，根据阿联酋国籍法，外国移民必须"在阿联酋连续、合法居住不少于30年，或在国籍法（1972年）生效之后不少于20年，且本人在阿联酋合法谋生，操行良好，无犯罪记录，阿拉伯语熟练"方可提出入籍申请。而且，入籍申请必须直接提交阿联酋内政部部长，由内政部部长委托由他决定成立的咨询委员会进行审核。该委员会由阿联酋各酋长国德高望重的公民组成。委员会审核同意后将决议提交内政部部长，内政部部长再重复提交阿联酋内阁同意之后，方可授予国籍。

综上，虽然被认为实施"双重国籍"的国家有上百个，但是，其具体规定千差万别。一方面，基于个人利益导向，已经持有"双重国籍"或希望能够持有双重国籍的人数在高速增长中；但另一方面，相关国家政策值得注意的趋势之一是将本国"公民权"区分为居住权、工作权、福利权等不同层次，实施所谓"半市民制"或"居民制"。"非单一公民者"只能享有不完全的公民权，例如，持"双重国籍"者不得担任公务员，对"双重国籍"者个人的选举权和被选举权也设置不同限制。有鉴于此，不宜简单地将上述各类大相径庭的政策归并为实施了双重国籍政策，而需要根据具体情况具体分析。

三、他山之石

面向中国海外移民及国内归侨侨眷的"侨务政策"和"侨务立法"，是中国特色的移民政策法规。改革开放 40 年，是中国特色社会主义侨务理论不断深化和发展的 40 年，是侨务工作大有作为的 40 年。在波澜壮阔的改革开放进程中，华侨华人与中国改革开放同进步、同发展、同奋进、共荣耀，他们是改革开放事业的开拓者、参与者和贡献者，为中国改革开放做出了独特贡献。侨务工作作为党和国家的重要工作领域之一，始终与时代发展的脉搏同频共振，发挥了重要而独特的作用。

当然，我们同时也看到，全球化的进程势不可挡，中国作为当代世界人口大国，移民出境与入境的流动不仅将长期延续，而且必然伴随着国内国际政治、经济、文化的多元变化而不断提出新问题，出现新挑战。

认真审视外国移民政策法规的制订与演变，正是为了给我国移民政策法规的进一步完善提供可供参照的样本和经验教训。笔者以为，纵观我国目前涉及国际移民政策法规所迫切需要应对的主要问题，可以归纳为如下三个方面。

1. 我国是一个拥有丰富侨务资源的大国，如何进一步完善侨务立法，更充分地发挥海外侨务资源的特殊功能，意义重大

中国共产党历代领导人关于侨务工作指导思想的重要论述，是中国侨务政策的理论标杆。改革开放 40 年来中国的侨务政策，遵照"开展侨务工作要有利于海外侨胞的长期生存和发展，有利于发展我国同海外侨胞住在国的友好合作关系，有利于推进我国现代化建设和祖国统一"的"三有利"基本原则。在国外侨务工作方面，注意通过侨务工作促进海外华侨华人与住在国普通民众的联系，传递中国声音，讲好中国故事，互惠互利，着力侨务资源的可持续发展，慎用、善用侨务资源，涵养侨务资源。国内侨务政策则遵循对归侨侨眷"一视同仁、不得歧视，根据特点、适当照顾"的原则，既依法保护他们的合法权益，又注意关

照他们的特点，适当照顾。

面对时代发展的新需求，以最大限度地把侨务资源优势转化为推动我国科学发展之动力为目标，将侨务工作的力量汇聚成实现中华民族伟大复兴中国梦的正能量，我国的侨务工作还面临着如何进一步积极推进扎实打造侨务政策法规体系的紧迫任务，即如何切实按照国家依法治国的总体布局，在认真仔细梳理已有涉侨政策法规的基础上，着力侨务立法，完善法律监督和法律维权，推进侨法宣传，改革创新维护侨益工作的体制机制，依法维护海外侨胞和归侨侨眷的合法权益。

2. 随着我国社会经济更加稳健发展，势必面对越来越多外国移民试图进入中国的前所未遇的新机遇和新挑战，如何尽快制定并完善应对外国移民蜂拥入境的政策法规，势在必行

相对于在建设具有中国特色侨务政策方面所取得的举世瞩目的业绩，中国在如何妥善应对进入中国的外国移民方面，还有较大的提升空间。

进入 21 世纪以来，中国的崛起已成世人共识，几乎与此同时，在国人尚未意识到何为入境移民潮之意义时，中国已经迅速地转变成为受到诸多外国移民青睐的一大目的国。在我国的广州、义乌、上海、青岛、北京等地，都出现了一些外国移民聚居的小社区，急需进一步完善相关政策法规，强化管理监督体制。

伴随着大量外国移民进入中国所显现的问题，主要表现在以下三个方面。其一，按照中国法律，外国人在中国只能从事"有特殊需要，国内暂缺适当人选"的工作，但目前外国人在中国某些地区存在无证居住、无序打工的现象。其二，有些外侨集中的社区存在与周边社区文化不协调的现象。如何参照国际惯例，对中国国内那些只有外文标识、只说外国话的酒吧、餐馆进行规范管理，是又一个值得认真研究的问题。其三，外侨在中国公开从事结社、传教等活动，影响正在扩大。

鉴于以上问题，采取有效措施，制定中国的移民法及相关国际移民政策，加强对入境外国移民的立法规范管理，已经迫在眉睫。首先，目前急需对外侨的基本构成及发展趋势进行深入调研。一方面对外国侨民在我国境内的地理分布、职业构成、人员流动、宗教信仰、政治倾向、技术特长、社会联系等进行比较全面的调查研究，另一方面对其他国家在全球化背景下的外侨管理状况和历史经验进行比较分析，从中汲取可以参考借鉴的治理经验。其次，应当在充分调研的基础上，加强外侨立法研究，加速相关立法进程，增强执法力度。目前急需加速制定针对外国人在华结社的法律法规。而且，一些激进的宗教派别以基金会等民间社团的形式存在，以教授外语、慈善帮困为名行传教之实，对此类非法传教的问题更是需要加强监管。最后，就组织机构而言，可以参照当今世界主要移民国家的

模式，在目前中国中央政府机构设置的框架内，设立专门的移民主管部门，具体实施监管职能。

总之，在充分调研的基础上，加紧制定出吻合我国国情的外侨政策，既让外侨有可能通过专业特长、资金投入等途径为我国全面建设小康社会发挥积极作用，又防止因为外侨数量盲目增加、过度集聚而带来种种负面影响，是必须提上我国政府议事日程的重要问题。

3. 恐怖主义与世界人民为敌，暴恐分子流窜世界各地不断制造恶性事件，尤其对我国西北、西南边境地区形成严重的潜在威胁，采取有效措施打击恐怖主义的跨国活动，将蓄意破坏我国和平建设的恐怖分子阻止于国门之外，捍卫国家领土和人民的生命财产安全，刻不容缓

当代国际移民流动中一个不容忽视的严峻现实就是恐怖组织在跨国领域肆无忌惮地制造恐怖事件，严重威胁普通民众的生命安全。自 2001 年震惊全球的"9·11"事件之后，世界各主要国家移民政策的重要关注点，无不聚焦于如何严加防范，将潜在的国际恐怖分子阻挡于国门之外。

对于中国而言，随着跨境人员流动规模与日俱增，从社会治理到公安刑事案件侦查办理都面对严峻的新挑战。一些在中国犯有罪行的嫌疑人潜逃国外后，在当地国申请难民身份乃至加入当地国籍，对这些人如何在不违背国际法的前提下进行追逃捕，并遵照中国法律对其在中国境内犯下的罪行进行审判，急需深入探讨。[1] 而且，中国还同样面临国际恐怖组织的威胁。从入境秘密传播异端邪教，暗地里组织暴恐小团体，到公开进行暴恐活动，业已对我国社会安定和人民生命财产造成威胁。制定切实可行的法律法规，严厉打击恐怖主义的跨国活动，捍卫我国国家领土和人民生命财产安全，刻不容缓。

四、小结

全球化进程不可阻挡，国际移民浪潮将长期延续，这已是国际上从政界到学界的普遍共识。面对新的时代，越来越多人清楚地意识到，有必要对传统以民族国家为中心处置国际移民问题的习惯思维方式进行反思。

当前，众多主权国家无不面临如何应对移民出入国境之需求的大量棘手问题，移民流出国政府与移民接纳国政府之间的政策协调，以及联合国及其下属国

---

① 例如，新疆籍"东突"分子玉山江犯罪后潜逃国外，辗转到加拿大后，不仅在当地申请难民签证，而且还加入了加拿大国籍。2006 年玉山江被缉拿归案，2007 年 4 月被判处无期徒刑。在整个案件审理过程中，玉山江一直以其"加拿大国籍"作为护身符，而加拿大政府亦为此对中国政府提出交涉。

际难民署、国际劳工组织、国际移民组织等相关国际机构与团体之间能否及如何进行国际移民政策干预，无不将什么才是合理、合法、有效的国际移民政策问题，提上重要的议事日程。国际移民政策法规的制定与实施，既是众多国家政府必须认真面对的严峻问题，也已成为当今国际政治中一个极其敏感且无法回避的重要话题。中国之国际移民政策法规的探索应当在如下两方面展示特定的价值：一是审时度势，使我国的侨务工作和中国作为负责任大国所应承担的义务相适应，二是为世界秩序、跨国移民政策之调适，乃至人类命运共同体之建立等问题赢得更多发言权和主导权。

众所周知，当今时代全球化与逆全球化思潮正进入新一轮博弈，就中，对待跨国移民的不同价值评判进而构成的不同对策无疑是一大核心要点。2020 年以来新冠肺炎疫情暴发对各国移民政策法规造成的影响仍在持续发酵中，值得学界追踪研究。疫情之后世界面临着一系列新挑战和新机遇，在这一全新的格局下，各国国际移民政策法规的发展态势，不仅为相关国力消长、人口流动等要素所制约，而且受到国际条约、国际组织、国家共同体等所规定的权利和义务关系的影响。因此，借鉴世界各国在制定和执行国际移民政策法规方面所取得的经验与教训，进一步完善中国的相关政策法规，无疑具有重要的理论意义和现实意义。